Morningside Heights und Harlem

Upper West Side

Central Park

Upper East Side

Upper Midtown

Lower Midtown

Central Park
Seiten 198–203

Upper East Side
Seiten 178–197

Upper Midtown
Seiten 162–177

Lower Midtown
Seiten 146–161

Gramercy und Flatiron District
Seiten 118–125

East Village
Seiten 112–117

Lower East Side
Seiten 86–95

Brooklyn
Seiten 226–241

East River

VIS-À-VIS

NEW YORK

VIS-À-VIS

NEW YORK

Hauptautorin **Eleanor Berman**

DK

London • New York • München
Melbourne • Delhi

www.dorlingkindersley.de

Texte Eleanor Berman, Lester Brooks, Patricia Brooks, Susan Farewell
Fotografien Max Alexander, Dave King, Michael Moran
Illustrationen Richard Draper, Robbie Polley, Hamish Simpson
Kartografie Andrew Heritage, Uma Bhattacharya, Suresh Kumar, James Mill-Hicks, Chez Picthall, John Plumer (Dorling Kindersley Cartography)

Redaktion und Gestaltung
Dorling Kindersley London: Douglas Amrine, Fay Franklin, Tony Foo, Donna Dailey, Ellen Dupont, Esther Labi, Steve Bere, Louise Parsons, Mark Stevens, Stephen Knowlden, Geoff Manders, Anne-Marie Bulat, David Lamb

1993, 2018 Dorling Kindersley Ltd., London
Titel der englischen Originalausgabe:
Eyewitness Travel Guide
New York City
Zuerst erschienen 1993 in Großbritannien bei Dorling Kindersley Ltd., London
A Penguin Random House Company

Für die deutsche Ausgabe:
© 1994, 2018 Dorling Kindersley Verlag GmbH, München
Ein Unternehmen der Penguin Random House Group

Aktualisierte Neuauflage 2019 / 2020

Alle Rechte vorbehalten, Reproduktionen, Speicherung in Datenverarbeitungsanlagen, Wiedergabe auf elektronischen, fotomechanischen oder ähnlichen Wegen, Funk und Vortrag – auch auszugsweise – nur mit schriftlicher Genehmigung des Copyright-Inhabers.

Programmleitung
Dr. Jörg Theilacker, DK Verlag
Projektleitung
Stefanie Franz, DK Verlag
Projektassistenz
Antonia Wiesmeier, DK Verlag
Übersetzung
Cornell Erhardt und Stefan Röhrig
Redaktion Dr. Elfi Ledig, München
Schlussredaktion Philip Anton, Köln
Umschlaggestaltung
Ute Berretz, München
Satz und Produktion DK Verlag
Druck RR Donnelley Asia Printing Solutions Ltd., China

ISBN 978-3-7342-0185-1
25 26 27 28   21 20 19 18

Atlasfigur über dem Eingang von Tiffany & Co. *(siehe S. 165)*

New York stellt sich vor

Benutzerhinweise **6**

Themen- und Tagestouren **10**

New York auf der Karte **14**

Die Geschichte New Yorks **18**

New York im Überblick **36**

Das Jahr in New York **52**

Die Skyline von Manhattan **56**

Brooklyn Bridge über den East River *(siehe S. 232–235)*

Dieser Reiseführer wird regelmäßig aktualisiert. Angaben wie Telefonnummern, Öffnungszeiten, Adressen, Preise und Fahrpläne können sich jedoch ändern. Der Verlag kann für fehlerhafte oder veraltete Angaben nicht haftbar gemacht werden. Für Hinweise, Verbesserungsvorschläge und Korrekturen ist der Verlag dankbar. Bitte richten Sie Ihr Schreiben an:

Dorling Kindersley Verlag GmbH
Redaktion Reiseführer
Arnulfstraße 124 • 80636 München
travel@dk-germany.de

◀ Wolkenkratzer in Midtown Manhattan
◀◀ Umschlag: Kopf und Fackel der Statue of Liberty *(siehe S. 78f)*

Inhalt

Die Stadtteile New Yorks

Lower Manhattan und Civic Center **66**

Lower East Side **86**

SoHo und TriBeCa **96**

Greenwich Village **102**

East Village **112**

Gramercy und Flatiron District **118**

Chelsea und Garment District **126**

Midtown West und Theater District **136**

Lower Midtown **146**

Upper Midtown **162**

Upper East Side **178**

Central Park **198**

Upper West Side **204**

Morningside Heights und Harlem **214**

Brooklyn **226**

Abstecher **242**

Spaziergänge **260**

Zu Gast in New York

Hotels **280**

Restaurants **290**

Shopping **312**

Unterhaltung **334**

New York mit Kindern **358**

Grundinformationen

Praktische Hinweise **362**

Anreise **372**

In New York unterwegs **378**

Stadtplan **386**

Textregister **420**

Bildnachweis **438**

Subway-Plan
Hintere Umschlaginnenseiten

Beaux-Art-Juwel: Haupthalle des Grand Central Terminal *(siehe S. 152f)*

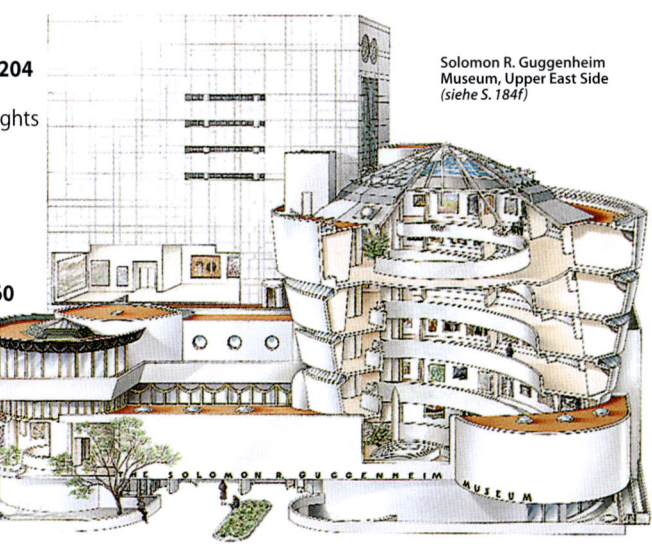

Solomon R. Guggenheim Museum, Upper East Side *(siehe S. 184f)*

Benutzerhinweise

Mit diesem Vis-à-Vis-Reiseführer können Sie die spannendsten Seiten New Yorks kennenlernen – dank vieler Experten-Tipps ganz ohne praktische Probleme. Zunächst erläutert das Kapitel *New York stellt sich vor* die geografische Lage, beleuchtet die Entwicklung der Stadt von ihren Anfängen im 17. Jahrhundert bis zur Gegenwart und beschreibt die Höhepunkte des New Yorker Veranstaltungskalenders. Der Hauptteil *Die Stadtteile New Yorks* präsentiert die einzelnen Sehenswürdigkeiten, die anhand von Karten, Fotos und Illustrationen erläutert werden. *Spaziergänge* führen Sie durch die attraktivsten Stadtteile von New York. *Zu Gast in New York* enthält alle wesentlichen Informationen zu den Themen Hotels, Essen, Shopping und Entertainment. Die *Grundinformationen* am Ende des Buchs liefern Ihnen Infos für die Planung der Reise und geben Tipps für den Aufenthalt.

Orientierung in New York

New York ist in diesem Reiseführer in 15 Stadtteile gegliedert, die jeweils durch ein eigenes Kapitel präsentiert werden. Jedes Kapitel beginnt mit einem Kurzporträt, das auf den Charakter des Viertels eingeht. Die Einleitungsseite listet alle Sehenswürdigkeiten, sie sind nummeriert und auf der *Stadtteilkarte* eingetragen. Auf der nächsten Doppelseite folgt die *Detailkarte*, die das interessanteste Gebiet aus der Vogelperspektive zeigt. Zur besseren Orientierung ist jedem Stadtviertel eine eigene Farbe zugeordnet.

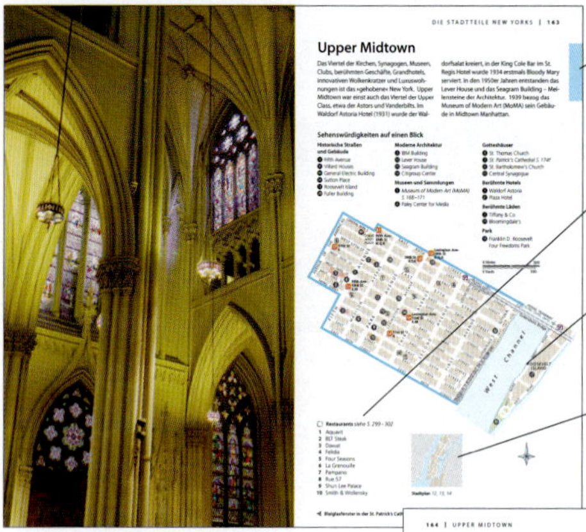

Die Farbcodierung am Rand jeder Seite erleichtert das schnelle Nachschlagen von Stadtteilen.

Empfohlene Restaurants im Stadtteil sind aufgelistet und in der Karte mit Nummern eingetragen.

Weiße Zahlen im schwarzen Kreis markieren die Lage der Sehenswürdigkeiten. Beispiel: Roosevelt Island hat die Nummer ⓱.

Die Orientierungskarte zeigt auf einen Blick, wo Sie sich gerade befinden.

1 Stadtteilkarte
Sie zeigt den Stadtteil im Überblick mit den Nummern der Sehenswürdigkeiten und Restaurants. Ferner sind Subway-Stationen, Helikopter-Landeplätze und Fähranlegestellen eingezeichnet.

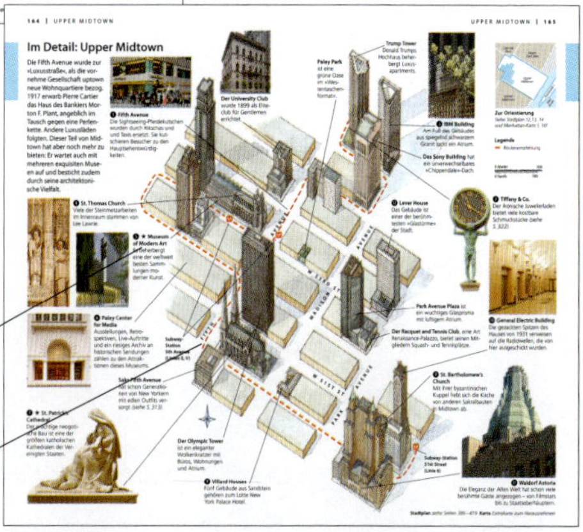

Sterne markieren Sehenswürdigkeiten, die man nicht versäumen sollte.

Eine Routenempfehlung führt Sie durch die interessantesten Straßen des Viertels.

2 Detailkarte
Hier sind besonders interessante Straßen des Stadtteils aus der Vogelperspektive zu sehen. Attraktionen sind kurz erläutert und zur raschen Orientierung abgebildet.

BENUTZERHINWEISE | 7

Themen im Überblick

Highlights-Seiten behandeln ein besonderes Thema, etwa *Museen und Sammlungen, Architektur, Multikulturelles New York, Berühmte New Yorker*. Auf einer Doppelseite mit Karte sehen Sie jeweils die Highlights, weitere Informationen mit vielen Seitenverweisen finden Sie auf den zwei darauffolgenden Seiten.

Jeder Stadtteil hat seine eigene Farbcodierung.

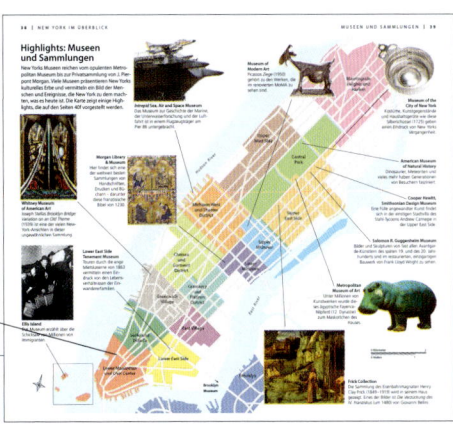

Stadtplan *siehe Seiten 386–419.*
Karte *Extrakarte zum Herausnehmen.*

Der Infoblock bietet Informationen wie Adresse, Telefonnummer, die nächste(n) Subway-Station(en), Öffnungszeiten, Website (Legende der Piktogramme *siehe hintere Umschlagklappe*). Hinzu kommt eine Referenz zum *Stadtplan* und zur *Extrakarte*.

Die Nummern der Sehenswürdigkeiten sind auf der *Stadtteilkarte*, der *Detailkarte* und hier im Text identisch.

Die Infobox versorgt Sie mit allen praktischen Informationen. Erklärungen zu den verwendeten Zeichen finden Sie auf der *hinteren Umschlagklappe*.

3 Detaillierte Informationen

Alle wichtigen Sehenswürdigkeiten werden ausführlich beschrieben. Die Reihenfolge entspricht der Nummerierung auf der *Stadtteilkarte*. Zu jedem Eintrag gibt es Detailinformationen, etwa Öffnungszeiten und Anfahrt.

Ein Foto der Fassade hilft Ihnen, die Sehenswürdigkeiten schnell zu entdecken.

Sterne kennzeichnen die interessantesten architektonischen Details eines Gebäudes bzw. die wichtigsten Kunstwerke oder Ausstellungsstücke.

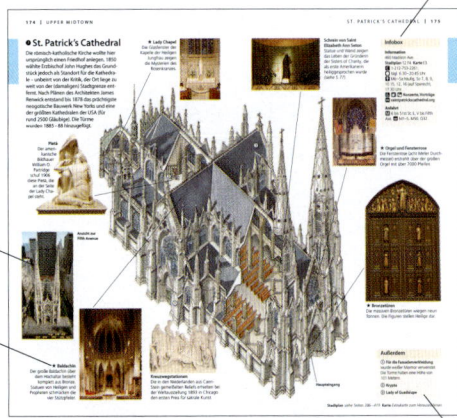

4 Hauptsehenswürdigkeiten

Den Highlights New Yorks werden jeweils zwei oder mehr Seiten gewidmet. Historische Gebäude werden perspektivisch dargestellt. Bei Museen und Sammlungen erleichtern farbig markierte Grundrisse die Orientierung.

Außerdem-Kästen weisen auf weitere Attraktionen und Details hin. Die Nummern zeigen die Lage dieser Details.

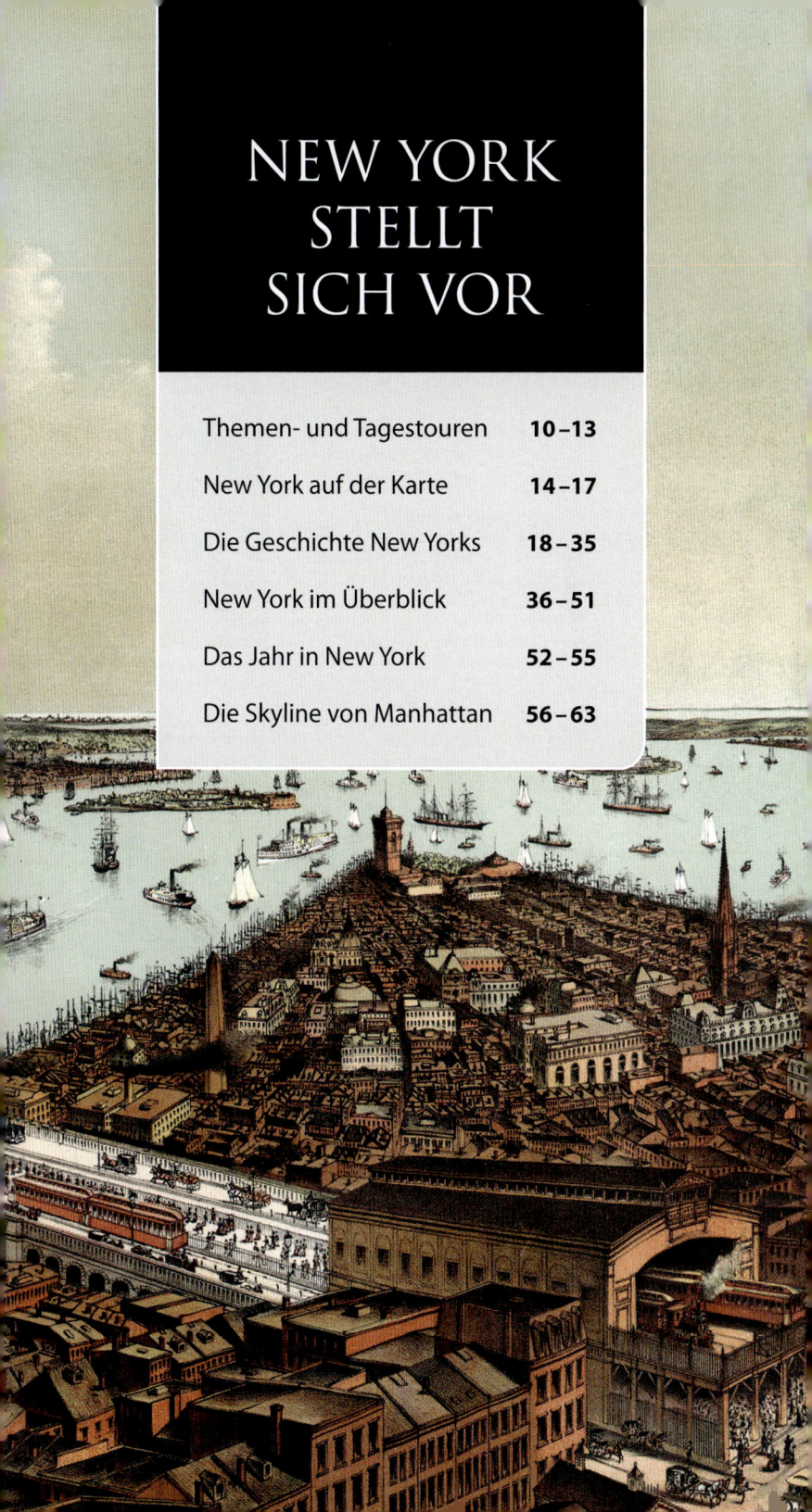

NEW YORK STELLT SICH VOR

Themen- und Tagestouren	10–13
New York auf der Karte	14–17
Die Geschichte New Yorks	18–35
New York im Überblick	36–51
Das Jahr in New York	52–55
Die Skyline von Manhattan	56–63

Themen- und Tagestouren

Die Anzahl an Sehenswürdigkeiten in New York ist gewaltig und erscheint auf den allerersten Blick unüberschaubar. Vier Thementouren sowie Tagestouren für einen zwei-, drei- oder fünftägigen Aufenthalt im Big Apple liefern Ihnen Vorschläge mit den Highlights an Architektur, Museen, Shops und Freizeitangeboten. Die Zeitpläne lassen sich natürlich nach Belieben variieren und miteinander kombinieren. Es sollte immer auch Zeit für eine Ruhepause, einen kleinen Abstecher oder für eigene Entdeckungen bleiben. Außerdem können Sie die hier aufgeführten Sehenswürdigkeiten leicht anders miteinander verbinden und sich so Ihre ganz eigene Route zusammenstellen. Die Preisangaben auf den beiden Seiten mit den Thementouren gelten einschließlich Eintrittsgebühren, Fahrten mit öffentlichen Verkehrsmitteln und Mittagessen.

Wahrzeichen

Zwei Erwachsene mindestens 140 US-Dollar

- Besuch der UNO
- Art-déco- und moderne Gebäude
- Lichter des Times Square
- Empire State Building

Vormittags
Starten Sie am **Flatiron Building** (siehe S.123). Spazieren Sie durch den Madison Square Park zum East River – und zu einer Führung durch das **UN-Hauptquartier** (siehe S. 156–159). Gehen Sie dann weiter Richtung 42nd Street, und bewundern Sie das Art-déco-Interieur des **Chrysler Building** (siehe S. 151). Nächstes Ziel ist das Beaux-Arts-Wahrzeichen **Grand Central Terminal** (siehe S. 152f). Bewundern Sie die Bahnhofshalle, und bummeln Sie durch die Einkaufspassage mit ihrem bunten Lebensmittelmarkt und reichhaltigen Angebot von Sushi bis New York Cheesecake. In der **Grand Central Oyster Bar** (siehe S. 300) können Sie eine Muschelsuppe oder Austern genießen.

Nachmittags
Zurück auf der 42nd Street, kommen Sie zur **New York Public Library** (siehe S. 142), einem weiteren Höhepunkt der Beaux-Arts-Architektur mit marmornen Hallen und Treppen sowie Hauptlesesaal und Zeitschriftenabteilung (kostenlose einstündige Führung Mo–Sa 11, So 14 Uhr). Im Bill Blass Public Catalog Room können Sie kostenlos online gehen. Der **Bryant Park** (siehe S. 141) hinter der Bibliothek ist eine grüne Oase in Midtown Manhattan. Sie erreichen New Yorks berühmteste Straßenkreuzung an der Ecke Broadway und Seventh Avenue, den **Times Square** (siehe S. 142f), zu Fuß oder per U-Bahn. Dahinter liegt der Abschnitt der 42nd Street mit Theatern, Kinopalästen und Madame Tussauds Wax Museum. Mit dem Taxi geht es zum **Empire State Building** (siehe S. 132f) – mit fantastischem Blick auf die Stadt.

Prometheus-Statue und Lower Plaza, Rockefeller Center (siehe S. 140)

Kunst und Shopping

Zwei Erwachsene mindestens 170 US-Dollar

- Morgens moderne Kunst
- Mittagessen im Rockefeller Center
- St. Patrick's Cathedral
- Fifth Avenue

Vormittags
Im spektakulären **Museum of Modern Art** (MoMA) (siehe S. 168–171) können Sie vor Werken wie van Goghs *Sternennacht*, Monets *Seerosen* und Picassos *Les Demoiselles d'Avignon* leicht einen ganzen Vormittag verbringen. Auch die Design-Ausstellungen im vierten Stock sollten Sie nicht versäumen. Nach dem Museumsbesuch bietet sich ein Spaziergang zum **Rockefeller Center** (siehe S. 140) an. Beim Mittagessen im Rock Center Café kann man im Winter den Schlittschuhläufern zusehen. Im Sommer verwandelt sich die Eisbahn in einen grünen Garten, in dem die Rink Bar abends Gäste empfängt.

Das bunte Funkeln der Lichter am Times Square (siehe S. 138f)

◄ Brooklyn Bridge (siehe S. 232–235) über dem East River (Ausschnitt aus einem Gemälde von 1892)

Nachmittags

Nach der Mittagspause geht es zur **St. Patrick's Cathedral** *(siehe S. 174f)*, der größten katholischen Kirche in den USA. Folgen Sie nun der **Fifth Avenue** mit ihrer großen Anzahl an hochpreisigen Läden. Saks Fifth Avenue liegt direkt gegenüber der Kirche bei der 50th Street. Richtung Norden findet man erlesene Boutiquen, darunter Cartier (52nd St), Henri Bendel (56th St), Prada (56th–57th St), Tiffany (57th St) und Bergdorf Goodman (57–58th St). Preisgünstiger sind **Macy's** *(siehe S. 130f)* und **Bloomingdale's** *(siehe S. 177)*.

Historische Schätze

Zwei Erwachsene
mindestens 120 US-Dollar

- Per Schiff nach Ellis Island und zur Statue of Liberty
- Mittag in Fraunces Tavern
- Tour durchs alte New York

Vormittags

Nehmen Sie im Battery Park die Fähre zur **Statue of Liberty** *(siehe S. 78f)* und nach **Ellis Island** *(siehe S. 82f)*, eine Rundfahrt steuert beide Ziele an. Bei der Rückfahrt steigen Sie bei **Bowling Green**, dem ältesten Park der Stadt *(siehe S. 76f)*, aus. Gehen Sie nun Richtung **Fraunces Tavern Museum** *(siehe S. 80)*, New Yorks letztem Areal mit Geschäftshäusern aus dem 18. Jahrhundert. In der Taverne ist ein Museum der Revolutionszeit untergebracht. Das Restaurant bietet sich für ein Mittagessen in historischem Ambiente an.

Nachmittags

Einen Block weiter liegt das historische Viertel um die Stone Street. Das **India House** *(siehe S. 58)* war einst Baumwollbörse und beherbergt heute Harry's Café. Über die William Street gelangt man zur Wall Street und zur **Federal Hall** *(siehe S. 70)*. Von hier ist es nicht weit zur **New York Stock Exchange** *(siehe S. 72f)* und zur **Trinity Church** *(siehe S. 71)* von 1839. Am Broadway liegt **St. Paul's Chapel** *(siehe S. 85)*. Geradeaus geht es zur **City Hall** *(siehe S. 84f)*. Die Tour endet im **South Street Seaport Historic District**, dem jetzt chic gemachten Herzstück des alten Hafens *(siehe S. 84)* mit Blick auf die **Brooklyn Bridge** *(siehe S. 232–235)*.

Familienspaß

Familie zu viert
mindestens 250 US-Dollar

- Central Park
- Marionette Theater
- Dinosaurier im American Museum of Natural History

Vormittags

Der **Central Park** *(siehe S. 198–203)* wurde als Erholungspark geplant. Zu den Attraktionen gehören das alte Karussell, die Modellboote auf dem Conservatory Pond, der Zoo und die Delacorte Clock. Es gibt Spielplätze für jedes Alter: Safari in der West 91st Street (zwei bis fünf Jahre); Abenteuer in der West 67th Street (sechs bis zwölf Jahre). Das Swedish Cottage Marionette Theater in der West 79th Street spielt Märchen (Mo–Fr 10.30 und 12 Uhr, Mi auch 14.30 Uhr, Sa, So 13 Uhr). Mieten Sie Fahrräder, oder rudern Sie auf dem See. Beim Boathouse kann man mit Seeblick picknicken. Die Wollman-Eisbahn öffnet im Winter für Schlittschuhläufer.

Der Central Park – grüne Lunge mit Freizeitangebot *(siehe S. 198–203)*

Nachmittags

Je nach Alter und Interessen bietet sich das **Children's Museum** *(siehe S. 213)* oder das **American Museum of Natural History** *(siehe S. 210f)* mit seinen Dinosauriern und Dioramen an. Den Tag beenden Sie in der West 73rd Street bei einer Tasse Tee in Alice's Tea Cup.

Ellis Island, einst Anlaufstelle für Einwanderer in New York *(siehe S. 82f)*

Zwei Tage in New York

- Meisterwerke im Metropolitan Museum of Art
- Tolle Aussicht vom Empire State Building
- Bootsfahrt zur Statue of Liberty und Ellis Island

Blick Uptown über den Central Park *(siehe S. 198–203)*

Erster Tag
Vormittags Täglich gibt es um 11.15 Uhr eine einstündige Führung durch das **Metropolitan Museum of Art** *(siehe S. 186–193)*. Dann drehen Sie eine Runde durch den **Central Park** *(siehe S. 198–203)*, um die Skyline zu bewundern.

Nachmittags Eine kurze Busfahrt bringt Sie die Fifth Avenue entlang zur 59th Street und Grand Army Plaza. Von dort gehen Sie die **Fifth Avenue** *(siehe S. 166)* hinunter zum **Rockefeller Center** *(siehe S. 140)* an der 49th Street und kommen dabei an Shopping-Mekkas wie Bergdorf Goodman, Tiffany, Trump Tower und Saks Fifth Avenue vorbei – ebenso wie an der **St. Patrick's Cathedral** *(siehe S. 174f)*. Den Blick von der Aussichtsterrasse des **Empire State Building** *(siehe S. 132f)* sollten Sie nicht verpassen. Souvenirs finden Sie bei **Macy's** *(siehe S. 130f)*, einen Block westlich. Wenn es dunkel wird, lassen Sie sich von den Lichtern des **Times Square** *(siehe S. 142f)* begeistern und besuchen dann eine Show am **Broadway** *(siehe S. 338)*. Ermäßigte Karten für denselben Tag gibt es bei TKTS am Times Square.

Zweiter Tag
Vormittags Fahren Sie früh zum **Battery Park** *(siehe S. 81)* für das Boot zur **Statue of Liberty** *(siehe S. 78f)* und nach **Ellis Island** *(siehe S. 82f)*, dem Ankunftsort aller Einwanderer. Buchen Sie die Fahrt rechtzeitig, falls Sie die Freiheitsstatue erklimmen wollen. Danach besuchen Sie das **National September 11 Memorial und Museum** *(siehe S. 74)* in Lower Manhattan (vorab buchen).

Nachmittags Spazieren Sie über die Wall Street, Ecke Broad Street steht die **New York Stock Exchange** *(siehe S. 72f)*. Am **South Street Seaport** *(siehe S. 84)* bummeln Sie in den angrenzenden Straßen. Ein Muss: der Sonnenuntergang auf der **Brooklyn Bridge** *(siehe S. 232–235)*.

Drei Tage in New York

- Moderne Kunst im MoMA
- Besuch des National September 11 Memorial and Museum
- Show am Broadway

Erster Tag
Vormittags Genießen Sie den Blick vom **Empire State Building** *(siehe S. 132f)*. Danach schlendern Sie die **Fifth Avenue** *(siehe S. 166)* entlang. An der 42nd Street lockt ein Abstecher zum **Grand Central Terminal** *(siehe S. 152f)*. Weiter geht es zum **Rockefeller Center** *(siehe S. 140)* und zur **St. Patrick's Cathedral** *(siehe S. 174f)* gegenüber.

Nachmittags Verlieben Sie sich in Meisterwerke im **Museum of Modern Art** *(siehe S. 168–171)*, und nutzen Sie den Museumsshop zum Kauf von Souvenirs. Abends locken die Lichter des **Broadway** *(siehe S. 338)*.

Zweiter Tag
Vormittags Nach einem Spaziergang durch den **Central Park** *(siehe S. 198–203)* besuchen Sie das **Metropolitan Museum of Art** *(siehe S. 186–193)*. Werfen Sie zumindest einen Blick in Frank Lloyd Wrights **Solomon R. Guggenheim Museum** *(siehe S. 184f)*.

Nachmittags Auf der **High Line** *(siehe S. 134)* erleben Sie New York grün. Dann bummeln Sie durch **Greenwich Village** *(siehe S. 102–111)*. Nachts locken die lebhaften Lokale von **SoHo** *(siehe S. 96–101)* oder eine Vorstellung im **Lincoln Center for the Performing Arts** *(siehe S. 208)*.

Dritter Tag
Vormittags Beginnen Sie den Tag mit der **Statue of Liberty** *(siehe S. 78f)* und mit **Ellis Island** *(siehe S. 82f)*. Sie sollten dafür früh am **Battery Park** *(siehe S. 81)* sein. Danach sehen Sie sich das **National September 11 Memorial and Museum** *(siehe S. 74)* an.

Rotunde im Solomon R. Guggenheim Museum *(siehe S. 184f)*

Nachmittags Besuchen Sie das **Museum of Jewish Heritage** *(siehe S. 76)*, und spazieren Sie dann die Wall Street hinunter zur **New York Stock Exchange** *(siehe S. 72f)*. Beenden Sie den Tag am **South Street Seaport** *(siehe S. 84)*, und genießen Sie den tollen Blick auf die **Brooklyn Bridge** *(siehe S. 232–235)*.

Fünf Tage in New York

- Spaziergang im Central Park
- Greenwich Village, SoHo und Chelsea
- Die berühmte Skyline von der Brooklyn Bridge aus

Erster Tag

Vormittags Die **Fifth Avenue** *(siehe S. 166)* mit ihren Läden lässt sich gut mit einem Besuch der **St. Patrick's Cathedral** *(siehe S. 174f)* verbinden. Das **Rockefeller Center** *(siehe S. 140)* bietet Art-déco-Architektur und schöne Gärten.

Nachmittags Der **Central Park** *(siehe S. 198–203)* lädt zum Spaziergang ein, im **Metropolitan Museum of Art** *(siehe S. 186–193)* hängen Meisterwerke, und im **Empire State Building** *(siehe S. 132f)* lockt die grandiose Aussicht. Abendunterhaltung erleben Sie am **Broadway** *(siehe S. 339)*.

Zweiter Tag

Vormittags Die Bootsfahrt zur **Statue of Liberty** *(siehe S. 78f)* und nach **Ellis Island** *(siehe S. 82f)* ist ein Muss. Bewegend ist das **National September 11 Memorial and Museum** *(siehe S. 74)*.

Nachmittags Nach einem Besuch des **Museum of Jewish Heritage** *(siehe S. 76)* tauchen Sie in die Hochhausschluchten der Wall Street ein und sehen sich die **New York Stock Exchange** *(siehe S. 72f)* an. Dabei kommen Sie an der **Federal Hall** *(siehe S. 70)* vorbei. Im **South Street Seaport** *(siehe S. 84)* mit seinen Museen, Läden und Lokalen kann man gut einige Stunden verbringen.

Dritter Tag

Vormittags Fans moderner Kunst lassen sich das einmalige **Museum of Modern Art** *(siehe S. 168–171)* ebenso wenig entgehen wie Frank Lloyd Wrights **Solomon R. Guggenheim Museum** *(siehe S. 184f)*.

Nachmittags Historische Straßen, trendige Läden und Cafés locken in **Greenwich Village** *(siehe S. 102–111)*. In **SoHo** *(siehe S. 98f)* faszinieren die alten Gebäude, in **Chelsea** *(siehe S. 126–135)* viele Kunstgalerien. Die **High Line** *(siehe S. 134)* ist der ungewöhnlichste Park New Yorks. Auf Höhe der 14th Street im **Meatpacking District** *(siehe S. 106f)* entdeckt man schicke Boutiquen.

Vierter Tag

Vormittags Erkunden Sie die **Upper West Side** *(siehe S. 204–213)*, indem Sie vom **Columbus Circle** *(siehe S. 209)* Richtung Downtown spazieren. Östlich liegt das Gebäude der **United Nations** *(siehe S. 156–159)*. In der **Lower East Side** *(siehe S. 86–95)* erzählt das **Lower East Side Tenement Museum** *(siehe S. 92f)* vom Leben in den alten Mietshäusern. In der **Orchard Street** *(siehe S. 93)* finden Sie preiswerte Läden und hippe Shops.

Nachmittags Bummeln Sie durch Kaufhäuser wie **Lord & Taylor** *(siehe S. 313)* und **Bloomingdale's** *(siehe S. 177)*, oder besuchen Sie ein weiteres Museum. Die **Frick Collection** *(siehe S. 196f)* zeigt eine exqui-

Immigration Museum auf Ellis Island *(siehe S. 82f)*

site Sammlung Alter Meister, das **Whitney Museum** *(siehe S. 108f)* die ganze Bandbreite amerikanischer Kunst des 20. Jahrhunderts. Abends besuchen Sie einen Jazzclub in **Harlem** *(siehe S. 214–225)* oder eine Show im **Apollo Theater** *(siehe S. 224)*.

Fünfter Tag

Vormittags Gehen Sie über die **Brooklyn Bridge** *(siehe S. 232–235)* zur **Brooklyn Heights Promenade** *(siehe S. 270f)*. Die Subway bringt Sie zur **Grand Army Plaza** *(siehe S. 236)* und zum erstklassigen **Brooklyn Museum** *(siehe S. 238–241)*.

Nachmittags Der **Brooklyn Botanic Garden** *(siehe S. 237)* ist berühmt für seinen japanischen Garten, der **Prospect Park** *(siehe S. 236f)* wurde von denselben Landschaftsarchitekten angelegt wie der Central Park. Die **Brooklyn Academy of Music** *(siehe S. 231)* zeigt Avantgarde-Theater und -Tanz.

Fußgängerebene der Brooklyn Bridge *(siehe S. 232–235)*

New York auf der Karte

New York City hat rund 8,5 Millionen Einwohner und eine Fläche von 780 Quadratkilometern. Die Stadt ist Namensgeber für den Staat New York, dessen Hauptstadt Albany 250 Kilometer nördlich liegt. New York ist auch ein guter Ausgangspunkt, um die historischen Städte Philadelphia und Boston sowie die Hauptstadt Washington, DC zu besuchen.

NEW YORK AUF DER KARTE | 15

Großraum New York

- Cornwall
- St Lawrence
- Fort Drum
- Englewood
- Passaic
- NEW JERSEY
- Union City
- Newark
- Jersey City
- Manhattan
- Bronx
- LaGuardia
- Queens
- NEW YORK
- Newark
- Elizabeth
- New York Bay
- Brooklyn
- John F. Kennedy (JFK)
- Staten Island
- Long Island Sound
- Atlantischer Ozean

Siehe folgende Doppelseite

0 Kilometer 10
0 Meilen 5

- Utica
- NEW YORK
- Catskill Mountains
- Adirondack Mountains
- Troy
- Albany
- MASSACHUSETTS
- Worcester
- Springfield
- Gloucester
- Boston
- Logan
- Brockton
- Kingston
- Hudson River
- Hartford
- Providence
- RHODE ISLAND
- Poughkeepsie
- CONNECTICUT
- Norwich
- Scranton
- Delaware
- New Haven
- Bridgeport
- Long Island Sound
- Smithtown
- Long Island
- Montauk
- Paterson
- Newark
- NEW YORK CITY
- Brookhaven
- Phillipsburg
- Allentown
- New Brunswick
- *Siehe kleine Karte oben*
- Eatontown
- Trenton
- Philadelphia
- Camden
- Toms River
- NEW JERSEY
- Wilmington
- Atlantic City
- Delaware Bay
- DELAWARE

Atlantischer Ozean

Liverpool, Southampton, Gibraltar

San Juan, Panama
Kapstadt, Rio de Janeiro

0 Kilometer 100
0 Meilen 50

Legende
— Interstate Highway
— State Highway
— Eisenbahn
— Staatsgrenze
- - - Schifffahrtsroute
- - - Bundesstaatsgrenze

Weitere Zeichenerklärungen
siehe hintere Umschlagklappe

Zentrum von New York

In diesem Buch wird New York mit 14 Bezirken in Manhattan sowie Brooklyn vorgestellt. Viele der ältesten und der modernsten Gebäude stehen in Lower Manhattan. Wer hier in die Staten Island Ferry steigt, kann die Skyline und die Statue of Liberty bewundern. Zu Midtown gehören der Theater District und die glitzernde Shopping-Welt der Fifth Avenue. Die Upper East Side entlang dem Central Park ist eine einzige Museumsmeile. Harlem im Norden weist die bekannteste afroamerikanische Gemeinde der USA auf.

Grand Central Terminal
Der Bahnhof im Beaux-Arts-Stil wurde 1913 eröffnet. In seiner riesigen, überkuppelten Haupthalle ist immer viel Betrieb *(siehe S. 152f).*

Morgan Library & Museum
Eine der bedeutendsten Sammlungen alter Handschriften, Drucke und Bücher ist in diesem palazzoartigen Gebäude untergebracht *(siehe S. 160f).*

Cathedral of St. John the Divine
Die Kathedrale wird einmal die größte der Welt sein – noch ist sie nicht fertiggestellt. Sie dient auch als Bühne für Theater und Musik *(siehe S. 220f).*

Statue of Liberty
Die gewaltige Statue von 1886 – ein Geschenk Frankreichs an das amerikanische Volk – wurde weltweit zum Symbol für Freiheit *(siehe S. 78f).*

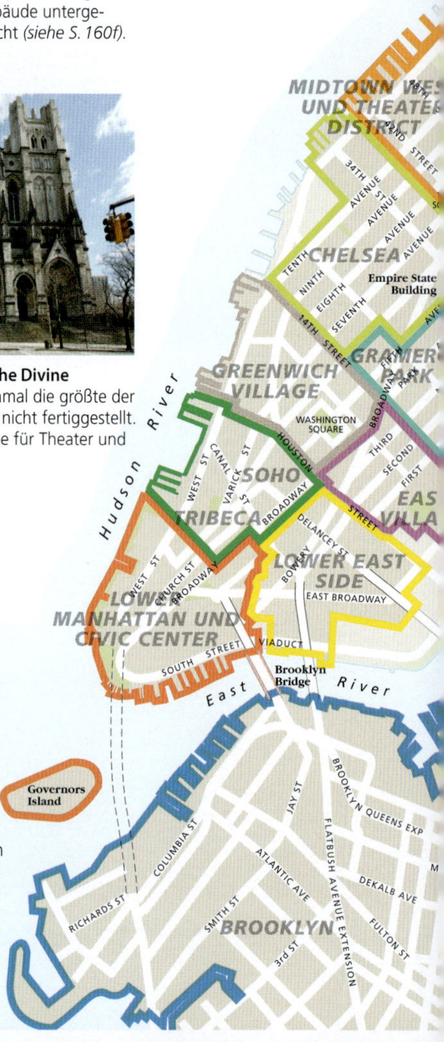

ZENTRUM VON NEW YORK | 17

Solomon R. Guggenheim Museum
Das einzigartige Gebäude ist ein Meisterwerk des Architekten Frank Lloyd Wright und beherbergt Kunst des 19. und 20. Jahrhunderts *(siehe S. 184f).*

Empire State Building
Der Wolkenkratzer ist einer der höchsten New Yorks und eines der bekanntesten Wahrzeichen der Stadt. Seit seiner Eröffnung 1931 verzeichnete er über 110 Millionen Besucher *(siehe S. 132f).*

United Nations
New York ist Hauptsitz der Vereinten Nationen, der Organisation zur Sicherung des Weltfriedens und des Völkerrechts *(siehe S. 156–159).*

Brooklyn Bridge
Die 1883 vollendete Brücke überspannt den East River. Sie war seinerzeit die größte Hängebrücke der Welt und die erste aus Stahl *(siehe S. 232–235).*

Metropolitan Museum of Art
Die Exponate reichen von prähistorischer Zeit bis zur Gegenwart und füllen eines der weltweit größten Kunstmuseen *(siehe S. 186–193).*

Die Geschichte New Yorks

Die aus einer holländischen, später englischen Kolonie hervorgegangene Siedlung beschränkte sich zunächst auf die Insel Manhattan. Nach der Unabhängigkeit der USA wurde sie eine florierende Handels-, Industrie- und Hafenstadt sowie ein bedeutendes Finanzzentrum. Zuwanderer aus allen Kontinenten bereicherten das kulturelle Leben des »Big Apple«, noch heute zählt New York zweifellos zu den faszinierendsten Metropolen der Welt.

Von Neu-Amsterdam zu New York
Vor rund 500 Jahren entdeckte Giovanni da Verrazano den Naturhafen, der schnell das Interesse der europäischen Nationen weckte. 1621 gründeten Holländer dort die Kolonie Neu-Amsterdam, die sie 1664 an England verloren. Der Ort wurde in New York umbenannt – dieser Name blieb erhalten, nachdem England die Kolonie 1783 als Ergebnis des Amerikanischen Unabhängigkeitskriegs aufgeben musste.

New York wächst
Im Lauf des 19. Jahrhunderts vergrößerte sich die Stadt stetig, ihr Hafen gewann an Bedeutung, der allgemeine Wohlstand wuchs. Von 1800 bis 1900 stieg die Bevölkerungszahl von 79 000 auf drei Millionen an. Der Zusammenschluss von Manhattan und vier weiteren Gemeinden machte »Greater New York« 1898 zur zweitgrößten Stadt der Welt. Zugleich wurde sie das Kultur- und Unterhaltungsmekka sowie das Finanzzentrum der USA.

Schmelztiegel
Ein Strom von Immigranten ließ die Stadt schnell wachsen, doch viele, die auf der Suche nach einem besseren Leben hierherkamen, mussten in Slums leben. Der Mix der Kulturen bereicherte die Stadt und wurde ihr Markenzeichen – die heutigen 8,5 Millionen Bewohner sprechen rund 200 verschiedene Sprachen. Ob in guten oder schlechten Zeiten – New York bleibt eine der vitalsten Städte der Welt.

Eine Urkunde (1664) von Peter Stuyvesant, dem letzten holländischen Gouverneur Neu-Amsterdams
◀ Das südliche Manhattan und ein Teil von Brooklyn auf einer Karte von 1767

Die Anfänge New Yorks

Als die holländische Westindische Kompanie 1625 ihre Pelzhändlerkolonie Neu-Amsterdam gründete, war das Gebiet von Algonkin besiedeltes Waldland. Die neuen Siedler bauten ihre Häuser aufs Geratewohl, was man noch heute an der unregelmäßigen Straßenführung in Lower Manhattan erkennt. Der Broadway (holländisch: Breede Wegh) war einst ein Indianerpfad, Harlem hat noch seinen holländischen Namen. Unter Peter Stuyvesant erhielt die Kolonie eine Verwaltung, erbrachte aber nicht den erhofften Gewinn. 1664 überließen die Holländer die Stadt den Engländern, die sie in New York umtauften.

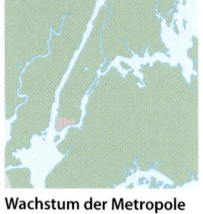

Wachstum der Metropole
1664   Heute

Siegel der Neu-Niederlande
Biberpelz und Wampum (indianisches Muschelgeld) waren Zahlungsmittel in der Kolonie Neu-Niederlande.

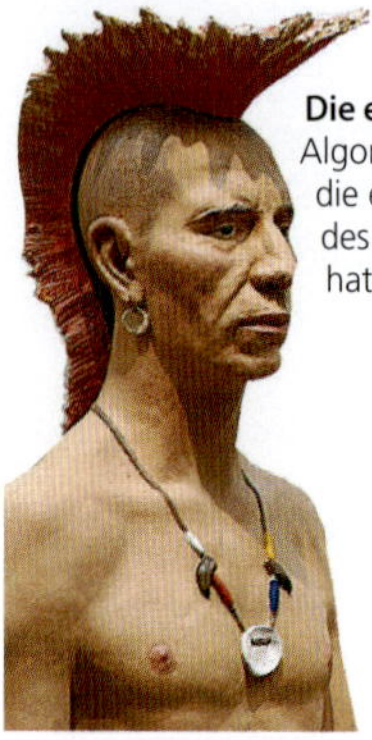

Die ersten New Yorker
Algonkin-Indianer waren die ersten Bewohner des Gebiets von Manhattan.

Erste Ansicht Manhattans (1626)
Die Südspitze Manhattans glich einer holländischen Stadt (mit Windmühle). Das abgebildete Fort war damals noch nicht erbaut.

Holländische Schiffe

Irokesischer Topf
Die Irokesen suchten häufig die Gegend des heutigen Manhattan auf.

Indianisches Dorf
In solchen Langhäusern lebten die Algonkin.

Indianisches Kanu

1524 Giovanni da Verrazano erreicht den New Yorker Hafen

1626 Peter Minuit kauft den Algonkin Manhattan ab

1625 Erste ständige Handelsniederlassung der Holländer

1653 Bau eines Schutzwalls gegen Indianer; die angrenzende Straße wird Wall Street genannt

| 1600 | 1620 | 1640 |

1609 Henry Hudson befährt den Hudson River auf der Suche nach der Nordwest-Passage

1625 Die ersten Sklaven werden aus Afrika nach Amerika verschleppt

1643–45 Gefechte mit Indianern enden mit vorläufigem Friedensvertrag

1647 Peter Stuyvesant wird Gouverneur der Kolonie

1654 Ankunft der ersten jüdischen Siedler

DIE ANFÄNGE NEW YORKS | 21

Delfter Keramik
Die neuen Siedler brachten die bekannten Keramiken mit Zinnglasur aus Holland mit.

Reste der *Tiger*

Silhouette von Manhattan
Am Strand (jetzt Whitehall Street) stand einst der erste Ziegelbau der Stadt.

Holländisches New York
Die Überreste des 1614 ausgebrannten holländischen Schiffs *Tiger* (1916 ausgegraben) sind die ältesten Zeugnisse jener Zeit und im Museum of the City of New York *(siehe S. 195)* zu sehen. Im gleichen Museum, in der Morris-Jumel Mansion *(siehe S. 245)* und im Voorlezer's House in Richmond Town *(siehe S. 258)* werden holländische Keramik, Fliesen und Möbel gezeigt.

Der Kauf von Manhattan
1626 kaufte Peter Minuit den Algonkin die Insel ab – für Waren im Wert von 60 Gulden.

Fort Amsterdam

Peter Stuyvesant
Der letzte holländische Gouverneur erließ strenge Gesetze. So mussten alle Wirtshäuser um 21 Uhr schließen.

1660 Gründung des ersten Krankenhauses

1664 Briten vertreiben die Holländer kampflos; die Stadt heißt jetzt New York

1676 Errichtung eines Großdocks am East River

1698 Weihung der Trinity Church

| 1660 | 1680 | 1700 |

Übergabe Neu-Amsterdams an die Briten

1680er Jahre New York erhält das Exklusivrecht, Getreide zu verschiffen

1683 Erste Stadturkunde

1689 Kaufmann Jacob Leisler führt eine Steuerrebellion an und herrscht zwei Jahre über die Stadt

1693 92 Kanonen werden zum Schutz der Stadt installiert; der Bereich wird als Battery bekannt

1691 Leisler wird wegen Verrats zum Tode verurteilt

New York zur Kolonialzeit

Unter britischer Herrschaft nahm New York einen raschen Aufschwung, die Bevölkerung wuchs rapide. Getreideverarbeitung und Schiffsbau waren die Haupterwerbszweige. In dieser Phase der Kolonialzeit bildete sich eine gesellschaftliche Elite heraus, für deren Häuser edle Möbel und Silberwaren gefertigt wurden. In seiner über 100-jährigen Herrschaft zeigte England jedoch mehr Interesse am Profit als am Wohlergehen seiner Kolonie. Drückende Steuern erzeugten Hass und die Bereitschaft zur Rebellion, andere Bevölkerungsschichten waren loyal zur Krone. Kurz vor der Revolution war New York mit 20 000 Einwohnern die zweitgrößte Stadt der 13 Kolonien.

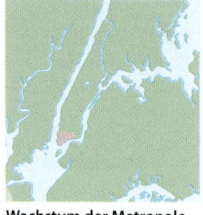

Wachstum der Metropole
1760 — Heute

Schlafzimmer

Esszimmer

Straßenszene der Kolonialzeit
Damals konnten Schweine und Hunde auf New Yorks Straßen frei herumlaufen.

Kas
Der Kiefernholzschrank im holländischen Stil (um 1720) stammt aus dem New Yorker Hudson River Valley.

Kolonialgeld
Das frühe Papiergeld basierte auf dem Britischen Pfund.

1702 Lord Cornbury wird zum Gouverneur berufen; er trägt oft Frauenkleider

1710 Irokesenhäuptling Hendrick besucht England

1711 Am Ende der Wall Street entsteht ein Sklavenmarkt

1720 Eröffnung der ersten Werft

1725 New York Gazette, die erste New Yorker Zeitung, erscheint

1732 Eröffnung des ersten städtischen Theaters

1733 Bowling Green wird der erste Stadtpark; erste Fähren nach Brooklyn

1734 John Peter Zengers Verleumdungsprozess wirft die Pressefreiheit zurück

1700 | 1710 | 1720 | 1730

NEW YORK ZUR KOLONIALZEIT | 23

Captain Kidd
Der schottische Seeräuber William Kidd war ein geachteter Bürger. Er half beim Bau der Trinity Church *(siehe S. 71)*.

Kolonialzeit
Häuser aus der Kolonialzeit können in der historischen Richmond Town auf Staten Island *(siehe S. 258)* besichtigt werden. Das Museum of the City of New York *(siehe S. 195)* präsentiert edle Silberarbeiten und Mobiliar aus jener Zeit.

Laden in Richmond Town

Van Cortlandt House
Frederick Van Cortlandt erbaute 1748 das georgianische Haus auf einer Weizenplantage im Gebiet der Bronx. Heute ist es ein Museum und zeigt die damalige Lebensweise einer reichen holländisch-englischen Familie.

Westsalon

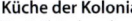

Küche der Kolonialzeit
Statt Fleisch gab es oft weißen Käse (»white meat«). Holländische Waffeln waren beliebt. Frische Früchte waren eine Seltenheit, man behalf sich jedoch mit eingemachtem Obst.

Babyflasche aus Zinn　　**Käseform**　　**Waffeleisen**

Steinmetzarbeiten
Über jedem Fenster der Vorderfront ist ein steinernes Gesicht.

Stielgabel für eingemachtes Obst

1741 Ein Sklavenaufstand führt zur Hysterie; 31 Sklaven werden hingerichtet, 150 eingekerkert

1754 Beginn des Kriegs gegen Franzosen und Indianer; Gründung von King's College (heute Columbia University)

1759 Erstes Gefängnis

Britischer Soldat

| 1740 | 1750 | 1760 |

King's College

1762 Erste bezahlte Polizeitruppe

1763 Kriegsende; die Briten kontrollieren Nordamerika

Unabhängigkeitskrieg

New York litt während des Kampfs für Unabhängigkeit: unter den ausgehobenen Schützengräben, dem Beschuss durch britische Truppen und Feuersbrünsten. Dennoch spielten die mehrheitlich königstreuen Bürger weiterhin Cricket, besuchten Pferderennen und Bälle. Nach der Einnahme durch die Briten 1776 strömten Königstreue aus anderen Staaten in die Stadt. Amerikanische Truppen kehrten erst nach dem Friedensvertrag von 1783 nach Manhattan zurück.

Wachstum der Metropole
1776   Heute

Uniformen
Die amerikanischen Truppen trugen blaue, die Briten rote Uniformjacken.

Britischer Soldat

Provianttasche
Während des Unabhängigkeitskriegs trugen die amerikanischen Soldaten solche Provianttaschen.

Amerikanischer Soldat

Sturz des Königs
New Yorker stürzten die Statue des englischen Königs George III in Bowling Green und schmolzen sie für Munition ein.

Aufständischer

Die Schlacht von Harlem Heights
Washington gewann die Schlacht am 16. September 1776, musste die Stadt aber den Briten überlassen.

Tod eines Patrioten
1776 wurde Nathan Hale, der hinter den britischen Linien agierte, gefasst und ohne Prozess als Spion gehängt.

1765 Der britische *Stamp Act* führt zum Protest der New Yorker; Gründung der *Sons of Liberty*

1767 Der *Townshend Act* bringt neue Lasten; nach Protesten wird er zurückgezogen

1770 *Sons of Liberty* kämpfen mit Briten in der Battle of Golden Hill

1774 Aufständische kippen Tee in den Hafen aus Protest gegen die Steuern

1760 **1770** **178**

St. Paul's Chapel

1766 Vollendung der St. Paul's Chapel; der *Stamp Act* wird zurückgezogen; Statue Georges III in Bowling Green

General William Howe, Oberkommandeur der britischen Truppen

1776 Kriegsbeginn; im Hafen von New York sammeln sich 500 Schiffe unter General Howe

UNABHÄNGIGKEITSKRIEG | 25

Feueralarm
Feuersbrünste waren immer eine Gefahr, doch sie häuften sich während des Kriegs und zerstörten beinahe die Stadt. Am 21. September 1776 vernichtete ein Brand die Trinity Church und 1000 Häuser.

Lederner Löscheimer

Flaggen der Revolution
Washington hatte die kontinentale Flagge, mit einem Streifen für jede der 13 Kolonien und dem Union Jack in der Ecke. Das Sternenbanner wurde 1777 offizielle Flagge.

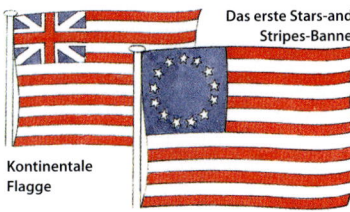

Das erste Stars-and-Stripes-Banner

Kontinentale Flagge

Einzug General Washingtons
Nach dem Rückzug der Briten kehrte Washington am 25. November 1783 nach New York zurück und wurde als Held umjubelt.

Statue von George III

Jubelnde Patrioten

Wichtige Bauwerke
1776 diente das Morris-Jumel Mansion in Upper Manhattan *(siehe S. 245)* George Washington als Hauptquartier. Er übernachtete auch im Van Cortlandt House *(siehe S. 22f)*. Nach dem Krieg verabschiedete Washington seine Offiziere in Fraunces Tavern *(siehe S. 80)*.

Morris-Jumel Mansion

1783 Frieden von Paris; USA erhalten Unabhängigkeit; die Briten räumen New York

1784 Die Bank of New York wird eingetragen

1785 New York wird US-Hauptstadt

1789 George Washington wird in der Federal Hall als erster Präsident vereidigt

Washingtons Amtseinführung

1790 Verlegung der Hauptstadt nach Philadelphia

1791 Eröffnung des New York Hospital

1793 Bau des Tontine Coffee House – erster Sitz der Börse

1794 Eröffnung des Bellevue Hospital am East River

1801 Alexander Hamilton gründet die *New York Post*

1804 Vizepräsident Aaron Burr erschießt seinen politischen Rivalen Alexander Hamilton im Duell

New York im 19. Jahrhundert

Als größte Stadt der USA wurde die Hafenstadt New York immer wohlhabender. Wegen des Hafens wuchs auch die Güterproduktion. Unternehmer wie John Jacob Astor scheffelten Millionen. Die Reichen zogen in die Außenbezirke, der öffentliche Nahverkehr wurde ausgebaut. Doch mit dem Boom kamen auch Probleme: Großbrände, Seuchen, Finanzkrisen. Immer mehr Immigranten trafen ein, die Slums wuchsen. 1846 war jeder siebente New Yorker verarmt.

Wachstum der Metropole
1840   Heute

Das Croton Distributing Reservoir wurde 1842 für die Frischwasserversorgung angelegt. Zuvor waren die New Yorker auf abgefülltes Wasser angewiesen.

Notenblätter
Der New Yorker Stephen Foster schrieb viele beliebte Balladen wie *Jeanie with the Light Brown Hair*.

Omnibus
Der von Pferden gezogene Omnibus war von 1832 bis zum Ersten Weltkrieg öffentliches Verkehrsmittel in New York.

Fitness
Sportstätten wie Dr. Richs Institut für Leibeserziehung entstanden in den 1830er und 1840er Jahren.

Die Constitution, *das berühmteste Schiff im Krieg von 1812*

1805 Erste kostenlose öffentliche Schulen in New York

1807 Robert Fulton betreibt auf dem Hudson River das erste Dampfschiff

1811 Der Randel-Plan teilt Manhattan ab der 14th Street in ein Schachbrettmuster ein

1812–14 Krieg von 1812; Briten blockieren den New Yorker Hafen

1822 Gelbfieberepidemie führt zur Massenflucht nach Greenwich Village

1827 In New York wird die Sklaverei abgeschafft

1823 New York wird die größte Stadt des Landes (vor Boston und Philadelphia)

1835 Schlimmste Feuersbrunst der Stadtgeschichte

1837 Der New Yorker Samuel Morse erfindet das Telegrafie-Alphabet

NEW YORK IM 19. JAHRHUNDERT

Brownstone
In der ersten Jahrhunderthälfte entstanden viele Reihenhäuser aus braunem Sandstein. Die Treppe führt zum Salon. Im Erdgeschoss wohnte das Hauspersonal.

Der Crystal Palace, eine Eisen-Glas-Halle, entstand für die Weltausstellung von 1853.

New Yorks Hafen
Im frühen 19. Jahrhundert wuchs die Bedeutung New Yorks als Hafenstadt. 1807 lief Robert Fultons erstes Dampfschiff, die *Clermont*, vom Stapel. Mit Dampfschiffen war man bis Albany, Hauptstadt des Staates und Tor nach Westen, nur noch 72 Stunden unterwegs. Der Handel mit dem Westen mittels Dampfschiff und Lastkahn und derjenige mit der übrigen Welt mittels Klippern bescherte vielen New Yorkern Wohlstand.

New York im Jahr 1855
An der Stelle von Crystal Palace und Croton Distributing Reservoir, südlich der 42nd Street, sind heute die Public Library und der Bryant Park.

Das Dampfschiff *Clermont*

Crystal Palace in Flammen
Am 5. Oktober 1858 brannte die New Yorker Ausstellungshalle nieder – wie schon ihre Londoner Vorläuferin.

Festliche Eröffnung des Grand Canal
Schiffskonvois im New Yorker Hafen feierten 1825 die Eröffnung des Erie-Kanals. Mit 584 Kilometern Länge verband er die Großen Seen mit Albany am Hudson River und den New Yorker Hafen mit dem Mittleren Westen. New York profitierte enorm davon.

1849 Rebellion am Astor Place; Goldrausch; Segelschiffe fahren nach Kalifornien

1851 Erste Ausgabe der *New York Times*

1853 Erste Weltausstellung in New York

1857 Wirtschaftsdepression

1861 Beginn des Bürgerkriegs

1863 *Draft Riots* dauern vier Tage und kosten viele Tote

1865 Abraham Lincoln in der City Hall aufgebahrt

1840 — 1850 — 1860

Plakat mit Baseballspieler

1842 Bau des Croton Reservoir

1845 Erster Baseballclub, die New York Knickerbockers, eingetragen

Klipper-Schiffskarte

1858 Vaux und Olmsted entwerfen den Central Park; Gründung von Macy's

Menschen im Central Park

Epoche der Extravaganzen

New Yorks Wirtschaftsbosse wurden immer reicher. Für die Stadt begann ein Goldenes Zeitalter, in dem Prachtbauten entstanden. Neben Luxushotels wie dem Plaza und Waldorf Astoria wurden elegante Kaufhäuser für die Reichen errichtet, während in den Slums, etwa in der Lower East Side, Armut, Krankheit und Verbrechen an der Tagesordnung waren. Zugleich gab es politische und soziale Reformen. 1900 wurde die International Ladies' Garment Workers' Union gegründet. Sie kämpfte für die Rechte von Frauen und Kindern, die zum Hungerlohn in schäbigen Fabriken ohne Brandschutz arbeiteten.

Wachstum der Metropole
1890   Heute

Tor nach Amerika
Die Lower East Side war fünfmal dichter besiedelt als das restliche New York – damit war sie damals der am dichtesten besiedelte Ort der Welt.

Kein Platz zum Leben
Die überfüllten Mietwohnungen waren ein hygienisches Desaster. Oft fehlten Fenster, Luftschächte oder elementare Sanitäreinrichtungen.

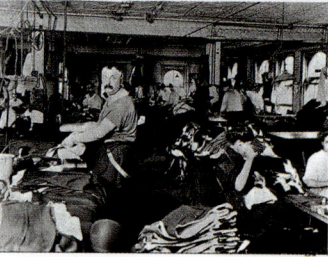

Im Sweatshop
Die Arbeiter schufteten viele Stunden zu Niedriglöhnen in den Ausbeutungsbetrieben des Garment District (hier der Betrieb von Moe Levy im Jahr 1912).

Parkblick
Das Dakota (1880) war das erste große Luxus-Apartmenthaus an der Upper West Side *(siehe S. 212)*.

Tram auf dem Broadway

1876 Eröffnung des von Fredrick Law Olmsted und Calvert Vaux entworfenen Central Park

1872 Eröffnung von Bloomingdale's

1877 A.G. Bell führt in New York das Telefon vor

1880 Erstmals Obst und Fleisch in Konservendosen; Eröffnung des Metropolitan Museum of Art; elektrische Straßenbeleuchtung

1865 — **1870** — **1875** — **1880** — **1885**

Innenraum der Stock Exchange

1873 Banken-Crash: Panik an der Börse

1879 Fertigstellung der St. Patrick's Cathedral; erste Telefonzelle der Stadt in der Nassau Street

1883 Eröffnung der Metropolitan Opera am Broadway; Fertigstellung der Brooklyn Bridge

1886 Enthüllung der Statue of Liberty

EPOCHE DER EXTRAVAGANZEN | 29

Flatiron Building
Am Madison Square (Schnittpunkt von Broadway, Fifth Avenue und 23rd Street) entstand 1902 einer der ersten Wolkenkratzer (21-stöckig mit dreieckigem Grundriss). Er bekam den Spitznamen Flatiron Building (»Bügeleisen-Haus«; siehe S. 123).

- Stahlkonstruktion
- Kunstvolle Kalksteinfassade
- Am spitzen Winkel ist das Gebäude nur 185 Zentimeter breit

Epoche der Extravaganzen
In der Morgan Library *(siehe S. 160f)*, einst Heim des Bankers Pierpont Morgan, sieht man die opulente Vergangenheit der Stadt. Auch das Museum of the City of New York *(siehe S. 195)* zeigt Räume aus jener Zeit.

Mark Twains Geburtstagsfeier
Mark Twain, dessen Roman *Das vergoldete Zeitalter* (1873) den dekadenten Lebensstil der New Yorker beschreibt, feierte bei Delmonico's Geburtstag.

Stadt der Mode
Lord & Taylor richteten am Broadway ein Modehaus ein. Die Sixth Avenue zwischen 14th und 23rd Street wurde als *Fashion Row* bekannt.

Palastleben
Herrenhäuser säumten die Fifth Avenue. Zur Zeit seiner Erbauung (1882) lag W. K. Vanderbilts Palast im italienischen Stil am nördlichen Ende der Fifth Avenue (Nr. 660).

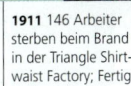

1897 Eröffnung des Waldorf Astoria, des größten Hotels der Welt

1898 Fünf Stadtgemeinden vereinen sich zur zweitgrößten Stadt der Welt

1913 Das Woolworth Building ist das höchste Gebäude der Welt; Eröffnung des Grand Central Terminal und des Apollo Theater in Harlem

| 1895 | 1900 | 1905 | 1910 |

1891 Eröffnung der Carnegie Hall

1900 Bürgermeister Robert Van Wyck macht den ersten Spatenstich für die U-Bahn mit einem Silberspaten

1901 Eröffnung von Macy's am Broadway

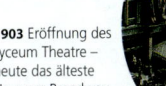

1903 Eröffnung des Lyceum Theatre – heute das älteste Haus am Broadway

1911 146 Arbeiter sterben beim Brand in der Triangle Shirtwaist Factory; Fertigstellung der New York Public Library

Zwischen den Weltkriegen

Die 1920er Jahre waren für manche New Yorker ein Synonym für Lebenslust. Leitfigur war Bürgermeister Jimmy Walker, der Revuegirls nachstieg und in »Speakeasies« verkehrte. Mit dem Börsenkrach von 1929 endete diese Zeit. 1932 trat Walker wegen Korruption zurück. Ein Viertel aller New Yorker war damals arbeitslos. Mit Bürgermeister Fiorello LaGuardia begann ab 1933 ein neuer Aufschwung.

Wachstum der Metropole
☐ 1933   ☐ Heute

Exotische Kostüme
Revuegirls waren eine Attraktion im Cotton Club.

The Cotton Club
Der Nightclub in Harlem bot den besten Jazz in New York. Bandleader war Duke Ellington, später Cab Calloway. Die Leute strömten aus der ganzen Stadt in den Club.

»Speakeasies« und Prohibition
Alkohol war verboten, wurde aber in illegalen Kaschemmen (»Speakeasies«) ausgeschenkt.

Home-Run-König
1927 erzielte der Baseball-Star Babe Ruth 60 *home runs* für die Yankees. Deren Stadion (siehe S. 251) galt nun als »das von Ruth erbaute Haus«.

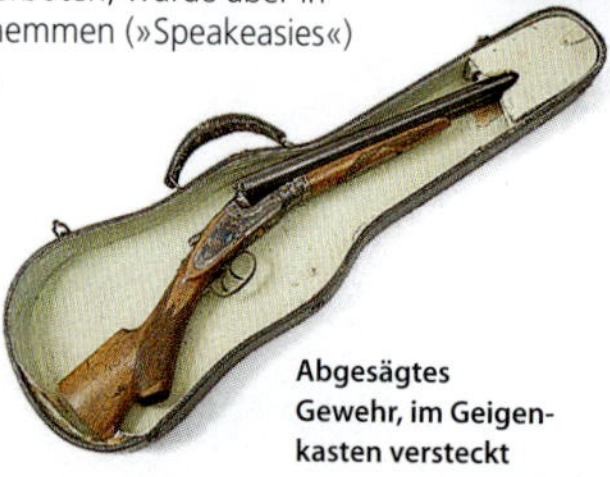

Abgesägtes Gewehr, im Geigenkasten versteckt

Gangster
Dutch Schultz war Boss eines illegalen Alkoholschmuggelrings.

1918 Ende des Ersten Weltkriegs

1919 Mit dem Alkoholverbot beginnt die Prohibitionszeit

1920 Frauenwahlrecht in den USA

Eröffnung des Holland Tunnel

1926 Jimmy Walker wird Bürgermeister

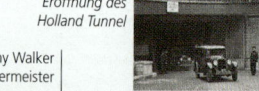

1931 Das Empire State Building ist das höchste Gebäude der Welt

1920 — **1925** — **1930**

1924 In Harlem wird der Autor James Baldwin geboren

1925 Erstausgabe von *The New Yorker*

1927 Lindbergh fliegt über den Atlantik; erster Tonfilm: *The Jazz Singer*; Eröffnung des Holland Tunnel

1929 Börsenkrach; Beginn der Großen Depression

1930 Fertigstellung des Chrysler Building

ZWISCHEN DEN WELTKRIEGEN | 31

Magnet Harlem
Schwarze Musiker wie Cab Calloway hatten Auftrittsverbot in vielen Downtown-Clubs – ihr Reich war der Cotton Club.

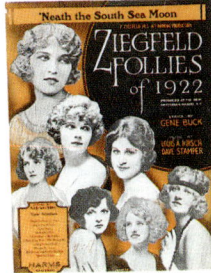

Broadway-Melodien
Am Broadway erlebte das Musical seine Blütezeit. In den 1920er Jahren gab es einen Premierenrekord.

Große Depression
Die *Roaring Twenties* endeten mit dem Börsenkrach vom 29. Oktober 1929. New York traf es hart: Im Central Park wurden Wohnzelte errichtet. Tausende waren arbeitslos. Künstler wurden allerdings im Programm der Works Projects Administration (WPA) aufgefangen: In der ganzen Stadt entstanden Wandbilder und Kunst im öffentlichen Raum.

Nach dem Börsencrash 1929

Lindberghs Flugzeug *Spirit of St. Louis*

Frühstückskarte

Lindberghs Flug
Lindberghs Atlantikflug (1927) wurde von den New Yorkern auf vielfache Weise gefeiert, etwa mit einem Frühstück ihm zu Ehren.

Rockefeller Center
Am 1. Mai 1939 legt der Millionär John D. Rockefeller letzte Hand an bei der feierlichen Eröffnung des Rockefeller Center.

Massenereignis
45 Millionen Menschen besuchten 1939 die New Yorker Weltausstellung.

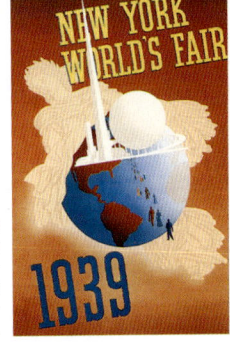

1933 Aufhebung der Prohibition; Fiorello LaGuardia beginnt die erste von drei Amtsperioden als Bürgermeister

1940 Eröffnung des Queens-Midtown-Tunnels

1942 Verdunklung des Times Square im Zweiten Weltkrieg; Eröffnung des Idlewild International Airport (jetzt John F. Kennedy Airport)

1935 — **1940** — **1945**

 **1936** Robert Moses übernimmt die Parkverwaltung; neue Parks entstehen

 1939 Rockefeller Center vollendet

1941 Die USA treten in den Zweiten Weltkrieg ein

 **1944** Der Schwarze Adam Clayton Powell wird Kongressmitglied

New York 1945–1990

Nach dem Zweiten Weltkrieg erlebte New York seine besten und seine schlimmsten Zeiten. Die Stadt wurde 1946 Sitz des UN-Hauptquartiers. In den 1950er Jahren setzten neue Entwicklungen in Kunst, Dichtung und Jazz ein. Die Stonewall-Unruhen der 1960er Jahre waren der Beginn der amerikanischen Schwulenbewegung. Doch die Stadt hat auch wirtschaftliche Hochs und Tiefs erlebt. 1975 war New York nahezu bankrott und drohte unter einem Schuldenberg zu ersticken. Trotz einer leichten Erholung, die Anfang der 1980er Jahre von der Wall Street ausging, kam die Stadt nicht auf die Beine, was schließlich in der Rezession von 1989 kulminierte.

1959 Eröffnung des Solomon R. Guggenheim Museum

1945 Ende des Zweiten Weltkriegs

1946 Einrichtung des UN-Hauptquartiers in New York

1951 Jack Kerouac schreibt *On the Road (Unterwegs)*, das Manifest der Beat Generation, in seinem Apartment in Manhattan

1963 Abbruch der Pennsylvania Station

1945	1950	1955	1960
Bürgermeister:	Impellitteri	Wagner	
1945	1950	1955	1960

1954 Schließung von Ellis Island

1953 Merce Cunningham gründet die Dance Company

1947 Jackie Robinson, der erste schwarze Baseballspieler in der Oberliga, unterzeichnet bei den Brooklyn Dodgers

1964 New Yorker Weltausstellung; Rassenkonflikte in Harlem und Bedford-Stuyvesant; die Verrazano Narrows Bridge verbindet Brooklyn mit Staten Island; Auftritt der Beatles im Shea Stadium

Souvenirtuch

NEW YORK 1945–1990 | **33**

1967 Das Hippie-Musical *Hair* wird uraufgeführt und später vom Biltmore Theater übernommen

1968 20 000 Hippies demonstrieren im Central Park; Sit-ins von Studenten an der Columbia University

1971 Retrospektive des Popkünstlers Andy Warhol im Whitney Museum

1983 Wirtschaftsboom: Grundstückspreise schnellen in die Höhe; Immobilienkönig Donald Trump, Identifikationsfigur der »Yuppies« der 1980er Jahre, errichtet den Trump Tower

1977 Blackout von 25 Stunden, es kommt zu Unruhen und Plünderungen

1988 Ein Viertel aller New Yorker lebt unterhalb der Armutsgrenze

1965	1970	1975	1980	1985
Lindsay	Beame		Koch	
1965	1970	1975	1980	1985

1969 Stonewall-Unruhen

1975 Ein Bundesdarlehen rettet New York vor dem Bankrott

1981 New York ist wieder solvent

1973 Fertigstellung des World Trade Center

1980 John Lennon wird vor seinem Apartment in der Upper West Side erschossen

1986 Bürgermeister Ed Kochs Administration wird von Korruptionsskandalen erschüttert; 100-jähriges Jubiläum der Statue of Liberty

1987 Black Monday (Börsenkrach)

Modernes New York

Seit den 1990er Jahren geht die Kriminalitätsrate in New York zurück. Dafür hat die Gentrifizierung zugenommen und macht einst heruntergekommene Viertel wie Harlem, Lower Manhattan und Brooklyn attraktiv. Tourismus und Wirtschaft boomen – sogar nach dem Terrorangriff 2001 auf die ikonischen Zwillingstürme des World Trade Center. Auch die Finanzkrise 2008 oder Hurricane Sandy 2012 konnten den Trend nicht stoppen. Diese Regenerationsfähigkeit ist für »die Stadt, die niemals schläft«, charakteristisch.

1990 Amtsantritt von David Dinkins, New Yorks erster schwarzer Bürgermeister

1996 Sanierung des Times Square; die Stadt gehört mittlerweile zu den sichersten US-Städten

1997 Giuliani wird Bürgermeister

2000 Stadtbevölkerung erricht die Acht-Millionen-Marke

2005 Bürgermeister Bloomberg wird wiedergewählt

2002 Robert De Niro ist einer der Gründer des Tribeca Film Festival

1990	1995	2000	2005
Dinkins	Giuliani		Bloomberg

1990 Ellis Island wird als Museumsinsel wiedereröffnet

1994 New York Rangers gewinnen den Stanley Cup, die begehrteste Eishockey-Trophäe

1993 Im Keller des World Trade Center explodiert eine Bombe in einem Lastwagen; sechs Menschen sterben

2003 Bürgermeister Bloomberg erlässt für Bars, Clubs und Restaurants ein Rauchverbot

2001 Terrorangriff auf das World Trade Center, beide Türme stürzen in sich zusammen; Bürgermeister Giuliani unterstützt die New Yorker emotional

2002 In der sanierten 42nd Street, Ecke Broadway und Times Square, gehen die Lichter wieder an

MODERNES NEW YORK | 35

2008 Die Hypothekenkrise erreicht die Wall Street: Der Dow Jones fällt um 500 Punkte; die 150 Jahre alte Investmentbank Lehman Brothers beantragt Insolvenz

2013 Eröffnung des One World Trade Center (früher: Freedom Tower)

2014 Eröffnung des National September 11 Museum

2009 Dritte Amtszeit von Michael Bloomberg

2015 Eröffnung des neuen Whitney Museum of American Art von Architekt Renzo Piano auf der High Line

2011 Das National September 11 Memorial eröffnet am zehnten Jahrestag der Anschläge

20.01.2017 Donald Trump wird US-Präsident

2010 — 2015 — 2020

De Blasio

2010 — 2015 — 2020

2007 Die New York Giants gewinnen den Super Bowl XLII

2010 Chaos durch einen der größten Schneestürme in der Geschichte der Stadt

2017 Terroranschlag im Hudson River Park (Halloween) und versuchter Anschlag beim Port Authority Bus Terminal (Dez)

2014 Bill de Blasio wird erster demokratischer Bürgermeister seit 1993; seit 2018 zweite Amtszeit

Bürgermeister Bill de Blasio

2009 Ein Airbus von US Airways muss wegen Vogelschlags im Hudson River notlanden. Alle 155 Passagiere überleben

2012 Hurricane Sandy trifft New York und verursacht Überflutungen und massive Schäden in der ganzen Stadt

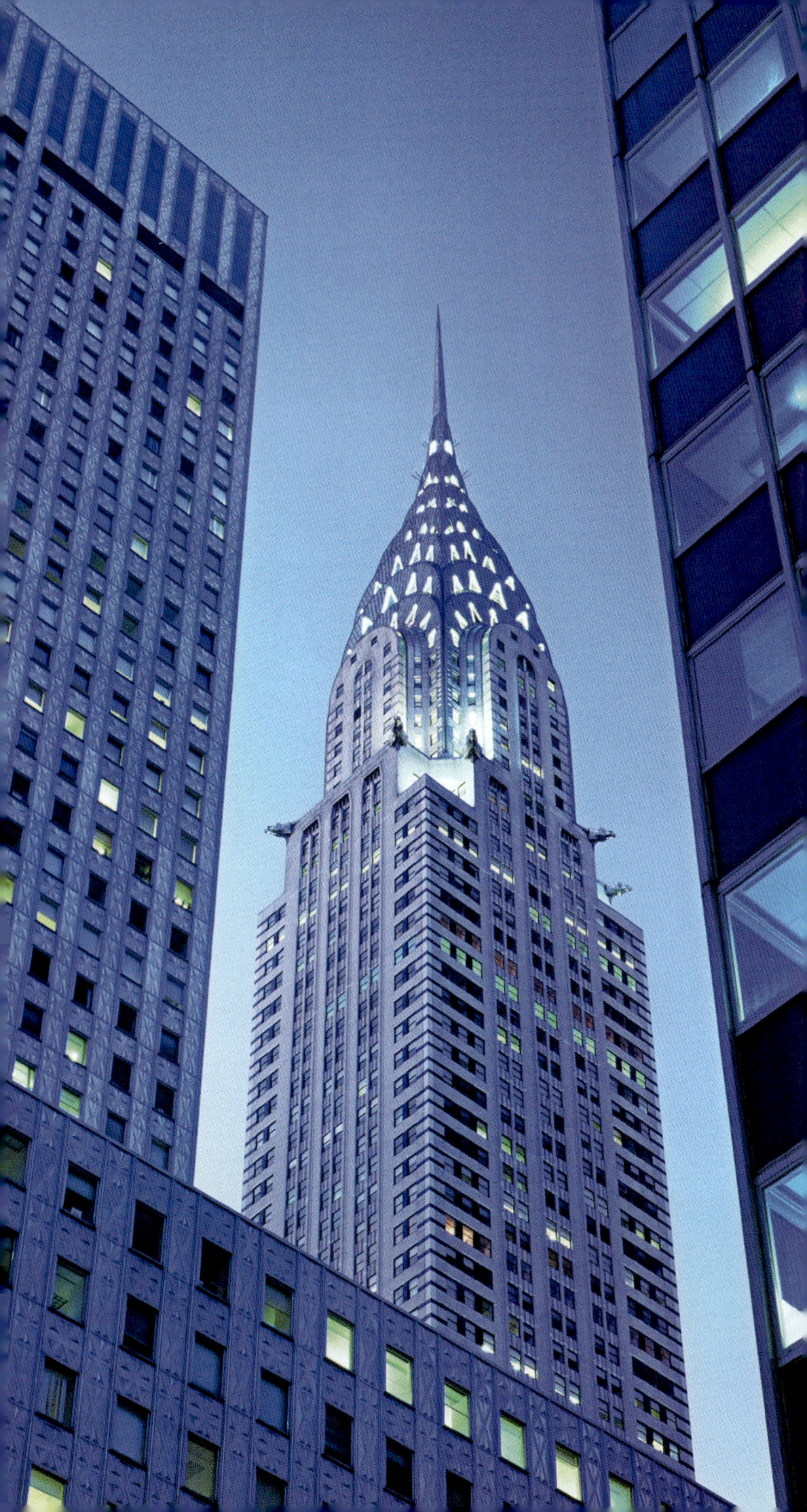

NEW YORK STELLT SICH VOR | **37**

New York im Überblick

Das Kapitel *Die Stadtteile New Yorks* beschreibt rund 300 Sehenswürdigkeiten – von der turbulenten Börse *(siehe S. 72f)* bis zu den beschaulichen Strawberry Fields im Central Park *(siehe S. 202)*, von historischen Synagogen bis zu den Wolkenkratzern. Auf den folgenden Seiten werden die Highlights der Stadt kurz vorgestellt: Museen und Architektur, Menschen und Kulturen, die diese einmalige Metropole geprägt haben. Bei jeder Sehenswürdigkeit finden Sie einen Seitenverweis zur ausführlichen Beschreibung. Diese Seite versammelt zunächst die zehn größten Attraktionen.

New Yorks Hauptsehenswürdigkeiten

Ellis Island
Seiten 82f

Empire State Building
Seiten 132f

National September 11 Memorial
Seite 74

One World Trade Center
Seiten 74f

Museum of Modern Art (MoMA)
Seiten 168–171

Central Park
Seiten 198–203

Metropolitan Museum of Art
Seiten 186–193

Statue of Liberty
Seiten 78f

Brooklyn Bridge
Seiten 232–235

High Line
Seite 134

◄ Das Chrysler Building, eine Art-déco-Ikone *(siehe S. 151)*

Highlights: Museen und Sammlungen

New Yorks Museen reichen vom opulenten Metropolitan Museum bis zur Privatsammlung von J. Pierpont Morgan. Viele Museen präsentieren New Yorks kulturelles Erbe und vermitteln ein Bild der Menschen und Ereignisse, die New York zu dem machten, was es heute ist. Die Karte zeigt einige Highlights, die auf den Seiten 40f vorgestellt werden.

Intrepid **Sea, Air and Space Museum**
Das Museum zur Geschichte der Marine, der Unterwasserforschung und der Luftfahrt ist in einem Flugzeugträger am Pier 86 untergebracht.

Morgan Library & Museum
Hier findet sich eine der weltweit besten Sammlungen von Handschriften, Drucken und Büchern – darunter diese französische Bibel von 1230.

Whitney Museum of American Art
Joseph Stellas *Brooklyn Bridge: Variation on an Old Theme* (1939) ist eine der vielen New-York-Ansichten in dieser ungewöhnlichen Sammlung.

Lower East Side Tenement Museum
Touren durch die enge Mietskaserne von 1863 vermitteln einen Eindruck von den Lebensverhältnissen der Einwandererfamilien.

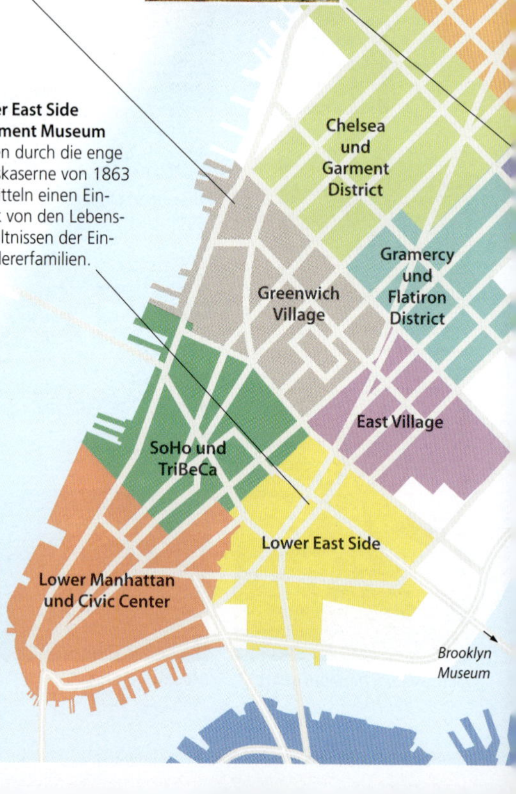

Ellis Island
Das Museum erzählt über die Schicksale von Millionen von Immigranten.

Midtown West und Theater District

Chelsea und Garment District

Gramercy und Flatiron District

Greenwich Village

East Village

SoHo und TriBeCa

Lower East Side

Lower Manhattan und Civic Center

Hudson River

Brooklyn Museum

MUSEEN UND SAMMLUNGEN | 39

Museum of Modern Art
Picassos *Ziege* (1950) gehört zu den Werken, die im renovierten MoMA zu sehen sind.

Morningside Heights und Harlem

Museum of the City of New York
Kostüme, Kunstgegenstände und Haushaltsgeräte wie diese Silberschüssel (1725) geben einen Eindruck von New Yorks Vergangenheit.

Upper West Side

Central Park

American Museum of Natural History
Dinosaurier, Meteoriten und vieles mehr haben Generationen von Besuchern fasziniert.

Cooper Hewitt, Smithsonian Design Museum
Eine Fülle angewandter Kunst findet sich in der einstigen Stadtvilla des Stahl-Tycoons Andrew Carnegie in der Upper East Side.

Upper East Side

Solomon R. Guggenheim Museum
Bilder und Skulpturen von fast allen Avantgarde-Künstlern des späten 19. und des 20. Jahrhunderts sind im restaurierten, einzigartigen Bauwerk von Frank Lloyd Wright zu sehen.

Upper Midtown

Lower Midtown

Metropolitan Museum of Art
Unter Millionen von Kunstwerken wurde dieses ägyptische Fayence-Nilpferd (12. Dynastie) zum Maskottchen des Hauses.

East River

0 Kilometer 2
0 Meilen 1

Brooklyn

Frick Collection
Die Sammlung des Eisenbahnmagnaten Henry Clay Frick (1849–1919) wird in seinem Haus gezeigt. Eines der Bilder ist *Die Verzückung des hl. Franziskus* (um 1480) von Giovanni Bellini.

Überblick: Museen und Sammlungen

Man könnte in den New Yorker Museen Monate zubringen – und es würde nicht reichen. Über 60 Museen gibt es allein in Manhattan, noch einmal halb so viele in den anderen Stadtteilen. Keine andere Stadt der Welt kann New York diesbezüglich übertreffen. Zu sehen sind Werke Alter Meister, Dampfmaschinen, Dinosaurier, Puppen, tibetische Gobelins bis hin zu afrikanischen Masken. Einige Museen bleiben montags oder an einem anderen Tag geschlossen, viele haben an einem oder zwei Abenden längere Öffnungszeiten. Die meisten Museen verlangen Eintritt, ansonsten sind Spenden immer willkommen.

Malerei und Plastik

New York ist bekannt für seine Kunstmuseen. Das **Metropolitan Museum of Art** besitzt eine umfangreiche Sammlung amerikanischer Kunst, daneben weltberühmte Meisterwerke. Die Nebenstelle **The Cloisters** (in Upper Manhattan) zeigt Kunst und Architektur des Mittelalters, die **Frick Collection** eine herrliche Auswahl Alter Meister. Impressionistische und moderne Werke sind im erweiterten **Museum of Modern Art (MoMA)** zu sehen.

Auch das **Whitney Museum of American Art** und das **Solomon R. Guggenheim Museum** sind auf die Moderne spezialisiert – die Whitney-Biennale ist die bedeutendste Gemeinschaftsausstellung zeitgenössischer Künstler. Das **New Museum of Contemporary Art** hat sich der experimentellen Kunst verschrieben, während das **American Folk Art Museum** Kunsthandwerk zeigt. In einem grandiosen Gebäude an der Fifth Avenue präsentiert die **Neue Galerie New York** eine exquisite Sammlung deutscher und österreichischer Kunst sowie Design. Das **Studio Museum** in Harlem stellt Werke afroamerikanischer Künstler aus.

Handwerk und Design

Wer sich für Textilien, Porzellan und Glas, Spitze, Stickereien, Tapeten und Drucke interessiert, sollte das **Cooper Hewitt, Smithonian Design Museum** besuchen, eine Abteilung der Washingtoner Smithsonian Institution. Die Design-Abteilung des **MoMA** ist ebenso bekannt wie die Gemäldesammlung. Sie verfolgt die Entwicklung des Designs etwa bei Uhren und Bettsofas. Das **Museum of Arts and Design** präsentiert Kunsthandwerk unserer Zeit. Das **American Folk Art Museum** stellt Volkstümliches vor, etwa Decken und Gehstöcke. Silberwaren gibt es im **Museum of the City of New York** zu sehen. Das **National Museum of the American Indian** zeigt Kunst und Handwerk der Ureinwohner.

The Peaceable Kingdom (um 1833 / 34) von Edward Hicks, Brooklyn Museum

Maisstrohpuppe, American Museum of Natural History

Druck und Fotografie

Das kleine, feine **International Center of Photography Museum** ist das einzige Museum in New York, das sich ausschließlich der Fotografie widmet. Fotosammlungen gibt es auch im **Metropolitan Museum of Art** und im **MoMA**. Beispiele früher Fotografie sind im **Museum of the City of New York** und auf **Ellis Island** zu sehen.

Drucke und Zeichnungen großer Buchillustratoren wie Kate Greenaway und John Tenniel werden in der **Morgan Library & Museum** ausgestellt. Das **Cooper Hewitt, Smithsonian Design Museum** zeigt Beispiele kunsthandwerklicher Drucke.

Möbel und Kostüme

Die alljährliche Ausstellung des Modemuseums im **Metropolitan Museum of Art** lohnt den Besuch unbedingt, ebenso der amerikanische Flügel mit 24 original möblierten Zimmern, die die Lebensweise in verschiedenen Epochen von 1640 bis ins 20. Jahrhundert festhalten. Speziell auf New York bezogen gibt es ähnliche Meublements (ab der holländischen Zeit, 17. Jh.) im **Museum of the City of New York**.

Einige Wohnhäuser sind ebenfalls als Museen eingerichtet und zeigen den Möbelstil im alten New York. Das **Merchant's House Museum**, ein gut erhaltenes Wohnhaus von 1832, wurde 98 Jahre lang von einer Familie bewohnt. **Gracie Mansion** wurde 1799 von Archibald Gracie errichtet. Es dient als Residenz des Bürgermeisters und ist nur zeitweise öffentlich zugänglich. Besuchen kann man das **Geburtshaus von Theodore Roosevelt**, in dem der 26. Präsident der USA aufwuchs, sowie das **Mount Vernon Hotel Museum**, ein Gasthaus aus dem frühen 19. Jahrhundert.

MUSEEN UND SAMMLUNGEN | 41

Exponat im National Museum of the American Indian

Geschichte
Amerikanische Geschichte wird in der **Federal Hall** lebendig, auf deren Balkon George Washington im April 1789 den Amtseid leistete. Die Zeit des kolonialen New York zeigt das **Fraunces Tavern Museum**. Auf **Ellis Island** und im **Lower East Side Tenement Museum** wird die soziale Situation und die tägliche Mühsal der Immigranten deutlich.

Das **Museum of Jewish Heritage** in der Battery City erinnert an den Holocaust. Heldenmut und Tragödien sind Themen im **New York City Fire Museum**. Das **South Street Seaport Museum** vermittelt Einblick in die frühe Schifffahrtsgeschichte.

Technologie und Naturgeschichte

Bongas im Wald, American Museum of Natural History

Das **American Museum of Natural History** hat riesige Sammlungen zu Flora, Fauna und zu Kulturen aus der ganzen Welt. Sein angegliedertes Hayden Planetarium im Rose Center bietet sensationelle Eindrücke vom Weltraum. Das *Intrepid Sea, Air and Space Museum* dokumentiert Technik, insbesondere Militärtechnik, an Deck eines Flugzeugträgers.

Wenn Sie die erste Landung auf dem Mond oder aber eine Lucille-Ball-Sitcom im Fernsehen versäumt haben sollten, können Sie das im **Paley Center for Media** nachholen, wo Sie eine unvorstellbare Menge klassischer Medien-Highlights vorfinden.

Kunst anderer Kulturen
Verschiedene Spezialsammlungen befassen sich mit der Kunst anderer Völker. Die **Asia Society** und die **Japan Society** zeigen ostasiatische Kunst. Das **Jewish Museum** besitzt umfangreiche Sammlungen von Judaika und organisiert Wechselausstellungen zu diesem Thema. Puerto-ricanische Kunst ist Thema im **Museo del Barrio**, das auch präkolumbische Kunst präsentiert. Eindrucksvoll informiert das **Schomburg Center for Research in Black Culture** über afroamerikanische Kunst und Geschichte. Ausgezeichnet sind die multikulturellen Ausstellungen im **Metropolitan Museum of Art** – vom alten Ägypten bis zum zeitgenössischen Afrika.

Ägyptische Mumie, Brooklyn Museum

Bibliotheken
New Yorks bedeutende Bibliotheken, etwa **Morgan Library & Museum**, besitzen exquisite Kunstsammlungen und bieten die Möglichkeit, seltene Bücher genauer zu betrachten. Die **New York Public Library** stellt u. a. die Manuskripte bedeutender literarischer Werke der Weltgeschichte aus.

Außerhalb Manhattans
Einen Besuch lohnt das **Brooklyn Museum** mit Exponaten aus aller Welt und über einer Million Gemälden. Das **Museum of the Moving Image** in Queens dokumentiert die Geschichte des Films. Ein wahres Schatzkästchen ist das **Jacques Marchais Museum of Tibetan Art** auf Staten Island. Das dortige **Historic Richmond Town** präsentiert u. a. ein rekonstruiertes Dorf aus dem frühen 17. Jahrhundert.

Museen

American Folk Art Museum *S. 213*
American Museum of Natural History *S. 210f*
Asia Society *S. 183*
Brooklyn Museum *S. 238–241*
Cloisters Museum, The *S. 246–249*
Cooper Hewitt, Smithsonian Design Museum *S. 182*
Ellis Island *S. 82f*
Federal Hall *S. 70*
Fraunces Tavern Museum *S. 80*
Frick Collection *S. 196f*
Gracie Mansion *S. 194f*
Historic Richmond Town *S. 258*
International Center of Photography Museum *S. 95*
Intrepid Sea, Air and Space Museum *S. 145*
Jacques Marchais Museum of Tibetan Art *S. 258*
Japan Society *S. 154f*
Jewish Museum *S. 182*
Lower East Side Tenement Museum *S. 92f*
Merchant's House Museum *S. 116*
Metropolitan Museum of Art *S. 186–193*
Morgan Library & Museum *S. 160f*
Mount Vernon Hotel Museum *S. 194*
Museo del Barrio *S. 225*
Museum of Arts and Design *S. 145*
Museum of the City of New York *S. 195*
Museum of Jewish Heritage *S. 76*
Museum of Modern Art *S. 168–171*
Museum of the Moving Image *S. 257*
National Museum of the American Indian *S. 77*
Neue Galerie New York *S. 182*
New Museum of Contemporary Art *S. 94*
New York City Fire Museum *S. 101*
New York Public Library *S. 142*
Paley Center for Media *S. 167*
Schomburg Center for Research in Black Culture *S. 223*
Solomon R. Guggenheim Museum *S. 184f*
South Street Seaport Museum *S. 84*
Studio Museum *S. 224f*
Theodore Roosevelt Birthplace *S. 123*
Whitney Museum of American Art *S. 108f*

Highlights: Architektur

Auch wenn New Yorks Architektur weltweiten Trends folgte, wahrte sie – geografisch und auch wirtschaftlich bedingt – immer eine besondere Note. Eine Inselstadt muss zwangsläufig in die Höhe bauen. Diese Tendenz zeigte sich schon früh in schmalen, hohen Stadthäusern, später in Apartmenthäusern und Wolkenkratzern. Als Baumaterial dienten oft Gusseisen *(cast iron)* und brauner Sandstein *(brownstone)*. Sie waren verfügbar und preisgünstig. Praktische Zwänge führten zu eigenständigen, eindrucksvollen Lösungen. Einen genaueren Überblick über die New Yorker Architektur finden Sie auf den Seiten 44f.

Apartmenthäuser
Das Majestic Building ist einer von fünf Art-déco-Blocks am Central Park West.

Gusseisen-Architektur
Gusseisen aus Massenproduktion diente zum Fassadenbau. Beispiele finden sich in SoHo, etwa das hier abgebildete Haus Greene Street 28–30.

Postmoderne
Die eigenwilligen, eleganten Formen des 1985 erbauten World Financial Center, heute Brookfield Place *(siehe S. 71)*, markieren eine Abkehr von den glatten Stahl- und Glaskästen der 1950er und 1960er Jahre.

Brownstone
Der heimische braune Sandstein war das bevorzugte Baumaterial der Mittelschichthäuser im 19. Jahrhundert. Ein typisches Beispiel ist das India House in der Wall Street im Stil eines florentinischen Palazzo.

- Midtown West und Theater District
- Chelsea und Garment District
- Hudson River
- Greenwich Village
- Gramercy und Flatiron District
- East Village
- SoHo und TriBeCa
- Lower East Side
- Lower Manhattan und Civic Center

ARCHITEKTUR | **43**

Morningside Heights und Harlem

Upper West Side

Central Park

Upper East Side

Upper Midtown

Lower Midtown

East River

0 Kilometer 2
0 Meilen 1

Brooklyn

Villen aus dem 19. Jahrhundert
Das Jewish Museum *(siehe S. 182)*, einst Wohnsitz des Bankers Felix M. Warburg, ist ein Beispiel für den französischen Renaissance-Stil, der für diese Villen typisch ist.

Beaux Arts
Ein Beispiel für den verschwenderischen Lebensstil der reichen Bewohner ist die Beaux-Arts-Pracht des Frick Mansion.

Moderne
Die glatte, schmucklose und doch monumentale Bronze-Glas-Fassade des Seagram Building ist typische Nachkriegsarchitektur *(siehe S. 173)*.

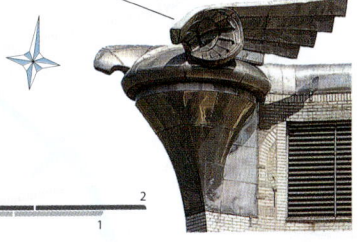

Wolkenkratzer
Die Highlights der New Yorker Architektur vereinigen hohes bauliches Können mit fantasievollem Dekor, etwa bei diesem Wasserspeier am Chrysler Building.

Mietshäuser
Diese Häuser wurden vornehmlich in der Lower East Side für eine ökonomische Form des Wohnens konstruiert und sollten für viele den Aufbruch in ein neues Leben markieren. Oft waren sie hoffnungslos überfüllt und hatten unzureichende oder gar keine Belüftung.

Federal Style
Der Stil öffentlicher Gebäude des 19. Jahrhunderts wurde bei der City Hall mit dem Stil der französischen Renaissance kombiniert.

Überblick: Architektur

New York bezog 200 Jahre lang seine architektonischen Anregungen aus Europa. Heute sind in Manhattan keine Bauten der holländischen Zeit mehr erhalten. Die meisten fielen dem Großbrand von 1776 zum Opfer oder wurden im 19. Jahrhundert abgerissen. Im 18. und 19. Jahrhundert folgte New York noch ganz der europäischen Architektur. Erst mit dem Beginn der Gusseisen-Architektur ab Mitte des 19. Jahrhunderts, mit dem Art-déco-Stil und den immer höher emporstrebenden Wolkenkratzern fand die Stadt ihren eigenen Stil.

Federal Style

Die amerikanische Variante des klassizistischen Adam Style prägte die ersten Jahrzehnte der jungen Nation: rechteckige, ein- bis zweistöckige Gebäude mit niedrigem Dach, Balustraden und Zierelementen. Die **City Hall** (1811, John McComb Jr. und Joseph François Mangin) ist eine Verschmelzung von Federal Style und französischer Renaissance. Auch die restaurierten Lagerhäuser der **Schermerhorn Row** (um 1812) im Hafenviertel sind typisch für New York.

Brownstones

Der im nahen Tal des Connecticut River und am Hackensack River (New Jersey) reichlich vorhandene und damit preiswerte Sandstein war im 19. Jahrhundert das bevorzugte Baumaterial. In allen Wohnbezirken der Stadt stehen kleinere Häuser oder Wohnanlagen aus Sandstein – besonders schöne Beispiele findet man in **Chelsea**. Aufgrund der beengten Raumverhältnisse waren die meisten Gebäude sehr schmal und zugleich sehr lang. Ein typisches Brownstone-Haus hat eine Treppe zum Haupteinang, den sogenannten *stoop*. Eine weitere Treppe führt zum Souterrain hinab, wo früher das Dienstpersonal untergebracht war.

Sozialer Wohnungsbau

Die Wohnblocks *(tenements)* wurden ab 1840 bis zum Ersten Weltkrieg für die Massen von Einwanderern errichtet. Die fünfstöckigen Blocks waren rund 30 Meter lang und acht Meter breit. Teilweise waren die Zimmer fensterlos, dadurch finster und durch winzige Luftschächte kaum belüftet. Die kleinen Wohnungen hießen *railroad flats*, weil sie an Bahnwaggons erinnerten. Später baute man größere Luftschächte zwischen den Gebäuden, was jedoch die Ausbreitung von Feuersbrünsten begünstigte. Im **Lower East Side Tenement Museum** sieht man Modelle der alten Mietwohnungen.

Typisches Sandsteinhaus mit Treppe zum Haupteingang

Gusseisen-Architektur

Gusseisen, eine amerikanische architektonische Innovation im 19. Jahrhundert, war billiger als Stein oder Ziegel und erlaubte die Vorfertigung von Fassaden und Ornamenten in der Gießerei. Heute besitzt New York die meisten ganz oder teilweise mit Gusseisen gestalteten Fassaden der Welt. Schöne Cast-Iron-Buildings (um 1870) sind im **SoHo Cast-Iron Historic District** zu finden.

Originale Gusseisen-Fassade, 72–76 Greene Street, SoHo

Beaux Arts

Öffentliche Gebäude und luxuriöse Privatresidenzen in New Yorks Goldenem Zeitalter (1880–1920) waren von französischer Architektur geprägt. Aus dieser Zeit stammen viele prominente New Yorker Architekten: Richard Morris Hunt (**Carnegie Hall** 1891; **Metropolitan Museum** 1895), der erste amerikanische Architekt, der 1845 in Paris studierte; Cass Gilbert (**National Museum of the American Indian** 1907; **New York Life Insurance Company Building** 1928; **United**

Verkleidungen

Einige besonders reizvolle Formen in der New Yorker Silhouette sind nichts weiter als Verkleidungen der so wichtigen – wenn auch hässlichen – Wassertanks auf dem Dach der Gebäude. Mit verzierten Kuppeln und Türmchen ließen findige Architekten historisierende Schlösser und Burgen in den Himmel aufragen. Als leicht zu erkennende Beispiele gelten die Aufbauten von zwei benachbarten Hotelbauten an der Fifth Avenue: die des Sherry-Netherland Hotel Ecke 60th Street und die des Hotel Pierre Ecke 61st Street.

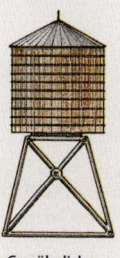

Gewöhnlicher Wasserturm

Das Dakota in der Upper West Side, gleich am Central Park gelegen, wurde 1884 erbaut

States Courthouse 1936); das Team Warren & Wetmore (**Grand Central Terminal** 1913; **Helmsley Building** 1929); Carrère & Hastings (**New York Public Library** 1911; **Frick Mansion** 1914). Das berühmteste Architektenteam der Stadt war um das Jahr 1900 McKim, Mead & White (**Villard Houses** 1884; **James A. Farley Post Office Building** 1913).

Apartmenthäuser

Mit der raschen Bevölkerungszunahme wurde Wohnraum knapp. Für die meisten New Yorker war ein Haus in Manhattan zu teuer, sodass auch die Reicheren dem Trend zu Wohnungen in Mehrfamilienhäusern folgten. 1884 begann mit Henry Hardenberghs Dakota *(siehe S. 212)*, einer der ersten Luxuswohnanlagen, der Bauboom der Jahrhundertwende an der Upper West Side.

Viele Wohnblocks der Begüterten hatten schlossähnlichen Charakter und wurden um Innenhöfe herum gebaut, die von der Straße aus nicht einsehbar sind. Wahrzeichen dieser Epoche wurden die vier **Twin Towers**, die zwischen 1929 und 1931, auf dem Höhepunkt der Art-déco-Architektur, am Central Park West entstanden: San Remo, Eldorado, Century und Majestic.

Wolkenkratzer

1902 errichtete D. Burnham das 91 Meter hohe **Flatiron Building** – Skeptiker sagten damals seinen baldigen Einsturz voraus. 1913 erreichte das **Woolworth Building** 241 Meter. Die oberen Gebäudeabschnitte wurden zurückversetzt, damit Sonnenlicht die Straße erreichte. Höchstes Gebäude der Welt wurde 1930 das **Chrysler Building** und 1931 das **Empire State Building**. Beide sind Art-déco-Klassiker, doch im Wettbewerb des *International Style* von 1932 war New York mit Raymond

Art-déco-Muster an der Spitze des Chrysler Building

Hoods **McGraw-Hill Building** vertreten.

Das World Trade Center (411 m), das am 11. September 2001 durch einen Terroranschlag zerstört wurde *(siehe S. 56)*, war ein Vertreter der »Glaskasten«-Moderne. Als Beispiel für die postmoderne Architektur gilt das **Citigroup Center** (1977). Das **One World Trade Center** ist mit 541,3 Metern das höchste Gebäude der USA.

Interessante Bauten

Carnegie Hall *S. 144*
Chelsea *S. 126–135*
Chrysler Building *S. 151*
Citigroup Center *S. 173*
City Hall *S. 84f*
Empire State Building *S. 132f*
Flatiron Building *S. 123*
Frick Mansion *S. 196f*
Grand Central Terminal *S. 152f*
Helmsley Building *S. 154*
James A. Farley Post Office Building *S. 131*
Lower East Side Tenement Museum *S. 92f*
McGraw-Hill Building *S. 143*
Metropolitan Museum of Art *S. 186–193*
National Museum of the American Indian *S. 77*
New York Life Insurance Company Building *S. 122*
New York Public Library *S. 142*
One World Trade Center *S. 74f*
Schermerhorn Row *S. 81*
SoHo Cast-Iron Historic District *S. 98f*
Twin Towers, Central Park West *S. 208*
United States Courthouse *S. 84*
Villard Houses *S. 172*
Woolworth Building *S. 85*

---

245 Fifth Avenue (Apartmenthaus)

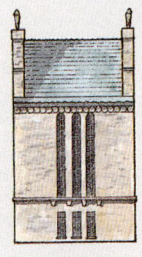

60 Gramercy Park North (Brownstone)

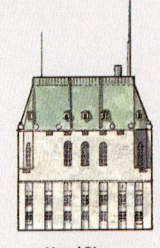

Hotel Pierre (Beaux Arts)

Sherry-Netherland Hotel (Beaux Arts)

Multikulturelles New York

An jeder Ecke New Yorks, selbst im Zentrum mit seinen Hochhäusern, stößt man auf die vielfältigen ethnischen Traditionen der Stadt. Eine Busfahrt führt Besucher von Madras nach Moskau, von Hongkong nach Haiti. Die Hauptwelle der Immigranten traf zwischen 1880 und 1910 ein (etwa 17 Millionen). Doch auch in den 1980er Jahren wanderten etwa eine Million Menschen ein, vor allem aus der Karibik und aus Asien. Sie haben ihren Platz in den Gemeinden ihrer Landsleute gefunden. Das ganze Jahr wird in New York irgendein ethnisches Fest gefeiert. Mehr über Volksfeste und Umzüge finden Sie auf den Seiten 52 – 55.

Hell's Kitchen
Der Name des Viertels könnte auf die Bedingungen hinweisen, unter denen die irischen Einwanderer einst hier lebten.

Little Korea
Nahe dem Herald Square gibt es ein kleines koreanisches Viertel mit vielen Restaurants.

Little Ukraine
Am 17. Mai werden in der St. George's Church Gottesdienste abgehalten, um die Bekehrung der Ukrainer zum Christentum zu feiern.

Little Italy
Im September versammelt sich die italienische Gemeinde elf Tage lang um die Mulberry Street, um auf den Straßen die Festa di San Gennaro zu feiern.

Midtown West und Theater District

Chelsea und Garment District

Gramercy und Flatiron District

Greenwich Village

East Village

SoHo und TriBeCa

Lower East Side

Lower Manhattan und Civic Center

0 Kilometer 2
0 Meilen 1

Chinatown
Jedes Jahr Ende Januar herrscht in der Mott Street ein fröhliches Treiben, wenn die Chinesen Neujahr feiern.

Lower East Side
Die Synagogen um die Rivington und Eldridge Street spiegeln das religiöse Leben des alten jüdischen Viertels wider.

MULTIKULTURELLES NEW YORK | 47

Morningside Heights und Harlem

Upper West Side

Central Park

Upper East Side

Upper Midtown

Harlem
Die bis zu zwei Stunden dauernde Sonntagsmesse in der Abyssinian Baptist Church gehört zu den schönsten in Harlem.

El Barrio
In East Harlem, auch bekannt als El Barrio bzw. Spanish Harlem, lebt eine der größten hispanischen Gemeinden der Stadt.

Upper East Side
Die prächtige St. Nicholas Russian Orthodox Cathedral in der East 97th Street ist das Gotteshaus der verstreuten weißrussischen Gemeinde. Die Sonntagsmesse wird auf Russisch abgehalten.

Yorkville
Nur wenige Cafés und Bierkeller konnten das Flair des ehemaligen deutschen Viertels in Uptown bewahren. Im September findet hier aber immer noch die Steuben-Parade statt.

Little Tokyo
Das winzige Areal ist übersät mit japanischen Läden, Supermärkten, Nudel- und Sushi-Bars.

Überblick: Multikulturelles New York

Auch die gebürtigen New Yorker haben Vorfahren aus anderen Ländern. Im 17. Jahrhundert siedelten hier Holländer und Engländer. Sie errichteten Handelsniederlassungen in der Neuen Welt. Bald wurde Amerika zum Symbol der Hoffnung für die Entrechteten ganz Europas. Mittellos und oft mit geringen Englischkenntnissen überquerten sie den Atlantik. Der Kartoffelmangel um 1840 trieb die ersten irischen Einwanderer nach Amerika. Es folgten Deutsche und andere Europäer, die durch die industrielle Revolution entwurzelt wurden. Die Ankömmlinge haben sich über ganz New York verteilt. Inzwischen sind hier etwa 200 Sprachen heimisch.

Türkische Einwanderer auf dem Idlewild Airport, 1963

Juden
Seit 1654 besteht die New Yorker jüdische Gemeinde. Die erste Synagoge, Shearith Israel, bauten Flüchtlinge aus Brasilien. Sie dient noch heute ihrer Bestimmung. Die ersten Siedler waren sephardische Juden spanischer Herkunft wie die prominente Familie Baruch. Es folgten deutsche Juden, die sich erfolgreich im Einzelhandel betätigten, darunter die Brüder Straus, Mitbesitzer des Kaufhauses Macy's. Verfolgungen in Russland führten zu einer Masseneinwanderung, die kurz vor 1900 einsetzte. Beim Ausbruch des Ersten Weltkriegs lebten etwa 600 000 Juden in der Lower East Side. Heute wirkt das Viertel eher hispanisch und asiatisch als jüdisch, doch manches erinnert noch an seine einstige Prägung.

Deutsche
Die ersten Deutschen ließen sich im 18. Jahrhundert in New York nieder. Seit den Tagen des Publizisten und Verlegers John Peter Zenger *(siehe S. 22)* setzt sich die deutsche Gemeinde in New York für die Meinungsfreiheit ein. Ihr entstammen Industriemagnaten wie John Jacob Astor, der erste Millionär der Stadt.

Italiener
Italiener kamen erstmals ab den 1830er Jahren, vor allem aus Norditalien nach dem Scheitern der dortigen Revolution. 1870–80 trieb die Armut in Süditalien viele weitere Italiener über den Atlantik. Sie wurden eine starke politische Kraft. Exponenten waren Fiorello LaGuardia (1882–1947) und Rudy Giuliani, zwei der beliebtesten Bürgermeister von New York.

Chinesen
Relativ spät kamen Chinesen nach New York. 1880 lebten ganze 700 in der Mott Street. Um 1940 waren sie die am schnellsten wachsende, sozial mobilste ethnische Gruppe, die die Grenzen von Chinatown bald überwand und in Brooklyn und Queens neue Chinesenviertel entstehen ließ. Das früher abgeschlossene Chinatown wird heute besonders gern von Besuchern frequentiert, die die Straßen, Märkte und Tempel, vor allem aber die vielen Restaurants und Läden erkunden.

Heiligenfiguren im Museo del Barrio *(siehe S. 225)*

Hispanische Amerikaner
Schon 1838 lebten Puerto Ricaner hier, nach dem Zweiten Weltkrieg kamen sie in großer Zahl auf der Suche nach Arbeit. Die meisten wohnen in der Bronx, in Brooklyn und im El Barrio, dem früheren Spanish Harlem. Angehörige der Mittelschicht aus Fidel Castros Kuba leben jetzt oft außerhalb von New York, üben aber großen Einfluss aus. Einwanderer aus der Dominikanischen Republik, Kolumbien, Mexiko, Ecuador und El Salvador findet man in Washington Heights.

Iren
Iren trafen erstmals 1840–50 in New York ein und hatten ein schweres Los. Vom Verhungern bedroht, arbeiteten sie hart, um den Slums in Five Points und Hell's Kitchen zu entkommen. Dabei halfen sie beim Aufbau der modernen Stadt. Viele traten in die Polizei oder die Feuerwehr ein und arbeiteten sich zu wichtigen Stellungen hoch. Andere wurden Geschäftsleute. Die vielen Irish Pubs sind beliebte Treffs für die verstreut lebende irische Gemeinde New Yorks.

Altar in einem buddhistischen Tempel in Chinatown *(siehe S. 91)*

Afroamerikaner

Harlem, wohl die bekannteste schwarze Großstadtgemeinde der westlichen Welt, lockt Besucher mit Gospels und *Soul Food*. Viele Afroamerikaner stammen von Sklaven ab, die auf den Südstaaten-Plantagen arbeiten mussten. Mit ihrer Befreiung in den 1860er Jahren begann die Wanderung in die Industriestädte des Nordens, die in den 1920er Jahren ihren Höhepunkt erreichte: Damals wuchs die schwarze Bevölkerung New Yorks von 83 000 auf 200 000 an. Harlem wurde Zentrum einer Renaissance der schwarzen Kultur (siehe S. 30f). Auch heute findet eine Wiederbelebung Harlems statt. Afroamerikaner sind mittlerweile über die ganze Stadt verteilt, die größte Gemeinde besteht in Bedford-Stuyvesant.

Schmelztiegel

Andere Gruppen lassen sich weniger eingrenzen, sind aber leicht zu finden. Zentrum der Ukrainer ist die St. George's Ukrainian Catholic Church im East Village (East 7th Street). Little Tokyo erstreckt sich entlang der East 9th Street. Viele Gemüseläden in Manhattan gehören Koreanern, die meist in Flushing (Queens) wohnen.

New Yorks religiöse Vielfalt zeigt sich im Islamic Center am Riverside Drive, im Islamic Cultural Center in der 96th Street mit der ersten großen Moschee New Yorks und in der Russian Orthodox Cathedral in der East 97th Street (siehe S. 195).

Bei der Parade zum griechischen Unabhängigkeitstag

Äußere Bezirke

Brooklyn und Queens sind am internationalsten. Hier wächst etwa die karibische Bevölkerung wegen der Einwanderer aus Jamaika und Haiti besonders schnell. Die karibische Gemeinde konzentriert sich um den Eastern Parkway zwischen Grand Army Plaza und Utica Avenue, wo im September eine Parade zum West India Day stattfindet.

Jüdische Emigranten aus Russland haben Brighton Beach in ein »Little Odessa by the Sea« verwandelt. Skandinavier und Libanesen haben sich in Bay Ridge, Finnen in Sunset Park niedergelassen. Borough Park und Williamsburg sind das Revier der orthodoxen Juden, Midwood hat einen eher israelischen Akzent. Italiener leben in Bensonhurst, Greenpoint ist polnisch geprägt, in der Atlantic Avenue ist die größte arabische Gemeinde der USA beheimatet.

Die Iren sind mit als Erste über den Harlem River in die Bronx vorgestoßen. Japanische Geschäftsleute fühlen sich im exklusiven Riverdale am wohlsten. Astoria (Queens) ist eines der markantesten ethnischen Viertel: Hier lebt die größte griechische Gemeinde außerhalb Griechenlands.

In Jackson Heights gibt es ein großes lateinamerikanisches Viertel, in dem u. a. Hunderttausende Kolumbianer wohnen. Hier und im benachbarten Flushing trifft man zudem auch viele Inder. Flushing hat darüber hinaus einen hohen Anteil an Bewohnern aus Ostasien, insbesondere aus China und Korea.

Orthodoxer Jude in Williamsburg

Prominente Einwanderer (siehe auch S. 50f)

Die Jahreszahl gibt den Zeitpunkt der Ankunft in New York an.

- **1893** Irving Berlin (Russland), Musiker
- **1894** Al Jolson (Litauen), Sänger
- **1896** Samuel Goldwyn (Polen), Filmmogul
- **1902** Joe Hill (Schweden), Gewerkschaftsaktivist
- **1903** Frank Capra (Italien), Regisseur
- **1904** Hyman Rickover (Russland), Entwickler des Atom-U-Boots
- **1906** »Lucky« Luciano (Italien), Gangster (abgeschoben 1946)
- **1908** Bob Hope (Großbritannien), Comedian
- **1909** Lee Strasberg (Österreich), Theaterintendant
- **1912** Claudette Colbert (Frankreich), Schauspielerin
- **1913** Rudolph Valentino (Italien), Schauspieler
- **1921** Bela Lugosi (Ungarn), *Dracula*-Darsteller
- **1923** Isaac Asimov (Russland), Wissenschaftler und Schriftsteller
- **1932** George Balanchine (Russland), Choreograf
- **1933** Albert Einstein (Deutschland), Wissenschaftler
- **1938** Familie von Trapp (Österreich), Sänger

Berühmte New Yorker

New York brachte einige der größten Talente des 20. Jahrhunderts hervor. Hier begann die Pop-Art, Manhattan ist Weltzentrum der modernen Kunst. Die jungen wilden Autoren der 1950er und 1960er Jahre – bekannt als Beat Generation – fanden Inspiration in den Jazzclubs. Auch Finanz- und Wirtschaftsbosse haben sich in der Finanzhauptstadt der Welt niedergelassen.

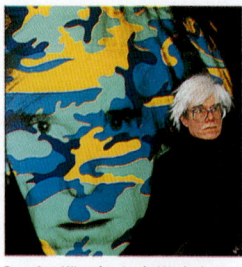

Pop-Art-Künstler Andy Warhol

Der Schriftsteller James Baldwin

Schriftsteller

In New York entstand große Literatur. 1791 erschien *Eine wahre Geschichte* von Susanna Rowson (1762–1824), das 50 Jahre lang ein Bestseller war. Washington Irvings (1783–1859) Satire *Eine Geschichte New Yorks* (1809) verhalf der amerikanischen Literatur zu Weltruf. New York hieß darin »Gotham«, die New Yorker »Knickerbockers«. Er und James Fenimore Cooper (1789–1851), dessen Bücher das Genre *Wildwestliteratur* schufen, gründeten die Knickerbocker Group. Edgar Allan Poe (1809–1849) lebte in der Bronx, Herman Melville (1819–1891), Autor von *Moby Dick* (1851), wurde in Lower Manhattan geboren. Henry James (1843–1916), der Meister des psychologischen Romans, schrieb *Washington Square* (1880). Seiner Freundin Edith Wharton (1861–1937) gelang in *Zeit der Unschuld* (1920) ein kritisches Porträt der New Yorker Gesellschaft.

Ende des Ersten Weltkriegs wurde Greenwich Village zum Hotspot. Die Dichterin Edna St. Vincent Millay, der Dramatiker Eugene O'Neill und E. E. Cummings lebten hier. Henry Millers (1891–1980) *Wendekreis des Steinbocks* (1939) blieb bis 1961 verboten.

Jack Kerouac (1922–1969), Allen Ginsberg (1926–1997) und William Burroughs (1914–1997) besuchten die Columbia University und trafen sich im San Remo Café im Village. Der in Harlem geborene James Baldwin (1924–1987) verfasste nach seiner Rückkehr aus Europa das Werk *Eine andere Welt* (1963). Ralph Ellison (1914–1994) brachte *Der unsichtbare Mann* (1952) in Harlem zu Papier, Richard Wright (1908–1960) schrieb *Native Son* in Fort Greene. Heutige Autoren sind u. a. Jonathan Franzen, Joshua Ferris, Téa Obreht und Jennifer Egan sowie die Immigranten Martin Amis und Salman Rushdie.

Bildende Künstler

Amerikas erste wichtige Künstlerbewegung war die New Yorker Schule abstrakter Expressionisten, begründet von Hans Hofmann (1880–1966), Franz Kline und Willem de Kooning, dessen erster Job Anstreicher war. Weitere Vertreter waren Adolph Gottlieb, Mark Rothko (1903–1970) und Jackson Pollock (1912–1956). Pollock, Kline und de Kooning hatten ihre Ateliers in der Lower East Side.

In den 1960er Jahren entstand Pop-Art in New York mit Roy Lichtenstein (1923–1997) und Andy Warhol (1928–1987), der am Union Square 37 Filme drehte. Keith Haring (1958–1990) wurde mit Wandbildern und Skulpturen bekannt.

Homoerotische Fotos kennzeichnen Robert Mapplethorpe (1946–1989). Jeff Koons (*1955) vertrat in den 1980er Jahren Neo-Pop- und Post-Pop-Kunst. Die neo-expressionistischen Arbeiten des Straßenkünstlers Jean-Michel Basquiat (1960–1988) sind immer noch Kult.

Schauspieler

Der britische Schauspieler Charles Macready verursachte 1849 einen Tumult, als er die Amerikaner vulgär nannte. Eine wütende Menge stürmte das Astor Place Opera House, wo er den Macbeth spielte. Im Kugelhagel der Polizei starben 22 Demonstranten. Wegen einer anzüglichen Szene in ihrer Broadway-Show *Sex* musste Mae West (1893–1980) 1927 zehn Tage im Arbeitshaus verbringen und 500 Dollar Strafe zahlen. Das Musical war New Yorks Beitrag zum Theater. Florenz Ziegfelds (1869–1932) *Follies* wurde von 1907 bis 1931 ununterbrochen gespielt. Mit *Oklahoma* begann am Broadway 1943 die Musical-Ära von

Vaudeville-Star Mae West

Richard Rodgers (1902–1979) und Oscar Hammerstein Jr. (1895–1960).

In der Stadt wurden seit den 1930er Jahren Tausende Filme und TV-Shows gedreht. Audrey Hepburn überzeugte mit ihrer Rolle in *Frühstück bei Tiffany* (1961). Gleiches gilt für Al Pacino in *Hundstage* (1975) und Robert De Niro in *Taxi Driver* (1976). Die 1980er Jahre boten *Fame*, *Ghostbusters* und *Harry und Sally*. 2006 warf *Der Teufel trägt Prada* einen kritischen Blick auf die Modeindustrie, Amy Schumers *Dating Queen* (2015) ist eine scharfzüngige Liebeskomödie. Kultserien wie *Friends*, *Sex and the City*, *Gossip Girl* und Lena Dunhams *Girls* spielen alle in New York.

Musiker und Tänzer

In der langen Reihe großer Dirigenten des New York Philharmonic Orchestra findet sich Leonard Bernstein (1918–1990) zusammen mit Bruno Walter (1876–1962), Arturo Toscanini (1867–1957) und Leopold Stokowski (1882–1977). Maria Callas (1923–1977) wurde in New York geboren.

In Harlems Cotton Club traten Duke Ellington und andere Größen der 1920er Jahre auf, 1935 eröffnete das Village Vanguard. Legendär waren die Auftritte von Sonny Rollins und John Coltrane. Bob Dylan hatte 1961 seinen ersten Gig in Gerde's Folk City, Jimi Hendrix startete im Café Wha? in Greenwich Village. Lady Gaga war regelmäßig in der Lower East Side zu hören.

Hip-Hop entstand in den frühen 1970er Jahren in der South Bronx. Pioniere war DJ Kool Herc und Afrikaa Bambaataa. Auch Mos Def, Nas, 50 Cent und Jay-Z haben hier ihre Wurzeln. Das CBGB, eine Bühne für Rockmusik, wurde 1973 eröffnet und war das Sprungbrett für Punkbands wie die Ramones. Hier starteten auch Blondie und Talking Heads. Madonna wirkte Anfang der 1980er Jahre im East Village. 2001 wurde in der Nachbarschaft der Garagenrock wiederbelebt, vertreten von Gruppen wie The Strokes, Interpol und Yeah Yeah Yeahs.

Musical-Produzent Florenz Ziegfeld

Industriemagnat C. Vanderbilt

Industrielle und Unternehmer

Der »Stahlbaron mit dem goldenen Herzen«, Andrew Carnegie (1835–1919), fing mit nichts an und hatte bis zu seinem Tod 350 Millionen Dollar an Bibliotheken und Universitäten in ganz Amerika gespendet. Es gab noch andere reiche Wohltäter. Cornelius Vanderbilt (1794–1877) und viele andere wollten ihre raue Anfangszeit durch die Förderung der Künste vergessen machen. In der Geschäftswelt konnten New Yorks »Raubritter« ungestraft agieren. So schlugen die Finanziers Jay Gould (1836–1892) und James Fisk (1834–1872) Vanderbilt im Kampf um die Erie-Eisenbahn durch Börsenmanipulationen. Im September 1869 verursachten sie den ersten »Schwarzen Freitag«, als sie versuchten, den Goldmarkt zu monopolisieren. Gould starb als glücklicher Milliardär, Fisk wurde im Duell um eine Frau getötet.

J. P. Morgan (1837–1918) war als »Großvater der Wall Street« bekannt. Der Immobilienbesitzer John Jacob Astor (1763–1848) war seinerzeit der reichste Mann Amerikas.

Unternehmer jüngerer Zeit sind Donald Trump, der 2017 US-Präsident wurde, Michael Bloomberg, dreimaliger Bürgermeister von New York, und der Hedgefonds-Manager George Soros.

Rapper 50 Cent bei den Billboard Music Awards, Las Vegas

Architekten

Cass Gilbert (1859–1934) gehört mit seinen neogotischen Wolkenkratzern (etwa dem Woolworth Building von 1913, siehe S. 85) zu den Männern, die New York tatsächlich »geformt« haben. Eine Karikatur von ihm ist in der Eingangshalle zu sehen. Stanford White (1853–1906) war für seine Gebäude im Beaux-Arts-Stil wie den Players Club (siehe S. 124) und wegen seines skandalösen Privatlebens berühmt. Frank Lloyd Wright (1867–1959) verachtete städtisches Bauen, drückte aber mit dem Solomon R. Guggenheim Museum (siehe S. 184f) der Stadt seinen Stempel auf. Ludwig Mies van der Rohe (1886–1969), gebürtiger Deutscher und Erbauer des Seagram Building (siehe S. 173), meinte, dass man nicht »jeden Montagmorgen die Architektur neu erfinden könne«. Doch genau das konnte New York schon immer am besten.

Das Jahr in New York

Die Park Avenue zeigt sich im Frühling in voller Blütenpracht. Am St. Patrick's Day, wenn der erste der vielen jährlichen Umzüge stattfindet, wirkt die Fifth Avenue, als sei sie in grüne Farbe getaucht. Der Sommer in New York ist feuchtheiß, doch es lohnt sich, die klimatisierten Räume zu verlassen und die kostenlosen Open-Air-Aufführungen und -Konzerte in den Parks und auf den Plätzen zu genießen. Der erste Montag im September ist Labor Day, wenn bereits die rotgoldenen Farben des Herbstes die Stadt prägen. An Weihnachten erstrahlen Läden und Straßen in bunten Lichtern und Glitzerschmuck.

Die Daten der nachfolgenden Ereignisse können variieren. Aktuelle Informationen liefern die vielen Stadtmagazine *(siehe S. 371)*. Einen vierteljährlichen Veranstaltungskalender gibt NYC & Company, die offizielle Tourismusorganisation *(siehe S. 363)*, heraus. Auch auf der Website von NYC & Company (www.nycgo.com) finden Sie aktuelle Events.

Frühling

In New York hat jede Jahreszeit ihre ganz eigenen Verlockungen. Im Frühling lassen Tulpen, Kirschblüten und die Frühlingsmode den Winter vergessen. Jetzt ist die Zeit für Schaufensterbummel und Galeriebesuche. Alles strömt zur beliebten St. Patrick's Day Parade, Tausende kleiden sich für den Osterumzug auf der Fifth Avenue festlich.

März
St. Patrick's Day Parade *(17. März)*, Fifth Ave, 44th bis 86th Street. Grüne Kleider und Accessoires, Bier, Blumen und Dudelsäcke.
Greek Independence Day Parade *(25. März)*, Fifth Ave, 49th bis 59th Street. Griechische Tänze und Speisen.

Ostern
Easter Flower Show *(Woche vor Ostern)*, Macy's Department Store *(S. 130f)*. Blumenschau mit jährlich wechselnden Themen.

Gelbe Tulpen und Taxis auf der Park Avenue

Ausgefallener Kopfputz bei der New Yorker Easter Parade

Easter Parade *(Ostersonntag)*, Fifth Ave, 44th bis 59th Street. Parade mit Kostümen und ausgefallenen Kopfbedeckungen um die St. Patrick's Cathedral.

April
Cherry Blossom Festival *(Ende Apr–Anfang Mai)*, Brooklyn Botanic Garden. Blühende japanische Kirschbäume und schöne Ziergärten.
Tribeca Film Festival *(Apr)*. Filmfestival mit über 100 Streifen aus allen Teilen der Welt. Im Rahmenprogramm gibt es u. a. Musikdarbietungen *(S. 342)*.
New York City Ballet Spring Season *(Apr–Juni)*, David H. Koch Theater und Metropolitan Opera House im Lincoln Center *(S. 208f)*.
Baseball *(Apr–Ende Sep/Anfang Okt)*. Die Major League beginnt mit Spielen der Yankees und der Mets *(S. 354)*.

Mai
Five Boro Bike Tour *(1. So im Mai)*. Fahrradrennen (68 km). Am Ziel gibt es Live-Musik.
Cuban Day Parade *(1. So im Mai)*. Karneval auf der Sixth Avenue zwischen 44th Street und Central Park South.

Umzug in Nationaltracht am griechischen Unabhängigkeitstag (5. März)

Ninth Avenue International Food Festival *(Mitte Mai)*, W 37th bis W 57th Street. Fest mit Gerichten der einzelnen Ethnien, Musik und Tanz.
Washington Square Outdoor Art Exhibit *(Ende Mai–Anfang Juni)*. Kunstausstellung.
Memorial Day *(letztes Wochenende im Mai)*, Parade Fifth Ave, Feier am South Street Seaport.

DAS JAHR IN NEW YORK: FRÜHLING UND SOMMER

Durchschnittliche tägliche Sonnenstunden

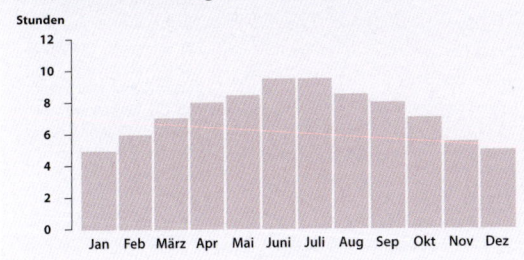

Sonnenschein
New York erfreut sich im Sommer (Juni bis August) langer, heller Tage, den meisten Sonnenschein bringt der Juli. Die Wintertage sind wesentlich kürzer, doch viele sind hell und klar. Der Herbst ist etwas sonniger als der Frühling.

Sommer
Nach Möglichkeit meiden New Yorker jetzt die heiße Stadt. Sie machen Picknicks und Bootsfahrten oder fahren zum Strand. Feuerwerk gibt es am 4. Juli. Heiß geht es her, wenn die Baseball-Teams antreten. Im Sommer gibt es Straßenfeste und im Central Park kostenlose Opern- und Shakespeare-Aufführungen.

Tanzender Polizist bei der Puerto Rican Day Parade (Juni)

Juni
Puerto Rican Day Parade *(2. So)*, Fifth Ave, 44th bis 86th Street. Mit Festwagen und Musikkapellen feiert die Bevölkerung mit puerto-ricanischen Wurzeln ein Fest.
Museum Mile Festival *(2. Di)*, Fifth Ave, 82nd bis 105th Street. Freier Eintritt in den Museen (meist 18–21 Uhr) entlang einem Abschnitt der Fifth Avenue.
American Crafts Festival *(Mitte Juni–Anfang Juli)*, Lincoln Center (S. 208). Ausstellung von hochwertigem Handwerk.
Central Park Summer Stage *(Juni–Aug)*, Central Park. Fast täglich und bei jedem Wetter stehen Musik und Tanz auf dem Programm.

Metropolitan Opera Parks Concerts. Kostenlose Abendkonzerte in den Parks *(S. 345)*.
Shakespeare in the Park *(Juni–Sep)*. Aufführungen im Delacorte Theater, Central Park *(S. 341)*.
NYC Pride March *(Ende Juni)*, Parade von der 36th Street die Fifth Ave entlang bis zur Christopher Street.

Juli
Macy's Fireworks Display *(4. Juli)*, meist am East River. Feiern zum Unabhängigkeitstag mit beeindruckendem Feuerwerk. Eines der Highlights im Festivalkalender.
Mostly Mozart Festival *(Ende Juli–Ende Aug)*, David Geffen Hall, Lincoln Center *(S. 344)*.
NY Philharmonic Parks Concerts *(Ende Juli–Anfang Aug)*. Kostenlose Konzerte in allen Parks der Stadt *(S. 345)*.

Sommerliches Straßenfest in Greenwich Village

Lincoln Center Festival *(Juli)*. Internationaler Tanz, Oper, Theater und Performances.

August
Harlem Week *(Mitte Aug)*. Film, Kunst, Musik, Tanz, Mode, Sport und Führungen.
Out of Doors Festival *(Aug)*, Lincoln Center. Kostenlose Tanz- und Theateraufführungen *(S. 208)*.
US Open Tennis Championships *(Ende Aug–Anfang Sep)*, Flushing Meadows *(S. 354f)*.

Zuschauer bei einem Aufwärmspiel für die US Open (Aug–Sep)

Durchschnittliche monatliche Temperaturen

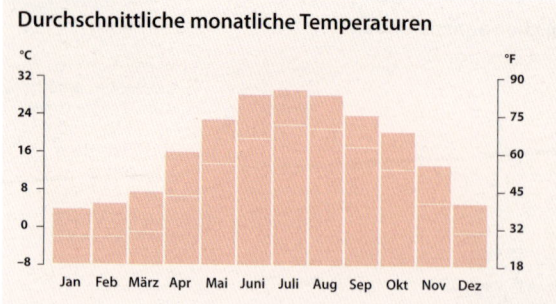

Temperaturen
Die Grafik zeigt die durchschnittlichen Höchst- und Tiefstwerte pro Monat in New York. In den Sommermonaten Juni bis August kann es in der Stadt sehr heiß werden. Die Wintermonate scheinen dagegen bitterkalt, auch wenn das Thermometer häufig über 0 °C anzeigt.

Herbst

Mit dem Labor Day geht der Sommer zu Ende. Die Giants und Jets eröffnen die Football-Saison, am Broadway beginnt die neue Theatersaison. Die Festa di San Gennaro in Little Italy bildet den Höhepunkt farbenfroher Stadtteil-Straßenfeste. Macy's Thanksgiving Day Parade markiert den Beginn der festlichen Jahreszeit.

September

Richmond County Fair *(Wochenende des Labor Day)*, in Historic Richmond Town (S. 258). Jahrmarkt.
West Indian Carnival *(Wochenende des Labor Day)*, Brooklyn. Umzug mit Festwagen, Musik, Tanz und Speisen.
Brazilian Festival *(Anfang Sep)*, E 46th Street, zwischen Times Sq und Madison Ave. Musik, Essen und Kunst aus Brasilien.

Exotisches karibisches Karnevalskostüm in Brooklyn (Sep)

Festa di San Gennaro *(3. Woche)*, Little Italy (S. 90). Zehn Tage Feste und Umzüge.
New York Film Festival *(Mitte Sep–Anfang Okt)*, Lincoln Center (S. 208). Amerikanische und internationale Filme.
Von Steuben Day Parade *(3. Woche)*, Upper Fifth Ave. Deutsch-amerikanische Feierlichkeiten.
African-American Day Parade *(Ende Sep)*, Adam Clayton Powell Jr. Blvd, 111th bis 126th Street. Größte afroamerikanische Parade.
American Football *(Sep)*, MetLife Stadium. Saisonauftakt für Giants und Jets (S. 354f).

Oktober

Columbus Day Parade *(2. Mo im Okt)*, Fifth Ave, 44th bis 86th Street. Feier anlässlich der Entdeckung von Amerika.
Pulaski Day Parade *(So um den 5. Okt)*, Fifth Ave, 26th bis 52nd Street. Fest zu Ehren des polnisch-amerikanischen Helden Casimir Pulaski.
Rockefeller Center Ice Skating Rink *(Okt–März)*, Eislaufen unter dem berühmten Weihnachtsbaum.
Halloween Parade *(31. Okt)*, Sixth Avenue, Greenwich Village. Fantastische Kostüme.
Big Apple Circus *(Okt–Jan)*, Damrosch Park, Lincoln Center. Jedes Jahr werden Spezialthemen präsentiert.
Basketball *(Okt)*, Madison Square Garden. Saisonbeginn für die Knicks (S. 354f).

Riesiger Abby-Cadabby-Ballon über Macy's Thanksgiving Day Parade (Nov)

November

New York City Marathon *(1. So)*. Von Staten Island durch alle Stadtteile.
Macy's Thanksgiving Day Parade *(4. Do)*, vom Central Park West/W 79th Street zum Broadway/W 34th Street. Die berühmte Parade ist ein Spektakel für Kinder mit Festwagen, riesigen Ballons und Santa Claus.
Christmas Spectacular *(Nov–Dez)*, Radio City Music Hall. Varieté-Show mit der Tanzgruppe The Rockettes.

Bei der Halloween Parade in Greenwich Village (31. Okt)

HERBST UND WINTER | 55

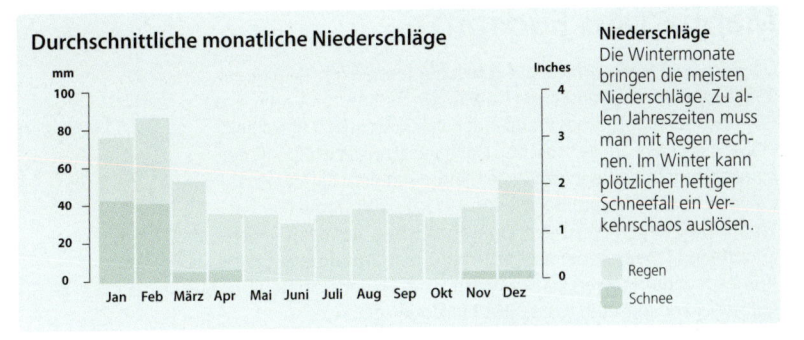

Durchschnittliche monatliche Niederschläge

Niederschläge
Die Wintermonate bringen die meisten Niederschläge. Zu allen Jahreszeiten muss man mit Regen rechnen. Im Winter kann plötzlicher heftiger Schneefall ein Verkehrschaos auslösen.

- Regen
- Schnee

Winter
Das weihnachtliche New York ist zauberhaft – sogar die Steinlöwen der Public Library sind geschmückt, viele Läden verwandeln sich in wahre Kunstwerke. Neujahrsfeste finden vom Times Square bis nach Chinatown statt. Der Central Park wird jetzt ein attraktiver Wintersportplatz.

Verschneite Statue von Alice (aus Alice im Wunderland), Central Park

Dezember
Tree-Lighting Ceremony *(Anfang Dez)*, Rockefeller Center (S. 140). Die Kerzen des Christbaums vor dem RCA Building werden entzündet.
Messiah Sing-In *(Mitte Dez)*, Lincoln Center (S. 208). Das Publikum probt und singt unter verschiedenen Dirigenten.
Hanukkah Menorah *(Mitte bis Ende Dez)*, Grand Army Plaza, Brooklyn. Während des achttägigen Lichterfests wird allabendlich die riesige Menora (Leuchter) entzündet.
New Year's Eve *(Silvester)*, Feuerwerk im Central Park (S. 198–203); fröhliches Treiben am Times Square (S. 142f); Fünf-Meilen-Lauf (8 km) im Central Park; Dichterlesung in der St. Mark's Church.

Januar
National Boat Show *(Anfang Jan)*, Jacob K. Javits Convention Center. Internationale Bootsmesse.
Chinese New Year *(Jan/Feb)*, Chinatown (S. 91). Drachen, Feuerwerk und Essen.
Winter Antiques Show *(Jan)*, Seventh Regiment Armory. New Yorks exklusivste Antiquitätenmesse.

Februar
Black History Month. Veranstaltungen zur afroamerikanischen Kultur in der Stadt.
Empire State Building Run-Up *(Anfang Feb)*. Wettlauf zum 86. Stockwerk (S. 132f).
Presidents' Day Holiday Sales *(12.–22. Feb)*. Schlussverkauf in allen großen Department Stores.
Westminster Kennel Club Dog Show *(Anfang Feb)*, Madison Square Garden (S. 131). Größte Hundeschau in den USA.

Chinesisches Neujahr in Chinatown (Jan/Feb)

Feiertage
New Year's Day *(1. Jan)*
Martin Luther King Jr. Day *(3. Mo im Jan)*
Presidents' Day *(3. Mo im Feb)*
Memorial Day *(letzter Mo im Mai)*
Independence Day *(4. Juli)*
Labor Day *(1. Mo im Sep)*
Columbus Day *(2. Mo im Okt)*
Election Day *(1. Di im Nov)*
Veterans Day *(11. Nov)*
Thanksgiving Day *(4. Do im Nov)*
Christmas Day *(25. Dez)*

Gigantischer Weihnachtsbaum und Dekoration am Rockefeller Center

Manhattans Südspitze

Der Blick vom Hudson River auf Lower Manhattan führt einige sehr auffällige moderne Bauten der New Yorker Skyline vor Augen, etwa das Gebäudequartett des World Financial Center (jetzt Brookfield Place) mit den charakteristischen Dachaufsätzen. Auch das ältere Manhattan ist zu erkennen: Castle Clinton mit dem Battery Park, dahinter das US Custom House. Von 1973 bis 2001 ragte hier das World Trade Center (WTC) auf, ein Wahrzeichen, das beim Terrorangriff am 11. September zerstört wurde. One World Trade Center (früher: Freedom Tower) im Nordwesten des National September 11 Memorial and Museum wurde 2013 fertiggestellt.

Zur Orientierung
☐ Südspitze

National September 11 Memorial and Museum
Die auf dem Gelände des früheren World Trade Center errichtete Gedenkstätte mit Museum erinnert an die fast 3000 Menschen, die bei den Terroranschlägen vom 11. September 2001 ums Leben kamen.

The Upper Room
Die begehbare Skulptur von Ned Smyth ist eines von vielen Kunstwerken in der Battery Park City *(siehe S. 76)*.

Detail des Upper Room

Frühere Ansicht
Nicht mehr vergleichbar mit heute: die Skyline Manhattans im Jahr 1898.

MANHATTANS SÜDSPITZE | **57**

Außerdem

① **Brookfield Place**
Im Winter Garden des Brookfield Place kann man shoppen, essen und den Blick auf den Hudson River genießen *(siehe S. 71)*.

② **One World Trade Center**
Das 1 WTC ist mit 541,3 Metern das derzeit höchste Gebäude der Vereinigten Staaten von Amerika.

③ **Liberty View**

④ **Liberty Plaza**

⑤ **Bank of New York**

⑥ **East Coast War Memorial**

⑦ **26 Broadway**

⑧ **17 State Street**

⑨ **Castle Clinton**

⑩ **US Custom House**

26 Broadway
Der Turm des ehemaligen Standard Oil Building ähnelt einer Öllampe. Im Inneren sieht man immer noch die Symbole des Unternehmens.

East Coast War Memorial
Der Bronzeadler von Albino Manca im Battery Park ehrt die Toten des Zweiten Weltkriegs.

American Merchant Mariners' Memorial (1991)
Die Skulptur von Marisol steht am Pier A, dem letzten der alten Manhattan-Piers. Hier gibt es ein Restaurant, eine Austernbar und eine Terrasse.

Schrein von Mother Seton
Hier lebte die erste amerikanische Heilige *(siehe S. 77)*.

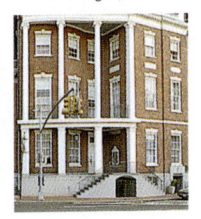

Lower Manhattan am East River

Auf den ersten Blick bietet dieser am Ufer des East River gelegene Abschnitt, der an der Südspitze Manhattans beginnt, nur eine Anhäufung von Bürogebäuden des 20. Jahrhunderts. Aber vom Wasser aus geben Straßen und Durchlässe noch den Blick auf das alte New York und den Finanzdistrikt frei. In der Skyline ragen hinter gesichtslosen modernen Glaspalästen die verzierten Spitzen der älteren Wolkenkratzer hervor.

Zur Orientierunge
Lower Manhattan

Vietnam Veterans' Plaza
Die Gedenkstätte aus grünem Glas beherrscht den Coenties Slip, eine alte Werft, die um 1900 zum Park umgewandelt wurde *(siehe S. 80)*.

Hanover Square
Der Queen Elizabeth II September 11th Garden gedenkt der Menschen aus Großbritannien und dem Commonwealth, die am 11. September 2001 starben.

India House
Das »Brownstone« (1 Hanover Square) wurde 1853 für die Hanover Bank errichtet.

Downtown Heliport
Hubschrauber-Landeplatz für Rettungs- und Stadtrundflüge.

Battery Maritime Building
Dies ist der historische Fährhafen nach Governors Island.

Delmonico's
Das Restaurant serviert erstklassige Steaks.

LOWER MANHATTAN AM EAST RIVER | 59

New York Stock Exchange
Hinter hohen Gebäuden versteckt liegt die Börse. Sie ist nach wie vor das Zentrum des hektischen Finanzdistrikts *(siehe S. 72f)*.

Außerdem
① One New York Plaza
② 125 Broad Street
③ 55 Water Street
④ One Financial Square
⑤ New York Stock Exchange
⑥ Citibank Building (111 Wall St)
⑦ 28 Liberty
⑧ 120 Wall Street

40 Wall Street
In den 1940er Jahren wurde der Turm der früheren Bank of Manhattan von einem Kleinflugzeug gerammt.

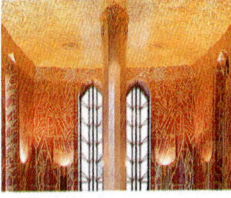

Bank of New York
Der Innere (1928) gehört zur 1784 von Alexander Hamilton gegründeten Bank *(siehe S. 25)*.

70 Pine Street
Nachbildungen des eleganten neogotischen Turms sind an den Eingängen in der Pine Street und der Cedar Street zu sehen.

100 Old Slip
Das First Precinct Police Department im Palazzostil, heute im Schatten von Financial Square Nr. 1, wurde 1911 als modernstes Polizeigebäude New Yorks errichtet.

Steinmedaillon, 100 Old Slip

Queen Elizabeth Monument
Es gedenkt des 1972 gesunkenen Ozeanriesen.

South Street Seaport

Am Ende des Finanzdistrikts ändert sich – vom East River oder von Brooklyn aus gesehen – jäh das Erscheinungsbild der Skyline. An die Stelle der Bürohochhäuser treten die Piers, Straßen und Lagerhäuser des alten Seehafens, der jetzt als South Street Seaport restauriert ist *(siehe S. 84)*. In geringer Entfernung dahinter sieht man einige monumentale Gebäude des Civic Center. Den Abschluss der Silhouette bildet die Brooklyn Bridge. Von hier bis Midtown bestimmen vor allem Wohnblocks das Bild.

Zur Orientierung
South-Street-Areal

Außerdem

① 28 Liberty Street
② 175 Water Street
③ 4 World Trade Center
④ One Seaport Plaza
⑤ One World Trade Center
⑥ Transportation Building
⑦ The Beekman
⑧ 30 Park Place
⑨ New York by Gehry
⑩ Pace University
⑪ Southbridge Towers
⑫ Police Plaza
⑬ Verizon Building

Pier 17
Anziehungspunkt des Piers ist das Vergnügungsgelände, halb Shopping Mall, halb Unterhaltungskomplex. Es wurde 2017 nach umfassenden Renovierungsarbeiten eröffnet.

Pier 15
Hier gibt es zwei Terrassen mit schöner Sicht auf den East River. Der Pier beherbergt auch maritimes Handwerk.

Titanic Memorial
Der Leuchtturm an der Fulton Street erinnert an den Untergang der *Titanic*, des größten Dampfers der Welt.

SOUTH STREET SEAPORT | 61

Police Plaza
Die Skulptur *Five in One* (1971–74) von Bernard Rosenthal stellt die fünf Stadtbezirke New Yorks dar.

Municipal Building
Bis 2009 fanden hier Trauungen statt. Die Kupferstatue mit dem Titel *Civic Fame* auf dem Gebäude stammt von Adolph Weinman.

Woolworth Building
Die hübsch verzierte Turmspitze war Hauptquartier des Imperiums von F. W. Woolworth. Es ist immer noch die schönste »Handelskathedrale«, die je gebaut wurde *(siehe S. 85)*.

Surrogate's Court (Hall of Records)
Hier ist Archivmaterial zu besichtigen, das bis 1664 zurückreicht.

United States Courthouse
Wahrzeichen des Civic Center ist die goldene Pyramide von Cass Gilbert an der Spitze des Courthouse.

Con Edison Mural
1975 schuf der Künstler Richard Haas auf der Seitenwand einer ehemaligen Transformatorenstation einen ganz besonderen Blick auf die Brooklyn Bridge.

Brooklyn Bridge
Die Brücke gehört zu den beliebtesten Fotomotiven der Stadt *(siehe S. 232–235)*.

Midtown Manhattan

Einige der imposantesten Türme und Turmspitzen prägen die Skyline von Midtown Manhattan, vom Empire State Building mit seiner Art-déco-Pracht bis hin zur modernen Keilform des Citibank-Komplexes. Je weiter man der Küstenlinie nach Norden folgt, desto vornehmer wird Midtown Manhattan. Das UN-Areal nimmt einen langen Streckenabschnitt ein, ab Beekman Place reihen sich zahlreiche exklusive Stadtresidenzen aneinander, in denen sich viele Reiche und Berühmte niedergelassen haben.

Zur Orientierung
Midtown

Grand Central Terminal
Das Wahrzeichen, nun im Schatten seiner Nachbarn, hat viele historische Details wie etwa diese schöne Uhr *(siehe S. 152f)*.

Empire State Building
Mit 381 Metern Höhe war es jahrelang das höchste Gebäude der Welt *(siehe S. 132f)*.

Chrysler Building
Ob im Sonnenlicht oder nächtlich beleuchtet – die Edelstahlspitze ist für viele der New Yorker Wolkenkratzer schlechthin *(siehe S. 151)*.

UN-Hauptquartier
Eines der Kunstwerke ist die Skulptur von Barbara Hepworth, ein Geschenk Großbritanniens *(siehe S. 156–159)*.

Tudor City
Der Wohnkomplex aus den 1920er Jahren umfasst mehr als 3000 Wohnungen.

1 and 2 United Nations Plaza
Die Glastürme beherbergen Büros und das ONE UN New York Hotel.

MIDTOWN MANHATTAN | **63**

General Electric Building
Das Art-déco-Gebäude von 1931 ist ein Ziegelbau mit einer hohen gezackten »Krone«, die an Funkwellen erinnern soll *(siehe S. 172)*.

Außerdem

① The Highpoint
② MetLife Building
③ Trump World Tower
④ 100 UN Plaza
⑤ General Electric Building
⑥ 866 United Nations Plaza
⑦ Citigroup Center (601 Lexington)

Rockefeller Center
Die Eislaufbahn und die Gehwege vor dem Bürokomplex sind gut geeignet, um Leute zu beobachten *(siehe S. 140)*.

Waldorf Astoria
Grande Dame: Das Luxushotel zieren kupferne Zwillingstürme *(siehe S. 173)*.

The Nail
Arnaldo Pomodoro entwarf das Kreuz der St. Peter's Church, die in einer Ecke des Citigroup Center steht *(siehe S. 173)*.

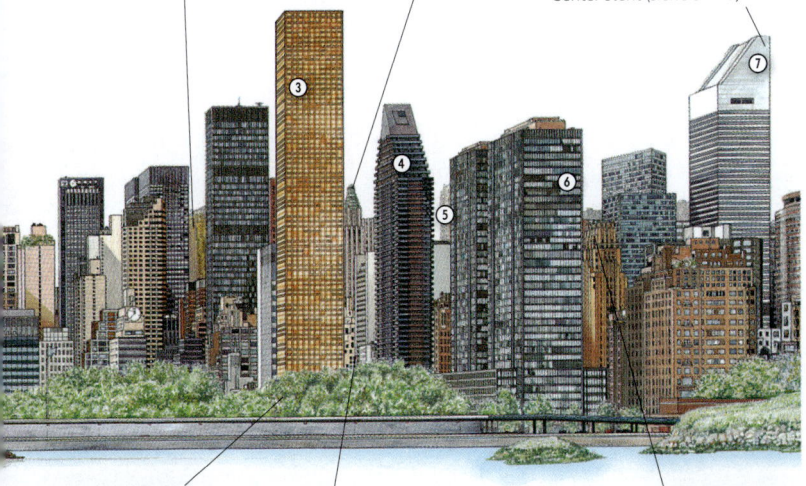

St. Mary's Garden
Der Garten der Holy Family Church ist eine Oase der Ruhe.

Japan Society
Hier kann man japanische Kultur, von Avantgarde-Theater bis zu alter Kunst sehen *(S. 154f)*.

Beekman Tower
Das Art-déco-Gebäude wurde 1928 für Mitglieder der weiblichen Studentenverbindungen errichtet. Heute ist es ein Apartmenthaus.

Besonders schön bei Einbruch der Dunkelheit: Queensboro Bridge und Midtown Manhattan ▶

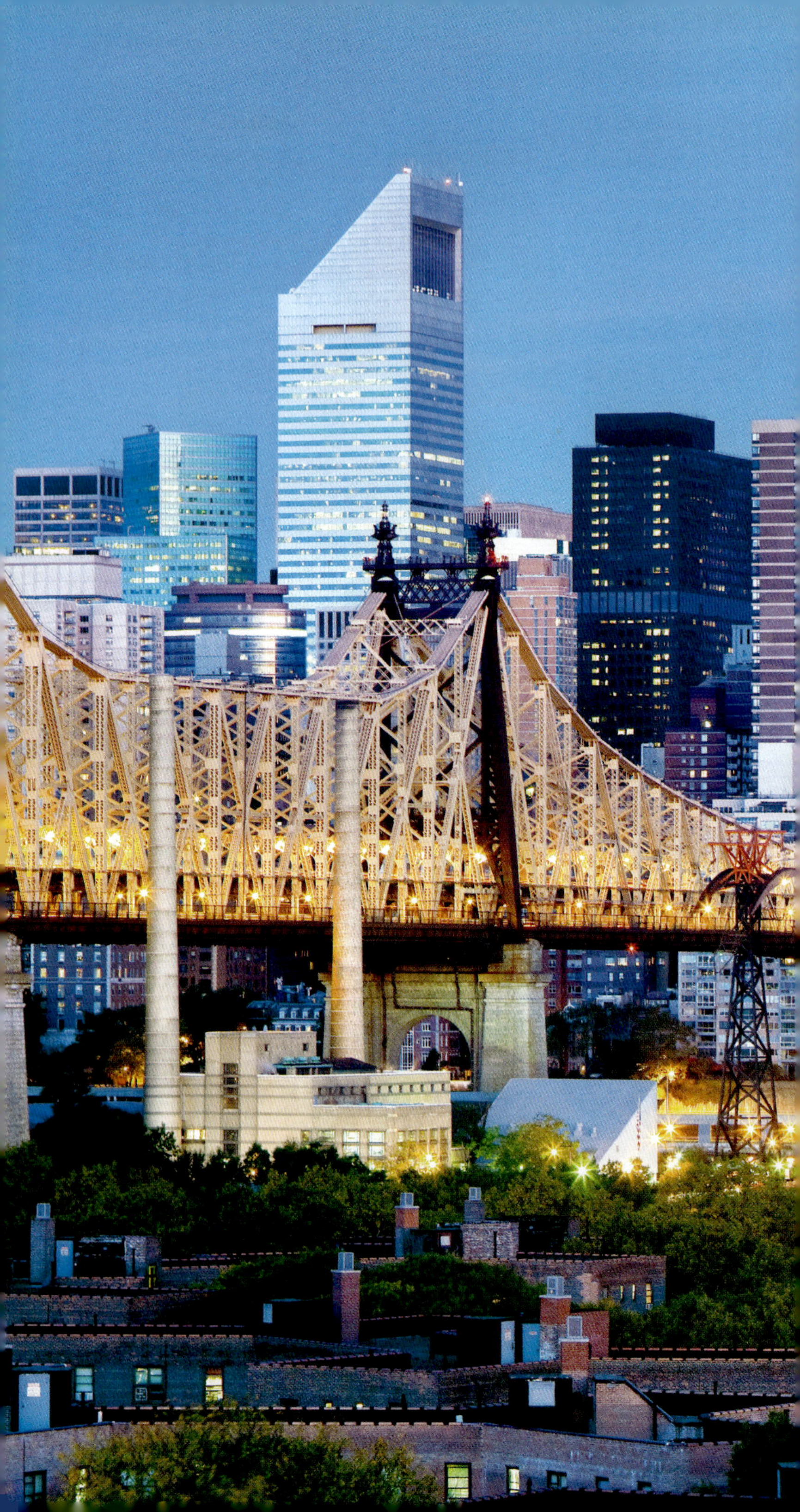

DIE STADTTEILE NEW YORKS

Lower Manhattan und Civic Center	**66–85**
Lower East Side	**86–95**
SoHo und TriBeCa	**96–101**
Greenwich Village	**102–111**
East Village	**112–117**
Gramercy und Flatiron District	**118–125**
Chelsea und Garment District	**126–135**
Midtown West und Theater District	**136–145**
Lower Midtown	**146–161**
Upper Midtown	**162–177**
Upper East Side	**178–197**
Central Park	**198–203**
Upper West Side	**204–213**
Morningside Heights und Harlem	**214–225**
Brooklyn	**226–241**
Abstecher	**242–259**
Spaziergänge	**260–277**

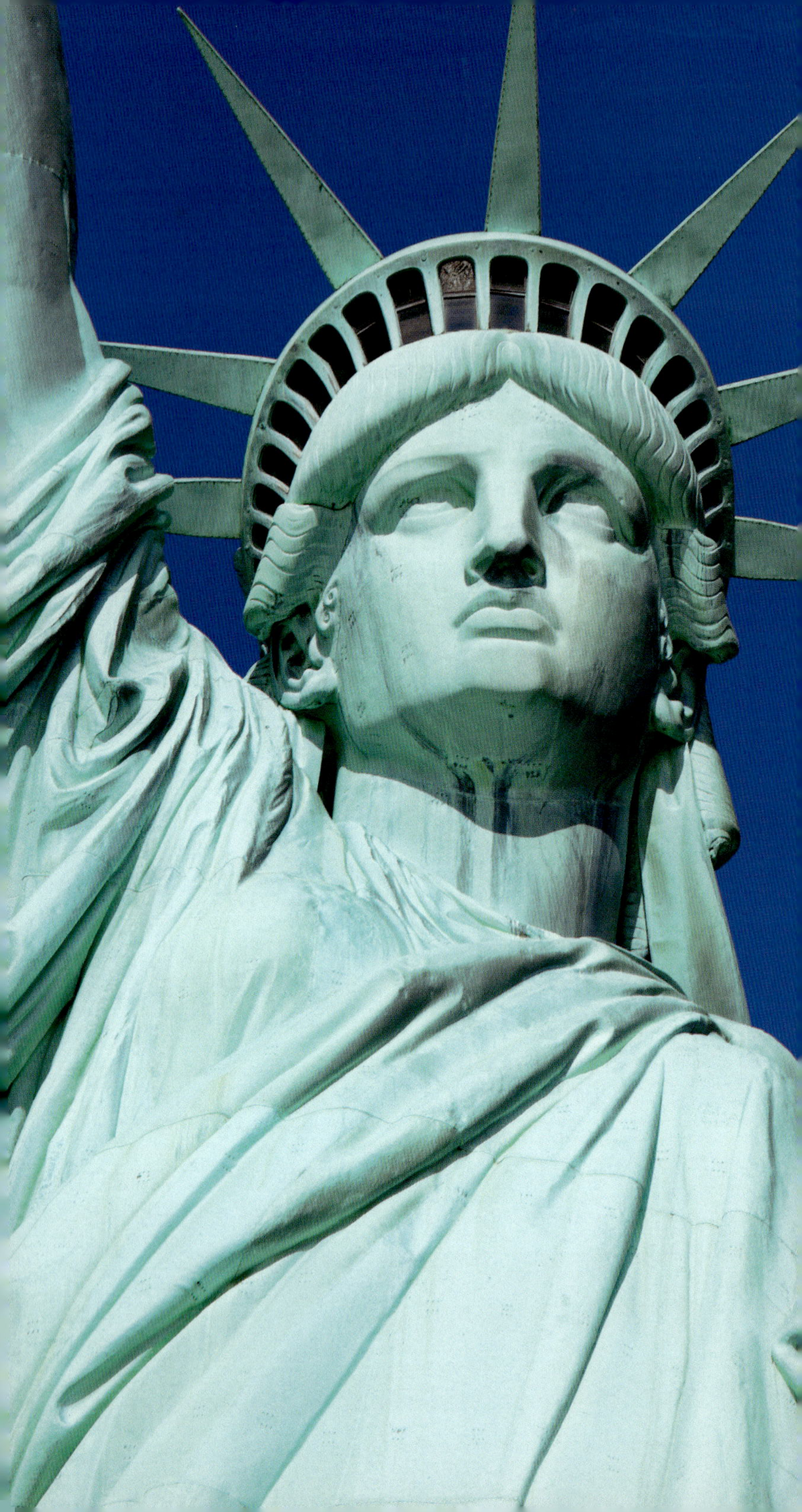

DIE STADTTEILE NEW YORKS | **67**

Lower Manhattan und Civic Center

Alte und moderne Architektur verschmelzen an der Südspitze Manhattans. Im Schatten der Wolkenkratzer stößt man auf Kirchen aus der Kolonialzeit und frühe amerikanische Baudenkmäler. Hier entstand New York in den 1620er Jahren um die Wall Street, sie ist nach wie vor das Herz der weltweiten Finanzmärkte. Seit den Anschlägen vom 11. September hat sich das Areal erholt: Das neue One World Trade Center erhebt sich 541 Meter in die Höhe, mehrere neue Bürotürme, Hotels und Transportwege kennzeichnen die Gegend. Richtung Norden bildet das Civic Center eine Achse mit Police Department und Regierungsgebäuden. Der nahe South Street Seaport ist ein restaurierter Pier mit Läden, Restaurants und alten Schiffen.

Sehenswürdigkeiten auf einen Blick

Historische Gebäude und Orte
1 Federal Reserve Bank
2 Federal Hall
3 *New York Stock Exchange S. 72f*
7 National September 11 Memorial
9 9/11 Tribute Center
21 Governors Island
26 Schermerhorn Row
27 South Street Seaport
28 Criminal Courthouses
29 City Hall
32 Woolworth Building

Museen und Sammlungen
4 Museum of American Finance
8 National September 11 Memorial Museum
12 Museum of Jewish Heritage
13 Skyscraper Museum
16 National Museum of the American Indian
18 Fraunces Tavern Museum
23 *Ellis Island S. 82f*

Monumente und Statuen
14 Charging Bull
22 *Statue of Liberty S. 78f*
25 Castle Clinton National Monument
33 African Burial Ground

Parks und Plätze
15 Bowling Green
19 Vietnam Veterans' Plaza
24 Battery Park
30 City Hall Park und Park Row

Bootsfahrt
20 Staten Island Ferry

Kirchen
5 Trinity Church
17 Saint Elizabeth Ann Seton Shrine
31 St. Paul's Chapel

Moderne Architektur
6 Brookfield Place
10 One World Trade Center
11 Battery Park City & Irish Hunger Memorial

Restaurants
siehe S. 294–299
1 Adrienne's Pizza Bar
2 Battery Gardens
3 Delmonico's
4 Fraunces Tavern
5 Les Halles
6 The Paris Café
7 SUteiShi

◀ Statue of Liberty, Liberty Island *(siehe S. 78f)*

Zeichenerklärung *siehe hintere Umschlagklappe*

Stadtplan *1, 2*

Im Detail: Wall Street

Keine andere Straßenkreuzung war in der Geschichte der Stadt so wichtig wie die von Wall Street und Broad Street. Drei imposante Gebäude stehen hier: Das Federal Hall National Monument markiert die Stelle, an der George Washington 1789 als Präsident vereidigt wurde. Die Trinity Church ist eine der ältesten anglikanischen Kirchen des Landes. Die 1817 gegründete New Yorker Börse ist bis heute ein Finanzzentrum, dessen Kursschwankungen weltweit Erschütterungen auslösen können. Die umliegenden Gebäude bilden das Herzstück des New Yorker Finanzdistrikts.

Das Marine Midland Building ragt 54 Stockwerke empor. Der dunkle Glasturm nimmt nur ungefähr 40 Prozent des Grundstücks ein. Die anderen 60 Prozent bilden einen Platz, auf dem die große rote Skulptur *Cube* von Isamu Noguchi steht.

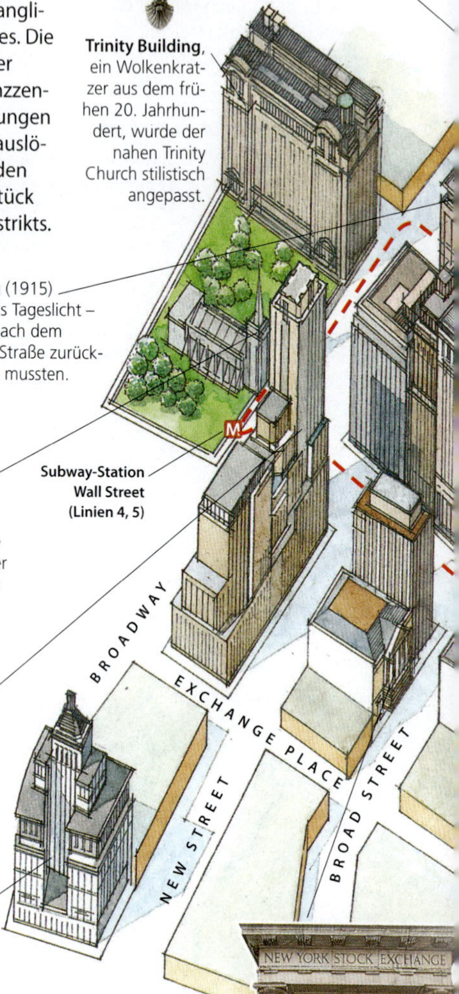

Trinity Building, ein Wolkenkratzer aus dem frühen 20. Jahrhundert, wurde der nahen Trinity Church stilistisch angepasst.

Das Equitable Building (1915) nahm den Anliegern das Tageslicht – Anlass für ein Gesetz, nach dem Wolkenkratzer von der Straße zurückversetzt gebaut werden mussten.

❺ ★ **Trinity Church**
Das 1846 im neogotischen Stil erbaute Gotteshaus ist bereits die dritte Kirche an dieser Stelle. Ihr Turm, einst der höchste Bau der Stadt, erscheint angesichts der umliegenden Wolkenkratzer winzig.

Subway-Station Wall Street (Linien 4, 5)

One Wall Street, 1932 erbaut, hat eine Außenwand, deren Struktur an Textilgewebe erinnert. In der Halle befindet sich ein Art-déco-Mosaik in flammend rotgoldenen Tönen.

26 Broadway wurde als Sitz des Standard Oil Trust erbaut. Die Gebäudespitze hat die Form einer Öllampe.

❸ ★ **New York Stock Exchange**
Der Mittelpunkt der globalen Finanzmärkte befindet sich in einem 16-stöckigen Gebäude von 1903. Das Besucherzentrum hält Informationen über die Geschichte der Börse bereit.

WALL STREET | 69

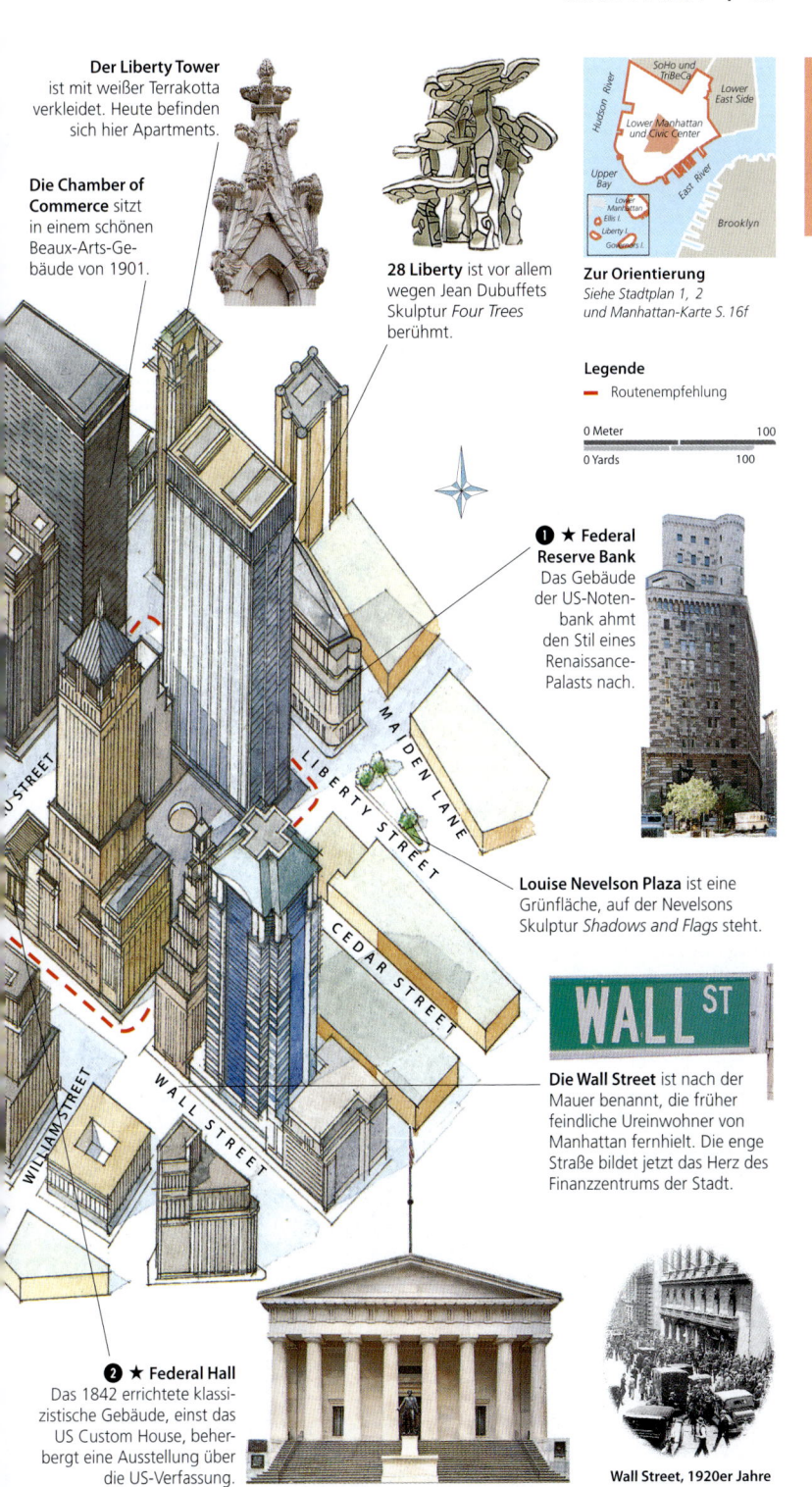

Der Liberty Tower ist mit weißer Terrakotta verkleidet. Heute befinden sich hier Apartments.

Die Chamber of Commerce sitzt in einem schönen Beaux-Arts-Gebäude von 1901.

28 Liberty ist vor allem wegen Jean Dubuffets Skulptur *Four Trees* berühmt.

Zur Orientierung
Siehe Stadtplan 1, 2 und Manhattan-Karte S. 16f

Legende
— Routenempfehlung

0 Meter 100
0 Yards 100

❶ ★ **Federal Reserve Bank**
Das Gebäude der US-Notenbank ahmt den Stil eines Renaissance-Palasts nach.

Louise Nevelson Plaza ist eine Grünfläche, auf der Nevelsons Skulptur *Shadows and Flags* steht.

Die Wall Street ist nach der Mauer benannt, die früher feindliche Ureinwohner von Manhattan fernhielt. Die enge Straße bildet jetzt das Herz des Finanzzentrums der Stadt.

❷ ★ **Federal Hall**
Das 1842 errichtete klassizistische Gebäude, einst das US Custom House, beherbergt eine Ausstellung über die US-Verfassung.

Wall Street, 1920er Jahre

Stadtplan *siehe Seiten 386–419* **Karte** *Extrakarte zum Herausnehmen*

Eingang der Federal Reserve Bank von 1924

❶ Federal Reserve Bank

33 Liberty St. **Stadtplan** 1 C2. **Karte** E13. 📞 1-212-720-500. Ⓜ Fulton St. 🕐 Mo–Fr 13, 14 Uhr, vorher online anmelden. ⬤ (Bank-)Feiertage. ✉ ♿ 🌐 newyorkfed.org

Die Bank ist eine von zwölf US-Notenbanken und bringt US-Dollar in Umlauf. Die hier ausgegebenen Banknoten erkennt man am Buchstaben B im aufgeprägten Federal-Reserve-Stempel.

Fünf Etagen unter der Erde liegt eines der größten Lager für internationale Goldreserven. 60 Nationen verfügen über eigene Panzerräume, die durch 90 Tonnen schwere Türen geschützt werden. Früher wurden bei Zahlungen zwischen Ländern die entsprechenden Goldmengen tatsächlich physisch bewegt. 1971 beendete Präsident Nixon das System des Goldstandards.

Das von York & Sawyer im Stil der italienischen Renaissance erbaute Gebäude (1924) nimmt einen ganzen Block ein und hat Schmiedeeisen-Gitter.

❷ Federal Hall

26 Wall St. **Stadtplan** 1 C3. **Karte** E14. 📞 1-212-825-6990. Ⓜ Wall St. 🕐 Mo–Fr 10–17 Uhr. ⬤ Feiertage. ♿ 🎧 10, 13, 14, 15 Uhr. 📷 🌐 nps.gov/feha

Eine Bronzestatue von George Washington auf den Stufen der Federal Hall markiert die Stelle, an der der erste US-Präsident 1789 seinen Amtseid ablegte. Tausende drängten sich damals in der Wall Street und Broad Street. Sie jubelten, als der Kanzler des Staates New York ausrief: »Lang lebe George Washington, der Präsident der Vereinigten Staaten.«

Das jetzige Gebäude, 1834 bis 1842 als US Custom House errichtet und 2006 renoviert, ist einer der schönsten klassizistischen Bauten der Stadt. Die kostenlos zugänglichen Ausstellungsräume beschäftigen sich mit Washington. Sie umfassen den Bill of Rights Room.

❸ New York Stock Exchange

Siehe S. 72f.

Fassade des Museum of American Finance, Wall Street

❹ Museum of American Finance

48 Wall St. **Stadtplan** 1 C3. **Karte** E14. 📞 1-212-908-4110. Ⓜ Wall St. 🕐 Di–So 10–16 Uhr. 🌐 moaf.org

Das Museum residiert in der früheren Haupthalle des üppigen Bank of New York & Trust Building (1929). Es ist ein idealer Ort, um den Finanzplatz New York zu verstehen. Erläutert wird u. a. der Handel mit Aktien, Rentenpapieren und Futures (Terminkontrakten). Multimedia und Exponate erklären Transaktionen an der Börse. Zudem sind einige seltene Exponate zu sehen, etwa ein von George Washington 1792 unterzeichnetes Wertpapier, ein Goldbarren von 1850 und eine Telegrafendepesche vom Börsenkrach 1929.

Der erste US-Finanzminister Alexander Hamilton (um 1755–1804) war ein Pionier. Im Museum ist ihm eine ganze Abteilung gewidmet. Zudem werden Dokumentarfilme über die Wall Street gezeigt.

Die von Marmorsäulen getragene Rotunde in der Federal Hall

LOWER MANHATTAN UND CIVIC CENTER | 71

Eine Oase der Ruhe: Friedhof der Trinity Church

❺ Trinity Church

Broadway Ecke Wall St. **Stadtplan** 1 C3. **Karte** E14. 📞 1-212-602-0800. Ⓜ Wall St, Rector St. ⛪ Kirche u. Friedhof tägl. 7–18 Uhr. ✝ Mo–Fr 8.15, 12.05, 17.15, So 9, 11.15 Uhr. 🎵 Mo–Fr 14 Uhr, So nach dem 11.15-Uhr-Gottesdienst. **Konzerte** Infos online. 📧 🅿
🌐 trinitywallstreet.org

Die Episkopalkirche am Ende der Wall Street ist das dritte Gotteshaus an dieser Stelle. Die 1846 von Richard Upjohn errichtete Kirche war eine der größten ihrer Zeit und markiert den Anfang der Neogotik in Amerika. Die Bronzetüren von Richard Morris Hunt sind von Ghibertis *Paradiestür* in Florenz inspiriert. Bei der Restaurierung wurde unter Rußschichten rötlicher Sandstein entdeckt.

Der 85 Meter hohe, viereckige Turm, bis etwa 1890 das höchste Gebäude in New York, nötigt ungeachtet seiner viel höher aufragenden Nachbarn noch immer Respekt ab.

Viele prominente New Yorker waren Gemeindemitglieder der Trinity Church. Auf dem Kirchhof liegen viele von ihnen begraben, so der Staatsmann Alexander Hamilton (um 1755–1804), der Erfinder des Dampfschiffs Robert Fulton (1765–1815) und William Bradford, der 1725 die erste New Yorker Zeitung gründete.

❻ Brookfield Place

230 Vesey St. **Stadtplan** 1 A2. **Karte** D13. 📞 1-212-945-2600. Ⓜ Fulton St, Cortlandt St, Rector St. ♿ 🍴 📧 🅿
🌐 brookfieldplaceny.com

Brookfield Place (früher: World Financial Center) war ein urbaner Entwurf von Cesar Pelli & Associates in den 1980er Jahren. Der sechs Hektar große Restaurant-Laden-Komplex mit Büros ist beeindruckend. Als er 1988 eingeweiht wurde, galt der Bau als Rockefeller Center des 21. Jahrhunderts. Nach dem 11. September 2001 begann die 250 Millionen Dollar teure Renovierung, die 2014 abgeschlossen wurde. Heute erheben sich vier Bürotürme in den Himmel mit den Hauptquartieren einiger der größten Finanzdienstleister, etwa Merrill Lynch und American Express.

Im Komplex befindet sich der faszinierende Winter Garden, eine zehn Stockwerke hohe öffentlich zugängliche Plaza. Ihre Decke besteht gänzlich aus Glas, 2000 Scheiben wurden nach den Terroranschlägen ausgetauscht. Zudem gibt es 16, gut 14 Meter hohe Fächerpalmen (Washingtonia robusta), die die Tradition des Palmengartens fortführen.

Hauptebene des Winter Garden, Brookfield Place

Eine imposante Marmortreppe führt zum Winter Garden hinunter, oft dient sie als Sitzplatz bei kostenlosen Events. Auf der Plaza finden ganz unterschiedliche Veranstaltungen statt, vom Klassikkonzert bis zu Tanz- und Theatervorstellungen (Infos auf der Website).

An der Plaza liegen zwei Food-Courts – Hudson Eats bietet moderne Restaurants, währen Le District ganz dem französische Essen gewidmet ist. Die Plaza öffnet sich zum Yachthafen an der North Cove und zur Promenade am Hudson River.

Brookfield Place am Hudson River

Stadtplan *siehe Seiten 386–419* **Karte** *Extrakarte zum Herausnehmen*

❸ New York Stock Exchange

Schon 1790 wurden in und nahe der Wall Street Wertpapiere gehandelt. 1792 kamen 24 Makler in der Wall Street Nr. 68 im Buttonwood-Abkommen überein, sich gegenseitig beim Handel mit Aktien und Anleihen den Vorzug zu geben. Damit legten sie den Grundstein für die New York Stock Exchange (NYSE). Deren Mitgliederzahl ist strikt begrenzt. 1817 kostete ein »Sitz« 25 Dollar, in letzter Zeit bis zu vier Millionen Dollar. Die NYSE hat Höhenflüge und Einbrüche erlebt – und die Wandlung vom lokalen Wertpapiermarkt zum globalen Finanzzentrum. Täglich werden mehrere Milliarden Aktien gehandelt. Seit 2006 ist die NYSE selbst ein börsennotiertes Unternehmen.

Trading Posts

Seit Januar 2007 weitete die NYSE den elektronischen Handel stark aus. Gleichwohl gibt es noch das Maklersystem auf dem Parkett. Der Stock Market Floor besitzt Standplätze (Tradition Posts), wo Makler oder Broker Aktien gelisteter Unternehmen handeln. Der »physische« Handel zwischen Öffnung und Schließung der Märkte wird von Designated Market Makers (DMM) ausgeführt, die auf bestimmte Aktienarten spezialisiert sind. Angestellte von Mitgliedsfirmen der NYSE, die Floor Brokers, handeln mit Aktien für normale Anleger, meist Institutionen, Hedgefonds und andere Broker. Supplemental Liquidity Providers (SLPs) oder elektronische Händler handeln nur für Proprietary Accounts. Die Aufträge laufen über eine integrierte Plattform namens NYSE Pillar, die 2016 eingeführt wurde.

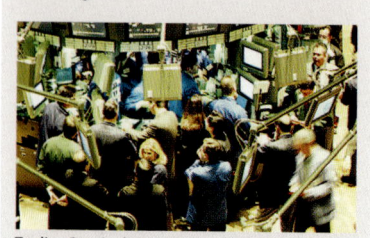

Trading Post in der New Yorker Börse

Außerdem

① **Monitore** *(stock tickers)* zeigen die Kurse so schnell an, wie sie das menschliche Auge gerade noch lesen kann.

② **Trading Post**

Lochstreifenmaschine
Die 1867 eingeführten Apparate druckten Lochstreifen für die aktuellen, auf die Minute genauen Notierungen.

NEW YORK STOCK EXCHANGE | 73

48-Stunden-Tag
Während des Börsencrashs von 1929 arbeiteten die Mitarbeiter nonstop 48 Stunden lang.

Infobox

Information
20 Broad St. **Stadtplan** 1 C3. **Karte** E14. 1-212-656-3000. Besuchergalerie aus Sicherheitsgründen geschlossen. stark begrenzte Führungen. nyse.com

Anfahrt
M5, M15, M20. M 2, 3, 4, 5 bis Wall St; R bis Rector St.

Börsenparkett
In der hektischen Börsenhalle werden täglich Milliarden Aktien von etwa 2000 Unternehmen gehandelt. Die elektronische Technik der NYSE-Pillar-Plattform erlaubt Brokern den schnellen Zugriff auf Equity- und Optionsmärkte.

Börsencrash von 1929
Am Dienstag, dem 29. Oktober 1929, wechselten beim Börsencrash über 16 Millionen Aktien den Besitzer. Alle versuchten zu verkaufen. Massen von Anlegern drängten sich in der Wall Street, doch entgegen einem Gerücht sprangen die Broker nicht aus dem Fenster.

Mitgliedereingang in der Wall Street

1792 17. Mai Unterzeichnung des Buttonwood-Abkommens

1844 Erfindung des Telegrafen; US-weiter Handel

1867 Einführung der Lochstreifenmaschine

1903 Eröffnung des heutigen Baus

1987 19. Okt. »Black Monday«: Dow Jones fällt auf 508 Punkte

2016 Dow Jones erreicht mit über 18 506 Punkten einen Höchststand und steigt weiter

| 1750 | 1800 | 1850 | 1900 | 1950 | 2000 | 2050 |

1817 Gründung des New York Stock & Exchange Board

1865 Neues Börsengebäude an der Ecke Wall St/Broad St

1869 24. Sep. »Black Friday«: Goldcrash

1929 24. Okt. »Black Thursday«: Börsencrash

2001 ab 11. September Kurseinbruch nach acht Jahren Höhenflug

2006 Nach Zusammenschluss mit der Archipelago Holding geht die NYSE an die Börse

2009 Dow Jones fällt mit 6547 Punkten auf Zwölfjahrestief

Stadtplan *siehe Seiten 386–419* **Karte** *Extrakarte zum Herausnehmen*

Blumen für die Opfer am National September 11 Memorial

❼ National September 11 Memorial

Greenwich St, zwischen Fulton u. Liberty St. **Stadtplan** 1 B2. **Karte** D13. 📞 1-212-266-5211. Ⓜ Fulton St, World Trade Center, Cortland St, Rector St. 🕒 tägl. 7.30–21 Uhr. 🖼 🌐 911memorial.org

Das bewegende Mahnmal wurde am zehnten Jahrestag der Terroranschläge von 2001 eröffnet. 2003 hatte die Lower Manhattan Development Corporation einen internationalen Wettbewerb ausgeschrieben. Ein Jahr später einigte man sich auf das Werk *Reflecting Absence* des israelischen Architekt Michael Arad vom Landschaftsarchitekturbüro Peter Walker & Partners.

Sein Entwurf, zwei Wasserbecken auf der Fläche des einstigen World Trade Center (WTC), bilden quasi die Fußabdrücke der beiden zerstörten Türme, jedes ist fast 40 Hektar groß. An den Seiten wurden zwei neun Meter hohe Wasserfälle geschaffen, deren Wasser in der Tiefe verschwindet. Die Beckenumrandung besteht aus Bronzeplatten. Darauf liest man die Namen der 2977 Opfer von 2001 sowie die Namen der sechs Opfer des Bombenanschlags von 1993.

Um die beiden Granitbecken wurden 400 Zweifarbige Eichenbäume gepflanzt. Die Bäume können bis zu 24 Meter hoch und 300 bis 350 Jahre alt werden. Hier steht auch eine Chinesische Wildbirne (Survivor Tree), die wundersamerweise den Zusammenbruch des World Trade Center überlebte. Der Baum war in den 1970er Jahren gepflanzt und bei den Anschlägen schwer beschädigt worden. Er wurde in den Van Cortlandt Park in der Bronx umgesetzt, wo er sich erholte. 2010 wurde er wieder an seinem ursprünglichen Ort eingepflanzt.

❽ National September 11 Memorial Museum

Greenwich St, zwischen Fulton u. Liberty St. **Stadtplan** 1 B2. **Karte** D13. 📞 1-212-266-5211. Ⓜ Fulton St, World Trade Center, Cortland St, Rector St. 🕒 So–Do 9–20, Fr, Sa 9–21 Uhr (letzter Einlass: jeweils 2 Std. vor Schließung). 🖼 🌐 911memorial.org

Das unterirdische Museum wurde vom New Yorker Architekturbüro Davis Brody Bond entworfen und 2014 zum Gedenken an die Anschläge von 2001 eröffnet. Es zeigt mit Wrackteilen aus den Türmen, Berichten Betroffener und zahllosen Überbleibseln von Ground Zero das Ausmaß der Anschläge und informiert Besucher über die Hintergründe und Folgen des Terrors.

In der höhlenartigen Foundation Hall auf Ausstellungsebene sind Reste der Twin Towers zu sehen, etwa eine Schutzmauer aus Beton zum Hudson River hin. Ebenfalls ausgestellt: ein demoliertes Feuerwehrfahrzeug und das Endstück eines Stahlträgers von Ground Zero, die »Last Column«.

Die historische Ausstellung zum 11. September befindet sich im Zentrum des Museums und enthält Bilder, Audio-Aufnahmen und Videos, das Geschehen minutiös rekonstruieren. Zu hören sind Anrufe von Passagieren auf Flug 93 (das entführte Flugzeug stürzte in Pennsylvania ab), Fotos der brennenden Türme oder Funksprüche von Feuerwehrleuten in den Türmen, kurz bevor diese einstürzten.

Am 11. September ist das Lichtdenkmal »Tribute in Light« zu sehen, zwei Lichtsäulen, die sechs Kilometer in den Himmel strahlen und das zerstörte WTC symbolisieren.

Tickets für das Museum können bis zu drei Monate im Voraus erworben werden. Man kann sich auch an der Kasse anstellen – doch die Schlangen sind bisweilen lang.

❾ 9/11 Tribute Center

120 Liberty St. **Stadtplan** 1 B2. **Karte** E13. 📞 1-866-737-1184. Ⓜ World Trade Center, Cortland St, Rector St. 🕒 tägl. 10–18 Uhr (So bis 17 Uhr). ℹ️ 🖼 🌐 tributewtc.org

Das Center wurde von der September 11th Families' Association eingerichtet, einer Organisation von Angehörigen der Opfer. Es will einen persönlichen Ansatz zum Verständnis der Anschläge ermöglichen.

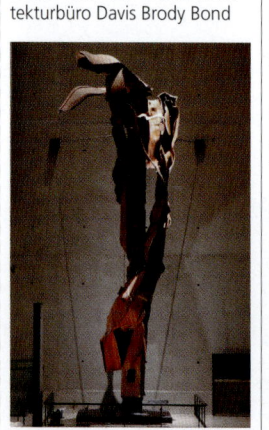

Verbogener Stahlträger im National September 11 Memorial Museum

LOWER MANHATTAN UND CIVIC CENTER | 75

Das One World Trade Center erhebt sich über die Skyline der Südspitze

Der Bau liegt ein Stück weit vom National September 11 Memorial und dem National September 11 Memorial Museum entfernt. Er beherbergt fünf kleine Abteilungen und wurde schon 2006 eröffnet, als sich das offizielle Mahnmal und das Museum noch im Bau befanden. Das Center bietet einen Mix aus Ausstellung und Tour über Ground Zero.

Unter den Exponaten findet sich ein Modell der Twin Towers, ein Raum widmet sich dem Tag des Anschlags mit Videos und Berichten von Überlebenden. Das Zentrum veranstaltet täglich Führungen, die von Angehörigen, Rettungs- und Feuerwehrleuten, Überlebenden, Freiwilligen und Einwohnern von Lower Manhattan, also Menschen, die direkt von den Anschlägen betroffen waren, geleitet werden. Sie führen auch durch das National September 11 Memorial.

❿ One World Trade Center

285 Fulton St. **Stadtplan** 1 B2. **Karte** D13. 1-844-602-400. World Trade Center, Cortland St, Rector St. Ende Mai–Anfang Sep: tägl. 9–24 Uhr; Anfang Sep–Ende Mai: tägl. 9–21 Uhr (letzter Einlass: jeweils 45 Min. vor Schließung). oneworldobservatory.com

Das One World Trade Center, eine markante Stahl-Glas-Nadel aus bombensicherem Beton, ist mit 541 Metern das höchste Gebäude der Stadt – und das sicherste Hochhaus der Welt. Der Bau begann 2006 unter dem Architekten David Childs. Der ursprüngliche Entwurf *Tower of Freedom* des Architekten Daniel Libeskind, der 2002 den Wettbewerb gewann, wurde dabei stark verändert.

Im Erdgeschoss des Baus führt die Multimedia-Show »Voices« durch Lebensläufe der Menschen, die den Turm erbaut haben. Eine Ausstellung erläutert die schwierigen Fundamentarbeiten (60 m tief) im harten Gestein unter dem Bau. Fünf Hochgeschwindigkeitsaufzüge, die Sky Pods, transportieren Besucher in 60 Sekunden nach oben. Von hier hat man einen grandiosen Blick über Manhattan.

Das One World Trade Center Observatory bietet in den Etagen 100 bis 102 verschiedene Attraktionen. Das See Forever Theater (102. Stock) zeigt in einer Endlosschleife ein 360-Grad-Panorama von New York. Die Aussichtsplattform im 100. Stock bietet mit Sky Portal, einer vier Meter großen Glasscheibe im Boden, einen schwindelerregenden Blick in die Tiefe. Es gibt zudem verschiedene Essensoptionen.

Durch die Anschläge von 2001 wurden auf dem Areal sieben Gebäude zerstört. Doch es gab schnell einen massiven Bauboom sowie zahlreiche Investitionen, da Lower Manhattan wiederbelebt werden sollte. Der gesamte World-Trade-Komplex mit fünf Hochhäusern und einem Kunstzentrum soll 2019/2020 fertiggestellt sein. Schon fertige Bauten sind das 226 Meter hohe 7 World Trade Center, das 2006 eröffnet wurde, und Fumihiko Makis 298 Meter hohes 4 World Trade Center, das 2013 vollendet wurde.

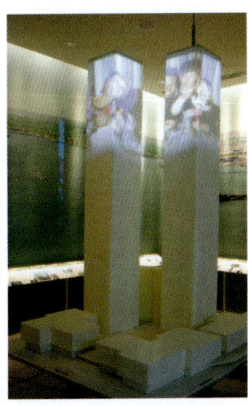

Modell der Twin Towers, das das Leben der Opfer »beleuchtet«

Stadtplan siehe Seiten 386–419 **Karte** *Extrakarte zum Herausnehmen*

Arturo Di Modicas ikonischer Bulle am Südende des Broadway

⓫ Battery Park City & Irish Hunger Memorial

7 Battery Park City. **Stadtplan** 1 A3. **Karte** D13–14. Ⓜ Rector St.

Mit dem Aushub des früheren World Trade Center wurde am Hudson River Land aufgeschüttet, um so ein hübsches Areal mit Restaurants, Apartments, Skulpturen und Gärten zu schaffen. Der zwei Kilometer lange Spazierweg am Fluss bietet grandiose Blicke auf die Statue of Liberty.

Das Irish Hunger Memorial steht am Ende der Vesey Street und ist den Iren gewidmet, die während der Großen Hungersnot 1845–52 starben. Das Mittelstück, ein verlassenes Stein-Cottage aus Irland, liegt auf einem grasbewachsenen Damm.

⓬ Museum of Jewish Heritage

36 Battery Pl. **Stadtplan** 1 B4. **Karte** D14. ☎ 1-646-437-4200. Ⓜ Bowling Green, South Ferry. 🚌 M5, M15, M20. ⏰ So–Di 10–18, Mi, Do 10–20, Fr 10–15 Uhr (März–Nov: Fr bis 17 Uhr). ⏺ Sa, jüdische Feiertage, Thanksgiving. 🅿 ♿ 📷 📱 📖 Lesungen. 🌐 mjhnyc.org

Das Museum gedenkt der Opfer des Holocaust – aus der subjektiven Sicht der Opfer. Die Hauptausstellung verläuft über drei Stockwerke und liegt in einem bemerkenswerten sechsseitigen Gebäude. Es ist ein Symbol für die sechs Millionen von den Nazis ermordeten Juden als auch ein Symbol für den Davidstern. Die Ausstellung beginnt mit den alltäglichen Praktiken und Ritualen osteuropäischer Juden vor 1930. Dann folgen die Schrecken des Holocaust. Die Ausstellung endet mit der Errichtung des Staates Israel und seinen Errungenschaften. Die Audio-Guides haben Meryl Streep und Itzhak Perlman besprochen.

⓭ Skyscraper Museum

39 Battery Pl. **Stadtplan** 1 B4. **Karte** D14. ☎ 1-212-968-1961. Ⓜ Bowling Green, Rector St. ⏰ Mi–So 12–18 Uhr. 🅿 📷 🌐 skyscraper.org

Neben dem Hotel Ritz-Carlton widmet sich das 2004 eröffnete Skyscraper Museum dem architektonischen Erbe New Yorks. Sämtliche Aspekte von Wolkenkratzern werden hier beleuchtet – vom Design bis zur Technologie und vom Hochhaus als Investitionsobjekt bis hin zum Aspekt des Wohnens und Arbeitens in einem Hochhaus. Zudem gibt es eine Ausstellung zum World Trade Center zu sehen. Eine digitale Rekonstruktion zeigt, wie sich Manhattans Skyline im Lauf der Zeiten verändert hat.

⓮ Charging Bull

Broadway/Bowling Green. **Stadtplan** 1 C4. **Karte** E14. Ⓜ Bowling Green. 🌐 chargingbull.com

Am 15. Dezember 1989 stellte der Bildhauer Arturo Di Modica zusammen mit 30 Freunden die 3200 Kilogramm schwere Bronzestatue *Charging Bull* vor dem Gebäude der New York Stock Exchange auf. Zwischen zwei Polizeipatrouillen blieben der Gruppe nur acht Minuten Zeit. Später wurde die Bronzebulle entfernt, weil er den Verkehr behinderte. Es gab Proteste, die Statue bekam ein »vorläufiges« Bleiberecht am Broadway bei Bowling Green. Dort steht sie bis heute und ist zum inoffiziellen Maskottchen der Wall Street geworden.

Di Modica schuf den Bullen nach dem Börsencrash von 1987 als Symbol für den positiven »Macher-Geist« der USA. Bis zur Fertigstellung investierte er zwei Jahre Zeit und 350 000 Dollar.

Der hübsche Brunnen von Bowling Green, Battery Park

⓯ Bowling Green

Stadtplan 1 C4. **Karte** E14. Ⓜ Bowling Green.

Das dreieckige Gelände nördlich des Battery Park ist die älteste Grünanlage der Stadt. Erst wurde hier Vieh gehandelt, später Bowling gespielt. Bis zum Unabhängigkeitskrieg stand eine Statue des englischen Königs George III auf

Exponate im National Museum of the American Indian

dem Platz – man schmolz sie im Krieg zu Munition um *(siehe S. 24f)*. Die Statue der Frau des Gouverneurs von Connecticut lieferte angeblich Metall für 42 000 Kugeln.

Der Zaun von 1771 steht noch, doch ohne die einstigen Königskronen, die dasselbe Schicksal wie die Statue erlitten. Früher säumten elegante Häuser das Areal. Hier beginnt der Broadway, der sich durch Manhattan zieht – und unter seinem offiziellen Namen »Highway Nine« weiter bis Albany, der Hauptstadt des Staates New York.

⓰ National Museum of the American Indian

1 Bowling Green. **Stadtplan** 1 C4. **Karte** E14. Ⓜ Bowling Green. ☎ 1-212-514-3700. ⏱ tägl. 10–17 Uhr (Do bis 20 Uhr). ⬤ 25. Dez. ♿ 📷 🆆 nmai.si.edu

Cass Gilberts stattliches US Custom House beherbergt nun das Smithsonian National Museum of the American Indian. Zur vortrefflichen Sammlung gehören rund eine Million Exponate und Tausende von Fotografien – mit der ganzen Bandbreite der indianischen Kulturen Nord-, Mittel- und Südamerikas. Die Ausstellung, die von Repräsentanten der indigenen Völker zusammengestellt wurde, zeigt auch zeitgenössische Arbeiten.

Das Nationalarchiv im zweiten Stock bietet ebenfalls eine kleine Ausstellung mit einer Auswahl an Dokumenten aus den National Archives von Washington, D.C.

Das Alexander Hamilton US Custom House im Beaux-Arts-Stil, das 1907 fertiggestellt wurde und bis 1973 in Betrieb war, gehört zu den schönsten Beispielen dieses Stils in New York. Die beeindruckende Fassade ist mit Statuen von Daniel Chester French geschmückt. Es sind Personifikationen der Kontinente und der großen Wirtschaftszentren der Welt. Die wunderbare Great Hall, eine Marmorrotunde, ist reich verziert. 16 Wandbilder bedecken die 41 Meter hohe Kuppel. Sie wurden 1937 von Reginald Marsh gemalt und zeigen in den New Yorker Hafen einlaufende Schiffe.

⓱ Saint Elizabeth Ann Seton Shrine

7 State St. **Stadtplan** 1 C4. **Karte** E15. ☎ 1-212-269-6865. Ⓜ Whitehall, South Ferry. ⏱ tägl. 7–17 Uhr. ✝ Mo–Fr 8.05, 12.15, So 11 Uhr. 🆆 spcolr.org

Elizabeth Ann Seton (1774–1821), die erste von der katholischen Kirche heiliggesprochene Amerikanerin, lebte hier von 1801 bis 1803. Sie gründete den ersten Nonnenorden der USA, die American Sisters of Charity. Nach dem Bürgerkrieg baute die Mission of Our Lady of the Rosary das Gebäude in ein Heim für wohnungslose irische Immigrantenfrauen um – 170 000 machten auf dem Weg in ein neues Leben in Amerika hier Station. Die angrenzende Kirche entstand 1965. Die Mission pflegt und erhält die Anlage.

Fassade des Saint Elizabeth Ann Seton Shrine

Stadtplan *siehe Seiten 386–419* **Karte** *Extrakarte zum Herausnehmen*

ⓔ Statue of Liberty

Die Statue of Liberty war ein Geschenk der Franzosen an das amerikanische Volk. Sie ist ein Entwurf von Frédéric-Auguste Bartholdi und gilt als Symbol der Freiheit. Das Gedicht von Emma Lazarus am Sockel enthält die Zeilen: »Gebt mir eure Müden, eure Armen, eure geknechteten Massen, die frei zu atmen begehren.« Am 28. Oktober 1886 enthüllte Präsident Grover Cleveland die Statue. Nach dem 11. September 2001 wurde das Innere der Statue geschlossen, seit 4. Juli 2009 kann man wieder hinaufsteigen.

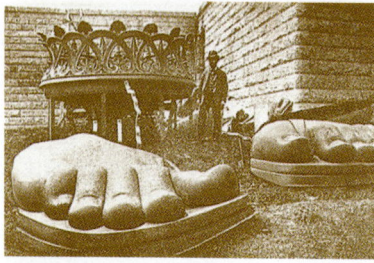

★ **Goldfackel**
1986 wurde die Originalfackel durch eine neue ersetzt. Die Flamme der Replik ist vergoldet.

Statue
Die vom Boden bis zur Fackel 93 Meter hohe Statue of Liberty beherrscht die Einfahrt zum New Yorker Hafen und wurde von der UNESCO 1984 zum Welterbe erklärt.

Von den Zehen bis zur Fackel
Die Statue of Liberty besteht aus 300 aus Kupfer gegossenen, genieteten Platten.

Außerdem

① **Die originale Fackel** steht heute in der Haupthalle.

② **Museum**

③ **Der Sockel** ist zwischen die Wände eines Armee-Forts eingelassen. Er war einst der größte in einem Stück gegossene Betonblock.

④ **354 Stufen** führen vom Eingang zur Krone hinauf.

⑤ **Aussichtsplattform**

⑥ **Eine Stützsäule** verankert die 204 Tonnen schwere Statue.

⑦ **Das Gerüst** konstruierte Gustave Eiffel, Erbauer des Eiffelturms. Die Kupferhülle hängt an Eisenträgern, die an der Stützsäule befestigt sind.

⑧ **Die Krone** hat sieben Strahlen – für Kontinente und Weltmeere.

★ **Statue of Liberty Museum**
Neben anderen Souvenirs findet man hier Poster der Freiheitsstatue aus allen Zeiten.

STATUE OF LIBERTY | 79

★ **Fähren nach Liberty Island**
Fähren verbinden Manhattan mit Ellis Island und Liberty Island. Von dort bietet sich eine eindrucksvolle Ansicht der Skyline.

Infobox

Information
Stadtplan 1 A5. **Karte** A15.
1-212-363-3200. Liberty Island 9.45–16.45 Uhr; längere Zeiten während der Ferien. 25. Dez. inkl. Fähre. Insel und Haupthalle. Tickets für die Besteigung müssen Monate im Voraus gebucht werden.
w nps.gov/stli

Anfahrt
1 bis South Ferry; 4, 5 bis Bowling Green; R, W bis Whitehall. M5, M15, M20 bis South Ferry, dann Statue Cruises Ferry ab Battery Park 9.30–15.30 Uhr alle 20–30 Min. (Winter: variierend). 1-877-523-9849. Fähre inkl. Eintritt. **w** statuecruises.com

Gesicht und Krone
Bartholdis Mutter soll für die Statue Modell gestanden haben. Die sieben Strahlen der Krone stehen für sieben Meere und sieben Kontinente. Durch 25 Fenster kann man hinaussehen.

Guss der Hand
Vor dem Guss wurde die Hand zuerst aus Gips und Holz geformt.

Frédéric-Auguste Bartholdi

Der französische Bildhauer aus Colmar wollte der Freiheit ein Denkmal setzen. 21 Jahre lang arbeitete er an dieser Idee. 1871 reiste er nach Amerika, bat Präsident Ulysses S. Grant und andere Persönlichkeiten um finanzielle Unterstützung und ersuchte um die Erlaubnis, die Statue of Liberty im New Yorker Hafen aufzustellen. Er sagte: »Ich möchte die Republik und die Freiheit jenseits des Meeres preisen und hoffe, sie dereinst auch hier wiederzufinden.«

Modellfiguren
Mittels immer wieder vergrößerter Modelle konnte Bartholdi die größte je konstruierte Metallstatue bauen.

Feierlichkeiten
Am 3. Juli 1986 wurde die für 100 Millionen Dollar restaurierte Statue neu enthüllt. Das zwei Millionen Dollar teure Feuerwerk war das pompöseste, das Amerika bis dahin gesehen hatte.

Stadtplan *siehe Seiten 386–419* **Karte** *Extrakarte zum Herausnehmen*

Fraunces Tavern Museum (18. Jh.) und Restaurant

⓲ Fraunces Tavern Museum

54 Pearl St. **Stadtplan** 1 C4. **Karte** E14. 📞 1-212-425-1778. Ⓜ Wall St, Broad St, Bowling Green. 🕘 Mo–Fr 12–17, Sa, So ab 11–17 Uhr. ⬤ Feiertage. 🏛️♿🎦 nur Gruppen. **Vorträge, Filme.** 🌐 fraucestavernmuseum.org

New Yorks einziger erhaltener Straßenblock aus dem 18. Jahrhundert besteht aus Handelshäusern. Hier befindet sich eine exakte Replik der 1719 errichteten Fraunces Tavern, in der George Washington 1783 von seinen Offizieren Abschied nahm. Die Taverne war bereits in den frühen Tagen der Revolution beschädigt worden: Im August 1775 zerstörte das britische Schiff *Asia* mit einem Kanonenschuss das Dach. 1904 kauften die »Sons of the Revolution« das Gebäude. Die 1907 beendete Restaurierung war eine der ersten Maßnahmen, das historische Erbe Amerikas zu erhalten. Das Restaurant im Erdgeschoss hat viel Atmosphäre. Das Museum im Obergeschoss präsentiert Wechselausstellungen zu Geschichte und Kultur des frühen Amerika.

George Washingtons Abschiedsrede fand im restaurierten Long Room statt. Der angrenzende Clinton Room im Federal Style, ein Speisesaal, hat noch französische Tapeten von 1838. Die Ausstellungsräume, darunter die Sons of the Revolution Gallery, erläutern die damalige Geschichte.

⓳ Vietnam Veterans' Plaza

Zwischen Water St u. South St. **Stadtplan** 2 D4. **Karte** E14. Ⓜ Whitehall, South Ferry.

Die Ziegel-Plaza birgt in ihrer Mitte eine riesige grüne Glasmauer. Hier sind Zitate aus Reden eingraviert, man sieht Ausschnitte aus Briefen, die im Vietnamkrieg zwischen 1959 und 1975 gefallene Soldatinnen und Soldaten an ihre Familien zu Hause schickten.

⓴ Staten Island Ferry

Whitehall St. **Stadtplan** 2 D5. **Karte** E15. 📞 311. Ⓜ South Ferry. 🕘 24 Std. kostenlos. ♿ 🌐 siferry.com

Seit 1810 ist die von Cornelius Vanderbilt, dem späteren Eisenbahnmagnaten, gegründete Fährverbindung nach Staten Island in Betrieb. Fähren pendeln zwischen Insel und Stadt, während der Fahrt blickt man auf den Hafen, die Statue of Liberty, Ellis Island und die Skyline von Lower Manhattan.

Der Fahrpreis war schon immer sehr niedrig, seit 1997 kann die Fähre von Fußgängern und Radfahrern kostenlos benutzt werden.

㉑ Governors Island

Governors Island, New York Harbor. **Stadtplan** 1 AB5. **Karte** B14–15. Ⓜ South Ferry, Bowling Green. 🕘 Mai–Okt: Mo–Fr 10–18, Sa, So 10–17 Uhr. 🌐 govisland.com

Die 70 Hektar große Insel im New Yorker Hafen mit ihren Grünanlagen und Kolonialgebäuden ist ideal für einen Tagesausflug. Von 1794 bis 1966 dienten die Bauten als Stützpunkt der US-Armee, die folgenden 30 Jahre waren sie Basis der US-Küstenwache. Seit 2003 wird die Insel vom Staat New York und vom National Park Service verwaltet.

Auf der Insel finden sich auch ein Besucherzentrum, ein künstlicher Strand und ein kleines Museum. Castle Williams in der Nordwestecke wurde 1811 errichtet, um das nahezu identische Castle Clinton im Battery Park *(siehe S. 81)* zu ergänzen. Bis 1966 wurde es als Gefängnis genutzt, in den Zellen drängten sich bis zu 1000 konföderierte Soldaten während des Sezessionskriegs. Auf den Grünflächen und der luftigen Promenade kann man sich erholen.

Kostenloses Fahrvergnügen: Staten Island Ferry

Castle Clinton National Monument im Battery Park

ⓞ Statue of Liberty

Siehe S. 78f.

ⓞ Ellis Island

Siehe S. 82f.

Subway-Eingang im Beaux-Arts-Stil, Ecke des Battery Park

ⓞ Battery Park

Stadtplan 1 B4. **Karte** D14–E15.
Ⓜ South Ferry, Bowling Green.

Der Park wurde nach den Geschützen benannt, die früher den Hafen verteidigten. Von hier hat man den besten Blick auf den Hafen. Unter den Statuen und Monumenten sind das Netherlands Memorial Monument sowie Denkmäler für die ersten jüdischen Immigranten in New York und die Küstenwache. Neuere Attraktionen sind das Pier A Harbor House, Hauptquartier der New Yorker Hafenpolizei von 1886, das nun Bars und Lokale beherbergt, das SeaGlass Carousel, ein Karussell mit maritimen Themen, sowie die Battery Farm, wo Früchte, Gemüse und Kräuter angebaut werden.

ⓞ Castle Clinton National Monument

Battery Park. **Stadtplan** 1 B4. **Karte** E15. 📞 1-212-344-7220. Ⓜ Bowling Green, South Ferry. 🕒 tägl. 8–17 Uhr. ⊘ 25. Dez. ♿ 🎵 Konzerte. 🏛 🌐 nps.gov/cacl

Castle Clinton wurde 1811 als Artilleriestellung gebaut. Es stand damals rund 90 Meter vor der Küste und war durch einen Damm mit dem Battery Park verbunden. Später verlandete das Areal.

1824 wurde das Fort zum Theater, in dem Phineas T. Barnum 1850 die »schwedische Nachtigall« Jenny Lind dem Publikum vorstellte. 1855, noch bevor Ellis Island diese Funktion übernahm, war es das Einwanderungszentrum für über acht Millionen Neuankömmlinge. 1896 wurde das Gebäude zu einem Aquarium umgebaut, das man 1941 nach Coney Island *(siehe S. 259)* verlegte.

Es gibt eine kleine Ausstellung zur Geschichte des Orts. Zu sehen ist u. a. ein Teil der »Battery Wall«. Auch Tickets für Ellis Island *(siehe S. 82f)* und die Statue of Liberty *(siehe S. 78f)* sind hier erhältlich.

ⓞ Schermerhorn Row

Fulton u. South St. **Stadtplan** 2 D3. **Karte** F13. Ⓜ Fulton St.

Das Schmuckstück südlich des South Street Seaport wurde 1811 vom Reeder Peter Schermerhorn auf dem Fluss abgerungenem Land errichtet. Die Gebäude dienten einst als Lagerhäuser und Kontore. Mit der Eröffnung des Fährhafens nach Brooklyn 1814 und des Fulton Market 1822 wurde der Block zur begehrten Adresse.

Der Straßenzug wurde zusammen mit dem South-Street-Areal 2010 restauriert. Hier findet man nun Galerien, Läden und Restaurants.

Restaurierte Gebäude in der Schermerhorn Row

Stadtplan *siehe Seiten 386–419* **Karte** *Extrakarte zum Herausnehmen*

❷³ Ellis Island

Fast jeder zweite Amerikaner kann seine Wurzeln bis Ellis Island zurückverfolgen, das zwischen 1892 und 1954 als Einwanderer-»Schleuse« in die USA diente. Rund zwölf Millionen Menschen schritten durch seine Tore und verteilten sich in der größten Immigrationswelle der Weltgeschichte über das ganze Land. Heute befindet sich hier das Ellis Island Immigration Museum. Fotos, Tonaufnahmen von Immigranten und andere Exponate erzählen die Geschichte der Einwanderung. Im elektronischen Archiv kann man Ahnenforschung betreiben. Die American Immigrant Wall of Honor ist die größte mit Namen beschriftete Mauer der Welt. Kein anderer Ort vermittelt so deutlich den »Schmelztiegel«-Charakter der USA.

Hauptgebäude

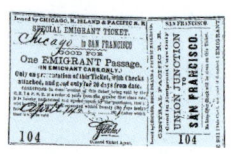

★ Gepäckraum
Die Habseligkeiten der Einwanderer wurden bei der Ankunft hier untersucht.

Bahnticket
Ein Sonderpreis für Bahnfahrkarten ließ viele Immigranten nach Kalifornien weiterziehen.

★ Schlafsaal
Männliche und weibliche Einwanderer schliefen in getrennten Quartieren.

★ Große Halle
Die Einwandererfamilien mussten im Registrationsraum auf ihre »Abfertigung« warten. Die alten Metallbarrieren wurden 1911 durch Holzbänke ersetzt.

Außerdem

① **Das Fährbüro** verkaufte Tickets nach New Jersey.
② **Das Eisenbahnbüro** verkaufte Tickets zum endgültigen Reiseziel.
③ **Das Metall-Glas-Vordach** ist eine Kopie des Originals.

Restaurierung

1990 ließ die Statue of Liberty-Ellis Island Foundation die verfallenen Gebäude für 156 Millionen Dollar restaurieren, die Kupferkuppeln ersetzen und Originaleinrichtungsstücke hierherbringen.

ELLIS ISLAND | **83**

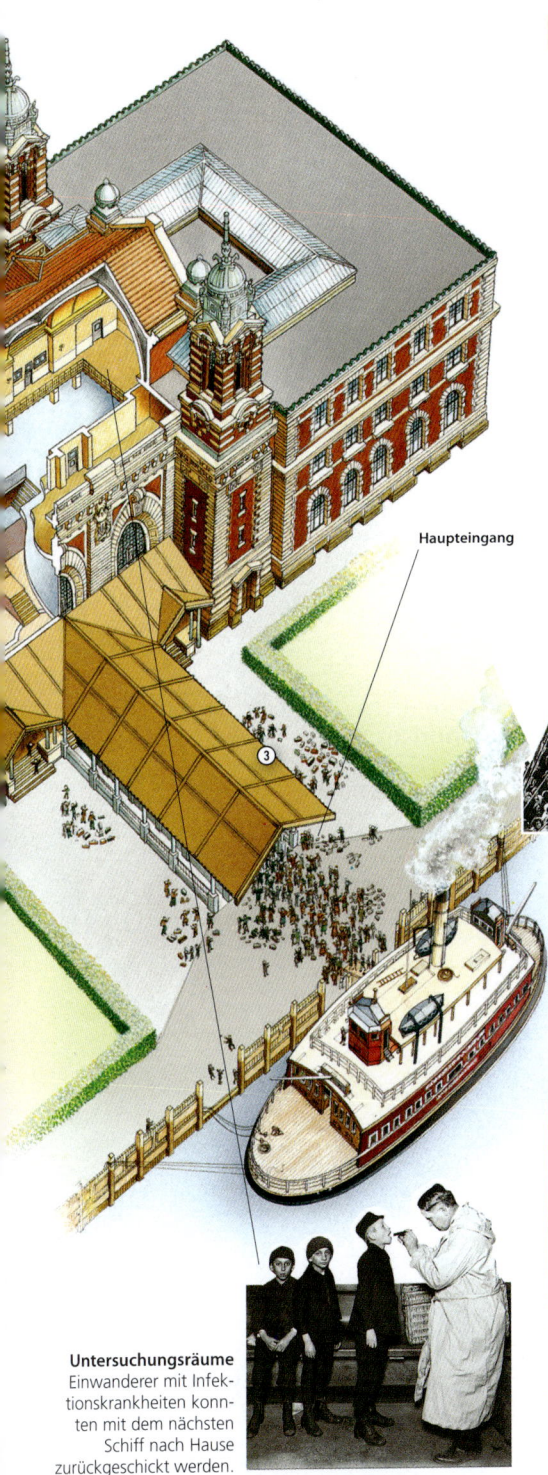

Infobox

Information
Stadtplan 1 A5. **Karte** A14.
 1-212-363-3200. tägl. 9.30–16.45 Uhr (längere Zeiten während der Ferien). 25. Dez. inkl. Fähre; auch Kombiticket inkl. Eintritt zu Liberty Island.
   w nps.gov/elis
w libertyellisfoundation.org

Anfahrt
 4, 5 bis Bowling Green; 1 bis South Ferry; R bis Whitehall, dann Statue Cruises Ferry ab Battery Park. **Abfahrt** Sommer: 8.30–16 Uhr alle 20–30 Min. (Winter: unterschiedl.). 1-877-523-9849. **w** statuecruises.com

Haupteingang

Ankunft
Zwischendeck-Passagiere verfolgen das Anlegemanöver vor Ellis Island.

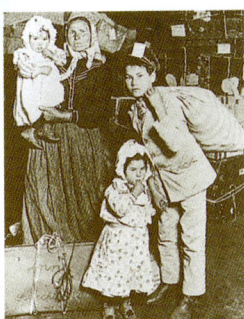

Untersuchungsräume
Einwanderer mit Infektionskrankheiten konnten mit dem nächsten Schiff nach Hause zurückgeschickt werden.

Einwandererfamilie
Das Foto zeigt eine italienische Familie bei der Ankunft 1905.

Stadtplan *siehe Seiten 386–419* **Karte** *Extrakarte zum Herausnehmen*

Das Feuerschiff *Ambrose* am South Street Seaport, East River

❷⓻ South Street Seaport

19 Fulton St. **Stadtplan** 2 E2. **Karte** F15. 📞 1-212-732-8257. Ⓜ Fulton St. ♿ 🎵 Konzerte. 🎭 📷
🌐 southstreetseaport.com
South Street Seaport Museum
12 Fulton St. 📞 1-212-748-8600.
🕐 Apr–Okt: Mi–So 11–15 Uhr. ♿ 🎵 Lesungen, Ausstellungen, Filme. 🎭 📷 🌐 southstreetseaportmuseum.org

Das Areal gepflasterter Straßen mit bester Aussicht auf Brooklyn Bridge und East River war Teil der einstigen New Yorker Dockanlagen. Seit 1966 bietet es jede Menge Restaurants und Läden. 2012 traf Hurricane Sandy das Areal – es musste renoviert werden. Im Fulton-Gebäude entstand ein luxuriöses iPic Theater, an Pier 17 eine neue Shopping Mall.

Das **South Street Seaport Museum** besitzt eine große Sammlung maritimer Artefakte und Kunst sowie ein Lagerhaus von 1812 im Federal Style. Kartenbüro und Hauptausstellungen befinden sich in der Schermerhorn Row *(siehe S. 81)*, bei der Fulton Street.

Zum Museum gehören auch sechs historische Schiffe am Pier 16. Unter den für Besucher zugänglichen befinden sich die *Ambrose*, ein Feuerschiff von 1908, und die *Peking*, ein deutsches Handelsschiff, das in den 1930er Jahren von den Briten als Trainingsschiff genutzt wurde. Auch der Schoner *Pioneer*, der im Sommer Hafenrundfahrten bietet, liegt hier. Für einen tollen Blick auf die Brooklyn Bridge besuchen Sie das Oberdeck von Pier 15.

❷⓼ Criminal Courthouses

New York Court District: Centre u. Chambers St. **Stadtplan** 1 C1–2 D1. **Karte** E11–12. Ⓜ Brooklyn Bridge-City Hall. 🕐 Mo–Fr 9–17 Uhr. ♿

Den Gerichtsbezirk dominieren grandiose neoklassizistische Gebäude. Das von einer Pyramide gekrönte Thurgood Marshall US Courthouse (1936) von Cass Gilbert erhebt sich 180 Meter in die Höhe und dient heute als Bundesgericht. Das benachbarte New York County Courthouse von 1927 ist der Oberste Gerichtshof des Staates New York. Seine Rotunde hat Leuchter von Tiffany, die Wandbilder zum Thema Recht und Gerechtigkeit stammen von Attilio Pusterla.

Der Surrogate's Court von 1907 steht in der Chambers Street. Seine Säulenfassade besteht aus weißem Marmor aus Maine. Henry K. Bush-Browns Figuren am Dach repräsentieren die verschiedenen Lebensalter. Das Deckenmosaik der Haupthalle stammt von William de Leftwich Dodge, es zeigt die Tierkreiszeichen.

❷⓽ City Hall

City Hall Park. **Stadtplan** 1 C1. **Karte** E12. 🚌 311. Ⓜ Brooklyn Bridge - City Hall Park Pl. 🕐 teilweise Mi 12 Uhr, sonst nur mit Anmeldung (1-212-788-2656). ♿

Die City Hall, seit 1812 Sitz der New Yorker Stadtverwaltung, ist eines der schönsten Beispiele amerikanischer Architektur des frühen 19. Jahrhunderts. Das Federal-Style-Bauwerk errichteten John McComb Jr., der erste in Amerika geborene prominente Architekt, und der französische Einwanderer Joseph Mangin. Der rückwärtige Teil blieb ohne Marmorverkleidung, da mit einer Ausdehnung der Stadt nach Norden nicht gerechnet wurde. Die Renovierung 1954 hat diesem Mangel abgeholfen.

Das Äußere des Gebäudes wird Mangin zugeschrieben, das Innere mit seiner von zehn Säulen getragenen Kuppelrotunde McComb. Eine geschwungene Doppeltreppe führt zu den Tagungsräumen des City Council und zum Governor's Room mit seiner Porträtsammlung bedeutender New Yorker Persönlichkeiten im Obergeschoss. Durch die Eingangshalle schreiten seit fast 200 Jahren Staatsmänner und andere Berühmtheiten. Abraham Lincoln wurde hier 1865 aufgebahrt.

An der Treppe steht die Statue des 1776 im Amerikanischen Unabhängigkeitskrieg von den Briten als Spion ge-

Fassade der City Hall aus dem frühen 19. Jahrhundert

hängten US-Soldaten Nathan Hale. Seine letzten Worte »Ich bedaure, dass ich nur ein Leben habe, das ich meinem Land schenken kann« sicherten ihm in Geschichtsbüchern und in den Herzen vieler Amerikaner einen festen Platz.

③⓿ City Hall Park und Park Row

Stadtplan 1 C2. **Karte** E12–13.
Ⓜ Brooklyn Br-City Hall Park Pl.

Im 17. Jahrhundert war der Park ein Dorfanger, seit 1812 steht hier das Rathaus. 1736–97 gab es an der Seite ein Armenhaus, später der Ort von Protesten gegen die britische Regierung. Im Amerikanischen Unabhängigkeitskrieg (1775–83) nutzten die Briten das nahe Schuldnergefängnis und sperrten dort 250 Gefangene ein, die später gehängt wurden. Heute erinnert im Westteil des Parks eine Gedenktafel an die damaligen »Liberty Poles« (Symbole der Revolte).

Das Park Row Building von 1899 war damals mit 119 Metern das höchste Bürogebäude der Welt. Hinter der ursprünglichen Kalkstein-Ziegel-Fassade lagen die Büros von Associated Press. Die Park Row verläuft an der Ostseite des City Hall Park. Ihr Spitzname war »Newspaper Row«, da sich die Büros von *Sun*, *World*, *Tribune* und anderen Zeitungen hier aneinanderreihten. Am Printing House Square steht eine Statue Benjamin Franklins mit der *Pennsylvania Gazette*.

③⓵ St. Paul's Chapel

209–211 Broadway. **Stadtplan** 1 C2. **Karte** E13. ☎ 1-212-602-0800. Ⓜ Fulton St. ◐ Mo–Sa 10–18, So 7–18 Uhr. ● Feiertage. ✝ Mi 12.30, So 8, 10 Uhr. ⌂ nach Vereinbarung. **Konzerte** Mo 13 Uhr.

Wie durch ein Wunder blieb diese kleine Kirche unbeschädigt, als 2001 die Twin Towers des WTC einstürzten. St. Paul's ist Manhattans einzige Kirche aus der Zeit vor dem Unabhängigkeitskrieg – ein georgianisches Juwel von 1766. Ein Anziehungspunkt ist »Unwavering Spirit«, eine bewegende Ausstellung zu den Terroranschlägen. Acht Monate lang diente die Kirche als Zufluchtsort für die (Rettungs-)Arbeiter am Ground Zero. Die Bank, in der George Washington 1789/90 betete, ist Teil der Ausstellung. Die schreinähnliche Bank existiert seit der Zeit, als New York Hauptstadt der USA war, bei den Anschlägen nutzten sie die Feuerwehrmänner als Behandlungsstuhl.

③⓶ Woolworth Building

233 Broadway. **Stadtplan** 1 C2. **Karte** E13. ☎ 1-203-966-9663. Ⓜ City Hall Park Pl. ⌂ tägl. verschiedene Touren (im Voraus buchen). 🌐 Ⓦ woolworthtours.com

Der Verkäufer Frank W. Woolworth eröffnete 1879 einen neuartigen Laden: Die Kunden konnten die für fünf Cent angebotenen Waren anschauen und anfassen. Die weltbekannte Ladenkette, die sich daraus entwickelte, brachte ihm ein Vermögen ein und veränderte das Gesicht des Einzelhandels von Grund auf.

Das gotische, 1913 vollendete Hauptquartier war bis 1929 New Yorks höchstes Gebäude und Vorbild der großen Wolkenkratzer. Bis heute ist es in puncto Eleganz unübertroffen. Das mit Wasserspeiern in Form von Fledermäusen und anderen Tieren verzierte Bauwerk von Cass Gilbert wird von einem Pyramidendach, Strebepfeilern, Zinnen und vier Türmen gekrönt. Das Marmorinterieur ist mit Filigranarbeiten, Reliefs und dekorativen Malereien geschmückt. Die Mosaikdecke besteht aus Glasfliesen. Die Eingangshalle ist ein Kunstschatz. Witzige Flachreliefs zeigen den Gründer beim Geldzählen, den Immobilienmakler beim Geschäftsabschluss und den Architekten Gilbert mit einem Modell. Das 13,5 Millionen Dollar teure Gebäude wurde bar bezahlt. 1997 schloss Woolworth.

③⓷ African Burial Ground

Duane St. **Stadtplan** 1 C1. ☎ 1-212-637-2019. Ⓜ Chambers St, City Hall. ◐ Di–Sa 9–17 Uhr. **Besucherzentrum** 290 Broadway. ◐ Di–Sa 10–16 Uhr. Ⓦ nps.gov/afbg

Das elegante Denkmal aus schwarzem Granit liegt teilweise auf einem einstigen Friedhof, damals der einzige Ort, an dem afrikanische Sklaven bestattet werden konnten. Die Stätte wurde 1991 zufällig entdeckt, 419 Skelette wurden geborgen. Sie wurden untersucht und kamen 2003 hier wieder unter die Erde. Das nahe Besucherzentrum bietet eine interaktive Ausstellung zur Sklaverei in New York.

Georgianisches Interieur der St. Paul's Chapel

杏福餅店・西餐
BAKERY & RESTAURANT
CAFE
西餐廳
杏福西餐
HON CAFE
66
皇上皇酒家
餅店
CAFÉ
西餐 餅店
HON CAFÉ
SHIRTS FOR $

DIE STADTTEILE NEW YORKS | 87

Lower East Side

Nirgendwo wird die ethnische Vielfalt dieser pulsierenden Stadt so deutlich wie in der Lower East Side, wo sich Ende des 19. Jahrhunderts die Einwanderer niederließen. Hier befanden sich die Viertel der Italiener, Chinesen und Juden – in jüngster Zeit Dominikaner –, die auch in der Fremde ihre Sprache, Religion und Bräuche bewahrten. Seit den 1980er Jahren dehnt sich Chinatown, das am dichtesten besiedelte Viertel Manhattans, immer mehr nach Little Italy aus, das nur noch ein schmaler Streifen entlang der Mulberry Street ist. Doch beide Viertel sind bunt und bieten viele Essensoptionen. Im Norden liegt Nolita (North of Little Italy), wo man schicke Läden, Restaurants und Bars findet.

Sehenswürdigkeiten auf einen Blick

Historische Straßen und Gebäude
1 Bowery Savings Bank
2 Old Police Headquarters
3 Little Italy und Nolita
5 Chinatown
11 Orchard Street
14 East Houston Street

Park
7 Columbus Park

Museen und Sammlungen
4 Museum of Chinese in America
9 Museum at Eldridge Street
10 Lower East Side Tenement Museum
16 New Museum of Contemporary Art
17 247365 Gallery

21 International Center of Photography Museum

Läden und Märkte
6 Ten Ren's Tea
12 The Pickle Guys
18 Economy Candy
20 Essex Street Market

Gotteshäuser
8 Mahayana Buddhist Temple
13 Bialystoker Synagogue
15 Basilica of St. Patrick's Old Cathedral
19 Angel Orensanz Center

Restaurants *siehe S. 294–299*
1 Beauty & Essex
2 Congee Village
3 Dirty French
4 Freemans
5 Ivan Ramen
6 Joe's Shanghai
7 Katz's Delicatessen
8 Lombardi's
9 Nom Wah Tea Parlor
10 Mission Cantina
11 Mission Chinese Food
12 Pho Pasteur
13 Public
14 Russ & Daughters Cafe
15 Sammy's Roumanian
16 Spring Street Natural
17 Stanton Social

Stadtplan 4, 5

◀ Straße in Chinatown *(siehe S. 91)*   Zeichenerklärung *siehe hintere Umschlagklappe*

Im Detail: Little Italy und Chinatown

New Yorks größtes und buntestes ethnisch geprägtes Viertel ist Chinatown. Der Distrikt dehnt sich so schnell aus, dass er das nahe Little Italy und die Lower East Side zu verdrängen droht. In den Straßen reihen sich dicht an dicht Gemüseläden, Geschenkboutiquen und Restaurants. Selbst in den einfachsten Lokalen gibt es gutes Essen. Die Überreste Little Italys finden sich in der Mulberry und in der Grand Street.

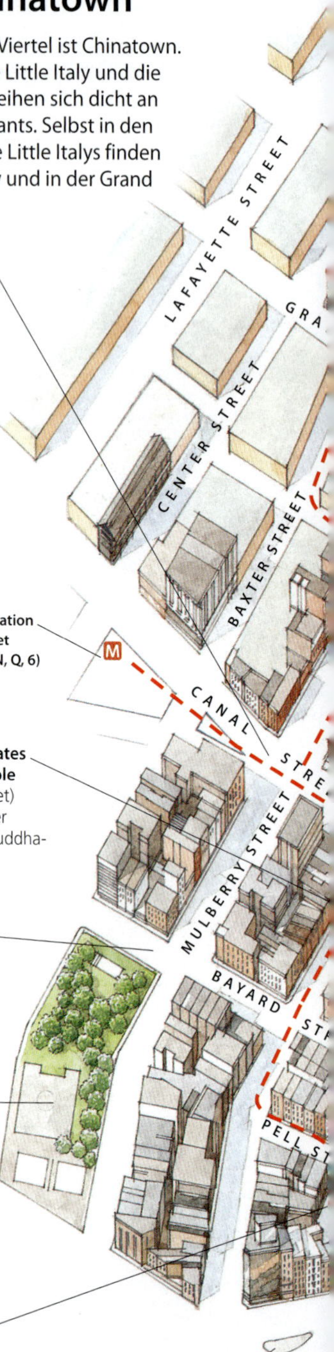

Auf dem Markt in der Canal Street kann man günstig neue Kleidung und Vintage-Mode sowie frische Lebensmittel erstehen.

Subway-Station Canal Street (Linien R, N, Q, 6)

Der Eastern States Buddhist Temple (64b Mott Street) beherbergt über 100 goldene Buddha-Figuren.

❺ ★ Chinatown
In dem für seine Restaurants und das quirlige Straßenleben bekannten Viertel ist die ständig wachsende chinesische Gemeinde beheimatet. Besonderer Trubel herrscht im Januar bzw. Februar beim Chinesischen Neujahrsfest.

❼ Columbus Park
Wo sich einst ein Slum ausbreitete, spielen heute Anwohner Mah-Jongg.

Bloody Angle heißt ein scharfer Knick in der Doyers Street. In den 1920er Jahren kam es hier immer wieder zu Bandenkämpfen.

Am Chatham Square stehen ein Denkmal für die chinesisch-amerikanischen Gefallenen sowie eines für Lin Zexu, den Beamten der Qing-Dynastie, der den Opiumhandel bekämpfte.

LITTLE ITALY UND CHINATOWN | 89

❷ Old Police Headquarters
Die Kuppel des im Barockstil gehaltenen Verwaltungsgebäudes überragt das City-Hall-Viertel. 1973 zog die Polizei aus, die Räume wurden zu Wohnungen umgebaut.

Zur Orientierung
Siehe Stadtplan 4, 5 und Manhattan-Karte S. 16f

❸ ★ Little Italy
Einst lebten hier Tausende italienische Einwanderer, noch immer dringen die verführerischen Aromen Italiens aus Bäckereien und Lokalen.

Umbertos Clam House, das Restaurant, in dem der Mafia-Boss Joey Gallo 1972 erschossen wurde, stand hier in der Mulberry Street.

❶ Bowery Savings Bank
Stanford White entwarf das Gebäude 1894. Heute dient es Privatzwecken.

Für die Confucius Plaza schuf Liu Shih eine Statue des großen chinesischen Philosophen Konfuzius.

Legende
— Routenempfehlung

0 Meter 100
0 Yards 100

❾ ★ Museum at Eldridge Street
Das erste große Gotteshaus (1887), das europäische Juden in Amerika erbauten, ist schön renoviert.

Stadtplan siehe Seiten 386–419 **Karte** Extrakarte zum Herausnehmen

❶ Bowery Savings Bank

130 Bowery. **Stadtplan** 4 F4. **Karte** F11. Ⓜ Grand St, Bowery.

Das innen wie außen imposante klassizistische Gebäude wurde 1894 vom Architekten Stanford White für die Bowery Savings Bank entworfen. Die reich verzierte Außenfront sollte das Gebäude der konkurrierenden Butchers and Drovers Bank in den Schatten stellen. Das Innere ist mit Marmorsäulen und einer vergoldeten Decke verziert.

Lange wirkte das Gebäude angesichts der Obdachlosen und der Absteigen der Bowery deplatziert. Heute ist hier Capitale, ein privat zu mietender exklusiver Veranstaltungsort.

Detail an der Bowery Savings Bank

❷ Old Police Headquarters

240 Centre St. **Stadtplan** 4 F4. **Karte** E11. Ⓜ Canal St. ◉ für Besucher.

Das 1909 errichtete Gebäude diente der damals neu gegründeten Berufspolizei als Unterkunft. Korinthische Säulen säumen das Portal und die beiden Pavillons. Die Kuppel ragt hoch in den Himmel. Aus Platzmangel musste sich der Grundriss einem keilförmigen Grundstück in Little Italy einfügen.

Fast 70 Jahre lang traf sich hier die »Crème de la Crème« der Stadt. In der Prohibitionszeit war die Grand Street von hier bis zur Bowery als »Bootleggers' Row« (»Alkoholschmugglergasse«) bekannt. Wenn die Polizei nicht gerade eine Razzia unternahm, kam man leicht an Alkohol. Die Spirituosenhändler ließen sich Tipps aus dem Polizeipräsidium eine Stange Geld kosten. 1973 bezog die Polizei ein neues Hauptquartier (1 Police Plaza). Das Gebäude ist seit 1987 ein luxuriöses Apartmenthaus.

Straßenszene in Little Italy

❸ Little Italy und Nolita

Straßen um die Mulberry St. **Stadtplan** 4 F4. **Karte** E10–F11. Ⓜ Canal St. W littleitalynyc.com
Italian American Museum 155 Mulberry St. **Stadtplan** 4 F4. **Karte** E10–F11. ☏ 1-212-965-9000. Ⓜ Canal St, Grand St. ◯ Fr–So 12–18 Uhr. 🎟
W italianamericanmuseum.org

Little Italy war ursprünglich von Iren bewohnt. Nach Nolita (auch: NoLita, Kurzform von North of Little Italy) zogen Anfang des 19. Jahrhunderts italienische Einwanderer. Immigranten aus Kampanien und Neapel ließen sich in der Mulberry Street nieder, Sizilianer in der Elizabeth Street. Die Mott Street war zwischen Zuwanderern aus Kalabrien und Apulien aufgeteilt. Nach dem Zweiten Weltkrieg zogen viele Italiener in die Vorstädte. Heute ist Little Italy geschrumpft – eigentlich existiert es nur noch um die Mulberry Street.

Ideal ist ein Besuch während der elftägigen Festa di San Gennaro um den 19. September *(siehe S. 54)*. Dann kommen Italiener aus der ganzen Stadt zur Feier des Schutzpatrons von Neapel in die Mulberry Street, die von Ständen überquillt. Überall gibt es Musik und Tanz.

Viele der Restaurants bieten einfache, preiswerte Kost in hübschem Ambiente. Es gibt noch einige originale Cafés und *salumerias*, etwa Ferrara (195 Grand Street). Mehr zur Geschichte des Viertels erfahren Sie im Italian American Museum, das in der früheren Banca Stabile beheimatet ist.

❹ Museum of Chinese in America

215 Centre St. **Stadtplan** 4 F4. **Karte** E11. ☏ 1-212-619-4785. Ⓜ Canal St. ◯ Di–So 11–18 Uhr (Do bis 21 Uhr). 🎟
W mocanyc.org

Das MOCA erläutert die chinesisch-amerikanischen Beziehungen vom 18. Jahrhundert bis heute. Die anziehende Mischung aus Kunstwerken, Artefakten, Interviews und Multimedia-Exponaten gibt einen ausgezeichneten Überblick. Historisch interessant ist etwa das Dokument des Chinese Exclusion Act von 1882, der Chinesen zehn Jahre lang die Einreise verbot. Auch die Quoten, die Anfang des 20. Jahrhunderts beschlossen wurden, etwa mit der National Origins Provision (NOP) von 1924, schränkten den Zuzug weiter

Steinreliefs zieren die Old Police Headquarters

LOWER EAST SIDE | 91

Chinesischer Lebensmittelhändler in der Canal Street

ein. Die Ausstellung beleuchtet die verschiedenen kulturhistorischen Phasen – vom Auftauchen der Chop-Suey-Restaurants und den sogenannten Yellowface-Filmen in den 1930er Jahren bis zur Entwicklung einer amerikanischen Identität bei der zweiten Generation der Einwanderer in den 1960er Jahren. 1965 wurde die NOP abgeschafft, in der Folge kamen 20 000 Immigranten nach Chinatown.

Das Museum wurde von Maya Lin entworfen, die schon das Vietnam Veterans Memorial in Washington, DC. schuf. Die Abteilungen sind um einen sonnigen Innenhof arrangiert und erinnern an einen traditionellen chinesischen Wohnhof.

Hektisch und bunt: Straßenszene in Chinatown

❺ Chinatown

Straßen um die Mott St. **Stadtplan** 4 F5. **Karte** EF11. Ⓜ Canal St. **Eastern States Buddhist Temple** 64b Mott St. ◯ tägl. 9–18 Uhr.
Ⓦ explorechinatown.com

Seit Mitte des 19. Jahrhunderts ließen sich Chinesen in diesem Teil Manhattans nieder und machten Chinatown zum größten und ältesten chinesischen Viertel der Welt. Heute leben über 100 000 chinesische Amerikaner hier. Das Areal wird von Osten nach Westen von der Canal Street, von Norden nach Süden von der Mott Street durchschnitten. Die umliegenden Straßen – Pell, Bayard, Doyers und Bowery – werden von Fisch- und Obstständen, Dim-Sum-Restaurants, Souvenir- und Antiquitätenläden sowie Tee- und Reisläden gesäumt.

An der Ecke von Pell Street/Bowery liegt der taoistische Huang Daxian Temple hinter einer Ladenfront. 16 Pell Street ist das Hauptquartier von Hip Sing Tong, einer früheren Geheimgesellschaft. 1924 gab es 70 Tote, als Mitglieder von On Leong Tong, einer kriminellen Bande, den Bau angriffen. Auf halber Strecke biegt die winzige Doyers Street ab. Anfang des 20. Jahrhunderts war sie als »Bloody Angle« bekannt, da hier Tong-Bandenkämpfe ausgefochten wurden.

Viele besuchen das Viertel, um chinesisch essen zu gehen. Doch interessant sind auch Galerien, Antiquitäten- und Kuriositätenläden sowie chinesische Feste. Eine andere Seite von Chinatown erleben Sie im Eastern States Buddhist Temple. Im Kerzenlicht funkeln hier über 100 Buddha-Figuren.

❻ Ten Ren's Tea

75 Mott St. **Stadtplan** 4 F5. **Karte** F11. ℂ 1-212-349-2286. Ⓜ Canal St. ◯ tägl. 10–20 Uhr.
Ⓦ tenrenusa.com

Der taiwanesische Teeladen wurde in den 1950er Jahren eröffnet – er ist noch immer ein Paradies für Teeliebhaber. Hier gibt es alles, von teurem Oolong bis zu preisgünstigem grünen Tee. »Oriental Beauty«, ein stark fermentierter Oolong mit Honignoten, soll der beste seiner Art sein. Es heißt, dass Queen Victoria der Spezialität ihren Namen gab. Vor dem Kauf kann man diverse Tees probieren. Für ein eher hippes Tee-Erlebnis mit Bubble Tea gehen Sie in Ten Ren's Tea Time (73 Mott Street).

Der ruhige Columbus Park im lebhaften Chinatown

❼ Columbus Park

Stadtplan 4 F5. **Karte** E11–F12. Ⓜ Canal St.

Die Ruhe im heutigen Columbus Park unterscheidet sich radikal von den Verhältnissen, die um 1800 herrschten. Das als Mulberry Bend bekannte Viertel war früher Rotlichtbezirk und gehörte zum Five-Points-Slum. Banden wie die »Dead Rabbits« oder »Plug Uglies« terrorisierten die Straßen. Ein Mord pro Tag galt als normal. 1892 wurde das Viertel abgerissen – teils wegen der Schriften des Reformers Jacob Riis. Heute ist der Park die einzige unbebaute Fläche Chinatowns.

Stadtplan *siehe Seiten 386–419* **Karte** *Extrakarte zum Herausnehmen*

Goldene Buddha-Statue, Hauptaltar des Mahayana Buddhist Temple

❽ Mahayana Buddhist Temple

133 Canal St. **Stadtplan** 5 A5. **Karte** G10–11. ☎ 1-212-925-8787. Ⓜ Canal St. ⬤ tägl. 8.30–18 Uhr. ⓦ mahayana.us

Der opulente buddhistische Tempel ist größer als sein Gegenstück in der Mott Street. Er wurde von der Ying-Familie aus Ningbo, China, errichtet. Der Bau von 1997 weist klassische chinesische Elemente auf. Der Hauptaltar besitzt eine Buddha-Figur aus massivem Gold, sie wird von blauem Neonlicht und Kerzen erleuchtet. Die 32 Plaketten an den Wänden erzählen Geschichten aus dem Leben des Buddha. In der Eingangshalle steht ein kleiner Schrein für Guanyin, die Göttin des Mitgefühls. Im Obergeschoss verkauft ein kleiner Laden Statuen, Bücher und allerlei Nippes.

Auf der gegenüberliegenden Seite der Bowery fällt die Citizens Savings Bank, jetzt eine Filiale der HSBC, ins Auge, ihre neobyzantinische Bronzekuppel wurde 1924 vollendet.

❾ Museum at Eldridge Street

12 Eldridge St. **Stadtplan** 5 A5. **Karte** G10–11. ☎ 1-212-219-0302. Ⓜ East Broadway. ⬤ So–Fr 10–17 Uhr (Fr bis 15 Uhr). 🎫 📷 📅 10–15 Uhr alle 30 Min. 📱 ⓦ eldridgestreet.org

Die erste Synagoge der USA wurde 1887 von orthodoxen Juden aus Osteuropa errichtet. Nach einer umfassenden Renovierung wurde sie 2007 als Museum wiedereröffnet. Die Fassade des Terrakotta-Ziegel-Baus ist ein wilder Mix aus romanischen, maurischen und gothischen Einflüssen. Die eigentliche Attraktion liegt im Obergeschoss: das Heiligtum. Man kann die Bleiglasfenster, den Leuchter, üppige Holzarbeiten und die bemalte Decke sehen. Die Frauengalerie eröffnet einen besseren Blick auf die Details. Die Fensterrose, ein Davidstern-Rondell, ziert die westliche Wand.

Auslagen zeigen den fortschreitenden Verfall der Synagoge Anfang der 1970er Jahre. Obwohl das Gebäude nach wie vor als Gotteshaus genutzt wird, kann man das Innere auf geführten Touren erkunden. Diese beginnen im Untergeschoss, wo das Beit Midrasch (Thora-Schule) ebenfalls als Synagoge fungiert.

❿ Lower East Side Tenement Museum

97 Orchard St. **Stadtplan** 5 A4. **Karte** FG10. ☎ 1-212-431-0233. Ⓜ Canal, Delancey, Essex, Grand St. 🚌 alle 15–30 Min: Mo–Fr 10.30–17 Uhr (Do bis 18.30 Uhr), Sa, So 10.30–17.15 Uhr. 🎫 📷 Lesungen, Filme, Videos. 📱 ⓦ tenement.org

Das Gebäude von 1863 bietet die seltene Gelegenheit, sich der klaustrophobischen Enge und dem brüchigen Zustand einer historischen Mietskaserne auszusetzen. Die geführten Touren vermitteln einen Einblick in das Alltagsleben einiger Familien, die hier wohnten: einer deutsch-jüdischen Großfamilie von 1874, einer orthodox-jüdischen Familie aus Litauen von 1918 und einer katholischen Familie aus Sizilien während der Depressionszeit der 1930er Jahre. Im Inneren der Häuser gab es keine Toiletten – vier Familien mussten sich zwei Außentoiletten teilen. Mietskasernen hatten

Terrakotta-Ziegel-Fassade des Museum at Eldrige Street

zudem weder Strom noch Heizung oder Sanitäranlagen.

Im Angebot ist auch eine zweistündige Tour mit Abstechern in die Nachbarschaft. Tickets kann man im nahen Besucherzentrum erwerben, wo ein Video auf die Touren einstimmt. Empfehlenswert ist der Buchladen.

⓫ Orchard Street

Stadtplan 5 A3. **Karte** F10–G11.
Ⓜ Delancey, Grand St.
Siehe **Shopping** S. 312.
W lowereastsideny.com

Ihren Namen verdankt die Straße den Obstgärten auf James De Lanceys Landgut. Jüdische Immigranten begründeten die Textilindustrie in der Straße. Früher wimmelte es hier von Verkaufskarren, die Produkte wurden in den Mietshäusern des Viertels hergestellt.

Heute sind die Karren verschwunden. Die Läden sind nicht mehr alle in jüdischer Hand, doch viele schließen am Freitagabend bei Sonnenuntergang und am Sabbat. Dafür bevölkern sonntags Kauflustige das Pflaster zwischen Canal und Houston Street. Die Orchard Street liegt im Zentrum der luxussanierten Lower East Side. Schicke Shops, Bars und auch das Blue Moon Hotel, eine frühere Mietskaserne, liegen hier.

⓬ The Pickle Guys

357 Grand Street. **Stadtplan** 5 B4.
Karte G11. ☏ 1-212-656-9739.
Ⓜ Grand St. ⏰ So–Do 9–18, Fr 9–16 Uhr. W pickleguys.com

Der saure Geruch von Eingelegtem fällt einem schon auf der Straße auf. Im frühen 20. Jahrhundert gab es in der Gegend unzählige jüdische Läden, die Eingelegtes verkauften. Getreu nach alten osteuropäischen Rezepten wird Gemüse aller Art in Fässern mit Salzlauge, Knoblauch und Gewürzen gelagert, so hält es sich monatelang. Eingelegtes gibt es in den Varianten sauer, dreiviertelsauer, halbsauer,

Shopping-Bummel in der Orchard Street

jung und scharf. Die strikt koschere Zubereitung erfolgt ohne chemische Zusätze oder Konservierungsmittel.

In dem Laden gibt es eingelegte Tomaten, Sellerie, Oliven, Pilze, Peperoni sowie getrocknete Tomaten, Sauerkraut und Heringe. Er wird wie ein Familienbetrieb geführt, in dem immer Zeit zum Plaudern ist.

Fässer mit Eingelegtem aller Art, The Pickle Guys

⓭ Bialystoker Synagogue

7–11 Willett St. **Stadtplan** 5 C4.
Karte H10. ☏ 1-212-475-0165.
Ⓜ Essex St. ✡ häufig. ⏰ Mo–Do 7–10 Uhr (nach Anmeldung).
W bialystoker.org

Das 1826 im Federal Style errichtete Gebäude war ursprünglich eine methodistische Kirche. 1905 erwarben jüdische Einwanderer aus dem polnischen Bialystok das Bauwerk und wandelten es in eine Synagoge um. Sie ist nicht wie üblich nach Osten, sondern in christlicher Tradition nach Westen ausgerichtet. Beeindruckend ist der Innenraum mit seinen Bleiglasfenstern und den Wandmalereien, die u. a. das Heilige Land sowie die Tierkreiszeichen darstellen. Hier findet sich eine Kuriosität: Beim Zeichen Krebs ist ein Hummer abgebildet. Eine Gedenkplakette erinnert an den berüchtigten Gangster Benjamin »Bugsy« Siegel, der hier als Kind betete.

Stadtplan *siehe Seiten 386–419* **Karte** *Extrakarte zum Herausnehmen*

⓮ East Houston Street

East Houston St. **Stadtplan** 4 F3, 5 A3. **Karte** E10–H9. Ⓜ Second Ave.

Die Straße zwischen Forsyth Street und Ludlow Street bildet die Trennlinie zwischen der Lower East Side und dem East Village. Hier sieht man eine Mischung aus Alt und Neu. Zwischen Forsyth Street und Eldridge Street befindet sich die Yonah Schimmel Knish Bakery, die seit 1890 besteht und noch die originalen Vitrinen hat. Weiter die Straße hinunter liegt das Sunshine Theater, das in den 1840er Jahren als holländische Kirche errichtet wurde und später als Boxring und jiddisches Vaudeville-Theater diente. Heute sind hier Kunstfilme zu sehen.

Das jüdische Flair der Lower East Side ist vielerorts verschwunden, doch es gibt noch zwei Zeugen in der East Houston Street. Russ & Daughters ist ein kulinarisches Wahrzeichen – in dritter Generation in der Hand einer Familie, die um 1907 mit einem Handkarren ihr Geschäft begann. Der Laden, der für traditionell geräucherten Fisch und seine große Kaviarauswahl bekannt ist, besteht seit 1920. An der Ecke Ludlow Street findet sich der bekannteste und beliebteste jüdische Zeitzeuge: Im immer vollen Katz's Delicatessen (siehe S. 294) verkauft man bereits seit über 100 Jahren Pastrami- und Corned-Beef-Sandwiches.

Der schöne Innenraum der Basilica of St. Patrick's Old Cathedral

⓯ Basilica of St. Patrick's Old Cathedral

263 Mulberry St. **Stadtplan** 4 F3. **Karte** E10. ☏ 1-212-226-8075. Ⓜ Prince St. ◯ Do–Di 8–12.30, 15.30–18 Uhr. 🕆 Mo–Fr 9, 12, Sa 17.30, So 9.15, 12.45 Uhr, So 11.30 Uhr (spanisch).
W oldcathedral.org

1809 wurde mit dem Bau der ersten St. Patrick's Cathedral begonnen. Damit gehört sie zu den ältesten Kirchen der Stadt. Kurz nach 1860 brannte sie nieder und wurde wiederaufgebaut. Dann verlegte die Erzdiözese den Kathedralsitz nach Uptown (siehe S. 174f), St. Patrick's wurde eine normale Gemeindekirche, die sich trotz ständig wechselnder ethnischer Bevölkerungsanteile im Viertel behaupten konnte.

In den Gewölben unter dem Bau liegen die sterblichen Überreste einer der berühmtesten New Yorker Restauratorenfamilien, der Delmonicos. Auch Pierre Toussaint war hier bestattet. 1990 wurden seine Gebeine vom alten Friedhof neben der Kirche in eine Krypta in der Uptown St. Patrick's Cathedral umgebettet. Toussaint wurde 1766 in Haiti als Sklave geboren und brachte es in New York zum wohlhabenden Perückenmacher. Er kümmerte sich um Arme, pflegte Cholerakranke und errichtete ein Waisenhaus.

⓰ New Museum of Contemporary Art

235 Bowery St. **Stadtplan** 4 F3. **Karte** F10. ☏ 1-212-219-1222. Ⓜ Spring St, Bowery. ◯ Mi–So 11–18 Uhr (Do bis 21 Uhr). 🎟 Do 19–21 Uhr Spende. 🎤 **Vorträge, Lesungen, Konzerte.**
W newmuseum.org

Marcia Tucker gab 1977 ihre Stelle als Kuratorin des Whitney Museum auf, um dieses Museum zu gründen. Sie wollte die Art von Arbeiten ausstellen, die sie in den traditionelleren Häusern vermisste, und eröffnete eines der aufregendsten Museen New Yorks.

Innovative Architektur des New Museum of Contemporary Art

Hier gibt es u. a. eine innovative Media Lounge für digitale Kunst, man kann sich in Video-Installationen versenken oder in Arbeiten mit Klängen.

In Wechselausstellungen sind u. a. Fotografien und abstrakte Gemälde zu sehen. Zu den ausgestellten Künstlern zählen neben jungen Talenten auch etablierte Größen wie Mark Rothko oder Roy Lichtenstein.

Der ungewöhnliche Bau der japanischen Architekten Sejima und Nishizawa ist der erste Neubau seit über einem Jahrhundert, der in diesem Teil Manhattans für ein Kunstmuseum errichtet wurde. Er wirkt, als hätte man spielerisch und unordentlich weiße Bauklötze übereinandergestapelt. Das Museum hat 5574 Quadratmeter Ausstellungsfläche, ein Kino, einen Museumsshop, ein Café und eine Dachterrasse mit großartiger Aussicht.

⓱ 247365 Gallery

57 Stanton St. **Stadtplan** 5 A3. **Karte** F10. ☏ 1-212-995-5290. Ⓜ Second Ave - Houston St. ◯ Di–Fr 12–18 Uhr.
W twentyfourseventhreesixtyfive.biz

Der Eingang der Galerie ist kaum zu übersehen: Bizarre Metallskulpturen geben einen Vorgeschmack auf die Ausstellungen. Diese betreffen »Fusion Art«, d. h. Kunst, verschiedene Ausdrucksformen wie Bildhauerei, Malerei, Fotografie und Videos oder Arbeiten von Nick Payne, Bunny Rogers und Jessie Stead zu verbinden.

Die Lage des Museums abseits der Flaniermeilen bringt es in Kontakt mit einer alternativen Kunstszene, die von den großen Galerien häufig übersehen wird. Auch weniger bekannte Künstler bzw. solche der Lower East Side erhalten hier die Möglichkeit, ihre Arbeiten zu zeigen.

❿ Economy Candy

108 Rivington St. **Stadtplan** 5 B3. **Karte** G10. 1-800-352-4544. Second Ave - Houston St. tägl. 9–18 Uhr (Mo, Sa ab 10 Uhr). economycandy.com

Der Süßwarenladen ist seit 1937 in Familienbesitz und inzwischen ein Wahrzeichen der Lower East Side. Hunderte von süßen Leckereien, Nüssen und getrockneten Früchten sind im Angebot. Bis unter die Decke sind die Regale vollgepackt mit altmodischen Behältern. Economy Candy zählt zu den wenigen Shops der Lower East Side, die seit über 50 Jahren unverändert in Name und Angebot die Entwicklung des Viertels überdauert haben.

Dies ist Jerry Cohen zu verdanken, der aus dem »Naschparadies« ein landesweit tätiges Unternehmen machte. Der Laden führt Süßigkeiten aus aller Welt, zudem glasierte Früchte sowie mit Zuckerguss überzogene Schokoladendrops in 21 Farben.

❾ Angel Orensanz Center

172 Norfolk St. **Stadtplan** 5 B3. **Karte** G10. 1-212-253-0452. Essex St, Delancey St. Mo–Fr 10–17 Uhr u. nach Vereinbarung. orensanz.org

Das kirschrote neogotische Gebäude von 1849 war einst die älteste Synagoge New Yorks. Mit dem 15 Meter hohen Gewölbe und 1500 Plätzen war sie auch die größte der USA. Der Berliner Architekt Alexander Saelzer gestaltete den Bau

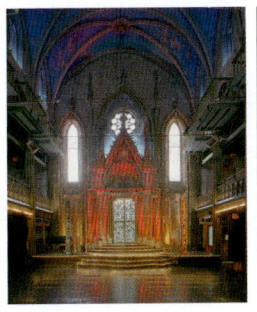

Einst eine Synagoge: Innenraum des Angel Orensanz Center

nach Prinzipien der deutschen Reformbewegung, Ähnlichkeiten mit dem Kölner Dom und der Friedrichswerderschen Kirche in Berlin-Mitte sind nicht zu übersehen.

Nach dem Zweiten Weltkrieg wurde die Synagoge wie viele andere geschlossen. 1986 erwarb der spanische Bildhauer Angel Orensanz das Gebäude und baute es zum Atelier um. Heute dient es als Kulturzentrum mit Kunst-, Literatur- und Musikveranstaltungen.

❿ Essex Street Market

120 Essex St. **Stadtplan** 5 B3. **Karte** G10. 1-212-312-3603/388-0449. Essex St, Delancey St. Mo–Sa 8–19, So 10–18 Uhr. essexstreetmarket.com

Der überdachte Markt wurde 1939 unter Bürgermeister Fiorello LaGuardia geschaffen, um die Händler mit ihren Verkaufskarren von den schmalen Straßen zu holen, wo sie Polizei- und Feuerwehrwagen behinderten.

Zwei Dutzend Stände mit Fleisch- und Käseprodukten, mit Gemüse und Gewürzen füllen die Markthalle. Shopsin's ist ein berühmtes Diner aus Greenwich Village. Das Essex Restaurant serviert südamerikanische und jüdische Gerichte. Die Galerie Cuchifritos zeigt Arbeiten von Künstlern aus der Nachbarschaft.

⓴ International Center of Photography Museum

250 Bowery. **Stadtplan** 4 F3. **Karte** F10. 1-212-857-0000. 2nd Ave. Di–So 10–18 Uhr (Do bis 21 Uhr). einige Feiertage. icp.org

Das Museum wurde 1974 von Cornell Capa gegründet, um Werke von Fotojournalisten wie seinem Bruder Robert zu bewahren. Der Kriegsreporter Robert Capa war 1954 in Indochina durch eine Mine gestorben. Die Sammlung besitzt 12 500 Originalabzüge von Fotografen wie Ansel Adams, Henri Cartier-Bresson und W. Eugene Smith.

Wechselausstellungen werden mit Fotos aus dem Archiv oder aus anderen Quellen bestückt. 2016 zog das Museum an seinen heutigen Ort.

Auslage im Essex Street Market

Stadtplan *siehe Seiten 386–419* **Karte** *Extrakarte zum Herausnehmen*

401
Broadway

SoHo und TriBeCa

Läden, Restaurants und Architektur haben das Gesicht der alten Industriebezirke verändert. SoHo (South of Houston) wäre in den 1960er Jahren fast zerstört worden, hätten nicht Denkmalschützer auf den Seltenheitswert seiner Gusseisen-Architektur verwiesen. Das Viertel wurde gerettet, in den 1980er Jahren entstand hier eine vibrierende Kunstszene.

Heute ist SoHo eine riesige Open-Air-Shopping-Mall, gesäumt von Bars und Bistros.

In dem nach seiner Dreiecksform benannten TriBeCa (Triangle Below Canal) florierte einst der Nahrungsmittelgroßhandel. Als Robert De Niro 1988 hier das Tribeca Film Center gründete, wurde das Viertel trendy und zog Galerien, Boutiquen und Restaurants an.

Sehenswürdigkeiten auf einen Blick

Historische Straßen und Gebäude
1. Haughwout Building
2. St. Nicholas Hotel
3. Greene Street
4. Singer Building
8. Harrison Street

Museen und Sammlungen
5. Children's Museum of the Arts
6. New York Earth Room
7. New York City Fire Museum

Park
9. Hudson River Park

Restaurants siehe S. 294–299
1. Aquagrill
2. Balthazar
3. Boqueria
4. Bouley
5. Bubby's
6. Dos Caminos
7. The Dutch
8. Hundred Acres
9. Locanda Verde
10. Odeon
11. Tamarind
12. Tribeca Grill

Stadtplan 4

◀ Gusseisen-Fassaden vor Art-déco-Hochhäusern, TriBeCa   Zeichenerklärung siehe hintere Umschlagklappe

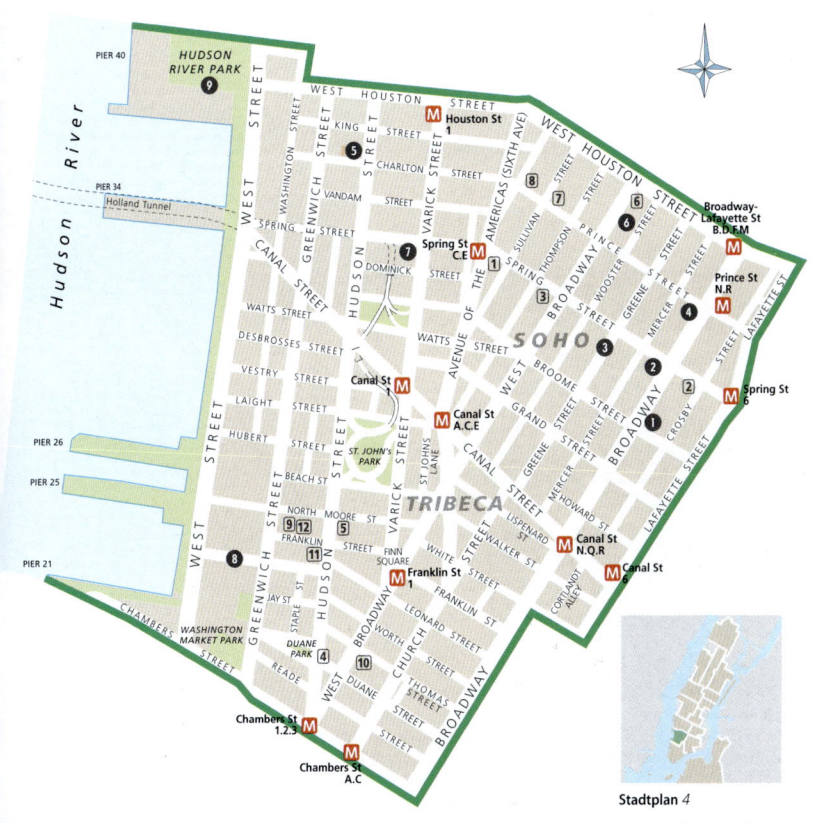

Im Detail: Cast-Iron Historic District in SoHo

Die weltweit dichteste Konzentration von Gusseisen-Architektur *(siehe S. 44)* findet sich zwischen West Houston Street und Canal Street. Zentrum ist die Greene Street mit 50 über fünf Blocks verteilten Gebäuden aus den Jahren 1869 bis 1895. Die Fassaden präsentieren sich meist im neoklassizistischen Stil mit korinthischen Säulen und Giebeldreiecken. Sie wurden in einer Gießerei in Serie produziert, waren deshalb relativ preiswert und zudem leicht aufzubauen. Mittlerweile sind sie selten gewordene Prunkstücke der Industriekunst, die gut zum Charakter des Viertels passen.

Am West Broadway in SoHo gibt es neben großartiger Architektur viele Kunstgalerien, Schuh- und Modeläden sowie kleine Restaurants.

The Broken Kilometer (393 West Broadway) ist eine verblüffende Installation von Walter De Maria *(siehe S. 101)*, die mit der Perspektive spielt. Die 500 Messingstäbe würden aneinandergereiht eine Strecke von einem Kilometer bilden.

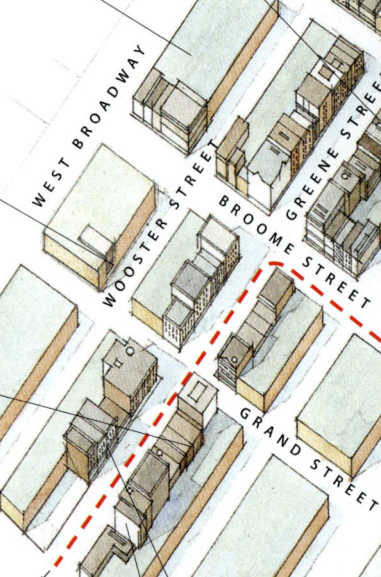

72–76 Greene Street liegt der »King of Greene Street«, ein großartiger Bau mit korinthischen Säulen. Er wurde von Isaac F. Duckworth entworfen, einem der Meister des Gusseisen-Designs.

Performing Garage, ein winziges Experimentiertheater, führt Werke der Avantgarde auf.

Zur Subway-Station Canal Street-Broadway (2 Blocks)

❸ ★ **Greene Street**
Eines der schönsten Gebäude der Greene Street ist die 1872 von Duckworth errichtete »Queen« (Nr. 28–30) mit ihrem ausladenden Mansardendach.

10–14 Greene Street stammt von 1869. Durch die Glasscheiben der Eisenverkleidung der Veranda kann Tageslicht ins Basement fallen.

15–17 Greene Street wurde erst 1895 in schlichtem korinthischem Stil erbaut.

CAST-IRON HISTORIC DISTRICT IN SOHO | 99

❹ ★ Singer Building
Das Terrakottagebäude wurde 1904 für die berühmte Nähmaschinenfirma errichtet.

Richard Haas, Schöpfer zahlreicher Wandbilder, verwandelte eine kahle Mauer in eine täuschend echte Gusseisen-Fassade.

Zur Orientierung
*Siehe Stadtplan 4
und Manhattan-Karte S. 16f*

Legende
— Routenempfehlung

Subway-Station Prince Street (Linien N, R)

Bei Dean & DeLuca, einem der besten Feinkostläden New Yorks, gibt es u. a. Kaffeebohnen aus aller Welt *(siehe S. 330)*.

101 Spring Street mit seiner schlichten, geometrischen Fassade und den großen Fenstern ist ein Vorläufer der Wolkenkratzer.

Zur Subway-Station Spring Street

❷ St. Nicholas Hotel
Während des Bürgerkriegs diente das ehemalige Luxushotel als Hauptquartier der Unionsarmee.

❶ Haughwout Building
Das 1857 errichtete Haus besaß den ersten Otis-Sicherheitsaufzug.

Stadtplan *siehe Seiten 386–419* **Karte** *Extrakarte zum Herausnehmen*

Fassade des Haughwout Building

❶ Haughwout Building

488–492 Broadway. **Stadtplan** 4 E4. **Karte** E10. Ⓜ Canal St, Spring St.

Das Gusseisen-Gebäude wurde 1857 für die Glas- und Porzellanfirma E. V. Haughwout gebaut, einst Lieferant des Weißen Hauses. Der Bau besitzt ein großartiges Design: Das Muster der von Bogen und Säulen umfassten Fensterreihen wiederholt sich in den serienmäßig hergestellten Abschnitten. In das Gebäude wurde erstmals ein mit Dampf betriebener Sicherheitsfahrstuhl eingebaut, eine Innovation, die Wolkenkratzer erst möglich machte.

❷ St. Nicholas Hotel

521–523 Broadway. **Stadtplan** 4 E4. **Karte** E10. Ⓜ Prince St, Spring St.

Der englische Parlamentarier W. E. Baxter berichtete 1854 nach einem Besuch in New York über das eben eröffnete St. Nicholas Hotel: »Die Teppiche sind aus Samtflor, die Stuhlpolster und Vorhänge aus Seide oder Damast, und sogar die Moskitonetze sind wie für Könige gemacht.« Kein Wunder also, dass das Hotel über eine Million Dollar kostete. Bereits im ersten Jahr verzeichnete es einen Gewinn von 50 000 Dollar. Im Bürgerkrieg war es das Hauptquartier der Unionsarmee.

Danach zogen die besseren Hotels ins Vergnügungsviertel nach Uptown um. Um 1875 schloss das St. Nicholas. Im Erdgeschoss ist nur wenig von seinem früheren Glanz zu sehen, doch die Überreste der Marmorfassade sind immer noch imposant.

Zur Blütezeit des St. Nicholas Hotel, Mitte des 19. Jahrhunderts

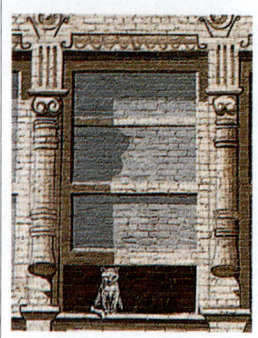

Haas-Wandmalerei, Greene Street

❸ Greene Street

Stadtplan 4 E4. **Karte** E10–11. Ⓜ Canal St.

Die Straße ist das Herz des Gusseisen-Areals. Entlang fünf Blocks kann man 50 zwischen 1869 und 1895 errichtete Gusseisen-Gebäude sehen. Zwischen Broome Street und Spring Street gibt es 13 komplette Gusseisen-Fassaden, die Nummern 8–34 bilden die längste Reihe von Gusseisen-Gebäuden in der Welt. Der Komplex Nr. 72–76 wird »King of Greene Street« genannt, doch die »Queen«, Nr. 28–30, gilt als das schönste Haus. Auch wenn einige Gebäude besondere Erwähnung verdienen, wirkt die Straße mit ihren Säulenfassaden vor allem aufgrund ihres Gesamteindrucks. An der Ecke Greene/Prince Street hat der Maler Richard Haas eine Wand mit dem Trompe-l'Œil einer Gusseisen-Front verziert. Witzig ist die kleine graue Katze, die in einem Fenster sitzt.

❹ Singer Building

561–563 Broadway. **Stadtplan** 4 E3. **Karte** E10. Ⓜ Prince St.

Das »kleine« Singer Building (1904) von Ernest Flagg ist das zweite dieses Namens und der 40-stöckigen Version am unteren Broadway, die 1967 abgerissen wurde, ästhetisch deutlich überlegen. Der anmutig verzierte Bau besitzt schmiedeeiserne Balkone und elegant gestaltete Bogen, deren dunkelgrüne Farbe ins Auge fällt. Die elfstöckige Fassade aus Terrakotta, Glas und Stahl war zur Zeit ihrer Entstehung sehr fortschrittlich und weist bereits auf die Metall- und Glasfassaden der 1940er und 1950er Jahre hin. Das Gebäude diente als Büro- und Lagerhaus der Nähmaschinenfabrik Singer. Der Name steht in Eisen gegossen über dem Eingang zum Mango Store, Prince Street.

Glückliche und stolze Besitzerin einer Singer-Nähmaschine

SOHO UND TRIBECA | **101**

❺ Children's Museum of the Arts

103 Charlton St. **Stadtplan** 3 C4. **Karte** D10. 1-212-274-0986. Houston St. M20, M21. Mo 12–17, Do, Fr 12–18, Sa, So 10–17 Uhr (Di, Mi für Kinder unter 5 Jahren). **cmany.org**

Das innovative Museum wurde 1988 gegründet. Hier kann sich das künstlerische Potenzial von Kindern zwischen einem und zwölf Jahren entfalten. Es gibt zahlreiche Aktivitäten zum Mitmachen sowie Kurse und Vorstellungen. Kinder können mit Farbe, Leim, Papier und anderen chaosverdächtigen Materialien kleine Kunstwerke schaffen. Zur Inspiration gibt es Arbeiten von Künstlern aus New York und Kindern aus aller Welt zu sehen. In der Kostümabteilung dürfen sich die Kids verkleiden, bisweilen wird auch ein Theater-Workshop für Kinder veranstaltet.

Bunte Ausstellungsräume im Children's Museum of the Arts

❻ New York Earth Room

141 Wooster St. **Stadtplan** 4 E3. **Karte** E10. 1-212-989-5566. Prince St. Mi–So 12–15, 15.30–18 Uhr. Mitte Juni–Mitte Sep. **diaart.org/sites/main/earthroom**

Dies ist der einzige noch erhaltene Earth Room des Konzeptkünstlers Walter De Maria. 1977 wurde er von der Dia Art Foundation gesponsert. Die Erdskulptur im Inneren besteht aus 197 Kubikmeter Erdreich, das auf 334 Quadratmetern 56 Zentimeter hoch aufgeschüttet ist. *The Broken Kilometer*, eine weitere Installation von De Maria, ist im Haus 393 W Broadway zu sehen. Sie besteht aus 500 polierten Messingstangen, die in fünf parallelen Reihen angeordnet sind.

La France – von Pferden gezogene Pumpe (1901), City Fire Museum

❼ New York City Fire Museum

278 Spring St. **Stadtplan** 4 D4. **Karte** D10. 1-212-691-1303. Spring St. tägl. 10–17 Uhr. Feiertage. **nycfiremuseum.org**

Das Museum ist in einer Beaux-Arts-Feuerwache von 1904 untergebracht und beherbergt Feuerwehrausrüstungen, Modelle, Hydranten und Glocken vom 18. Jahrhundert bis 1917. Im Erdgeschoss kann man eine Ausstellung zu 9/11 sehen, im Obergeschoss werden Löschfahrzeuge von 1890 gezeigt. Bei Touren wird ein Brand simuliert und bekämpft.

❽ Harrison Street

Stadtplan 4 D5. **Karte** D12. Chambers St.

Die acht einzigartigen, von hohen Wohnblocks umgebenen restaurierten Häuser im Federal Style wirken mit ihren schrägen Dächern und Giebelfenstern fast wie der Teil eines Bühnenbilds. Gebaut wurden sie im späten 18. und im frühen 19. Jahrhundert.
Zwei der Gebäude entwarf John McComb Jr., der erste in New York gebürtige Architekt von Rang. Die Bauten wurden 1969 von der Washington Street hierher versetzt, da die früher als Lagerhäuser dienenden Gebäude dort vom Abriss bedroht waren. Die Landmarks Preservation Commission verhinderte dies und half auch, die nötigen finanziellen Mittel für die Restaurierung zu beschaffen. Heute befinden sich die Gebäude in Privatbesitz.
Auf der anderen Seite des Hochhauskomplexes erstreckt sich der Washington Market Park. In der Gegend befand sich früher der zentrale Großmarkt der Stadt, bevor er in den frühen 1970er Jahren in die Bronx verlegt wurde.

❾ Hudson River Park

Stadtplan 4 E5. **Karte** C10–D12. 1-212-627-2020. Canal St, Franklin St, Houston St. **hudsonriverpark.org**

Gleich jenseits des West Side Highway erstreckt sich der Hudson River Park, eine Promenade, die bis nach Chelsea und Midtown reicht. Richtung Süden kann man auf der Battery Park City Esplanade bis zum Battery Park spazieren. Die früher heruntergekommenen Piers wurden mit Brunnen, Gärten und Tennisplätzen in hübsche Orte umgewandelt. Pier 25 lockt mit Grand Banks, einer Austernbar in einem Segelschiff, Minigolf, Beachvolleyball sowie Essensständen.

Skyline der Stadt vom Hudson Riverside Park

Stadtplan siehe Seiten 386–419 **Karte** *Extrakarte zum Herausnehmen*

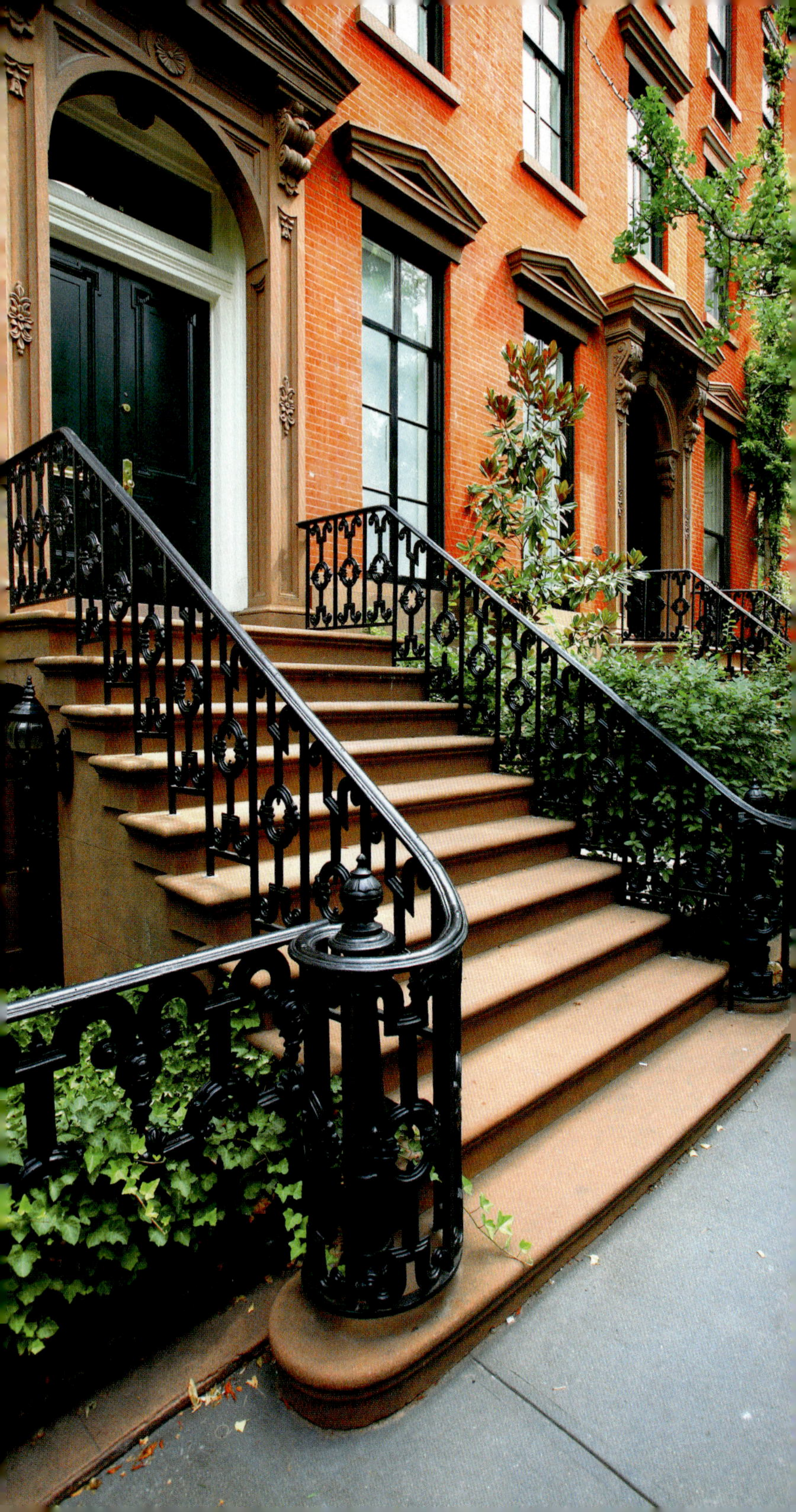

Greenwich Village

Seit den 1920er Jahren gilt Greenwich Village als Künstlerviertel. New Yorker nennen es West Village oder einfach »The Village«. Während der Gelbfieberepidemie von 1822 flüchteten viele Einwohner hierher. In den 1950er Jahren war das Viertel der Hangout der Beat Generation, in den 1960er Jahren starteten Folkmusiker, darunter Bob Dylan, hier ihre Karrieren. Die Stonewall Riots von 1969, Auftakt zur Schwulenbewegung, fanden im Stonewall Inn statt. Mit hübschen Straßen und attraktiven »Brownstones« gehört das Village zu den kunstsinnigen, liberalen Vierteln der Stadt. Große Teile gehören zum Campus der New York University. Hier zu wohnen ist mittlerweile sehr teuer geworden.

Sehenswürdigkeiten auf einen Blick

Historische Straßen und Gebäude
1. St. Luke's Place
2. 75½ Bedford Street
3. Grove Court
4. Isaacs-Hendricks House
6. Meatpacking District
8. Jefferson Market Courthouse
9. Patchin Place
11. Salmagundi Club
14. Washington Mews
15. New York University

Museen und Sammlungen
5. Whitney Museum of American Art S. 108f
10. Grey Art Gallery

Kirchen
12. First Presbyterian Church
13. Church of the Ascension
16. Judson Memorial Church

Plätze
7. Sheridan Square
17. Washington Square

Stadtplan 3, 4

Restaurants siehe S. 294–299
1. Babbo
2. Blue Hill
3. Blue Ribbon Bakery
4. Buvette
5. Corner Bistro
6. Da Silvano
7. Gotham Bar & Grill
8. Jane
9. Kesté
10. The Little Owl
11. Lupa
12. Minetta Tavern
13. Moustache
14. One if by Land, Two if by Sea
15. Otto
16. Pearl Oyster Bar
17. Red Farm
18. Spice Market
19. The Spotted Pig
20. The Standard Grill
21. Strip House
22. Tertulia
23. The Waverly Inn and Garden
24. Westville

◀ Eingang zu einem der Reihenhäuser in Greenwich Village

Zeichenerklärung siehe hintere Umschlagklappe

Im Detail: Greenwich Village

Ein Spaziergang durch das historische Greenwich Village steckt voller Überraschungen: Mitten in der Großstadt kann man reizende Reihenhäuser, verborgene Gassen und belaubte Innenhöfe entdecken. Die häufig skurrile Architektur passt zum bohemehaften Flair. Viele Berühmtheiten, z. B. Eugene O'Neill oder Dustin Hoffman, haben sich in den Häusern der engen, altmodischen Straßen ein Heim geschaffen. Am Abend erwacht das Village zu pulsierendem Leben. Nachtcafés, experimentelle Theater und Musikclubs, darunter einige der besten Jazzclubs, ziehen bis spät in die Nacht Gäste an.

Die Christopher Street, Treffpunkt der New Yorker Schwulenszene, säumen viele Läden und Bars.

Das Lucille Lortel Theater (121 Christopher Street) eröffnete 1955 mit der *Dreigroschenoper*.

Twin Peaks (102 Bedford Street) wurde 1830 errichtet. 1926 baute es der Architekt Clifford Daily zu einem Domizil für Künstler, Schriftsteller und Schauspieler um, die der fantasievolle Bau inspirieren sollte.

❸ **Grove Court**
Sechs Häuser von 1853/54 stehen am Ende eines schattigen Hofs.

Das Gebäude 90 Bedford Street ist die Adresse von einem der Protagonisten der TV-Serie *Friends*.

Subway-Station Christopher St

❷ **Nr. 75½ Bedford Street**
Das Haus von 1873 ist das schmalste der Stadt.

Zur Subway-Station Houston Street (2 Blocks)

Das Cherry Lane Theatre wurde 1924 gegründet. Die ehemalige Brauerei war eines der ersten Off-Broadway-Theater.

❶ ★ **St. Luke's Place**
Die Häuser im italienisierenden Stil wurden um 1850 errichtet.

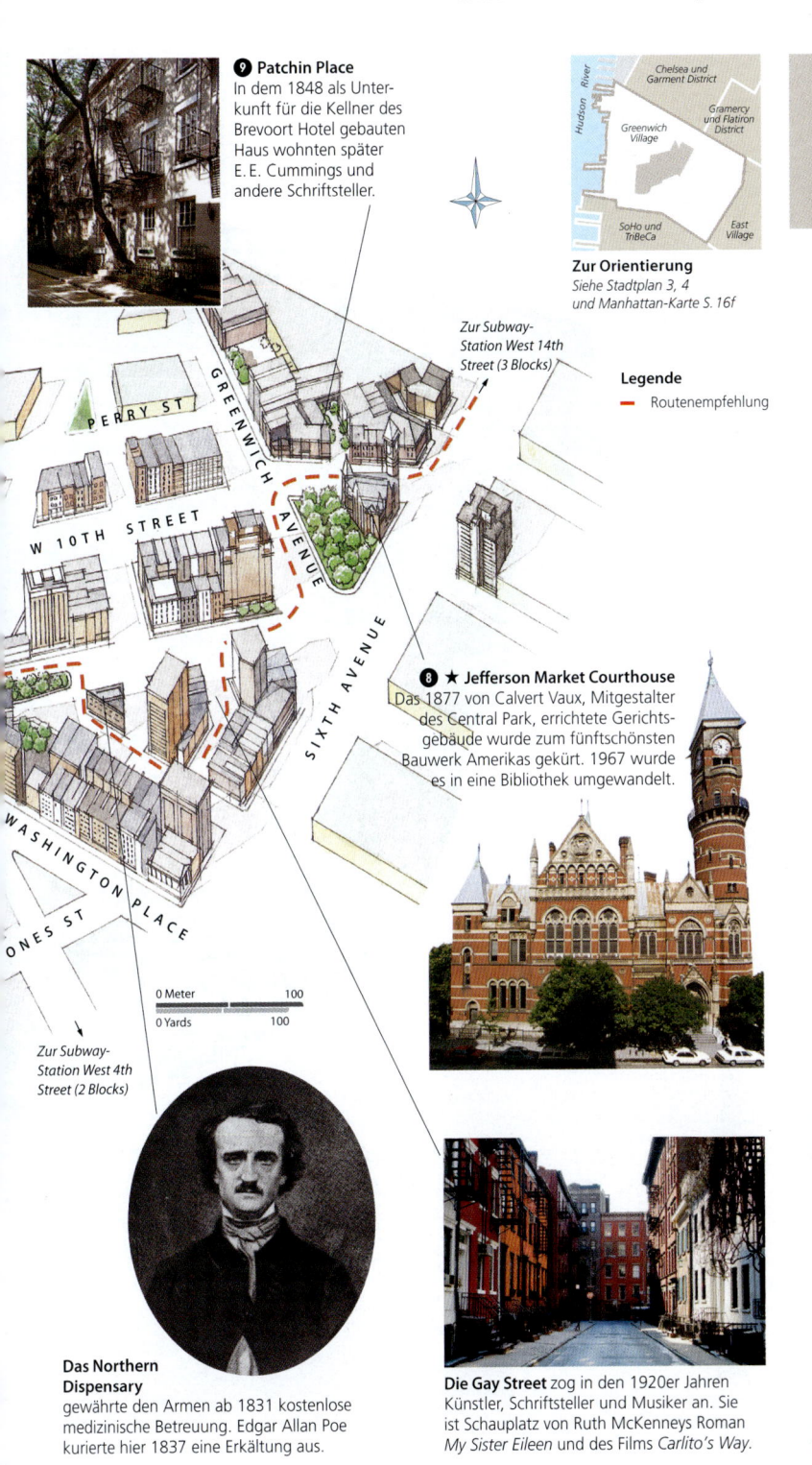

GREENWICH VILLAGE | 105

❾ Patchin Place
In dem 1848 als Unterkunft für die Kellner des Brevoort Hotel gebauten Haus wohnten später E. E. Cummings und andere Schriftsteller.

Zur Orientierung
Siehe Stadtplan 3, 4 und Manhattan-Karte S. 16f

Legende
— Routenempfehlung

Zur Subway-Station West 14th Street (3 Blocks)

❽ ★ Jefferson Market Courthouse
Das 1877 von Calvert Vaux, Mitgestalter des Central Park, errichtete Gerichtsgebäude wurde zum fünftschönsten Bauwerk Amerikas gekürt. 1967 wurde es in eine Bibliothek umgewandelt.

Zur Subway-Station West 4th Street (2 Blocks)

Das Northern Dispensary
gewährte den Armen ab 1831 kostenlose medizinische Betreuung. Edgar Allan Poe kurierte hier 1837 eine Erkältung aus.

Die Gay Street zog in den 1920er Jahren Künstler, Schriftsteller und Musiker an. Sie ist Schauplatz von Ruth McKenneys Roman *My Sister Eileen* und des Films *Carlito's Way*.

Stadtplan *siehe Seiten 386–419* **Karte** *Extrakarte zum Herausnehmen*

Reihenhäuser am St. Luke's Place, einem »literarischen« Platz

❶ St. Luke's Place

Stadtplan 3 C3. **Karte** CD10.
M Houston St.

Fünfzehn hübsche Reihenhäuser aus den 1850er Jahren flankieren die Nordseite der Straße. Der Park gegenüber wurde nach einem früheren Anwohner, dem Dandy und Bürgermeister Jimmy Walker, benannt, der die Stadt ab 1926 regierte und 1932 wegen eines Finanzskandals zurücktrat. Vor Nr. 6 stehen die Laternen, die in New York den Wohnsitz des Bürgermeisters anzeigen. Die Fassade des Gebäudes Nr. 10 gelangte vor allem als Zuhause der Familie Huxtable durch die Fernsehserie *The Cosby Show* zu größerer Berühmtheit. In Nr. 4 wurde der Film *Warte, bis es dunkel wird* gedreht, in dem Audrey Hepburn ein blindes Mädchen spielt.

Theodore Dreiser, einer der Dichter, die hier lebten, schrieb im Haus Nr. 16 *Eine amerikanische Tragödie*. Einen Block weiter nördlich, an der Ecke von Hudson Street und Morton Street, verlief noch vor etwa 300 Jahren das Ufer des Hudson River.

Laterne vor Haus Nr. 6

❷ 75½ Bedford Street

Stadtplan 3 C2. **Karte** CD9.
M Houston St. ⬤ für Besucher.
w cherrylanetheatre.org

New Yorks schmalstes Haus misst nur 2,90 Meter und wurde 1893 in eine Durchfahrt gebaut. Hier lebten die Lyrikerin Edna St. Vincent Millay, der Schauspieler John Barrymore und später auch Cary Grant. Das dreistöckige Gebäude ist durch eine Plakette als Sehenswürdigkeit ausgewiesen.

Um die Ecke (38 Commerce Street) gründete Miss Millay 1924 das avantgardistische Cherry Lane Theatre, das noch immer Uraufführungen zeigt. Größter Hit war das Musical *Godspell* in den 1960er Jahren.

❸ Grove Court

Stadtplan 3 C2. **Karte** C9.
M Christopher St-Sheridan Sq.

Ein cleverer Krämer namens Samuel Cocks ließ die sechs Häuser errichten. Die Straßenbiegung, der sie sich anpassen, markierte einst die Grenze von Kolonialbesitztümern.

Cocks dachte, dass es seinem Geschäft in der Grove Street Nr. 18 dienlich sein könnte, wenn die leere Passage zwischen den Gebäuden Nr. 10 und 12 besiedelt würde. Doch solche heute exklusiven Gässchen galten 1854 nicht als respektierlich, und dank seiner niveaulosen Anwohner wurde es bald die »Mixed Ale Alley« (Biergasse) genannt. O. Henry wählte diesen Block als Schauplatz von *Das letzte Blatt*.

Isaacs-Hendricks House

❹ Isaacs-Hendricks House

77 Bedford St. **Stadtplan** 3 C2.
Karte D9. **M** Houston St. ⬤ für Besucher.

Das Haus von 1799 ist das älteste im Village. An den Seiten und hinten sieht man noch die alten Schindelwände. Der Ziegelteil und das obere Stockwerk kamen später hinzu. Der erste Besitzer, John Isaacs, erwarb den Grund 1794 für 295 Dollar. Später wohnte hier der Kupferhändler Harmon Hendricks. Zu seinem Kundenstamm zählte auch Robert Fulton, der das hier erworbene Kupfer für die Kessel in seinen Dampfschiffen verwendete.

❺ Whitney Museum of American Art

Siehe S. 108f.

❻ Meatpacking District

Stadtplan 3 B1. **Karte** C8. **M** 14th St (Linien A, C, E), 8th Ave (Linie L).

Wo in früheren Zeiten die New Yorker Fleischer Rinderhälften zerteilten, trifft man heute vor allem nachts) auf eine vollkommen andere Szenerie. Im Meatpacking District (offiziell

Stadthäuser aus der Mitte des 19. Jahrhunderts am Grove Court

Gansevoort Market) südlich der 14th Street und westlich der 9th Avenue gibt es eine große Zahl an Clubs, Lounges und Hotels. Endgültig angesagt ist das Viertel, seitdem sich Soho House, der New Yorker Ableger des Londoner Privatclubs, hier ansiedelte, gefolgt vom eleganten Hotel Gansevoort mit seinem Dachpool. Modedesigner wie Stella McCartney und Marc Jacobs haben hier Läden. Jeden Monat eröffnen neue Bars und Clubs. Die Restaurants im Meatpacking District lassen an Exklusivität nichts zu wünschen übrig. Attraktionen des Viertels sind das Whitney Museum of American Art *(siehe S. 108f)* und die High Line *(siehe S. 134)*, die in der Gansevoort Street beginnt. Wohl kein Stadtviertel erlebte in der jüngeren Vergangenheit eine derart einschneidende Umstrukturierung wie dieses.

General Sheridan, Christopher Park

Stark befahrene Straße im hippen Meatpacking District

❼ Sheridan Square

Stadtplan 3 C2. **Karte** D9. Ⓜ Christopher St - Sheridan Sq.

Der Platz, in den sieben Straßen münden, ist das Zentrum des Village. Er wurde nach dem Bürgerkriegsgeneral Philip Sheridan benannt. Sein Standbild steht in Christopher Park.

1863 fanden hier die »Draft Riots« statt, Revolten gegen die Einführung der allgemeinen Wehrpflicht. Über ein Jahrhundert später ereignete sich ein anderer berühmter Zwischenfall. Das Stonewall Inn in der Christopher Street war eine Schwulenbar (die heutige Bar ist nicht mehr die originale), die ihre Existenz bestechlichen Polizisten verdankte, da Schwulenbars verboten waren. Am 28. Juni 1969 hatten die Inhaber genug von diesem Zustand. Die nachfolgende Auseinandersetzung endete damit, dass Polizisten stundenlang in der Bar eingesperrt wurden. Für die Schwulenbewegung war dies ein Durchbruch.

❽ Jefferson Market Courthouse

425 Ave of the Americas. **Stadtplan** 4 D1. **Karte** D9. ☎ 1-212-243-4334. Ⓜ West 4th St - Washington Sq. ⏰ Mo, Mi 9 – 20, Di, Do 10 – 18, Fr, Sa 10 – 17 Uhr. ⊘ Feiertage. ♿ 🌐 nypl.org

Das Wahrzeichen wurde dank einer engagierten Kampagne, die bei einer Weihnachtsparty in den späten 1950er Jahren begann, vor dem Abriss bewahrt und in eine Filiale der New York Public Library umgewandelt. 1833 entstand hier eine nach Präsident Jefferson benannte Markthalle. Die Glocke des Feuerwachturms alarmierte die freiwillige Feuerwehr.

Mit Gründung der städtischen Feuerwehr 1865 wurde die Glocke überflüssig. Anstelle des Turms entstand das Jefferson Market Courthouse für den Dritten Justizbezirk. Mit den Türmchen im gotisch-venezianischen Stil galt es bei der Eröffnung 1877 als eines der zehn schönsten Gebäude des Landes. Die alte Glocke wurde in den Hauptturm versetzt. Dieses Gericht verurteilte 1906 Harry Thaw für den Mord an Stanford White *(siehe S. 122)*.

1945 zog der Markt um. Auch Prozesse fanden im Jefferson Market Courthouse nicht mehr statt. Die Uhr an den vier Turmseiten blieb stehen, das ganze Gebäude war in Gefahr, abgerissen zu werden. Eine Kampagne zur Erhaltung von »Old Jeff« in den 1950er Jahren führte zur Restaurierung der Uhr und des Gesamtkomplexes. Der Architekt Giorgio Cavaglieri bewahrte viele originale Details, so die Mosaikfenster und eine Wendeltreppe.

»Old Jeff«, der auffällige Turm des Jefferson Market Courthouse

❾ Patchin Place

West 10th St. **Stadtplan** 4 D1. **Karte** D8. Ⓜ West 4th St - Washington Sq.

Eine der Überraschungen im Village ist dieser Wohnblock mit prächtigen Götterbäumen *(Ailanthus altissima)* in den Vorgärten, die »die schlechte Luft absorbieren« sollten. Die Häuser wurden Mitte des 19. Jahrhunderts für die baskischen Kellner des Brevoort Hotel (Fifth Avenue) gebaut.

Später waren sie eine begehrte Adresse für Autoren. So wohnte der Dichter E. E. Cummings von 1923 bis zu seinem Tod 1962 im Haus Nr. 4. Auch John Masefield, Eugene O'Neill und John Reed lebten hier. Reed hatte die russische Revolution erlebt und schrieb darüber sein von Warren Beatty unter dem Titel *Reds* (1981) verfilmtes Buch *Zehn Tage, die die Welt erschütterten*.

Stadtplan *siehe Seiten 386 – 419* **Karte** *Extrakarte zum Herausnehmen*

❺ Whitney Museum of American Art

Das Whitney ist das führende Museum für amerikanische Kunst des 20. und 21. Jahrhunderts. Die Bildhauerin Gertrude Vanderbilt Whitney gründete es 1930, nachdem das Metropolitan Museum of Art ihre Sammlung mit Bildern von Künstlern wie Bellows oder Hopper abgelehnt hatte. Ab 1966 lag das Whitney auf der Upper East Side. 2015 zog es in den neuen Bau von Renzo Piano um. Die Whitney Biennial ist die wichtigste Ausstellung zu neuen Trends in der amerikanischen Kunst.

Fassade des neuen Whitney Museum

Siebter Stock

Bibliothek

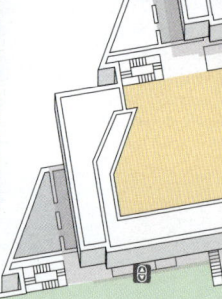

Sechster Stock

Three Flags (1958)
Jasper Johns' Abstrahierungen vertrauter Gegenstände beeinflussten die Pop-Art maßgeblich.

Green Coca-Cola Bottles
Andy Warhols Werk von 1962 ist eine kühle Reflexion über Massenproduktion, Überfluss und Monopole.

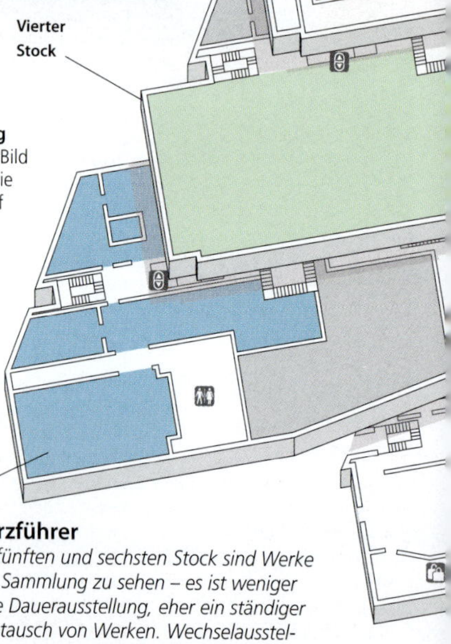

Vierter Stock

Little Big Painting
Roy Lichtensteins Bild von 1965 wirkt wie eine Persiflage auf den abstrakten Expressionismus.

Theater

Early Sunday Morning (1930)
Edward Hopper zeigt in seinen Bildern die Leere des amerikanischen Stadtlebens.

Kurzführer
Im fünften und sechsten Stock sind Werke der Sammlung zu sehen – es ist weniger eine Dauerausstellung, eher ein ständiger Austausch von Werken. Wechselausstellungen finden im Erdgeschoss, im vierten und siebten Stock statt.

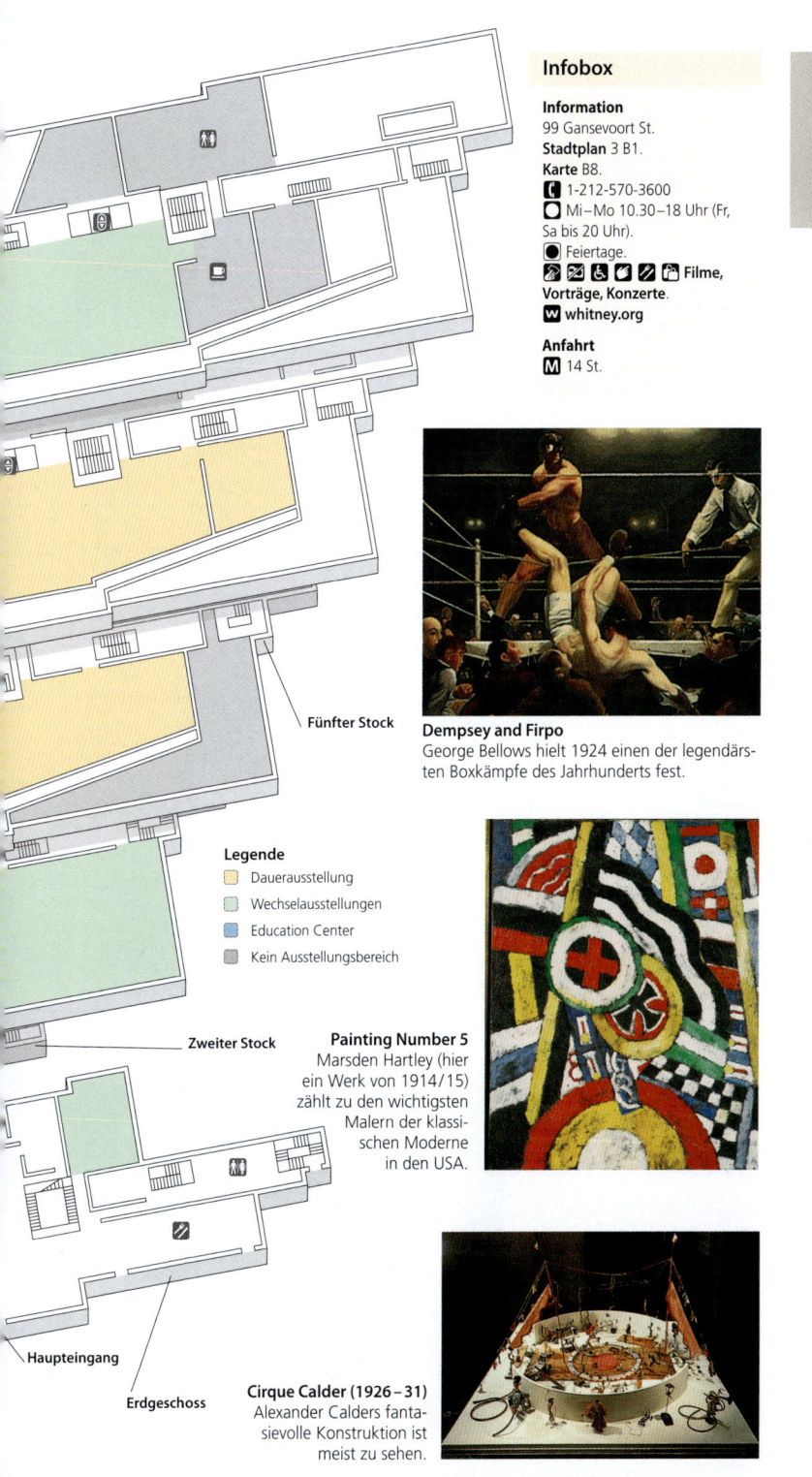

WHITNEY MUSEUM OF AMERICAN ART | 109

Infobox

Information
99 Gansevoort St.
Stadtplan 3 B1.
Karte B8.
📞 1-212-570-3600
🕐 Mi–Mo 10.30–18 Uhr (Fr, Sa bis 20 Uhr).
⬤ Feiertage.
🎟 ✂ ♿ 🎭 📷 Filme, Vorträge, Konzerte.
🌐 whitney.org

Anfahrt
Ⓜ 14 St.

Fünfter Stock

Dempsey and Firpo
George Bellows hielt 1924 einen der legendärsten Boxkämpfe des Jahrhunderts fest.

Legende
- 🟨 Dauerausstellung
- 🟩 Wechselausstellungen
- 🟦 Education Center
- ⬜ Kein Ausstellungsbereich

Zweiter Stock

Painting Number 5
Marsden Hartley (hier ein Werk von 1914/15) zählt zu den wichtigsten Malern der klassischen Moderne in den USA.

Haupteingang
Erdgeschoss

Cirque Calder (1926–31)
Alexander Calders fantasievolle Konstruktion ist meist zu sehen.

Stadtplan siehe Seiten 386–419 **Karte** Extrakarte zum Herausnehmen

❿ Grey Art Gallery

100 Washington Sq E. **Stadtplan** 4 E2. **Karte** E9. 1-212-998-6780. W 4th St, 8th St. Di–Sa 11–18 Uhr (Mi bis 20, Sa bis 17 Uhr). nyu.edu/greyart

Das Kunstmuseum gehört zur New York University und zeigt Sonderausstellungen mit Themen in großer Bandbreite, etwa Fotografie, experimentelle Videokunst, Gemälde und Skulpturen. Die Ausstellungen wechseln alle drei Monate. Es gibt zudem zeitlich begrenzte Präsentationen von Exponaten aus der Sammlung der Universität, in der amerikanische Malerei von 1940 bis heute gut vertreten ist.

Das Museum befindet sich im Silver Center, das an der Stelle des 1892 zerstörten ursprünglichen Universitätsbaus steht. Henry James ließ sich für seinen Roman *Washington Square* größtenteils vom Haus seiner Großmutter inspirieren, das in der Nähe stand: Washington Square North 19.

Fassade des Salmagundi Club

⓫ Salmagundi Club

47 5th Ave. **Stadtplan** 4 E1. **Karte** E8. 1-212-255-7740. 14th St-Union Sq. Mo–Fr 13–18, Sa, So 13–17 Uhr. salmagundi.org

Amerikas älteste Künstlervereinigung zog 1917 in die letzte noch erhaltene Villa der unteren Fifth Avenue. Irad Hawley ließ sie 1852 errichten. Heute beherbergt das Gebäude die American Artists' Professional League und die American Watercolor Society. Washington Irvings Satirezeitschrift *The Salmagundi Papers* gab dem 1871 gegründeten Club seinen Namen. Das Interieur aus dem 19. Jahrhundert kann man bei Kunstausstellungen sehen.

⓬ First Presbyterian Church

12 W 12th St. **Stadtplan** 4 E1. **Karte** DE8. 1-212-675-6150. 14th St-Union Sq. Mo, Mi, Fr 11.45–12.30, So 11–12.30 Uhr. Mi 18 Uhr (Kapelle). fpcnyc.org

Saint Saviour in Bath, England, diente für die neogotische Kirche als Vorbild. Hauptmerkmal des 1845 von Joseph C. Wells entworfenen Baus ist der Turm aus braunem Sandstein. Die Holztafeln am Altar listen alle Pastoren seit 1716 auf. Das südliche Querschiff wurde 1893 angefügt, Architekten waren McKim, Med & White. Der Eisenzaun von 1844 wurde 1981 restauriert.

⓭ Church of the Ascension

36–38 5th Ave. **Stadtplan** 4 E1. **Karte** DE8. 1-212-254-8620. 14th St-Union Sq. tägl. 12–14, 17–19 Uhr. Mo–Fr 18 Uhr, So 9, 11 Uhr. ascensionnyc.org

Die englisch wirkende neogotische Kirche (1840/41) wurde von Richard Upjohn, dem Architekten der Trinity Church, entworfen. Stanford White erneuerte 1888 den Innenraum. Das Altarrelief schuf Augustus Saint-Gaudens, von John La-Farge stammen das Gemälde

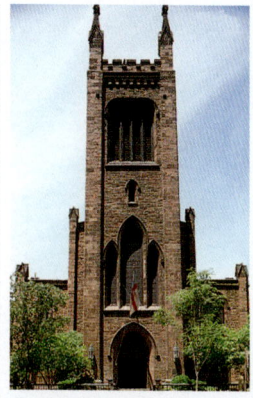

Church of the Ascension

Christi Himmelfahrt über dem Altar und einige Bleiglasfenster. Nachts erstrahlt der erleuchtete Glockenturm. 1844 fand hier die Hochzeit von Präsident John Tyler mit Julia Gardiner aus der nahen Colonnade Row *(siehe S. 116)* statt.

⓮ Washington Mews

Zwischen Washington Sq N u. E 8th St. **Stadtplan** 4 E2. **Karte** E9. West 4th St.

Die Ställe des Blocks wurden 1916 in Remisen umgewandelt. 1939 baute man den Südflügel an. Gertrude Vanderbilt Whitney, die Gründerin des Whitney Museum *(siehe S. 108f)*, lebte hier. Im Haus Nr. 16 liegt das in französischem Stil gehaltene French House der NYU, das Filme und Französischstunden anbietet.

Washington Mews – hier standen einst Ställe

GREENWICH VILLAGE | 111

Picassos *Büste von Sylvette,* zwischen Bleecker und West Houston Street

⓯ New York University

Washington Sq. **Stadtplan** 4 E2. **Karte** E9. 📞 1-212-998-1212, 1-212-998-4636. Ⓜ West 4th St. 🌐 nyu.edu

Die 1831 als Alternative zur Episkopaluniversität Columbia gegründete NYU ist heute die größte Privatuniversität Amerikas und erstreckt sich um den Washington Square (Welcome Center: 50 W 4th St). Die Bauarbeiten führten 1833 zum Aufruhr der Steinmetzgilde, die gegen die Beschäftigung von Gefangenen protestierte. Die Nationalgarde stellte die Ordnung wieder her.

Das ursprüngliche Gebäude existiert nicht mehr, nur ein Stück des Originalturms befindet sich auf einem in den Boden eingelassenen Sockel am Washington Square South. Samuel Morses Telegraf und Samuel Colts sechsschüssiger Revolver wurden hier erfunden, auch John W. Drapers erstes fotografisches Porträt stammt von hier.

Im Brown Building am Washington Place nahe der Greene Street produzierte die Triangle Shirtwaist Company. 1911 starben hier 146 Fabrikarbeiter bei einem Brand, was zu neuen Feuerschutz- und Arbeitsschutzgesetzen führte.

Eine elf Meter hohe Vergrößerung von Picassos *Büste von Sylvette* befindet sich im University Village.

⓰ Judson Memorial Church

55 Washington Sq S. **Stadtplan** 4 D2. **Karte** D9. 📞 1-212-477-0351. Ⓜ West 4th St. 🕐 Mo–Fr 10–13, 14–18 Uhr. 🕐 So 11 Uhr. 🌐 judson.org

Die 1892 von McKim, Mead & White erbaute Kirche ist ein beeindruckender italienisierter Bau mit Mosaikfenstern von John LaFarge. Sie wurde von Stanford White entworfen und ist nach dem ersten amerikanischen Missionar im Ausland, Adoniram Judson, benannt, der 1811 in Burma (Myanmar) diente. Eine Ausgabe seiner Bibelübersetzung ins Birmanische wurde bei der Grundsteinlegung beigegeben.

Das Besondere der Kirche ist nicht ihre Architektur, sondern ihr Engagement für Politik und Kultur. Sie spielt in lokalen und globalen Angelegenheiten, von Aids bis Klimaschutz und Terrorismusbekämpfung, eine aktive Rolle. Hier sind auch Avantgarde-Kunstausstellungen und Off-Off-Broadway-Stücke zu sehen.

Bogen an der Nordseite des Washington Square

⓱ Washington Square

Stadtplan 4 D2. **Karte** DE9. Ⓜ West 4th St.

Dort, wo der Minetta Creek (Brook) durch Sumpfland floss, liegt heute einer der belebtesten Plätze der Stadt. Bis zum späten 18. Jahrhundert war das Gelände Friedhof. Bei Ausschachtungen für den Park fand man die Reste von etwa 10000 Skeletten.

Eine Zeit lang diente der Ort als Duellstätte, bis 1819 als Schauplatz von Hinrichtungen. Die »Galgen-Ulme« in der nordwestlichen Ecke existiert noch. 1826 wurde der Sumpf trockengelegt und der Bach unter die Oberfläche geleitet, wo er noch immer fließt. Ein kleines Schild an einem Brunnen (Eingang 2 Fifth Avenue) zeigt seinen Verlauf an.

Der Marmorbogen von Stanford White wurde 1892 vollendet und ersetzte einen hölzernen, der zum Gedenken an das 100-jährige Jubiläum von George Washingtons Amtseinführung die untere Fifth Avenue überspannt hatte. Im rechten Teil des Bogens verbirgt sich eine Treppe. 1916 brach dort eine von Marcel Duchamp und John Sloan angeführte Künstlergruppe ein und rief von oben die »Freie und unabhängige Republik Washington Square, den Staat Neu-Boheme« aus.

Auf der anderen Straßenseite liegt »The Row«. In der zur NYU gehörenden Häuserreihe wohnten einst New Yorks prominenteste Familien wie die Delanos, aber auch Edith Wharton, Henry James, John Dos Passos und Edward Hopper. Nr. 8 war die offizielle Adresse des Bürgermeisters.

Heute treffen sich im Park Straßenkünstler, Studenten und Familien.

Fenster an der Ecke West 4th Street und Washington Square

Stadtplan *siehe Seiten 386–419* **Karte** *Extrakarte zum Herausnehmen*

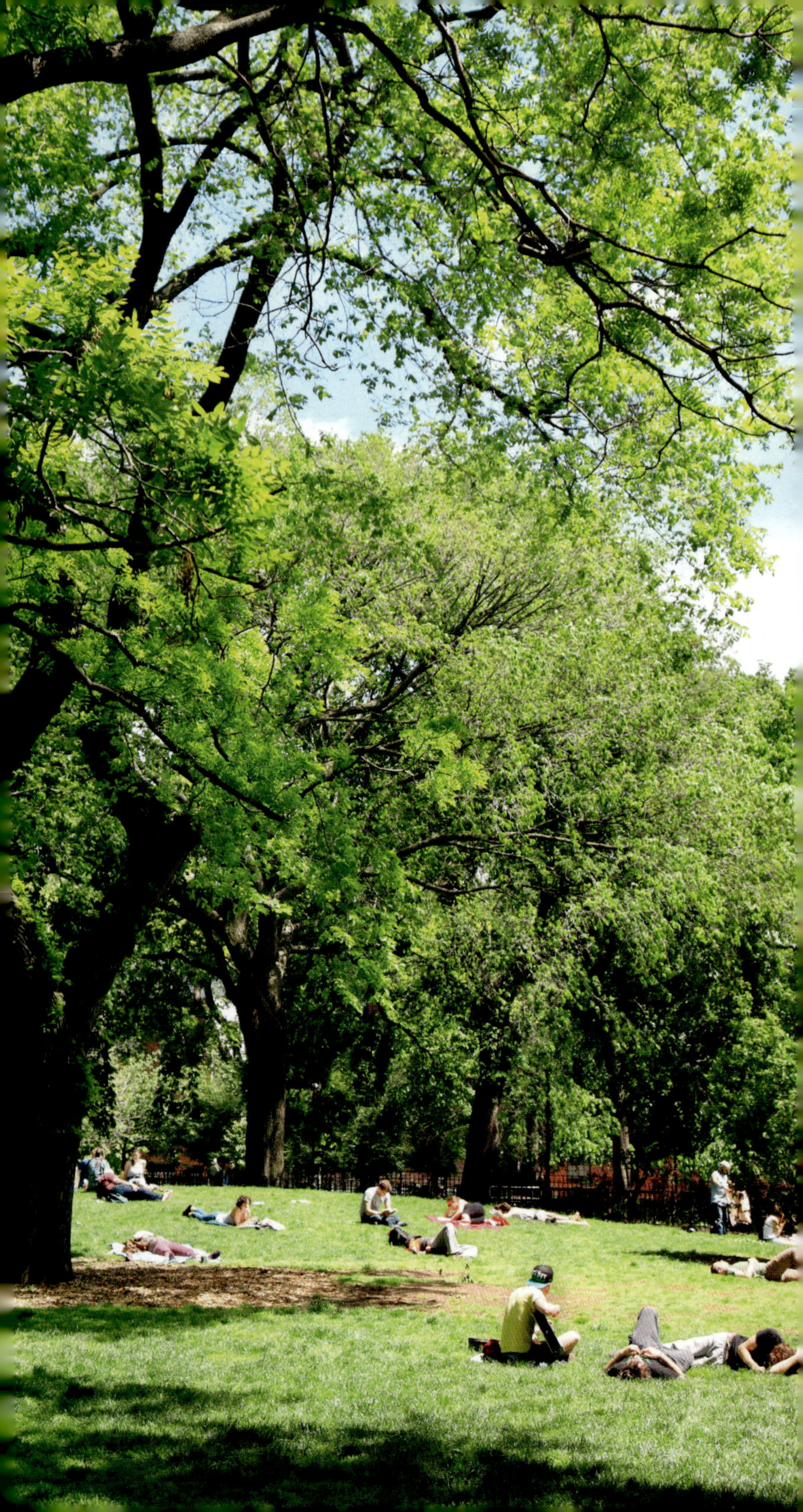

East Village

Peter Stuyvesant besaß im 17. Jahrhundert Ländereien im East Village, doch das Viertel entwickelte sich erst Anfang des 20. Jahrhunderts. Juden, Iren, Deutsche, Polen, Ukrainer und Puerto Ricaner hinterließen ihre Spuren – nicht zuletzt in den vielfältigen, preisgünstigen Ethno-Restaurants. In den 1950er Jahren fühlte sich die Beat Generation von den niedrigen Mieten angezogen. Seither gibt es hier auch viele Musikclubs und Theater. In den 1990er Jahren blühte die Barszene und machte das Viertel zum angesagtesten in New York. Richtung Westen liegt NoHo (North of Houston). Im Osten bilden die Avenues A, B, C, D die »Alphabet City«, ein trendiges Areal mit Lokalen und Gartenanlagen.

Sehenswürdigkeiten auf einen Blick

Historische Straßen und Gebäude
1. Cooper Union
3. Colonnade Row
8. Bayard-Condict Building

Museum
4. Merchant's House Museum

Kirchen
5. St. Mark's Church-in-the-Bowery
6. Grace Church

Park
7. Tompkins Square

Berühmtes Theater
2. The Public Theater

Restaurants siehe S. 294–299
1. Angelica Kitchen
2. Caracas Arepa Bar
3. Dirt Candy
4. Dumpling Man
5. Edi & the Wolf
6. Empellón Cocina
7. Great Jones Cafe
8. Hearth
9. Ippudo
10. Jewel Bako
11. Lil' Frankies
12. The Mermaid Inn
13. Mighty Quinn's Barbeque
14. Momofuku Noodle Bar
15. La Palapa
16. Pardon My French
17. Il Posto Accanto
18. Prune
19. Veselka
20. Zum Schneider

Neogotisches Relief an der Fassade der Grace Church

Entspannen im Park am Tompkins Square (siehe S. 117)

Stadtplan 4, 5

Zeichenerklärung siehe hintere Umschlagklappe

Im Detail: East Village

An der Kreuzung von 10th und Stuyvesant Street stand einst Peter Stuyvesants Landhaus. Sein ebenfalls Peter genannter Enkel erbte den Großteil des Anwesens und ließ es 1787 in Straßen aufteilen. Besonders sehenswert ist der St. Mark's Historic District, St. Mark's Church-in-the-Bowery, das Stuyvesant-Fish House und das Haus von Nicholas Stuyvesant (1795). Viele Häuser im East Village wurden zwischen 1871 und 1890 erbaut und weisen noch originale Fenster- und Türstürze, Eingänge und andere Architekturdetails auf.

Subway-Station Astor Pla(ce) (Linie 6)

Alamo heißt der 4,60 Meter hohe, von Bernard Rosenthal konzipierte schwarze Stahlkubus auf dem Astor Place. Er dreht sich, wenn man ihn anstößt.

Am Astor Place kam es 1849 zu Ausschreitungen. Der englische Schauspieler William Macready, der im Astor Place Opera House den *Hamlet* spielte, kritisierte den amerikanischen Kollegen Edwin Forrest. Dessen Fans revoltierten: Es gab 34 Tote.

❸ Colonnade Row
Die Gebäude im Greek-Revival-Stil wurden um 1830 errichtet und waren einst teure Stadthäuser. Die Häuser, von denen nur noch vier übrig sind, wurden durch eine gemeinsame Fassade im europäischen Stil verbunden. Das hier residierende Astor Place Theatre ist seit 1991 Sitz der Blue Man Group.

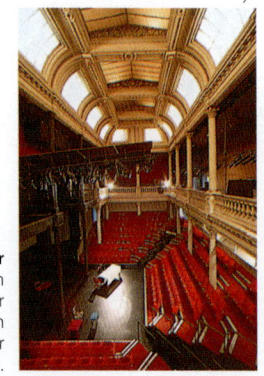

❷ The Public Theater
1965 überzeugte Joseph Papp die Stadt, die Astor Library (1849) zu kaufen und zu einem Theater umzubauen.

❹ ★ Merchant's House Museum
In dem Museum sind Originalmöbel im American Empire, Federal Style und viktorianischen Stil zu sehen.

EAST VILLAGE | **115**

❶ ★ Cooper Union
Die für Kunst- und Technikprojekte bekannte Einrichtung bietet Studenten seit 2014 eine kostenlose Ausbildung.

Zur Orientierung
Siehe Stadtplan 4, 5 und Manhattan-Karte S. 16f

Das Stuyvesant-Fish House
(1803/04) ist ein Ziegelbau und zudem ein klassisches Beispiel für den Federal Style.

Legende
— Routenempfehlung

❺ St. Mark's Church-in-the-Bowery
Die Kirche wurde 1799 erbaut, den Turm fügte man 1828 hinzu.

Renwick Triangle
heißt ein Ensemble von 16 Häusern, die 1861 im italienisierden Stil erbaut wurden.

Die Stuyvesant Polyclinic
wurde 1884 als German Dispensary (Armenklinik) gegründet und war bis 2007 in Betrieb. Büsten berühmter Ärzte und Wissenschaftler schmücken die Fassade.

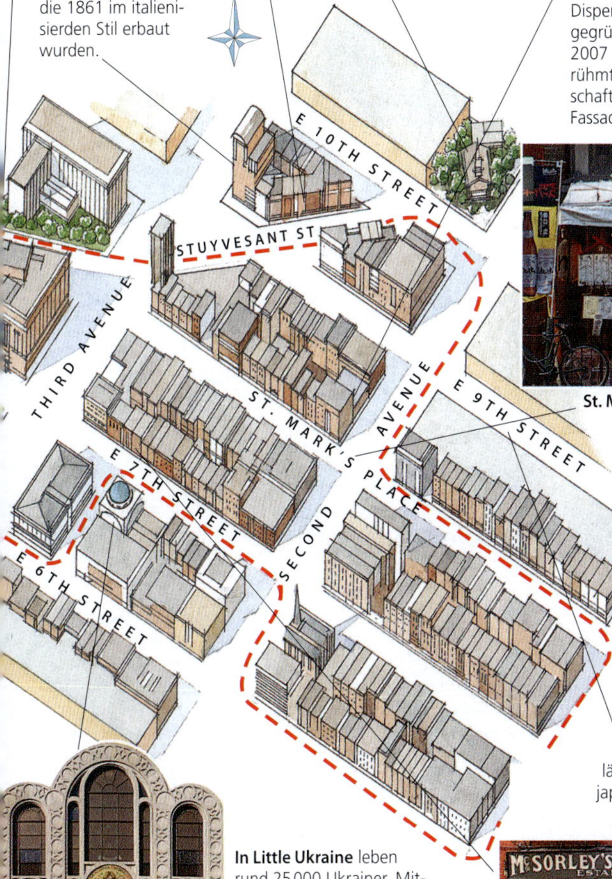

St. Mark's Place war Mittelpunkt der Hippieszene und ist noch immer ein Treffpunkt für junge Leute. Hier findet man viele flippige Läden.

Little Tokyo ist ein Streifen mit Nudelläden, Sushi-Bars und japanischen Läden um die East 9th Street.

In Little Ukraine leben rund 25 000 Ukrainer. Mittelpunkt ist die St. George's Ukrainian Catholic Church.

McSorley's Old Ale House braut noch immer sein eigenes Bier und serviert es im fast unveränderten Interieur von 1854 *(siehe S. 311)*.

Stadtplan *siehe Seiten 386–419* **Karte** *Extrakarte zum Herausnehmen*

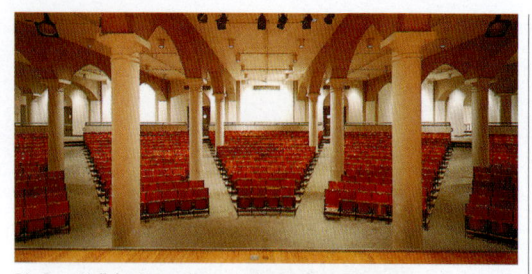

Die Great Hall der Cooper Union, in der Abraham Lincoln sprach

❶ Cooper Union

7 East 7th St. **Stadtplan** 4 F2. **Karte** E9. ☎ 1-212-353-4000. Ⓜ Astor Pl. ◯ Mo–Fr 11–19, Sa 11–17 Uhr, zu Vorträgen und Konzerten in der Great Hall. ⬤ Juni–Aug, Feiertage. ♿ 🅦 cooper.edu

Peter Cooper, ein Industrieller, der die erste amerikanische Dampflok und die ersten Stahlschienen produzierte und sich am ersten transatlantischen Kabel beteiligte, war ein typischer Selfmademan.

1859 gründete er das erste nichtkonfessionelle (damals kostenlose College) für Männer und Frauen (Technik, Ingenieurswesen, Architektur und Design). Das fünfstöckige Gebäude (1973/74 renoviert) war das erste mit einem Stahlgerippe. Die Great Hall wurde 1859 von Mark Twain eingeweiht. Lincoln hielt hier 1860 seine Rede »Right makes Might«.

❷ The Public Theater

425 Lafayette St. **Stadtplan** 4 F2. **Karte** E9. ☎ 1-212-967-7555 (Tickets), 1-212-539-8500 (Infos). Ⓜ Astor Pl. Siehe auch **Unterhaltung** S. 336. 🅦 publictheater.org

Das Gebäude aus roten Ziegeln und braunem Sandstein ist ein Beispiel für den deutschen neoromanischen Stil. Ab 1854 diente es als Astor Library, als erste kostenlose Bücherei der Stadt, dank einer Spende des Millionärs John Jacob Astor.

Als der Bau 1965 vom Abriss bedroht war, überzeugte Joseph Papp, Gründer des New York Shakespeare Festival, die Stadt, es für ein Theater zu erwerben. Die Renovierung begann 1967, ein Großteil des Interieurs wurde bei der Umwandlung in sechs Theater bewahrt. Meist wird im Public Theater Experimentelles aufgeführt, doch auch Musicals wie *Hair* und *A Chorus Line* begannen hier ihren Siegeszug. Das Theater organisiert zudem jeden Sommer »Shakespeare in the Park« im Central Park.

❸ Colonnade Row

428–434 Lafayette St. **Stadtplan** 4 F2. **Karte** E9. ☎ 1-800-258-3626 (Tickets). Ⓜ Astor Pl. 🅦 blueman.com

Die korinthischen Säulen der vier Gebäude sind die einzigen Überbleibsel der neunklassizistischen Stadthäusern. Sie wurden 1833 von Seth Geer errichtet und als »Geer's Folly« (»Geers Wahnwitz«) bekannt, weil niemand glaubte, dass irgendwer so weit östlich wohnen wollte. Doch als Prominente wie John Jacob Astor und Cornelius Vanderbilt einzogen, waren die Zweifler widerlegt. Auch der Schriftsteller Washington Irving lebte hier einige Zeit, außerdem die englischen Romanciers William Makepeace Thackeray und Charles Dickens.

Fünf der Gebäude mussten Anfang des 20. Jahrhunderts einem Parkhaus des John Wanamaker Department Store weichen. Die restlichen vier wurden renoviert. Das Astor Place Theatre (Nr. 434) ist nun Sitz der Blue Man Group.

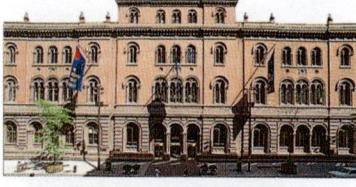

Das Public Theater in der Lafayette Street

Originalherd aus dem 19. Jahrhundert in der Küche des Merchant's House Museum

❹ Merchant's House Museum

29 E 4th Street. **Stadtplan** 4 F2. **Karte** E9. ☎ 1-212-777-1089. Ⓜ Astor Pl, Bleecker St. ◯ Mo, Fr–So 12–17, Do 12–20 Uhr. ♿ 🅦 merchantshouse.com

Das bemerkenswerte klassizistische Ziegelgebäude steht etwas versteckt in einem Block im East Village. Hier scheint die Zeit stehen geblieben zu sein, denn Inventar, Einrichtung, Küche, Dekorationen und auch Gebrauchsgegenstände sind dieselben wie vor 100 Jahren.

Das 1832 gebaute Haus wurde 1835 vom Kaufmann Seabury Tredwell erworben und blieb bis zum Tod von Gertrude Tredwell 1933 im Familienbesitz. Sie hatte als letzte Vertreterin der Familie das Haus im Sinn ihres Vaters konserviert. Ein Verwandter eröffnete das Gebäude 1936 als Museum. Die großen Räume im Erdgeschoss zeugen vom Reichtum der New Yorker Kaufleute im 19. Jahrhundert.

EAST VILLAGE | 117

❺ St. Mark's Church-in-the-Bowery

131 E 10th St. **Stadtplan** 4 F1.
Karte F8. 1-212-674-6377.
Astor Pl. Mo–Fr 10–16 Uhr (kann variieren). Mi 18.30, So 11 Uhr; auf Spanisch: Sa 17.30 Uhr.
stmarksbowery.org

Der 1799 errichtete Bau, der die auf der *bouwerie* (Farm) von Gouverneur Peter Stuyvesant gelegene Kirche von 1660 ersetzte, ist eine der ältesten Kirchen New Yorks. Stuyvesant ist hier zusammen mit sieben Generationen der Familie bestattet. 1878 fand auf dem Friedhof eine makabre Entführung statt: der Leichnam des Kaufhausmagnaten A. T. Stewart wurde exhumiert und gegen 20 000 Dollar Lösegeld zurückgegeben. Das Pfarrhaus (232 East 11th St) entwarf Ernest Flagg, Architekt des Singer Building *(siehe S. 100)*, im 19. Jahrhundert.

❻ Grace Church

802 Broadway. **Stadtplan** 4 F1.
Karte E8. 1-212-254-2000.
Astor Pl, Union Sq. M1–3, M8, M101–103. Juli, Aug: So 10, 18 Uhr; Sep–Juni: So 9, 11, 18 Uhr; Konzerte.
gracechurchnyc.org

James Renwick Jr., Architekt der St. Patrick's Cathedral, war erst 23 Jahre alt, als er die Grace Church entwarf – für viele sein Meisterwerk. Die frühgotischen Linien sind filigran, auch das Innere besticht mit präraffaelitischen Bleiglasfenstern und einem Mosaikboden.

Die Kirchenruhe wurde 1863 gestört, als Phineas T. Barnum hier die Hochzeit des kleinwüchsigen Zirkusdarstellers General Tom Thumb inszenierte und Schaulustige ein Chaos verursachten.

1888 ersetzte man den hölzernen Kirchturm durch einen aus Marmor. Die Befürchtung, dass dieser zu schwer sei, ist nicht unbegründet: Er neigt sich nämlich bedenklich.

Die Kirche ist schon von Weitem zu sehen, da sie an einer Kurve des Broadway steht. Henry Brevoort hatte dies erzwungen, da er seinen Obstgarten nicht verkaufen wollte.

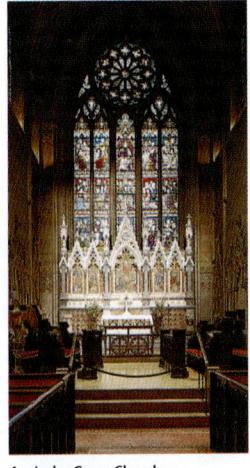

Apsis der Grace Church

❼ Tompkins Square

Stadtplan 5 B1. **Karte** G8–9.
2nd Ave, 1st Ave. M9, M14A.

Der Park im englischen Stil wirkt idyllisch, war aber oft Schauplatz von bewegten Auseinandersetzungen und tragischen Ereignissen. 1874 fand hier die erste organisierte amerikanische Arbeiterdemonstration statt. Während der Hippie-Ära in den späten 1960er Jahren avancierte der Park zum Haupttreffpunkt. 1988 kam es zu gewalttätigen Unruhen, als die Polizei Obdachlose vertreiben wollte, die den Platz in Beschlag genommen hatten.

Auf dem Platz steht ein Denkmal in Gestalt eines Knaben und eines Mädchens, die auf einen Dampfer blicken. Es erinnert an das Unglück des Dampfers *General Slocum*. Am 15. Juni 1904 starben über 1000 Menschen, vor allem Frauen und Kinder der überwiegend deutschstämmigen Anwohnerschaft, bei einer Vergnügungsfahrt auf dem East River, als auf dem überfüllten Schiff Feuer ausbrach. Viele Männer verloren ihre ganze Familie und zogen aus dem Viertel weg.

Temperance Fountain am Tompkins Square

❽ Bayard-Condict Building

65 Bleecker St. **Stadtplan** 4 F3.
Karte E9. Bleecker St.

Grazile Säulen, eine filigrane Terrakottafassade und ein prächtiges Gesims kennzeichnen den 1898 fertiggestellten einzigen New Yorker Bau, den der große Chicagoer Architekt Louis Sullivan, ein Lehrer von Frank Lloyd Wright, entwarf. Sullivan starb 1924 vergessen und verarmt in Chicago. Der Architekt soll sich sehr gegen die kitschigen, das Gesims stützenden Engel gewehrt haben, musste sich aber den Wünschen des Bauherrn Silas Alden Condict fügen.

Da der Bau in einen Block von Geschäftshäusern eingezwängt ist, kann man ihn besser aus einiger Distanz sehen: Gehen Sie dazu ein Stück die Crosby Street hinunter.

Bayard-Condict Building

Stadtplan *siehe Seiten 386–419* **Karte** *Extrakarte zum Herausnehmen*

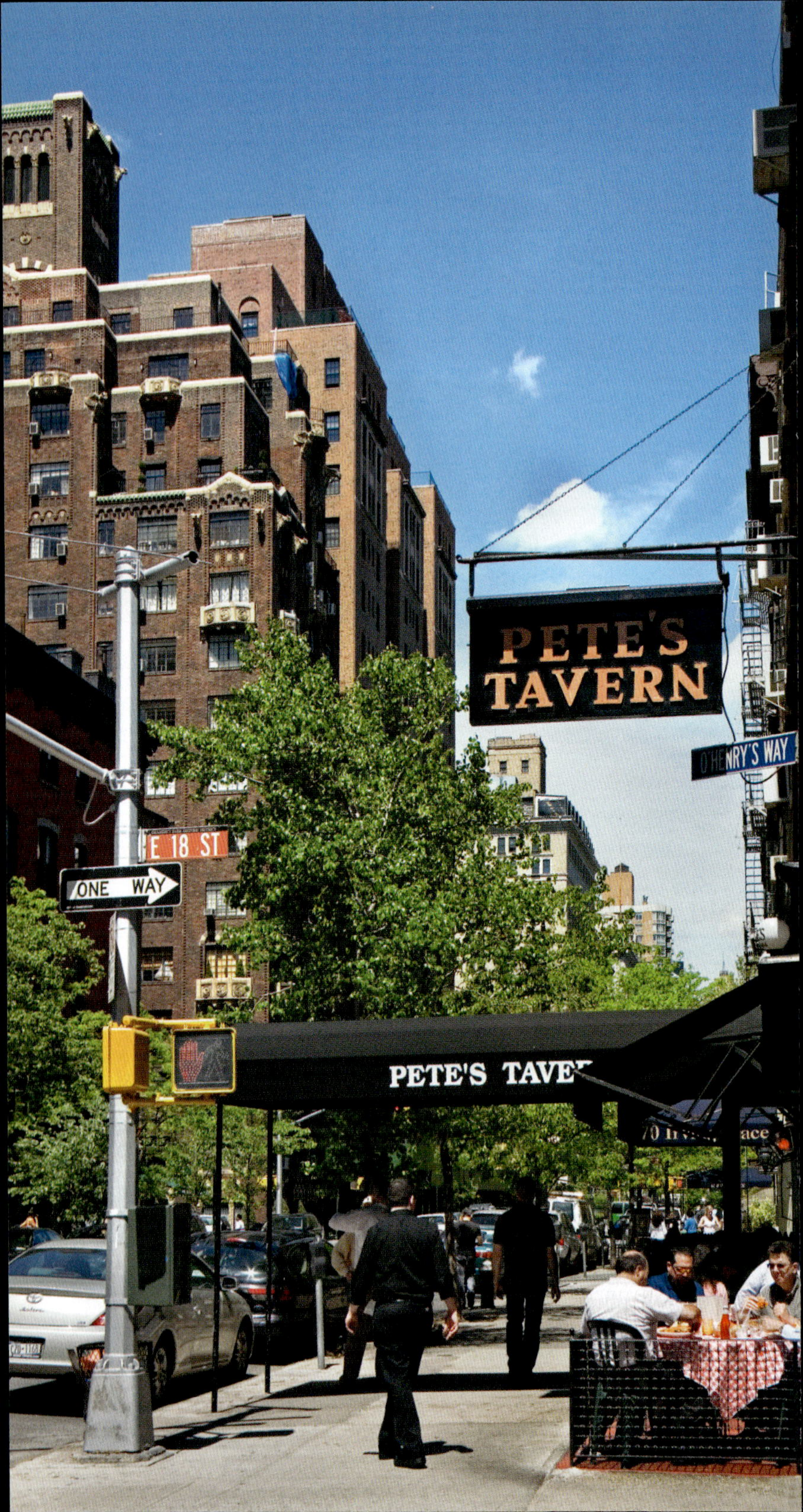
PETE'S
TAVERN
O'HENRY'S WAY
E 18 ST
ONE WAY

Gramercy und Flatiron District

Vier Plätze legten die Stadtplaner in den 1830er und 1840er Jahren an – sie wollten ruhige, elegante Wohnbezirke schaffen, wie man sie in europäischen Städten fand. Der größte der Plätze ist der Union Square, ein belebter Ort, auf dem der beste Bauernmarkt (farmers' market) New Yorks stattfindet. Nordöstlich davon liegt Gramercy mit seinen Privatclubs und den von Calvert Vaux und Stanford White entworfenen Stadtresidenzen. Die massive St. George Episcopal Church blickt auf Gertrude Vanderbilt Whitneys Bronzestatue von Peter Stuyvesant, die sich auf dem ruhigen Stuyvesant Square befindet. Am nördlichen Ende des Flatiron District erstreckt sich der Madison Square Park.

Sehenswürdigkeiten auf einen Blick

Historische Straßen und Gebäude
- ❷ New York Life Insurance Company
- ❸ Appellate Division of the Supreme Court of the State of New York
- ❹ Metropolitan Life Insurance Company
- ❺ Flatiron Building
- ❻ Ladies' Mile
- ❽ National Arts Club
- ❾ The Players
- ⓫ Block Beautiful
- ⓮ Con Edison Building

Museum
- ❼ Theodore Roosevelt Birthplace

Kirche
- ⓰ The Little Church Around the Corner

Parks und Plätze
- ❶ Madison Square
- ❿ Gramercy Park
- ⓭ Stuyvesant Square
- ⓯ Union Square

Markt
- ⓬ Eataly

Restaurants *siehe S. 294–299*
1. Aldea
2. Artisanal
3. Blue Smoke
4. Brother Jimmy's BBQ
5. Craft
6. Eleven Madison Park
7. Gramercy Tavern
8. Saravanaa Bhavan
9. Shake Shack
10. Tocqueville
11. I Trulli

Stadtplan *8, 9*

◀ Pete's Tavern, ein Lokal im Gramercy Park District *(siehe S. 121)*

Zeichenerklärung *siehe hintere Umschlagklappe*

Im Detail: Gramercy Park

Gramercy Park und der nahe Madison Square repräsentieren zwei gegensätzliche Stadtbilder. Der Madison Square wird von Büros und Verkehr geprägt und ist vor allem von dort arbeitenden Geschäftsleuten und Angestellten bevölkert. Die Bürohaus-Architektur und die Statuen lohnen dennoch einen Besuch. Früher stand hier Stanford Whites berühmter Vergnügungspalast, der alte Madison Square Garden, in dem es stets von Nachtschwärmern wimmelte. Der Gramercy Park hingegen hat sich eine Aura abgeklärter Ruhe bewahrt. Hier gibt es noch vornehme Anwesen und Clubs. Für New Yorks letzten Privatpark erhalten nur die Anwohner einen Schlüssel.

❶ ★ Madison Square
Mitte des 18. Jahrhunderts spielte der Knickerbocker Club hier Baseball und etablierte als Erster die Spielregeln. Heute zieren den Park viele Statuen von Persönlichkeiten des 19. Jahrhunderts, darunter auch diejenige von Admiral David Farragut.

Statue von William H. Seward, Madison Square Garden

Subway-Station 23rd Street (Linien N, R)

❺ ★ Flatiron Building
Im Dreieck von Fifth Avenue, Broadway und 22nd Street steht einer der berühmtesten Wolkenkratzer New Yorks. Als er 1902 gebaut wurde, war er das höchste Gebäude der Welt.

Eine Uhr vor 200 Fifth Avenue markiert den Endpunkt einer früher beliebten Shopping-Meile, die Ladies' Mile genannt wurde.

❻ Ladies' Mile
Der Broadway zwischen Union Square und Madison Square war einst das edelste Shopping-Viertel New Yorks.

❼ Theodore Roosevelt Birthplace
Das Haus ist ein Nachbau des Gebäudes, in dem der 26. amerikanische Präsident zur Welt kam.

0 Meter 100
0 Yards 100

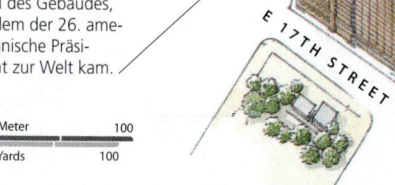

❽ National Arts Club
Der private Kunstverein liegt an der Südseite des Parks.

GRAMERCY PARK | 121

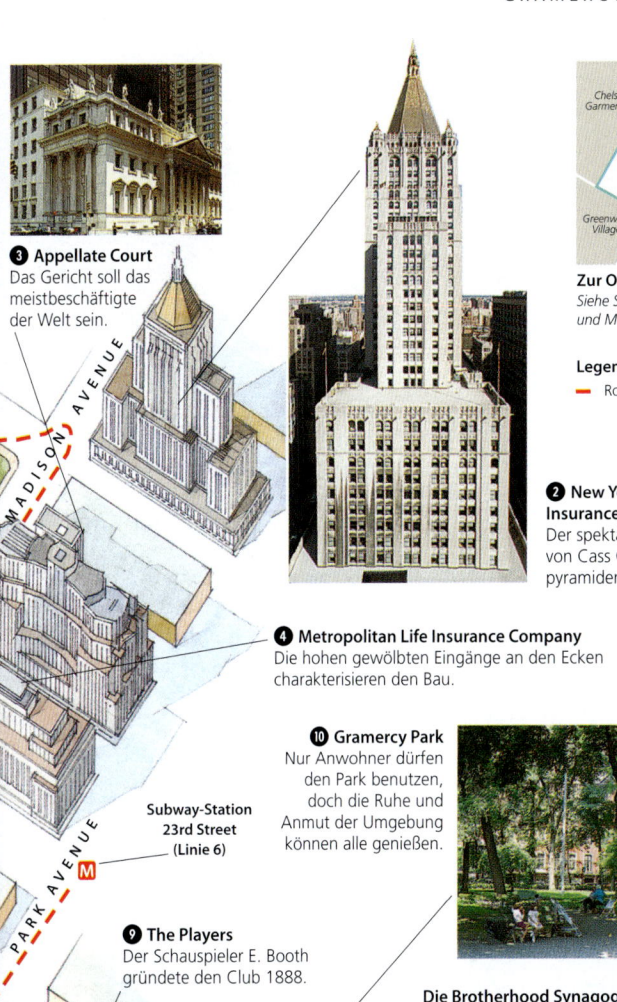

Zur Orientierung
*Siehe Stadtplan 8, 9
und Manhattan-Karte S. 16f*

Legende
— Routenempfehlung

❸ Appellate Court
Das Gericht soll das meistbeschäftigte der Welt sein.

❷ New York Life Insurance Company
Der spektakuläre Bau von Cass Gilbert trägt eine pyramidenförmige Spitze.

❹ Metropolitan Life Insurance Company
Die hohen gewölbten Eingänge an den Ecken charakterisieren den Bau.

❿ Gramercy Park
Nur Anwohner dürfen den Park benutzen, doch die Ruhe und Anmut der Umgebung können alle genießen.

**Subway-Station
23rd Street
(Linie 6)**

❾ The Players
Der Schauspieler E. Booth gründete den Club 1888.

Die Brotherhood Synagogue
war von 1859 bis 1975 ein Andachtshaus und wurde danach eine Synagoge.

⓫ The Block Beautiful
ist ein anmutiges Arrangement einer von Bäumen gesäumten Häuserzeile an der East 19th Street.

Pete's Tavern
steht seit 1864 an dieser Stelle. Der Kurzgeschichtenerzähler und Stadtchronist O. Henry verfasste hier *Das Geschenk der Weisen* (1906).

Stadtplan *siehe Seiten 386–419* **Karte** *Extrakarte zum Herausnehmen*

Farragut-Statue, Madison Square

❶ Madison Square

Stadtplan 8 F4. **Karte** E 6–7. Ⓜ 23rd St.

Die als mondäner Wohnbezirk geplante Gegend wurde nach dem Bürgerkrieg ein Vergnügungsviertel – begrenzt durch Fifth Avenue Hotel, Madison Square Theater und Stanford Whites Madison Square Garden. 1884 stellte man hier den fackeltragenden Arm der Freiheitsstatue aus. Angestellte der umliegenden Büros verbringen hier gern ihre Mittagspause.

Die Statue von Admiral David Farragut (1880) stammt von Augustus Saint-Gaudens, der Sockel von Stanford White. Farragut war der Held einer Seeschlacht des Bürgerkriegs. Auf dem Sockel finden sich aus Wellen emportauchende Figuren, die Mut und Loyalität repräsentieren. Die Statue von Roscoe Conkling erinnert an einen Senator, der 1888 im Schneesturm starb. Der Fahnenmast mit dem ewigen Licht von Carrère and Hastings ehrt die im Ersten Weltkrieg Gefallenen.

❷ New York Life Insurance Company

51 Madison Ave. **Stadtplan** 9 A3. **Karte** E6. Ⓜ 28th St. ◯ Bürozeiten.

Der mächtige Bau wurde 1928 von Cass Gilbert entworfen, der davor das Woolworth Building errichtet hatte. Das Innere ist geprägt von gewaltigen Lüstern, Bronzetüren, Bronzetäfelung und einem imposanten Treppenhaus, das direkt hinunter zur Subway-Station 28th St führt.

Hier standen zuvor berühmte Bauten, etwa Barnum's Hippodrome (1874) und der erste Madison Square Garden (1879). Nach 1880 fanden hier auch die Kämpfe des Boxschwergewichts Jack Dempsey statt. 1890 eröffnete an derselben Stelle der nächste Madison Square Garden, Stanford Whites legendärer Vergnügungspalast. Zu den opulent ausgestatteten Musicals und anderen Events strömte New Yorks Elite herbei, die für die jährliche Pferdeschau über 500 Dollar pro Loge zahlte.

Der Bau hatte Arkaden und einen der Giralda in Sevilla nachempfundenen Turm. Die goldene Statue der Diana auf dem Turm schockierte wegen ihrer Nacktheit, doch noch skandalöser waren das Leben und der Tod von White selbst. 1906 wurde er beim Besuch einer Revue vom Ehemann seiner früheren Mätresse Evelyn Nesbit erschossen. Die Schlagzeile der Zeitschrift *Vanity Fair* spiegelte die öffentliche Meinung wider: »Der Lüstling Stanford White stirbt wie ein Hund.« Die Enthüllungen über die High Society am Broadway bei den nachfolgenden Untersuchungen lassen heutige Seifenopern verblassen.

Das goldene Pyramidendach der New York Life Insurance Company

Justitia und Prudentia auf dem Appellate Court

❸ Appellate Division of the Supreme Court of the State of New York

E 25th St u. Madison Ave. **Stadtplan** 9 A4. **Karte** E6. Ⓜ 23rd St. ◯ Mo–Fr 9–17 Uhr (Verhandlungen: Di–Do ab 14 Uhr, Fr ab 10 Uhr). ● Feiertage. ✉

Es soll das meistbeschäftigte Gericht der Welt sein: Hier finden die Berufungsverhandlungen von Zivil- und Strafprozessen für New York und die Bronx statt. James Brown Lord entwarf das kleine, aber noble Gebäude 1900 im palladianischen Stil. Es ist mit mehreren hübschen Skulpturen verziert, darunter Daniel Chester Frenchs *Justitia*, flankiert von *Fortitudo* und *Prudentia*.

Unter der Woche sind die schönen, von den Brüdern Herter entworfenen Innenräume auch öffentlich zugänglich, sofern keine Sitzungen stattfinden. Sehenswert sind die Bleiglasfenster, die Kuppel, die Wandgemälde und die Tischlerarbeiten.

Die Ausstellungen in der Lobby haben oft berühmte – und berüchtigte – in diesem Gericht verhandelte Fälle zum Gegenstand. Zu den Prominenten, die hier Berufungsverfahren hatten, zählen Charlie Chaplin, Fred Astaire, Babe Ruth, Harry Houdini, Theodore Dreiser und Edgar Allan Poe.

GRAMERCY UND FLATIRON DISTRICT | 123

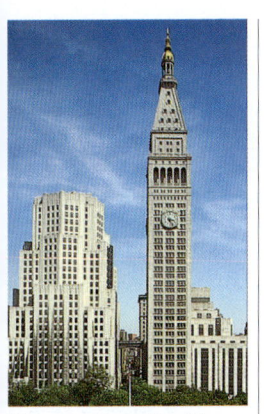

Uhrturm des Metropolitan Life Insurance Company Building

❹ Metropolitan Life Insurance Company

1 Madison Ave. **Stadtplan** 9 A4. **Karte** E6–7. M 23rd St. ◯ Bürozeiten. 🚫

Durch einen 213 Meter hohen Turm gelangte 1909 das »MetLife« Building auf Platz eins der höchsten Bauten. Jeder Minutenzeiger der vierseitigen Uhr soll 450 Kilogramm wiegen. Die nächtliche Beleuchtung ist ein vertrauter Anblick und unterstützt das Firmenmotto: »Das Licht, das nie erlischt.« Die Wandgemälde von N. C. Wyeth, Illustrator von Klassikern wie *Robin Hood*, *Die Schatzinsel* und *Robinson Crusoe*, zierten früher die Cafeteria. Das Nordgebäude (1933) ist heute Sitz der Credit Suisse.

❺ Flatiron Building

175 5th Ave. **Stadtplan** 8 F4. **Karte** E7. M 23rd St. ◯ Bürozeiten.

Den ursprünglich nach der Baufirma Fuller, dem ersten Besitzer, benannten Bau entwarf David Burnham. Das 1902 fertiggestellte Gebäude mit Stahlgerippe läutete die Ära der Wolkenkratzer ein. Wegen seiner Form hieß es bald »Flatiron« (»Bügeleisen«) oder »Burnham's Folly« (»Burnhams Irrwitz«). Man glaubte, dass es aufgrund der durch seine Form provozierten Winde einstürzen würde. Das Flatiron steht noch, doch die kleinen Wirbelwinde hatten einen anderen Effekt: Sie zogen Männer an, die einen Blick auf die Fesseln der Frauen zu erhaschen hofften, wenn deren Röcke hochgeweht wurden. Polizisten forderten Passanten zum Weitergehen auf, und ihr Ruf »23-Skidoo« (»Haut ab in die 23rd Street«) wurde zum Slangausdruck. Bis vor einiger Zeit war der Teil der Fifth Avenue südlich des Gebäudes noch schäbig, doch jetzt hat er mit Shops wie Miachel Kors und Paul Smith ein neues Image bekommen.

In innovativer Keilform: das Flatiron Building

Das Kaufhaus Arnold Constable

❻ Ladies' Mile

Broadway (Union Sq bis Madison Sq). **Stadtplan** 8 F4–5, 9 A5. **Karte** E7. M 14th St, 23rd St.

Im 19. Jahrhundert fuhr hier die in den nahen Stadthäusern wohnende Kaufmannselite in glänzenden Kutschen vor, um in Läden wie dem von Arnold Constable (Nr. 881–887) und Lord & Taylor (Nr. 901) einkaufen zu gehen. Heute lassen nur noch die oberen Geschosse den einstigen Glanz erahnen.

US-Präsident Teddy Roosevelt

❼ Theodore Roosevelt Birthplace

28 E 20th St. **Stadtplan** 9 A5. **Karte** E7. ☎ 1-212-260-1616. M 14th St-Union Sq, 23rd St. ◯ Mi–So 9–17 Uhr. ⬤ Feiertage. 🚫 📷 stündlich. **Vorträge, Konzerte, Filme.** 📷 W nps.gov/thrb

Die Rekonstruktion des Hauses, in dem Theodore Roosevelt, der 26. amerikanische Präsident, seine Jugend verbrachte, enthält Spielzeug, Wahlkampf-Buttons und die Embleme des »Rough Rider«-Huts, den er im Spanisch-Amerikanischen Krieg trug. Eine Ausstellung widmet sich dem Privatmann, eine andere seiner politischen Karriere.

Stadtplan *siehe Seiten 386–419* **Karte** *Extrakarte zum Herausnehmen*

Reliefporträts großer Schriftsteller, National Arts Club

❽ National Arts Club

15 Gramercy Pk S. **Stadtplan** 9 A5. **Karte** E7. ☎ 1-212-475-3424. Ⓜ 23rd St. ◐ bei Ausstellungen Mo–Fr 12–17 Uhr.
🌐 nationalartsclub.org

Das Gebäude war die Residenz von Samuel Tilden, dem New Yorker Gouverneur, der »Boss« Tweed verurteilte und eine kostenlose Bibliothek schuf. 1881–84 gestaltete Calvert Vaux die Fassade um. 1906 erwarb der National Arts Club das Haus und erhielt die originalen Decken und Bleiglasfenster von John LaFarge. Fast alle bedeutenden amerikanischen Künstler des späten 19. und frühen 20. Jahrhunderts traten dem Club bei. Dafür mussten sie ein eigenes Werk stiften – Grundstock der Sammlung des Clubs. Er ist nur bei Ausstellungen geöffnet.

❾ The Players

18 Gramercy Pk S. **Stadtplan** 9 A5. **Karte** E7. ☎ 1-212-475-6116. Ⓜ 23rd St. ⬤ nur Gruppen nach Voranmeldung. 🌐 theplayersnyc.org

Das hübsche »Brownstone« war das Zuhause des Schauspielers Edwin Booth, Bruder des Lincoln-Mörders John Wilkes Booth. 1888 verwandelte der Architekt Stanford White den Bau in einen Club. Obwohl dieser für Schauspieler gedacht war, gehörten zu seinen Mitgliedern auch White selbst, Mark Twain, der Verleger Thomas Nast sowie Winston Churchill, dessen Mutter nahebei geboren wurde. Auf der anderen Straßenseite steht eine Statue von Edwin Booth als Hamlet.

❿ Gramercy Park

Stadtplan 9 A4. **Karte** E7. Ⓜ 23rd St, 14th St-Union Sq.

Neben Union, Stuyvesant und Madison Square ist der Gramercy Park einer von vier Plätzen, die um 1840 betuchte Anwohner anlocken sollten. Es handelt sich um den einzigen Privatpark der Stadt, die Anwohner erhalten noch immer eigene Schlüssel für ihn.

Durch das Gitter an seiner südöstlichen Ecke kann man Greg Wyatts Brunnen mit den Giraffen sehen, die sich um eine lächelnde Sonne ranken. Die umliegenden Gebäude wurden von einigen der berühmtesten Architekten der Stadt entworfen, u.a. auch von Stanford White, dessen Haus an der Stelle des heutigen Gramercy Park Hotel stand. Nr. 3 und Nr. 4 haben elegante Gusseisen-Tore und Vorbauten. Die Laternen vor Nr. 4 kennzeichnen das Haus des früheren Bürgermeisters James Harper. Nr. 34 (1883) war Heimstatt des Bildhauers Daniel Chester French, des Schauspielers James Cagney und des Zirkusimpresarios John Ringling, der eine riesige Orgel in seine Wohnung bauen ließ.

Hausfassade des Block Beautiful in der East 19th Street

⓫ Block Beautiful

E 19th St. **Stadtplan** 9 A5. **Karte** E7. Ⓜ 14th St-Union Sq, 23rd St.

Der beschauliche, von Bäumen gesäumte Block von Wohnhäusern stammt aus den 1920er Jahren. Kein Haus ist für sich etwas Besonderes, doch zusammen bilden sie ein harmonisches Ganzes. In Nr. 132 wohnten zwei berühmte Mieter aus der Theaterwelt: Theda Bara, Stummfilmstar und Hollywoods erstes Sexsymbol, sowie die Shakespeare-Schauspielerin Mrs. Patrick Campbell, die Vorbild für die Rolle der Eliza Doolittle in George Bernard Shaws *Pygmalion* (1914) war. Die Anbindestangen für Pferde vor Nr. 141 und das Giraffenrelief von Nr. 147–149 sind nur zwei der vielen sehenswerten Details.

Greg Wyatts Brunnen mit Sonne und Giraffen im Gramercy Park

⓬ Eataly

200 Fifth Ave. **Stadtplan** 8 F4. **Karte** D7. 📞 1-212-229-2560. Ⓜ Astor Place, 8th St. ⏱ tägl. 9–23 Uhr. 🌐 eataly.com

Promikoch Mario Batali eröffnete 2010 den Delikatessenmarkt mit Essenstheken und Restaurants – er ist noch immer sehr populär. Eataly bietet eine große Auswahl an italienischen Weinen, Käsesorten, Broten, Seafood sowie Wurst- und Fleischwaren. Highlights sind der Stand mit italienischem Eis, die Nutella Bar und das Caffè Vergnano, eine Espressobar. La Piazza ist eine *enoteca*, die Wein und Antipasti anbietet.

Auf dem Dach serviert La Birreria, ein hübscher Biergarten unter einem Schiebedach, das im Sommer zurückgezogen wird, hausgemachte Würste und Biere aus Bologna. Batali betreibt mittlerweile mehrere Eataly-Filialen weltweit – lebt aber nach wie vor in Greenwich Village.

⓭ Stuyvesant Square

Stadtplan 9 B5. **Karte** F7–8. Ⓜ 3rd Ave, 1st Ave.

Der von der Second Avenue durchschnittene Park war im 17. Jahrhundert Teil von Peter Stuyvesants Farm. Stuyvesant verkaufte das Land zum symbolischen Preis von fünf Dollar an die Stadt (zur Freude der Anrainer, da die Immobilienpreise anzogen). Eine Statue Stuyvesants von Gertrude Vanderbilt Whitney steht im Park, ebenso eine Statue des tschechischen Komponisten Antonin Dvořák, der in den 1890er Jahren hier lebte.

⓮ Con Edison Building

145 E 14th St. **Stadtplan** 9 A5. **Karte** E8. Ⓜ 3rd Ave, 14th St-Union Sq. ⬤ für Besucher.

Der Uhrturm des Gebäudes von 1929 ist ein Wahrzeichen der Gegend. Entworfen wurde das Hochhaus 1910 vom Ar-

Die Türme von Con Edison (rechts), Metropolitan Life und Empire State

chitekten Henry Hardenbergh, der auch für das Dakota *(siehe S. 212)* und das Plaza *(siehe S. 177)* verantwortlich war. Der 25-stöckige Turm wurde von Warren & Wetmore errichtet, die auch den Grand Central Terminal gestalteten.

Nahe der Turmspitze wurde eine 1,60 Meter hohe Bronzelaterne aufgestellt zur Erinnerung an die im Ersten Weltkrieg gefallenen Arbeiter und Angestellten von Con Edison.

Der Bau ist zwar nicht so hoch wie das nahe gelegene Empire State Building – angestrahlt wirkt das Gebäude bei Nacht jedoch keineswegs weniger imposant.

Markttag auf dem Union Square

⓯ Union Square

Stadtplan 9 A5. **Karte** E7–8. Ⓜ 14th St-Union Sq. **Bauernmarkt** ⏱ Mo, Mi, Fr, Sa 8–18 Uhr.

Der 1839 eröffnete Park verband die Bloomingdale Road (jetzt Broadway) mit der Bowery Road (Fourth oder Park Avenue), daher der Name. Heute ist er ein einladender Platz, der vor allem wegen des großen Markts mit saisonalen Produkten bekannt ist. Zwei der Statuen des Platzes sind George Washington und Lafayette von Bartholdi. Der Platz wird von Lokalen, Gourmet-Supermärkten und Kaufhäusern flankiert. In der Nähe steht das Decker Building, hier war ab 1968 das Studio Andy Warhols. Das Union Square Theatre, einst Hauptquartier der Demokraten, ist ein weiteres Wahrzeichen.

⓰ The Little Church Around the Corner

1 E 29th St. **Stadtplan** 8 F3. **Karte** E6. 📞 1-212-684-6770. Ⓜ 28th St. ⏱ tägl. 8.30–18 Uhr. ✝ Mo-Fr 12.10, So 8.30, 11 Uhr. ♿ 🎵 So nach 11-Uhr-Gottesdienst. **Konzerte, Lesungen.** 🌐 littlechurch.org

Die Episcopal Church of the Transfiguration wurde 1849–56 erbaut. Als Joseph Jefferson die Beerdigung seines Schauspielerkollegen George Holland organisieren wollte, weigerte sich der Pfarrer, eine Person mit diesem »anrüchigen« Beruf zu bestatten, und schlug stattdessen »die kleine Kirche um die Ecke« vor. Der Name blieb, die Verbindung der Kirche zum Theater auch.

Im südlichen Querschiff zeigt ein Fenster von John LaFarge Edwin Booth als Hamlet. Jeffersons Ausruf »Gott segne die kleine Kirche um die Ecke« ist auf einem Fenster im Südschiff verewigt.

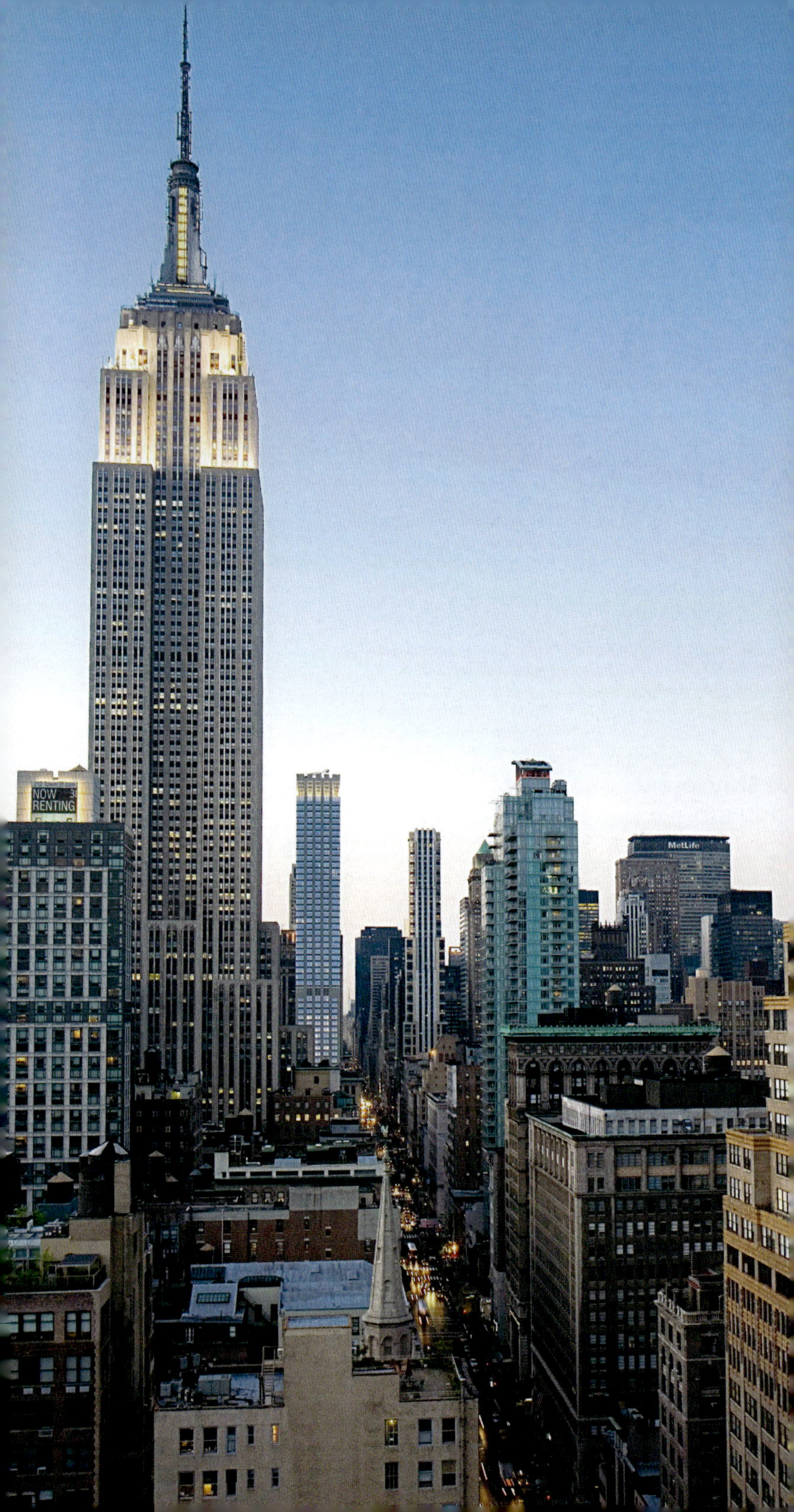
NOW RENTING
MetLife

Chelsea und Garment District

Das Areal, das früher Ackerland war, begann in den 1830er Jahren städtische Gestalt anzunehmen. Dies war großteils Clement Clarke Moore, dem Verfasser von *'Twas the Night Before Christmas*, zu verdanken, dessen Besitzungen auf dem Gebiet lagen, das heute Chelsea ist. Auf seinem Land wurden Wohnblocks und die Hochbahn errichtet. Nach einer längeren Phase als »Glasscherbenviertel« entwickelte sich Chelsea im 20. Jahrhundert zum modernen Stadtteil. Mit der Eröffnung von Macy's am Herald Square blühte die Textilbranche auf. Anfang der 1980er Jahre zogen Trendsetter und Schwule ins Viertel, dann folgten Galeristen. Die Umwandlung der High Line in eine grüne Oase löste einen Gentrifizierungsschub aus. Die alten Bauten wurden in Eigentumswohnungen und teure Stadthäuser sowie Edelrestaurants und Luxusläden umgewandelt.

Sehenswürdigkeiten auf einen Blick

Historische Straßen und Gebäude
- ❷ Empire State Building S. 132f
- ❼ James A. Farley Post Office Building
- ⓫ Chelsea Art Galleries
- ⓬ General Theological Seminary
- ⓭ Chelsea Historic District
- ⓯ Hugh O'Neill Dry Goods Store

Museum
- ❽ Rubin Museum of Art

Kirchen
- ❶ Marble Collegiate Reformed Church
- ❺ St. John the Baptist Church

Moderne Architektur
- ❻ Madison Square Garden
- ❿ Chelsea Piers Complex

Parks und Plätze
- ❸ Herald Square
- ❾ High Line

Markt
- ⓮ Chelsea Market

Berühmtes Kaufhaus
- ❹ Macy's

Restaurants siehe S. 299–302
1. Bottino
2. Buddakan
3. Hill Country
4. Morimoto
5. The Red Cat
6. Tia Pol
7. Trestle on Tenth

Stadtplan 7, 8

◀ Das ikonische Empire State Building *(siehe S. 132f)*

Zeichenerklärung *siehe hintere Umschlagklappe*

Im Detail: Herald Square

Der Herald Square ist nach der Zeitung *New York Herald* benannt, die hier von 1894 bis 1921 ihre Büros hatte. Die heutige Shopping-Gegend war Ende des 19. Jahrhunderts ein anrüchiges Viertel mit Varietés und Bordellen, abfällig »Tenderloin District« genannt. Als 1901 Macy's eröffnet wurde, verschob sich der Fokus zur Mode. Der Garment District umfasst heute die Straßen um Macy's und die Seventh Avenue, die »Fashion Avenue«. An der Fifth Avenue steht das Empire State Building, das mit den besten Rundblick auf Manhattan bietet.

Manhattan Mall war früher Standort von Gimbel's. Noch heute sind hier Dutzende Läden, darunter J. C. Penney.

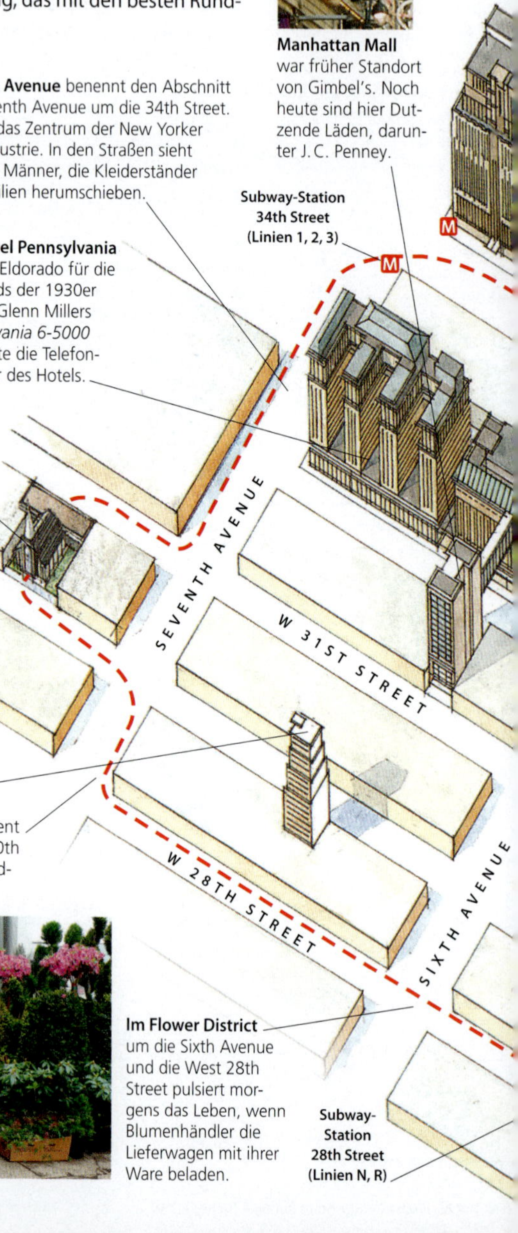

Fashion Avenue benennt den Abschnitt der Seventh Avenue um die 34th Street. Hier ist das Zentrum der New Yorker Textilindustrie. In den Straßen sieht man oft Männer, die Kleiderständer mit Textilien herumschieben.

Subway-Station 34th Street (Linien 1, 2, 3)

Das Hotel Pennsylvania war ein Eldorado für die Big Bands der 1930er Jahre – Glenn Millers *Pennsylvania 6-5000* verewigte die Telefonnummer des Hotels.

❺ St. John the Baptist Church Die mit weißem Marmor ausgekleidete Kirche birgt einen schönen Kreuzweg.

Das SJM Building, 130 West 30th Street, ist außen mit mesopotamisch anmutenden Friesen versehen.

Im Fur District im Süden des Garment District, zwischen West 27th und 30th Street, gehen Kürschner ihrem Handwerk nach.

Im Flower District um die Sixth Avenue und die West 28th Street pulsiert morgens das Leben, wenn Blumenhändler die Lieferwagen mit ihrer Ware beladen.

Subway-Station 28th Street (Linien N, R)

HERALD SQUARE | 129

❹ ★ Macy's
Es ist eines der größten Kaufhäuser der Welt und hat für jeden das Richtige.

Subway-Station 34th Street (Linien B, D, F, N, M, Q, R)

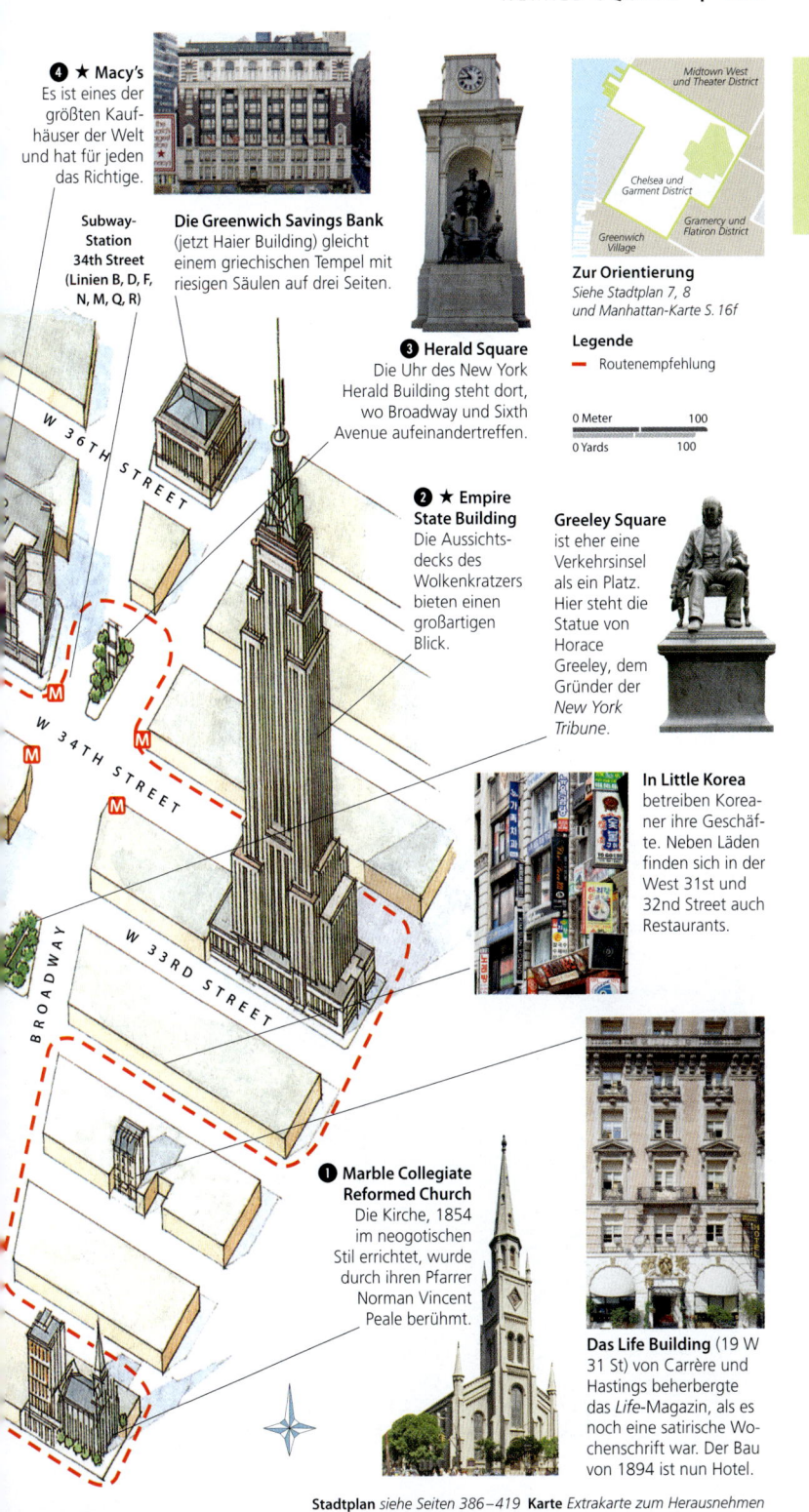

Die Greenwich Savings Bank (jetzt Haier Building) gleicht einem griechischen Tempel mit riesigen Säulen auf drei Seiten.

❸ Herald Square
Die Uhr des New York Herald Building steht dort, wo Broadway und Sixth Avenue aufeinandertreffen.

❷ ★ Empire State Building
Die Aussichtsdecks des Wolkenkratzers bieten einen großartigen Blick.

Zur Orientierung
Siehe Stadtplan 7, 8 und Manhattan-Karte S. 16f

Legende
— Routenempfehlung

0 Meter 100
0 Yards 100

Greeley Square ist eher eine Verkehrsinsel als ein Platz. Hier steht die Statue von Horace Greeley, dem Gründer der *New York Tribune*.

In Little Korea betreiben Koreaner ihre Geschäfte. Neben Läden finden sich in der West 31st und 32nd Street auch Restaurants.

❶ Marble Collegiate Reformed Church
Die Kirche, 1854 im neogotischen Stil errichtet, wurde durch ihren Pfarrer Norman Vincent Peale berühmt.

Das Life Building (19 W 31 St) von Carrère und Hastings beherbergte das *Life*-Magazin, als es noch eine satirische Wochenschrift war. Der Bau von 1894 ist nun Hotel.

Stadtplan *siehe Seiten 386–419* **Karte** *Extrakarte zum Herausnehmen*

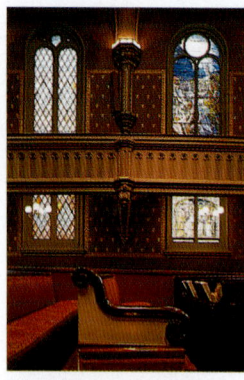

Tiffany-Bleiglasfenster, Marble Collegiate Reformed Church

❶ Marble Collegiate Reformed Church

1 W 29th St. **Stadtplan** 8 F3. **Karte** D6. 1-212-686-2770. 28th St. Mo–Fr 8.30–20.30, Sa 9–16, So 8–15 Uhr. Feiertage. So 11.15 Uhr. während Gottesdienst. **Sanktuarium** 3 W 29th St. Mo–Fr 10–12, 14–16 Uhr. **marblechurch.org**

Die Kirche wurde durch ihren früheren Pfarrer Norman Vincent Peale, Autor von *Die Wirksamkeit positiven Denkens*, bekannt. Ein anderer »positiver Denker«, der spätere Präsident der USA, Richard M. Nixon, ging hier zur Messe, als er noch Rechtsanwalt war.

Die Kirche von 1854 weist viel Marmor auf – daher ihr Name. Damals war die Fifth Avenue noch eine staubige Landstraße, das Gusseisen-Gitter um die Kirche diente dazu, das Vieh fernzuhalten.

Die Originalwände wurden durch ein goldenes *Fleur-de-lys*-Schablonendesign auf rostfarbenem Hintergrund ersetzt. Zwei Tiffany-Fenster mit Szenen aus dem Alten Testament wurden 1900/01 eingesetzt.

❷ Empire State Building

Siehe S. 132f.

❸ Herald Square

6th Ave. **Stadtplan** 8 E2. **Karte** D5. 34th St-Penn Station. Siehe **Shopping** S. 314.

Der Platz ist nach dem *New York Herald* benannt, der hier von 1894 bis 1921 in einem eleganten Gebäude von Stanford White seinen Sitz hatte. Hier war von 1870 bis 1890 das Zentrum des anrüchigen Tenderloin District. Theater wie das Manhattan Opera House, Tanzlokale, Hotels und Restaurants füllten den Bezirk mit Leben, bis die Stadtplaner in den 1890er Jahren das Viertel umgestalteten. Die verzierte Bennett-Uhr, die nach dem *Herald*-Verleger James Gordon Bennett Jr. benannt wurde, ist alles, was vom Herald Building geblieben ist.

Das Opernhaus wurde 1901 abgerissen, um zunächst für Macy's, später für Ladenketten Platz zu machen. Am Platz stand auch das Kaufhaus der Brüder Gimbel, der einstigen Erzrivalen von Macy's. (Eine Darstellung der Rivalität bietet der Weihnachtsfilm *A Miracle on 34th Street*.) 1988 wurde das Kaufhaus in eine Shopping-Galerie mit Neonfront verwandelt.

Viele alte Namen sind verschwunden, doch der Herald Square ist immer noch ein beliebtes Shopping-Viertel.

❹ Macy's

151 W 34th St. **Stadtplan** 8 E2. **Karte** D5. 1-212-695-4400. 34th St-Penn Station. Mo–Sa 10–22, So 11–21 Uhr. Feiertage. Siehe **Shopping** S. 313. **macys.com**

Das »größte Kaufhaus der Welt« erstreckt sich über einen ganzen Block. Alle nur denkbaren Artikel werden hier angeboten. Macy's wurde vom ehemaligen Walfänger Rowland Hussey Macy gegründet, der 1858 in der West 14th Street einen Laden eröffnete. Sein Logo, ein roter Stern, stammt von einer Tätowierung aus Macys Seefahrertagen.

Als Macy 1877 starb, war sein kleiner Laden auf elf Gebäude angewachsen. Macy's expandierte weiter und bezog 1902 seine heutige Adresse mit etwa 186 000 Quadratmetern Einkaufsfläche. Die Ostfassade hat zwar einen neuen Eingang, weist aber noch im-

Die Fassade von Macy's an der 34th Street

CHELSEA UND GARMENT DISTRICT | 131

Hauptschiff der St. John the Baptist Church

mer die Erkerfenster und korinthischen Säulen von 1902 auf. An der Fassade sieht man originale Karyatiden. Zusammen mit der Uhr, dem Baldachin und Schriftzug sind im Inneren einige der ursprünglichen Fahrstühle erhalten, die noch heute in Betrieb sind.

Das Meer spielte in Macy's Geschichte noch einmal eine besondere Rolle: Der Teilhaber Isidor Straus kam 1912 zusammen mit seiner Frau beim Untergang der Titanic ums Leben.

Macy's sponsert die New Yorker Thanksgiving Parade *(siehe S. 54)* und das Feuerwerk am 4. Juli *(siehe S. 53)*. Die Frühlings-Blumenschau des Kaufhauses zieht jedes Jahr Tausende von Besuchern an.

❺ St. John the Baptist Church

210 W 31st St. **Stadtplan** 8 E3. **Karte** CD6. ☎ 1-212-564-9070. Ⓜ 34th St-Penn Station. ○ tägl. 6.15–18 Uhr. ✝ tägl. 8.45, 10.30, 17.15 Uhr. ♿

Die kleine katholische Kirche, 1840 von einer Immigrantengemeinde gegründet, wirkt im Herzen des Fur District fast verloren. Die Sandsteinfassade ist zur 30th Street hin verschmutzt, dahinter jedoch verbirgt sich manche Kostbarkeit. Der Eingang an der 31st Street führt durch ein modernes Mönchskloster.

Das Heiligtum von Napoleon Le Brun ist ein Wunderwerk mit Bogen aus weißem Marmor und goldenen Kapitellen, bemalten Reliefs mit religiösen Szenen und Bleiglasfenstern. Vor dem Kloster liegt der Gebetsgarten, eine kleine grüne Oase mit Statuen, Brunnen und Steinbänken.

❻ Madison Square Garden

4 Pennsylvania Plaza. **Stadtplan** 8 D2. **Karte** C5–6. ☎ 1-212-465-6000. Ⓜ 34th St-Penn Station. ○ tägl., außer zu Veranstaltungen. Siehe **Unterhaltung** S. 346. 🌐 thegarden.com

Der Abriss der Pennsylvania Station von McKim, Mead & White zugunsten dieses einfallslosen Komplexes von 1968 hatte nur einen einzigen positiven Effekt: Er brachte Denkmalpfleger so in Rage, dass sie sich zusammenschlossen, um Derartiges in Zukunft zu verhindern.

Der Madison Square Garden, der über der Pennsylvania Station liegt, ist ein Betonzylinder, der mit 20 000 Plätzen seine Funktion als zentral gelegene Spielstätte der New York Knicks (Basketball), Liberty (Frauen-Basketball) und der New York Rangers (Eishockey) erfüllt. In der Mehrzweckarena finden weitere Events statt: Rockkonzerte, Tennis-, Box- und Ringkämpfe, Antiquitätenausstellungen, die Westminster Kennel Club Dog Show u. ä.. Es gibt auch ein Theater mit 2000 bis 5600 Sitzen.

Trotz einer umfangreichen Renovierung hat der Madison Square Garden bei Weitem nicht die Ausstrahlung des Baus von Stanford White am alten Standort, wo in faszinierender Architektur extravagante Unterhaltung geboten wurde *(siehe S. 122)*.

Das riesige Innere des Madison Square Garden

❼ James A. Farley Post Office Building

421 8th Ave. **Stadtplan** 8 D2. **Karte** C5–6. ☎ 1-800 ASK-USPS. Ⓜ 34th St-Penn Station. ○ Mo–Fr 7–22, Sa 9–21, So 11–19 Uhr. Siehe auch **Praktische Hinweise** S. 371.

Das Postamt wurde 1913 von McKim, Mead & White als Gegenstück zur gegenüberliegenden Pennsylvania Station (1910) entworfen – ein Musterbeispiel eines öffentlichen Gebäudes im Beaux-Arts-Stil. Eine breite Treppe führt zu der mit 20 korinthischen Säulen geschmückten Fassade mit einem Pavillon an jedem Ende.

Die 85 Meter lange Inschrift berichtet, frei nach Herodot, vom Postdienst des Persischen Reichs um das Jahr 520 v. Chr.: »Weder Schnee noch Regen noch Hitze noch die Düsternis der Nacht hindern diese Kuriere an der raschen Erledigung ihres Auftrags.«

Die korinthische Säulenreihe des James A. Farley Post Office Building

Stadtplan *siehe Seiten 386–419* **Karte** *Extrakarte zum Herausnehmen*

❷ Empire State Building

Das Empire State Building ist einer der höchsten Wolkenkratzer der USA und ein Wahrzeichen der Stadt. Die Bauarbeiten begannen im März 1930, nur kurze Zeit nach dem Börsenkrach an der Wall Street. Als der Bau 1931 eröffnet wurde, waren die Räumlichkeiten so schwer zu vermieten, dass er den Spitznamen »The Empty State Building« erhielt. Nur die Beliebtheit der Aussichtsplattformen (jedes Jahr über 3,5 Millionen Besucher) bewahrten das Gebäude vor dem Bankrott.

Symbole der Moderne sind auf den bronzenen Art-déco-Medaillons in der Eingangshalle dargestellt.

Konstruktion
Das Gebäude wurde so einfach und schnell wie möglich errichtet. Viele Teile wurden vorgefertigt und vor Ort verarbeitet – so entstanden pro Woche vier Etagen.

Empire State Building

Fakten und Zahlen

① **Über 200 Stahl- und Betonpfeiler** tragen das 365 000 Tonnen schwere Bauwerk.

② **Neun Minuten** und 33 Sekunden beträgt der 2003 aufgestellte Rekord für die 1576 Stufen von der Lobby zur Aussichtsplattform (86. Etage) beim jährlichen Empire State Building Run-Up.

③ **In den Hohlräumen** verlaufen Kabel und Rohre.

④ **Zehn Millionen Ziegel** wurden für die Fassade verbaut.

⑤ **Verkleidungen aus Aluminium** statt aus Stein wurden zwischen den 6514 Fenstern verwendet.

⑥ **Das Gerüst** wurde in 23 Wochen aus 60 000 Tonnen Stahl errichtet.

⑦ **Hochgeschwindigkeitsaufzüge** legen 305 Meter pro Minute zurück.

⑧ **Die farbige Beleuchtung** der oberen 30 Stockwerke greift saisonale Ereignisse auf.

⑨ **Das Empire State Building** war 86 Etagen hoch geplant, doch dann kam ein Anlegemast (46 m) für Zeppeline hinzu. Über den heute 62 Meter hohen Mast werden TV- und Rundfunkprogramme in die Stadt und in vier Staaten übertragen.

⑩ **Aussichtsplattform 102. Stock**

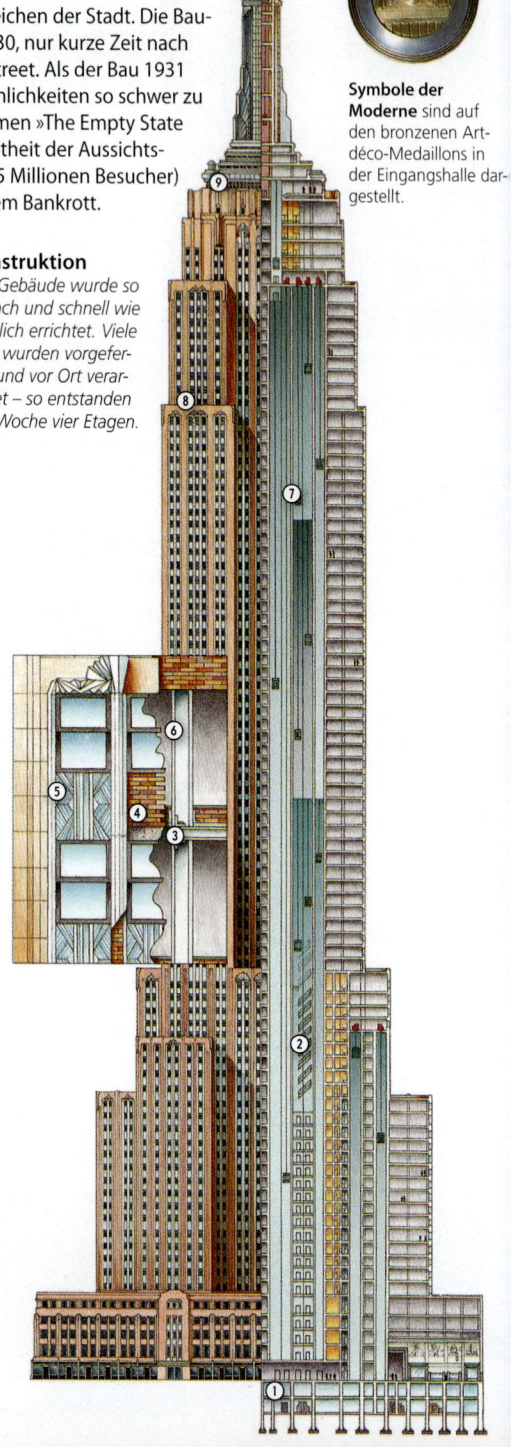

EMPIRE STATE BUILDING | 133

Infobox

Information
350 5th Ave. **Stadtplan** 8 F2.
Karte DE5. 1-212-736-3100.
Aussichtsplattformen tägl.
8–2 Uhr (letzter Lift 1.15 Uhr;
1. Jan, 24., 31. Dez: kürzere Zeiten; Sicherheits-Checks).
esbnyc.com

Anfahrt
A, B, C, D, E, F, N, Q, R, 1, 2, 3 bis 34th St. M1–5, M16, M34, Q32.

★ Blick von den Aussichtsplattformen
Von der Terrasse im 86. Stock (320 m) hat man einen fantastischen Blick über Manhattan. Vom 381 Meter hohen inneren Aussichtsdeck im 102. Stock (zusätzliche Gebühr, Ticket im Visitors' Center im 1. OG) kann man an klaren Tagen über 120 Kilometer weit sehen.

Über dem Abgrund
Je mehr das Gebäude Gestalt annahm, desto größer wurden die Anforderungen an die Arbeiter. Hier hängt einer ungesichert am Kranhaken. Das Chrysler Building im Hintergrund wirkt geradezu klein.

Blitzschlag
Das Empire State wirkt wie ein Blitzableiter, der bis zu 100 Mal pro Jahr getroffen wird. Die Aussichtsplattform ist auch bei schlechtem Wetter geöffnet.

Rangordnung
Die New Yorker sind zu Recht stolz auf das Symbol ihrer Stadt, das die Wahrzeichen anderer Kulturen an Höhe übertrumpft.

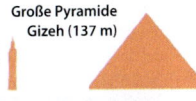

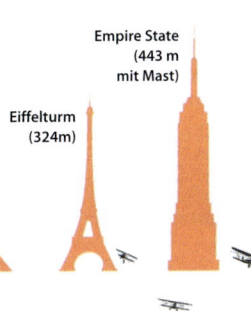

Big Ben (96 m)
Große Pyramide Gizeh (137 m)
Eiffelturm (324 m)
Empire State (443 m mit Mast)

★ Eingangslobby an der Fifth Avenue
Ein Reliefbild des Wolkenkratzers befindet sich in der Marmorlobby auf einer Karte des Staates New York.

Begegnungen am Himmel
Das Empire State Building war in vielen Filmen zu sehen. In der berühmten Schlussszene von *King Kong* (1933, 1976 und 2005) steht der Riesenaffe auf dem Gebäude und kämpft gegen Armeeflugzeuge. 1945 flog ein Flugzeug im Nebel zu tief über Manhattan und rammte den Bau oberhalb des 78. Stocks. Am meisten Glück hatte ein Liftgirl, das mit dem Aufzug 79 Stockwerke in die Tiefe raste. Die Notbremsen retteten sie.

Stadtplan *siehe Seiten 386–419* **Karte** *Extrakarte zum Herausnehmen*

⑧ Rubin Museum of Art

150 W 17th St. **Stadtplan** 8 E5. **Karte** D7. 1-212-620-5000. 14th St, 18th St. Mo, Do 11–17, Mi 11–21, Fr 11–22, Sa, So 11–18 Uhr. rubinmuseum.org

Das Museum gehört zu den weniger bekannten Schatzkästchen der Stadt. Es besitzt über 2000 Bilder, Skulpturen und Textilien aus der Himalayaregion, Tibet, Indien und Nachbarstaaten. Ein Raum zeigt einen tibetischen Schrein, die zugehörigen Exponate zum tibetischen Buddhismus wechseln alle zwei Jahre.

Das Haus beherbergt auch Sonderausstellungen und bietet Konzerte, Diskussionen und Filmvorführungen. Das Café Serai im Erdgeschoss serviert Essen aus dem Himalaya.

⑨ High Line

Zugang Gansevoort St, 14th St, 16th St, 18th St u. alle 2 bis 3 Blocks bis zur 34th St. **Stadtplan** 3 B1. **Karte** B5–8. 1-212-500-6035. 23rd St; 14th St (Linien A, C, E); 8th Ave L; Christopher St/Sheridan Sq. tägl. 7–23 Uhr (Winter: bis 19 Uhr). thehighline.org

Das ambitionierte Projekt, das Midtown, Chelsea und den Meatpacking District verbindet, entstand aufgrund einer Bürgerinitiative. Die von 1929 bis 1934 errichtete Hochbahn lag mehrere Jahre brach. 1999 gründeten zwei Anwohner die Organisation »Friends of the High Line«, um einen Abriss der Anlage zu verhindern.

Das Areal erstreckt sich von der Gansevoort Street bis zur 34th Street und trug zur Gentrifizierung der Umgebung bei. Die begrünte Promenade liegt neun Meter hoch und bietet auf der Strecke hübsche Bepflanzung und schöne Ausblicke. Ab und an stößt man auf Kunst sowie Essensstände. Zwischen 14th und 15th Street gibt es ein kleines Wasserspiel, bei der Überquerung der 10th Avenue findet sich eine Art kleines Amphitheater.

Die High Line verbindet Chelsea, Midtown und Meatpacking District

⑩ Chelsea Piers Complex

11th Ave (17th bis 23rd St). **Stadtplan** 7 B5. **Karte** B7. 1-212-336-6666. 14th St, 18th St, 23rd St. M14, M23. tägl. chelseapiers.com

Die Chelsea Piers wurden 1995 als großflächiges Sport- und Vergnügungszentrum wiedereröffnet. Besucher der Anlage können sich hier sportlich betätigen (u. a. Rollschuh laufen, klettern, Golf spielen) und Fernseh- und Filmproduktionsbühnen besichtigen.

⑪ Chelsea Art Galleries

Zwischen W 19th St u. W 27th St sowie 10th Av. 11th Ave. **Stadtplan** 7 C4. **Karte** B6–7. 23rd St. in der Regel Di–Sa 10–18 Uhr. nygallerytours.com

Galeristen haben das kulturelle Leben des Viertels deutlich bereichert. In den 1990er Jahren wurden sie vor allem von den günstigen Mieten angezogen. Es gibt etwa 150 bis 200 Galerien und Ausstellungsorte für alle möglichen Kunstformen. Zu den gefragtesten gehören P.P.O.W. und David Zwirner. Kommen Sie lieber unter der Woche, am Samstag herrscht hier häufig großer Andrang.

⑫ General Theological Seminary

440 W 21st St. **Stadtplan** 7 C4. **Karte** C7. 1-212-243-5150. 23rd St. Mo–Fr 10–15 Uhr. Mo, Mi–Fr 11.45, Di, So 18 Uhr. gts.edu

Auf dem 1817 gegründeten Campus werden 150 Studenten auf das Priesteramt vorbereitet. Clement Clarke Moore, ein renommierter Professor für

Blick über den Chelsea Piers Complex

Notenschrift (15. Jh.) aus der Sammlung des Seminars

orientalische Sprachen, stiftete das Grundstück. Der älteste Bau stammt von 1836, der modernste, die St. Mark's Library, von 1960. Die Bibliothek besitzt die weltweit größte Sammlung lateinischer Bibeln.

Der Zugang zum Campus befindet sich in der Ninth Avenue. Die Anlage hat die Form zweier Vierecke und erinnert an die Höfe englischer Kathedralen. Zur Zeit der Frühlingsblüte zeigt sich der Garten von seiner hübschesten Seite.

Haus in der Cushman Row

⓭ Chelsea Historic District

W 20th St von 9th bis 10th Ave. **Stadtplan** 8 C5. **Karte** C7. Ⓜ 18th St. 🚌 M11.

Clement Clarke Moore ist als Autor von *A Visit from St. Nicholas* bekannter denn als Städteplaner. 1830 teilte er sein Grundstück in Parzellen auf und ließ darauf Reihenhäuser bauen. Dank sorgfältiger Restaurierung wurden viele Originalbauten erhalten.

Die sieben schönsten werden Cushman Row (406–418 West 20th Street) genannt. Sie wurden 1839/40 für den Kaufmann Don Alonzo Cushman gebaut, der auch die Greenwich Savings Bank gründete. Er trug mit Moore und James N. Wells zum Ausbau Chelseas bei. Mit ihrem Detailreichtum und den Schmiedeeisenarbeiten gelten die Cushman Row und der Washington Square North als Musterbeispiele klassizistischer Architektur. Beachtenswert sind die gusseisernen Dekors an den Mansardenfenstern und die Ananasfrüchte auf den Treppensäulen von zwei der Häuser – alte Symbole der Gastfreundschaft. Weiter oben in der West 20th Street (Nr. 446–450) entdeckt man Beispiele für den italienischen Stil, der zum Markenzeichen Chelseas geworden ist. Die gemauerten Fensterbogen und die fächerförmigen Oberlichter zeugen vom Reichtum der Besitzer.

⓮ Chelsea Market

75 9th Ave (zwischen 15th u.16th St). **Stadtplan** 7 C5. **Karte** C8. Ⓜ 14th St. 🕐 Mo–Sa 7–21, So 8–20 Uhr. 🌐 chelseamarket.com

Der Chelsea Market umfasst eine Shopping Mall mit zahlreichen Restaurants und Imbisslokalen. Kaum anderswo in New York hat man eine ähnlich große Auswahl an kulinarischen Spots, in denen man Spezialitäten aus aller Welt in bester Qualität genießen kann.

Bei einem Bummel entdeckt man Delikatessenläden wie etwa das für sein Käsesortiment berühmte Lucy's Whey oder Chelsea Wine Vault, ein Paradies für Weinkenner. Bowery Kitchen Supply führt Küchengeräte

Imbisslokal im entspannten Ambiente des Chelsea Market

jeder Art, auch für Profis. Die Bäckereien gehören zu den besten der Stadt.

⓯ Hugh O'Neill Dry Goods Store

655–671 6th Ave. **Stadtplan** 8 E4. **Karte** D7. Ⓜ 23rd St.

Auch wenn das Geschäft von 1890 nicht mehr existiert, weist die gusseiserne Fassade noch auf das Ausmaß und den Glanz des Unternehmens hin. Es erstreckte sich in dem als Fashion Row bekannten Gebiet entlang der Sixth Avenue von der 18th bis zur 23rd Street.

O'Neill (der Schriftzug ist noch an der Fassade sichtbar) war ein Schausteller und Händler mit einer Flotte von Lieferwagen. Seine Kunden kamen scharenweise mit der nahe gelegenen Sixth-Avenue-Hochbahn. Zwar gab es hier kein so vornehmes Publikum wie auf der Ladies' Mile *(siehe S. 123)*, doch die Masse an Kunden ließ den Dollar rollen, bis der Einzelhandel um 1915 nach Uptown zog. Inzwischen wurden die Gebäude restauriert und in Stores und Eigentumswohnungen umgewandelt.

Giebel von Hugh O'Neill Dry Goods Store

Stadtplan *siehe Seiten 386–419* **Karte** *Extrakarte zum Herausnehmen*

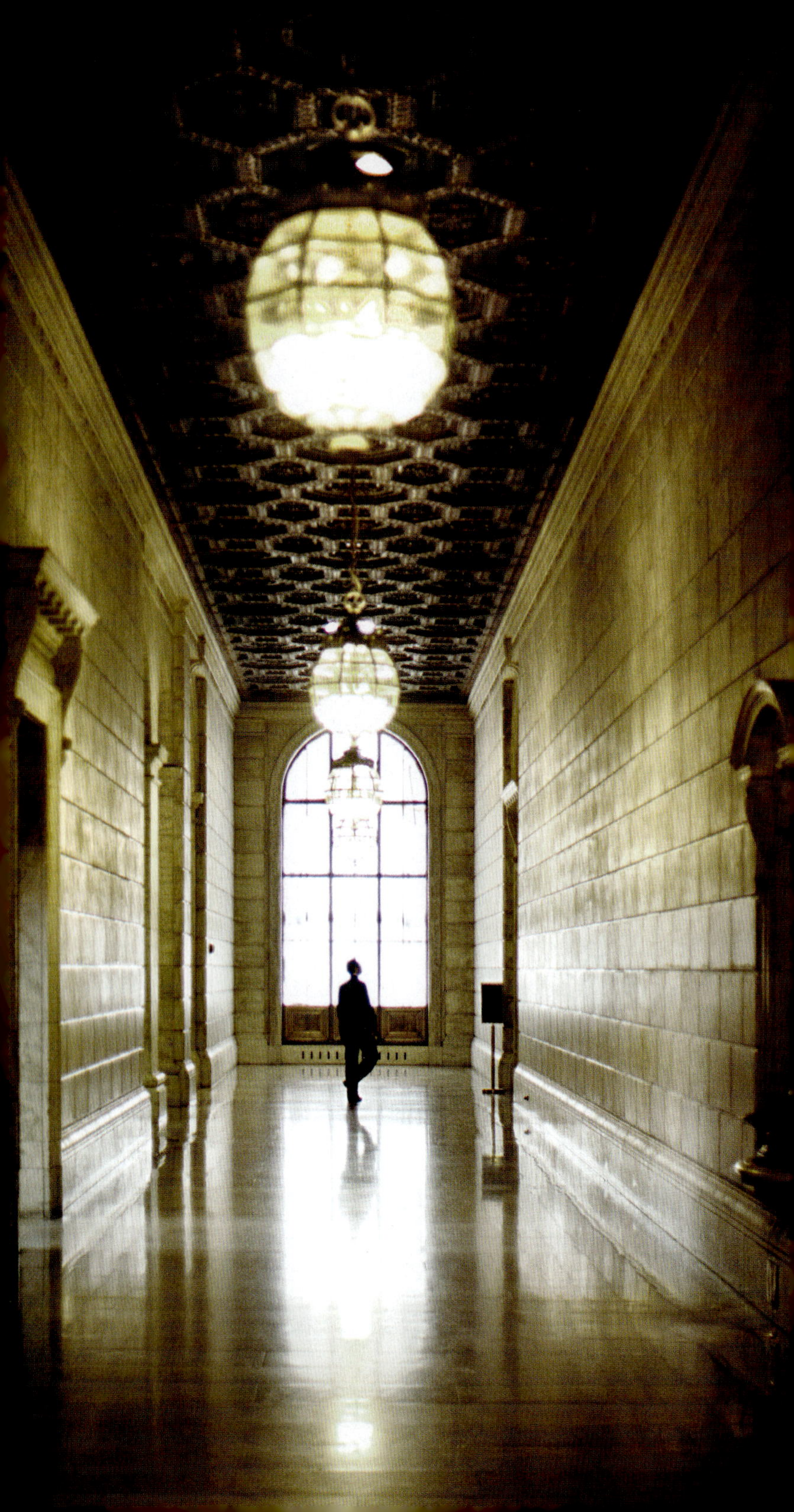

DIE STADTTEILE NEW YORKS | 137

Midtown West und Theater District

Im Herzen von Midtown liegt der Times Square mit seinen riesigen Neonreklamen, auf dem sich die Leute drängen. Der Theater District erstreckt sich nördlich der 42nd Street und bietet eine unglaubliche Dichte an Theatern und Bühnen sowie Restaurants. Sie entstanden allerdings erst, als die Metropolitan-Oper 1883 an den Broadway (Ecke 40th Street) gezogen war. In den 1920er Jahren kam der Neonglanz prächtiger Kinopaläste hinzu. Die Leuchtreklamen wurden größer und greller – bis die Straße »The Great White Way« hieß. Nach dem Zweiten Weltkrieg verlor das Kino an Faszination, dem Glamour folgte der Verfall. Ein Wiederbelebungsprogramm in den 1990er Jahren ließ die Lichter wieder angehen und brachte das Publikum zurück. Inmitten des Trubels gibt es Inseln der Ruhe: z. B. die Public Library. Action und Ruhe zugleich findet man im Rockefeller Center.

Sehenswürdigkeiten auf einen Blick

Historische Straßen und Gebäude
- ❺ Discovery Times Square
- ❽ New York Public Library
- ⓫ McGraw-Hill Building
- ⓬ Paramount Building
- ⓭ Shubert Alley
- ⓱ Alwyn Court Apartments
- ⓴ Hell's Kitchen

Museen und Sammlungen
- ⓲ Intrepid Sea, Air and Space Museum
- ⓳ Museum of Arts and Design

Moderne Architektur
- ❶ Rockefeller Center
- ⓮ 1740 Broadway

Parks und Gärten
- ❻ Bryant Park
- ❾ Times Square

Berühmte Theater
- ❸ Lyceum Theatre
- ❿ New Amsterdam Theatre
- ⓯ New York City Center
- ⓰ Carnegie Hall

Berühmte Hotels und Restaurants
- ❹ Algonquin Hotel
- ❼ Bryant Park Hotel

Berühmtes Areal
- ❷ Diamond District

Stadtplan 7, 8, 11, 12

Restaurants
siehe S. 299–302
1. Aureole
2. Becco
3. Le Bernardin
4. Burger Joint at Le Parker Meridien
5. Carnegie Deli
6. DB Bistro Moderne
7. Esca
8. Estiatorio Milos
9. Joe Allen
10. Marea
11. Marseille
12. Molyvos
13. Norma's
14. Osteria al Doge
15. Quality Meats
16. Russian Tea Room
17. The Sea Grill
18. Taboon
19. Virgil's Real Barbecue

◀ Flur in der New York Public Library *(siehe S. 142)*

Zeichenerklärung *siehe hintere Umschlagklappe*

Im Detail: Times Square

Der Times Square wurde nach dem 1906 eröffneten Turm der *New York Times* benannt. 1899 ließ Oscar Hammerstein das Victoria Theater und das Republic Theater bauen – der Times Square wurde Zentrum des Theaterbezirks. Seit den 1920er Jahren schaffen die Neonreklamen zusammen mit dem Nachrichtenband der *Times* eine spektakuläre Lightshow. In den 1930er Jahren zogen Sexshows in die Theater. Die Wiederaufwertung des Areals begann in den 1990er Jahren. Nun erlebt man hier wieder Broadway-Glamour und Unterhaltung. 2009 wurde ein Teil des Broadway Fußgängerzone.

Das Paramount Hotel wurde von Philippe Starck ausgestattet. Hier nehmen Theaterbesucher und Schauspieler gern einen Drink in der Paramount Bar *(siehe S. 310)*.

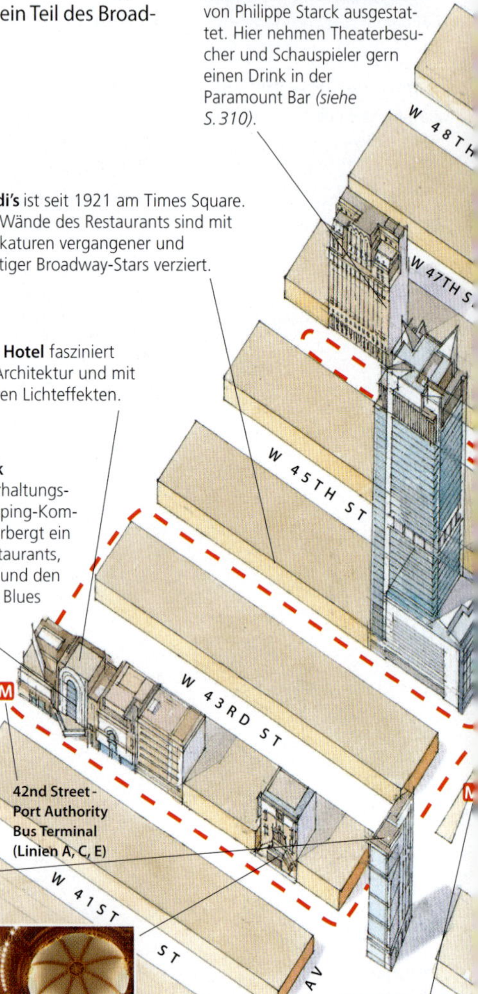

Sardi's ist seit 1921 am Times Square. Die Wände des Restaurants sind mit Karikaturen vergangener und heutiger Broadway-Stars verziert.

Das Westin Hotel fasziniert mit seiner Architektur und mit spektakulären Lichteffekten.

★ E-Walk
Der Unterhaltungs- und Shopping-Komplex beherbergt ein Kino, Restaurants, ein Hotel und den B.B. King Blues Club.

42nd Street - Port Authority Bus Terminal (Linien A, C, E)

Times Square - 42nd Street (Linien N, Q, R, S, 1, 2, 3, 7)

❾ **★ Times Square**
An Silvester wird zum Countdown eine silberne Kristallkugel vom 1 Times Square herabgelassen. Der Platz gehört zu den bekanntesten Ansichten der Welt.

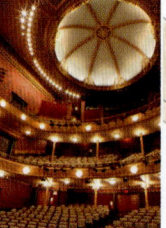

★ New Victory Theater
Das klassische Theater ist nun eine Bühne für Kinder und Familien.

TIMES SQUARE | **139**

Elektronischer Ticker
Das Nachrichtenband von Morgan Stanley besteht aus sieben riesigen LED-Bildschirmen. Die auffällige Anzeigetafel beleuchtet den Times Square Tag und Nacht. Nach einer Stadtverordnung müssen Bürogebäude mit Neonreklame versehen sein.

0 Meter 100
0 Yards 100

Legende
— Routenempfehlung

Zur Orientierung
Siehe Stadtplan 7, 8, 11, 12 und Manhattan-Karte S. 16f

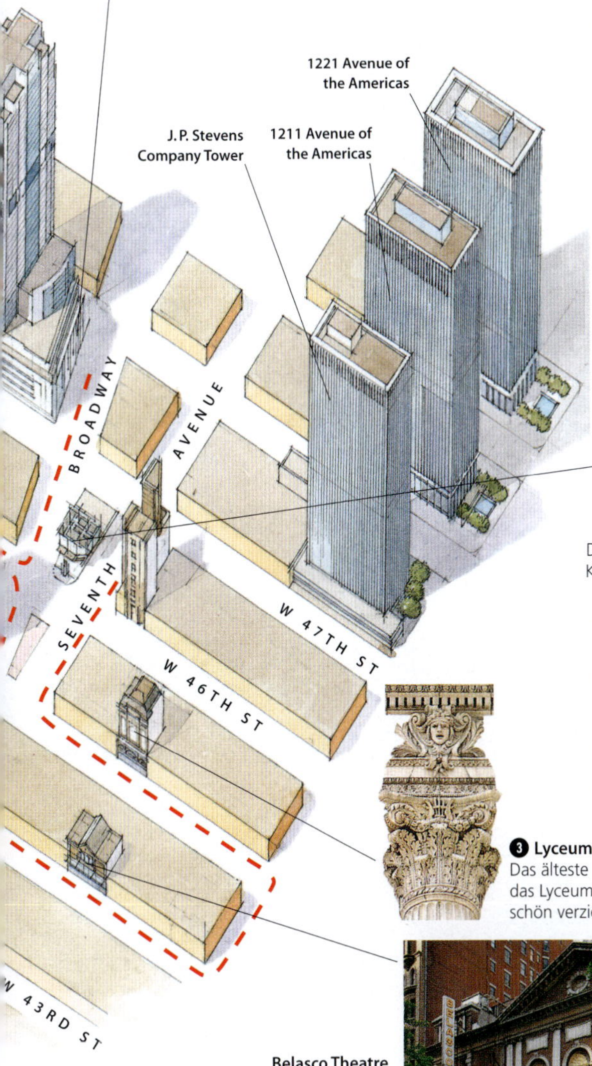

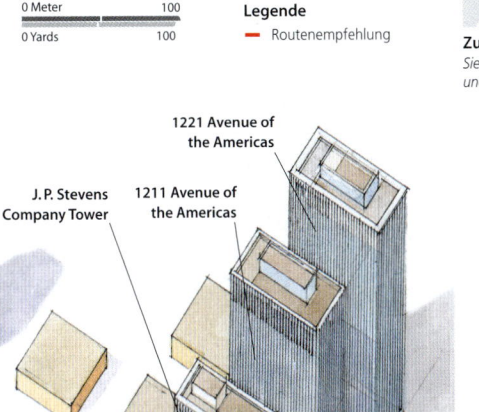

1221 Avenue of the Americas

J. P. Stevens Company Tower

1211 Avenue of the Americas

Duffy Square
Die Statue des Schauspielers, Komponisten und Schriftstellers George M. Cohan, der viele Broadway-Hits schrieb, steht auf dem Platz. Duffy Square ist nach »Fighting« Father Duffy, einem Helden des Ersten Weltkriegs, benannt, der mit einer Statue geehrt wurde. Hier befindet sich auch der **TKTS**-Kiosk (siehe S. 334), der verbilligte Theaterkarten verkauft.

❸ Lyceum Theatre
Das älteste Broadway-Theater, das Lyceum, hat eine wunderschön verzierte Barockfassade.

Belasco Theatre
1907 wurde das Belasco, das modernste Theater seiner Zeit, vom Produzenten David Belasco erbaut. Originales Tiffany-Glas und Everett-Shinn-Gemälde schmücken das Innere. Angeblich soll Belascos Geist in manchen Nächten herumspuken.

Stadtplan *siehe Seiten 386–419* **Karte** *Extrakarte zum Herausnehmen*

Weihnachtsbaum und Eislaufbahn, Rockefeller Plaza

❶ Rockefeller Center

Stadtplan 12 F5. **Karte** D3.
Ⓜ 47th-50th Sts. 📞 1-212-332-6868 (Info). 🅰️🚻🛗📷
🌐 rockefellercenter.com
NBC, Rockefeller Center tägl.
📞 1-212-664-3056 (Voranmeldung).
🌐 nbc.com
Radio City Music Hall tägl. 📞 1-212-247-4777. 🌐 radiocitcom
Top of the Rock tägl. 📞 1-212-698-2000. 📷 🌐 topoftherocknyc.com

Als die New Yorker Denkmalschutzbehörde 1985 das Rockefeller Center zum erhaltenswerten Wahrzeichen erklärte, nannte sie es das »Herz New Yorks ... mit einer ordnungsstiftenden Präsenz im chaotischen Kern Manhattans«.

Es ist der größte Komplex seiner Art in privater Hand. Der Art-déco-Entwurf stammt von einem Team von Spitzenarchitekten unter der Leitung von Raymond Hood. In den Foyers und Gärten sowie an den Fassaden finden sich Werke von 30 Künstlern.

Das Gelände, einst ein botanischer Garten im Besitz der Columbia University, wurde 1928 von John D. Rockefeller Jr. gemietet, als Standort für eine neue Oper. Als die Depression von 1929 die Pläne zunichtemachte, machte Rockefeller weiter. Die 14 Gebäude, die 1931–40 in der Rezession entstanden, boten bis zu 225 000 Menschen Arbeit. Seit 1973 besteht der Komplex aus 19 Gebäuden.

1932 eröffnete die Radio City Music Hall. Ihre Weihnachts- und Ostershows sind bis heute beliebt. Hier befinden sich auch Studios von NBC. Im Winter wird eine Eislaufbahn angelegt, der Christbaum ist berühmt. Die Plattform Top of the Rock bietet vom 260 Meter hoch gelegenen 70. Stock einen 360°-Panoramablick. Auch von den mit Glaswänden eingefassten Terrassen im 67. und 69. Stock hat man eine tolle Aussicht.

Weisheit von Lee Lawrie, Rockefeller Center

❷ Diamond District

47th St zwischen 5th u. 6th Ave.
Stadtplan 12 F5. **Karte** D3–4.
Ⓜ 47th-50th Sts. Siehe **Shopping** S. 322. 🌐 nycdiamonddistrict.org

In den meisten Schaufenstern der 47th Street glitzern Juwelen. In Läden und Werkstätten werben Händler um Kunden, in den oberen Etagen wechseln Millionen von Dollar den Besitzer. Der Diamantenbezirk entstand in den 1930er Jahren, als Amsterdamer und Antwerpener Diamantenhändler vor den Nazis hierherflohen. Noch heute findet man hier viele – vor allem jüdische – Diamantenhändler. Obwohl hier eher Großhandel stattfindet, sind auch Privatkunden willkommen. Es empfiehlt sich, Bargeld mitzubringen, Preise zu vergleichen und zu handeln.

❸ Lyceum Theatre

149 W 45th St. **Stadtplan** 12 E5.
Karte D4. 📞 1-212-239-6200 (Tickets). Ⓜ 42nd St, 47th St, 49th St. Siehe **Unterhaltung** S. 339.
🌐 lyceum-theatre.com

Das älteste Theater New Yorks wirkt wie eine barock verzierte Geschenkverpackung. Es war 1903 das erste Theater von Herts und Tallant, die für extravaganten Stil berühmt waren. Mit 1600 Aufführungen der Komödie *Born Yesterday* stellte das Lyceum einen Rekord auf. Es wurde zum historischen Denkmal erklärt und zeigt immer noch Shows, obwohl sich der Theaterdistrikt nach Westen verschoben hat.

MIDTOWN WEST UND THEATER DISTRICT | 141

❹ Algonquin Hotel

59 W 44th St. **Stadtplan** 12 F5.
Karte D4. 1-212-840-6800.
42nd St. Siehe **Hotels** S. 289.
algonquinhotel.com

Schon die Fassade fällt ins Auge, doch es ist nicht die Architektur, sondern das Ambiente, das das Hotel von 1902 zu etwas Besonderem macht. In den 1920er Jahren war das Algonquin Schauplatz von Amerikas bekanntester Lunch-Gesellschaft, dem Round Table, an dem u. a. Alexander Woollcott, Franklin P. Adams, Dorothy Parker, Robert Benchley und Harold Ross saßen. Alle hatten mit dem *New Yorker* zu tun (Ross war Gründungsherausgeber), dessen Hauptsitz (25 West 43rd Street) einen Ausgang direkt ins Hotel hatte.

Renovierungen haben die altmodische holzgetäfelte Lobby bewahrt, in der sich immer noch die Verlags- und Theaterszene bei Drinks trifft und mit einer Messingglocke den Ober herbeiklingelt.

Lobby im Algonquin Hotel

❺ Discovery Times Square

226 W 44th St. **Stadtplan** 12 E5.
Karte D4. 1-866-987-9692.
Times Sq–42nd St. Mo–Do, So 10–20, Fr, Sa 10–21 Uhr.
discoverytsx.com

Das Ausstellungszentrum beherbergt verschiedene Wechselausstellungen zu Kunst, Kultur und (Zeit-)Geschichte. Teilweise wird es vom US Dis-

Das beliebte Ausstellungszentrum Discovery Times Square

covery Channel gesponsort. Die informativen und interaktiven Ausstellungen wollen Besuchern spielerisch lehrreiche Erfahrungen vermitteln. Die Themenbandbreite ist groß – von der Antike mit dem Schwerpunkt auf Tutanchamun über die Schriftrollen vom Toten Meer und Pompeji bis zu Hollywood-Blockbustern wie *Die Tribute von Panem – The Hunger Games* und *The Avengers*. Die Dauerausstellung »Body Worlds« zeigt plastinierte Körper.

❻ Bryant Park

Stadtplan 8 F1. **Karte** D4.
42nd St. bryantpark.org

Als sich 1853 am heutigen Standort der Public Library noch das Croton Reservoir befand, gab es im Bryant Park (damals Reservoir Park) einen Kristallpalast, der für die Weltausstellung 1853 gebaut worden war *(siehe S. 27)*.

In den 1960er Jahren war der Park in der Hand von Drogensüchtigen. 1989 wurde er als Erholungsstätte für Einheimische und Besucher neu gestaltet. Im Winter gibt es hier eine Eislaufbahn, im Sommer Open-Air-Kinovorstellungen. In den Lagern unter dem Park werden sieben Millionen Bücher konserviert.

Statue des Dichters William Cullen Bryant im Bryant Park

❼ Bryant Park Hotel

40 W 40th St. **Stadtplan** 8 F1. **Karte** D4. 1-212-869-0100. 42nd St. bryantparkhotel.com

Das American Radiator Building, heute Bryant Park Hotel, ist ein Werk von Raymond Hood und John Howells, die auch das News Building *(siehe S. 151)* und das Rockefeller Center entwarfen. Der Bau von 1924 erinnert an den neogotischen Tribune Tower in Chicago, der Hood damals bekannt machte. Hier ist das Design schlanker, der Bau wirkt dadurch höher als 23 Stockwerke. Die schwarze Backsteinfassade kontrastiert mit der goldfarbenen Terrakottaverkleidung, die den Eindruck glühender Kohlen vermittelt. Dies lässt an die ursprünglichen Eigentümer denken, die Heizungen herstellten. Nach einem Besitzerwechsel wurde der Bau zum Luxushotel *(siehe S. 286)*. Das trendige, in Los Angeles ansässige Restaurant Koi eröffnete einen Ableger.

Das Bryant Park Hotel, früher American Radiator Building

Stadtplan *siehe Seiten 386–419* **Karte** *Extrakarte zum Herausnehmen*

Eingang zum Hauptlesesaal der Public Library

❽ New York Public Library

5th Ave u. 42nd St. **Stadtplan** 8 F1. **Karte** DE4. 📞 1-212-930-0830. Ⓜ 42nd St-Grand Central, 42nd St-5th Ave. 🕐 Mo–Sa 10–18 (Di, Mi bis 20 Uhr), So 13–17 Uhr. ⬤ Feiertage; Juli, Aug. ♿ 📷 Di–Do 11, 14 Uhr. **Vorträge**. 📅
🌐 nypl.org

Tonnengewölbe aus weißem Marmor über den Treppen der Astor Hall

1897 wurde der begehrte Auftrag für den Entwurf der Public Library an das Architekturbüro Carrère & Hastings vergeben. Der erste Direktor der Bibliothek hatte sich einen hellen, luftigen Lesesaal vorgestellt mit einer Kapazität für Millionen Bücher. Der Bau realisierte diese Wünsche so innovativ und überzeugend, dass er zum Inbegriff von New Yorks Beaux-Arts-Periode wurde.

Das 1911 an der Stelle des ehemaligen Croton Reservoir *(siehe S. 26)* errichtete, neun Millionen Dollar teure Gebäude fand viel Beifall. Der Hauptlesesaal erstreckt sich über zwei Blocks und ist dank der zwei Innenhöfe lichtdurchflutet. Unter ihm befinden sich 142 Kilometer Regale mit über sieben Millionen Bänden. Eine hundertköpfige Belegschaft kann jedes Buch binnen zehn Minuten beschaffen. In der Zeitschriftenabteilung finden sich 10 000 Titel aus etwa 128 Ländern. Die Wandbilder von Richard Haas sind eine Hommage an New Yorks große Verlage.

Die ursprüngliche Bibliothek vereinte die Sammlungen von John Jacob Astor und James Lenox. Der heutige Bestand enthält u. a. die von Thomas Jefferson 1776 handgeschriebene Unabhängigkeitserklärung und T. S. Eliots getipptes Manuskript von *Das wüste Land*. Mehr als 1000 Anfragen täglich werden per Datenbank des CATNYP- und LEO-Katalogs bearbeitet.

Die Bibliothek ist Kern eines Netzwerkes aus 82 Filialen mit gut sieben Millionen Benutzern. Dazu gehören u. a. die NYPL for the Performing Arts, Lincoln Center *(siehe S. 209)* und das Schomburg Center in Harlem *(siehe S. 223)*.

❾ Times Square

Stadtplan 8 F1. **Karte** DE4. Ⓜ 42nd St-Times Sq. 🛈 NYC Information Center, Broadway Plaza zwischen 43rd u. 44th St (tägl. 9–18 Uhr). 📞 1-212-484-1222.
🌐 timessquarenyc.org

In den 1990er Jahren wurde der Verfall des Times Square gestoppt. Er ist wieder ein pulsierender Ort, an dem Broadway-Traditionen und modernes Entertainment koexistieren.

Der Hauptlesesaal der Bibliothek mit seinen Leselampen aus Bronze

MIDTOWN WEST UND THEATER DISTRICT | 143

Neonreklame am immer belebten Times Square

Obwohl The New York Times von ihrem einstigen Hauptsitz am südlichen Ende des Platzes ausgezogen ist, wird an Silvester immer noch die Kristallkugel heruntergelassen, wie es seit der Eröffnung des Gebäudes 1906 Tradition ist. Neue Bauten wie das Bertelsmann Building und die Condé-Nast-Büros stehen neben Broadway-Theatern.

Viele Theater, etwa das New Victory und das New Amsterdam, wurden renoviert. Sie zeigen modernere Produktionen. Die Theaterbesucher stürmen jeden Abend die Bars und Restaurants. Eines der neueren Wahrzeichen ist der von Arquitectonica entworfene 57-stöckige Turm, der den Unterhaltungs- und Shopping-Komplex E-Walk in der 42nd Street, Ecke Eighth Avenue *(siehe S. 138)*, überragt. Weitere stark frequentierte Attraktionen sind eine Zweigstelle des Madame Tussauds Wax Museum (42nd Street, zwischen Seventh und Eighth Avenue), ein Disney Store, Bowlmor Lanes für Bowler und M&M's World (1600 Broadway).

❿ New Amsterdam Theatre

Stadtplan 8 E1. **Karte** CD4. 1-212-282-2900. 42nd St-Times Sq. Mo-Fr 9–20, Sa 10–20, So 10–18.30 Uhr. Details unter 1-212-282-2907.

Das Theater war bei der Eröffnung 1903 das opulenteste der USA und das erste mit Jugendstil-Interieur. Eine Weile gehörte es Florenz Ziegfeld, der hier 1914–27 seine Revue *Ziegfeld Follies* produzierte (das Ticket kostete damals fünf Dollar). Er machte aus dem Dachgarten ein weiteres Theater, die Aerial Gardens. Das New Amsterdam gehörte früher zu den besten Theatern, stand aber dann vor dem Konkurs. Nach der Revitalisierung des Times Square, einer Renovierung und seit es zum Disney-Konzern gehört, ist das Theater wieder präsent.

⓫ McGraw-Hill Building

330 W 42nd St. **Stadtplan** 8 D1. **Karte** C4. 42nd St-8th Ave. Bürozeiten.

Der Entwurf Raymond Hoods von 1931 war das einzige New Yorker Gebäude, das für den bedeutenden International-Style-Wettbewerb 1932 ausgewählt wurde *(siehe S. 45)*. Sein ungewöhnliches Design gibt ihm von Osten und Westen ein stufiges Profil, von Süden und Norden ein flaches Aussehen. Die blau-grünen horizontalen Fassadenstreifen haben ihm den Spitznamen *»jolly green giant«* eingebracht. Im Inneren befindet sich eine Art-déco-Lobby aus Glas und Stahl.

Einen Block weiter liegt die Theater Row mit kleineren Off-Broadway-Theatern und Cafés.

⓬ Paramount Building

1501 Broadway. **Stadtplan** 8 E1. **Karte** D4. 34th St.

Das legendäre Kino im Erdgeschoss, wo in den 1940er Jahren Teenager anstanden, um Frank Sinatra zu hören, existiert zwar nicht mehr, doch das 1927 von Rapp & Rapp entworfene Gebäude hat noch immer Theater-Aura. Es ist nach oben zurückgesetzt, sodass die 14 »Stufen« eine Art-déco-Krone bilden – mit Turm, Uhr und Globus. Hier sind ein Hard Rock Cafe, ein Einzelhandelsgeschäft und ein Konzertraum zu finden.

⓭ Shubert Alley

Zwischen W 44th u. W 45th St. **Stadtplan** 12 E5. **Karte** C4. 42nd St-Times Sq. Siehe **Unterhaltung** S. 339.

Die Schauspielhäuser in den Straßen westlich des Broadway sind reich an Theatergeschichte und bemerkenswerter Architektur. Zwei klassische Theater sind nach dem Schauspieler Edwin Booth (222 West 45th Street) und nach dem Theaterbaron Sam S. Shubert (225 West 44th Street) benannt. Sie bilden den westliche Grenze der Shubert Alley, wo früher junge Schauspieler für ein Engagement am Shubert Schlange stehen.

A Chorus Line lief hier bis 1990 ganze 6137 Mal. Früher spielte Katharine Hepburn in *The Philadelphia Story*. Am Ende der Alley in der 44th Street steht das St. James, wo Rodgers und Hammerstein 1941 mit *Oklahoma* debütierten, auf das *The King and I* folgte. Im nahen Sardi's warteten Schauspieler nach Premieren auf die Kritiken. Irving Berlin inszenierte 1921 *The Music Box Revue* in seinem Music Box Theater am anderen Ende der Shubert Alley.

Art-déco-Spitze des Paramount

Stadtplan *siehe Seiten 386–419* **Karte** *Extrakarte zum Herausnehmen*

⓮ 1740 Broadway

1740 Broadway. **Stadtplan** 12 E4. **Karte** D2. Ⓜ 57th St-Seventh Ave. ⬤ für Besucher.

Das einstige Hauptquartier (1950) der Mutual of New York Insurance Company (seit 2004 AXA) hat einen Wettermast. Er leuchtete bei schönem Wetter grün, bei Wolken orange, bei Regen blinkend orange und bei Schnee weiß. Aufsteigende Lichterfolge hieß Erwärmung, fallende Kälte. Die Lichter sind heute bloßes Design. Nur noch Temperatur und Zeit werden angezeigt.

⓯ New York City Center

131 W 55th St. **Stadtplan** 12 E4. **Karte** D2. 📞 1-212-581-1212. Ⓜ 57th St-Seventh Ave. Siehe **Unterhaltung** S. 340. 🌐 nycitycenter.org

Die maurisch anmutende Fassade mit ihrer hübschen Kuppel aus spanischen Fliesen wurde 1924 als Freimaurertempel entworfen. Bürgermeister LaGuardia rettete den Bau vor dem Abriss. Er war Heimstatt der New York City Opera (1944–64) and Ballet (1948–66). Als Oper und Ballett ins Lincoln Center umzogen, blieb das City Center weiter eine Bühne für Tanz. Heute gibt es hier das Alvin Ailey American Dance Theater und den Manhattan Theater Club.

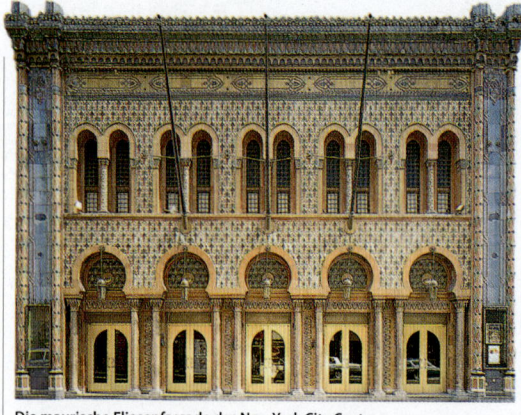

Die maurische Fliesenfassade des New York City Center

⓰ Carnegie Hall

154 W 57th St. **Stadtplan** 12 E3. **Karte** D2. 📞 1-212-247-7800. Ⓜ 57th St-Seventh Ave. **Museum** 🕐 tägl. 11–16.30 Uhr und in Konzertpausen. Okt–Juni: Mo–Fr 11.30, 12.30, 14, 15, Sa 11.30, 12.30, So 12.30 Uhr. Siehe **Unterhaltung** S. 344. 🌐 carnegiehall.org

Der von Andrew Carnegie finanzierte erste große Konzertsaal New Yorks wurde 1891 eröffnet. Die Akustik des Terrakotta-Ziegel-Baus im Stil der Renaissance gehört zu den besten der Welt. Zur Eröffnung, bei der Tschaikowski Gastdirigent war, kamen die besten New Yorker Familien, obwohl sie in ihren Pferdekutschen bis zu einer Stunde vor dem Saal warten mussten.

Viele Jahre lang war die Carnegie Hall Heimat der New York Philharmonic unter Dirigenten wie Arturo Toscanini, Leopold Stokowski, Bruno Walter und Leonard Bernstein. Hier gespielt zu haben galt bald als Zeichen internationalen Erfolgs.

Eine von dem Geiger Isaac Stern in den 1950er Jahren initiierte Kampagne verhinderte die Umwandlung des Baus, 1964 wurde er zum nationalen Wahrzeichen erklärt. Die Renovierung von 1986 brachte den Glanz der Bronzebalkone und des Stucks zurück. 1991 wurde ein Museum eröffnet, das die glanzvolle Geschichte der ersten 100 Jahre des »Hauses, das die Musik erschuf«, zeigt. 2003 wurde im unteren Bereich die Judy and Arthur Zankel Hall eröffnet. Die Spitzenorchester und -stars der Welt treten nach wie vor hier auf.

⓱ Alwyn Court Apartments

180 W 58th St. **Stadtplan** 12 E3. **Karte** D2. Ⓜ 57th St-Seventh Ave. ⬤ für Besucher.

Die bizarren Kronen, Drachen und anderen Terrakotta-Skulp-

Die Carnegie Hall besitzt eine großartige Akustik

MIDTOWN WEST UND THEATER DISTRICT | 145

turen im Stil der französischen Renaissance an der Fassade des Apartmentblocks von Harde und Short (1907–09) fallen ins Auge. Das Erdgeschoss hat zwar sein Gesims eingebüßt, doch der Rest des Gebäudes ist erhalten geblieben und für New York einzigartig.

Die Fassade ist im Stil von François I errichtet, dessen Symbol, ein gekrönter Salamander, über dem Eingang zu sehen ist.

Anwohner und Besucher können sich im Innenhof an illusionistischen Wandbildern von Richard Haas erfreuen, die eine strukturierte Oberfläche der Mauern vortäuschen.

Gekrönter Salamander, Symbol von François I, am Alwyn Court

⓲ *Intrepid* Sea, Air and Space Museum

Pier 86, W 46th St. **Stadtplan** 11 A5. **Karte** A4. 1-212-245-0072. M42, M50. Apr–Okt: Mo–Fr 10–17, Sa, So 10–18 Uhr; Nov–März: tägl. 10–17 Uhr. 9 Uhr. **intrepidmuseum.org**

Auf der *Intrepid*, einem US-Flugzeugträger aus dem Zweiten Weltkrieg, sind u. a. Kampfjets aus den 1940er Jahren zu sehen, das Aufklärungsflugzeug *A-12 Blackbird* und das U-Boot *Growler* von 1958.

In der Exploreum Hall gibt es zwei G-Force-Flugsimulatoren, ein Theater für 4-D-Bewegungsfahrten, einen Bell-47-Hubschrauber und ein interaktives U-Boot. Seit 2012 ist auch das Space Shuttle *Enterprise* zu sehen.

Der Flugzeugträger selbst wurde schon 1943 gebaut und überstand sowohl den Zweiten

Kampfjets und Aufklärungsflugzeuge auf dem Flugzeugträger *Intrepid*

Weltkrieg als auch den Vietnamkrieg. Es gibt eine Ausstellung zur Geschichte der Flugzeugträger.

⓳ Museum of Arts and Design

2 Columbus Circle. **Stadtplan** 12 D3. **Karte** C2. 1-212-299-7777. M 59th St-Columbus Circle. Di–So 10–18 Uhr (Do bis 21 Uhr). Feiertage. Vorträge, Filme. **madmuseum.org**

Das MAD zeigt in einem mit weißer Keramik verkleideten Bau über 2000 zeitgenössische Artefakte und Kunstwerke.

Hier begegnet man Werken internationaler Designer und Künstler sowie allen Arten von Materialien – von Lehm über Papier, Holz, Leder, Glas, Metall bis zu Fiberglas.

Im dritten Stock gibt es Wechselausstellungen und die Tiffany & Co. Foundation Jewelry Gallery mit Goldschmiedekunst. Stücke von erstklassigen amerikanischen Kunsthandwerkern sind im Museumsladen zu erwerben.

⓴ Hell's Kitchen

Stadtplan 11 BC5. **Karte** BC3–5. M 50th St.

Etwa zwischen der 30th und der 59th Street westlich des Broadway liegt Clinton, besser bekannt als Hell's Kitchen. Ende des 19. Jahrhunderts war dies eine Enklave armer irischer Einwanderer und gehörte zu New Yorks gewalttätigsten Ecken. Als Griechen, Puerto Ricaner und Afroamerikaner zuzogen, nahmen die Spannungen zu. Auf diese Bandenkriege bezieht sich das Musical *West Side Story* (1957). Heute ist das Areal gentrifiziert, die Mieten schießen in den Himmel. Vor allem die Ninth Avenue ist voller Restaurants, Bars und Delis. Die Schwulenszene ist so stark vertreten wie in Chelsea oder im East Village.

Restaurants und Bars in Hell's Kitchen

Stadtplan *siehe Seiten 386–419* **Karte** *Extrakarte zum Herausnehmen*

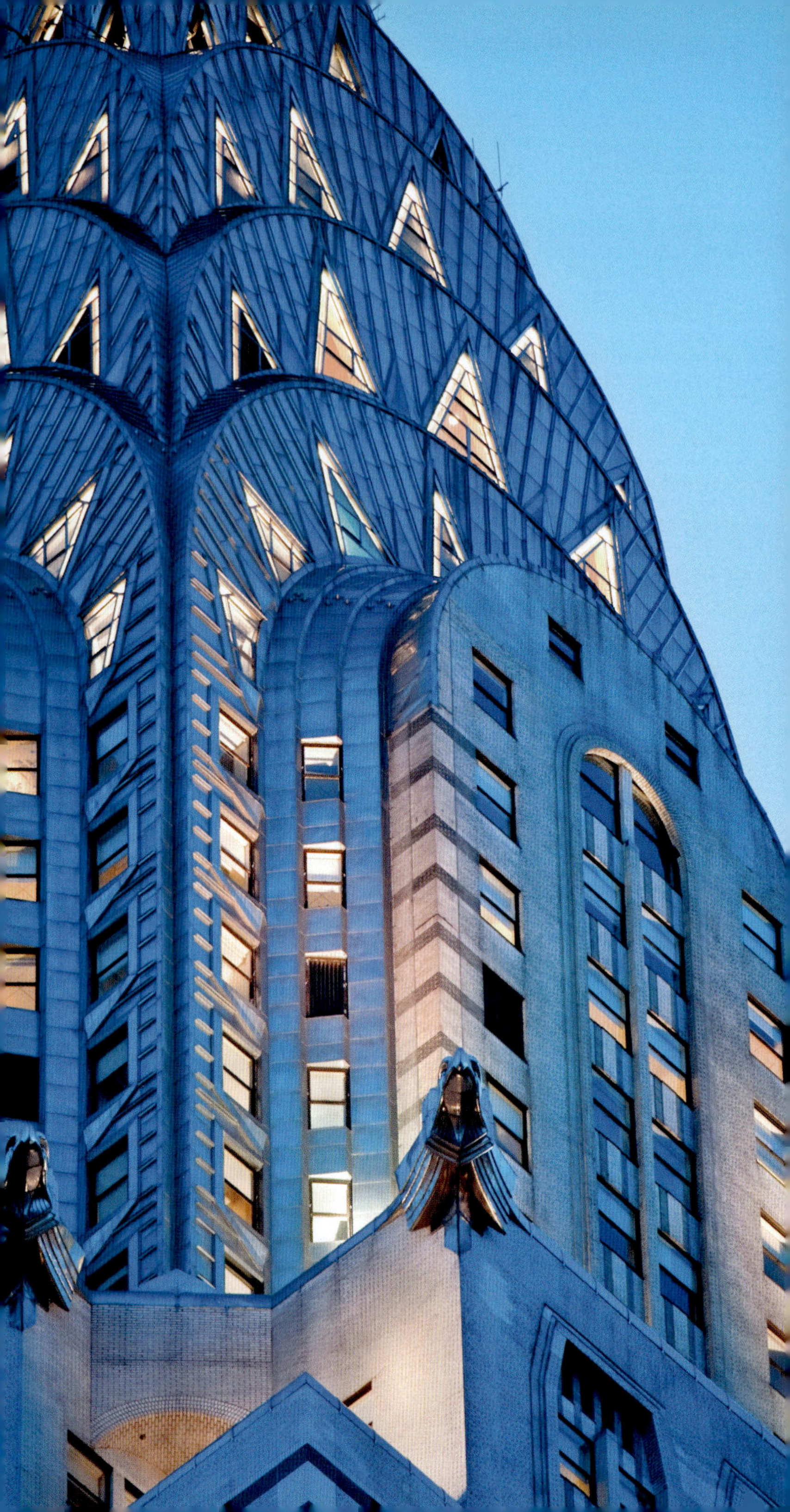

Lower Midtown

Von Beaux Arts bis Art déco – dieser Teil von Midtown bietet erlesene Architektur, schicke Boutiquen und mächtige Wolkenkratzer, vor allem entlang von Fifth, Madison und Park Avenue. Das ruhige Wohnviertel Murray Hill, zwischen East 34th und East 40th Street, wurde nach einem ländlichen Anwesen benannt, das einst hier stand. Um 1900 lebten auf dem Areal viele der wohlhabendsten New Yorker Familien, darunter der Finanzier J. P. Morgan, dessen Bibliothek (heute Museum) die Pracht jener Zeit verdeutlicht. Um die 42nd Street, nahe dem Grand Central Terminal, gibt es mehr Bürotürme. Doch keines der neueren Gebäude kann sich mit der Pracht des Beaux-Arts-Bahnhofs oder der Art-déco-Schönheit des Chrysler Building messen. Am East River steht der moderne UN-Komplex.

Sehenswürdigkeiten auf einen Blick

Historische Straßen und Gebäude
- ❷ *Grand Central Terminal S. 152f*
- ❸ Bowery Savings Bank Building
- ❹ Chanin Building
- ❺ Chrysler Building
- ❻ Daily News Building
- ❼ Ford Foundation Building
- ❽ Helmsley Building
- ⓬ Fred F. French Building
- ⓯ Sniffen Court

Museen und Sammlungen
- ⓫ Japan Society
- ⓮ *Morgan Library & Museum S. 160f*

Moderne Architektur
- ❶ MetLife Building
- ❾ 1 und 2 United Nations Plaza
- ❿ *United Nations S. 156–159*

Kirche
- ⓭ Church of the Incarnation

Stadtplan 9, 12, 13

☐ **Restaurants** *siehe S. 299–302*
1. Ali Baba
2. Grand Central Oyster Bar
3. Michael Jordan's Steakhouse N.Y.C.

◀ Turmspitze des Chrysler Building *(siehe S. 151)*   Zeichenerklärung *siehe hintere Umschlagklappe*

Im Detail: Lower Midtown

Beim Spazierengehen im Grand-Central-Viertel bekommt man eine ausgefallene Mixtur lokaler Architekturstile zu sehen: von außen die Fassaden der höchsten Wolkenkratzer, von innen viele schöne Interieurs, etwa moderne Atrien wie das im Philip Morris Building und in der Ford Foundation, die ornamentalen Details im Bowery Savings Bank Building oder die imposant hohen Räume des Grand Central Terminal.

❶ MetLife Building
Der 1963 von Pan Am erbaute Turm ragt über der Park Avenue auf.

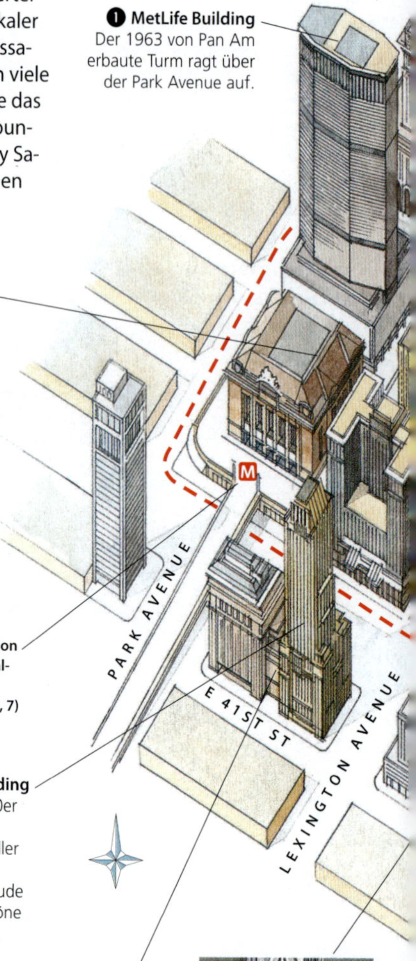

❷ ★ Grand Central Terminal
Das riesige Gewölbe ist ein beeindruckendes Relikt aus der Glanzzeit der Eisenbahn. In dem Gebäude gibt es zahlreiche Läden und Restaurants.

Subway-Station Grand Central-42nd St (Linien S, 4, 5, 7)

❹ Chanin Building
Das in den 1920er Jahren für den Immobilienhändler Irwin S. Chanin errichtete Gebäude besitzt eine schöne Art-déco-Lobby.

❸ ★ Bowery Savings Bank Building
Das frühere Hauptquartier der Bowery Savings Bank ist eines der schönsten Bankgebäude New Yorks. Es wurde von den Architekten York & Sawyer im Stil eines romanischen Palastes errichtet.

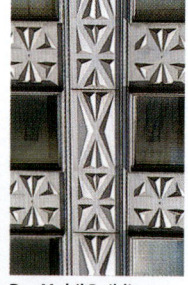

Das Mobil Building von 1955 hat eine sich selbst reinigende, nicht rostende Stahlfassade mit eingestanzten geometrischen Mustern.

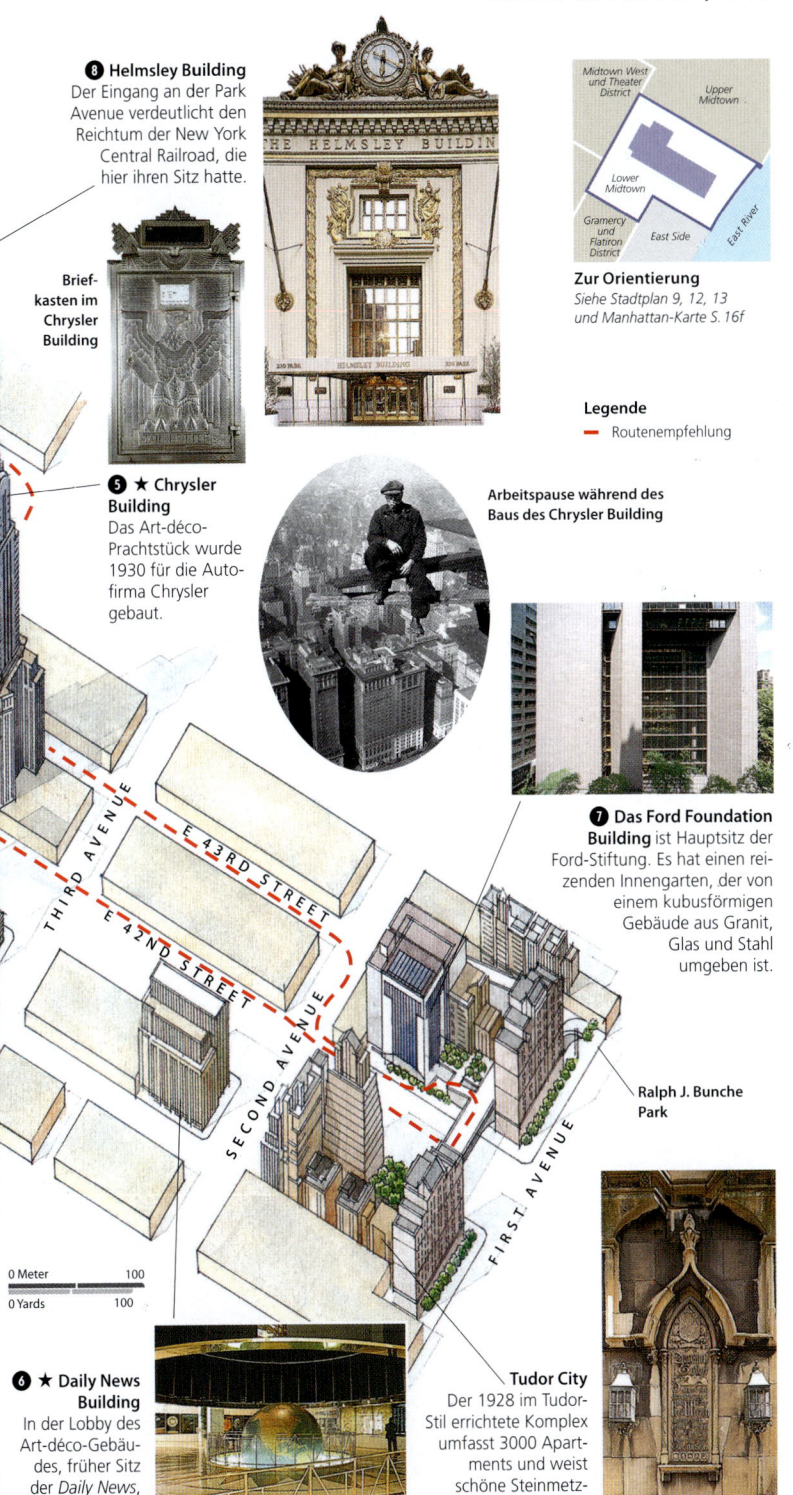

LOWER MIDTOWN | **149**

❽ Helmsley Building
Der Eingang an der Park Avenue verdeutlicht den Reichtum der New York Central Railroad, die hier ihren Sitz hatte.

Briefkasten im Chrysler Building

❺ ★ Chrysler Building
Das Art-déco-Prachtstück wurde 1930 für die Autofirma Chrysler gebaut.

Arbeitspause während des Baus des Chrysler Building

Zur Orientierung
Siehe Stadtplan 9, 12, 13 und Manhattan-Karte S. 16f

Legende
— Routenempfehlung

❼ Das Ford Foundation Building ist Hauptsitz der Ford-Stiftung. Es hat einen reizenden Innengarten, der von einem kubusförmigen Gebäude aus Granit, Glas und Stahl umgeben ist.

Ralph J. Bunche Park

Tudor City
Der 1928 im Tudor-Stil errichtete Komplex umfasst 3000 Apartments und weist schöne Steinmetzarbeiten auf.

❻ ★ Daily News Building
In der Lobby des Art-déco-Gebäudes, früher Sitz der *Daily News*, rotiert ein Globus.

Stadtplan *siehe Seiten 386–419* **Karte** *Extrakarte zum Herausnehmen*

Lobby im MetLife Building

❶ MetLife Building

200 Park Ave. **Stadtplan** 13 A5. **Karte** E4. Ⓜ Grand Central-42nd St. 🕐 Bürozeiten.

Früher hoben sich die Skulpturen am Grand Central Terminal gegen den Himmel ab. 1963 jedoch wurde der früher Pan Am Building genannte Koloss (Entwurf: Walter Gropius, Emery Roth und Söhne, Pietro Belluschi) errichtet. Er versperrte den Blick die Park Avenue entlang, ließ den Bahnhof winzig erscheinen und erregte allgemeinen Unwillen. Damals war er das größte Bürogebäude der Welt. Die Bestürzung ob seiner Größe ließ spätere Pläne, einen Turm über dem Grand Central Terminal zu errichten, scheitern.

Es erscheint paradox, dass der Blick auf den Himmel über New York von einem Unternehmen verstellt wurde, das Millionen Reisenden diesen Himmel erst erschlossen hatte. Als sich Pan Am 1927 formierte, war der gerade von seinem Atlantikflug zurückgekehrte Charles Lindbergh einer der Piloten und Streckenberater. 1936 führte Pan Am den transatlantischen Linienverkehr ein, 1947 folgte die erste Route rund um den Globus.

Der Dachlandeplatz für Hubschrauber wurde 1977 nach einem Unfall aufgegeben. 1981 wurde der Bau an die Organisation Metropolitan Life verkauft, später an Tishman Speyer Properties.

❷ Grand Central Terminal

Siehe S. 152f.

❸ Bowery Savings Bank Building

110 E 42nd St. **Stadtplan** 9 A1. **Karte** E4. Ⓜ Grand Central-42nd St. 🕐 nur nach Anmeldung. 📞 1-646-723-0826.

Der Bau von 1923 gilt vielen als das gelungenste Werk der Bankarchitekten York & Sawyer. Sie errichteten die Uptown-Büros der Bowery Savings Bank (jetzt Teil der Capital One Bank) im Stil einer romanischen Basilika. Ein von Bogen gebildeter Eingang führt in die mit schönen Mosaikböden und Marmorsäulen mit Steinbogen ausgestattete Schalterhalle.

Zwischen den Säulen sieht man Mosaiken aus unpoliertem Marmor. In dem Gebäude, das heute für Events genutzt wird, liegt das Restaurant Cipriani, das mit seinem üppigen Dekor oft für Festessen dient.

Fassade, Bowery Savings Bank Building

Fassadendetail, Chanin Building

❹ Chanin Building

122 E 42nd St. **Stadtplan** 9 A1. **Karte** E4. Ⓜ Grand Central-42nd St. 🕐 Bürozeiten.

Der ehemalige Sitz des führenden New Yorker Immobilienhändlers Irwin S. Chanin war mit 56 Stockwerken der erste Wolkenkratzer in der Grand-Central-Gegend und wegweisend für die Zukunft. Der Bau wurde 1929 von Sloan & Robertson entworfen und ist eines der besten Beispiele für den Art-déco-Stil. Ein Bronzeband mit Vogel- und Fischmustern zieht sich an der Fassade entlang. Die Terrakottabasis ist mit einem Gewirr aus stilisierten Blättern und Blumen verziert. Innen gestaltete René Chambellan, der Bildhauer der Radio City Music Hall, Reliefs, Bronzegitter, Fahrstuhltüren, Briefkästen und Wellenmuster auf dem Boden.

Detail in der Schalterhalle der Bowery Savings of America

LOWER MIDTOWN | 151

Wasserspeier aus Edelstahl am Chrysler Building

❺ Chrysler Building

405 Lexington Ave. **Stadtplan** 9 A1. **Karte** E4. 📞 1-212-682-3070. 🅜 Grand Central-42nd St. ◯ nur Lobby, Bürozeiten 7–18 Uhr. ♿

Walter P. Chrysler begann seine Karriere in einer Maschinenhalle der Union Pacific Railroad, doch seine Leidenschaft für Autos ließ ihn bald eine Spitzenposition in der neuen Industrie einnehmen. 1925 gründete er eine Firma. Für das Hauptquartier in New York entstand ein Gebäude, das immer mit dem Goldenen Zeitalter des Automobils verbunden bleiben wird. Nach Chryslers Wünschen ähnelt der Art-déco-Turm aus rostfreiem Stahl den Lamellen eines Autokühlers: Die gestuften Mauervorsprünge sind Kühlerhauben und Rädern nachempfunden. Zudem finden sich stilisierte Autos und Wasserspeier, die den Kühlerfiguren des Chrysler Plymouth von 1929 nachgebildet sind.

Das 320 Meter hohe Chrysler Building verlor den Titel »höchstes Gebäude der Welt« wenige Monate nach seiner Fertigstellung 1930 an das Empire State Building. Dennoch gehört William Van Alens 77-stöckiger Bau zu den bekanntesten Wahrzeichen der Stadt.

Die Spitze des Baus wurde bis zum letzten Moment versteckt gehalten. Nachdem sie im Heizschacht des Gebäudes montiert worden war, wurde sie in Position gebracht – man wollte damit sicherstellen, dass das Gebäude höher war als das der Bank of Manhattan, das gerade in Downtown von Van Alens großem Rivalen H. Craig Severance errichtet worden war. Doch alle Mühe Van Alens wurde nicht belohnt. Chrysler warf ihm vor, Bestechungsgelder angenommen zu haben, und bezahlte ihn nicht. Van Alens Karriere als Star-Architekt war beendet.

Die imposante Lobby, einst Ausstellungsraum für Chrysler-Autos, wurde 1978 renoviert. Sie ist mit Marmor und Granit aus aller Welt verziert und mit verchromtem Stahl verkleidet. Ein riesiges Deckengemälde von Edward Trumball zeigt Motive aus dem Transportwesen. Obwohl das Gebäude nie Hauptsitz der Chrysler Corporation war, blieb der Name erhalten.

Aufzugstür im Chrysler Building

Eingang zum Daily News Building

❻ Daily News Building

220 E 42nd St. **Stadtplan** 9 B1. **Karte** F4. 🅜 Grand Central-42nd St. ◯ Mo–Fr 8–18 Uhr.

Die Zeitung *Daily News* wurde 1919 gegründet und erreichte 1925 eine Auflage von einer Million. Man sprach verächtlich von der »Dienstmädchenbibel«, da sie sich auf Skandale, Prominente und Morde konzentrierte, leicht zu lesen war und großzügigen Gebrauch von Illustrationen machte. Doch dies zahlte sich letztlich für die Zeitung aus – sie enthüllte etwa die Romanze von Edward VIII und Mrs. Simpson. Die *Daily News* sind bekannt für prägnante Schlagzeilen, die den jeweiligen Zeitgeist widerspiegeln. Sie zählen noch immer zu den auflagenstärksten Zeitungen der USA.

In dem 1930 von Raymond Hood entworfenen Redaktionsgebäude wechseln braune und schwarze Backsteinreihen mit Fenstern, wodurch die Vertikale betont wird. Hoods Lobby enthält den größten Globus der Welt im Inneren eines Gebäudes. Linien auf dem Boden weisen in Richtung anderer Weltstädte und geben die Position der Planeten an. Nachts wird ein Art-déco-Muster über dem Haupteingang von innen mit Neon beleuchtet. Heute residiert die Zeitung an der New York Plaza. Das Daily News Building steht mittlerweile unter Denkmalschutz.

Stadtplan *siehe Seiten 386–419* **Karte** *Extrakarte zum Herausnehmen*

Grand Central Terminal

Cornelius Vanderbilt (1794–1877) eröffnete 1871 an der 42nd Street einen Bahnhof, der trotz mehrfacher Umbauten nie groß genug war. Der jetzige Bau stammt von 1913. Die Perle des Beaux-Arts-Stils ist seitdem das Tor zur Stadt und eines ihrer Wahrzeichen. Seinen Ruhm verdankt der Grand Central der Haupthalle und der Art, wie Fußgänger- und Zugverkehr kanalisiert werden. Der Bahnhof hat ein mit Gips und Marmor verkleidetes Stahlgerippe. Reed & Stern planten die Logistik, Warren & Wetmore die äußere Gestaltung.

Säulenfassade in der 42nd Street

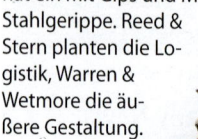

Skulpturen an der Fassade, 42nd Street
Jules-Alexis Coutans Skulpturen von Merkur, Herkules und Minerva krönen in seinem Werk *Glory of Commerce* den Haupteingang.

Cornelius Vanderbilt
Der Eisenbahnmagnat war als »Commodore« bekannt.

Außerdem

① Subway

② Zufahrtsstraße

③ **Rund 750 000 Personen** nutzen den Bahnhof täglich, darunter viele Pendler. Eine Rolltreppe führt zum MetLife Building, in dem Läden und Restaurants zu finden sind.

④ Ebene Haupthalle

⑤ **Die Vanderbilt Hall**, die an die Haupthalle anschließt, ist ein herrliches Beispiel für Beaux-Arts-Architektur. Sie ist mit goldenen Lüstern und rosa Marmor ausgeschmückt.

⑥ **Die untere Ebene** ist mit den anderen über Treppen, Rampen und Rolltreppen verbunden.

Grand Central Oyster Bar
Die mit Guastavino-Fliesen ausgestattete Bar *(siehe S. 300)* ist eine der zahlreichen *eateries* im Bahnhofsareal: Restaurants und Spezialitätenimbisse bieten Essen für jeden Geschmack.

GRAND CENTRAL TERMINAL | 153

★ Haupthalle
Die riesige Halle mit dem Deckengewölbe wird von drei Bogenfenstern an jeder Seite geprägt.

Infobox

Information
89 E 42nd St u. Park Ave.
Stadtplan 9 A1. **Karte** E4.
☎ 1-212-340-2583.
⏰ tägl. 5.30–2 Uhr. ♿
🎫 tägl. 12.30 Uhr; Ticketverkauf für Touren unter 1-212-935-3960 oder online bzw. an einem Schalter in der Haupthalle (weitere Informationen auf der Website). 🎧 Audio-Guides erhältlich.
Fundbüro ☎ 1-212-340-2555.
🌐 grandcentralterminal.com

Anfahrt
Ⓜ 4, 5, 6, 7, S bis zum Grand Central. 🚌 M1–5, M42, M50, M101–103, Q32.

Gewölbedecke
Das Tierkreisdesign des französischen Künstlers Paul Helleu zeigt über 2500 Sterne. Die wichtigsten Konstellationen sind beleuchtet.

Grand Staircase
Es gibt zwei dieser Treppenaufgänge mit Marmorstufen. Sie sind dem großen Treppenhaus der Pariser Oper nachempfunden und erinnern an die frühere Exklusivität von Zugreisen.

★ Information
Die von allen vier Seiten lesbare Uhr krönt den Informationsschalter in der Haupthalle.

Stadtplan *siehe Seiten 386–419* **Karte** *Extrakarte zum Herausnehmen*

❼ Ford Foundation Building

320 E 43rd St. **Stadtplan** 9 B1. **Karte** F4. Ⓜ Grand Central-42nd St.

Der Bau von 1968 wurde vom Architekten Kevin Roche entworfen und zeigte als erster ein Atrium. Er besitzt eine ungewöhnliche Struktur aus violettem und braunem Granit und verwittertem Stahl. Das Atrium ähnelt einem riesigen Gewächshaus, das von hohen Granitsäulen getragen wird. Sein suptropischer Garten verändert sich mit den Jahreszeiten – dies war einer der ersten architektonischen Versuche, in einem Gebäude eine natürliche Umgebung zu schaffen. Das Atrium ist auf zwei Seiten von Büros gesäumt, man blickt durch ihre Fenster – und dennoch ist es hier unglaublich ruhig. Das Dröhnen der 42nd Street verschwindet, man hört nur das Echo von Stimmen, das Plätschern der Brunnen und das Geräusch von Schuhen auf den Ziegelwegen.

Treppe zum faszinierenden Ford Foundation Building

❽ Helmsley Building

230 Park Ave. **Stadtplan** 13 A5. **Karte** E4. Ⓜ Grand Central-42nd St. ⓞ Bürozeiten.

Ursprünglich war der Blick die Park Avenue entlang in Richtung Süden auf das Helmsley Building eine der großartigsten

Aufführung in der Japan Society

Ansichten New Yorks. Allerdings stört das monolithische MetLife Building *(siehe S. 150)*, das 1963 als Hauptsitz von Pan Am hinter dem Helmsley Building gebaut wurde, den Blick auf den ursprünglichen Hintergrund, den Himmel.

Das 1929 von Warren & Wetmore errichtete Helmsley Building war Sitz der New York Central Railroad Company. Namensgeber des Gebäudes war der Immobilienmagnat Harry Helmsley (1909–1997). Der spätere Milliardär begann seine Karriere als Laufbursche mit zwölf Dollar Wochenlohn. Seine 2007 verstorbene Frau Leona war auf allen Anzeigen ihrer Hotelkette zu sehen, bis sie 1989 wegen Steuerhinterziehung ins Gefängnis kam. Das extravagante Glitzern des renovierten Helmsley Building dürfte auf ihren überkandidelten Geschmack zurückgehen.

❾ 1 und 2 United Nations Plaza

Stadtplan 13 B5. **Karte** F4. Ⓜ Grand Central-42nd St. 🚌 M15, M42, M50.

Die beiden fantastischen Säulen aus blaugrünem Spiegelglas stehen im Winkel zueinander. Das eindrucksvolle Spiel des Lichts und die Reflexionen auf den glänzenden Flächen und schrägen Vorsprüngen machen sie zu einem sich ständig verändernden modernen Kunstwerk. Auch ihre Marmor- und Spiegelinterieurs sind faszinierend. Sie beherbergen Büros und, im Haus Nr. 1, das Hotel ONE UN New York. Auf der illustren Gästeliste stehen oft UN-Diplomaten und wichtige Staatsoberhäupter. Ihren Stress dürften die VIPs abbauen, indem sie sich im verglasten Swimmingpool treiben lassen und dabei aus der Vogelperspektive auf die Stadt und das UN-Gebäude blicken.

❿ United Nations

Siehe S. 156–159.

⓫ Japan Society

333 E 47th St. **Stadtplan** 13 B5. **Karte** F3. 📞 1-212-832-1155. Ⓜ Grand Central-42nd St. 🚌 M15, M50. **Galerie** Di–Do 11–18, Fr 11–21, Sa, So 11–17 Uhr. 🆎 ✉ ♿ 📷 Ⓦ japansociety.org

Für das Hauptquartier der Japan Society, die 1907 zur Förderung des Verständnisses und kulturellen Austauschs zwischen den USA und Japan gegründet

Römische Götter lehnen an der Uhr des Helmsley Building

wurde, übernahm John D. Rockefeller III eine Bürgschaft von 4,3 Millionen Dollar.

Die Tokyoter Architekten Junzo Yoshimura und George Shimamoto entwarfen das schwarze Gebäude mit den filigranen Sonnengittern 1971. Es enthält einen Vortragssaal, ein Sprachenzentrum, eine Forschungsbibliothek, ein Museum und fernöstliche Gärten.

In Wechselausstellungen wird japanisches Kunsthandwerk gezeigt, etwa Schwerter oder Kimonos. Weitere Programmpunkte sind Theater, Tanz, Vorträge und Workshops.

⓬ Fred F. French Building

521 5th Ave. **Stadtplan** 12 F5. **Karte** E4. Ⓜ Grand Central-42nd St. ◯ Bürozeiten.

Das 1927 als Hauptsitz der damals bekanntesten Immobilienfirma errichtete Gebäude ist eine unglaublich opulente Kreation. Es wurde von H. Douglas Ives in Zusammenarbeit mit Sloan & Robertson entworfen, die z. B. auch das Chanin Building *(siehe S. 150)*

Tiffany-Bleiglasfenster in der Church of the Incarnation

geplant hatten. Sie verschmolzen orientalische, altägyptische und antik-griechische Stile mit der frühen Form des Art déco. Vielfarbige Fayence-Ornamente schmücken den oberen Teil der Fassade. Der Wasserturm auf dem Dach weist eine exquisite Verkleidung auf: Reliefs zeigen eine von Greifen und Bienen flankierte aufgehende Sonne sowie Symbolfiguren der Tugend. Geflügelte assyrische Raubtiere finden sich auf den Bronzefriesen über den Eingängen. Die exotischen Motive setzen sich in der Lobby fort, die eine polychrome Decke und 25 vergoldete Bronzetüren hat.

Bei den Bauarbeiten wurden erstmals in den USA kanadische Mohawk-Indianer aus Kahnawake eingesetzt. Sie galten als schwindelfrei und waren deshalb schon bald gesuchte Brücken- und Gerüstbauer, die an der Errichtung vieler Wolkenkratzer in New York (u. a. auch des World Trade Center) beteiligt waren.

Lobby des Fred F. French Building

⓭ Church of the Incarnation

209 Madison Ave. **Stadtplan** 9 A2. **Karte** E5. ☎ 1-212-689-6350. Ⓜ Grand Central-42nd St. ◯ Mo–Fr 11.30–14, So 8–13 Uhr. ✝ Di 8, Mi, Fr 12.15, So 8.30, 11, 17 Uhr. ♿ 🎧 nach Anmeldung. 🌐 churchoftheincarnation.org

Die Episkopalkirche mit Pfarrhaus entstand 1864, als in der Madison Avenue die Elite wohnte. Die Fassade aus hellem und braunem Sandstein ist repräsentativ für die Zeit. Im Innenraum gibt es eine Kommunionbank aus Eiche von Daniel Chester French, ein Altargemälde von John LaFarge sowie schöne Bleiglasfenster von LaFarge, Tiffany, William Morris und Edward Burne-Jones.

⓮ Morgan Library & Museum

Siehe S. 160f.

⓯ Sniffen Court

150–158 E 36th St. **Stadtplan** 9 A2. **Karte** E5. Ⓜ 33rd St.

Hier bietet sich eine hübsche Überraschung: Der ruhige Hof mit zehn Kutscherhäusern aus Backstein wurde um 1850 von John Sniffen im neoromanischen Stil errichtet. Es grenzt an ein Wunder, dass die Anlage noch existiert. Das Haus am südlichen Ende war das Atelier der Bildhauerin Malvina Hoffman. Ihre Medaillons mit griechischen Reitern zieren die Außenmauer.

Malvina Hoffmans Atelier

Stadtplan siehe Seiten 386–419 **Karte** *Extrakarte zum Herausnehmen*

❿ United Nations

Die 1945 mit 51 Mitgliedern gegründeten Vereinten Nationen haben mittlerweile 193 Mitglieder. Ihre wichtigsten Aufgaben sind die Sicherung des Weltfriedens und die Einhaltung des Völkerrechts, der Schutz der Menschenrechte sowie die Förderung der internationalen Zusammenarbeit. New York wurde als Sitz des UN-Hauptquartiers auserkoren, als John D. Rockefeller Jr. 8,5 Millionen Dollar zum Kauf des Geländes stiftete. Chefarchitekt war der Amerikaner Wallace Harrison. Die 17 Hektar große Fläche gehört nicht zu den USA, sondern ist internationale Zone mit eigenen Briefmarken und eigener Post. 2006 genehmigte die Vollversammlung 1,9 Milliarden Dollar für die bis 2015 andauernde Renovierung. Bitte informieren Sie sich über die aktuellen Öffnungszeiten und Führungen telefonisch oder auf der Website.

UN-Hauptquartier

★ Sicherheitsrat
Die Delegierten und ihre Assistenten konferieren am hufeisenförmigen Tisch, während Stenografen und andere UN-Mitarbeiter an dem langen Tisch in der Mitte sitzen.

Außerdem

① Wirtschafts- und Sozialrat

② Treuhand-Verwaltungsrat

③ **Im Konferenzgebäude** finden die Treffen des Sicherheitsrats, des Treuhand-Verwaltungsrats und des Wirtschafts- und Sozialrats statt.

④ **Sekretariatsgebäude**

⑤ **Horsewoman (Monument of Peace)** heißt die Statue, die das frühere Jugoslawien 1954 übergab.

★ Friedensglocke
Das aus den Münzen von 60 Nationen gegossene Geschenk Japans besitzt die Form eines Shinto-Schreins.

Rosengarten
25 Rosenarten blühen in den gepflegten Gärten am East River.

UNITED NATIONS | 157

★ Reclining Figure (1982)
Die von Henry Moore (1898–1986) gefertigte Bronzestatue ist ein Geschenk der nach dem britischen Bildhauer benannten Stiftung.

Die Farben der Welt
Die Flaggen aller Mitgliedsstaaten wehen vor dem UN-Komplex.

Infobox

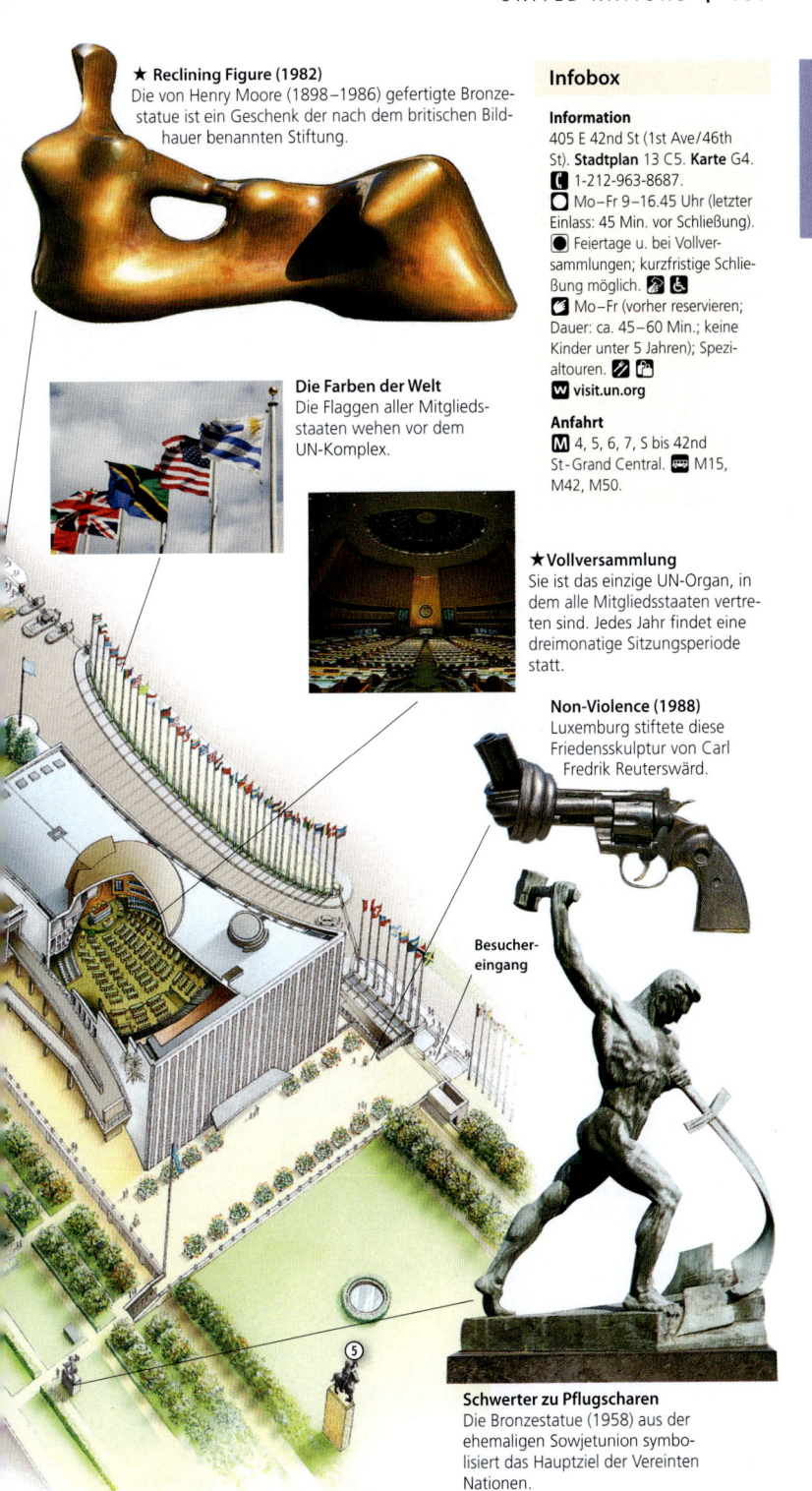

Information
405 E 42nd St (1st Ave/46th St). **Stadtplan** 13 C5. **Karte** G4.
📞 1-212-963-8687.
🕐 Mo–Fr 9–16.45 Uhr (letzter Einlass: 45 Min. vor Schließung).
⛔ Feiertage u. bei Vollversammlungen; kurzfristige Schließung möglich.
📷 Mo–Fr (vorher reservieren; Dauer: ca. 45–60 Min.; keine Kinder unter 5 Jahren); Spezialtouren.
🌐 visit.un.org

Anfahrt
Ⓜ 4, 5, 6, 7, S bis 42nd St-Grand Central. 🚌 M15, M42, M50.

★ Vollversammlung
Sie ist das einzige UN-Organ, in dem alle Mitgliedsstaaten vertreten sind. Jedes Jahr findet eine dreimonatige Sitzungsperiode statt.

Non-Violence (1988)
Luxemburg stiftete diese Friedensskulptur von Carl Fredrik Reuterswärd.

Besuchereingang

Schwerter zu Pflugscharen
Die Bronzestatue (1958) aus der ehemaligen Sowjetunion symbolisiert das Hauptziel der Vereinten Nationen.

Stadtplan *siehe Seiten 386–419* **Karte** *Extrakarte zum Herausnehmen*

United Nations: Gremien

Die Ziele der Vereinten Nationen werden von drei UN-Ratskammern und der Vollversammlung aller Mitgliedsstaaten vertreten. Das Sekretariat führt die administrative Arbeit der Organisation. Bei Führungen kann man den Saal des Sicherheitsrats besichtigen und manchmal sogar kurz einer Versammlung beiwohnen.

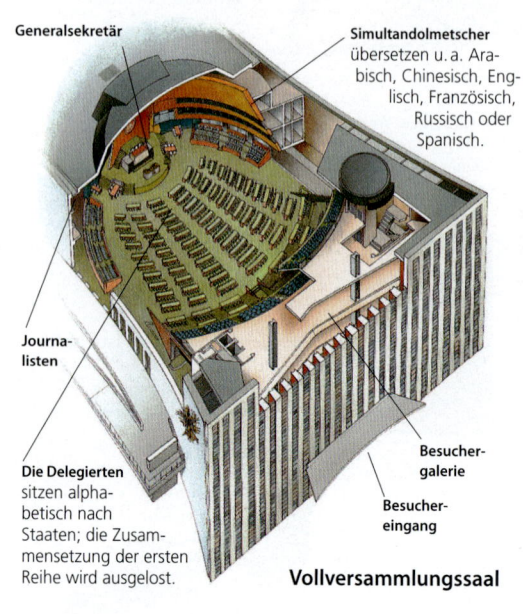

Generalsekretär

Simultandolmetscher übersetzen u. a. Arabisch, Chinesisch, Englisch, Französisch, Russisch oder Spanisch.

Journalisten

Die Delegierten sitzen alphabetisch nach Staaten; die Zusammensetzung der ersten Reihe wird ausgelost.

Besuchergalerie

Besuchereingang

Vollversammlungssaal

Vollversammlung

Die Vollversammlung ist das Hauptgremium der UN und tagt regelmäßig zwischen Mitte September und Mitte Dezember. Sondersitzungen werden auf Wunsch des Sicherheitsrats oder der Mehrheit der Mitglieder abgehalten. Alle Mitgliedsstaaten sind unabhängig von ihrer Größe mit je einer Stimme vertreten. Die Vollversammlung kann über jedes von den Mitgliedern oder anderen UN-Organen gewünschte international bedeutende Thema debattieren. Sie kann keine Gesetze verabschieden, doch ihre Beschlüsse beeinflussen die Weltmeinung. Für das Zustandekommen jeder Resolution wird eine Zweidrittelmehrheit benötigt.

Vor jeder Sitzung wird die Sitzordnung im Delegiertensaal ausgelost. Jeder der 2070 Plätze ist mit Kopfhörern ausgestattet, die Simultanübersetzungen in mehrere Sprachen bieten. Die Vollversammlung ernennt den Generalsekretär (auf Empfehlung des Sicherheitsrats), stimmt dem UN-Haushalt zu, wählt die nicht-ständigen Mitglieder des Rats und ernennt die Richter des Internationalen Gerichtshofs in Den Haag.

Wandbild zum Thema Frieden und Freiheit von Per Krohg (Norwegen)

Sicherheitsrat

Das mächtigste Organ der UN ist der Sicherheitsrat, der sich um den internationalen Frieden kümmert und bei Kriegen wie in Afghanistan oder im Irak interveniert. Er ist das einzige UN-Organ, dessen Entscheidungen für die Mitgliedsstaaten bindend sind. Der Sicherheitsrat tagt ständig.

China, Frankreich, Großbritannien, die Russische Föderation und die Vereinigten Staaten von Amerika gehören zu den ständigen Mitgliedern. Die anderen werden von der Vollversammlung im Zweijahresturnus gewählt. Derzeit wird diskutiert, weitere ständige Mitglieder in den Rat aufzunehmen.

Bei internationalen Konflikten versucht der Sicherheitsrat zu vermitteln und den Konflikt auf diplomatischem Wege beizulegen. Wenn es zum Krieg kommt, kann er Waffenstillstandsbefehle oder Sanktionen erlassen. Ferner kann er UN-Friedenstruppen in die Kriegsgebiete senden, um die Parteien zu trennen.

Eine militärische Intervention ist die letzte Möglichkeit des Sicherheitsrats. UN-Truppen können dann langfristig als Friedenstruppen stationiert werden, wie in Zypern oder im Nahen Osten.

Foucaultsches Pendel (Niederlande): sein Ausschlag beweist, dass sich die Erde um ihre Achse dreht

Treuhand-Verwaltungsrat

Dies ist der kleinste UN-Rat, dessen Aufgabenbereich sich ständig verkleinert. Er wurde 1945 gegründet, um die fried-

UNITED NATIONS: GREMIEN | 159

liche Erlangung der Unabhängigkeit besetzter Gebiete und Kolonien zu unterstützen. Seitdem sind mehr als 80 Kolonien souveräne Staaten geworden. Die Zahl der in abhängigen Gebieten lebenden Menschen ist von 750 auf drei Millionen gesunken. Der Rat besteht aus den fünf ständigen Mitgliedern des Sicherheitsrats.

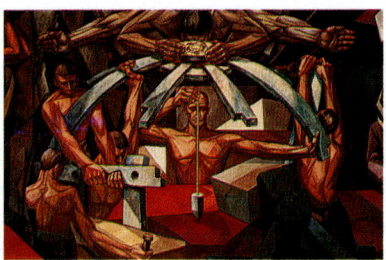

Das Wandbild von Zanetti (Dominikanische Republik) im Konferenzgebäude stellt den Kampf um Frieden dar

Treuhand-Verwaltungsrat

Wirtschafts- und Sozialrat

Die 54 Mitglieder des Rats arbeiten an der Verbesserung der Lebensstandards – eine Aufgabe, die 80 Prozent des UN-Budgets verbraucht. Der Rat gibt der Vollversammlung, den Mitgliedsstaaten und den UN-Spezialabteilungen Empfehlungen. Unterstützt wird er von Kommissionen, die sich mit regionalen Wirtschaftsproblemen, Menschenrechtsverletzungen, Bevölkerungsfragen, Drogenproblemen und den Rechten der Frauen beschäftigen. Der Wirtschafts- und Sozialrat kooperiert mit der International Labour Organization, der WHO, der UNICEF und anderen globalen Wohlfahrtsorganisationen.

Sekretariat

Ein internationales Team von 16 000 Mitarbeitern ist für das Sekretariat tätig, um die alltägliche Arbeit der UN auszuführen und Räten, Kommissionen und Agenturen Hilfestellung zu leisten. Das Sekretariat wird vom Generalsekretär geleitet, dem eine Schlüsselrolle als Sprecher bei den Friedensbemühungen zukommt. Der Generalsekretär wird von der Vollversammlung im Fünfjahresturnus gewählt. Seit 2017 ist dies António Guterres.

Bedeutende Ereignisse in der UN-Geschichte

Da die Vereinten Nationen über keine Einsatztruppe verfügen, sind sie vom Willen und von der militärischen Unterstützung ihrer Mitglieder abhängig. Entsprechend sind ihre Friedensbemühungen nicht immer von Erfolg gekrönt.

1948 erklärten die UN Südkorea zur legitimen Regierung Koreas. Zwei Jahre später spielten sie eine wichtige Rolle bei der Verteidigung Südkoreas gegen Nordkorea. 1949 halfen die Vereinten Nationen bei der Vermittlung eines Waffenstillstands zwischen Indonesien und den Niederlanden und unterstützten die Unabhängigkeit Indonesiens.

Seit 1964 ist eine UN-Truppe auf Zypern stationiert. 1974 erhielt China die wegen Taiwan lange verweigerte UN-Mitgliedschaft. Im Nahen Osten sind seit 1974 UN-Truppen stationiert, nach dem Israel-Libanon-Krieg 2006 wurde der Auftrag erweitert. Auch ins ehemalige Jugoslawien, nach Afghanistan, Libyen und Syrien entsandten die UN Truppen. 2006/07 sah sich die UN mit Korruptionsvorwürfen im Zusammenhang mit ihrer Irak-Hilfe konfrontiert. 2015 wurde die Agenda 2030 beschlossen mit 17 Zielen für eine weltweite nachhaltige Entwicklung.

1988 und 2001 wurde der Organisation der Friedensnobelpreis verliehen.

Nikita Chruschtschow vor der Vollversammlung 1960

Kunstwerke der Vereinten Nationen

Die Vereinten Nationen besitzen viele Werke berühmter Künstler, viele davon sind Geschenke von Mitgliedsstaaten. Die meisten kreisen um das Thema Frieden oder internationale Freundschaft. In der Legende zu Norman Rockwells *The Golden Rule* heißt es: »Behandle andere so, wie du selbst behandelt werden willst.« Fernand Léger schuf die Wandgemälde im Sitzungssaal. Marc Chagall entwarf ein Glasfenster in Erinnerung an den früheren Generalsekretär Dag Hammarskjöld, der während einer Friedensmission 1961 bei einem Flugzeugabsturz ums Leben kam. Eine Plastik von Henry Moore und viele Skulpturen zieren die Außenanlage (eingeschränkter Zugang).

The Golden Rule **(1985), ein großes Mosaik von Norman Rockwell**

160 | LOWER MIDTOWN

⓮ Morgan Library & Museum

Morgan Library & Museum ist in einem von McKim, Mead & White 1906 errichteten palazzoartigen Bau untergebracht. Die Bestände der Bibliothek trug der Bankier Pierpont Morgan zusammen. Morgan Jr. machte aus der Bibliothek 1924 eine öffentliche Einrichtung. Eine der weltweit wertvollsten Sammlungen seltener Manuskripte, Grafiken und Drucke befindet sich in einem Bibliotheksanbau von 1928 und in der Privatresidenz von Pierpont Morgan.

Fassade des Bibliotheksgebäudes

The Song of Los (1795)
Der Schriftsteller William Blake entwarf und gravierte diese Platte für eines seiner bedeutendsten Werke.

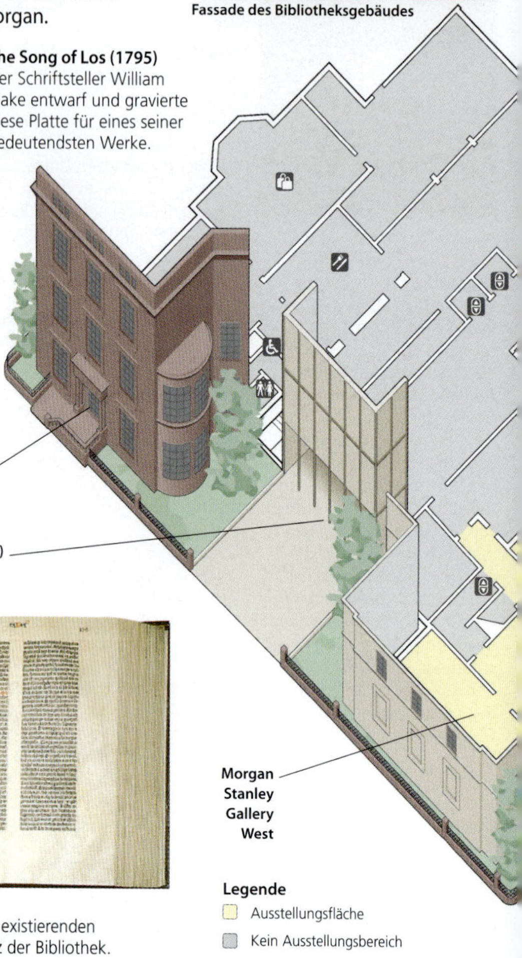

J. P. Morgan Jr. House

Haupteingang (von Renzo Piano)

Morgan Stanley Gallery West

Legende
☐ Ausstellungsfläche
▨ Kein Ausstellungsbereich

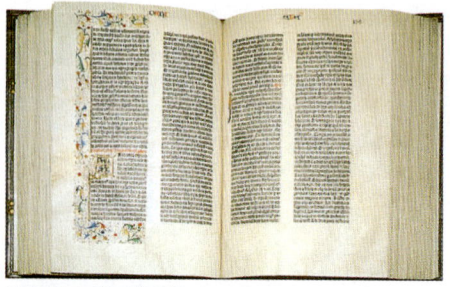

Gutenberg-Bibel (1455)
Diese Ausgabe ist eines von elf noch existierenden Exemplaren. Drei davon sind in Besitz der Bibliothek.

Partitur von Mozarts Hornkonzert Nr. 4, Es-Dur, KV 495
Die sechs noch existierenden Seiten der Partitur von 1786 sind mit verschiedenfarbiger Tinte beschrieben.

MORGAN LIBRARY & MUSEUM | **161**

Kurzführer

Morgans Arbeitszimmer und die Originalbibliothek enthalten einige seiner Lieblingsgemälde sowie Kunstobjekte. Wechselausstellungen zeigen ein Spektrum kulturell bedeutender Werke.

★ Mr. Morgan's Study
Das Arbeitszimmer schmücken Renaissance-Kunst und eine florentinische Holzdecke.

Erdgeschoss

Infobox

Information
225 Madison Avenue.
Stadtplan 9 A2. **Karte** E5.
📞 1-212-685-0008.
🕐 Di–Do 10.30–17, Fr 10.30–21, Sa 10–18, So 11–18 Uhr.
⬤ 1. Jan, Thanksgiving, 25. Dez. Fr 19–21 Uhr frei.
🌐 themorgan.org

Anfahrt
Ⓜ 6 bis 33rd St; 4, 5, 6, 7, S bis Grand Central Terminal; B, D, F, V bis 42nd St.
🚌 M1–5 sowie M16 u. M34 (crosstown).

★ Mr. Morgan's Library
Die Wände sind voller Bücherregale. Die Wandgemälde zeigen historische Persönlichkeiten und ihre Musen sowie Tierkreiszeichen.

★ Rotunde (1504)
Das Eingangsfoyer besitzt Marmorsäulen. Der Marmorboden ist dem der Villa Pia in den Vatikanischen Gärten nachempfunden.

Clare Eddy Thaw Gallery

Morgan Stanley Gallery East

Alice im Wunderland
Lewis Carrolls Charaktere sind in den Illustrationen (um 1865) von Sir John Tenniels verewigt.

John Pierpont Morgan
Der Finanzier J. P. Morgan (1837–1913) war nicht nur Bankier, sondern auch ein emsiger Sammler seltener Bücher und Originalmanuskripte. In seine Sammlung aufgenommen zu werden galt als große Ehre. Als Morgan 1909 Mark Twain um das Originalmanuskript von *Pudd'nhead Wilson* bat, antwortete dieser: »Einer meiner größten Wünsche ist in Erfüllung gegangen.«

Stadtplan *siehe Seiten 386–419* **Karte** *Extrakarte zum Herausnehmen*

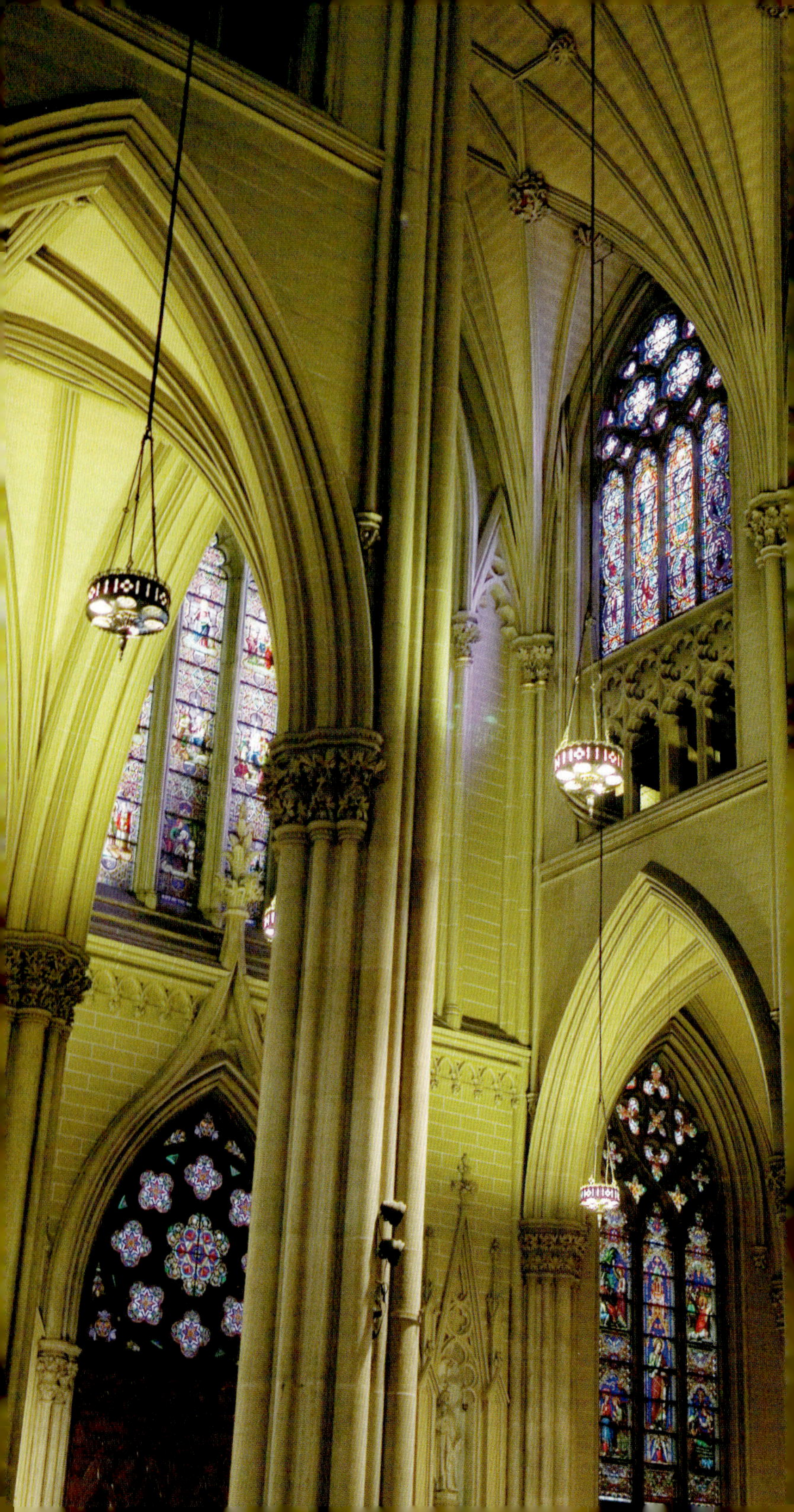

Upper Midtown

Das Viertel der Kirchen, Synagogen, Museen, Clubs, berühmten Geschäfte, Grandhotels, innovativen Wolkenkratzer und Luxuswohnungen ist das »gehobene« New York. Upper Midtown war einst auch das Viertel der Upper Class, etwa der Astors und Vanderbilts. Im Waldorf Astoria Hotel (1931) wurde der Waldorfsalat kreiert, in der King Cole Bar im St. Regis Hotel wurde 1934 erstmals Bloody Mary serviert. In den 1950er Jahren entstanden das Lever House und das Seagram Building – Meilensteine der Architektur. 1939 bezog das Museum of Modern Art (MoMA) sein Gebäude in Midtown Manhattan.

Sehenswürdigkeiten auf einen Blick

Historische Straßen und Gebäude
1. Fifth Avenue
8. Villard Houses
10. General Electric Building
16. Sutton Place
17. Roosevelt Island
20. Fuller Building

Moderne Architektur
3. IBM Building
12. Lever House
13. Seagram Building
14. Citigroup Center

Museen und Sammlungen
5. Museum of Modern Art (MoMA) S. 168–171
6. Paley Center for Media

Gotteshäuser
4. St. Thomas Church
7. St. Patrick's Cathedral S. 174f
9. St. Bartholomew's Church
15. Central Synagogue

Berühmte Hotels
11. Waldorf Astoria
21. Plaza Hotel

Berühmte Läden
2. Tiffany & Co.
19. Bloomingdale's

Park
18. Franklin D. Roosevelt Four Freedoms Park

☐ **Restaurants** siehe S. 299–302
1. Aquavit
2. BLT Steak
3. Dawat
4. Felidia
5. La Grenouille
6. Pampano
7. Rue 57
8. Shun Lee Palace
9. Smith & Wollensky

Stadtplan 12, 13, 14

◀ Bleiglasfenster in der St. Patrick's Cathedral *(siehe S. 174f)*   Zeichenerklärung *siehe hintere Umschlagklappe*

Im Detail: Upper Midtown

Die Fifth Avenue wurde zur »Luxusstraße«, als die vornehme Gesellschaft uptown neue Wohnquartiere bezog. 1917 erwarb Pierre Cartier das Haus des Bankiers Morton F. Plant, angeblich im Tausch gegen eine Perlenkette. Andere Luxusläden folgten. Dieser Teil von Midtown hat aber noch mehr zu bieten: Er wartet auch mit mehreren exquisiten Museen auf und besticht zudem durch seine architektonische Vielfalt.

Der University Club wurde 1899 als Eliteclub für Gentlemen errichtet.

❶ **Fifth Avenue**
Die Sightseeing-Pferdekutschen wurden durch Rikschas und und Taxis ersetzt. Sie kutschieren Besucher zu den Hauptsehenswürdigkeiten.

❹ **St. Thomas Church**
Viele der Steinmetzarbeiten im Innenraum stammen von Lee Lawrie.

❺ ★ **Museum of Modern Art**
Es beherbergt eine der weltweit besten Sammlungen moderner Kunst.

❻ **Paley Center for Media**
Ausstellungen, Retrospektiven, Live-Auftritte und ein riesiges Archiv an historischen Sendungen zählen zu den Attraktionen dieses Museums.

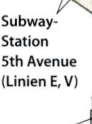

Subway-Station 5th Avenue (Linien E, V)

Saks Fifth Avenue hat schon Generationen von New Yorkern mit edlen Outfits versorgt *(siehe S. 313)*.

❼ ★ **St. Patrick's Cathedral**
Der prächtige neogotische Bau ist eine der größten katholischen Kathedralen der Vereinigten Staaten.

Der Olympic Tower ist ein eleganter Wolkenkratzer mit Büros, Wohnungen und Atrium.

❽ **Villard Houses**
Fünf Gebäude aus Sandstein gehören zum Lotte New York Palace Hotel.

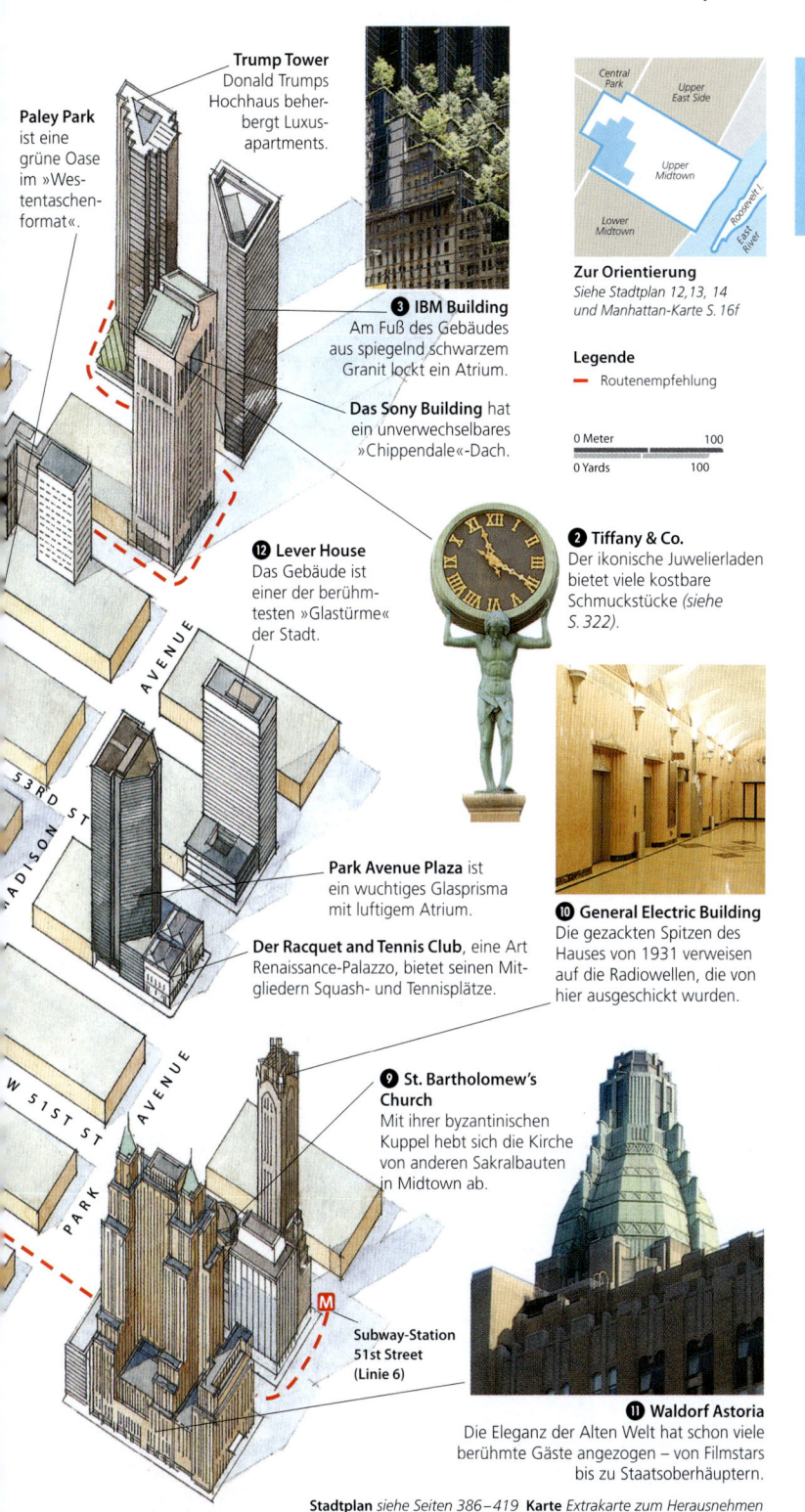

UPPER MIDTOWN | 165

Trump Tower
Donald Trumps Hochhaus beherbergt Luxusapartments.

Paley Park ist eine grüne Oase im »Westentaschenformat«.

❸ IBM Building
Am Fuß des Gebäudes aus spiegelnd schwarzem Granit lockt ein Atrium.

Das Sony Building hat ein unverwechselbares »Chippendale«-Dach.

Zur Orientierung
Siehe Stadtplan 12,13, 14 und Manhattan-Karte S. 16f

Legende
— Routenempfehlung

0 Meter 100
0 Yards 100

⓬ Lever House
Das Gebäude ist einer der berühmtesten »Glastürme« der Stadt.

❷ Tiffany & Co.
Der ikonische Juwelierladen bietet viele kostbare Schmuckstücke *(siehe S. 322)*.

Park Avenue Plaza ist ein wuchtiges Glasprisma mit luftigem Atrium.

❿ General Electric Building
Die gezackten Spitzen des Hauses von 1931 verweisen auf die Radiowellen, die von hier ausgeschickt wurden.

Der Racquet and Tennis Club, eine Art Renaissance-Palazzo, bietet seinen Mitgliedern Squash- und Tennisplätze.

❾ St. Bartholomew's Church
Mit ihrer byzantinischen Kuppel hebt sich die Kirche von anderen Sakralbauten in Midtown ab.

Ⓜ **Subway-Station 51st Street (Linie 6)**

⓫ Waldorf Astoria
Die Eleganz der Alten Welt hat schon viele berühmte Gäste angezogen – von Filmstars bis zu Staatsoberhäuptern.

Stadtplan *siehe Seiten 386–419* **Karte** *Extrakarte zum Herausnehmen*

Schaufensterdekoration bei Bergdorf Goodman

❶ Fifth Avenue

Stadtplan 12 F3–4. **Karte** E2–3. Ⓜ 5th Ave - 53rd St, 5th Ave-59th St.

William Henry Vanderbilt ließ sich 1883 an der Ecke Fifth Avenue/51st Street ein Stadthaus errichten. Andere vornehme Familien folgten, bald reihten sich bis zum Central Park palastartige Residenzen aneinander.

Heute erinnern nur noch wenige Gebäude an die alte Pracht. Eines davon ist das Gebäude Nr. 651 – heute Sitz von Cartier. Einst gehörte es dem Millionär Morton F. Plant, der auch Präsident des New York Yacht Club war. An der Nr. 730 (Crown House) fällt das vergoldete Dach auf. Ab 1906 siedelten sich immer mehr Läden in der Fifth Avenue an, woraufhin die feine Gesellschaft nach Uptown auswich. So bezog Plant 1917 eine neue Stadtresidenz in der 86th Street.

Seither ist die Fifth Avenue ein Synonym für Luxus. Cartier (52nd St), Henri Bendel (56th St), Tiffany und Bergdorf Goodman (57th/58th St) stehen für Wohlstand und Ansehen – wie die Familien Vanderbilt oder Astor vor über 100 Jahren.

❷ Tiffany & Co.

727 5th Ave. **Stadtplan** 12 F3. **Karte** E2. ☎ 1-212-755-8000. Ⓜ 5th Ave-53rd St, 5th Ave-59th St. ⏰ Mo-Sa 10–19, So 10–18 Uhr. 🌐 tiffany.com.

Das berühmte Juweliergeschäft, das Truman Capote in seinem berühmten Kurzroman *Frühstück bei Tiffany* (1958) unsterblich machte, wurde 1837 gegründet – ein Muss für Literatur- und Filmfreunde. Der Art-déco-Stil mit altem Holz und grünem Marmor wird von der Romanfigur Holly Golightly so beschrieben: »Es beruhigt mich sofort ... hier kann mir nichts Schlimmes zustoßen.« Über dem Eingang befindet sich eine Atlas-Skulptur aus Bronze, die eine Uhr auf den Schultern trägt.

Gleich nebenan erhebt sich der Trump Tower, der glitzernde Turm des Unternehmers Donald Trump, der 2017 US-Präsident wurde. In dem Bau von 1983 liegen auch das Hauptquartier des Mischkonzerns Trump Organization und das Luxusapartment der Familie Trump. Im Atrium des Baus gibt es einen 24 Meter hohen Wasserfall, an der Fassade sieht man hängende Gärten.

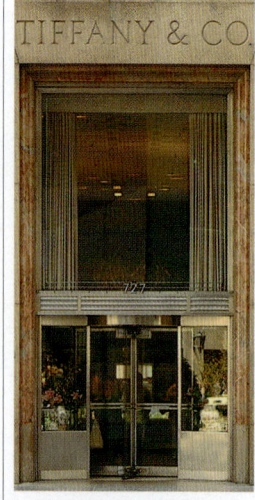

Der Eingang zum Juwelentempel Tiffany & Co.

❸ IBM Building

590 Madison Ave. **Stadtplan** 12 F3. **Karte** E2. Ⓜ 5th Ave. **Garden Plaza** ⏰ tägl. 8–22 Uhr. ♿

Das ungewöhnliche Gebäude wurde von Edward L. Barnes entworfen und 1983 fertiggestellt: ein fünfseitiges Prisma aus graugrünem Granit mit einer freitragenden Ecke in der 57th Street. Die Garden Plaza mit ihrem Bambus ist öffentlich zugänglich und wird auch »The Sculpture Garden« genannt. Die dafür geschaffenen acht Kunstwerke sind abwechselnd zu sehen, viermal im Jahr werden sie ausgetauscht. Beim Atrium steht eine Arbeit des Bildhauers Michael Heizer: *Levitated Mass* – eine scheinbar schwebende Granitplatte im Edelstahltank.

An der Ecke 57th Street und Madison Avenue steht die *Saurien* genannte, leuchtend orange abstrakte Skulptur von Alexander Calder.

Atrium des Trump Tower

❹ St. Thomas Church

1 W 53rd St. **Stadtplan** 12 F4. **Karte** E3. 📞 1-212-757-7013. Ⓜ 5th Ave-53rd St. 🕐 Mo–Fr 7.30–18.30 Uhr, Sa, So unterschiedl. ✝ Mo–Fr 8, 12.10, 17.30, Sa 12.10, So 8, 9, 11 Uhr. 📷 ♿ 🎧 nach 11-Uhr-Gottesdienst u. Konzerten.
🌐 **saintthomaschurch.org**

St. Thomas ist der vierte Sitz der Kirchengemeinde in diesem Pfarrbezirk und der zweite Bau am heutigen Ort. Die jetzige Kirche wurde 1909–14 errichtet. Der 1905 niedergebrannte Vorgängerbau war im späten 19. Jahrhundert Schauplatz prunkvoller High-Society-Hochzeiten. Besonders verschwenderisch war 1895 die Hochzeit der Erbin Consuela Vanderbilt und des englischen Herzogs von Marlborough.

Der Kalksteinbau im französisch-gotischen Stil hat einen asymmetrischen Einzelturm und ein versetztes Schiff. So löste man die Probleme, die das Eckgrundstück aufwarf. Die verzierten Wände hinter dem Altar sind das Werk des Architekten Bertram Goodhue und des Bildhauers Lee Lawrie. Im Chorgestühl aus den 1920er Jahren sind die US-Präsidenten Roosevelt und Wilson sowie Lee Lawrie dargestellt.

❺ Museum of Modern Art

Siehe S. 168–171.

❻ Paley Center for Media

25 W 52nd St. **Stadtplan** 12 F4. **Karte** D3. 📞 1-212-621-6600. Ⓜ 5th Ave-53rd St. 🕐 Mi–So 12–18 Uhr (Do bis 20 Uhr). ⊘ Feiertage. 📷 ♿ 🎧 🏛
🌐 **paleycenter.org**

In dem einzigartigen Museum kann man Nachrichten- und Unterhaltungssendungen, Sportberichte und Dokumentarisches von den Anfängen bis zur Gegenwart verfolgen. Musikfans bewundern die Beatles oder das Fernsehdebüt von Elvis Presley. Sportenthusiasten erleben Wettkämpfe,

Die Beatles Paul, Ringo und John in der *Ed Sullivan Show* **1964**

Geschichtsinteressierte vielleicht Filmdokumente aus dem Zweiten Weltkrieg. Aus weit mehr als 50 000 archivierten Sendungen kann man jeweils sechs Titel auswählen. Es gibt zudem Vorführsäle und ein Kino mit 200 Plätzen, in dem Retrospektiven zu Schauspielern und Regisseuren laufen. Zu sehen sind auch Fotos, Plakate und Erinnerungsstücke.

William S. Paley, der verstorbene Direktor der Fernsehgesellschaft CBS, konzipierte das Museum. Es wurde 1975 in der 53rd Street als Museum of Broadcasting eröffnet, war jedoch bald so populär, dass man mehr Platz benötigte. 1991 zog das Museum in die heutigen Hightech-Räume.

❼ St. Patrick's Cathedral

Siehe S. 174f.

Fernsehstar der 1960er Jahre: Lucille Ball

Stadtplan *siehe Seiten 386–419* **Karte** *Extrakarte zum Herausnehmen*

◉ Museum of Modern Art (MoMA)

Das MoMA besitzt eine der weltweit größten Sammlungen moderner Kunst. Das 1929 gegründete Museum hat immer schon Standards gesetzt. Nach einer Umbauphase wurde es 2004 wiedereröffnet. Die Ausstellungsflächen erstrecken sich über fünf Ebenen und bieten doppelt so viel Platz wie vorher. Die Glasfassaden lassen viel Licht ins Innere und ermöglichen den Blick auf den Skulpturengarten. Seit 2016 wird das MoMA bei laufendem Betrieb renoviert (bis 2019).

Fassade des Museum of Modern Art

Christina's World (1948)
Andrew Wyeth kontrastiert einen überwältigenden Horizont mit dem unmittelbaren Umfeld seiner behinderten Nachbarin.

Kurzführer
Der Skulpturengarten befindet sich im Erdgeschoss. Zeitgenössische Kunst, Drucke und mediale Kunst sind im ersten Obergeschoss untergebracht. Gemälde und Skulpturen finden sich im ersten, dritten und vierten Stock. Architektur, Design, Fotografie und Zeichnungen werden im zweiten Stock präsentiert. Wechselausstellungen sind im zweiten und fünften Stock zu sehen, Filme im Untergeschoss.

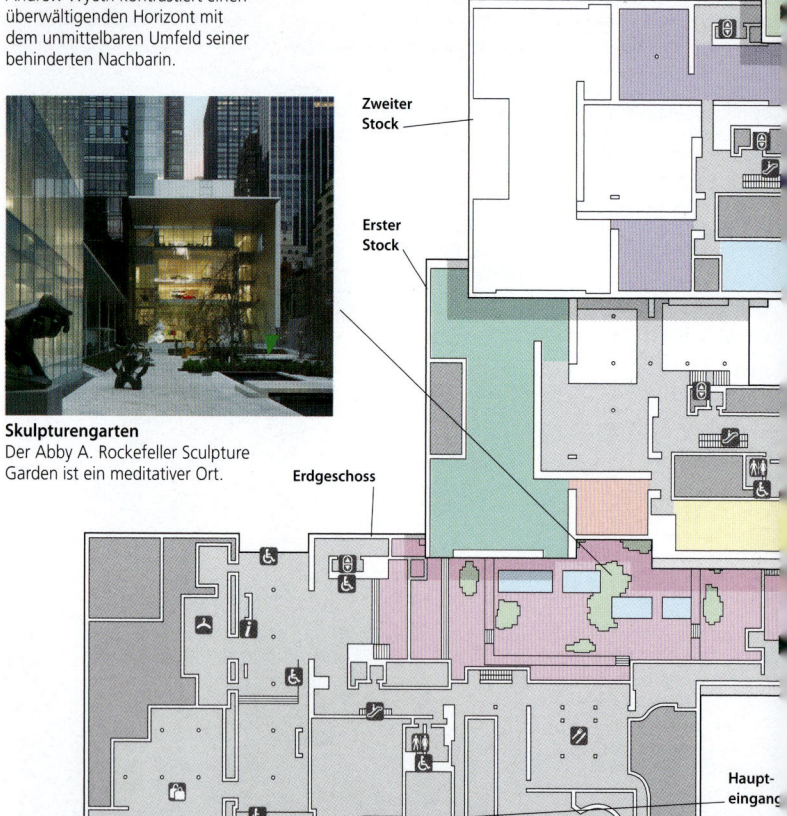

Skulpturengarten
Der Abby A. Rockefeller Sculpture Garden ist ein meditativer Ort.

Zweiter Stock

Erster Stock

Erdgeschoss

Haupteingang

MUSEUM OF MODERN ART | 169

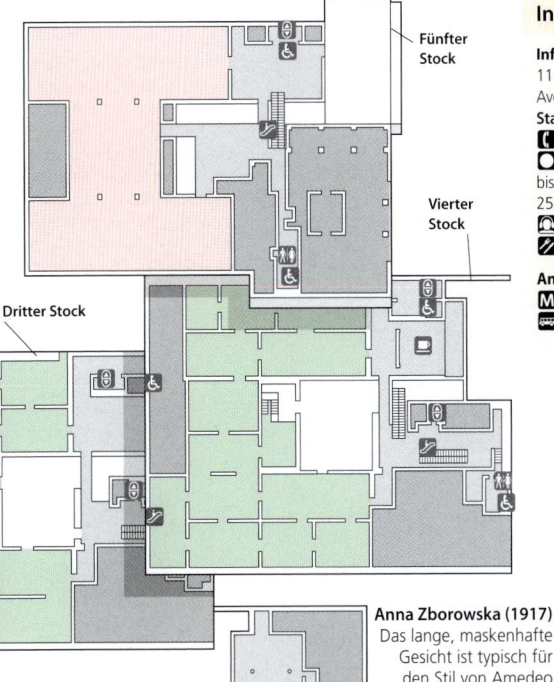

Infobox

Information
11 West 53rd St zwischen Fifth Ave u. Ave of the Americas. **Stadtplan** 12 F4. **Karte** D3. 1-212-708-9400. tägl. 10.30–17.30 Uhr (Fr bis 20 Uhr). Thanksgiving, 25. Dez. Fr 16–20 Uhr frei. für Gruppen. moma.org

Anfahrt
5th Ave-53rd St.
M1-5, M50, Q32.

Fünfter Stock

Vierter Stock

Dritter Stock

Anna Zborowska (1917)
Das lange, maskenhafte Gesicht ist typisch für den Stil von Amedeo Modigliani.

Seerosen (um 1920)
Claude Monets spätes Triptychon strahlt eine intensive, heiter-ruhige Stimmung aus.

★ Les Demoiselles d'Avignon (1907)
In frühen Entwürfen sind auch zwei Freier zu sehen. Später konzentrierte sich Picasso ganz auf die Darstellung der Frauen.

★ Porträt von Joseph Roulin (1889)
Van Gogh bezeichnete sein Porträt des befreundeten Postboten Joseph Roulin als »modern«, da die darin verwendete Farbe den Charakter des Porträtierten am genauesten wiedergebe.

Legende
- Skulpturengarten
- Zeitgenössische Kunst
- Mediale Kunst
- Drucke und illustrierte Bücher
- Architektur und Design
- Zeichnungen
- Fotografie
- Gemälde und Skulpturen
- Sonderausstellungen
- Kein Ausstellungsbereich
- Nicht zugänglicher Bereich

Stadtplan siehe Seiten 386–419 **Karte** Extrakarte zum Herausnehmen

MoMA: Sammlungen

Das Museum besitzt etwa 200 000 Kunstwerke von über 18 000 Urhebern – von Klassikern des Nachimpressionismus bis zur einzigartigen Sammlung moderner und zeitgenössischer Kunst, von frühen Meisterwerken der Film- und Fotokunst bis zu Glanzstücken modernen Designs.

Zerrinnende Zeit (1931) des Surrealisten Salvador Dalí

Gemälde und Skulpturen 1880–1945

Paul Cézannes monumentales Bild *Der Badende* und Vincent van Goghs *Porträt von Joseph Roulin* sind zwei der Gemälde aus dem späten 19. Jahrhundert, mit denen die Sammlung aufwartet. Fauvismus und Expressionismus sind u. a. durch Matisse, Derain und Kirchner repräsentiert, während Picassos *Les Demoiselles d'Avignon* den Übergang zu einem neuen Stil markiert.

Einzigartig ist die Anzahl von kubistischen Gemälden. Sie vermittelt einen Überblick über die Bewegung, die unsere Wahrnehmung radikal infrage gestellt hat.

Highlights sind Picassos *Mandolinenspielerin*, Braques *Mann mit Gitarre* und *Soda* sowie Juan Gris' *Banjo und Gläser*. Von den Futuristen, die Farbe und Bewegung in den Kubismus brachten, sind u. a. Gino Severini (*Bal Tabarin*), Umberto Boccioni (*Dynamismus eines Fußballspielers*), Balla, Carrà und Jacques Villon vertreten.

Die geometrische Abstraktion der Konstruktivisten lässt sich an Werken von Malevič, Lissitzky und Rodčenko nachvollziehen. Der Einfluss der niederländischen De-Stijl-Gruppe tritt in Bildern wie Mondrians *Broadway Boogie Woogie* zutage.

Henri Matisse ist mit Werken wie *Der Tanz I* und *Das rote Atelier* vertreten. Bei den Surrealisten sind u. a. Arbeiten von Salvador Dalí, Joan Miró und Max Ernst zu bewundern.

Gemälde und Skulpturen nach 1945

Die Sammlung moderner Nachkriegskunst beginnt mit Werken von Bacon und Dubuffet. Jackson Pollocks *One* (*Number 31*, 1950), Willem de Koonings *Woman, I*, Arshile Gorkys *Agony* und Mark Rothkos *Red, Brown and Black* repräsentieren den abstrakten Expressionismus. Weitere interessante Werke sind *Flag* von Jasper Johns sowie das aus Abfall zusammengesetzte *First Landing Jump* und das aus Bettwäsche gefertigte *Bed* von Robert Rauschenberg. Glanzlichter der Pop-Art-Sammlung sind Roy Lichtensteins *Girl with Ball* und *Drowning Girl*, Andy Warhols berühmte *Gold Marilyn Monroe* und Claes Oldenburgs *Giant Soft Fan*. Zu den Arbeiten ab etwa 1965 gehören Werke von Judd, Flavin, Serra, Beuys und vielen anderen.

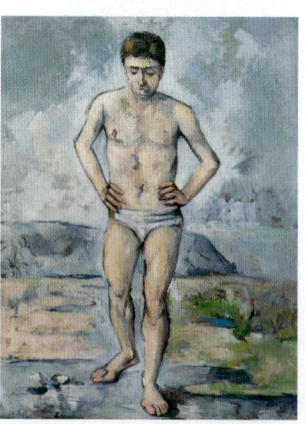

Der Badende (um 1885), Ölgemälde des französischen Impressionisten Paul Cézanne

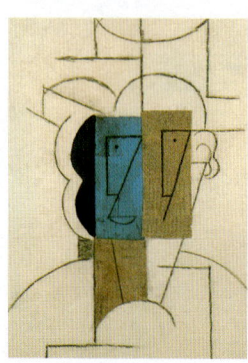

Mann mit Hut von Pablo Picasso (Collage und Holzkohle, 1912)

Zeichnungen und Papierarbeiten

Über 7000 zeichnerische Kunstwerke – von kleinen Skizzen bis zu wandgroßen Exponaten – gehören zur Grafiksammlung des MoMA. Viele Zeichnungen sind konventionell, benutzen Stift, Holzkohle, Feder und Tinte oder Wasserfarben. Es gibt jedoch auch Collagen und Werke mit recht unterschiedlichen Materialien, etwa mit Papierschnipseln und Naturprodukten.

Die Sammlung bietet einen Überblick über die Moderne – vom späten 19. Jahrhundert bis heute, von Kunstrichtungen wie Kubismus und Dadaismus bis zum Surrealismus. Dabei hängen die Zeichnungen weltberühmter Künstler wie Picasso, Miró und Johns neben der stetig wachsenden Anzahl von Werken noch nicht so bekannter, aber vielversprechender Künstler.

American Indian Theme II (1980) von Roy Lichtenstein

Filmabteilung

Die Filmabteilung des MoMA besitzt über 22 000 Filme und vier Millionen Standfotos. Sie bietet ein vielfältiges Programm – Retrospektiven, Filme bestimmter Regisseure oder Schauspieler, experimentelle Filme. Zudem gibt es abwechslungsreiche Ausstellungen. Ein wichtiger Bereich des Museums ist die Konservierung von Filmkopien. Berühmte Regisseure stiften Kopien ihrer Filme, um die kostspielige Archivierung zu unterstützen.

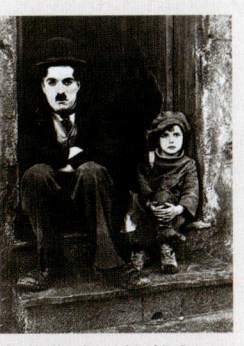

Charlie Chaplin und Jackie Coogan in *The Kid* (1921)

Drucke und illustrierte Bücher

Alle relevanten Kunstrichtungen seit 1880 sind in dieser Sammlung von Drucken und Illustrationen vertreten. Mehr als 50 000 Exponate vermitteln sowohl die historischen wie die zeitgenössischen Richtungen der grafischen Kunst. Es gibt Werke mit traditionellen Techniken (etwa Lithografien, Radierungen, Siebdrucke und Holzdrucke) und Exponate, die eher experimentell sind.

Von Andy Warhol gibt es einige besonders sehenswerte Werke. Er gilt als einer der wichtigsten Vertreter für Drucke im 20. Jahrhundert. Zudem sind Illustrationen und Drucke anderer Künstler zu sehen, darunter Redon, Matisse, Munch, Dubuffet, Johns, Lichtenstein und Picasso.

Die Exponate in den Ausstellungsräumen wechseln regelmäßig, da nur Teile der Sammlung präsentiert werden.

Fotografie

Die fotografische Sammlung beginnt mit der Erfindung des Mediums um 1840. Neben Aufnahmen von Künstlern, Journalisten, Wissenschaftlern und Unternehmern umfasst sie auch solche von Amateuren. Zu den Highlights gehören einige der bekanntesten Werke amerikanischer und europäischer Fotografen wie Atget, Stieglitz, Lange, Arbus, Steichen, Cartier-Bresson und Kertesz. Daneben gibt es eine Reihe von zeitgenössischen Fotografen wie Friedlander, Cindy Sherman und Nicholas Nixon. Die in Farbe oder Schwarz-Weiß aufgenommenen Sujets reichen von Landschaften über Szenen städtischen Elends bis hin zu abstrakten Bildern und ausgefallenen Porträts (darunter sind auch im Trockenen Gelatineverfahren produzierte Akte des französischen Surrealisten Man Ray).

Die Aufnahmen spiegeln in ihrer Gesamtheit die Geschichte der Fotokunst wider und bilden eine der erlesensten Sammlungen der Welt.

Sonntag am Ufer der Marne, 1939 fotografiert von Henri Cartier-Bresson

Architektur und Design

Das Museum of Modern Art nahm als erstes Kunstmuseum Gebrauchsgegenstände in seine Sammlung auf – von Haushaltsgeräten, Stereoanlagen, Möbeln, Leuchten, Textilien und Glasobjekten bis hin zu industriellen Kugellagern und Siliziumchips.

Architektur wird in Form von Fotos sowie mit maßstabsgerechten Modellen und Zeichnungen von realisierten und unrealisierten Projekten dokumentiert. Grafisches Design ist mit Druckerzeugnissen und Plakaten vertreten.

Zu den großen Exponaten, die aussehen, als ob sie in ein Verkehrsmuseum gehörten, zählen ein Willys-Overland-Jeep und ein Bell-Hubschrauber aus dem Jahr 1945.

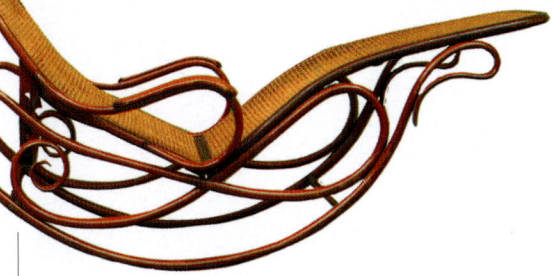

Schaukelstuhl der Brüder Thonet (dampfgebogene Buche und Rohr, um 1880)

8 Villard Houses

457 Madison Ave (Lotte New York Palace Hotel). **Stadtplan** 13 A4. **Karte** E3. ☎ 1-212-888-7000. Ⓜ 51st St. 🌐 **lottepalace.com**

Der deutsche Einwanderer Henry Villard war Herausgeber der *New York Evening Post* und einer der ersten Präsidenten der Northern Pacific Railroad. 1881 erwarb er das Grundstück gegenüber der St. Patrick's Cathedral und ließ McKim, Mead & White dort sechs vierstöckige Stadthäuser um einen zur Straße und Kirche hin offenen Innenhof errichten. Die Innenausstattung oblag dem Bildhauer Augustus Saint-Gaudens. Bald nach der Fertigstellung musste Villard die Anlage wegen Geldmangels an die römisch-katholische Erzdiözese verkaufen.

In den 1970er Jahren drohte ihnen der Abriss, weil der Platzbedarf der Kirche gewachsen war. Man löste das Problem, indem man die Luftrechte (»air rights«) an die Helmsley-Kette verkaufte, die 1980 neben den Villard Houses das 51-stöckige Helmsley (heute Lotte New York) Palace Hotel bauen ließ, ein Entwurf von Emery Roth & Sons. Kurze Zeit gehörte das Hotel dem Sultan von Brunei. 2015 erwarb es die südkoreanische Firma Lotte Hotels & Resorts für 805 Millionen Dollar.

Die Lobby besitzt einen Kamin aus Veroneser Marmor mit Skulpturen, die Gastlichkeit, Freude und Maß symbolisieren. Auf den Seiten finden sich Delfine. Saint-Gaudens kreierte auch eine astronomische Uhr.

Die Villard Houses – heute der Zugang zum Lotte New York Palace Hotel

St. Bartholomew's Church

9 St. Bartholomew's Church

109 E 50th St. **Stadtplan** 13 A4. **Karte** E3. ☎ 1-212-378-0222. Ⓜ 51st St. ⏰ tägl. 9–18 Uhr (Do bis 19.30, So bis 20.30 Uhr). ⛪ häufig. ♿ **Vorträge, Konzerte.** 📷 So nach 11-Uhr-Gottesdienst. ☎ 1-212-888-2664. 🌐 **stbarts.org**

Die rötliche Backsteinkirche mit der byzantinischen Goldkuppel nennen die New Yorker »St. Bart's«. Das schmucke Gebäude brachte 1919 Farbe und Abwechslung in die Park Avenue. Der Architekt Bertram Goodhue setzte dem Bauwerk ein romanisches Portal vor, das Stanford White für die ursprüngliche, 1903 errichtete Kirche St. Bartholomew's an der Madison Avenue entworfen hatte. Für die Kapelle wurden Marmorsäulen der älteren Kirche verwendet.

St. Bartholomew's bietet ein sehr gutes Konzertprogramm. Seine Theatergruppe bringt jedes Jahr drei Stücke zur Aufführung.

10 General Electric Building

570 Lexington Ave. **Stadtplan** 13 A4. **Karte** E3. Ⓜ Lexington Ave. ⬤ für Besucher.

Die Architekten Cross & Cross erhielten 1931 den Auftrag zum Bau eines Hauses, das ein harmonisches Ensemble mit St. Bartholomew's bilden sollte. Die Aufgabe erfüllten sie mit Bravour. Der Turm wirkt wie eine Ergänzung zur polychromen Kuppel des Gotteshauses, bildet aber einen reizvollen Kontrast zu dessen Farbe.

General Electric Building an der Lexington Avenue

Von der Ecke Park Avenue/50th Street sieht man, wie gut die Verbindung gelungen ist.

Das Gebäude gibt nicht nur einen reizvollen Hintergrund ab, sondern kann selbst als Kunstwerk bestehen. Mit seiner Zackenspitze ist das Artdéco-Juwel ein Glanzstück der Skyline. Die Lobby erstrahlt in Chrom und Marmor.

Einen Block nördlich in der Lexington Avenue wurde die berühmte Szene für *Das verflixte 7. Jahr* gedreht, in der Marilyn Monroes weißes Kleid von einem Luftstoß aus einem U-Bahn-Schacht erfasst und hochgewirbelt wird.

⓫ Waldorf Astoria

301 Park Ave. **Stadtplan** 13 A5. **Karte** E3. 1-212-355-3000. Lexington Ave, 53rd St. Siehe Hotels S. 289.
w waldorfnewyork.com

Der klassische Art-déco-Bau wurde 1931 nach Plänen von Schultze & Weaver errichtet. Das ursprüngliche Hotel in der 34th Street musste dem Empire State Building weichen.

Das Waldorf Astoria – zweifellos noch immer eines der nobelsten Hotels New Yorks – erinnert an glanzvolle Zeiten. In seinen 190 Meter hohen Zwillingstürmen residierten u. a. General MacArthur, Frank Sinatra, alle US-Präsidenten seit 1931 und weitere Berühmtheiten. Die riesige Uhr in der Lobby wurde für die Weltausstellung 1893 in Chicago angefertigt und stammt aus dem alten Hotel. Das Piano in der Cocktail Lounge des Restaurants Peacock Alley gehörte Cole Porter, wenn er hier wohnte.

Winston Churchill und der New Yorker Philanthrop Grover Whalen 1946 im Waldorf Astoria

⓬ Lever House

390 Park Ave. **Stadtplan** 13 A4. **Karte** E3. 5th Ave - 53rd St. **Lobby und Gebäude** für Besucher.

Die Errichtung des ersten Glas-Stahl-Gebäudes, in dessen Fassade sich die soliden Wohnhäuser entlang der Park Avenue spiegelten, war eine Sensation. Der Entwurf der Architekten Skidmore, Owings & Merrill – auf einen horizontalen Quader ist ein weiterer Quader hochkant gestellt – hatte immensen Einfluss auf den modernen Städtebau. Die

Lever House in der Park Avenue

klare, von allen Seiten lichtdurchlässige Konstruktion stand für die Seifenprodukte der Firma Lever Brothers (ab 1930 Unilever).

So revolutionär das Lever House 1952 war, so unscheinbar wirkt es heute zwischen den zahlreichen Nachahmerbauten seiner Umgebung. Seiner Bedeutung als Meilenstein der Architekturgeschichte tut dies keinen Abbruch. Das Restaurant Casa Lever gehört zu den edelsten der Gegend.

⓭ Seagram Building

375 Park Ave. **Stadtplan** 13 A4. **Karte** E3. 5th Ave - 53rd St. Mo – Fr 9 – 17 Uhr.

Samuel Bronfman, Besitzer der Seagram-Branntweinbrennerei, wollte ein ganz normales Geschäftshaus bauen lassen. Auf Drängen seiner Tochter, der Architektin Phyllis Lambert, beauftragte er dann jedoch Mies van der Rohe mit der Planung. Das Resultat, zwei Quader aus Bronze und Glas, gilt als das

Der elegante Pool Room im Seagram Building

gelungenste der im International Style errichteten Gebäude.

Von 1959 bis 2016 war hier das exklusive Restaurant Four Seasons – auch architektonisch eine Attraktion. Zusammen mit Mies van der Rohe konzipierte Philip Johnson zwei spektakuläre Räume für das Restaurant – den einen um einen weißen Marmorpool, den anderen neben einer Bar, über der eine Installation von Richard Lippold schwebte.

Büroangestellte beim Lunch im Atrium des Citigroup Center

⓮ Citigroup Center

153 E 53rd St. **Stadtplan** 13 A4. **Karte** E3. Lexington Ave - 53rd St. tägl. 7 – 23 Uhr. **St. Peter's Lutheran Church** 619 Lexington Ave. 1-212-935-2200. tägl. 9 – 21 Uhr. Mo – Fr 12.15, Mi 18, So 8.45, 11 Uhr. **Jazzmesse** So 17 Uhr. **Konzerte** Mi 12 Uhr. **York Theater at St. Peter's** 1-212-935-5820.
w saintpeters.org

Das aluminiumverkleidete Citigroup Center ruht auf vier zehngeschossigen Pfeilern und sticht mit seinem Schrägdach aus der Skyline hervor. (Der Plan, dort Sonnenkollektoren zu installieren, wurde nie realisiert.) Bei seiner Fertigstellung 1978 war der ungewöhnliche Bau eine Sensation.

In der Nordwestecke der Konstruktion befindet sich St. Peter's Lutheran Church. Die Erol-Beker-Kapelle im Inneren wurde von der Bildhauerin Louise Nevelson gestaltet. Die Kirche ist bekannt für Orgelkonzerte und Jazzgottesdienste. Manchmal finden hier auch Theateraufführungen statt.

Stadtplan siehe Seiten 386 – 419 **Karte** Extrakarte zum Herausnehmen

❼ St. Patrick's Cathedral

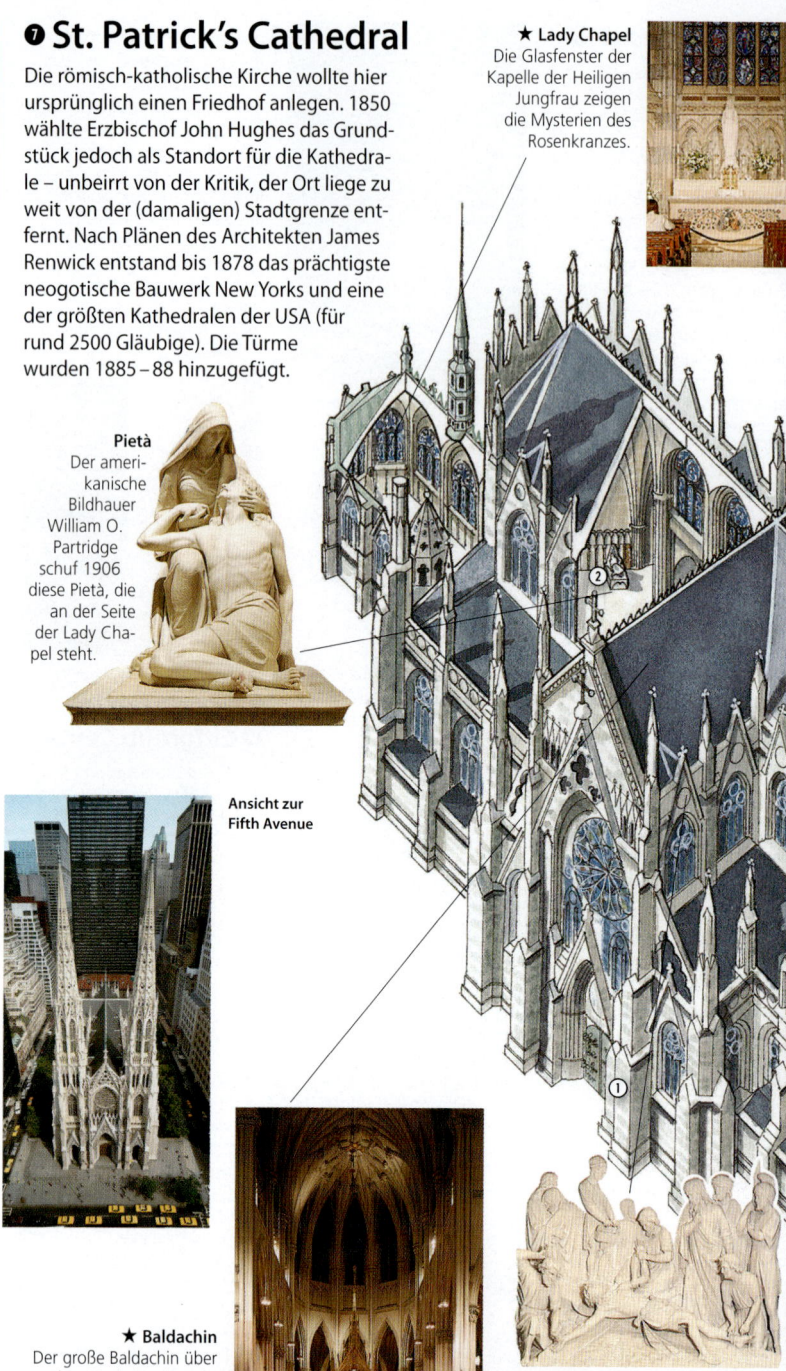

Die römisch-katholische Kirche wollte hier ursprünglich einen Friedhof anlegen. 1850 wählte Erzbischof John Hughes das Grundstück jedoch als Standort für die Kathedrale – unbeirrt von der Kritik, der Ort liege zu weit von der (damaligen) Stadtgrenze entfernt. Nach Plänen des Architekten James Renwick entstand bis 1878 das prächtigste neogotische Bauwerk New Yorks und eine der größten Kathedralen der USA (für rund 2500 Gläubige). Die Türme wurden 1885–88 hinzugefügt.

★ Lady Chapel
Die Glasfenster der Kapelle der Heiligen Jungfrau zeigen die Mysterien des Rosenkranzes.

Pietà
Der amerikanische Bildhauer William O. Partridge schuf 1906 diese Pietà, die an der Seite der Lady Chapel steht.

Ansicht zur Fifth Avenue

★ Baldachin
Der große Baldachin über dem Hochaltar besteht komplett aus Bronze. Statuen von Heiligen und Propheten schmücken die vier Stützpfeiler.

Kreuzwegstationen
Die in den Niederlanden aus Caen-Stein gemeißelten Reliefs erhielten bei der Weltausstellung 1893 in Chicago den ersten Preis für sakrale Kunst.

ST. PATRICK'S CATHEDRAL | 175

Schrein von Saint Elizabeth Ann Seton
Statue und Wand zeigen das Leben der Gründerin der Sisters of Charity, die als erste Amerikanerin heiliggesprochen wurde *(siehe S. 77)*.

Infobox

Information
460 Madison Ave.
Stadtplan 12 F4. **Karte** E3.
📞 1-212-753-2261.
🕐 tägl. 6.30–20.45 Uhr.
✝ Mo–Sa häufig, So 7, 8, 9, 10.15, 12, 16 (auf Spanisch), 17.30 Uhr.
♿ 📷 🎵 Konzerte, Vorträge.
🌐 saintpatrickscathedral.org

Anfahrt
Ⓜ 6 bis 51st St; E, V bis Fifth Ave. 🚌 M1–5, M50, Q32.

★ **Orgel und Fensterrose**
Die Fensterrose (acht Meter Durchmesser) erstrahlt über der großen Orgel mit über 7000 Pfeifen.

★ **Bronzetüren**
Die massiven Bronzetüren wiegen neun Tonnen. Die Figuren stellen Heilige dar.

Haupteingang

Außerdem

① **Für die Fassadenverkleidung** wurde weißer Marmor verwendet. Die Türme haben eine Höhe von 101 Metern.

② **Krypta**

③ **Lady of Guadalupe**

Stadtplan *siehe Seiten 386–419* **Karte** *Extrakarte zum Herausnehmen*

⓯ Central Synagogue

652 Lexington Ave. **Stadtplan** 13 A4. **Karte** E2–3. ☎ 1-212-838-5122. Ⓜ Lexington Ave-53rd Ave. ◯ Di, Mi 12–14 Uhr. ✡ Mi 12.45 Uhr. ♿ ✡ Fr 18 Uhr (Juli, Aug: auch Sa 9.30 Uhr; Sep–Juni: auch Sa 10.30 Uhr). 🅦 centralsynagogue.org

Die älteste genutzte Synagoge New Yorks wurde 1870 nach Plänen von Henry Fernbach errichtet. Der Einwanderer aus Schlesien war der erste prominente jüdische Architekt der USA. Von ihm stammen einige schöne Gusseisen-Gebäude in SoHo. Die Synagoge gilt als markantestes Beispiel für den neomaurischen Stil. Die Gemeinde Ahawath Chesed wurde 1846 von 18 Neuankömmlingen aus Böhmen gegründet – in der Ludlow Street in der ärmlichen Lower East Side.

Der Innenraum weist Schablonenmuster auf und erstrahlt in Rot, Blau, Ocker und Gold. Viktorianische Darstellungen der Alhambra in Spanien lieferten die Vorlage.

Hufeisenbogen sind typisch für die spanischmaurische Architektur.

Im Schrein liegen die heiligen Schriftrollen der Thora.

Die Fassade ist im maurischen Stil aus rotbraunem Sandstein gestaltet.

Die Zwillingstürme mit Hauben aus grün patiniertem Kupfer sind 37 Meter hoch. Sie symbolisieren die beiden Säulen vor Salomons Tempel.

⓰ Sutton Place

Stadtplan 13 C3. **Karte** G2. Ⓜ 59th St, 51st St. 🚍 M15, M31, M57.

Sutton Place ist eine edle, ruhige Wohngegend mit eleganten Apartmenthäusern und Stadtresidenzen. Ehe sich dort in den 1920er Jahren die vornehme New Yorker Gesellschaft ansiedelte, prägten Fabriken und Mietskasernen das Viertel. Im Haus Sutton Square Nr. 3 residiert der Generalsekretär der Vereinten Nationen.

Über Sutton Square und die 59th Street hinweg fällt der Blick auf die Riverview Terrace, eine Privatstraße mit fünf am Fluss gelegenen efeubewachsenen Sandsteinhäusern. Kleine Parks am Ende der 55th und 57th Street bieten schöne Ausblicke auf den East River und die Queensboro Bridge.

Die Ed Koch Queensboro Bridge (so der offizielle Name) wurde nach dem 2013 verstorbenen Bürgermeister der Stadt benannt. Sie (1909) verbindet Queens mit Manhattan über Roosevelt Island und ist ein beliebtes Filmmotiv, etwa in Woody Allens *Manhattan*.

Park am Sutton Place mit Blick auf Queensboro Bridge und Roosevelt Island

⓱ Roosevelt Island

Stadtplan 14 D2. **Karte** G1–3. Ⓜ 59th St (für Aerial Tramway), Roosevelt Island (🅕). 🅦 rioc.com.

Roosevelt Island inmitten des East River ist ein oft übersehenes Areal der Stadt. Auf der Insel leben etwa 13 000 Menschen. Von den Ureinwohnern wurde sie Minnahannock genannt. 1686 erwarb sie der englische Farmer Robert Blackwell.

1921 war sie als Welfare Island bekannt, lag aber bis in die 1950er Jahre weitgehend brach. In den 1970er Jahren setzte eine Neuerschließung ein, die Insel wurde zur beliebten Wohnadresse. Heute gibt es hier eine luftige Promenade mit grandiosem Blick auf Midtown. Seit 1976 führt eine Seilbahn (Aerial Tramway, Second Avenue/60th Street) über den Fluss, auf die Insel gelangt man auch mit der U-Bahnlinie F.

⓲ Franklin D. Roosevelt Four Freedoms Park

1 FDR Four Freedoms Park, Roosevelt Island. **Stadtplan** 14 D5. **Karte** G3. 1-212-204-8831. Roosevelt Island. Apr–Sep: Mi–Mo 9–19 Uhr; Okt–März: Mi–Mo 9–17 Uhr.
fdrfourfreedomspark.org

Am Südende von Roosevelt Island liegt der Franklin D. Roosevelt Four Freedoms Park, der in den 1970er Jahren von Louis Kahn entworfen, aber erst 2012 fertiggestellt wurde. 120 Linden säumen den dreieckigen Park, dessen Spitze ein Bronzeporträt des 32. Präsidenten aufweist. Nahebei sind die »Vier Freiheiten« in Granit gemeißelt. 1941 formulierte Franklin D. Roosevelt diese vier als Freiheit der Rede, der Religion sowie Freiheit von Not und von Furcht. Sie spielten bei der Gründung der UN eine Rolle.

Statuen über dem Eingang zum Fuller Building

Bloomingdale's

⓳ Bloomingdale's

1000 3rd Ave. **Stadtplan** 13 A3. **Karte** EF2. 1-212-705-2000. 59th St. Mo–Sa 10–20.30, So 11–19 Uhr. Siehe **Shopping** S. 313. **bloomingdales.com**

In den 1980er Jahren war »Bloomies« ein Synonym für gutes Leben. Dabei hatte das berühmte, 1872 von Joseph und Lyman Bloomingdale gegründete Kaufhaus zunächst ein Billig-Image. Die Wandlung zum Shopping-Tempel vollzog sich nach dem Abriss der Hochbahn in den 1960er Jahren. Die 1980er Jahre brachten einen Besitzerwechsel und schließlich den Bankrott.

Heute gibt sich Bloomingdale's weniger prunkvoll, bleibt aber eines der bestsortierten Kaufhäuser ganz New Yorks. Eine weitere Filiale findet man in SoHo, 504 Broadway.

⓴ Fuller Building

41 E 57th St. **Stadtplan** 13 A3. **Karte** E2. 59th St. James Goodman Gallery 1-212-593-3737. Mo–Fr 10–17.30 Uhr.

Das schlanke, in Schwarz, Grau und Weiß gestaltete Geschäftshaus wurde 1929 nach Plänen von Walker & Gillette errichtet und ist ein Paradebeispiel des geometrischen Art-déco-Designs. Die Statuen links und rechts der Uhr über dem Eingang sind ein Werk des Bildhauers Elie Nadelman. Eines der Bodenmosaiken im Inneren zeigt den früheren Sitz der Fuller Company im Flatiron Building (siehe S. 123). Der Bau beherbergt exklusive Galerien.

Plaza Hotel: Fassade im Stil der französischen Renaissance

㉑ Plaza Hotel

Ecke 5th Ave/Central Park South. **Stadtplan** 12 F3. **Karte** D2. Fifth Ave - 59th St. **theplazany.com**

Die »Grande Dame« unter den New Yorker Hotels entstand nach Plänen von Henry J. Hardenbergh, der auch das Dakota Building (siehe S. 212) und das erste Waldorf Astoria gestaltet hatte. 1907 wurde das Plaza Hotel für 12,5 Millionen Dollar fertiggestellt und zum »besten Hotel der Welt« erklärt: mit 800 Zimmern, 500 Bädern, fünf Marmortreppenhäusern und 14- bis 17-Zimmer-Suiten für Familien wie die Vanderbilts oder Goulds (siehe S. 51).

Die 18-stöckige Gusseisen-Konstruktion nimmt Anleihen bei französischen Renaissance-Schlössern. Das Interieur stammt größtenteils aus Europa. Der Palm Court präsentiert sich mit Spiegeln und Skulpturen – ein hübscher Ort für einen Afternoon Tea.

Bereits der frühere Besitzer Donald Trump ließ das Hotel renovieren. Für 400 Millionen Dollar wurde das Gebäude 2005 erneut umgebaut. Jetzt beherbergt es Luxuswohnungen, ein Hotel mit 282 Zimmern sowie sechs Etagen mit Shops und Edelrestaurants.

Stadtplan siehe Seiten 386–419 **Karte** Extrakarte zum Herausnehmen

GUGGENHEIM

Upper East Side

Seit den 1890er Jahren war dies eine Enklave der Upper Class, hier wohnten die Astors, Rockefellers und Whitneys. Viele der Beaux-Arts-Gebäude beherbergen heute Museen und Botschaften wie das Met oder die Gebäude der Museum Mile. In den prächtigen Apartmenthäusern der Fifth und der Park Avenue lebt nach wie vor die Elite. Elegante Läden und Galerien säumen die Madison Avenue. Östlich davon in German und Hungarian Yorkville (in den 80er Straßen) sowie in Little Bohemia lebten einst Deutsche, Ungarn und Tschechen. Ihre Kirchen sowie einige Lokale und Läden sind geblieben.

Sehenswürdigkeiten auf einen Blick

Historische Straßen und Gebäude
9 Park Avenue Armory
15 Gracie Mansion

Museen und Sammlungen
1 Neue Galerie New York
2 Jewish Museum
3 Cooper Hewitt, Smithsonian Design Museum
4 Ukrainian Institute
5 *Solomon R. Guggenheim Museum S. 184f*
6 *Metropolitan Museum of Art S. 186–193*
7 *Frick Collection S. 196f*
8 Asia Society
11 Society of Illustrators
12 Mount Vernon Hotel Museum
14 The Met Breuer
18 Museum of the City of New York

Gotteshäuser
10 Temple Emanu-El
13 Christ Church United Methodist
16 Church of the Holy Trinity
17 St. Nicholas Russian Orthodox Cathedral

Restaurants
siehe S. 302–304
1 Beyoglu
2 Café Boulud
3 Café d'Alsace
4 Café Sabarsky
5 Daniel
6 E.A.T.
7 Flex Mussels
8 Maya
9 Penrose
10 Sasabune
11 Sfoglia
12 Shanghai Pavilion

Stadtplan *12, 13, 16, 17, 18, 21*

Zeichenerklärung
siehe hintere Umschlagklappe

◀ Pink beleuchtet: Solomon R. Guggenheim Museum *(siehe S. 184f)*

Im Detail: Museumsmeile

Die Upper East Side ist das Viertel der Museen. Sie sind in Gebäuden untergebracht, die stilistisch von den einstigen Stadtpalais Fricks und Carnegies bis hin zur modernistischen Spirale des Guggenheim Museum reichen. Entsprechend vielfältig präsentieren sich die Ausstellungen: Von Alten Meistern über Fotografie bis zu den dekorativen Künsten ist alles vertreten. Das Metropolitan Museum of Art – Amerikas Antwort auf den Louvre – beherrscht die Szene.

❷ Jewish Museum
Die weltweit größte Sammlung von Judaika umfasst Münzen, archäologische Fundstücke sowie zeremonielle und religiöse Objekte.

❸ ★ Cooper Hewitt, Smithsonian Design Museum
Hier wird dekorative Kunst, etwa Keramik und Glas, Möbel und Textilien, präsentiert.

The Church of the Heavenly Rest wurde 1929 im gotischen Stil erbaut. Die Madonna in der Kanzel stammt von der Bildhauerin Malvina Hoffman.

Graham House, ein Wohngebäude mit prächtigem Beaux-Arts-Eingang, entstand 1892.

❺ ★ Solomon R. Guggenheim Museum
Frank Lloyd Wrights weißer, spiralförmiger Bau wird abends farbig beleuchtet. Mit dem Aufzug gelangt man in die oberste Etage, von dort geht man hinunter, vorbei an Meisterwerken moderner Kunst.

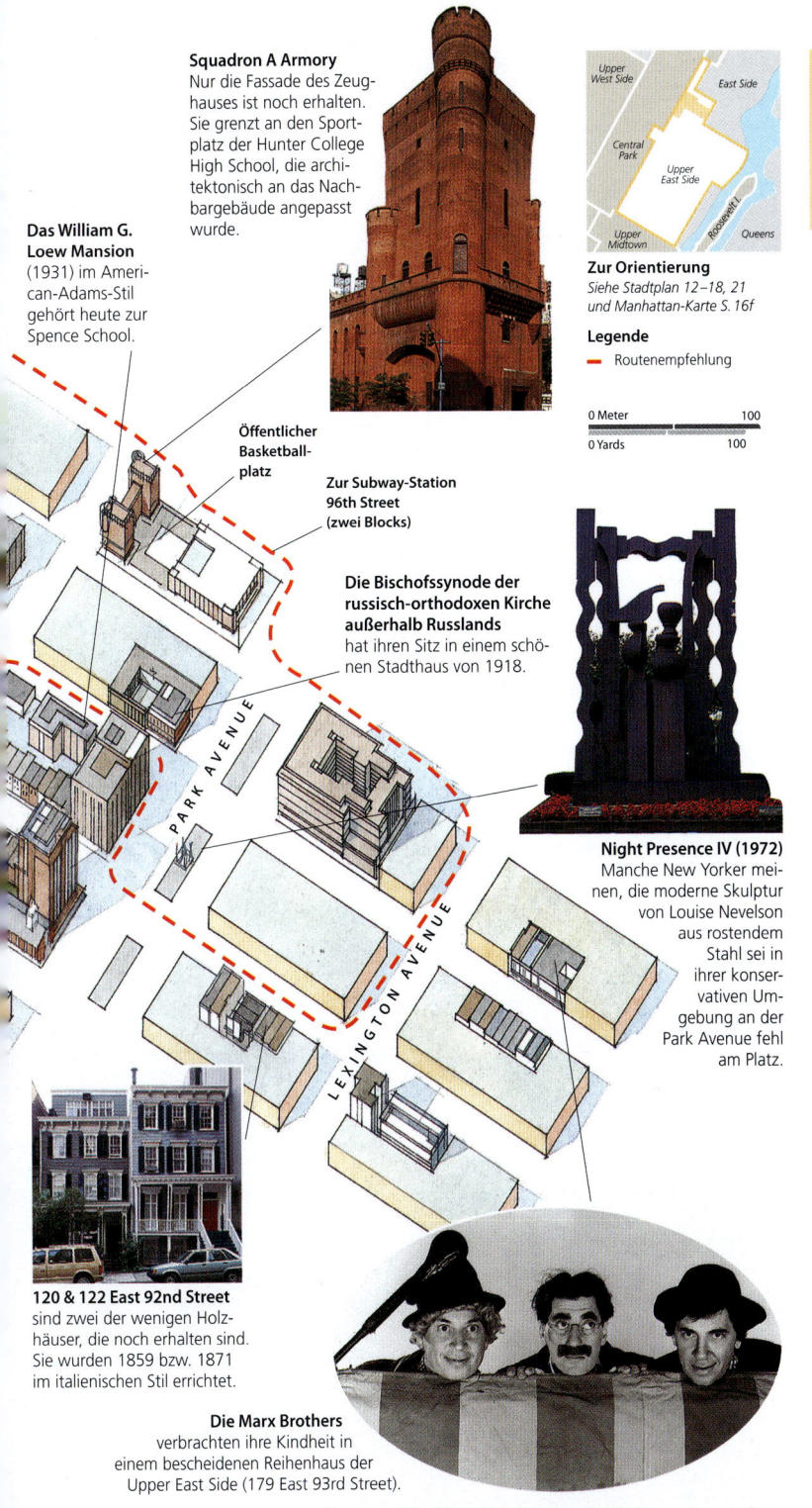

MUSEUMSMEILE | **181**

Squadron A Armory
Nur die Fassade des Zeughauses ist noch erhalten. Sie grenzt an den Sportplatz der Hunter College High School, die architektonisch an das Nachbargebäude angepasst wurde.

Das William G. Loew Mansion
(1931) im American-Adams-Stil gehört heute zur Spence School.

Zur Orientierung
Siehe Stadtplan 12–18, 21 und Manhattan-Karte S. 16f

Legende
— Routenempfehlung

0 Meter 100
0 Yards 100

Öffentlicher Basketballplatz

Zur Subway-Station 96th Street (zwei Blocks)

Die Bischofssynode der russisch-orthodoxen Kirche außerhalb Russlands
hat ihren Sitz in einem schönen Stadthaus von 1918.

Night Presence IV (1972)
Manche New Yorker meinen, die moderne Skulptur von Louise Nevelson aus rostendem Stahl sei in ihrer konservativen Umgebung an der Park Avenue fehl am Platz.

120 & 122 East 92nd Street
sind zwei der wenigen Holzhäuser, die noch erhalten sind. Sie wurden 1859 bzw. 1871 im italienischen Stil errichtet.

Die Marx Brothers
verbrachten ihre Kindheit in einem bescheidenen Reihenhaus der Upper East Side (179 East 93rd Street).

Stadtplan *siehe Seiten 386–419* **Karte** *Extrakarte zum Herausnehmen*

❶ Neue Galerie New York

1048 5th Ave/E 86th St. **Stadtplan** 16 F3. **Karte** N7. 📞 1-212-628-6200. Ⓜ 86th St. 🚌 M1–4. ⭕ Do–Mo 11–18 Uhr. ⬤ Feiertage. 🖼️📷♿☕ **Café Sabarsky** ⭕ Mo, Mi 9–18, Do–So 9–21 Uhr. 📷♿🌐 neuegalerie.org

Der Kunsthändler Serge Sabarsky und der Philanthrop Ronald Lauder gründeten das Museum mit dem Ziel, deutsche und österreichische Kunst des frühen 20. Jahrhunderts zu sammeln und auszustellen. Das im Louis-XIII-Stil errichtete Beaux-Arts-Gebäude vollendeten 1914 Carrère & Hastings, die auch die New York Public Library *(siehe S. 142)* bauten. Lauder und Sabarsky erwarben das einst von Mrs. Cornelius Vanderbilt III bewohnte Anwesen 1994. Im Erdgeschoss gibt es einen Buchladen sowie das Café Sabarsky *(siehe S. 303)*.

Im Obergeschoss sind Werke von Klimt, Schiele und der Wiener Werkstätte zu sehen. In den Stockwerken darüber befinden sich Werke der Künstlergruppen Der Blaue Reiter (u. a. Klee, Kandinsky), Das Bauhaus (Mies van der Rohe, Feininger) und Die Brücke (u. a. Kirchner, Heckel). Klimts Porträt von *Adele Bloch-Bauer I* (1907) ist das Highlight des Museums. Das Bild zeigt Adele Bloch-Bauer, Mitglied einer der reichsten jüdischen Familien Wiens. Es war 1938 von den Nazis geraubt worden.

❷ Jewish Museum

1109 5th Ave. **Stadtplan** 16 F2. **Karte** N6. 📞 1-212-423-3200. Ⓜ 86th St, 96th St. 🚌 M1–4. ⭕ Sa–Di 11–17.45, Do 11–20, Fr 11–16 Uhr. ⬤ staatliche u. jüdische Feiertage. 🖼️📷♿☕ 🌐 thejewishmuseum.org

Die exquisite Privatresidenz des Bankiers Felix M. Warburg entstand 1908 nach Plänen von C. P. H. Gilbert. Sie beherbergt eine der größten Sammlungen jüdischer religiöser und klassischer Kunst sowie historischer Judaika. Die Steinarbeiten im Anbau sind das Werk der Steinmetze von St. John the Divine *(siehe S. 220f)*.

Die Objekte stammen aus der ganzen Welt, wobei die Stifter oft Verfolgung riskierten. Die Sammlung deckt 4000 Jahre jüdischer Geschichte ab. Neben Thorakronen, Leuchtern, Kiddush-Bechern, Tellern, Schriftrollen und zeremoniellem Silber beeindrucken eine Bundeslade aus der Kollektion Benguiat, die Fayencewand einer persischen Synagoge (16. Jh.) und *Holocaust*, das Werk des Bildhauers George Segal.

Kanne und Schale (19. Jh.) aus Istanbul im Jewish Museum

❸ Cooper Hewitt, Smithonian Design Museum

2 E 91st St. **Stadtplan** 16 F2. **Karte** N7. 📞 1-212-849-8400. Ⓜ 86th St, 96th St. 🚌 M1–4. ⭕ tägl. 10–18 Uhr (So bis 21 Uhr). ⬤ 1. Jan, Thanksgiving, 25. Dez. 🖼️📷♿☕📷 🌐 cooperhewitt.org

Das Museum im früheren Palais des Industriemagnaten Andrew Carnegie wurde nach intensiver Renovierung 2014 wiedereröffnet. Die modernisierten Abteilungen liegen um das originale Treppenhaus. Auch die Holztäfelungen und das Parkett stammen noch aus der Entstehungszeit des Hauses. Im ersten Stock liegt die Carnegie Library mit ihren exquisiten Teakholz-Schnitzereien.

Eingang, Cooper-Hewitt Museum

Das Museum bietet eine Vielzahl an Design-Exponaten, von Gegenständen aus 3-D-Druckern über Stahlcolliers bis zu Schachfiguren aus Porzellan. Es besitzt zudem die meisten Werke der amerikanischen Maler Frederic Edwin Church und Winslow Homer. Neben der Dauerausstellung sind auch Wechselausstellungen zu sehen.

❹ Ukrainian Institute

2 E 79th St. **Stadtplan** 16 F5. **Karte** N8. 📞 1-212-288-8660. Ⓜ 86th St. 🚌 M1–4. ⭕ Di–Sa 12–18 Uhr. ⬤ Feiertage. 🌐 ukrainianinstitute.org

Das Kulturzentrum, das im Schatten des Metropolitan Museum steht, besitzt eine ansprechende Kunstsammlung. Wechselausstellungen mit Werken moderner ukrainischer Künstler findet man im ersten Stock. Die weiteren Stockwerke zeigen abstrakte Kunst von Alexander Archipenko, Bilder von David Burliuk, dem »Vater des russischen Futurismus«, und großformatige Gemälde des sowjetischen Realismus.

Das Gebäude wurde 1899 für den Banker Isaac Fletcher errichtet. Bekannter ist sein späterer Besitzer, der in den 1920er Jahren skandalumwitterte Ölbaron Harry Sinclair.

Fassade des Ukrainian Institute

❺ Solomon R. Guggenheim Museum

Siehe S. 184f.

❻ Metropolitan Museum of Art

Siehe S. 186–193.

❼ Frick Collection

Siehe S. 202f.

❽ Asia Society

725 Park Ave. **Stadtplan** 13 A1. **Karte** P9. 1-212-288-6400. Veranstaltungen: 1-212-517-ASIA. 68th St. Di–So 11–18 Uhr (Fr bis 21 Uhr). Feiertage. Di–So 14 Uhr (Fr auch 18.30 Uhr). asiasociety.org

Um den Amerikanern die Kultur Asiens näherzubringen, gründete John D. Rockefeller III 1956 die Asia Society. 30 Länder der asiatisch-pazifischen Region finden hier ein Forum – vom Iran bis Japan sowie Australien.

Der achtstöckige Bau wurde 1981 nach Plänen von Edward Larrabee Barnes errichtet. 2001 wurde das Museum renoviert und verfügt seitdem über eine größere Fläche.

Südasiatische Skulptur in der Asia Society

Eine Abteilung ist den Skulpturen, Keramiken, Bronzen und Holzfiguren gewidmet, die Rockefeller und seine Frau von ihren Asienreisen mitbrachten. Darunter sind chinesische Keramiken aus der Song- und Ming-Dynastie und eine kupferne Bodhisattva-Statue mit Edelsteinen aus Nepal.

Neben Wechselausstellungen präsentiert die Asia Society auch Tanz, Konzerte, Filme und Vorträge. Der Buchladen ist gut sortiert.

Eingangshalle des Park Avenue Armory

❾ Park Avenue Armory

643 Park Ave. **Stadtplan** 13 A2. **Karte** E1. 1-212-616-3930. 68th St. Di, Do 10 Uhr (variiert teilweise, siehe Website). armoryonpark.org

Das Siebte Regiment war im Krieg von 1812 und in beiden Weltkriegen von großer Bedeutung. Das Elitekorps setzte sich aus »Gentleman«-Soldaten vornehmer Herkunft zusammen. Das festungsartige Äußere des Arsenals verbirgt Räume mit viktorianischem Mobiliar, Kunstgegenständen und Regimentsandenken.

Der Entwurf von Charles W. Clinton umfasste Verwaltungsräume mit Blick auf die Park Avenue und dahinter eine Exerzierhalle. Der Veterans' Room und die Bibliothek von Louis Comfort Tiffany dienten als Empfangsräume.

Die Exerzierhalle wird heute für Wohltätigkeitsbälle genutzt. Im Winter findet hier die Antiques Show *(siehe S. 55)* statt. Das Anwesen dient auch für Konzerte des New York Philharmonic Orchestra.

❿ Temple Emanu-El

1 E 65th St. **Stadtplan** 12 F2. **Karte** E1. 1-212-744-1400. 68th St, 63th St. So–Do 10–16.30 Uhr. jüdische Feiertage. So–Do 17.30, Fr 17.15, Sa 10.30 Uhr. emanuelnyc.org

Der Kalksteinbau von 1929 ist eine der größten Synagogen der Welt – allein die Haupthalle bietet Sitzplätze für 2500 Gläubige. Das Gotteshaus ist Mittelpunkt der ältesten reformjüdischen Gemeinde New Yorks.

Beeindruckende Details im Inneren sind das Bronzegitter vor dem Thoraschrein und Darstellungen des Davidschilds und des Löwen von Juda aus Bleiglas. Ein zurückgesetzter Bogen mit prächtigem Rosettenfenster beherrscht die Fassade zur Fifth Avenue.

Früher stand hier das Stadtpalais der legendären Mrs. William Astor. Die Gesellschaftskönigin verließ ihren Sitz in Midtown nach einem Streit mit ihrem Neffen, der früher in ihrer Nachbarschaft wohnte. Mit der gehobenen Gesellschaft im Gefolge zog sie in die Upper East Side. Ihr Weinkeller und drei Marmorkamine sind in der Synagoge erhalten geblieben.

Der Thoraschrein im Temple Emanu-El

Stadtplan *siehe Seiten 386–419* **Karte** *Extrakarte zum Herausnehmen*

❺ Solomon R. Guggenheim Museum

Das Guggenheim Museum besitzt nicht nur eine der weltbesten Sammlungen zeitgenössischer Kunst, auch das Gebäude selbst ist ein Glanzstück. Schon 1943 setzte sich Solomon R. Guggenheim zum ersten Mal mit dem Architekten Frank Lloyd Wright zusammen. Als der Bau 1959 eröffnet wurde, waren beide bereits tot. Das Museum, das 2009 restauriert wurde, ähnelt einem riesigen Schneckenhaus. Man fährt mit dem Aufzug bis zur Kuppel hinauf und folgt der spiralförmigen Rampe nach unten, vorbei an vielen bedeutenden Werken aus dem 19. bis 21. Jahrhundert.

Paris durch das Fenster gesehen (1913)
Mit lebhaften Farben evoziert Marc Chagalls Meisterwerk Vorstellungen von einer magischen, geheimnisvollen Stadt, in der nichts so ist, wie es scheint.

Die Büglerin (1904)
Picasso stellt mit diesem Werk aus seiner Blauen Periode die Mühsal der Arbeit vollendet dar.

Haupteingang

Außerdem

① Sackler Center for Arts Education
② Kleine Rotunde
③ Tower
④ Große Rotunde
⑤ Café

Gelbe Kuh (1911)
Franz Marcs Werk ist von der Natur-Bewegung beeinflusst.

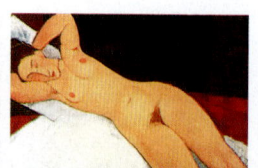

Liegender Akt (1917)
Die Schlafende ist charakteristisch für Amedeo Modiglianis Werk.

Kurzführer

In der Großen Rotunde finden Sonderausstellungen statt, in der Kleinen Rotunde sind Teile der Sammlung von Impressionisten und Postimpressionisten zu sehen. Die neuen Abteilungen im Tower (The Annex) zeigen Teile der Sammlung und andere zeitgenössische Exponate. Die Exponate der Dauerausstellung werden nie gleichzeitig, sondern im Wechsel präsentiert.

Frau vor dem Spiegel (1876)
Um die Atmosphäre des 19. Jahrhunderts einzufangen, verwendete Édouard Manet oft das Motiv der Kurtisane.

Infobox

Information
1071 5th Ave/89th St. **Stadtplan** 16 F3. **Karte** N7. 1-212-423-3500. Mi–Mo 10–17.45 Uhr (Sa bis 19.45 Uhr). Thanksgiving, 24., 25. Dez. Sa 17.45–19.45 Uhr: Spende. Konzerte, Vorträge. guggenheim.org

Anfahrt
4, 5, 6 bis 86th St. M1–4.

Frau mit Vase (1927)
Fernand Léger hat in das Bild kubistische Elemente eingearbeitet.

Schwarze Linien (1913)
Dies ist eines der frühesten Beispiele für Wassily Kandinskys abstrakte Kunst.

Frau mit gelbem Haar (1931)
Picassos sinnliche Geliebte taucht oft als Motiv in seinen Bildern auf.

Frank Lloyd Wright

Wright gilt als Erneuerer der amerikanischen Architektur. Besonders charakteristisch für Wrights Werk sind seine Landhäuser im »Prairie«-Stil und die Bürobauten aus Betonplatten, Glasbausteinen und Röhren. 1943 erhielt er den Auftrag für das Guggenheim Museum. Der Bau – sein einziger in New York – wurde erst 1959, kurz nach seinem Tod fertig.

Innenansicht der Großen Rotunde

Stadtplan *siehe Seiten 386–419* **Karte** *Extrakarte zum Herausnehmen*

Metropolitan Museum of Art

Die wohl umfangreichste Sammlung der westlichen Welt wurde 1870 von einer Gruppe von Künstlern und Philanthropen gegründet, die ein Pendant zu europäischen Kunstinstitutionen wie dem Pariser Louvre schaffen wollten. Die Exponate reichen von prähistorischer Zeit bis in die Gegenwart. Das Museum wurde 1880 eröffnet. Publikumsmagnete sind die griechische und römische Kunst.

Eingang des Metropolitan Museum of Art

Erdgeschoss

★ Jeanne Hébuterne (1919)
Amedeo Modigliani porträtierte seine Geliebte über 20 Mal. 1920 beging Jeanne Hébuterne Selbstmord – am Tag nach Modiglianis Tod.

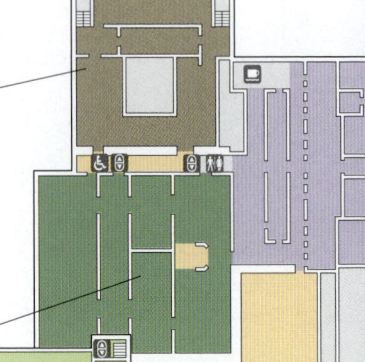

Zwischengeschoss

Maske aus Benin
Das Königreich Benin (heute ein Teil Nigerias) war für seine Kunst berühmt. Diese Maske stammt aus dem 16. Jahrhundert.

Kurzführer
Der Großteil der Sammlungen ist auf den beiden Hauptgeschossen zusehen. Neben Dauerausstellungen (19 Abteilungen) gibt es Areale mit Sonderschauen. Europäische Malerei, Skulpturen und dekorative Kunst sind im Erdgeschoss und im Obergeschoss an zentraler Stelle zu sehen. Das Costume Institute liegt im Basement, direkt unter der ägyptischen Sammlung.

Harfenspieler
Die Figur (um 2800 v. Chr.) entstand auf den Kykladen.

Legende
- Amerikanische Kunst
- Kunst aus Afrika, Ozeanien, Nord- und Südamerika
- Waffen und Rüstungen
- Ägyptische Kunst
- Europäische Malerei, Skulpturen und dekorative Kunst
- Griechische und römische Kunst
- Mittelalterliche Kunst
- Moderne Kunst
- Robert Lehman Collection
- Sonderausstellungen
- Kein Ausstellungsbereich

METROPOLITAN MUSEUM OF ART | **187**

★ Porträt der Prinzessin de Broglie (1853)
Dies ist das letzte Porträt, das Jean-Auguste-Dominique Ingres schuf.

Infobox

Information
1000 Fifth Ave. **Stadtplan** 16 F4. **Karte** N7–8. 1-212-535-7710. tägl. 10–17.30 Uhr (Fr, Sa bis 21 Uhr). 1. Jan, Thanksgiving, 25. Dez. Konzerte, Vorträge, Seminare, Filmvorführungen.
w metmuseum.org

Anfahrt
M 4, 5, 6 bis 86th St. M1–4.

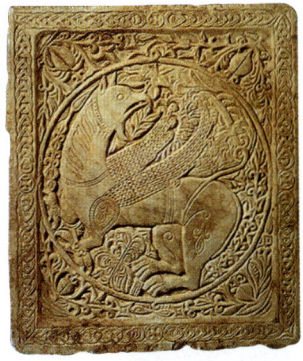

Erster Stock

★ Byzantinische Kunst
Die Marmorplatte, die um 1250 in Griechenland oder auf dem Balkan entstand, zeigt einen Greif.

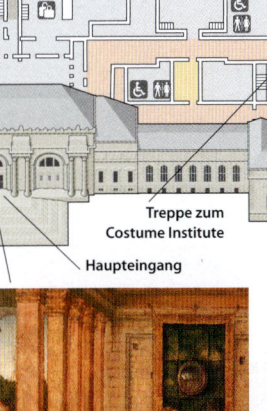

Treppe zum Costume Institute
Haupteingang

Die Hochzeit von Kanaa
Das Tafelbild aus dem 16. Jahrhundert von Juan de Flandes ist Bestandteil der Linsky Collection.

Englische Rüstung
Sie wurde um 1580 für Sir George Clifford angefertigt.

★ Tempel von Dendur (10 v. Chr.)
Der Tempel wurde im Auftrag des römischen Kaisers Augustus erbaut. Reliefs zeigen ihn bei einem Opfer.

Stadtplan siehe Seiten 386–419 **Karte** Extrakarte zum Herausnehmen

Metropolitan Museum of Art: Obergeschoss

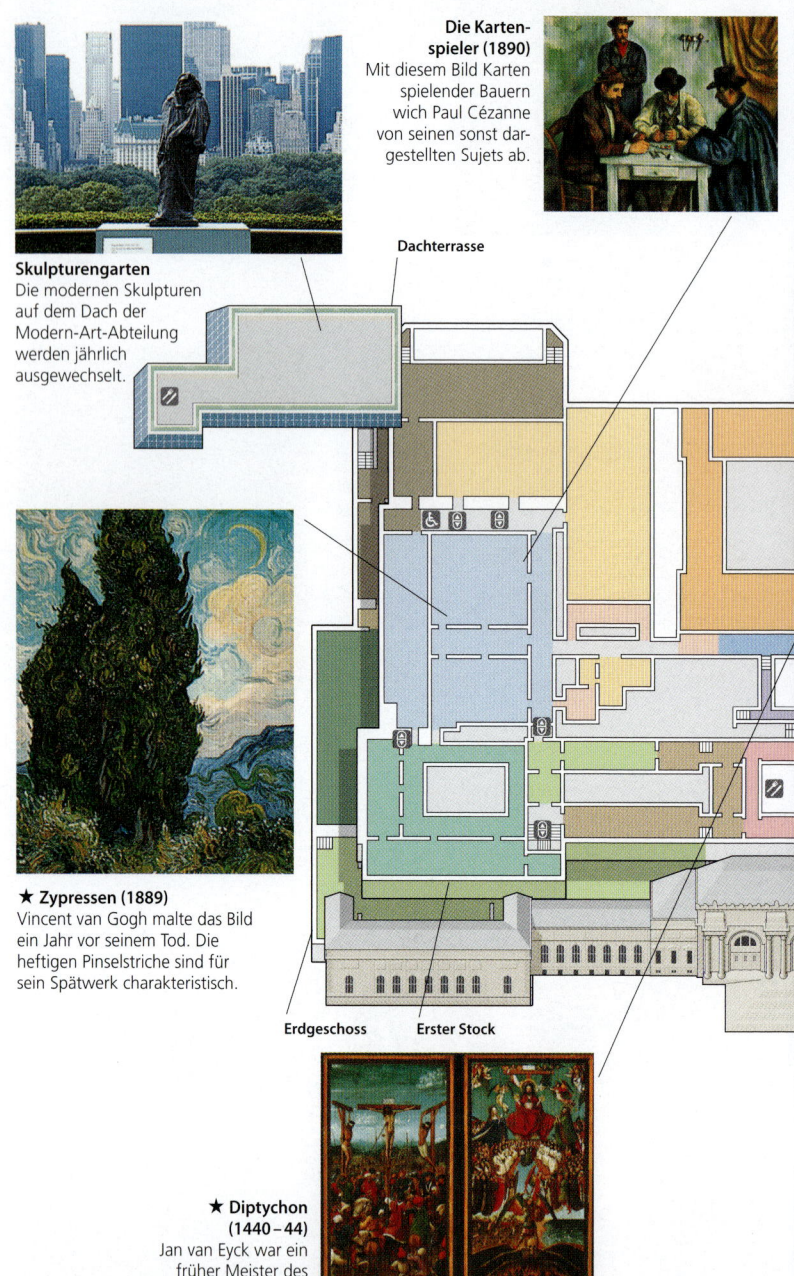

Die Kartenspieler (1890)
Mit diesem Bild Karten spielender Bauern wich Paul Cézanne von seinen sonst dargestellten Sujets ab.

Skulpturengarten
Die modernen Skulpturen auf dem Dach der Modern-Art-Abteilung werden jährlich ausgewechselt.

Dachterrasse

★ Zypressen (1889)
Vincent van Gogh malte das Bild ein Jahr vor seinem Tod. Die heftigen Pinselstriche sind für sein Spätwerk charakteristisch.

Erdgeschoss **Erster Stock**

★ Diptychon (1440–44)
Jan van Eyck war ein früher Meister des Ölgemäldes. Diese Szenen der Kreuzigung und des Jüngsten Gerichts weisen ihn als Vorläufer des Realismus aus.

METROPOLITAN MUSEUM OF ART: OBERGESCHOSS | 189

Adlerköpfiges geflügeltes Wesen bestäubt heiligen Baum (ca. 900 v. Chr.)
Das Relief stammt aus einem assyrischen Palast und dokumentiert die in der Antike verbreitete enge Beziehung der Menschen zu Bäumen.

Zweiter Stock

★ **Selbstporträt (1660)**
Rembrandt verfertigte nahezu 100 Selbstporträts. Dieses zeigt ihn mit 54 Jahren.

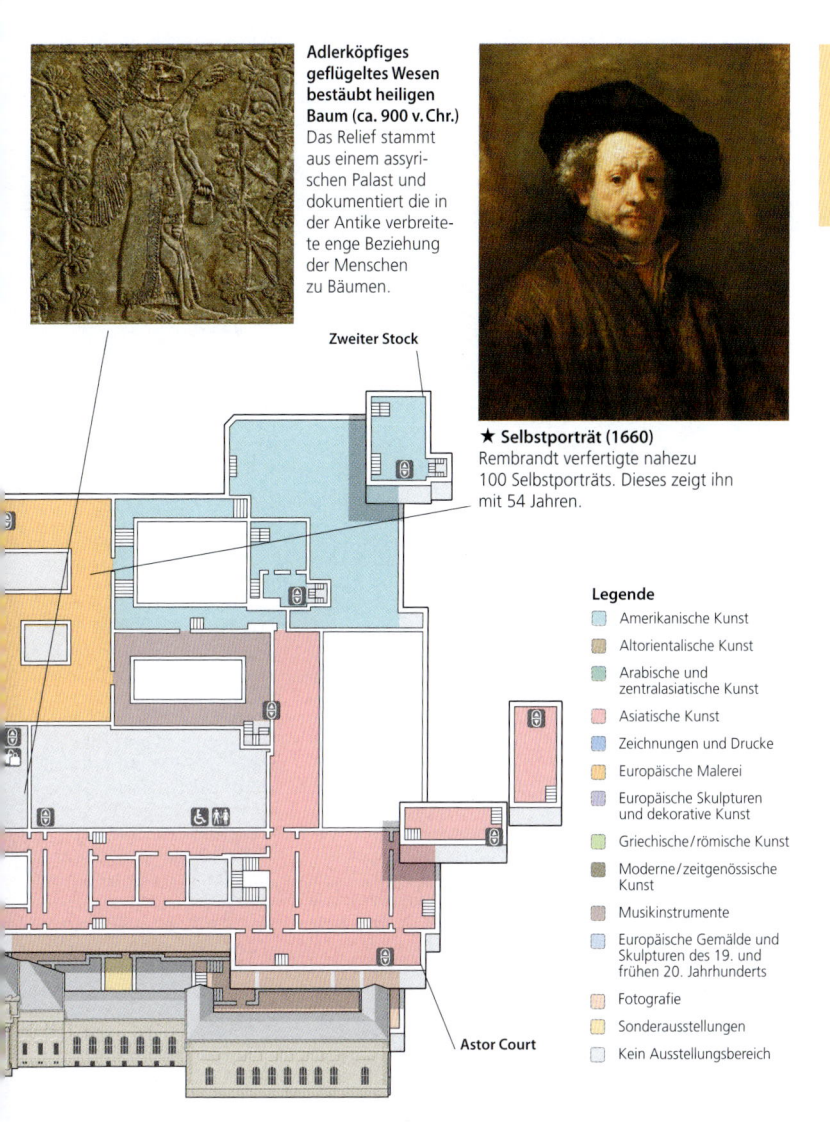

Astor Court

Legende
- Amerikanische Kunst
- Altorientalische Kunst
- Arabische und zentralasiatische Kunst
- Asiatische Kunst
- Zeichnungen und Drucke
- Europäische Malerei
- Europäische Skulpturen und dekorative Kunst
- Griechische/römische Kunst
- Moderne/zeitgenössische Kunst
- Musikinstrumente
- Europäische Gemälde und Skulpturen des 19. und frühen 20. Jahrhunderts
- Fotografie
- Sonderausstellungen
- Kein Ausstellungsbereich

Astor Court
Der Garten im Stil der Ming-Dynastie wurde 1979 von 27 chinesischen Handwerkern angelegt, die zuvor für die Pflege der historischen Gärten von Suzhou zuständig waren. Die Landschaftsgärtner machten sich jahrhundertealte Techniken und handgefertigte Werkzeuge zunutze. Durch diesen ersten Kulturaustausch zwischen den USA und der Volksrepublik China bekam der »Garten des Meisters der Fischnetze« in Suzhou ein Gegenstück im Westen.

Metropolitan Museum: Sammlungen

»The Met« besitzt eine reichhaltige Sammlung amerikanischer Kunst und über 2500 Gemälde aus Europa, darunter Meisterstücke von Rembrandt und Vermeer. Werke islamischer Kunst zählen ebenso zu seinen Schätzen wie die größte Sammlung ägyptischer Kunst außerhalb Kairos.

Goldene Totenmaske aus der Nekropole Batán Grande in Peru (10./11. Jh.)

Kopf eines unbekannten Herrschers (ca. 2300–2000 v. Chr.) aus dem Nahen Osten

Afrika, Ozeanien, Nord- und Südamerika

Nelson Rockefeller ließ diesen Flügel 1982 zum Gedenken an seinen Sohn Michael errichten, der auf einer Expedition in Neuguinea ums Leben gekommen war. Über 1600 Objekte aus Afrika, dem pazifischen Raum und Amerika sind hier zu sehen.

Bei der afrikanischen Kunst stechen Elfenbein- und Bronzeskulpturen aus dem Königreich Benin sowie Holzfiguren der Dogon, Bamana und Senufo aus Mali hervor.

Aus Ozeanien stammen Schnitzereien der Asmat (Neuguinea) sowie Schmuck und Masken aus Melanesien und Polynesien. Mexiko, Mittel- und Südamerika sind mit Gold, Keramik und Plastiken aus präkolumbischer Zeit vertreten. Kunstwerke der indigenen Völker Nordamerikas und der Inuit sind hier ebenfalls zu sehen.

Amerikanische Kunst

Zu den Glanzstücken der amerikanischen Abteilung zählen Gilbert Stuarts Porträt von George Washington, George Caleb Binghams *Pelzhändler auf dem Missouri*, John Singer Sargents Porträt der *Madame X* und Emanuel Leutzes Monumentalbild *Washington überquert den Delaware*. Der Flügel enthält eine der bedeutendsten Sammlungen amerikanischer Malerei sowie von Skulpturen und dekorativer Kunst von der Kolonialzeit bis zur Gegenwart. Zu den Highlights gehören die eleganten klassizistischen Silbergefäße von Paul Revere und die innovativen Glasarbeiten von Tiffany & Co. In der Abteilung mit Möbeln findet man Sofas, Tische, Regale, Stühle und Schreibtische aus den besten amerikanischen Werkstätten in Boston, Newport und Philadelphia.

In stilechten Räumen wird der Salon, in dem Washington seinen letzten Geburtstag feierte, ebenso vorgestellt wie das elegante Wohnzimmer des Hauses, das Frank Lloyd Wright 1912 für Francis W. Little in Wayzata, Minnesota, gestaltete.

Im Charles Engelhard Court werden Plastiken und größere Architekturelemente präsentiert, etwa die hübsche Bleiglas- und Mosaik-Loggia aus Louis Comfort Tiffanys Haus auf Long Island oder Fassadenteile eines Gebäudes der United States Branch Bank von 1824, das früher in der Wall Street stand.

Altorientalische Kunst

Am Eingang zur Sammlung sitzen geflügelte Wesen mit menschlichen Köpfen, die im 9. Jahrhundert v. Chr. den Palast des assyrischen Königs Assurnasirpal II. bewachten. Die Ausstellung umfasst Objekte aus 8000 Jahren: persische Bronzen, anatolisches Elfenbein, sumerische Skulpturen, Silber und Gold der Achaimeniden und Sassaniden. Die angrenzende arabische Kunst zeigt islamische Kunst vom 7. bis 19. Jahrhundert: Glas- und Metallobjekte aus Ägypten, Syrien und Mesopotamien, Miniaturen aus Persien und Indien, Teppiche aus dem 16. und 17. Jahrhundert sowie ein Zimmer aus Syrien.

Waffen und Rüstungen

Hier treten Ritter in voller Rüstung zum Turnier an. Die Abteilung ist bei Kindern und bei allen, die sich für die Romanzen und Machtkämpfe des Mittelalters begeistern, beliebt.

Zu sehen sind Rüstungen, Degen und Säbel mit Griffen aus Gold und Edelstein, Feuerwaffen mit Elfenbein- und Perlmuttintarsien, farbenprächtige Banner und Schilde.

Pistole Karls V., Kaiser des Heiligen Römischen Reichs (16. Jh.)

Zu den Highlights zählen die Rüstung des Gentleman-Piraten Sir George Clifford (eines Günstlings von Königin Elizabeth I), der in den Farben des Regenbogens erstrahlende Panzer eines japanischen Shoguns (14. Jh.) und Wildwest-Revolver, die früher dem Waffenfabrikanten Samuel Colt gehörten.

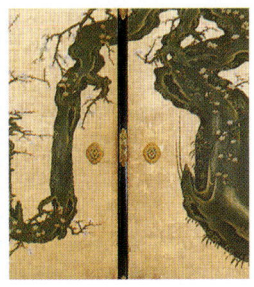

Der alte Pflaumenbaum, japanischer Paravent, frühe Edo-Periode

Asiatische Kunst

Die Abteilung präsentiert Meisterwerke chinesischer, japanischer, koreanischer, indischer und südostasiatischer Kunst vom 2. Jahrtausend v. Chr. bis ins 20. Jahrhundert. Im Rahmen des ersten Kulturaustausches zwischen den USA und der Volksrepublik China rekonstruierten Handwerker aus Suzhou den Garten eines Gelehrten aus der Zeit der Ming-Dynastie. Weitere Attraktionen sind die Sammlung von Gemälden der Sung- und Yuan-Epoche, monumentale buddhistische Skulpturen aus China, Keramik und Jade sowie eine exquisite Ausstellung zur Kunst im alten China.

Der ganzen Spannweite japanischer Kunst sind elf chronologisch und thematisch angeordnete Räume gewidmet. Dort werden Lackarbeiten, Keramik, Gemälde, Skulpturen, Textilien und Paravents gezeigt. Aus Indien, Südostasien und Korea sind exquisite Plastiken und andere Kunstwerke zu bewundern.

Costume Institute

Zu den 31 000 Stücken in der Sammlung der Modeabteilung kamen mehr als 23 000 Objekte des Brooklyn Museum *(siehe S. 238–241)*. Weil die meisten Teile sehr empfindlich sind, kann man sie nicht ständig sehen, sondern nur in zwei Ausstellungen pro Jahr.

Die Sammlung umfasst Kleidung vom 17. Jahrhundert bis heute, von kunstvoll bestickten Gewändern des späten 17. Jahrhunderts über napoleonische Roben bis hin zu Abendkleidern von Elsa Schiaparelli – samt Hüten, Tüchern, Handschuhen, Handtaschen und sonstigen Accessoires. Entwürfe von Worth, Quant und Balenciaga sind ebenso vertreten wie die Kostüme der *Ballets Russes* oder ein paillettenbesetztes Suspensorium von David Bowie. Empfehlenswert ist die Audiotour *Art of Dress*.

Das Museum verfügt über großes Know-how, was die Pflege und Restaurierung von Stoffen angeht.

Wams aus Seide und Satin (Europa, 17. Jh.)

Zeichnungen und Drucke

Diese Abteilung begann mit 670 Werken, einer Schenkung von Cornelius Vanderbilt im Jahr 1880. Heute besitzt sie über 17 000 Zeichnungen, gut 12 000 illustrierte Bücher aus Europa und Amerika sowie 1,2 Millionen Drucke.

Michelangelos Studien einer Sibylle für die Sixtinische Kapelle (1508)

Italienische und französische Zeichnungen vom 15. bis zum 19. Jahrhundert sind besonders stark vertreten. Um die lichtempfindlichen Arbeiten zu schonen, werden sie im ständigen Wechsel nur phasenweise ausgestellt.

Zu den Highlights unter den 17 000 Zeichnungen zählen Werke von Michelangelo, Leonardo da Vinci, Raffael, Ingres, Goya, Rubens, Rembrandt, Tiepolo und Seurat.

Die unglaublich umfangreiche Sammlung an Drucken enthält Werke von fast allen bedeutenden Künstlern – von einem alten deutschen Holzschnitt eines unbekannten Meisters *(Jungfrau mit Kind)* über Meisterwerke Dürers bis hin zu Goyas *Sitzender Koloss*.

Der Galerist Alfred Stieglitz stiftete dem Museum seine Fotosammlung, die Meisterwerke wie *The Flatiron* von Edward Steichen enthält. Sie war der Grundstock für eine Sammlung, deren Schwerpunkt heute die Fotografie der Moderne aus der Zeit zwischen der beide Weltkriegen ist. Auch Plakate und Werbeanzeigen werden in dieser Abteilung gewürdigt.

Ägyptische Kunst

Eine der beliebtesten Abteilungen ist die ägyptische Flügel mit Tausenden von Exponaten aus prähistorischer Zeit bis ins 8. Jahrhundert n. Chr. Die Sammlung reicht von den Bruchstücken der Jaspislippen einer Königin des 15. Jahrhunderts v. Chr. bis zum Tempel von Dendur.

Daneben beeindrucken Skulpturen der Königin Hatschepsut aus dem 16. Jahrhundert v. Chr., 100 Reliefs aus der Zeit von Amenophis IV. und Grabbeigaben wie das blaue Fayence-Nilpferd, das zum Maskottchen des Museums geworden ist. Die meisten Funde stammen von Expeditionen, die das Museum Anfang des 20. Jahrhunderts finanziert hat.

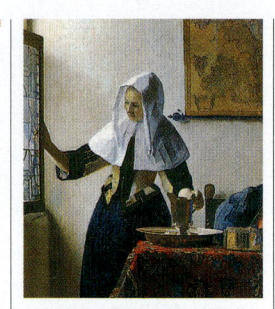

Junge Frau mit Wasserkanne (um 1664) von Jan Vermeer

ländischer und flämischer Kunst zählen Brueghels *Ernte* sowie Werke von Rubens, van Dyck, Rembrandt und Vermeer zu den Höhepunkten. Spanische Maler wie El Greco, Velázquez und Goya sind ebenso vertreten wie die Franzosen Poussin und Watteau.

Das Museum birgt einige der schönsten Werke aus Impressionismus und Postimpressionismus: 34 Monets, darunter *Garten in Sainte-Adresse*, 18 Cézannes und van Goghs *Zypressen*.

Büste einer ägyptischen Königin, Fragment

Europäische Malerei

Diese umfassende Sammlung mit über 3000 Werken europäischer Maler bildet das Herzstück des Museums. Bei italienischen Meistern sind u. a. Botticellis *Letztes Abendmahl des heiligen Hieronymus* und Bronzinos *Porträt eines jungen Mannes* zu sehen, bei nieder-

Europäische Skulpturen und dekorative Kunst

Der Kravis-Flügel und die angrenzenden Räume sind den Skulpturen und der dekorativen Kunst gewidmet. Unter den mehr als 60 000 Exponaten befinden sich zahlreiche Meisterwerke, darunter auch Tullio Lombardos Statue des Adam, die Bronzefigurine eines Pferds nach einem Modell da Vincis und Werke von Degas und Rodin.

Ensembles wie der Patio eines spanischen Schlosses (16. Jh.) und die Wrightsman Rooms – Interieurs aus Frankreich (18. Jh.) – sind weitere Schmuckstücke der Sammlung. Im Petrie European Sculpture Court stehen französische und italienische Skulpturen in einem Park, der an den von Versailles erinnert.

Griechische und römische Kunst

Ein römischer Sarkophag aus Tarsus war der Grundstein aller Sammlungen des Museums. Das 1870 gestiftete Exponat nimmt einen Ehrenplatz ein – neben Wandmalereien aus einer beim Vesuv-Ausbruch 79 n. Chr. verschütteten Villa, etruskischen Spiegeln, römischen Büsten, Glas- und Silberobjekten sowie Hunderten griechischer Vasen. Die Statue eines Jünglings (7. Jh. v. Chr.) zeichnet den Weg zum Realismus vor. Die Marmorstatue *Alte Marktfrau* zeigt, dass die Griechen im 2. Jahrhundert v. Chr. realistische Darstellungen beherrschten.

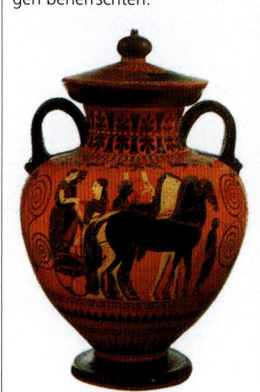

Amphore des Exekias mit Hochzeitsszene (540 v. Chr.)

Ägyptische Grabbeigaben

Ein Forscher des Museums betrat 1920 einen seit 2000 Jahren verschlossenen Raum im Grab des Meketre. Der Strahl seiner Lampe fiel auf 24 Artefakte, die das Wohl des Toten im Jenseits sichern sollten: Haus und Garten, Rinder, Boote und Meketre selbst auf einem Boot, wo er den Duft einer Lotosknospe und das Harfenspiel seiner Begleiter genießt. Das Metropolitan Museum besitzt 13 dieser schönen Artefakte.

Lehman Collection

Der Bankier Robert Lehman übereignete dem Museum 1969 seine großartige und vielseitige Privatsammlung, die in einer spektakulären Glaspyramide untergebracht ist. Zur Sammlung zählen zahlreiche Alte Meister und französische Gemälde des 19. Jahrhunderts, Zeichnungen, Bronzen, Renaissance-Majoli-

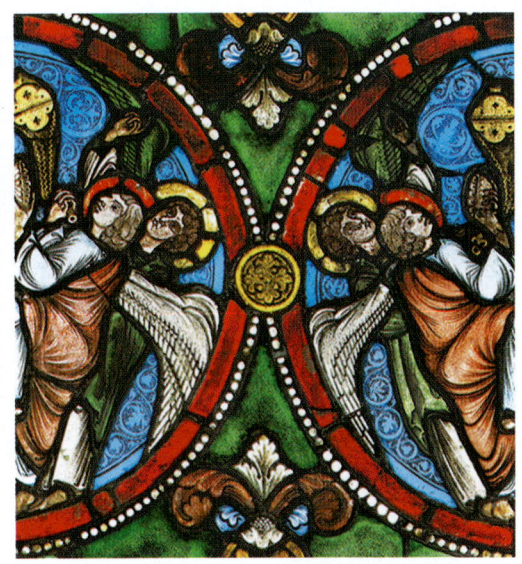

Ausschnitt aus dem Fenster *Tod der Jungfrau* **(12. Jh.) aus der Kathedrale Saint-Pierre im französischen Troyes**

ken, venezianische Glasobjekte, Möbelstücke und Emaille-Arbeiten ebenso wie Gemälde von nordeuropäischen, französischen und spanischen Meistern, Postimpressionisten und Fauvisten.

Mittelalterliche Kunst

Die mittelalterliche Sammlung reicht vom 4. bis zum 16. Jahrhundert, vom Fall Roms bis zum Beginn der Renaissance. Sie ist teils im Hauptgebäude untergebracht, teils in The Cloisters *(siehe S. 246–249)* ausgelagert.

Im Hauptgebäude zeigt man einen Kelch, der einst für den Heiligen Gral gehalten wurde, sechs byzantinische Silberteller mit Szenen aus dem Leben Davids, eine Kanzel in Adlergestalt (Giovanni Pisano, 1301), monumentale Skulpturen der Jungfrau mit Kind, ein großes Chorgitter aus Spanien, Schmuck aus der Zeit der Völkerwanderung, liturgische Gefäße, Bleiglas, Emaille, Elfenbein und Wandteppiche.

Musikinstrumente

Die umfassende, zum Teil skurrile Sammlung wartet mit dem ältesten Klavier der Welt, Gitarren von Andrés Segovia und einer Sitar in Pfauengestalt auf. Chronologisch reicht sie von prähistorischer Zeit bis in die Gegenwart, geografisch umspannt sie fünf Kontinente.

Die meist funktionstauglichen Instrumente illustrieren die Geschichte der Musik und ihrer Darbietung. Besonders hervorzuheben sind Instrumente von den europäischen Höfen des Mittelalters und der Renaissance, seltene Geigen, Spinette und Cembalos, Instrumente mit wertvollen Einlegearbeiten sowie eine komplett ausgestattete Geigenbauerwerkstatt, afrikanische Trommeln, asiatische *pi-pas* (Lauten) und indianische Flöten. Tonträger vermitteln einen guten Eindruck von dem ursprünglichen Klang zahlreicher Instrumente.

Stradivari-Geige (1691) aus Cremona, Italien

Moderne Kunst

Obwohl das Museum seit seiner Gründung 1870 auch zeitgenössische Kunst sammelt, erhielt diese erst 1987 mit dem Lila Acheson Wallace Wing ein dauerhaftes Domizil. Die Sammlung ist kleiner als die anderer New Yorker Museen, besticht aber durch ihre Exklusivität. Auf drei Ebenen werden europäische und amerikanische Werke gezeigt, wobei Picasso, Kandinsky, Braque und Bonnard den Anfang bilden.

Schwerpunkt der Sammlung ist die moderne amerikanische Kunst: Zu sehen sind die New Yorker Gruppe »The Eight« (zu der auch John Sloan gehörte), Künstler der Moderne wie Charles Demuth und Georgia O'Keeffe, der Regionalist Grant Wood, die abstrakten Expressionisten Willem de Kooning und Jackson Pollock sowie auch Vertreter des Color Field Painting wie Clyfford Still.

Jugendstil- und Art-déco-Möbel und -Metallarbeiten, eine Paul-Klee-Sammlung und die Sculpture Gallery mit Plastiken und Bildern werden in eigenen Räumen gezeigt.

Zu den Highlights gehören das Porträt Gertrude Steins von Pablo Picasso, *Kapuzinerkresse mit »Der Tanz«* von Henri Matisse, *I Saw the Figure 5 in Gold* von Demuth und das letzte Selbstporträt Andy Warhols.

Der Cantor Roof Garden auf dem Dach ist Schauplatz einer jährlich wechselnden Ausstellung zeitgenössischer Skulpturen, die vor dem Hintergrund der New Yorker Skyline und des Central Park besonders spektakulär wirken.

***The Midnight Ride of Paul Revere* (1931) von Grant Wood**

Buchcover (1916) des Illustrators N.C. Wyeth

⓫ Society of Illustrators

128 E 63rd St. **Stadtplan** 13 A2. **Karte** E1. 📞 1-212-838-2560. Ⓜ Lexington Ave. ⏰ Di 10–20, Mi–Fr 10–17, Sa 12–16 Uhr. ⦁ Feiertage. ♿ teilweise. 📷 📱
🌐 societyillustrators.org

Die Gesellschaft wurde 1901 zur Förderung des Illustrationshandwerks gegründet. Bedeutende Mitglieder waren Charles Dana Gibson, N. C. Wyeth und Howard Pyle. 1981 eröffnete das Museum of American Illustration zwei Abteilungen. Wechselausstellungen informieren über die Geschichte der Illustration. Hier werden auch die besten amerikanischen Illustrationen des Jahres ausgestellt.

⓬ Mount Vernon Hotel Museum

421 E 61st St. **Stadtplan** 13 C3. **Karte** F2. 📞 1-212-838-6878. Ⓜ Lexington Ave, 59th St. ⏰ Di–So 11–16 Uhr. ⦁ Aug, Feiertage. 📷 📱 🌐 mvhm.org

Mount Vernon Hotel Museum wurde 1799 erbaut und war zu jener Zeit ein ländliches Hotel für New Yorker, die der lauten Stadt (die damals nur das Südende der Insel einnahm) entfliehen wollten. Das Sandsteingebäude befindet sich auf einem Grundstück, das einst Abigail Adams Smith, der Tochter von US-Präsident John Adams, gehörte.

1924 erwarben es die Colonial Dames of America und ließen es zum Museum umbauen. Kostümierte Guides führen durch die acht Räume mit Kostbarkeiten wie chinesischem Porzellan, Aubusson-Teppichen, Sheraton-Truhen und einem Sofa von Duncan Phyfe. Sogar eine Kinderwiege und Spielzeug sind zu sehen. Ein Garten im Stil des 18. Jahrhunderts umgibt das Haus.

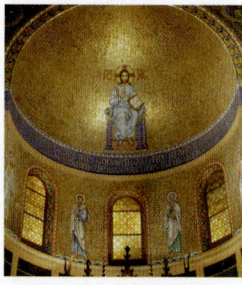

Mosaiken in der Kuppel der Christ Church United Methodist

⓭ Christ Church United Methodist

524 Park Ave. **Stadtplan** 13 A3. **Karte** E2. 📞 1-212-838-3036. Ⓜ Fifth Ave, 59th St. ⏰ Mo–Fr 7–18 Uhr, So 9, 11 Uhr für Gottesdienste. 🌐 christchurchnyc.org

Die einfache Kirche im neoromanischen Stil wurde 1931 von Ralph Adams Cram entworfen. Vergoldete Mosaiken füllen Kuppel und Apsis. Teile der Chorschranke stammen von 1660 und waren einst im Besitz von Zar Nikolaus II. Der Altar besteht aus spanischem Marmor, die Säulen des Schiffs aus Rotem Levante-Marmor.

⓮ The Met Breuer

945 Madison Ave. **Stadtplan** 17 A5. **Karte** P8. 📞 1-212-731-1675. Ⓜ 77th St. ⏰ Di–So 10–17.30 Uhr (Fr, Sa bis 21 Uhr). 📱
🌐 metmuseum.org

Das Met Breuer gehört zum Metropolitan Museum of Art. Es wurde 2016 in den alten Räumen des Whitney Museum of American Art eröffnet. Das brutalistische Design Marcel Breuers von 1966 kontrastiert mit den Stadthäusern der Upper East Side. Das Met Breuer bietet zusätzliche Ausstellungsfläche für Kunst des 20. und 21. Jahrhunderts. Hier finden auch Bildungsprogramme und Kulturevents statt.

⓯ Gracie Mansion

East End Ave/88th St. **Stadtplan** 18 D3. **Karte** Q7. Ⓜ 86th St. 🚌 M31, M79, M86. ⏰ Mo 10, 11, 17 Uhr (nur nach Online-Anmeldung). 📷 📱 ♿
🌐 nyc.gov/gracie

Das elegante Landhaus ist die offizielle Residenz des New Yorker Bürgermeisters. Es wurde 1799 im Auftrag des Kaufmanns Archibald Gracie errichtet und gilt als einer der schönsten erhaltenen Federal-Style-Bauten.

1886 erwarb die Stadt das Haus und brachte darin zeit-

Vorderansicht von Gracie Mansion

weilig das Museum of the City of New York unter. 1942 zog Bürgermeister Fiorello LaGuardia dort ein, nachdem er zuvor einen 75-Zimmer-Palast am Riverside Drive bewohnt hatte. Der bescheidenere Bau war dem Kämpfer gegen die Korruption und Erneuerer New Yorks noch zu pompös.

Torbogen der Church of the Holy Trinity

⓰ Church of the Holy Trinity

316 E 88th St. **Stadtplan** 17 B3. **Karte** Q7. ☎ 1-212-289-4100. Ⓜ 86th St. ⓒ Mo–Fr 9–17, So 7.30–14 Uhr. ✝ Di, Do 8.45, So 8, 10.30, 18 Uhr.
🌐 holytrinity-nyc.org

Die 1889 im Stil der französischen Renaissance errichtete Kirche liegt in einem ruhigen Garten. Der golden leuchtende Ziegel- und Terrakottabau wird von einem der schönsten Glockentürme New Yorks gekrönt (schmiedeeiserne Uhr mit Messingzeigern). Skulpturen von Heiligen und Propheten schmücken den Torbogen.

Der Komplex wurde von Serena Rhinelander zum Gedenken an ihren Vater und Großvater gestiftet. Der Grund war Teil ihres Guts, das schon seit 100 Jahren in Familienbesitz war.

Das Rhinelander Children's Center (350 E 88th Street) ist gleichfalls eine Stiftung und Hauptsitz der Children's Aid Society.

⓱ St. Nicholas Russian Orthodox Cathedral

15 E 97th St. **Stadtplan** 16 F1. **Karte** N6. ☎ 1-212-876-2190. Ⓜ 96th St. ⓒ nach Vereinbarung. ✝ häufig (u. a. Mi, So 10, 18 Uhr).
🌐 russianchurchusa.org

Moskau am Hudson: Die Kathedrale mit den fünf Zwiebelkuppeln und den blau-gelben Fliesen auf rot-weißer Fassade scheint aus Russland hierher versetzt worden zu sein. Sie wurde 1902 im »Moskauer Barock« errichtet. Zu den ersten Gläubigen, die hier Zuflucht fanden, gehörten Weißrussen, die vor der Revolution geflohen waren – meist Intellektuelle und Adlige, die bald Teil der New Yorker Gesellschaft wurden. Später folgten weitere Flüchtlinge, darunter viele Dissidenten.

Die Kirche dient heute einer verstreuten kleinen Gemeinde. Die feierliche Messe wird russisch zelebriert. Der Duft von Weihrauch erfüllt den hohen Altarraum, dessen Marmorsäulen blau-weiß eingefasste Kapitelle haben. Vergoldete Holzgitter umgeben den Altar. Man mag kaum glauben, dass vor diesen Kirchenportalen Manhattan liegt.

Fassade der St. Nicholas Russian Orthodox Cathedral

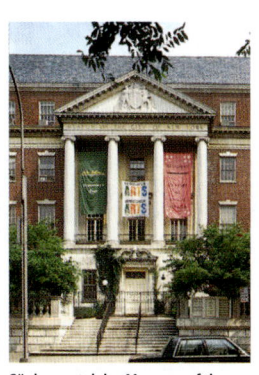

Säulenportal des Museum of the City of New York

⓲ Museum of the City of New York

1220 5th Ave/103rd St. **Stadtplan** 21 C5. **Karte** N5. ☎ 1-212-534-1672. Ⓜ 103rd St. ⓒ tägl. 10–18 Uhr. ⊘ 1. Jan, Thanksgiving, 25. Dez.
🌐 mcny.org

Das Museum wurde 1923 gegründet. Anfangs war es im Gracie Mansion untergebracht, 1932 erhielt es sein heutiges Domizil in dem georgianischen Bau. Die Entwicklung der Stadt seit ihren frühesten Tagen wird anhand von Kostümen, Gemälden, Möbeln, Spielzeug und Erinnerungsstücken dokumentiert.

Das Museum wurde deutlich erweitert. Sonderausstellungen mit Schwerpunkten wie Mode, Architektur, Theater, Gesellschaft und Politik sowie Fotografie finden während des ganzen Jahres statt.

Berühmt ist die Spielzeug-Sammlung mit Preziosen wie dem Stettheimer Dollhouse.

Eine Attraktion ist der Film *Timescapes: A Multimedia Portrait of New York* (10.15–16.45 Uhr: alle 30 Min.). Mit historischen Karten sowie mit Bild- und Filmmaterial wird die Entwicklung der Stadt von ihren bescheidenen Anfängen im 17. Jahrhundert bis heute sehr anschaulich dokumentiert.

Stadtplan *siehe Seiten 386–419* **Karte** *Extrakarte zum Herausnehmen*

❼ Frick Collection

Die kostbare Kunstsammlung des Stahlmagnaten Henry Clay Frick (1849–1919) ist in dessen opulent ausgestattetem Stadtpalais untergebracht. Man erhält hier eine Vorstellung davon, wie die Reichsten der Reichen in New Yorks Goldenem Zeitalter lebten. Die illustre Sammlung umfasst vor allem Gemälde Alter Meister, französische Möbel, Emaille aus Limoges und orientalische Teppiche. Frick wollte sich mit dieser Sammlung selbst ein Denkmal setzen und vermachte das Gebäude samt Inhalt dem Staat.

Der Hafen von Dieppe (1826)
William Turners lichtdurchflutete Darstellung des Hafens am Ärmelkanal wurde von skeptischen Zeitgenossen kritisiert.

Kolonnadengarten

Bibliothek

West Gallery

Der polnische Reiter
Die Identität des Porträtierten auf diesem 1655 entstandenen Reiterbild von Rembrandt ist unbekannt. Die düstere Landschaft wirkt furchterregend und verweist auf drohende Gefahren.

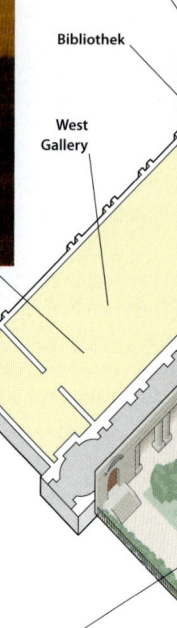

Salon

★ Thomas Morus (1527)
Holbeins Porträt des Lordkanzlers von Henry VIII entstand acht Jahre vor Morus' Hinrichtung.

Kurzführer

In der West Gallery hängen Gemälde von Vermeer, Hals und Rembrandt, in der East Gallery Bilder van Dycks und Whistlers. Im Oval Room ist Gainsborough zu sehen. Nicht versäumen sollten Sie Bibliothek und Speisezimmer mit Werken englischer Meister sowie den Salon mit Bildern von Tizian und Holbein.

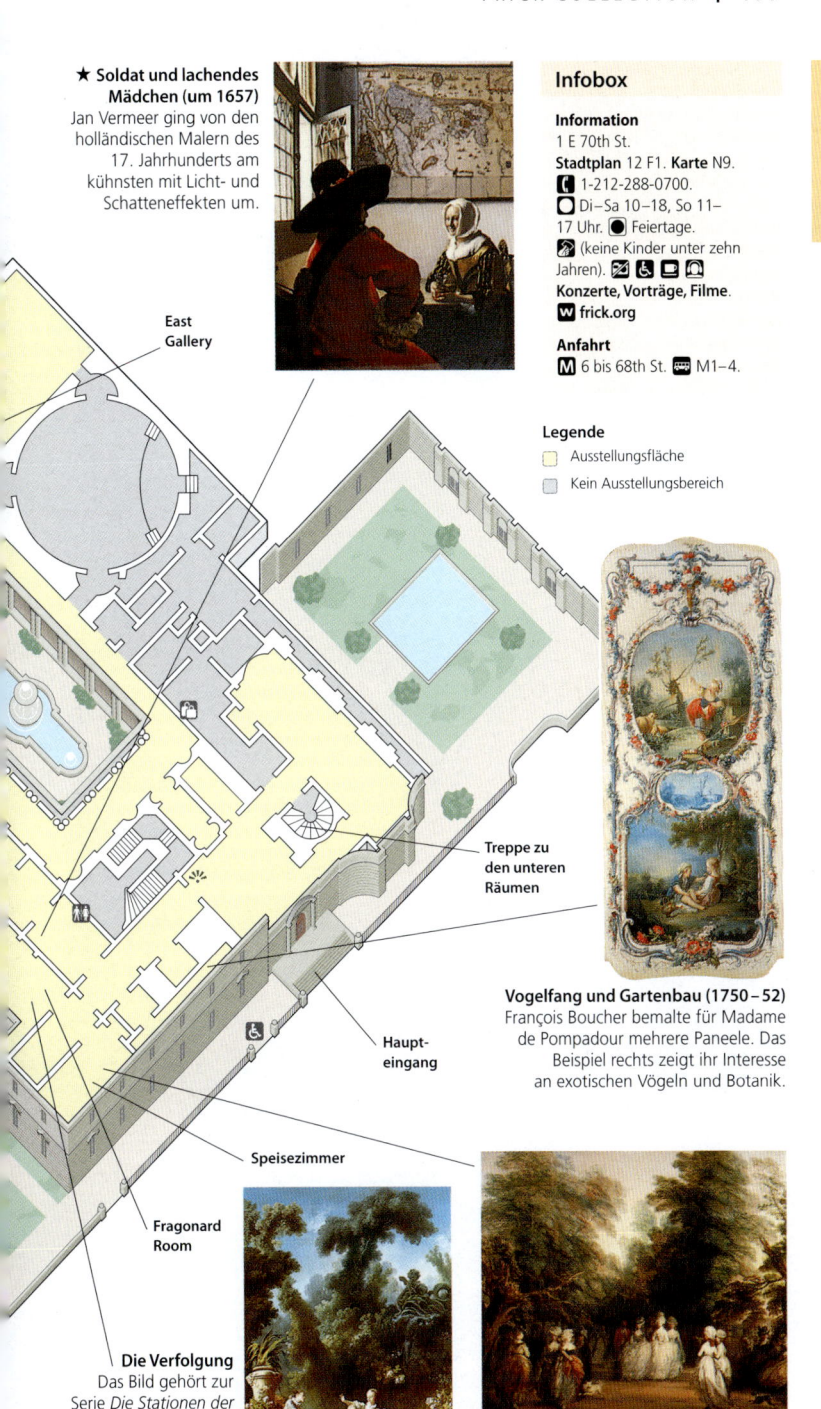

FRICK COLLECTION | **197**

★ Soldat und lachendes Mädchen (um 1657)
Jan Vermeer ging von den holländischen Malern des 17. Jahrhunderts am kühnsten mit Licht- und Schatteneffekten um.

East Gallery

Infobox

Information
1 E 70th St.
Stadtplan 12 F1. **Karte** N9.
1-212-288-0700.
Di–Sa 10–18, So 11–17 Uhr. Feiertage.
(keine Kinder unter zehn Jahren).
Konzerte, Vorträge, Filme.
frick.org

Anfahrt
6 bis 68th St. M1–4.

Legende
- Ausstellungsfläche
- Kein Ausstellungsbereich

Treppe zu den unteren Räumen

Haupteingang

Speisezimmer

Fragonard Room

Vogelfang und Gartenbau (1750–52)
François Boucher bemalte für Madame de Pompadour mehrere Paneele. Das Beispiel rechts zeigt ihr Interesse an exotischen Vögeln und Botanik.

Die Verfolgung
Das Bild gehört zur Serie *Die Stationen der Liebe*, mit der Jean-Honoré Fragonard 1771–73 und 1790–91 idealisiertes Liebeswerben darstellte.

★ Mall in St. James's Park (um 1783)
Mit den drei zentralen Figuren porträtierte Thomas Gainsborough vermutlich die Töchter von George III.

Stadtplan *siehe Seiten 386–419* **Karte** *Extrakarte zum Herausnehmen*

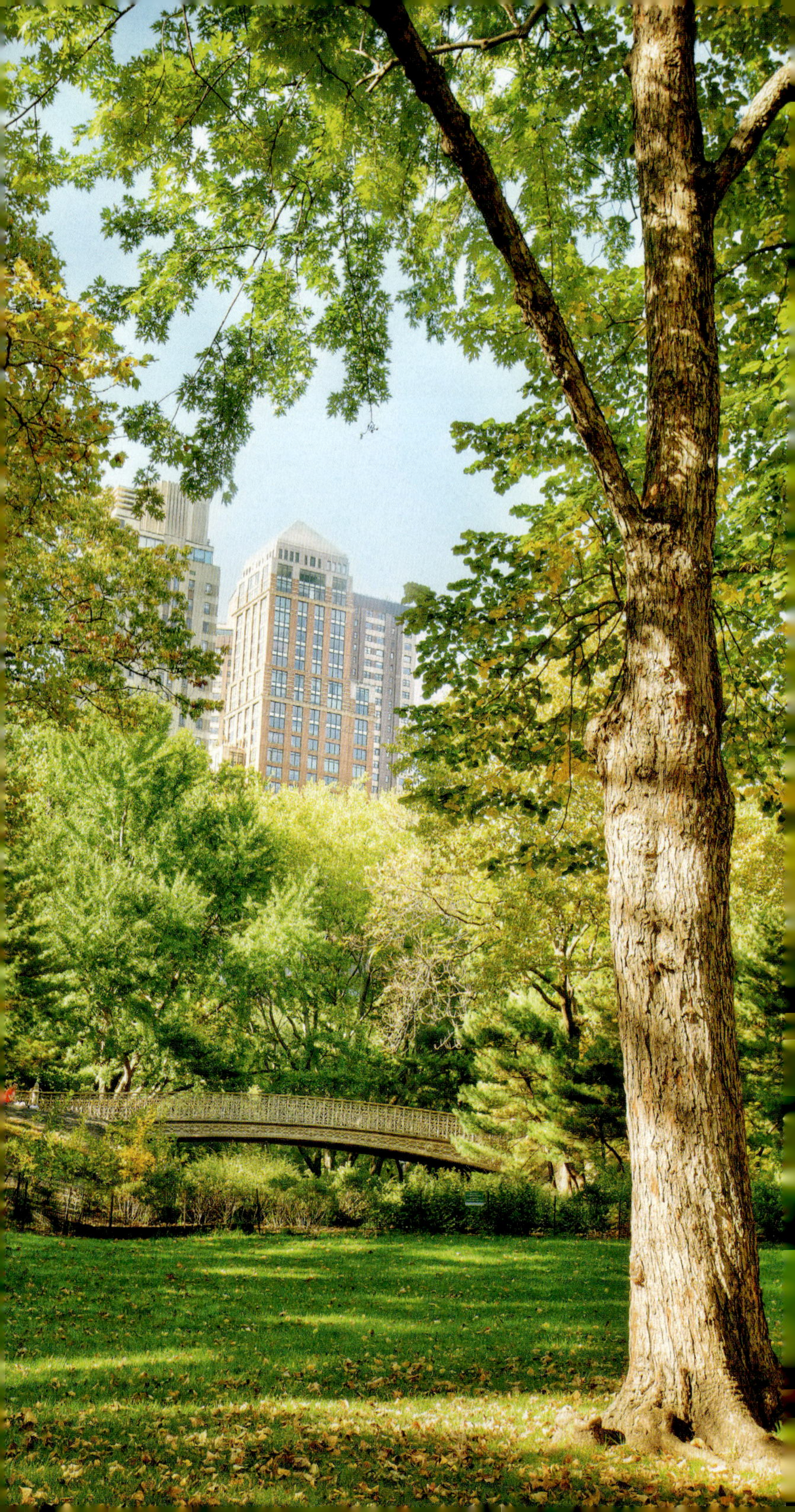

Central Park

Der »Hinterhof« New Yorks wurde 1858 nach Entwürfen von Frederick Law Olmsted und Calvert Vaux auf einem Areal angelegt, wo es zuvor nur Schweinefarmen, Steinbrüche, Baracken und Sümpfe gab. Mehrere Millionen Wagenladungen Erde und Steine wurden angekarrt, um 340 Hektar Wildnis in eine »natürliche« Landschaft mit Hügeln, Seen, Wiesen und Felsen zu verwandeln. Bis zur Eröffnung 1876 wurden 500 000 Bäume und Sträucher angepflanzt. Es entstand ein Erholungsgebiet mit Spielplätzen, Eis- und Rollschuhbahnen sowie Sport- und Spielanlagen. Auch Konzerte, Theateraufführungen und andere Events finden hier statt. Am Wochenende ist der Park für Autos gesperrt.

Sehenswürdigkeiten auf einen Blick

Historische Gebäude
- ❶ The Dairy
- ❸ Belvedere Castle

Monumente und Statuen
- ❷ Strawberry Fields
- ❹ Bow Bridge
- ❺ Bethesda Fountain and Terrace

Seen und Gärten
- ❻ Conservatory Water
- ❼ Central Park Zoo
- ❽ Conservatory Garden

☐ **Restaurants** *siehe S. 302–304*
1. Loeb Boathouse Restaurant
2. Tavern on the Green

◀ Central Park, New Yorks viel genutzte grüne Lunge

Stadtplan *12, 16, 21*

Zeichenerklärung *siehe hintere Umschlagklappe*

Spaziergang im Central Park

Ein Spaziergang von der 59th Street zur 79th Street führt an vielen der schönsten Stellen des Central Park vorbei, vom bewaldeten Ramble zu den Freiflächen der Bethesda Terrace, an künstlichen Seen entlang und über einige der mehr als 30 Brücken. Das Netz an Fuß- und Reitwegen beträgt 109 Kilometer. Im Sommer ist es in dieser grünen Oase immer einige Grad kühler als in den umliegenden Straßenschluchten.

❷ ★ **Strawberry Fields**
Der viel besuchte, ruhige Garten wurde zum Gedenken an John Lennon angelegt, der ganz in der Nähe wohnte.

❺ ★ **Bethesda Fountain and Terrace**
Die schöne Terrasse überblickt das baumbestandene Ufer des Sees und den Ramble.

Den Wollman Rink, eine Eis- bzw. Rollschuhbahn, ließ Donald Trump in den 1980er Jahren renovieren.

❼ **Central Park Zoo**
In drei Klimazonen leben mehr als 150 verschiedene Tierarten.

❶ ★ **The Dairy**
Der neogotische Bau beherbergt eines der Besucherzentren, in denen man Informationen zu Veranstaltungen im Park erhält.

❻ ★ **Conservatory Water**
Auf dem Teich finden von März bis September jeden Samstag Modellbootrennen statt. Viele der Miniaturschiffe stehen im Bootshaus.

SPAZIERGANG IM CENTRAL PARK | 201

❹ Bow Bridge
Die gusseiserne Brücke verbindet The Ramble und Cherry Hill. In einem Bogen schwingt sie sich 18 Meter über den See.

Zur Orientierung
Siehe Stadtplan 12, 16, 21 und Manhattan-Karte S. 16f

Alice im Wunderland und ihre Freunde (Cheshire Cat, Dormouse und Mad Hatter) sind am Nordrand des Conservatory Water in Bronze verewigt. Kindern macht es Vergnügen, zu ihr auf den Pilz zu klettern und herunterzurutschen.

Außerdem

① **Hans Christian Andersens** Statue an der Westseite des Conservatory Water ist eine beliebte Attraktion für Kinder und im Sommer ein Treffpunkt, an dem Geschichten erzählt werden.

② **Frick Collection** *(siehe S. 196f)*

③ **Plaza Hotel** *(siehe S. 177)*

④ **The Pond**

⑤ **The Dakota** *(siehe S. 212)*

⑥ **San Remo Apartments** *(siehe S. 208)*

⑦ **American Museum of Natural History** *(siehe S. 210f)*

⑧ **Reservoir**

⑨ **Obelisk**

⑩ **The Ramble** ist ein 15 Hektar großes Wäldchen, das ein Netz von Fußwegen und Bächen durchzieht. Über 275 Vogelarten wurden hier schon gesichtet. Der Central Park liegt an der atlantischen Zugvogel-Flugroute.

⑪ **Metropolitan Museum** *(siehe S. 186–193)*

⑫ **Solomon R. Guggenheim Museum** *(siehe S. 184f)*

❸ ★ Belvedere Castle
Von den Terrassen aus hat man eine tolle Sicht auf Park und Stadt. Im Gebäude ist eines der Visitor Centers untergebracht.

Stadtplan *siehe Seiten 386–419* **Karte** *Extrakarte zum Herausnehmen*

Kleines Paradies für Kinder: das Karussell im Children's District

❶ The Dairy

Stadtplan 12 F2. **Karte** D1.
☎ 1-212-794-6564. Ⓜ Fifth Ave.
🕒 tägl. 10–17 Uhr. Diashow.
🌐 centralparknyc.org

Das hübsche Häuschen aus Naturstein war ursprünglich als Teil des »Children's District« geplant, zu dem auch Spielplatz, Karussell, Kinderhütte und Stall gehörten. Um 1873 grasten auf der Wiese vor der Dairy (Molkerei, Milchfarm) Kühe und Schafe, dazwischen stolzierten Pfauen und Perlhühner herum. Die Stadtkinder bekamen hier frische Milch.

Mit der Zeit verfiel das Gebäude, bis es nur noch als Lagerschuppen diente. 1979 wurde es anhand von Originalplänen und Fotografien restauriert. Hier erhält man eine Karte des Parks und Infos zu aktuellen Veranstaltungen. Wer es geruhsam mag, kann sich Schachfiguren für einen der Schachtische am »Kinderberg« in der Nähe ausleihen.

❷ Strawberry Fields

Stadtplan 12 E1. **Karte** M9.
Ⓜ 72nd St.

Den Garten ließ Yoko Ono zum Gedenken an ihren ermordeten Ehemann John Lennon anlegen. Vom Dakota Building *(siehe S. 212)*, in dem die beiden lebten, überblickt man genau diese Stelle. Aus aller Welt trafen Geschenke für den Gedenkpark ein. Das Mosaik auf dem Weg mit dem Wort *Imagine* (Lennons berühmtestes Lied) wurde von der Stadt Neapel gespendet.

Dieser Teil des Parks war von Vaux und Olmsted als weite Freifläche konzipiert worden. Inzwischen erstreckt sich hier ein internationaler »Garten des Friedens« mit 121 Pflanzenarten aus aller Welt: u. a. Kaimastrauch, Zaubernuss, Rosen, Birken – und Erdbeeren.

❸ Belvedere Castle

Stadtplan 16 E4. **Karte** N8.
☎ 1-212-772-0288. Ⓜ 81st St.
🕒 tägl. 10–17 Uhr. ● einige Feiertage. ♿ nur Hauptetage.

Vom Dachausguck der turmbewehrten Burg auf dem Vista Rock bietet sich einer der schönsten Ausblicke auf den Park und die Stadt. Das Henry Luce Nature Observatory klärt junge Parkbesucher in einer Ausstellung über die vielfältige Tierwelt im Park auf.

In nördlicher Richtung blickt man von der Burg direkt auf das Delacorte Theater, wo im Sommer Shakespeare-Stücke, oft mit Starbesetzung, bei freiem Eintritt aufgeführt werden *(siehe S. 341)*. Das Theater wurde vom Verleger und Philanthropen George T. Delacorte gestiftet, der als sehr humorvoll galt. Seinen Ideen und seiner Finanzierung sind zahlreiche Einrichtungen im Park zu verdanken.

❹ Bow Bridge

Stadtplan 16 E5. **Karte** N8.
Ⓜ 72nd St.

Die Bow Bridge gilt als eine der schönsten von sieben originalen Gusseisen-Brücken im Park. Vaux gestaltete sie als verbindendes Element zwischen den beiden großen Teilen des Sees. Im 19. Jahrhundert, als viele New Yorker hier Schlittschuh liefen, signalisierte ein roter Ball auf einem Glockenturm am Vista Rock, dass das Eis trug. Von der Brücke bietet sich ein Panoramablick auf den Park und die im Osten und Westen angrenzenden Gebäude.

Idyllische Parkszenerie vor exklusiven Apartmenthäusern

CENTRAL PARK | 203

Bethesda Fountain and Terrace auf einem Druck von 1864

❺ Bethesda Fountain and Terrace

Stadtplan 12 E1. **Karte** N9.
Ⓜ 72nd St.

Die Terrasse zwischen See und Mall, ein sehr formales Element in der natürlich wirkenden Landschaft, bildet das architektonische Herz des Parks. Der Brunnen wurde 1873 eingeweiht. Die Statue *Angel of the Waters* erinnert an den Croton Aqueduct, über den die Stadt 1842 erstmals mit Frischwasser versorgt wurde. (Sein Name geht auf die Bibelerzählung von einem Engel zurück, der am Teich von Bethesda in Jerusalem erschien.) Spanisch inspirierte Details wie die Doppeltreppe sowie Fliesen und Friese sind das Werk Jacob Wrey Moulds.

❻ Conservatory Water

Stadtplan 16 F5. **Karte** N8.
Ⓜ 77th St.

Der kleine See ist besser unter dem Namen Model Boat Pond bekannt: Jedes Wochenende ist er Schauplatz von Modellbootrennen.

Eine Statue von Alice im Wunderland am Nordende ist eine Attraktion für Kinder. George T. Delacorte gab die Statue in Auftrag und ließ sich selbst als »Mad Hatter« verewigen. Bei der Statue von Hans Christian Andersen am Westufer tragen Geschichtenerzähler Märchen vor. Die Figur zeigt den Schriftsteller selbst beim Vorlesen von *Das hässliche Entlein* mit der Titelfigur zu seinen Füßen.

Das Conservatory Water weckt ebenfalls literarische Assoziationen: Hier klagt Holden Caulfield in J. D. Salingers Roman *Der Fänger im Roggen* bei den Enten über Pubertätsprobleme. Im Frühling drängen sich Vogelfreunde am See, um das Dach des Gebäudes 927 Fifth Avenue zu beobachten: Dort nistet der Rotschwanzbussard Pale Male.

❼ Central Park Zoo

64th St/Fifth Ave. **Stadtplan** 12 F2. **Karte** D1. ☎ 1-212-439-6500. Ⓜ Fifth Ave - 59th St. ☐ Apr–Okt: Mo–Fr 10–17, Sa, So, Feiertage 10–17.30 Uhr; Nov–März: tägl. 10–16.30 Uhr (letzter Eintritt: 30 Min. vor Schließung). 🅿 ♿ 🏛
🌐 **W** centralparkzoo.com

Der Zoo nutzt wenig Fläche sehr tiergerecht. Mehr als 150 Tierarten verteilen sich auf drei Klimazonen: Tropen, Polarkreis und kalifornische Küste. Affen und Vögel tummeln sich im Regenwald. Eisbären und Pinguine bevölkern das Polargelände, das auch die Tierwelt unter Wasser zeigt.

Im Tisch Children's Zoo (gleich gegenüber) können Kinder viele Tiere – darunter Ziegen, Schafe, Alpakas, Kühe und Schweine – aus der Nähe erleben. Die Delaporte Clock beim Eingang spielt alle halbe Stunde Kinderlieder, während sie von musizierenden Bronze-Tierfiguren umkreist wird.

Beim Willowdell Arch steht das Denkmal für Balto, den Leithund eines Husky-Gespanns, das einen Schlitten mit Diphtherie-Impfstoff quer durch Alaska zog.

Statue von Schlittenhund Balto, Central Park Wildlife Center

❽ Conservatory Garden

Stadtplan 21 B5. **Karte** N5.
Ⓜ Central Pk N, 105th St.
☎ 1-212-860-1382. ☐ 8 Uhr bis Sonnenuntergang. ♿

Am Vanderbilt Gate an der Fifth Avenue kann man drei unterschiedliche Ziergärten betreten. Der Central Garden mit Rasen und Eibenhecke, Sträuchern und Glyzinenpergola spiegelt den italienischen Gartenstil wider, der South Garden mit mehrjährigen Pflanzen den englischen Stil. Die Bronzestatue, die sich im Teich spiegelt, stellt Mary und Dickon aus *Der geheime Garten* von Frances Hodgson Burnett dar. Am Hang dahinter erblühen Tausende einheimischer Wildblumen. Die einjährigen Pflanzen um Samuel Untermeyers *Fountain of the Three Dancing Maidens* im North Garden sind formal im französischen Stil angepflanzt. Im Sommer kann man sich an der Blütenfülle erfreuen.

Eisbär im Central Park Zoo

Stadtplan *siehe Seiten 386–419* **Karte** *Extrakarte zum Herausnehmen*

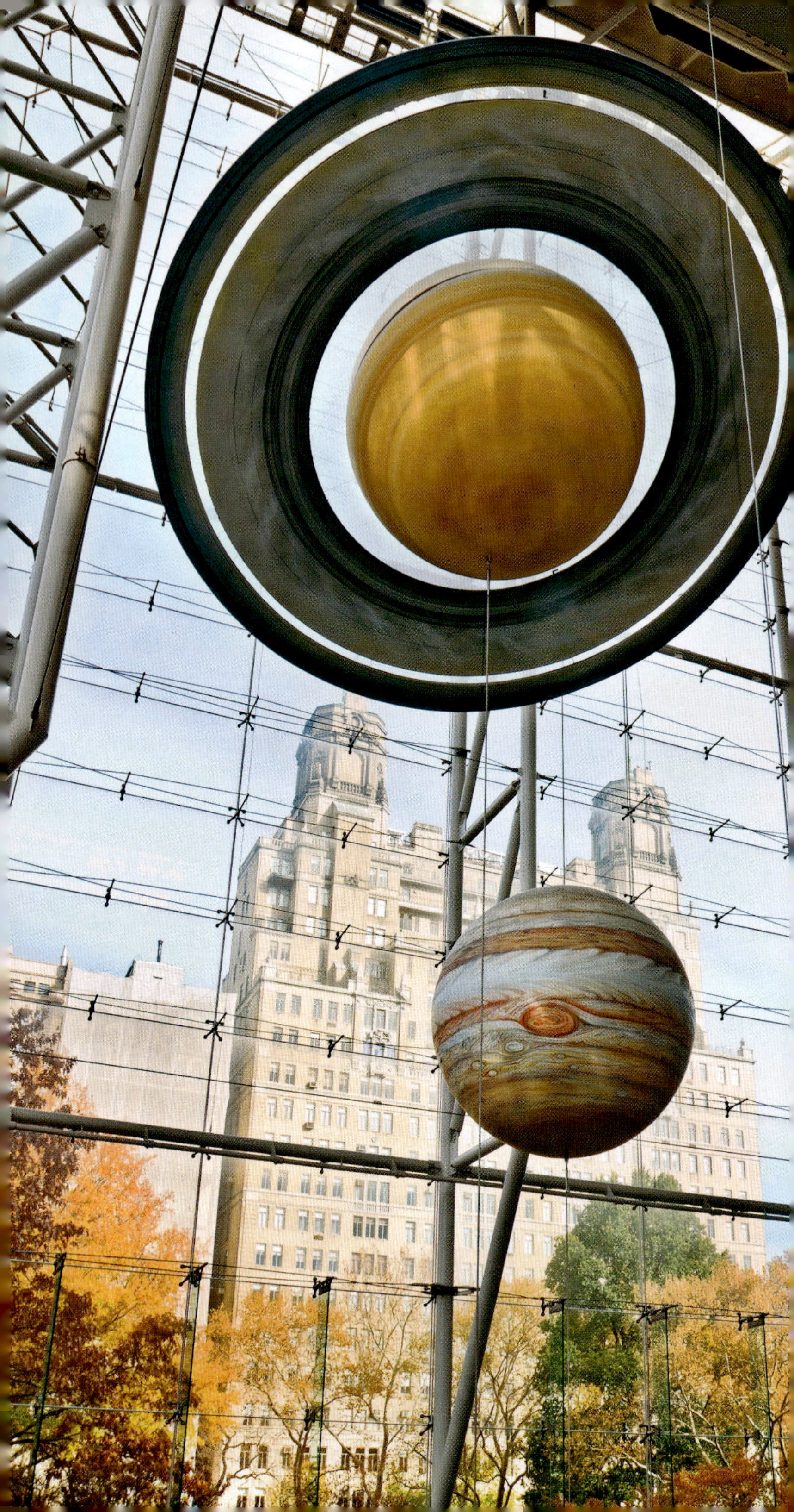

Upper West Side

Das frühere Farmland entwickelte sich erst ab 1870 zum Wohnviertel, nachdem es mit der Ninth-Ave-Hochbahn eine Verbindung nach Midtown gab. Ein Straßenraster wurde angelegt, 1884 entstand das Dakota, New Yorks erstes Luxus-Apartmenthaus. Am Broadway und Central Park West schossen bald Gebäude aus dem Boden. Heute ist die Upper West Side ein Wohnviertel mit einer Mischung aus Hochhäusern und alten »Brownstones«. Das Lincoln Center macht sie zu einer kulturellen Drehscheibe, das American Museum of Natural History gehört zu den beliebtesten familienfreundlichen Attraktion der Stadt. Am Central Park West sieht man grandiose Wohnbauten.

Sehenswürdigkeiten auf einen Blick

Historische Straßen und Gebäude
1. Twin Towers, Central Park West
7. Columbus Circle
8. Hotel des Artistes
9. The Dakota
13. Pomander Walk
14. Riverside Drive und Park
16. The Ansonia
17. The Dorilton

Museen und Sammlungen
10. New-York Historical Society
11. American Museum of Natural History S. 210f
12. Rose Center for Earth and Space
15. Children's Museum of Manhattan
18. American Folk Art Museum

Berühmte Theater
2. Lincoln Center for the Performing Arts
3. David H. Koch Theater
4. Metropolitan Opera House
5. Lincoln Center Theater
6. David Geffen Hall

Restaurants siehe S. 302–304
1. Asiate
2. Bar Boulud
3. Café Fiorello
4. Café Frida
5. Café Luxembourg
6. Calle Ocho
7. Gennaro
8. Jean-Georges
9. Masa
10. Per Se
11. Pio Pio
12. Rosa Mexicano

Stadtplan 11, 12, 15, 16

◀ Rose Center for Earth and Space (siehe S. 212)

Zeichenerklärung siehe hintere Umschlagklappe

Im Detail: Lincoln Center

Das Lincoln Center verdankt seine Existenz zwei Umständen: Zum einen benötigten die Metropolitan Opera und das New York Philharmonic Orchestra neue Domizile, zum anderen bedurfte ein großer Teil der West Side dringend einer Neubelebung. Der Gedanke, einen einzigen Komplex verschiedenen darstellenden Künsten zu widmen, erscheint heute ganz normal, galt aber in den 1950er Jahren als Wagnis. Inzwischen zählt das Center jährlich fünf Millionen Besucher und hat sich längst etabliert.

❷ ★ Lincoln Center for the Performing Arts
Der Komplex wurde als Musik-, Tanz- und Theaterzentrum konzipiert. Der Platz um den Brunnen lädt zum Ausruhen und Leutetreffen ein.

❺ Lincoln Center Theater
Hier sind das Vivian Beaumont Theater und das Mitzi E. Newhouse Theater unter einem Dach vereint.

Der Komponist Leonard Bernstein trug entscheidend zum Aufbau des großen Musikkomplexes bei. Sein berühmtes Musical *West Side Story* (nach der Geschichte von Romeo und Julia) spielt in den damals heruntergekommenen Straßen um das heutige Lincoln Center.

Die Guggenheim Bandshell im Damrosch Park ist Veranstaltungsort für Konzerte mit freiem Eintritt.

❸ David H. Koch Theater
Es ist Heimstatt des New York City Ballet und auch Aufführungsort für das American Ballet Theatre.

❹ Metropolitan Opera House
Die Oper ist das Zentrum des Lincoln Center. Vom Café oben in der Lobby hat man einen schönen Ausblick.

Das College Board Building ist ein Art-déco-Schmuckstück, in dem sich Eigentumswohnungen und das College Board befindet (zuständig für die Aufnahmeprüfungen amerikanischer Studenten).

LINCOLN CENTER | **207**

⓲ American Folk Art Museum
Hier sind u. a. Handarbeiten, Keramik und Möbel zu sehen.

Früher Quilt

❽ ★ Hotel des Artistes
Hier residierten schon Isadora Duncan, Noël Coward oder Norman Rockwell.

James Dean bewohnte ein Einzimmer-Apartment im obersten Stock von 19 West 68th Street.

Zur Orientierung
Siehe Stadtplan 11–12, 15–16 und Manhattan-Karte S. 16f

Legende
— Routenempfehlung

0 Meter 100
0 Yards 100

Zur Subway-Station 72th Street (vier Blocks)

W 67TH STREET

W 65TH STREETT

CENTRAL PARK WEST

Ein Studio der American Broadcasting Company hat seinen Sitz in diesem burgartigen ehemaligen Arsenal.

55 Central Park West, ein Art-déco-Apartmenthaus, war einer der Schauplätze des Films *Ghostbusters* (1984).

Die Society of Ethical Culture ist in einem der ersten Art-nouveau-Häuser der Stadt zu Hause.

Zur Subway-Station 59th Street (zwei Blocks)

Central Park West ist die Adresse zahlreicher Prominenter, die hier in exklusiven Apartments ihre Privatsphäre genießen können.

❶ Twin Towers, Central Park West
Dies ist ein Paar einer Gruppe von Zwillingstürmen am Central Park.

Stadtplan *siehe Seiten 386–419* **Karte** *Extrakarte zum Herausnehmen*

Das doppeltürmige Apartmenthaus San Remo entwarf Emery Roth

❶ Twin Towers, Central Park West

Stadtplan 12 D1, 12 D2, 16 D3, 16 D5. **Karte** C1. Ⓜ 59th St-Columbus Circle, 72nd St, 81st St, 86th St. 🚻 für Besucher.

Vier Doppeltürme am Central Park West prägen die Skyline. Die Apartmenthäuser wurden 1929–31 errichtet, heute zählen sie zu den begehrtesten New Yorker Adressen. Die Gebäude bestechen durch Eleganz und Raffinesse. Ihre charakteristische Form folgte einer Verordnung, die höhere Wohnhäuser zuließ, sofern zurückgesetzte Fassaden und Türme vorgesehen waren.

Zu den berühmten Bewohnern des San Remo (145 CPW) zählen Dustin Hoffman, Paul Simon und Diane Keaton. Madonna wurde von den Eigentümern abgelehnt und nahm sich eine Wohnung im Haus 1 West 64th Street. In den Türmen des Eldorado (300 CPW) wohnten u. a. Groucho Marx, Marilyn Monroe und Richard Dreyfuss. Das Majestic (115 CPW) und das Century (25 CPW) gehören zu den Klassikern des Art-déco-Designers Irwin S. Chanin.

❷ Lincoln Center for the Performing Arts

Stadtplan 11 C2. **Karte** BC1. 📞 1-212-546-5456. Ⓜ 66th St. ♿ 📞 1-212-875-5375. Siehe **Unterhaltung** S. 344f.
🌐 lincolncenter.org

Im Mai 1959 reiste Präsident Eisenhower nach New York, um eine Schaufel Erde umzudrehen. Leonard Bernstein hob den Dirigentenstab, New York Philharmonic und Juilliard Choir stimmten das *Hallelujah* an ... und das wichtigste Kulturzentrum der Stadt war geboren. Der Komplex erstreckt sich über sechs Hektar der einstigen Slums, in denen Bernsteins Musical *West Side Story* spielt. Der Brunnen der Plaza ist ein Werk Philip Johnsons, die Skulptur *Reclining Figure* schuf Henry Moore.

Die Organisation Jazz at the Lincoln Center (JALC) organisiert Veranstaltungen zu Jazz und ist zugleich Veranstaltungsort. Der JALC-Komplex am Columbus Circle besitzt drei Bühnen sowie Proberäume und Tonstudios.

❸ David H. Koch Theater

Lincoln Center. **Stadtplan** 12 D2. **Karte** C1. 📞 1-212-870-496-0600 (Tickets). Ⓜ 66th St. ♿ Siehe **Unterhaltung** S. 340f.
🌐 davidhkochtheater.com

Das 1964 eröffnete Stammhaus des angesehenen New York City Ballet (und bis 2011 der New York City Opera) entwarf Philip Johnson. Gewaltige weiße Marmorskulpturen von Elie Nadelman beherrschen das dreistöckige Foyer. Im Theater finden fast 2800 Besucher Platz. Die Leuchter aus Bergkristall lassen das Haus wie ein »Schatzkästchen« wirken.

❹ Metropolitan Opera House

Lincoln Center. **Stadtplan** 11 C2. **Karte** BC1. 📞 1-212-362-6000. Ⓜ 66th St. ♿ Siehe **Unterhaltung** S. 344f.
🌐 metopera.org 🌐 abt.org

Die »Met« ist der spektakulärste Teil des Komplexes und Blickpunkt der Plaza. Die Metropolitan Opera Company und das American Ballet Theatre haben hier ihr Domizil. Fünf hohe Bogenfenster geben den Blick auf das Foyer frei. Innen beeindrucken Marmortreppen, roter Plüschteppich und Kris-

Die Central Plaza des Lincoln Center mit der »Met«

talllüster. Die Wandgemälde von Marc Chagall werden vormittags vor der Sonne geschützt und sind dann nicht zu sehen.

Alle Größen haben hier gesungen, etwa Maria Callas, Jessye Norman und Luciano Pavarotti. Die Premierenabende sind glanzvolle Ereignisse.

Die Guggenheim-Konzertmuschel im Damrosch Park neben dem Metropolitan Opera House ist ein beliebtes Ziel für Musikliebhaber. Höhepunkt der Saison ist das Lincoln Center Out of Doors Festival drei Wochen im August mit kostenlosen Opern-, Tanz- und Theateraufführungen.

Open-Air-Konzert in der Guggenheim Bandshell, Damrosch Park

❺ Lincoln Center Theater

Lincoln Center. **Stadtplan** 11 C2. **Karte** BC1. ☎ 1-212-239-6200 (Tickets), 1-212-870-1630 (Bibliothek). Ⓜ 66th St. Siehe Unterhaltung S. 344f. W lct.org

Der Bau unterteilt sich in drei Theater, die auf ausgefallene Stücke spezialisiert sind: das Vivian Beaumont Theater mit 1000 Sitzplätzen, das Mitzi E. Newhouse Theater mit 280 Plätzen und das Claire Tow Theater mit 112 Plätzen.

Einige der besten modernen Dramatiker New Yorks haben im Beaumont den Durchbruch geschafft. Eingeweiht wurde es 1962 mit Arthur Millers *Nach dem Sündenfall*. Das kleinere Newhouse ist ein Werkraumtheater, macht aber durchaus Schlagzeilen. So wurde hier Samuel Becketts *Warten auf Godot* gespielt, mit Robin Williams und Steve Martin in den Hauptrollen.

In der New York Public Library for the Performing Arts werden u. a. Dokumentationen historischer Aufführungen an der Met, Libretti, Plakate und Programme ausgestellt.

❻ David Geffen Hall

Lincoln Center. **Stadtplan** 12 D2. **Karte** C1. ☎ 1-212-875-5656. Ⓜ 66th St. Siehe Unterhaltung S. 344f. W nyphil.org

Die frühere Avery Fisher Hall am nördlichen Ende der Lincoln Center Plaza ist Heimstatt der New Yorker Philharmoniker, des ältesten amerikanischen Orchesters. Hier finden diverse Veranstaltungen des Lincoln Center statt, etwa das Mostly Mozart Festival. Als die Philharmonie 1962 eröffnet wurde, gab es Kritik an der Akustik. Baumaßnahmen verwandelten sie mittlerweile in ein akustisches Juwel, das sich klanglich mit anderen berühmten Konzertsälen messen kann. Für wenig Eintritt kann man donnerstagvormittags Proben im großen Saal mit seinen 2738 Plätzen miterleben.

❼ Columbus Circle

3 Columbus Circle. **Stadtplan** 12 D3. **Karte** C2. Ⓜ 59th St. **Konzerte** ☎ 1-212-258-9800. W jazz.org

Über den Platz an der unteren Ecke des Central Park blickt die Statue von Christoph Kolumbus, die auf einer Granitsäule steht. Sie ist ein Überbleibsel des alten Platzes, der zum größten Bauprojekt in der Geschichte New Yorks wurde. Hier wurden neue multifunktionale Hochhäuser gebaut, die nationale und internationale Unternehmen anziehen. Time Warner etwa hat hier sein Hauptquartier in einem 80-stöckigen Turm. Auf die 260 000 Quadratmeter des Baus verteilen sich Läden, Veranstaltungsräume und Restaurants. Hier findet man Shops wie Hugo Boss, Williams-Sonoma und Bio-Märkte. Dinieren kann man z. B. im Per Se oder im Masa. Außerdem gibt es ein Hotel der Mandarin-Oriental-Kette.

Das Time Warner Center »übernahm« Jazz at the Lincoln Center: Der Appel Room, das Rose Theater und der Dizzy's Club Coca-Cola bilden zusammen mit einer Jazz-Ruhmeshalle und einem Unterrichtscenter den weltweit ersten Komplex, der nur dem Jazz gewidmet ist.

Am Columbus Circle stehen zudem das vom britischen Architekten Norman Foster entworfene Hearst House, das Trump International Hotel, das Maine Monument und das auffällige Museum of Arts and Design (früher: American Craft Museum).

❽ Hotel des Artistes

1 W 67th St. **Stadtplan** 12 D2. **Karte** C1. ☎ 1-212-877-3500 (Café). Ⓜ 72nd St.

Die zweigeschossigen Wohnungen in dem 1918 von George Mort Pollard errichteten Gebäude waren eigentlich als Ateliers für bildende Künstler gedacht, zogen aber rasch alle möglichen Bewohner an – etwa Alexander Woollcott, Norman Rockwell, Isadora Duncan, Rudolph Valentino und Noël Coward. Den Sockel der Fassade schmücken Figuren von Künstlern.

Zierfigur am Hotel des Artistes

Stadtplan *siehe Seiten 386 – 419* **Karte** *Extrakarte zum Herausnehmen*

American Museum of Natural History

Das Museum ist eines der größten naturgeschichtlichen Museen der Welt. Der 1877 eröffnete Komplex von Calvert Vaux und J. Wrey Mould umfasst vier Häuserblocks und besitzt über 30 Millionen Exponate. Am beliebtesten sind die Dinosaurier-Abteilung und die Milstein Hall of Ocean Life. Überaus spannend ist auch das Rose Center for Earth and Space *(siehe S. 212)*.

Fassade zur W 77th Street

Kurzführer

Das Museum umfasst 46 Ausstellungshallen, Forschungslabors und eine Bibliothek, verteilt auf 25 miteinander verbundene Gebäude. Geht man vom Eingang Central Park West ins Obergeschoss, steht man dort vor dem Barosaurier. Hier finden sich auch Exponate zu Afrika, Asien, Mittel- und Südamerika. Im Erdgeschoss sind Meteoriten, Mineralien und ozeanische Exponate ausgestellt. Indianische Objekte, Vögel und Reptilien finden sich im zweiten, Dinosaurier und Fossilien im dritten Stock.

★ Star of India
Der mit 563 Karat größte blaue Saphir der Welt wurde auf Sri Lanka gefunden und dem Museum 1901 durch J. P. Morgan übereignet.

★ Blauwal
Der Blauwal ist mit einer Körpermasse von bis zu 200 Tonnen das größte und schwerste bekannte Tier, das je auf der Erde gelebt hat. Das Exponat ist einem Weibchen nachgebildet, das 1925 vor Südamerika gefangen wurde.

★ Great Canoe
Das 19,2 Meter lange Kriegskanu aus dem Pazifischen Nordwesten wurde aus einem einzigen Zedernstamm geschnitzt.

Eingang an der W 77th St

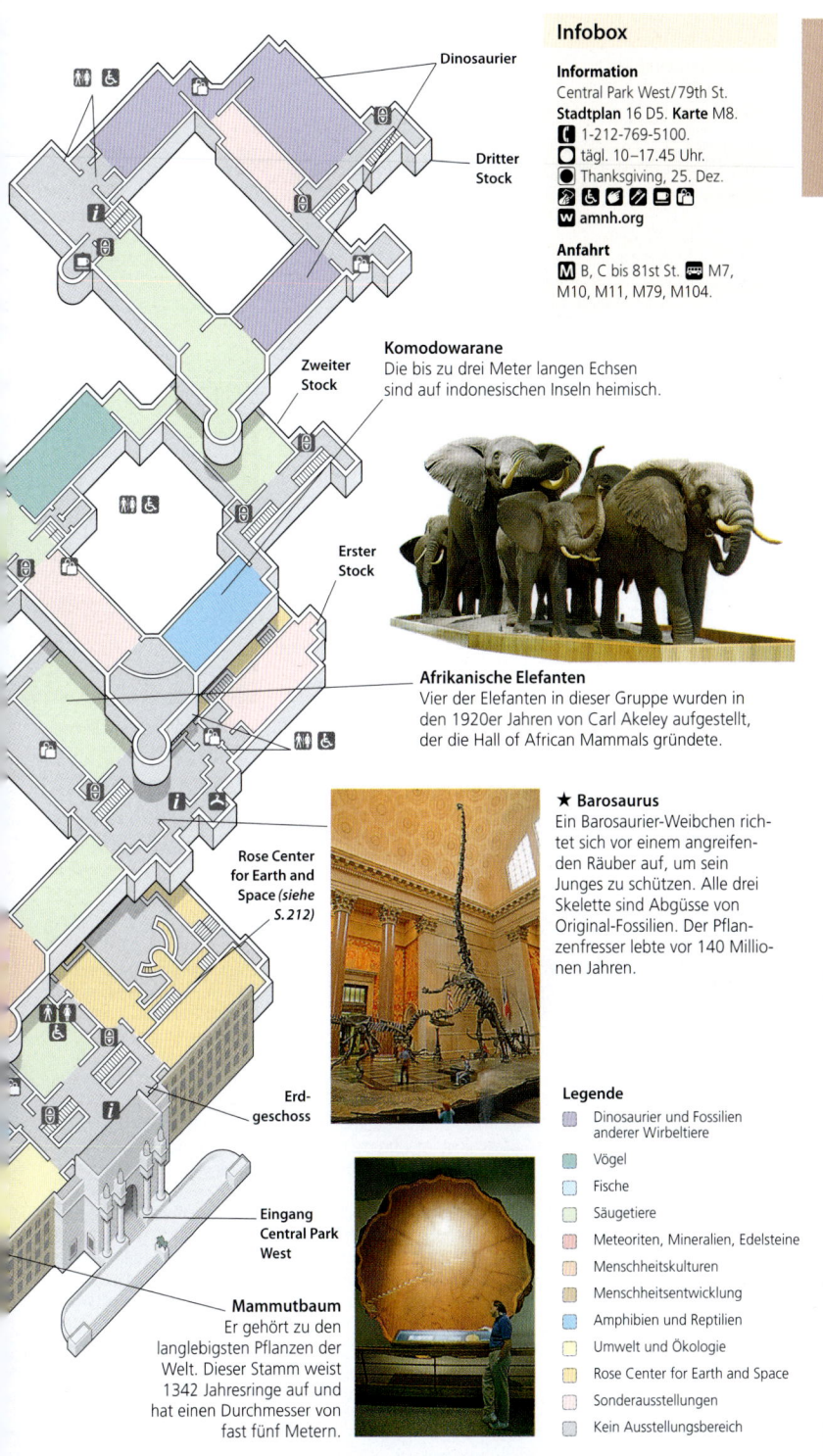

AMERICAN MUSEUM OF NATURAL HISTORY | 211

Dinosaurier

Dritter Stock

Zweiter Stock

Erster Stock

Rose Center for Earth and Space *(siehe S.212)*

Erdgeschoss

Eingang Central Park West

Infobox

Information
Central Park West/79th St.
Stadtplan 16 D5. **Karte** M8.
1-212-769-5100.
tägl. 10–17.45 Uhr.
Thanksgiving, 25. Dez.
amnh.org

Anfahrt
B, C bis 81st St. M7, M10, M11, M79, M104.

Komodowarane
Die bis zu drei Meter langen Echsen sind auf indonesischen Inseln heimisch.

Afrikanische Elefanten
Vier der Elefanten in dieser Gruppe wurden in den 1920er Jahren von Carl Akeley aufgestellt, der die Hall of African Mammals gründete.

★ Barosaurus
Ein Barosaurier-Weibchen richtet sich vor einem angreifenden Räuber auf, um sein Junges zu schützen. Alle drei Skelette sind Abgüsse von Original-Fossilien. Der Pflanzenfresser lebte vor 140 Millionen Jahren.

Mammutbaum
Er gehört zu den langlebigsten Pflanzen der Welt. Dieser Stamm weist 1342 Jahresringe auf und hat einen Durchmesser von fast fünf Metern.

Legende
- Dinosaurier und Fossilien anderer Wirbeltiere
- Vögel
- Fische
- Säugetiere
- Meteoriten, Mineralien, Edelsteine
- Menschheitskulturen
- Menschheitsentwicklung
- Amphibien und Reptilien
- Umwelt und Ökologie
- Rose Center for Earth and Space
- Sonderausstellungen
- Kein Ausstellungsbereich

Stadtplan *siehe Seiten 386–419* **Karte** *Extrakarte zum Herausnehmen*

❾ The Dakota

1 W 72nd St. **Stadtplan** 12 D1. **Karte** M9. Ⓜ 72nd St. ⬤ für Besucher.

Der Name Dakota deutet darauf hin, wie weit »im Wilden Westen« das Gebäude lag, das der Architekt Henry J. Hardenbergh entworfen hatte. Das erste Luxus-Apartmenthaus New Yorks entstand 1880–84 inmitten ärmlicher Hütten. Den Auftrag hatte Edward S. Clark gegeben, der Erbe des Singer-Nähmaschinen-Vermögens.

In einer der 65 Luxussuiten wohnten schon Judy Garland, Lauren Bacall, Leonard Bernstein und Boris Karloff (der noch als Gespenst umgehen soll). Das Dakota hat es auch zu Filmruhm gebracht, z. B. in *Rosemaries Baby*.

Hier wohnte auch John Lennon. Der Ex-Beatle wurde am 8. Dezember 1980 genau vor diesem Haus Opfer eines Attentats. Seine Frau Yoko Ono lebt heute noch hier.

Indianisches Relief über dem Eingang des Dakota

❿ New-York Historical Society

170 Central Park West. **Stadtplan** 16 D5. **Karte** M8. ☎ 1-212-873-3400. Ⓜ 81st St. **Galerien** ⬜ Di–Do, Sa 10–18, Fr 10–20, So 11–17 Uhr. **Bibliothek** ⬜ Di–Fr 9–15, Sa 10–13 Uhr. ⬤ Feiertage. 🌐 nyhistory.org

Zu den Schätzen der 1804 gegründeten Gesellschaft gehören eine exzellente Bibliothek und das älteste New Yorker Museum. Die Sammlung umfasst historische Dokumente über Sklaverei und den Bürgerkrieg, Zeitungen aus dem 18. Jahrhundert und zudem alle 435 Vogelaquarelle von John James Audubons *Birds of America*.

Auch 150 Tiffany-Leuchten (die weltgrößte Sammlung) und Möbel der Federal-Style-Periode hat die Society zusammengetragen.

⓫ American Museum of Natural History

Siehe S. 210f.

⓬ Rose Center for Earth and Space

Ecke Central Park West/81st St. **Stadtplan** 16 D4. **Karte** M8. ☎ 1-212-769-5100. Ⓜ 81st St. ⬜ tägl. 10–17.45 Uhr. **IMAX-Show** ⬜ 10.30–16.30 Uhr, alle 60 Min. **Space-Show** ⬜ 10.30–16.30 Uhr, alle 30 Min. (Mi ab 11, Sa, So bis 17 Uhr). 🌐 amnh.org

Direkt an der Nordseite des American Museum of Natural History *(siehe S. 210f)* befindet sich das Rose Center for Earth and Space. In dem 27 Meter hohen Kuppelbau sind das Hayden Planetarium, der Heilbrunn Cosmic Pathway, eine 107 Meter lange Zeitspirale durch 13 Milliarden Jahre Evolution, und das Big Bang Theater, das die Ursprünge des Universums erklärt, untergebracht.

Die Hall of Planet Earth hat im Zentrum gewaltige Felsen und ist mit der modernsten Computer- und Videotechnik ausgestattet. Hier werden der Aufbau und die geologische Geschichte der Erde erläutert. Ausstellungen in der Hall of the Universe informieren über die neuesten Entdeckungen der Astrophysik. In vier Zonen werden selbst zu bedienende, interaktive Exponate und umfangreiche Lernprogramme präsentiert.

Tipp: Einen faszinierenden Anblick bietet das beleuchtete Rose Center for Earth and Space nachts von der Straße aus.

⓭ Pomander Walk

261–267 W 94th St. **Stadtplan** 15 C2. **Karte** L6. Ⓜ 96th St.

Der Blick durchs Tor offenbart winzige Stadthäuser von 1921. Sie sind der Kulisse der Londoner Stallungen eines beliebten Schauspiels gleichen Namens nachempfunden. Hier wohnten viele Schauspieler, u. a. Rosalind Russell, Humphrey Bogart und die Gish-Schwestern.

Stadthaus am Pomander Walk in mittelalterlichem Stil

⓮ Riverside Drive und Park

Stadtplan 15 B1–B5, 20 D1–D5. **Karte** L3–8. Ⓜ 79th St, 86th St, 96th St.

Der Riverside Drive ist eine der hübschesten Straßen der Stadt: breit, schattig, mit Ausblicken auf den Hudson River. Er wird von alten Stadtpalais und neueren Apartmenthäusern gesäumt. Die sehenswerten Gebäude Nr. 40–46, 74–77, 81–89 und 105–107 entstanden Ende des 19. Jahrhunderts nach Plänen von Clarence F. True. Ihre geschwungenen Giebel, Erker und Bogenfenster scheinen die Biegung der Straße und des Flusses widerzuspiegeln.

Das Haus Nr. 243 trägt den Namen Cliff Dwellers' Apartments. Ein Fries zeigt »Felsenbewohner« mit Masken und Büffelschädeln, Berglöwen und Klapperschlangen.

Der Riverside Park wurde 1880 nach Plänen von Fre-

Soldiers' and Sailors' Monument im Riverside Park

derick Law Olmsted angelegt, der auch den Central Park *(siehe S. 198–203)* gestaltete.

⓯ Children's Museum of Manhattan

361 Central Park West. **Stadtplan** 16 D1. **Karte** M6. 1-212-721-1223. 79th St, 81st St, 86th St. tägl. 10–17 Uhr (Sa bis 19 Uhr). 1. Jan, Thanksgiving, 25. Dez. cmom.org

Das Museum zieht Ende 2018 direkt an den Central Park West. Das didaktisch hervorragende Museum »zum Anfassen« wurde 1973 eröffnet und gründet auf der These, dass Kinder beim Spielen am besten lernen können. In der beliebten Ausstellung »Eat, Sleep, Play« lernen die Kleinen jede Menge Wissenswertes über Themen wie Ernährung und gesunde Lebensweise. In der Abteilung »Block Party« können Kinder Burgen, Brücken und sogar ganze Städte aus Holz bauen. In anderen Bereichen begeben sich Kinder auf Reisen zu den unterschiedlichsten Kulturen der Welt. Es gibt auch Führungen zu verschiedenen Themen. An Wochenenden treten Puppenspieler und Märchenerzähler auf.

⓰ The Ansonia

2109 Broadway. **Stadtplan** 15 C5. **Karte** L8. 72nd St. für Besucher.

Das Beaux-Arts-Juwel entstand 1899 nach Plänen des französischen Architekten Paul E. M. Duboy im Auftrag von William Earl Dodge Stokes, dem Erben des Vermögens der Phelps Dodge Company. Das frühere Luxushotel ist seit 1992 ein Wohnhaus.

Seine auffälligsten Merkmale sind der Rundturm und das zweistöckige, gaubengeschmückte Mansardendach. Ursprünglich gab es einen Dachgarten (mit Dodges Menagerie: Enten, Hühner und ein zahmer Bär) sowie zwei Swimmingpools.

Die dicken, lärmschluckenden Wände machten das Hotel schnell zum bevorzugten Quartier der musikalischen Prominenz: Florenz Ziegfeld, Arturo Toscanini, Enrico Caruso, Igor Stravinsky und Lily Pons gehörten zu den Gästen.

⓱ The Dorilton

171 W 71st St. **Stadtplan** 11 C1. **Karte** M9. 72nd St. für Besucher.

Detailreichtum, ein hohes Mansardendach und ein neunstöckiger Torbau zur West 71st Street charakterisieren dieses Apartmenthaus. Für heutige Begriffe wirkt es reichlich überzogen, doch 1902 rief es andere Reaktionen hervor, etwa im *Architectural Record*: »Sein Anblick lässt starke Männer fluchen und schwache Frauen erschreckt zurückweichen.«

Was Kritiker wohl zum Pythian Condominium einen Block weiter (135 West 70th St) gesagt hätten? Das Gebäude wurde 1927 von den Knights of Pythias, einem 1864 gegründeten Geheimbund, errichtet und trägt üppige Verzierungen im ägyptischen Stil. Viele davon wurden im Lauf des Umbaus zu Luxusapartments entfernt, doch fehlt es auch heute nicht an Lotosblättern, Hieroglyphen, reich verzierten Säulen und Fabelwesen. Auf dem Dach thronen in majestätischer Pracht zwei Pharaonen.

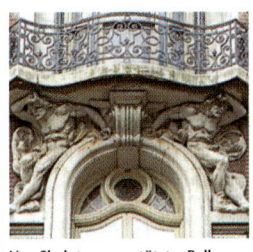

Von Skulpturen gestützter Balkon des Dorilton

⓲ American Folk Art Museum

2 Lincoln Sq. **Stadtplan** 11 D2. **Karte** M9. 1-212-595-9533. 66th St-Lincoln Center. Di–So 11.30–19 Uhr (Fr bis 19.30, So bis 18 Uhr). folkartmuseum.org

Das Museum für amerikanische Volkskunst liegt gut erreichbar direkt gegenüber dem Komplex des Lincoln Center. Die 1961 gegründete Sammlung besitzt etwa 7000 Exponate vom 18. Jahrhundert bis heute.

Die Bandbreite ist bemerkenswert: farbenfrohe Quilts, imposante Porträts und größere Werke von autodidaktischen Zeitgenossen. Interessant sind die Aquarelle von Henry Darger und die urbanen Bilder von Ralph Fasanella. Neben der allgemeinen Dauerausstellung gibt es Wechselausstellungen mit rollierenden Exponaten.

Kinder im Children's Museum of Manhattan

APOLLO

Welcome to the World Famous
APOLLO THEATER

Morningside Heights und Harlem

Harlem ist seit den 1920er Jahren, als Dichter, Aktivisten und Jazzmusiker die Bewegung Harlem Renaissance bildeten, das Herz der afroamerikanischen Gemeinde New Yorks. Heute findet man hier Lokale mit westafrikanischem Essen, Gospelchöre, die sonntags etwa in der Abyssinan Baptist Church singen, eine vibrierende Jazzszene und einige der schönsten Wohnblocks der Stadt.

Morningside Heights am Hudson River ist Sitz der Columbia University, einer der renommiertesten Universitäten des Landes, und besitzt zwei der schönsten Kirchen New Yorks. Hamilton Heights erstreckt sich weiter nördlich – das Areal ist hauptsächlich Wohnviertel, bietet aber ein historisches Anwesen im Federal Style sowie das City College of New York.

Sehenswürdigkeiten auf einen Blick

Historische Straßen und Gebäude
1. Columbia University
2. St. Paul's Chapel
3. Low Library
6. Grant's Tomb
7. City College of New York
8. Hamilton Grange National Memorial
9. Hamilton Heights Historic District
10. St. Nicholas Historic District

Museen und Sammlungen
12. Schomburg Center for Research in Black Culture
16. Studio Museum Harlem
17. Mount Morris Historic District
- Museo del Barrio

Berühmte Theater
13. Harlem YMCA
15. Apollo Theater

Kirchen
4. *Cathedral of St. John the Divine S. 220f*
5. Riverside Church
11. Abyssinian Baptist Church

Park
18. Marcus Garvey Park

Berühmtes Restaurant
14. Sylvia's

Restaurants siehe S. 302–304
1. Amy Ruth's
2. Dinosaur Bar-B-Que
3. Harlem Shake
4. Red Rooster
5. Sisters Cuisine
6. Sylvia's

Stadtplan 19, 20, 21

◀ Das Apollo Theater, ein Wahrzeichen Harlems (siehe S. 224)   Zeichenerklärung siehe hintere Umschlagklappe

Im Detail: Columbia University

Der Campus einer Universität ist beides: Ort der Gelehrsamkeit und der Architektur. Bewundern Sie die Gebäude, verweilen Sie etwas im Innenhof vor der Low Library, um zu beobachten, wie sich Amerikas künftige Elite zwischen den Vorlesungen tummelt. Gegenüber dem Campus, auf dem Broadway und in der Amsterdam Avenue, sind Coffee Houses und Cafés, in denen man diskutiert, das Tagesgeschehen kommentiert oder sich einfach nur entspannt.

Die Alma Mater (1903) von Daniel Chester French überstand während der Studentenrevolte 1968 eine Bombenexplosion.

Subway-Station 116th St/Columbia University (Linie 1)

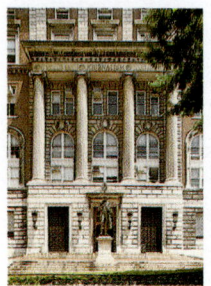

Die School of Journalism ist eines der von McKim, Mead & White entworfenen Universitätsgebäude. Sie wurde 1912 vom Verleger Joseph Pulitzer gegründet. Hier wird der Pulitzer-Preis vergeben.

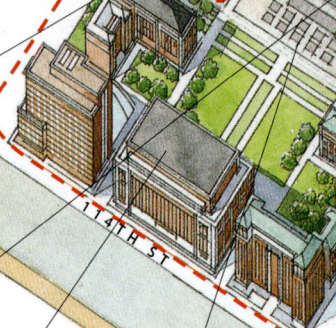

❸ Low Library
Mit ihrer eindrucksvollen Fassade und der hohen Kuppel dominiert diese Bibliothek den Hof. Sie wurde 1895–97 von McKim, Mead & White entworfen.

Die Butler Library ist die Hauptbibliothek.

❶ ★ Columbia University
Die älteren Gebäude wurden von McKim, Mead & White um einen erhöhten rechteckigen Platz herum angeordnet. Hier der Blick auf die zentral an der 114th Street gelegene Butler Library.

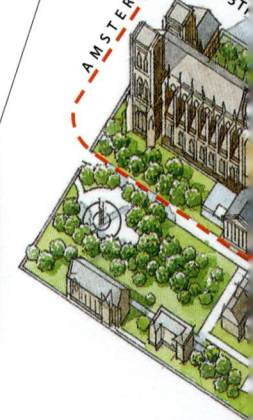

COLUMBIA UNIVERSITY | 217

❷ St. Paul's Chapel
Die Kirche von Howells & Stokes (1907) ist bekannt für ihre Schnitzereien und das prächtige Gewölbe. Das lichtdurchflutete Innere hat eine gute Akustik.

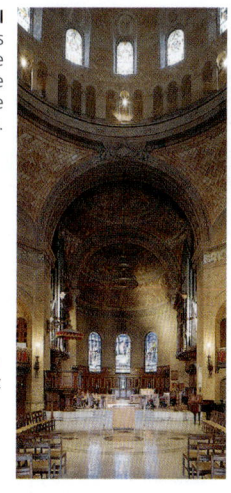

Das Sherman Fairchild Center von 1977 ist Sitz der biowissenschaftlichen Fakultäten.

Zur Orientierung
Siehe Stadtplan 19, 20, 21 und Manhattan-Karte S. 16f

Legende
— Routenempfehlung

0 Meter 500
0 Yards 500

Studentenunruhen brachten die Columbia University 1968 in die Schlagzeilen. Die ohnehin schon aufgeheizte Atmosphäre entlud sich, als die Universität Pläne für den Bau einer Sporthalle im nahen Morningside Park publik machte. Die Proteste zwangen sie dann, an einem anderen Ort zu bauen.

Steinmetzarbeiten zieren die Fassade der Kathedrale.

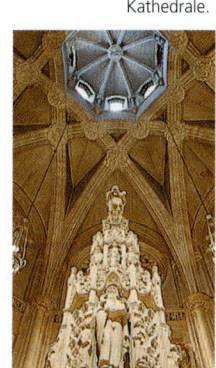

Die Église de Notre Dame wurde für eine französischsprachige Kongregation gebaut. Die Replik der Grotte von Lourdes hinter dem Altar ist die Stiftung einer Frau, die glaubte, ihr Sohn sei dort geheilt worden.

❹ ★ Cathedral of St. John the Divine
Sollte diese neogotische Kathedrale jemals vollendet werden, wird sie die größte der Welt sein. Obwohl noch ein Drittel des Bauwerks fehlt, fasst die Kirche jetzt schon 10 000 Gläubige.

Stadtplan *siehe Seiten 386–419* **Karte** *Extrakarte zum Herausnehmen*

Alma-Mater-Statue vor der Low Library, Columbia University

❶ Columbia University

Haupteingang Ecke W 116th St/Broadway. **Stadtplan** 20 E3. **Karte** L4. 📞 1-212-854-4900. Ⓜ 116th St-Columbia University. **Visitors' Center** ⏰ Mo–Fr 9–17 Uhr. 🎫 mit Anmeldung. 🌐 columbia.edu

Dies ist der dritte Standort der Universität, die zu den ältesten und renommiertesten der USA zählt. Sie wurde 1754 als King's College gegründet, nahe dem Ort, an dem das World Trade Center stand.

Als die Universität 1814 umziehen wollte, erhielt sie von den Behörden Land zugewiesen, das angeblich 75 000 Dollar wert war. Die Universität baute jedoch nicht, sondern verpachtete den Grund und verbrachte 1857–97 in Nachbargebäuden. 1985 verkaufte sie den Grund für 400 Millionen Dollar an die Rockefeller Center Inc.

1897 begann am einstigen Standort des Bloomingdale Insane Asylum der Bau für den Campus. Architekt Charles McKim errichtete die Gebäude über Straßenniveau auf einer Terrasse. Die Rasenflächen bilden einen reizvollen Kontrast zur hektischen Stadt.

Über 30 000 Studierende sind hier eingeschrieben. Die Universität ist bekannt für ihre juristische, medizinische und journalistische Fakultät. Unter den Alumni gibt es über 80 Nobelpreisträger. Berühmte Absolventen sind u. a. Isaac Asimov, J. D. Salinger, James Cagney und Joan Rivers.

Auf der anderen Straßenseite liegt das Barnard College für Frauen.

Kuppel der St. Paul's Chapel

❷ St. Paul's Chapel

Columbia University. **Stadtplan** 20 E3. **Karte** L4. 📞 1-212-854-1487 (Konzert-Info). Ⓜ 116th St-Columbia University. ⏰ Mo–Sa 10–23 Uhr (Semester), 10–16 Uhr (Ferien). 🎫 So. ♿

Das interessanteste Gebäude der Universität, die St. Paul's Chapel von 1904 (nicht zu verwechseln mit der namensgleichen Kirche am Broadway, *siehe S. 85*) ist eine Mischung aus italienischer Renaissance, Gotik und byzantinischer Architektur. Das Guastavino-Gewölbe weist komplizierte Ziegelmuster auf. Die ganze Kirche wird von Licht durchflutet. Die Aeolian-Skinner-Orgel ist für ihren Klang berühmt.

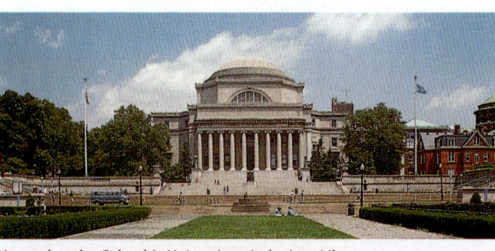

Hauptplatz der Columbia University mit der Low Library

Fassade der St. Paul's Chapel

❸ Low Library

Columbia University. **Stadtplan** 20 E3. **Karte** L4. Ⓜ 116th St-Columbia University.

Der klassische Säulenbau, der sich über drei steinernen Treppenfluchten erhebt, wurde vom ehemaligen College-Präsidenten Seth Low gestiftet. Die Statue davor, *Alma Mater* (1903) von Daniel Chester French, war Hintergrund der Filmbilder von vielen Anti-Vietnam-Demonstrationen von 1968.

Heute dient das Gebäude als Bürotrakt. Im Rundbau findet eine Vielzahl akademischer und offizieller Veranstaltungen statt. Der Bibliotheksbestand (sechs Millionen Bände) wurde 1934 in die Butler Library verlagert.

❹ Cathedral of St. John the Divine

Siehe S. 220f.

❺ Riverside Church

490 Riverside Dr/W 122nd St. **Stadtplan** 20 D2. **Karte** L3. 📞 1-212-870-6700. Ⓜ 116th St-Columbia University. ⏰ tägl. 7–22 Uhr. 🎫 So 8.30, 10.45 Uhr. ♿ 🎫 nach dem Sonntagsgottesdienst oder nach Vereinbarung. **Glockenspiel** 📞 1-212-870-6784. So 10.30, 12.30, 15 Uhr. **Theater** 📞 1-212-870-6784. 🎭 🌐 trcnyc.org

Die Kirche, ein 21-stöckiger Stahlgerüstbau mit neogotischer Fassade, ahmt die Kathedrale in Chartres nach. Das Gotteshaus wurde 1930 von John D. Rockefeller Jr. finanziert und auf der höchsten

MORNINGSIDE HEIGHTS | 219

Stelle Manhattans errichtet. Das Laura-Spelman-Rockefeller-Glockenspiel zu Ehren der Mutter von John D. Rockefeller Jr. ist mit 74 Glocken das größte der Welt. Die Stundenglocke wiegt 20 Tonnen und ist die schwerste und größte gestimmte Glocke. Auch die Orgel mit ihren 22 000 Pfeifen ist eine der größten und eindrucksvollsten der Welt.

An der Rückseite der zweiten Empore befindet sich eine Gipsfigur von Jacob Epstein, *Die Herrlichkeit des Herrn*, die vollkommen mit Blattgold überzogen ist. Ein weiteres Epstein-Werk, *Madonna mit Kind*, steht im Innenhof.

Die Tafeln an der Kanzel ehren acht Männer und Frauen, die die Lehren Jesu beispielhaft vorlebten. Dazu gehört Michelangelo ebenso wie Florence Nightingale und Booker T. Washington.

Ruhe findet man in der separaten Christ Chapel, dem Nachbau einer französischen romanischen Kirche aus dem 11. Jahrhundert. Die Musikdarbietungen der Kirche sind ansprechend, hier singen fünf Chöre. Anheimelnd sind auch die Sternsinger bei Kerzenlicht.

Mosaikwand in Grant's Tomb mit Grant (rechts) und Robert E. Lee

❻ Grant's Tomb

W 122th St/Riverside Dr. **Stadtplan** 20 D2. **Karte** L3. 1-212-666-1640. M 116th St-Columbia University. M5. Mi–So 9–17 Uhr. bei schlechtem Wetter; 1. Jan, Thanksgiving, 25. Dez. w nps.gov/gegr

Das grandiose Monument wurde zu Ehren des 18. Präsidenten Amerikas und Oberkommandierenden der Unionstruppen im Amerikanischen Bürgerkrieg, Ulysses S. Grant, errichtet. Im Mausoleum stehen die Särge von General Grant und seiner Ehefrau – Grants letzter Wunsch war es, gemeinsam bestattet zu werden. Nach Grants Tod 1885 kamen insgesamt 600 000 Dollar Spenden von 90 000 Amerikanern zusammen, um eine Grabstätte zu errichten, die dem Mausoleum von Halikarnassos,

General Grant auf einem Feldzug im Bürgerkrieg

einem der sieben Weltwunder, gleichkommen sollte. Das Grabmal wurde am 27. April 1897, an Grants 75. Geburtstag, eingeweiht. Die Parade mit 50 000 Menschen und einer Flotte von zehn amerikanischen und fünf europäischen Kriegsschiffen dauerte über sieben Stunden.

Der Innenraum ist dem Grabmal Napoléons im Pariser Invalidendom nachempfunden. Jeder Sarkophag wiegt 8,5 Tonnen. In zwei Räumen gibt es Exponate zu Grants Leben. Im Norden und Süden wird das Gebäude von 17 sinusförmig gewundenen Mosaikbänken umgeben. Sie erinnern an Antoni Gaudí und wurden in den frühen 1970er Jahren von dem in Chile geborenen und in Brooklyn lebenden Künstler Pedro Silva entworfen. 1200 freiwillige Helfer stellten sie unter Silvas Aufsicht her. Die Mosaiken zeigen verschiedene Themen – von den Inuit über New Yorker Taxis bis hin zu Donald Duck.

Nördlich von Grant's Tomb findet sich ein anderes Denkmal. Eine schlichte Urne auf einem Sockel bezeichnet das Grab eines Kindes, das im 18. Jahrhundert im Fluss ertrank. Der trauernde Vater brachte eine einfache Plakette an: »Zur Erinnerung an ein liebenswertes Kind, St. Claire Pollock, gestorben am 15. Juli 1797 im fünften Lebensjahr.«

Blick von Norden auf die 21-stöckige Riverside Church

Stadtplan *siehe Seiten 386–419* **Karte** *Extrakarte zum Herausnehmen*

Cathedral of St. John the Divine

Der 1892 begonnene Bau ist erst zu zwei Dritteln abgeschlossen und wird einmal die größte Kathedrale der Welt sein – 183 Meter lang und 45 Meter breit. Heins & LaFarge entwarfen die Kirche im romanischen Stil, Ralph Adams Cram, der das Projekt 1911 übernahm, konzipierte das Schiff und die Westfront im gotischen Stil. Bis heute nutzt man mittelalterliche Konstruktionsmethoden, etwa die Verwendung von steinernen Strebepfeilern. In der Kathedrale finden Konzerte, Theater und Ausstellungen statt.

★ Peace Fountain
Die Skulptur von Greg Wyatt soll die Natur in ihren vielfältigen Formen repräsentieren. Sie steht in einem Granitbecken südlich der Kathedrale.

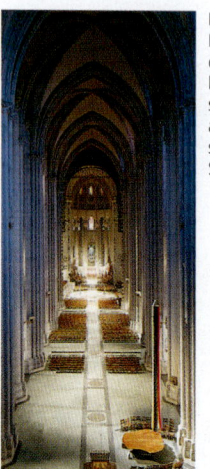

Kirchenschiff
Die Stützpfeiler des 30 Meter hohen Kirchenschiffs tragen anmutige steinerne Spitzbogen.

★ Eingang an der Westfront
Die Portale der Westfront sind kunstvoll behauen. Zum Teil sind die Motive Nachschöpfungen mittelalterlicher religiöser Skulpturen, zum Teil sind sie moderner Art. Mit seiner apokalyptischen Darstellung der New Yorker Skyline scheint der Steinmetz Joe Kincannon die Ereignisse des 11. Septembers 2001 *(siehe S. 56)* vorweggenommen zu haben.

Außerdem

① **Kanzel**

② **Der Bischofsstuhl** ist eine Kopie des Stuhls in der Kapelle Henrys VII in Westminster Abbey, London.

★ Fensterrose
Das stilisierte Rosenmotiv wurde 1933 fertiggestellt und soll die vielen Facetten der christlichen Kirche symbolisieren.

CATHEDRAL OF ST. JOHN THE DIVINE | 221

Taufbecken
Das gotische Taufbecken ist französisch, spanisch und italienisch beeinflusst.

Chor
Jede der Säulen aus poliertem grauem Granit ist 17 Meter hoch.

Infobox

Information
1047 Amsterdam Ave/
W 112th St.
Stadtplan 20 F4. **Karte** M4.
1-212-316-7540. tägl.
7.30–18 Uhr. So 8, 9 ,11,
16 Uhr. Spende.
tägl. (1-212-932-7347).
Konzerte, Ausstellungen,
Gärten.
stjohndivine.org

Anfahrt
1 bis Cathedral Pkwy (110th St). M4, M11, M60, M104.

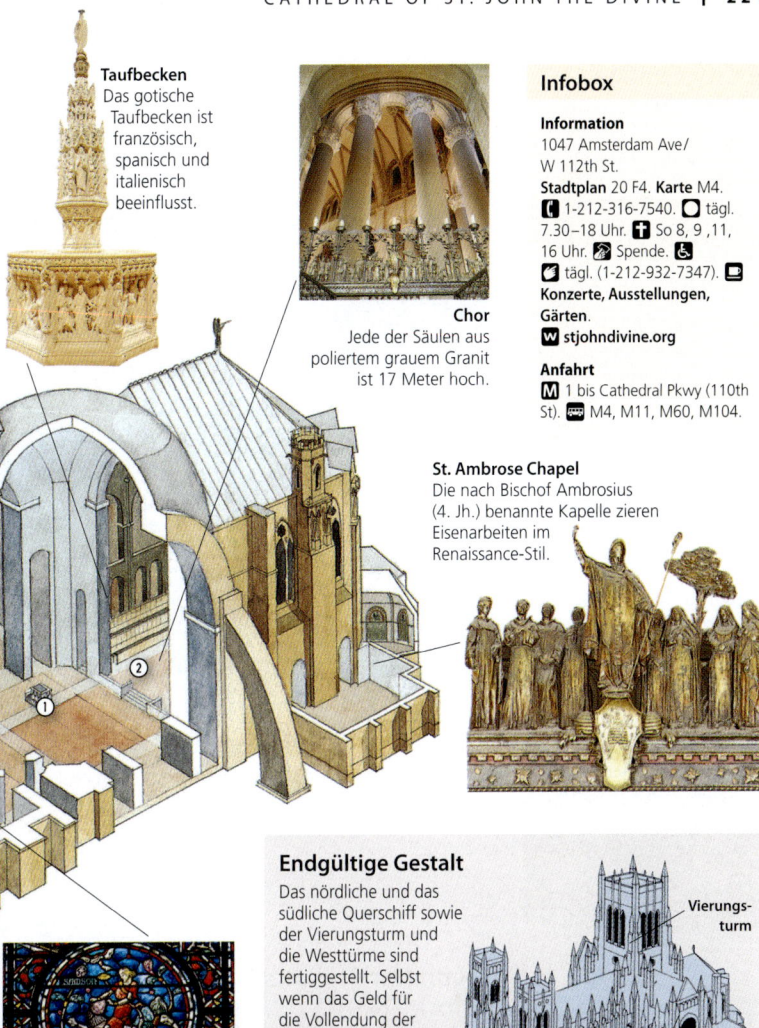

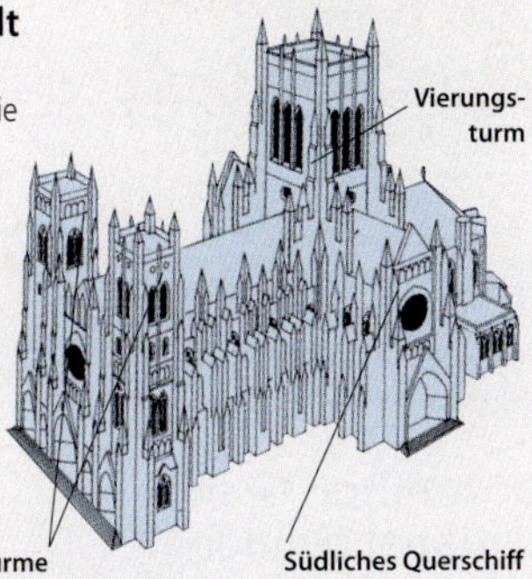

St. Ambrose Chapel
Die nach Bischof Ambrosius (4. Jh.) benannte Kapelle zieren Eisenarbeiten im Renaissance-Stil.

Endgültige Gestalt
Das nördliche und das südliche Querschiff sowie der Vierungsturm und die Westtürme sind fertiggestellt. Selbst wenn das Geld für die Vollendung der Kathedrale vorhanden sein sollte, werden die Arbeiten mindestens weitere 50 Jahre dauern.

Vierungsturm

Westtürme — Südliches Querschiff

★ **Seitenaltäre**
Die Altarfenster sind menschlichen Tätigkeiten gewidmet. Auf diesem Fenster sind Sportdarstellungen zu sehen.

1823 Plan für Kathedrale am Washington Square

1891 Wahl und Benennung von Standort: Cathedral Parkway

1909 Entwurf der Kanzel von Henry Vaughan

1911 Neuer Entwurf von Cram

2001 Ein Großbrand zerstört Teile des Inneren und das Dach des nördlichen Querhauses

2008 Wiedereröffnung nach sieben Jahren Schließung wegen Renovierung

| 1800 | 1850 | 1900 | 1950 | 2000 | 2050 |

1873 Beurkundung

1888 Heins & LaFarge gewinnen den Architektur-Wettbewerb

1892 Grundsteinlegung am 27. Dezember (Johannestag)

1916 Baubeginn Kirchenschiff

1941 Einstellung der Arbeit; Wiederaufnahme erst 1978

1978–89 Dritte Bauphase; Stonemasons' Yard eröffnet und Südturm erhöht

Stadtplan *siehe Seiten 386–419* Karte *Extrakarte zum Herausnehmen*

❼ City College of New York

W 138th St/Convent Ave (Haupteingang). **Stadtplan** 19 A2. **Karte** M2. ☎ 1-212-650-7000. Ⓜ 137th St-City College. W ccny.cuny.edu

Das City College of the City University of New York (so der offizielle Name) ist der älteste Standort der City University of New York und liegt auf einem Hügel neben den Hamilton Heights. Die um einen Innenhof errichteten neogotischen Gebäude entstanden 1903 bis 1906. Als Material diente Schiefer, der beim Bau der IRT-Subway in Manhattan anfiel.

Das College stand früher allen Einwohnern der Stadt unentgeltlich zur Verfügung. Noch heute hat es niedrige Studiengebühren. Drei Viertel der 16 000 Studenten gehören Minderheiten an. Viele von ihnen sind die Ersten in ihrer Familie, die studieren können.

Shepard Archway im City College of the City University of New York

❽ Hamilton Grange National Memorial

St. Nicholas Park, 414 W 141st St. **Stadtplan** 19 B1. **Karte** M1. ☎ 1-212-283-5154. Ⓜ 137th St-City College. ◯ Mi–So 9–17 Uhr. ● Thanksgiving, 25. Dez. stdl. W nps.gov/hagr

Eingepfercht zwischen einer Kirche und Wohnblocks steht das Landhaus Alexander Hamiltons von 1802. Er war einer der Architekten des föderalistischen Regierungssystems, der erste Finanzminister der Vereinigten Staaten und Gründer

Statue von Alexander Hamilton, Convent Avenue

der National Bank. Sein Gesicht ziert den Zehn-Dollar-Schein. Hamilton starb 1804 bei einem Duell mit seinem politischen Gegner Aaron Burr.

1898 wurde das Haus von der St. Luke's Episcopal Church gekauft und um vier Blocks versetzt. 2008 wurde es an seinen neuen Standort im St. Nicholas Park verlagert.

❾ Hamilton Heights Historic District

W 141st–W 145th St/Convent Ave. **Stadtplan** 19 A1. **Karte** M1. Ⓜ 137th St-City College.

In der auch als Harlem Heights bekannten Gegend lagen ursprünglich die Landgüter der Wohlhabenden. Um 1880 wurde hier im Zusammenhang mit der Verlängerung der Hochbahn *(siehe S. 28f)* viel gebaut. Die ruhige Lage auf dem Hügel über Harlem machte Hamilton Heights zu einem begehrten Wohnviertel.

In dem Sugar Hill genannten Areal versammelte sich die Elite Harlems: Thurgood Marshall, Richter am obersten Gerichtshof, Jazzmusiker wie Count Basie, Duke Ellington und Cab Calloway sowie der Box-Champion Sugar Ray Robinson haben hier gewohnt.

Die zwei- und dreistöckigen Häuser entstanden zwischen 1886 und 1906 in diversen Baustilen mit flämischen, romanischen und Tudor-Elementen. Viele der Gebäude werden heute vom nahen City College genutzt.

Reihenhäuser in Hamilton Heights

❿ St. Nicholas Historic District

202–250 W 138th/W 139th St. **Stadtplan** 19 B2. **Karte** MN1. Ⓜ 135th St (B, C).

Die beiden Häuserblocks im St. Nicholas Historic District, die »King Model Houses«, wurden 1891 gebaut und fallen heute durch ihren starken Kontrast zur Umgebung auf. Der Bauherr David King wählte drei führende Architekten aus, die mit ihren unterschiedlichen Stilen ein heterogenes, dennoch harmonisches Ensemble schufen. Die Architekten McKim, Mead & White, die auch die Morgan Library *(siehe S. 160f)* und die Villard Houses

Gebäude im St. Nicholas District

MORNINGSIDE HEIGHTS UND HARLEM

Adam Clayton Powell Jr. in der Abyssinian Baptist Church

(siehe S. 172) entwarfen, zeichnen für die nördliche Gruppe im Stil der italienischen Renaissance verantwortlich. Sie entschieden sich für eine solide Ziegelbauweise, ebenerdige Eingänge, schmiedeiserne Balkongitter und dekorative Steinmetzarbeiten, etwa Medaillons, über den Fenstern.

Die südliche Gruppe im georgianischen Stil wurde von den Architekten Price und Luce entworfen und besteht aus gelbbraunen Ziegelsteinen mit weißen Steinverzierungen. Die Gebäude von James Brown Lord, auch im georgianischen Stil, muten mit ihren roten Backsteinfassaden und Sandsteinfundamenten eher viktorianisch an.

In den 1920er und 1930er Jahren zog die Gegend viele erfolgreiche Schwarze an, darunter die Musiker W. C. Handy oder Eubie Blake. Nach ihnen, den Aufsteigern, wurde die Gegend auch »Strivers' Row« genannt.

⓫ Abyssinian Baptist Church

132 W 138th St. **Stadtplan** 19 C2. **Karte** N1. ☎ 1-212-862-7474. Ⓜ 135th St (B, C, 2, 3). 🕐 11 Uhr. Gruppen ab 10 Personen mit Voranmeldung. 🌐 **abyssinian.org**

Die älteste schwarze Kirche New Yorks (1808 gegründet) wurde durch ihren charismatischen Pastor Adam Clayton Powell Jr. (1908–1972) bekannt. Er war Kongressmitglied und Bürgerrechtler. Unter seiner Führung wurde die Abyssinian Baptist Church die mächtigste schwarze Kirche Amerikas. In einem Raum gibt es eine Ausstellung über ihn.

In dem neogotischen Gebäude von 1923 sind angemessen gekleidete Gäste zum sonntäglichen Gottesdienst willkommen – der Gospelchor ist weithin bekannt.

⓬ Schomburg Center for Research in Black Culture

515 Malcolm X Blvd. **Stadtplan** 19 C2. **Karte** N2. Ⓜ 135th St (2, 3). ☎ 1-917-275-6975. 🕐 Mo–Sa 10–18 Uhr (Mi bis 20 Uhr). ● Feiertage. 📠 1-212-491-2207. 🌐 **nypl.org/about/locations/schomburg/**

In einem Gebäude von 1991 befindet sich das größte Forschungszentrum für schwarze und afrikanische Kultur in den Vereinigten Staaten. Die riesige Sammlung wurde von Arthur Schomburg zusammengetragen, einem Schwarzen puerto-ricanischer Herkunft, dem ein Lehrer einmal gesagt hatte, es gäbe keine »schwarze Geschichte«. Die Carnegie Corporation kaufte die Sammlung 1926 und übergab sie der New York Public Library. Schomburg wurde dort 1932 Kurator.

In den 1920er Jahren wurde die Bücherei zum inoffiziellen Zentrum der Harlem Renaissance, an der Personen wie W. E. B. Du Bois, Zora Neale Hurston und andere wichtige Autoren der Zeit Anteil hatten. Auch literarische Treffen und Lesungen fanden hier statt.

Die Schomburg Library bewahrt und präpariert die vielen Schätze des Archivs – seltene Bücher, Fotos, Kunst, Filme und Tonaufnahmen. Die Bücherei ist zudem als Kulturzentrum gedacht, und so gibt es auch ein Theater und zwei Galerien mit wechselnden Kunst- und Fotoausstellungen. Hier ruht auch die Asche von Langston Hughes.

Der Soziologe W. E. B. Du Bois

⓭ Harlem YMCA

180 W 135th St. **Stadtplan** 19 C3. **Karte** N2. ☎ 1-212-281-4100. Ⓜ 135th St (2, 3).

Paul Robeson und viele andere standen hier in den 1920er Jahren erstmals auf der Bühne. W. E. B. Du Bois rief 1928 die Krigwa Players ins Leben, um der herabwürdigenden Darstellung von Schwarzen in den Broadway-Musicals jener Zeit etwas entgegenzusetzen. Das »Y« bot auch Harlemer Neuankömmlingen vorübergehend Unterkunft, etwa dem Schriftsteller Ralph Ellison.

Bibliothek des Schomburg Center for Research in Black Culture

Sylvia's gehört zu den populärsten Restaurants in Harlem

⓮ Sylvia's

328 Malcolm X Boulevard. **Stadtplan** 21 B1. **Karte** N3. 📞 1-212-996-0660. Ⓜ 125th St (2,3). 🕐 Mo–Sa 8–22.30, So 11–20 Uhr.
🌐 sylviasrestaurant.com

In Harlems bekanntestem Soul-Food-Restaurant gibt es seit 1962 Südstaaten-Spezialitäten: gebratene oder geschmorte Hühnchen, Grünkohl, kandierte Yam-Wurzeln, Süßkartoffel-Pie und pikante Spareribs. Zum Brunch am Sonntag kann man live Gospelmusik hören.

Seit Jahren blüht in Harlem eine Gastro-Szene, etwa mit Lokalen wie Marcus Samuelssons Red Rooster *(siehe S. 303)*, einen Block von Sylvia's. Sylvia Woods selbst, die Queen of Soul Food, ist 2012 gestorben.

⓯ Apollo Theater

253 W 125th St. **Stadtplan** 21 A1. **Karte** M3. 📞 1-212-531-5300. Ⓜ 125th St. 🕐 bei Veranstaltungen. 📷 nur für Gruppen. ♿
Siehe **Unterhaltung** S. 347.
🌐 apollotheater.org

Das Apollo eröffnete 1913 – nur für Weiße. Sein Ruhm setzte ein, als 1934 Frank Schiffman das Theater übernahm und es für alle zugänglich machte. Er verwandelte das Apollo in Harlems bekannteste Showbühne. Legendäre afroamerikanische Künstler wie Bessie Smith, Billie Holiday, Duke Ellington und Dinah Washington traten hier auf. Ab 1935 gab es mittwochs »Amateur Nights«, bei denen der Publikumsapplaus über den Sieg entschied. Die Veranstaltung war berühmt, für einen Auftritt gab es eine lange Warteliste. Zu denen, die auf diese Weise ihre Karriere begannen, gehörten Sarah Vaughan, Pearl Bailey, James Brown und Gladys Knight. Noch immer hoffen viele Nachwuchstalente auf einen ähnlichen Durchbruch.

In der Swing-Band-Ära war das Apollo als Vergnügungsort legendär. Nach dem Krieg führte eine neue Musikergeneration die Tradition fort: Thelonious Monk, Charlie Parker, Dizzy Gillespie, Aretha Franklin. In den 1980er Jahren wurde das Apollo renoviert. Immer noch spielen hier großartige Musiker.

Apollo Theater

⓰ Studio Museum Harlem

144 W 125th St. **Stadtplan** 21 B2. **Karte** N3. 📞 1-212-864-4500. Ⓜ 125th St (2, 3). ⚫ wg. Renovierung bis Ende 2018, temporäre Ausstellungen in der Nähe. 📷 ♿
Vorträge, Filme, Kinderprogramme. 🌐 studiomuseum.org

Gegründet wurde das Museum 1967 im Loft eines Hauses in der Upper Fifth Avenue mit dem Ziel, die erste Adresse für Sammlungen und Ausstellungen afroamerikanischer Kunst zu werden. Die derzeitigen Räumlichkeiten, ein fünfstöckiges Gebäude in Harlems Hauptgeschäftsstraße, wurden 1979 von einer Bank gestiftet. Auf zwei Ebenen befinden sich sowohl Abteilungen mit Wechselausstellungen als auch drei Galerien, die in Dauerausstellungen die Werke von wichtigen schwarzen Künstlern zeigen.

In den Fotoarchiven lagert die größte existierende Sammlung von Bildern aus der Blütezeit Harlems. Durch eine Seitentür gelangt man in einen kleinen Skulpturengarten.

Neben den ausgezeichneten Ausstellungen organisiert das Museum ein Förderprogramm

Ausstellungsräume im Studio Museum Harlem

HARLEM | **225**

für Künstler sowie Vorträge, Workshops, Kinderprogramme und Filmfestivals. In dem zum Museum gehörenden Laden findet man seltene Bücher, Drucke und afrikanisches Kunsthandwerk.

❼ Mount Morris Historical District

W 119th–W 124th St. **Stadtplan** 21 B2. **Karte** N3. 🚇 125th St (2, 3).

Die viktorianischen Häuser aus dem späten 19. Jahrhundert nahe dem Marcus Garvey Park zeigen noch immer ihre einstige Größe. Dies war die Ecke, die von deutschen Juden aus der Lower East Side als neuer Wohnort bevorzugt wurde. Das Viertel kam ziemlich herunter, doch langsam setzt die Renovierung der Gegend ein.

Übrig geblieben sind einige imposante Kirchen, etwa die St. Martin's Episcopal Church. Insgesamt herrscht im Viertel ein interessantes Nebeneinander von Religionen und Glaubensrichtungen: Die Mount Olivet Baptist Church (201st Malcolm X Boulevard) hat den ehemaligen Temple Israel, eine der größten Synagogen New Yorks, bezogen. Die Ethiopian Hebrew Congregation (1 West 123rd Street) ist in einem ehemaligen Herrenhaus untergebracht. Samstags singt hier ein Chor auf Hebräisch.

Marcus Garvey (1887–1940), ein radikaler Panafrikanist

❽ Marcus Garvey Park

120th–124th St. **Stadtplan** 21 B2. **Karte** N3. 🚇 125th St (2, 3).
🌐 nycgovparks.org

In dem hügeligen, felsigen Park steht der letzte New Yorker Feuerwachturm (1857), eine offene gusseiserne Konstruktion mit Beobachtungsplattform. Die Glocke darunter diente dazu, Alarm auszulösen. Nach einer Renovierung erstrahlt der Turm nun in neuem Glanz. Ursprünglich hieß der Platz Mount Morris Park. 1973 wurde er nach Marcus Garvey benannt. Garvey kam 1916 aus Jamaika nach New York und gründete die Universal Negro Improvement Association, die eine Emigration aller schwarzen Menschen nach Afrika befürwortete.

❾ Museo del Barrio

1230 5th Ave/104th St. **Stadtplan** 21 C5. **Karte** N5. 📞 1-212-831-7272. 🚇 103rd St, 110th St. 🕐 Mi–Sa 11–18, So 12–17 Uhr. ⬤ 1. Jan, 4. Juli, Thanksgiving, 25. Dez.
🌐 elmuseo.org

Das 1969 gegründete Museum nennt sich »El Museo« und war das erste für lateinamerikanische Kunst in den Vereinigten Staaten. Es hat sich auf die Kultur Puerto Ricos spezialisiert und stellt zeitgenössische Malerei, Skulpturen, Folklore und historisches Kunsthandwerk aus. Hauptattraktion sind die 240 hölzernen Santos, geschnitzte Heiligenfiguren. Die Ausstellungen wechseln oft, doch einige Santos sind ständig zu sehen. Die präkolumbische Sammlung zeigt seltene Stücke aus der Karibik.

Mit seiner Lage am Ende der Museumsmeile versucht das Museum, die Kluft zwischen der edlen Upper East Side und El Barrio (Spanish Harlem) mit Kultur zu überbrücken.

St. Martin's Episcopal Church am Malcolm X Boulevard

Einer der *Heiligen Drei Könige* und *Omnipotent Hand*, Museo del Barrio

Stadtplan *siehe Seiten 386–419* **Karte** *Extrakarte zum Herausnehmen*

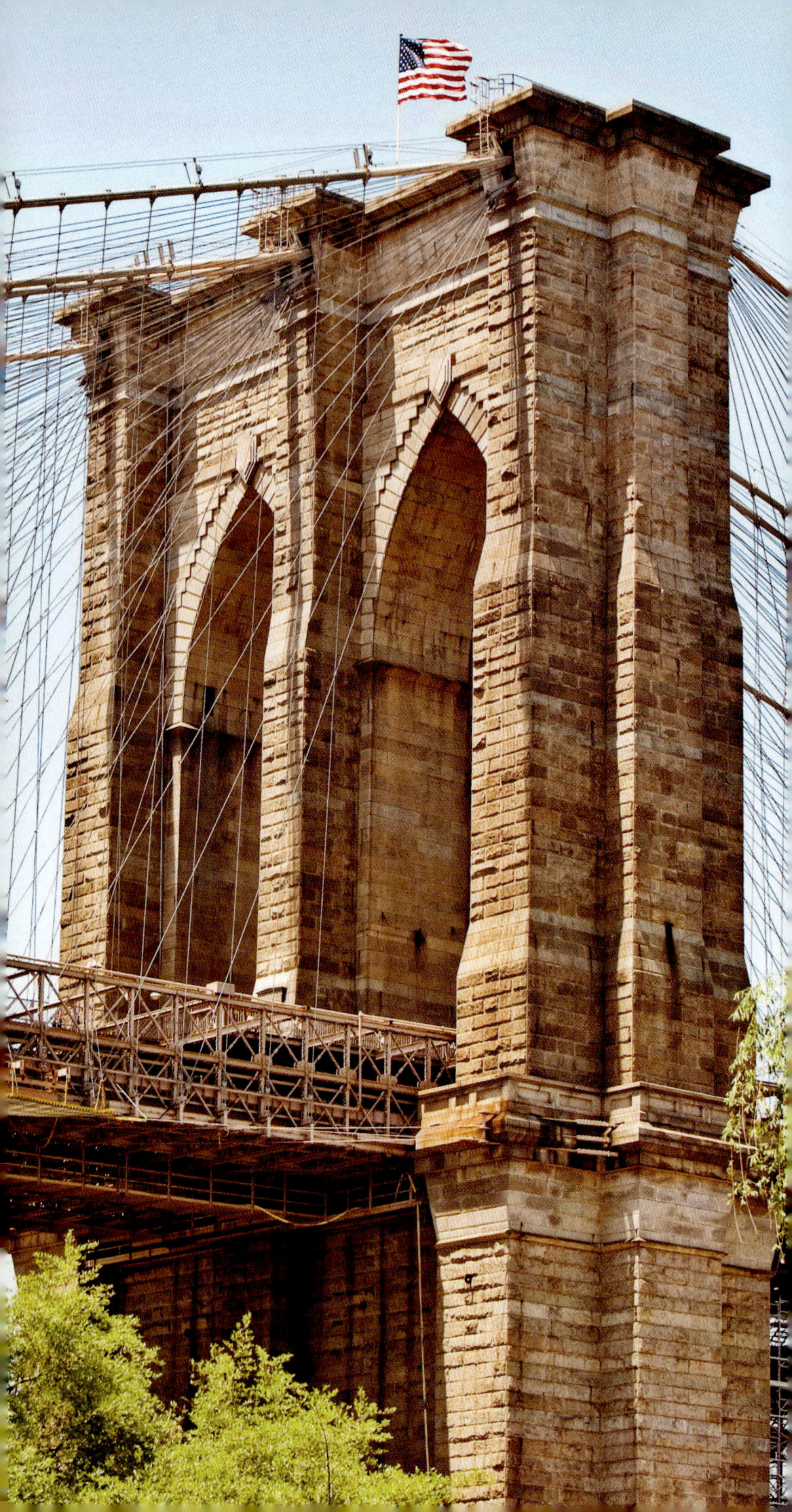

DIE STADTTEILE NEW YORKS | 227

Brooklyn

Brooklyn wurde 1898 Stadtbezirk von New York und war zunächst jahrzehntelang hauptsächlich Wohnviertel und Industriestandort. Seit Beginn des 21. Jahrhunderts hat sich Brooklyn drastisch verändert. Viertel wie Fort Greene, Williamsburg, Bushwick und Cobble Hill gehören nun zu den angesagtesten der Stadt, sie sind für ihre Bars, Flohmärkte und die Hipster-Kultur bekannt. Brooklyn ist interessant geworden. Zwischen den hübschen »Brownstones« in baumbestandenen Straßen stößt man auf Museen, innovative Restaurants und Ausstellungsorte wie das BAM oder das Barclays Center.

Sehenswürdigkeiten auf einen Blick

Historische Viertel und Gebäude
1. Brooklyn Bridge S. 232–235
2. Fulton Ferry District
3. Dumbo
5. Red Hook
6. Fort Greene und BAM
7. Williamsburg und Greenpoint
10. Park Slope Historic District
14. Green-Wood Cemetery

Museen und Sammlungen
4. New York Transit Museum
8. Brooklyn Children's Museum
12. Brooklyn Museum S. 238–241

Parks und Plätze
9. Grand Army Plaza
11. Prospect Park
13. Brooklyn Botanic Garden

Restaurants siehe S. 304f
1. al di la Trattoria
2. Fette Sau
3. Frankie's 457 Spuntino
4. Grimaldi's
5. Marlow & Sons
6. Peter Luger Steak House
7. Pies-n-Thighs
8. Pok Pok NY
9. Prime Meats
10. Red Hook Lobster Pound
11. Rye Restaurant

Stadtplan 23

◀ Spektakulär: die Brooklyn Bridge (siehe S. 232–235)

Zeichenerklärung siehe hintere Umschlagklappe

Im Detail: Brooklyn Heights

Brooklyn Heights liegt jenseits des East River – direkt gegenüber Lower Manhattan. Es gehört zu den elegantesten historischen Vierteln New Yorks. In den 1820er Jahren ließen reiche New Yorker hier Reihenhäuser, die »Brownstones«, errichten. Die Gegend wurde zur ersten Pendler-Vorstadt. Die Fertigstellung der Brooklyn Bridge 1883 und die Eröffnung der U-Bahn 1908 verstärkten diese Entwicklung. Heute gilt Brooklyn Heights als ausgesprochen wohlhabendes Viertel – und als »hypergentrifiziert«.

Zur Orientierung
Siehe Stadtplan 23 und Manhattan-Karte S. 16f

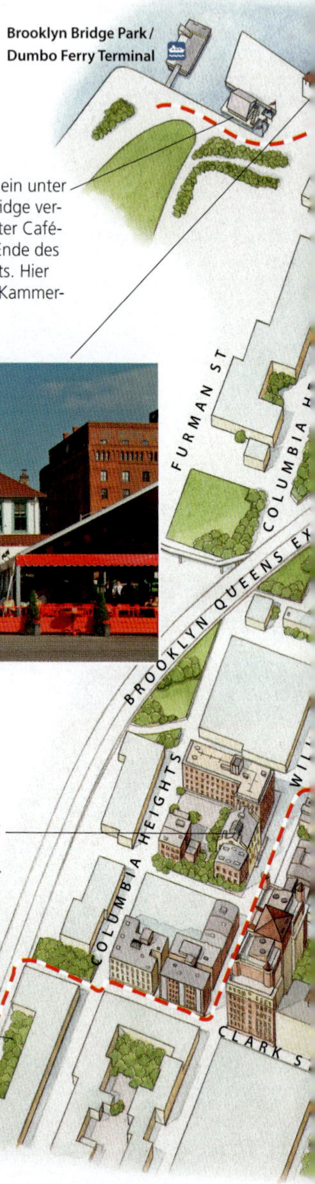

Brooklyn Bridge Park / Dumbo Ferry Terminal

Bargemusic ist ein unter der Brooklyn Bridge vertäuter, renovierter Café-Lastkahn vom Ende des 19. Jahrhunderts. Hier gibt es abends Kammermusik.

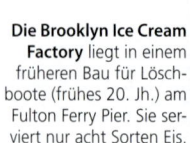

Die Brooklyn Ice Cream Factory liegt in einem früheren Bau für Löschboote (frühes 20. Jh.) am Fulton Ferry Pier. Sie serviert nur acht Sorten Eis.

Im Haus 70 Willow Street soll Truman Capote *Frühstück bei Tiffany* geschrieben haben.

★ **Brooklyn Heights Promenade**
Der Fußgängerweg bietet grandiose Aussicht auf die Statue of Liberty, die Hochhäuser von Lower Manhattan und auf die Brooklyn Bridge.

BROOKLYN HEIGHTS | 229

★ Juliana's Pizza
Hier bekommt man Patsy Grimaldis berühmte Pizzas aus dem Holzkohleofen – nicht zu verwechseln mit dem neueren Grimaldi's nebenan.

| 0 Meter | 500 |
| 0 Yards | 500 |

24 Middagh Street ist die Adresse des ältesten Hauses (1824). Weitere alte Gebäude stehen entlang der Middagh und Willow Street.

Legende
— Routenempfehlung

❷ ★ **Fulton Ferry District**
Der historische Kai unter der Brooklyn Bridge ist nach Robert Fulton, dem Dampferkönig, benannt. Hier liegt das Eagle Warehouse mit seiner markanten Backsteinarchitektur.

In der Plymouth Church wirkte Pastor Henry Ward Beecher, ein Abolitionist und Kämpfer für Frauenrechte. Die Kirche war Teil der Underground Railroad, ein Ort, an dem Sklaven auf ihrem Weg in die Freiheit Unterschlupf fanden.

Ⓜ Subway-Station
Clark St (Linien A, C)
Brooklyn Historical Society

★ **Brooklyn Historical Society**
Das Museum und Bildungszentrum zeigt Wechselausstellungen zur Geschichte des Distrikts.

Stadtplan *siehe Seiten 386–419* **Karte** *Extrakarte zum Herausnehmen*

Eagle Warehouse, ein Industriebau, heute ein Apartmenthaus

❶ Brooklyn Bridge

Siehe S. 232–235.

❷ Fulton Ferry District

Stadtplan 23 A3. **Karte** H13.
🅜 High St.

Das kleine Viertel am Fuß der Brooklyn Bridge war einst der betriebsamste Abschnitt des East River – wegen Robert Fultons dampfbetriebenen Fähren. Ein Wahrzeichen aus dem 19. Jahrhundert ist das Eagle Warehouse, ein Industriebau (1893) für die Tageszeitung *Brooklyn Eagle*. Heute sind hier teure Apartments.

Am alten Piereareal gibt es immer noch Wassertaxis von und nach Manhattan. Im Lastkahn Bargemusic hört man Konzerte. Grimaldis originale Pizza kann man bei Juliana's Pizza genießen, frisch zubereitetes Eis in der Brooklyn Ice Cream Factory *(siehe S. 228f)*.

❸ Dumbo

Stadtplan 23 A3. **Karte** H13.
🅜 York St, High St.

Dumbo, die Abkürzung für »Down Under the Manhattan Bridge Overpass«, bezeichnet eine elegante Gegend von Industrie-Ziegelbauten zwischen Manhattan und Brooklyn Bridge. Die geräumigen Lofts in den einstigen Lagerhäusern wurden in den 1970er Jahren von Künstlern in Beschlag genommen. Seit den 1990er Jahren kamen Kunstgalerien, hippe Restaurants, luxuriöse Eigentumswohnungen und Bars hinzu. Der Uferbereich mit Gärten und Spielplätzen bietet, etwa vom Brooklyn Bridge Park, einen tollen Blick auf Manhattan. Die Kunstinstitution St. Ann's Warehouse liegt in einer einstigen Tabakfabrik am Rand des Parks.

❹ New York Transit Museum

Boerum Pl/Schermerhorn St, Brooklyn Heights. **Stadtplan** 23 A3. **Karte** J15. ☎ 1-718-694-1600. 🅜 Borough Hall, Jay St-MetroTech.
🕐 Di–Fr 10–16, Sa, So 11–17 Uhr.
🅦 nytransitmuseum.org

Das Museum, das die Geschichte des öffentlichen Nahverkehrs der Stadt zeigt, liegt unterirdisch in der Station

Modell des »City Car« Nr. 100 im New York Transit Museum

Blick von Dumbo auf die Brooklyn Bridge

BROOKLYN | 231

Court Street. Diese entstand 1936 und wurde 1946 geschlossen. Das Museum eröffnete 30 Jahre später.

Unter den Exponaten finden sich Fotos, Modelle und Pläne, alte Drehkreuze sowie interaktive Modelle zur Kraftstofftechnik. Besucher können verschiedene U-Bahn- und Straßenbahnwagen auf den Bahnsteigen bewundern.

❺ Red Hook

Stadtplan 23 A5. Ⓜ Smith St-9th St.

Das 1636 zuerst von Holländern besiedelte Gebiet erhielt seinen Namen Roode Hoek von der Farbe des Bodens (*roode* = rot) und seiner Form (*hoek* = Ecke). Hier trifft die New York Bay auf die Gowanus Bay. Es wurde später zum härtesten Hafenviertel der USA und inspirierte den Film *Die Faust im Nacken* (1954) sowie Arthur Millers Tragödie *Blick von der Brücke* (1955).

Heute ist Red Hook ein Mix aus Ziegel-Lagerhäusern, Radwegen, Kopfsteinpflasterwegen und Geschäften. Sein unaufgeregt-legeres Flair ist einzigartig. Die Van Brunt Street, die lebhafteste Straße, bietet einige Fachgeschäfte, Restaurants und Cafés. Die Red Hook Ball Fields richten lokale Fußballturniere aus. An Sommerwochenenden gibt es hier Texmex-Stände.

❻ Fort Greene und BAM

Stadtplan 23 B3. **Karte** K14. **Brooklyn Academy of Music** 30 Lafayette Ave. ☎ 1-718-636-4100. Ⓜ Atlantic Ave, Fulton St, Pacific St. Ⓦ bam.org

Fort Greene, ursprünglich ein afroamerikanisches Viertel, ist Standort des Samstags-Flohmarkts und voller schöner Stadthäuser im italienischen und Eastlake-Stil (Mitte 19. Jh.). Im Zentrum liegt der 1867 von Frederick Law Olmsted und Calvert Vaux angelegte Fort Greene Park. Der Park wird vom Prison Ship Martyrs'

Prison Ship Martyrs' Monument, Fort Greene

Monument (1908) gekrönt, einer 45 Meter hohen Säule, die an die 11 500 Amerikaner erinnert, die in den schwimmenden Gefangenenlagern der Briten während der Revolutionskriege starben.

Die 1858 gegründete Brooklyn Academy of Music (BAM) ist die bekannteste Bühne des Distrikts. Hier werden oft Avantgarde-Aufführungen geboten. Hauptgebäude ist das Opera House (1908) von Howard Gilman, ein Beaux-Arts-Juwel (Entwurf von Herts & Tallant). Im nahen Harvey Theater (1904) sind meist Theaterstücke des BAM zu sehen.

❼ Williamsburg und Greenpoint

Stadtplan 23 B2 u. 23 A1. **Karte** K8–11. Ⓜ Bedford Ave.

Das trendige Williamsburg erstreckt sich im Nordosten Brooklyns. Ab 1827 entstand hier ein Mix aus Industriebauten, schindelgedeckten Eigenheimen und Mietshäusern. Nun ist das Viertel renoviert. Boutiquen, Plattenläden, Bars, Coffee Shops und Restaurants säumen die Bedford Avenue. Die Ecke ist vor allem für Indie-Rock-Bühnen populär.

Williamsburgs Gastro-Szene wird durch die Brooklyn Brewery (Eröffnung 1996) und den Markt Smorgasburg bereichert, der von Mitte Mai bis Mitte November stattfindet. Auf dem Markt gibt es sonntags auch einen Flohmarkt.

Greenpoint weiter nördlich ist eine traditionell polnische Hochburg, die allerdings von der Kunstszene aus Williamsburg überrannt wird. Die Russian Orthodox Cathedral of the Transfiguration (1922) residiert in der North 12th Street/Ecke Driggs Avenue. Das Wahrzeichen im byzantinischen Stil besitzt fünf von Patina überzogene kupferne Zwiebeltürme, die sich über die Bäume des McCarren Park erheben. Der Park von 1903 bildet die inoffizielle Grenze zwischen Greenpoint und Williamsburg. Neben Spiel- und Tennisplätzen sowie Arealen für frei laufende Hunde gibt es ein Schwimmbad von 1936 und das renommierte McCarren Hotel.

Schöner Ausblick am Wasser in Williamsburg

Stadtplan *siehe Seiten 386–419* **Karte** *Extrakarte zum Herausnehmen*

Brooklyn Bridge

Die 1883 vollendete Brooklyn Bridge war die weltweit größte Hängebrücke – und die erste aus Stahl. Dem Ingenieur John A. Roebling kam die Idee dazu, als er auf dem Weg nach Brooklyn mit der Fähre im gefrierenden East River stecken blieb. Der Bau beschäftigte 600 Arbeiter 16 Jahre lang und kostete 20 Menschenleben, auch Roebling gehörte zu den Opfern. Die meisten starben nach Arbeiten unter Wasser an der Taucherkrankheit. Nach Fertigstellung verband die Brücke die damals noch eigenständigen Städte Brooklyn und Manhattan.

Zur Eröffnung der Brücke geprägte Medaille

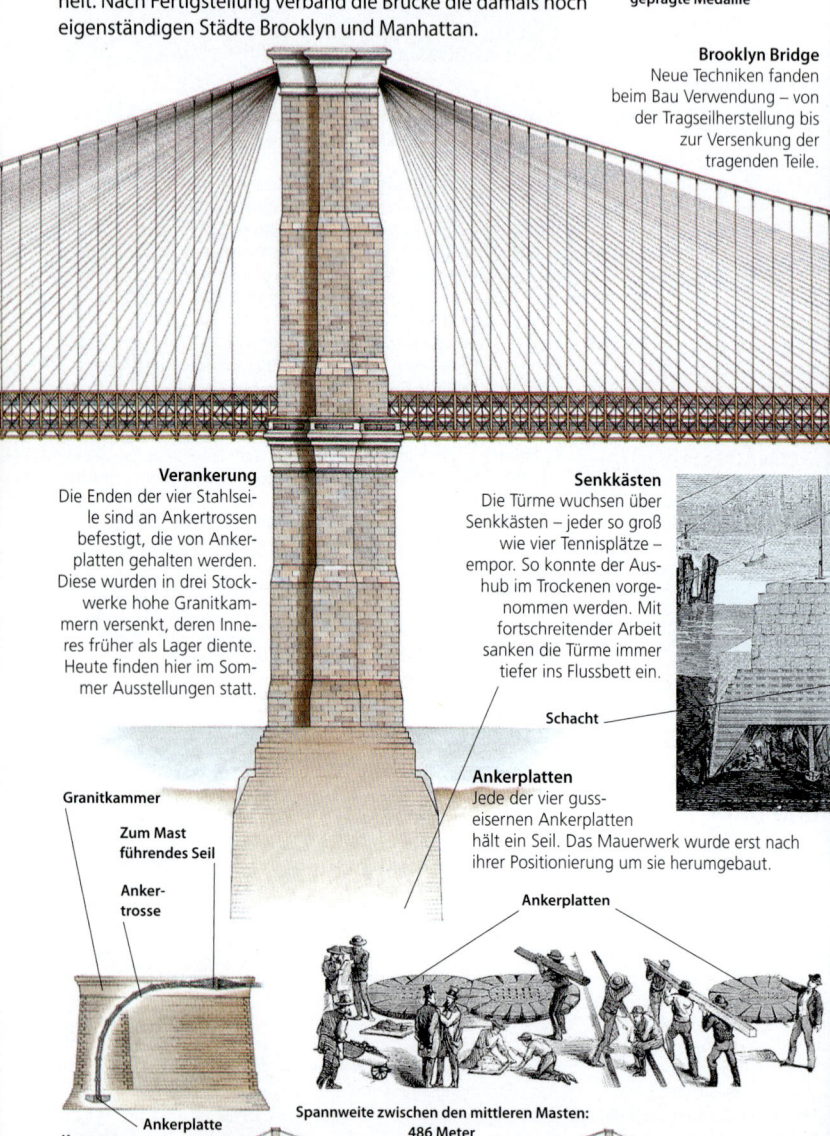

Brooklyn Bridge
Neue Techniken fanden beim Bau Verwendung – von der Tragseilherstellung bis zur Versenkung der tragenden Teile.

Verankerung
Die Enden der vier Stahlseile sind an Ankertrossen befestigt, die von Ankerplatten gehalten werden. Diese wurden in drei Stockwerke hohe Granitkammern versenkt, deren Inneres früher als Lager diente. Heute finden hier im Sommer Ausstellungen statt.

Senkkästen
Die Türme wuchsen über Senkkästen – jeder so groß wie vier Tennisplätze – empor. So konnte der Aushub im Trockenen vorgenommen werden. Mit fortschreitender Arbeit sanken die Türme immer tiefer ins Flussbett ein.

Schacht

Ankerplatten
Jede der vier gusseisernen Ankerplatten hält ein Seil. Das Mauerwerk wurde erst nach ihrer Positionierung um sie herumgebaut.

Granitkammer
Zum Mast führendes Seil
Ankertrosse
Ankerplatten
Ankerplatte
Kammer
Kammer

Spannweite zwischen den mittleren Masten: 486 Meter

Die Fahrbahn von Verankerung zu Verankerung ist 1091 Meter lang

BROOKLYN BRIDGE | 233

Erste Überquerung
Der Mechanikermeister E. F. Farrington war der Erste, der den Fluss 1876 mit einem dampfgetriebenen Zugseil überquerte. Seine Reise dauerte 22 Minuten.

Stahlseile
Jedes der Seile besteht aus 5657 Kilometern Draht, der zum Schutz vor Wind, Regen und Schnee mit Zink galvanisiert wurde.

Infobox

Information
Stadtplan 2 E2. **Karte** FG13.

Anfahrt
Ⓜ J, Z bis Chambers St; 4, 5, 6 bis Brooklyn Bridge-City Hall (Manhattan-Seite); A, C bis High St (Brooklyn-Seite). 🚌 M9, M15, M22, M103.

Brooklyn Tower (1875)
Zwei 83 Meter hohe gotische Doppelbogen – einer in Brooklyn, der andere in Manhattan – sollten wie Stadttore zu beiden Seiten der Brücke aufragen.

John A. Roebling
Der gebürtige Deutsche konstruierte die Brücke. Kurz vor Baubeginn, 1869, wurde sein Fuß von einer einlaufenden Fähre an einer Anlegestelle zerquetscht. Drei Wochen später starb er. Sein Sohn Washington Roebling vollendete die Brücke. 1872 ereilte ihn im Senkkasten die Taucherkrankheit, fortan war er teilweise gelähmt. Unter seiner Aufsicht übernahm seine Frau die Bauleitung.

Im Senkkasten
Einwanderer zertrümmern Felsgestein im Flussbett.

Stadtplan *siehe Seiten 386–419* **Karte** *Extrakarte zum Herausnehmen*

Herstellung der Seile

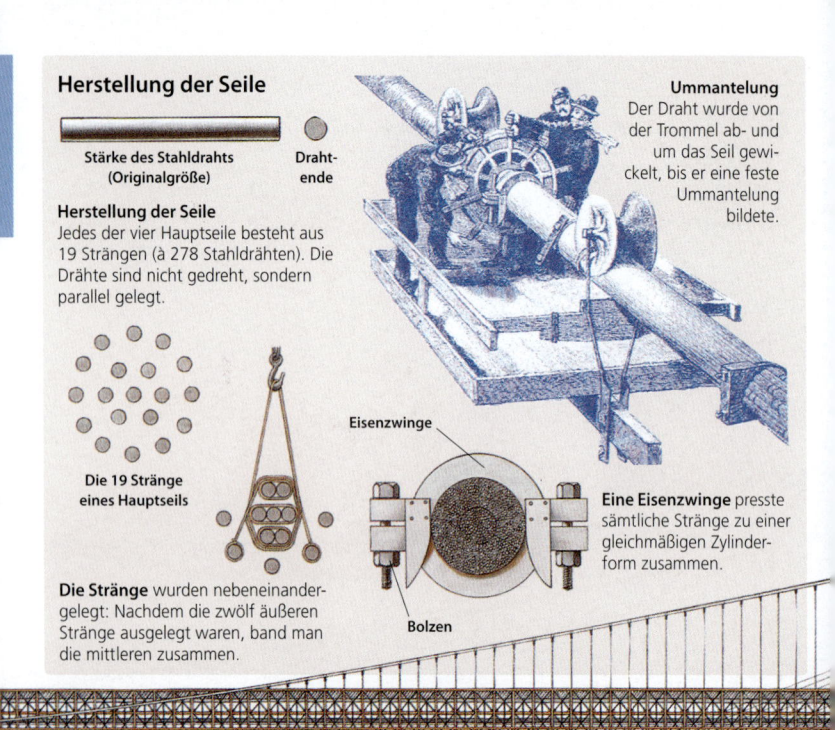

Stärke des Stahldrahts (Originalgröße)

Drahtende

Herstellung der Seile
Jedes der vier Hauptseile besteht aus 19 Strängen (à 278 Stahldrähten). Die Drähte sind nicht gedreht, sondern parallel gelegt.

Ummantelung
Der Draht wurde von der Trommel ab- und um das Seil gewickelt, bis er eine feste Ummantelung bildete.

Die 19 Stränge eines Hauptseils

Die Stränge wurden nebeneinandergelegt: Nachdem die zwölf äußeren Stränge ausgelegt waren, band man die mittleren zusammen.

Eisenzwinge

Bolzen

Eine Eisenzwinge presste sämtliche Stränge zu einer gleichmäßigen Zylinderform zusammen.

Jahrhundertfeuerwerk 1983 über der Brooklyn Bridge
Am 4. Juli 1983 wurde der 100. Geburtstag der Brücke mit einem spektakulären Feuerwerk gefeiert.

Reger Verkehr
Auf dieser Ansicht der Brücke von 1883 (von Manhattan aus gesehen) sind außen die Fahrbahnen für Pferdefuhrwerke, weiter innen die beiden Trassen der Tram und in der Mitte der erhöhte Fußgängerweg zu erkennen.

Panik am Memorial Day 1883
Nachdem eine Frau auf der Brücke schrie, brach Panik aus. Zwölf von 20 000 Menschen auf der Brücke wurden erdrückt.

BROOKLYN BRIDGE | 235

Halterungen
Aufgesattelte Platten verankern die Seile an der Spitze der Türme.

Kabel

Diagonale Halteseile

Vertikale Halteseile

Kurz vor der Fertigstellung
An diagonalen Seilen befestigte vertikale Seile halten die Trägerbalken.

Bodenträger
Die Stahl-Bodenträger wiegen je vier Tonnen.

Odlums Sprung
Nach einer Wette sprang Robert Odlum 1885 als Erster von der Brücke. Er starb später an inneren Blutungen.

Oberer Fußgängerweg
Der Dichter Walt Whitman fand, der Blick vom Gehweg, 5,50 Meter über der Fahrbahn, sei »die beste und wirkungsvollste Medizin, die meine Seele bisher genossen hat«. Bis heute ist ein Spaziergang auf der Brooklyn Bridge wunderbar, vor allem, wenn man auf Manhattan zugeht.

Totally Tots – der Bereich für die ganz Kleinen, Brooklyn Children's Museum

❽ Brooklyn Children's Museum

145 Brooklyn Ave. **Stadtplan** 23 C4. **C** 1-718-735-4400. **M** Kingston Ave (3), Kingston-Throop Ave (C). ◑ Di, Mi, Fr 10–17, Do 10–18, Sa, So 10–19 Uhr. ● Feiertage. 🌐 **w** brooklynkids.org

Das 1899 gegründete Kindermuseum war das erste seiner Art. Seither ist es Modell und Inspiration für über 250 weitere Kindermuseen in den USA und in der ganzen Welt. Es liegt in einem unterirdischen Hightech-Gebäude von 1976 und gehört zu den fantasiereichsten Museen. 2008 bekam es eine »grüne« Renovierung des uruguayischen Architekten Rafael Viñoly – er versah den Bau mit Solartechnik und energiesparenden Geräten und vergrößerte die Ausstellungsfläche.

In den Abteilungen finden sich Exponate zum Anfassen, die auf Umwelt und lokale Bezüge eingehen, darunter auch auf verschiedene Viertel im Umkreis von Brooklyn. Der Bereich »Totally Tots« ist für Kinder unter fünf Jahren reserviert und enthält eine Wasserwunder-Spielecke. Die Treppe hinunter können die ganz Kleinen Tiere streicheln. Es gibt auch Spielzeugläden und -restaurants, in denen Kinder einkaufen oder verkaufen, bezahlen und sogar eine (Fake-)Pizza zubereiten können. Spezielle Kurse, etwa Zumba für Kids oder Kunstprojekte, werden täglich angeboten.

❾ Grand Army Plaza

Ecke Plaza St/Flatbush Ave. **Stadtplan** 23 C4. **M** Grand Army Plaza (2, 3). **Torbogen** ◑ bei gelegentlichen Ausstellungen.

Frederick Law Olmsted und Calvert Vaux entwarfen 1870 das große Oval als Zugang zum Prospect Park. Der Torbogen (Soldiers' and Sailors' Arch) und seine Skulpturen kamen 1892 zum Gedenken an die Union Army hinzu. Der von John H. Duncan entworfene Bogen erinnert an römische Monumente. Stanford White veränderte ihn 1894 bis 1901, um die Bronzeskulpturen von Philip Martiny und Frederick MacMonnies hinzufügen zu können. Die Büste John F. Kennedys ist das einzige New Yorker Denkmal für den 35. Präsidenten der USA.

❿ Park Slope Historic District

Straßen vom Prospect Park W unterhalb Flatbush Ave bis 8th/7th/5th Ave. **Stadtplan** 23 B4. **M** Grand Army Plaza (2, 3), 7th Ave (F).

Die schöne Ansammlung viktorianischer Bürgerhäuser entstand um 1880 am Rand des Prospect Park. Hier wohnte die obere Mittelschicht, deren Bürger nach Manhattan pendeln konnten, nachdem 1883 die Brooklyn Bridge fertiggestellt war. Die schattigen Straßen werden von ein- bis vierstöckigen Häusern gesäumt, die die unterschiedlichsten Baustile aufweisen. Besonders schön sind die mit Rundportalen versehenen Gebäude.

Der Montauk Club (25 Eighth Avenue) fällt durch die Kombination zweier Stile auf. Er lässt Anklänge an Venedigs Palazzo Ca' d'Oro erkennen, zeigt aber auch Friese und Wasserspeier der Montauk-Indianer, nach denen dieser beliebte Privatclub des 19. Jahrhunderts benannt ist.

⓫ Prospect Park

Stadtplan 23 C5. **M** Grand Army Plaza, Prospect Park (B, Q). **C** 1-718-287-3400 (Info). 🌐 **w** prospectpark.org

Den Architekten Olmsted und Vaux gefiel der 1867 eröffnete Park besser als ihr zuvor ge-

Soldiers' and Sailors' Arch an der Grand Army Plaza

Karussellpferd im Prospect Park

schaffener Central Park *(siehe S. 198–203)*. Die Long Meadow ist mit ihren ausgedehnten Rasenflächen und großartigen Ausblicken die größte zusammenhängende Grünanlage New Yorks. Olmsted war überzeugt, dass »Besucher ein Gefühl der Erleichterung empfinden, sobald sie – den dichten und überbevölkerten Straßen der Stadt entronnen – den Park betreten«. Diese Vorstellung gilt heute noch genauso wie vor 150 Jahren. Sehenswert sind u. a. Stanford Whites kolonnadenartiger Croquet-Schuppen sowie die Teiche und Trauerweiden im Vale of Cashmere. Der Musikpavillon zeigt japanische Einflüsse. Hier finden im Sommer Jazz- und Klassikkonzerte statt.

Ein Highlight des Parks ist die Camperdown-Ulme, ein im Jahr 1872 gepflanzter, bizarr gewachsener Baum. Diese alte Ulme wird vielfach in Gedichten besungen und in Gemälden dargestellt. Der Förderverein des Parks sammelt ständig Geld, um sie und andere Bäume gesund zu erhalten. Der Park bietet eine vielfältige Landschaftsarchitektur, von geometrisch angelegten, mit Statuen geschmückten Gärten bis hin zu felsigen Bergschluchten mit rauschenden Bächen. Eine Führung ist der beste Weg, ihn zu erkunden.

⓬ Brooklyn Museum

See S. 238–241.

⓭ Brooklyn Botanic Garden

900 Washington Ave. **Stadtplan** 23 C4. 1-718-623-7200. Prospect Pk (B, Q), Eastern Pkwy (2, 3). **Park** März–Okt: Di–Fr 8–18, Sa, So, Feiertage 10–18 Uhr; Nov–Feb: Di–Fr 8–16.30, Sa, So, Feiertage 10–16.30 Uhr. 1. Jan, Labor Day, Thanksgiving, 25. Dez. März–Mitte Nov: Di ganztägig, Sa 10–12 Uhr frei; Mitte Nov–Feb: Mo–Fr Kinder unter 16 Jahren frei. bbg.org

Obwohl der Garten mit einer Fläche von 20 Hektar nicht sehr groß ist, bietet er viel Abwechslung. Das Areal wurde 1910 von den Brüdern Olmsted entworfen und umfasst u. a. einen elisabethanischen »Zierkräutergarten« und eine der größten Rosensammlungen Nordamerikas. Hauptattraktion ist ein Japanischer Garten mit Hügeln und Teichen, Teehaus und Shinto-Schreinen. Wenn Ende April/Anfang Mai an der Promenade des Parks die Kirschblüten leuchten, findet jährlich ein Fest mit japanischer Kultur, Küche und Musik statt.

Ein Highlight ist auch die Magnolienblüte im April an der Magnolia Plaza: Etwa 80 Bäume entfalten dann ihre cremeweißen Blüten vor dem Narzissen-Hintergrund des Boulder Hill.

Der Duftgarten ist in erhöhten Beeten angelegt. Hier sind alle Namen der intensiv duftenden, aromatischen Pflanzen auch in Blindenschrift zu lesen. Im neuen Gewächshaus befinden sich heute eine Bonsai-Sammlung und einige seltene Baumarten aus dem Regenwald, die medizinische Extrakte zur Produktion lebensrettender Arzneien liefern.

Seerosen, Brooklyn Botanic Garden

⓮ Green-Wood Cemetery

Stadtplan 23 B5. 500 25th St/Fifth Ave. 1-718-210-3080. 25th St (R). März, Apr, Sep, Okt: tägl. 7.45–18 Uhr; Mai–Aug: tägl. 7–19 Uhr; Nov–Feb: tägl. 8–17 Uhr. green-wood.com

Der 193 Hektar große Friedhof wurde 1838 angelegt und ist heute eher ein hübscher Stadtpark, der sich ausbreitet. Einige berühmte Einwohner der Stadt liegen hier begraben, darunter der Straßenkünstler Jean-Michel Basquiat (1960–1988), der Abolitionist Henry Ward Beecher (1813–1887), der Komponist Leonard Bernstein (1918–1990) und der Glaskünstler Louis Comfort Tiffany (1848–1933). Die gesamte Familie Steinway *(siehe S. 257)*, Hersteller der berühmten Flügel und Klaviere, ist in einem Mausoleum mit 119 Räumen bestattet.

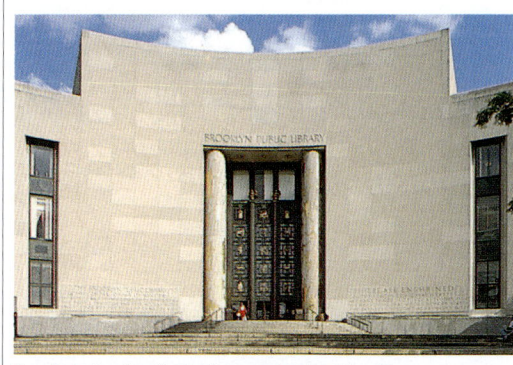

Fassade der Brooklyn Public Library an der Grand Army Plaza

Brooklyn Museum

Das Brooklyn Museum wurde 1897 eröffnet. Es sollte der größte Kulturbau der Welt werden – eine Meisterleistung der New Yorker Architekten McKim, Mead & White. Obgleich es nur zu einem Sechstel fertiggestellt wurde, ist das Brooklyn Museum heute das zweitgrößte Museum New Yorks und eine der eindrucksvollsten Kultureinrichtungen der USA mit einer Sammlung von über einer Million Exponaten auf über 50 000 Quadratmetern.

Die von McKim, Mead & White entworfene Nordfassade

Legende
- Kunst aus Amerika
- Afrikanische Kunst
- Asiatische und islamische Kunst
- Williamsburg-Wandbilder
- Ägyptische und klassische Kunst
- Dekorative Kunst
- Malerei und Bildhauerei
- Connecting Cultures
- Sonderausstellungen
- Kein Ausstellungsbereich

★ Weibliche Figurine
Die 5000 Jahre alte Statuette ist eine Rarität und ein Highlight der ägyptischen Abteilung.

Chinesisches Gefäß
Kobaltblaue Fische und Wasserpflanzen zieren das Keramikgefäß aus der Yuan-Dynastie (14. Jh.).

Iris and B. Cantor Auditorium

★ Verzierte Krone
Die Krone aus Nigeria war das Machtinsignium der Yoruba-Könige im 19. Jahrhundert.

Zweiter Stock

Zwischengeschoss

Erster Stock

Südeingang

Erdgeschoss

Morris A. and Meyer Schapiro Wing

Haupteingang

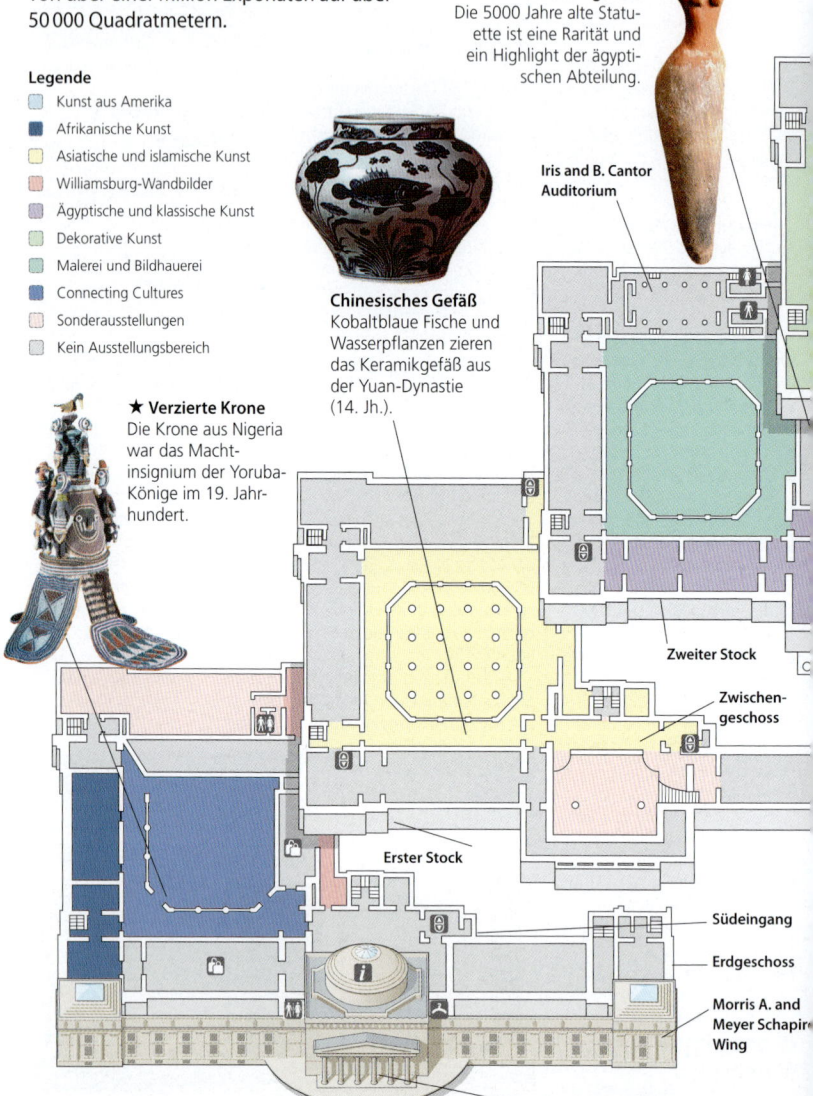

BROOKLYN MUSEUM | 239

★ An Out-of-Doors Study (1889)
John Singer Sargents Porträt des französischen Malers Paul Helleu mit Gattin Alice entstand beim Besuch des Paars in Fladbury.

Infobox

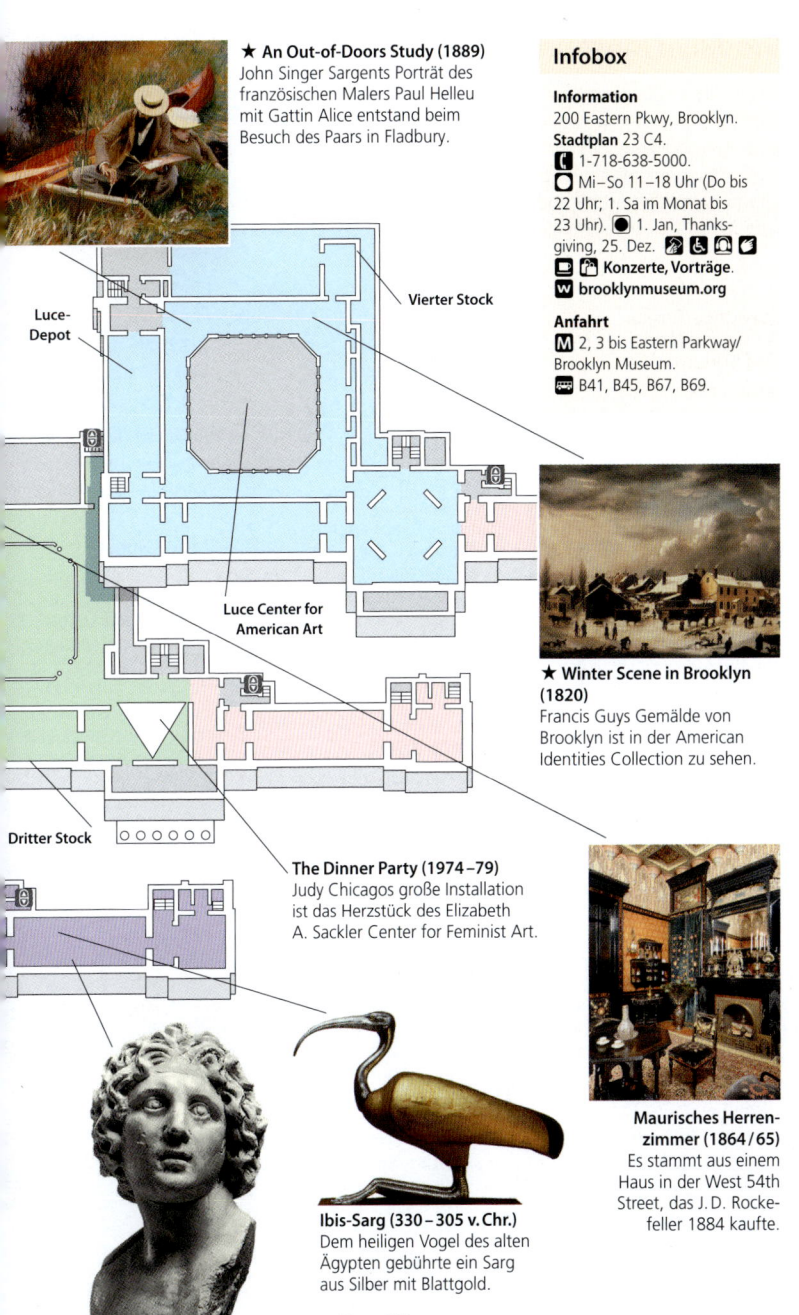

Information
200 Eastern Pkwy, Brooklyn.
Stadtplan 23 C4.
1-718-638-5000.
Mi–So 11–18 Uhr (Do bis 22 Uhr; 1. Sa im Monat bis 23 Uhr). 1. Jan, Thanksgiving, 25. Dez.
Konzerte, Vorträge.
brooklynmuseum.org

Anfahrt
2, 3 bis Eastern Parkway/Brooklyn Museum.
B41, B45, B67, B69.

Luce-Depot

Vierter Stock

Luce Center for American Art

★ Winter Scene in Brooklyn (1820)
Francis Guys Gemälde von Brooklyn ist in der American Identities Collection zu sehen.

Dritter Stock

The Dinner Party (1974–79)
Judy Chicagos große Installation ist das Herzstück des Elizabeth A. Sackler Center for Feminist Art.

Maurisches Herrenzimmer (1864/65)
Es stammt aus einem Haus in der West 54th Street, das J.D. Rockefeller 1884 kaufte.

Ibis-Sarg (330–305 v.Chr.)
Dem heiligen Vogel des alten Ägypten gebührte ein Sarg aus Silber mit Blattgold.

Alexander der Große
Die Büste des Heerführers (1. Jh. v. Chr.) ist aus Alabaster.

Kurzführer

Im Erdgeschoss findet man die Ausstellung Connecting Cultures. Asiatische und islamische Kunstwerke sind im ersten Stock, ägyptische und klassische Kunst sowie europäische Malerei und Bildhauerei im zweiten. Die dekorative Kunst ist im dritten Stock zu sehen, amerikanische Kunst im vierten. Sonderausstellungen gibt es im Erdgeschoss und im dritten Stock.

Stadtplan *siehe Seiten 386–419* **Karte** *Extrakarte zum Herausnehmen*

Brooklyn Museum: Sammlungen

Das Brooklyn Museum besitzt eine der wertvollsten Kunstsammlungen der USA. Schwerpunkte sind die Kunst der indigenen Völker aus dem Südwesten der USA, mit amerikanischen Stilmöbeln eingerichtete Zimmer, alte ägyptische und islamische sowie amerikanische und europäische Kunst.

Kunst aus Afrika, Ozeanien, Nord- und Südamerika

Die Ausstellung afrikanischer Objekte als Kunstwerke – nicht als Gebrauchsgegenstände – im Brooklyn Museum markierte 1923 einen Präzedenzfall in den USA. Von da an wurde die afrikanische Kunstsammlung ständig erweitert.

Eines der seltenen Exponate ist ein aus dem 16. Jahrhundert stammender kunstvoll geschnitzter Gong aus Elfenbein aus dem Königreich Benin (Nigeria), von dem nur fünf Exemplare existieren.

Zudem besitzt das Museum eine bedeutende Sammlung von Objekten amerikanischer Ureinwohner, etwa Totempfähle, Textilien und Keramik. Das Hemd aus Rotwildhaut eines Blackfoot-Häuptlings zeigt die Tapferkeit des Besitzers. Dokumente alter amerikanischer Handwerkskunst sind Textilien aus Peru, zentralamerikanische Goldschmiedearbeiten und mexikanische Skulpturen. Eine sehr gut erhaltene peruanische Tunika aus dem 6. Jahrhundert n. Chr. ist so dicht gewebt, dass die schillernden Muster wie gemalt wirken.

Die ozeanische Sammlung umfasst Skulpturen von den Salomonen-Inseln, aus Neuguinea und Neuseeland.

Asiatische Kunst

Das Museum stellt seine Exponate an chinesischer, japanischer, koreanischer, indischer, südostasiatischer und islamischer Kunst in Wechselausstellungen vor. Japanische und chinesische Gemälde, indische Miniaturen und islamische Kalligrafie ergänzen die asiatischen Skulpturen, Textilien und Keramiken. Die Exponate japanischer Volkskunst, chinesischer Email-Arbeiten und orientalischer Teppiche sind sehenswert. Beispiele buddhistischer Kunst reichen von chinesischen, indischen und südostasiatischen Buddha-Statuen bis zu einem auf das 14. Jahrhundert zurückgehenden Tempelbanner aus Tibet mit buntem Mandala.

Mit Stachelschweinkielen und Glasperlen geschmücktes Hemd aus Rotwildhaut (Blackfoot, 19. Jh.)

In Kalkstein gehauener sitzender Buddha-Torso (spätes 3. Jh. n. Chr.) aus Indien

Dekorative Kunst

Anhand der Sammlung dekorativer Kunst bekommt man einen Überblick über das häusliche Leben vom 17. Jahrhundert bis heute. Das maurische Herrenzimmer aus J. D. Rockefellers Brownstone-Wohnsitz z. B. ist ein Exempel großzügig-eleganter New Yorker Lebensart im ausgehenden 19. Jahrhundert. Im Kontrast dazu steht ein Art-déco-Studio von 1928–30 aus einem Apartment in der Park Avenue. Von der Zeit der Prohibition *(siehe S. 30f)* zeugt eine hinter Paneelen verborgene Bar.

Zu den gut 350 Exponaten im Luce Center for American Art zählen Möbel, Objekte aus Silber, Keramik und Stoff, darunter auch Gegenstände der indigenen Völker.

Normandie, Henkelkanne aus Chrom (1935), Peter Müller-Munk

Die Exponate im Luce Center sind thematisch angeordnet, um die Entwicklungsschritte der letzten 300 Jahre deutlich zu machen. Man findet Werke von John Singer Sargent, Frank Lloyd Wright und Georgia O'Keeffe.

Ägyptische, klassische und orientalische Kunst

Zu den großartigsten Abteilungen gehört die Sammlung ägyptischer Kunst. Das älteste Exponat ist eine Frauengestalt von 3500 v. Chr. Es folgen Statuen, Skulpturen, Grabmalereien, Reliefs und Grabbeigaben. Ein außergewöhnliches Stück ist der Sarg eines Ibisses, der vermutlich aus den großen Tiergrabstätten in Tuna el-Gebel in Mittelägypten stammt. Der Ibis galt als heiliger, den Gott Toth darstellender Vogel. Sein Sarg besteht aus massivem Silber und mit Blattgold belegtem Holz, die Augen sind aus Bergkristall. Die Abteilungen sind neu restauriert.

Unter den kunsthandwerklichen Objekten der griechischen und römischen Antike finden sich Plastiken, Keramik, Schmuck, Bronzearbeiten und Mosaiken. Zu den Exponaten alter Kunst aus dem Nahen und Mittleren Osten gehören eine Keramiksammlung und zwölf Alabasterreliefs aus dem Palast des Assyrer-Königs Assurnasirpal II. (883–859 v. Chr.). Sie stellen den König im Kampf dar, wie er den Blick auf seine Kornfelder richtet und wie er in einer religiösen Handlung den »heiligen Baum« reinigt.

Pierre de Wissant (um 1887) aus Rodins Gruppe *Die Bürger von Calais*

Malerei und Bildhauerei

Die Abteilung enthält Werke vom 14. Jahrhundert bis zur Gegenwart, darunter eine exquisite Sammlung französischer Gemälde des 19. Jahrhunderts mit Werken von Degas, Rodin, Monet, Cézanne, Matisse und Pissarro. Sie ist zudem im Besitz eines großen Bestands spanischer Gemälde aus der Kolonialzeit und der bedeutendsten Sammlung nordamerikanischer Malerei, die in den Vereinigten Staaten zu finden ist. Zu den Exponaten des 20. Jahrhunderts gehört das Bild *Brooklyn Bridge* von Georgia O'Keeffe.

Der Skulpturengarten präsentiert schön bearbeitete oder architektonisch interessante Teile aus abgerissenen Gebäuden New Yorks, etwa Statuen aus der alten Penn Station. Auch eine verkleinerte Replik der Statue of Liberty ist hier zu sehen.

Rotherhide (1860), eine Radierung von James McNeill Whistler

Drucke, Zeichnungen und Fotografien

Die Abteilung zeigt Ausstellungsstücke, die aus konservatorischen Gründen regelmäßig ausgetauscht werden (deswegen ist sie nicht auf dem Grundriss eingezeichnet, *siehe S. 238f*). Zu sehen sind u. a. Dürers Holzschnitt *Der Triumphwagen* oder Arbeiten von Piranesi. Die (Post-)Impressionisten punkten mit Werken von Toulouse-Lautrec und Mary Cassatt, einer der wenigen Frauen und der einzigen Amerikanerin, die zu den Impressionisten gezählt wird. Sehenswert sind auch Winslow Homers Stiche, James McNeill Whistlers Lithografien und eine Auswahl an Zeichnungen von Fragonard, Klee, van Gogh, Picasso und Arshile Gorky.

Zudem sind Fotografien von US-Künstlern des 20. Jahrhunderts zu bewundern, darunter ein Porträt von Mary Pickford, 1924 aufgenommen von Edward Steichen. Hinzu kommen Fotos von Berenice Abbott, Margaret Bourke-White und Robert Mapplethorpe.

Sandsteinreliefs aus dem ägyptischen Theben (um 760–656 v. Chr.) stellen den Gott Amun-Ra und seine Gemahlin Mut dar

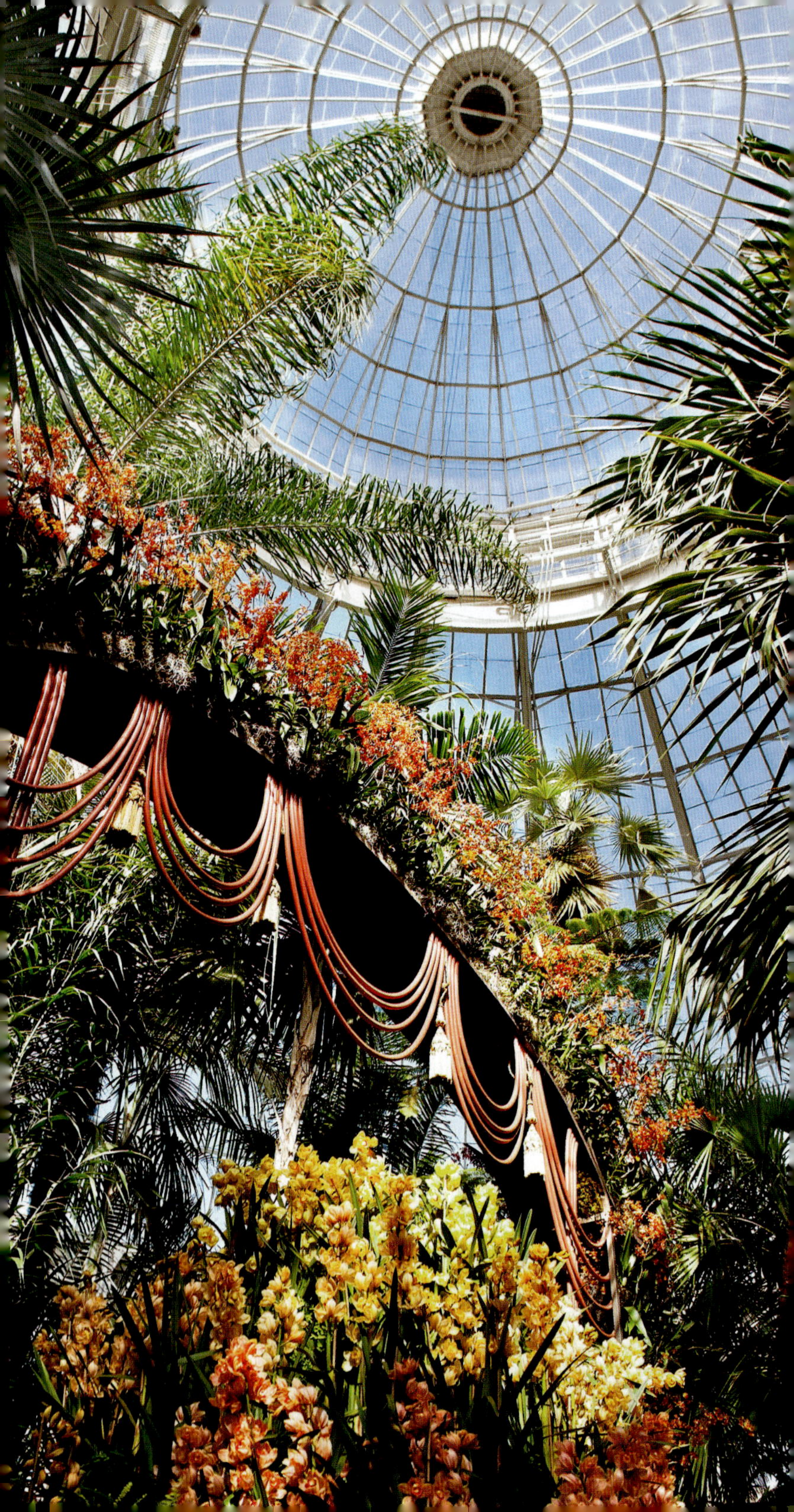

Abstecher

Obwohl Upper Manhattan und die vier Boroughs außerhalb von Manhattan (Brooklyn, Bronx, Queens und Staten Island) zu New York City gehören, haben sie ein anderes Flair. Es handelt sich vor allem um Wohngebiete, hier türmen sich auch keine Wolkenkratzer. Dennoch gibt es dort eine Vielzahl an Sehenswürdigkeiten, darunter etwa botanische Gärten, den größten Zoo der Stadt, sehenswerte Museen, schöne Strände und Sportarenen. Die Restaurants zeigen die kulinarische Vielfalt einer multiethnischen Stadt.

Sehenswürdigkeiten auf einen Blick

Historische Straßen und Gebäude
- ❷ Morris-Jumel Mansion
- ❸ George Washington Bridge
- ❺ Poe Cottage
- ❾ Belmont und Arthur Avenue
- ❿ Yankee Stadium
- ⓯ Steinway & Sons
- ⓳ Historic Richmond Town
- ㉒ Alice Austen House

Museen und Sammlungen
- ❶ Audubon Terrace
- *The Cloisters Museum S. 246–249*
- ⓫ Bronx Museum of the Arts
- ⓭ Queens Museum
- ⓮ Louis Armstrong House Museum
- ⓰ Noguchi Museum und Socrates Sculpture Park
- ⓱ Museum of the Moving Image and Kaufman Astoria Studio
- ⓲ MoMA PS1, Queens
- ⓴ Jacques Marchais Museum of Tibetan Art
- ㉑ Snug Harbor Cultural Center und Botanical Garden

Parks und Gärten
- ❼ *New York Botanical Garden S. 252f*
- ❽ *Bronx Zoo S. 254f*
- ⓬ Flushing Meadows-Corona Park

Friedhof
- ❻ Woodlawn Cemetery

Strand
- ㉓ Coney Island

Legende
- State Highway
- Highway
- Andere Straße
- Zentrum von Manhattan

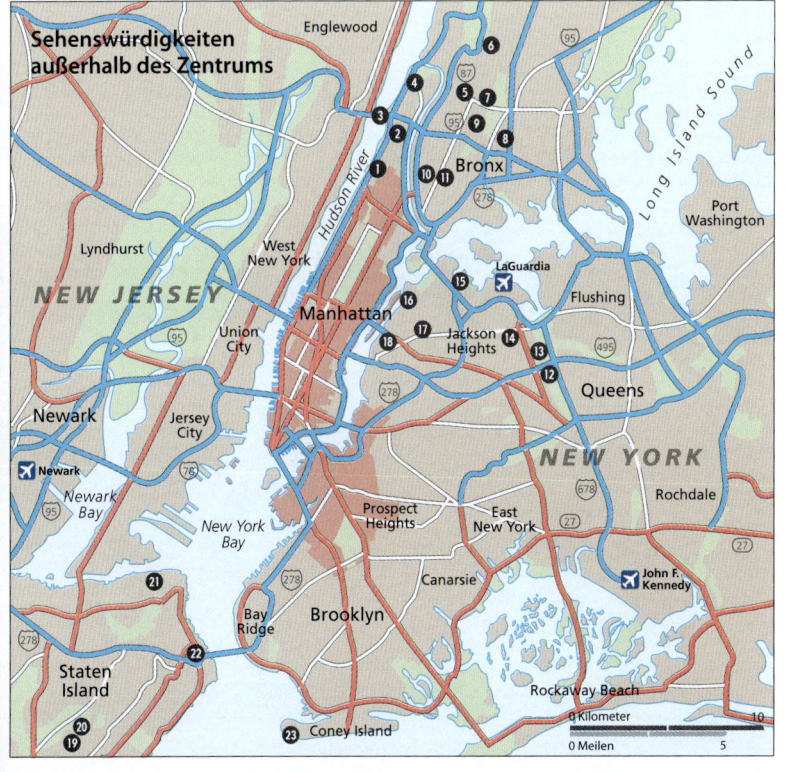

Sehenswürdigkeiten außerhalb des Zentrums

▶ Orchideenblüte im New York Botanical Garden *(siehe S. 252f)*   Zeichenerklärung *siehe hintere Umschlagklappe*

Upper Manhattan

Im 18. Jahrhundert legten die holländischen Siedler in Upper Manhattan ihre Farmen an. Inzwischen hat die Gegend Vorstadtcharakter angenommen. Man kann hier teilweise dem Lärm von Downtown Manhattan entkommen oder auch Museen besichtigen. So präsentiert The Cloisters Museum *(siehe S. 246 – 249)* eine wunderbare Kollektion mittelalterlicher Kunst aus Europa. Das Morris-Jumel Mansion diente 1776 Präsident George Washington bei der Verteidigung Manhattans als Hauptquartier.

Fassade der American Academy of Arts and Letters

❶ Audubon Terrace

155th St/Broadway. M 157th St.
American Academy of Arts and Letters 1-212-368-5900.
Mitte März – Mitte Apr, Mitte Mai – Mitte Juni: Do – So 13 – 16 Uhr.
artsandletters.org
Hispanic Society of America
1-212-926-2234. Di – Sa 10 – 16.30, So 13 – 16 Uhr. Feiertage. Spende. Sa 14 Uhr.
hispanicsociety.org

Der Gebäudekomplex von 1908 ist nach dem Naturforscher und Zeichner John James Audubon benannt, zu dessen Anwesen das Land einst gehörte. Audubon ist auf dem nahen Trinity Cemetery begraben. Auf seinem Grabstein, einem keltischen Kreuz, sieht man symbolische Darstellungen seiner Karriere: Vögel, die er malte, seine Palette und Pinsel sowie Gewehre.

Der Komplex wurde von Archer Milton Huntington, dem Cousin des Architekten, finanziert. Auf dem Hauptplatz stehen die Werke seiner Frau, der Bildhauerin Anna Hyatt Huntington.

Audubon Terrace besitzt zwei Fachmuseen, die einen Besuch lohnen. Die **American Academy of Arts and Letters** wurde zu Ehren amerikanischer Schriftsteller, Künstler und Komponisten sowie von 75 Ehrenmitgliedern aus dem Ausland gegründet. Auf ihrer illustren Mitgliederliste stehen die Schriftsteller Mark Twain und John Steinbeck, die Maler Andrew Wyeth und Edward Hopper sowie der Komponist Aaron Copland. Werke der Mitglieder sind in Ausstellungen zu sehen. Die Bibliothek (Anmeldung erforderlich) umfasst alte Handschriften und Erstausgaben.

Die **Hispanic Society of America** ist ein Museum mit Bibliothek aus der Sammlung von Archer M. Huntington.

Die Sammlungen enthalten spanische Skulpturen, angewandte Kunst, Drucke und Fotografien, die in Wechselausstellungen gezeigt werden. Die Hauptabteilung des Museums besitzt Goyas *Herzogin von Alba*. Die angrenzende Bancaja-Abteilung bietet Joaquín Sorolla y Bastidas *Ansichten von Spanien*, mit 14 Wandbildern, ein Auftragswerk von 1911. Im Obergeschoss sieht man bemalte Fließen, Keramiken, römische Mosaiken und seltene spanische Lüster. Der Balkon oberhalb der Hauptabteilung hat die besten Klassiker: etwa El Grecos *Heilige Familie* sowie Porträts von Velázquez und Goya.

Bronzetür, American Academy

El-Cid-Statue von Anna Hyatt Huntington, Audubon Terrace

❷ Morris-Jumel Mansion

W 160th St/Edgecombe Ave.
☎ 1-212-923-8008. Ⓜ 163rd St.
🕐 Di–Fr 10–16, Sa, So 10–17 Uhr.
● Feiertage. 2 Wochen im Voraus anmelden.
🌐 morrisjumel.org

Das Stadthaus ist eines der wenigen Gebäude aus vorrevolutionärer Zeit. Es wurde 1765 für Lt. Col. Roger Morris gebaut, heute ist es ein Museum mit neun Räumen. Morris' einstiger Kamerad George Washington nutzte es während der Verteidigung Manhattans 1776 als Hauptquartier.

1820 kauften Stephen Jumel und seine Frau Eliza das Haus und möblierten es mit den Mitbringseln ihrer Frankreichreisen. Im Boudoir stehen Elizas Bett und der »Delfinstuhl«, der angeblich von Napoléon stammt. Elizas sozialer Aufstieg und ihre zahlreichen Affären lösten Skandale aus. Hinter vorgehaltener Hand munkelte man, sie habe 1832 ihren Gatten verbluten lassen, um ihn zu beerben. Später ehelichte sie den 77-jährigen Aaron Burr und ließ sich drei Jahre später, am Tag seines Todes, wieder scheiden.

Das georgianische Haus hat einen klassischen Portikus und einen achteckigen Flügel. Im Museum sind viele Originalstücke der Jumels zu sehen.

Die George Washington Bridge mit einer Spannweite von 1067 Metern

❸ George Washington Bridge

Ⓜ 175th St. 🌐 panynj.gov

Der berühmte französische Architekt Le Corbusier bezeichnete die Brücke über den Hudson einmal als den »einzigen Ort der Anmut in dieser chaotischen Stadt«. Obwohl sie nicht annähernd so berühmt wie ihr Gegenstück nach Brooklyn ist, hat diese Brücke des Ingenieurs Othmar Ammann und des Architekten Cass Gilbert doch ihren eigenen Charakter.

Den mutigen Plan, Manhattan und New Jersey miteinander zu verbinden, gab es schon 60 Jahre lang, bevor die Port Authority of New York die gewaltige Summe von 59 Millionen Dollar aufbrachte, um das Projekt zu verwirklichen. Ammann wollte statt einer teuren Eisenbahn- eine Autobrücke bauen. Die Arbeiten begannen 1927. Die Brücke, ohne die der in Stoßzeiten dichte Verkehr heute keinesfalls mehr denkbar wäre, wurde 1931 eröffnet. Zwei junge Rollerskater aus der Bronx überquerten sie als Erste.

Leuchtturm unter der George Washington Bridge

Cass Gilbert hatte für die beiden turmartigen Pfeiler Mauerwerk vorgesehen. Da das Geld nicht reichte, entstand eine gerüstartige Struktur, 183 Meter hoch und 1067 Meter lang. In Ammanns Entwürfen war auch bereits eine zweite Brückentrasse geplant, die 1962 angefügt wurde. Derzeit registriert die Brückenmautbehörde ein Verkehrsaufkommen von 53 Millionen Wagen jährlich.

Unterhalb des östlichen Turmpfeilers im Fort Washington Park steht ein Leuchtturm von 1889, der 1951 wegen öffentlicher Proteste vom Abriss verschont wurde. Hildegarde Hoyt Swift verfasste das Kinderbuch *The Little Red Lighthouse and the Great Grey Bridge* (1942) zu den beiden Wahrzeichen.

Jeden September findet das Little Red Lighthouse Festival statt. Dann gibt es auch eine Lesung des berühmten Buchs.

Morris-Jumel Mansion von 1765 mit originalem Säulenportikus

The Cloisters Museum

Das weltberühmte Museum für mittelalterliche Kunst liegt in einem 1934–38 errichteten Bau, in den mittelalterliche Kreuzgänge, Kapellen und Räume integriert wurden, die aus Europa hierher transportiert wurden. Der Bildhauer George Barnard gründete es 1914. John D. Rockefeller Jr. finanzierte den Aufkauf durch das Metropolitan Museum of Art 1925 und stiftete das Grundstück im Fort Tryon Park sowie dasjenige in New Jersey, das gegenüber auf der anderen Seite des Hudson liegt.

Grabbild des Jean d'Alluye
Der Kreuzritter aus dem 13. Jahrhundert ist hier verewigt.

Langon-Kapelle

Pontaut-Kapitelsaal

Gotische Kapelle

★ Einhorn-Gobelins
Die Serie wunderbarer in den Niederlanden gewebter Wandteppiche (um 1500) stellt die Suche nach dem mythischen Einhorn und seine Gefangennahme dar.

Legende
- Ausstellungsfläche
- Kein Ausstellungsbereich

Gotische Kapelle

Bonnefort-Kreuzgang

Glas-Galerie

Trie-Kreuzgang

Boppard-Bleiglasfenster (1440–47)
Unter dem Spitzbogen von St. Catherine ist das Wappen der Küfergilde zu sehen. Deren Schutzpatronin ist die hl. Katharina.

★ Mérode-Triptychon (1425–30)
Im Campin-Raum ist das kleine Triptychon von Robert Campin aus Tournai zu bewundern, ein schönes Beispiel der Altniederländischen Malerei.

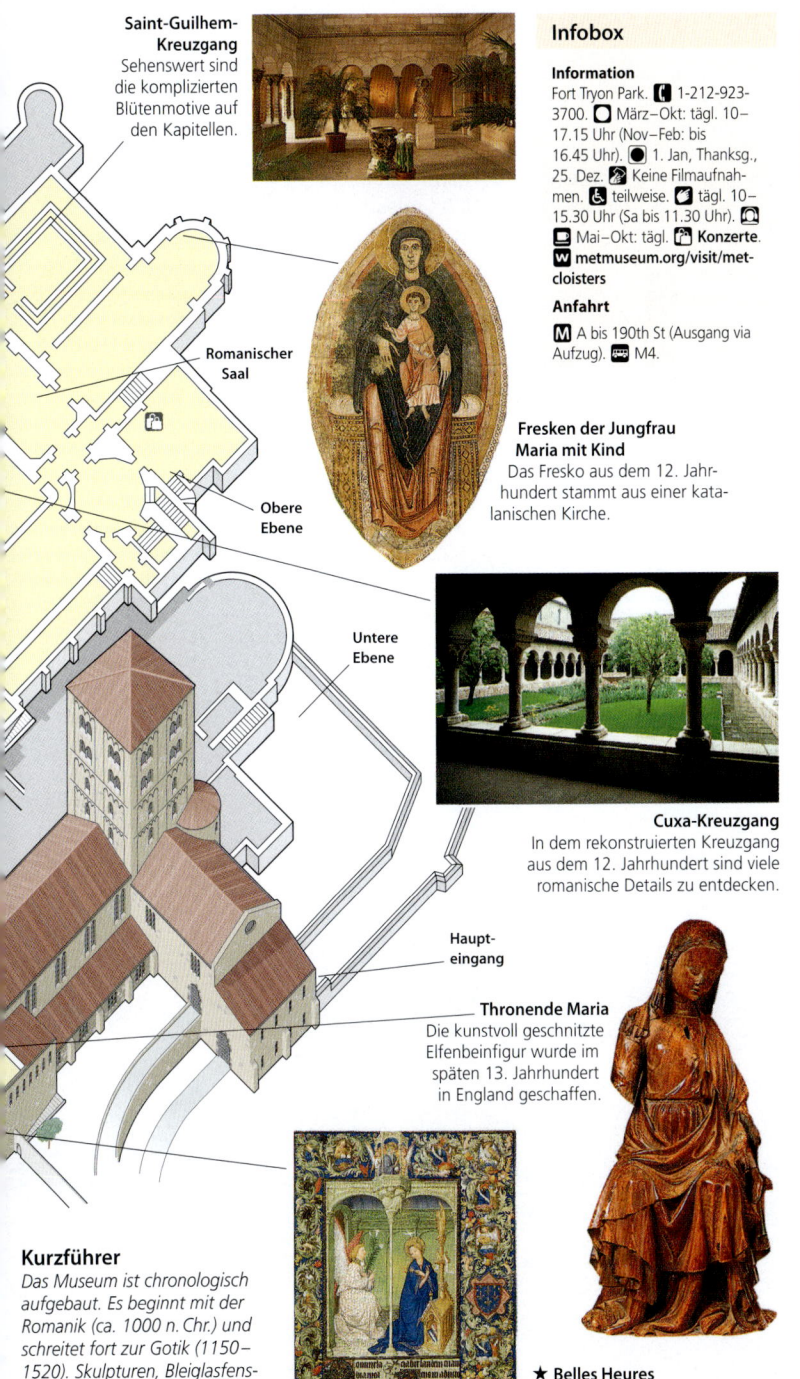

THE CLOISTERS MUSEUM | 247

Saint-Guilhem-Kreuzgang
Sehenswert sind die komplizierten Blütenmotive auf den Kapitellen.

Infobox

Information
Fort Tryon Park. 1-212-923-3700. März–Okt: tägl. 10–17.15 Uhr (Nov–Feb: bis 16.45 Uhr). 1. Jan, Thanksg., 25. Dez. Keine Filmaufnahmen. teilweise. tägl. 10–15.30 Uhr (Sa bis 11.30 Uhr). Mai–Okt: tägl. **Konzerte**. metmuseum.org/visit/met-cloisters

Anfahrt
A bis 190th St (Ausgang via Aufzug). M4.

Romanischer Saal

Obere Ebene

Fresken der Jungfrau Maria mit Kind
Das Fresko aus dem 12. Jahrhundert stammt aus einer katalanischen Kirche.

Untere Ebene

Cuxa-Kreuzgang
In dem rekonstruierten Kreuzgang aus dem 12. Jahrhundert sind viele romanische Details zu entdecken.

Haupteingang

Thronende Maria
Die kunstvoll geschnitzte Elfenbeinfigur wurde im späten 13. Jahrhundert in England geschaffen.

Kurzführer
Das Museum ist chronologisch aufgebaut. Es beginnt mit der Romanik (ca. 1000 n. Chr.) und schreitet fort zur Gotik (1150–1520). Skulpturen, Bleiglasfenster, Gemälde und Garten finden Sie auf der unteren Ebene. Die Einhorn-Gobelins sind die Attraktion auf der oberen Ebene.

★ Belles Heures
Das Stundenbuch, ein Gebetsbuch von Jean, Duc de Berry, ist Teil einer rotierenden Installation illustrierter Bücher und Blätter.

The Cloisters Museum: Sammlungen

The Cloisters Museum ist vor allem für die romanischen und gotischen Architekturelemente berühmt, doch es gibt auch illustrierte Handschriften, Glasmalerei, Metallarbeiten, Email, Elfenbein und Gemälde zu sehen. Am berühmtesten sind die Einhorn-Gobelins. Der großartige mittelalterliche Komplex ist in den USA einzigartig.

Ein lebensgroßes spanisches Kruzifix (12. Jh.) mit Christus als König des Himmels

Flämischer Kirschholz-Rosenkranz (16. Jh.) in der Schatzkammer

Romanische Kunst

Fantasiewesen, Akanthusblüten und Zierrat schmücken überall in The Cloisters die Säulen. Viele von ihnen sind im romanischen Stil gehalten, dessen Blütezeit im 11. und 12. Jahrhundert lag. Das Museum birgt eine Unzahl von Exponaten aus Kunst und Architektur dieser Zeit, etwa die mächtigen Rundbogen mit ihren filigranen Details. Ornamental verzierte Kapitelle und warmer, rosa Marmor charakterisieren den Cuxa-Kreuzgang aus den französischen Pyrenäen. Auf dem Narbonne-Bogen thronen ein Greif, ein Drache, ein Zentaur und ein Basilisk.

Feierlicher präsentiert sich die Apsis der Kirche St. Martín in Fuentidueña, Spanien: ein massives Rundgewölbe aus 30 000 Kalksteinblöcken, mit einem Fresko der Jungfrau mit Kind aus dem 12. Jahrhundert. Ein golden gekrönter Jesus ist als Triumphator über den Tod dargestellt.

Vor gut 800 Jahren saßen noch Benediktiner- und Zisterziensermönche auf den kalten Steinbänken des Kapitelsaals von Pontaut. Im 19. Jahrhundert wurde das Gebäude als Stall genutzt. Sein Rippengewölbe gibt einen Vorgeschmack auf die sich ankündigende Gotik.

Gotische Kunst

War die romanische Kunst überaus massiv, so erweckt die Gotik mit ihren Spitzbogen, leuchtenden Bleiglasfenstern und dreidimensionalen Skulpturen den Eindruck von Leichtigkeit. Darstellungen der Jungfrau mit Kind zeugen von großer Kunstfertigkeit.

Die Bleiglasfenster der gotischen Kapelle zeigen Szenen und Gestalten aus der Bibel. Unter den lebensgroßen Grabdenkmälern findet sich das Abbild des Kreuzritters Jean d'Alluye. Um 1790 wurde sein ursprünglicher Standort, die Abtei von Clarté-Dieux in

Gewölbedecke des Pontaut-Kapitelsaals

Frankreich, zerstört und das Denkmal als Brücke über einen Bach genutzt.

Im Boppard-Raum sind Heiligenlegenden auf spätgotischen Fenstern zu sehen, die zwischen 1440 und 1446 im Raum Köln für die Karmeliterkirche in Boppard geschaffen wurden.

Das Mérode-Triptychon befindet sich im Zentrum des Campin-Raums, im Mittelteil hat es eine Verkündigungsszene. Der Raum ist mit wunderbaren Möbeln ausgestattet.

Gärten

In den Klostergärten findet man über 300 Pflanzen, die schon im Mittelalter kultiviert wurden. Im Bonnefont-Kreuzgang wachsen Heilkräuter und Gewürze. Im Trie-Kreuzgang gedeihen die Pflanzen der *Einhorn*-Wandteppiche, deren Symbolgehalt auch erklärt wird: Rosen stehen für Maria, Stiefmütterchen für die Dreifaltigkeit und Gänseblümchen für das Auge Christi.

Bonnefont-Kreuzgang

Wandteppiche

Die Wandteppiche sind voller Metaphern und Symbole. Sie gehören zu den wertvollsten Exponaten. Die vier Gobelins mit den *Neun Helden* tragen das Wappen des Duc de Berry. Er war der Bruder des französischen Königs und im Mittelalter einer der größten Förderer der Künste. Die Gobelins bilden eine von zwei Serien, die aus dem 14. Jahrhundert erhalten sind. Die andere gehörte Jeans Bruder Louis, Duc d'Anjou. Abgebildet sind neun Helden – drei Heiden, drei Juden und drei Christen – mit ihrem mittelalterlichen Hofstaat: Kardinäle, Ritter, Hofdamen und Spielleute.

Im Raum nebenan hängt die *Jagd nach dem Einhorn*, eine Serie von sieben Wandteppichen, die um 1500 in den Niederlanden gewebt wurden. Sie stellt die Jagd und Gefangennahme eines Einhorns durch eine Jungfrau dar.

Die Gobelins wurden im 19. Jahrhundert als Kälteschutz für Obstbäume zweckentfremdet, sind jedoch trotz dieses Missbrauchs gut erhalten. Bewundernswert sind die

Julius Caesar im Kreis von Hofmusikanten auf einem Wandteppich der *Neun Helden*

unzähligen Details in Form genauestens dargestellter Pflanzen und Tiere. Man kann diese Motive als Darstellung der höfischen Liebe deuten, aber auch als Allegorie von Tod und Auferstehung Jesu.

Schatzkammer

Im Mittelalter wurden wertvolle Gegenstände in Sanktuarien verwahrt. Im Museum findet man sie in der Schatzkammer. Die Sammlung birgt illustrierte gotische Stundenbücher, die dem Adel zur Privatandacht dienten. Die *Belles Heures* etwa fertigten die Brüder Limbourg 1410 für den Duc de Berry, eine handtellergroße Version schuf Jean Pucelle um 1325 für die französische Königin.

Daneben finden sich weitere religiöse Artefakte wie die Elfenbein-Maria aus dem England des 13. Jahrhunderts, ein Reliquienschrein aus Silber und Email (wohl aus dem Besitz Elisabeths von Ungarn) sowie zahlreiche Weihrauchbehälter, Kelche, Leuchter und Kruzifixe.

Zu den Kuriositäten gehört der emaillierte »Affenbecher« (15. Jh.) von einem burgundischen Hof. Auf ihm ist dargestellt, wie Affen einen schlafenden Hausierer ausrauben. Es gibt einen Rosenkranz mit walnussgroßen, geschnitzten Perlen, ein schiffsförmiges, juwelenbesetztes Salzfässchen (13. Jh.) und ein vollständig erhaltenes Kartenspiel aus dem 15. Jahrhundert.

Jagddarstellungen und Jagdsymbole auf einem Kartenspiel aus dem 15. Jahrhundert

Bronx

Einst war die Bronx ein hübscher Vorort mit einer berühmten Promenade (Grand Concourse), gesäumt von zahlreichen exklusiven Apartmenthäusern. In den 1950er Jahren wurde sie ein Armutsviertel, in den 1970er Jahren war vor allem die South Bronx ein sozialer Brennpunkt, der gesamte Bezirk verkam. Trotz einiger Renovierungsmaßnahmen gehört die South Bronx zu den ärmsten Vierteln der Stadt. Im Rest des Stadtbezirks findet man historische Anwesen, ruhige Parks, einen hervorragenden botanischen Garten, den Bronx Zoo und das Stadion der Yankees.

Denkmal im Woodlawn Cemetery

❺ Poe Cottage

2640 Grand Concourse. 1-718-881-8900. Kingsbridge Rd. Do, Fr 10–15, Sa 10–16, So 13–17 Uhr. Poe Park Visitor Center 2650 Grand Concourse. Di–Sa 8–17 Uhr. bronxhistoricalsociety.org

Das weiße Schindelhaus, das 1812 als einfaches Heim eines Arbeiters errichtet worden war, war von 1846 bis 1849 das ländliche Heim Edgar Allan Poes. Heute liegt es unpassenderweise inmitten der Wohnblocks der Latino-Arbeiter. Einst stand der charmante Bau auf Farmland nahe der East Kingsbridge Road, er wurde 1913 hierher (ans nördliche Ende des eigens geschaffenen Poe Park) verlegt.

Obwohl Poe bereits als Verfasser von *The Raven* relativ erfolgreich war, hatte er Mitte des 19. Jahrhunderts ziemliche finanzielle Probleme. Auf der Suche nach frischer Luft zog er mit seiner Frau Virginia und deren Mutter Maria aufs Land. Doch kurz nachdem sie das Cottage bezogen hatten, starb Virginia an Tuberkulose. In seiner Trauer gelang es Poe dennoch einige verehrungswürdige Werke zu schreiben, darunter das bewegende Poem *Annabel Lee*, das er in Erinnerung an seine Frau verfasste. Maria überlebte beide und verließ das Cottage kurz nach Poes mysteriösem Tod in Baltimore zwei Jahre später.

Heute besitzt das renovierte Haus mehrere Räume, die so wie zu Poes Zeiten eingerichtet sind. Es gibt nahebei auch eine kleine Galerie mit Kunst der 1840er Jahre.

Das elegante Poe Park Visitor Center steht separat. Es wurde vom japanischen Architekten Toshiko Mori entworfen. Das Zentrum zeigt Kunst in Sonderausstellungen – sein scharfkantiges Dach erinnert übrigens vage an einen Raben.

❻ Woodlawn Cemetery

Webster Ave u. E 233rd St. 1-718-920-0500. Woodlawn. tägl. 8.30–16.30 Uhr. Feiertage. thewoodlawncemetery.org

Auf dem 1863 eröffneten Friedhof sind zahlreiche prominente und reiche New Yorker bestattet. Denkmäler und Grabsteine befinden sich hier in wunderschöner Umgebung. Das Mausoleum F. W. Woolworths und seiner Familie ist mindestens so verschnörkelt wie das Hochhaus, das diesen Namen trägt. Der rosafarbene Marmor des Grabmals von Fleischmagnat Herman Armour erinnert an einen Schinken.

Weitere hier bestattete Berühmtheiten sind Bürgermeister Fiorello LaGuardia, der Kaufhausgründer Rowland Hussey Macy, der Schriftsteller Herman Melville und die Jazzlegende Duke Ellington.

Traditioneller Markt mit italienischen Spezialitäten in Belmont, Bronx

❼ New York Botanical Garden

Siehe S. 252f.

❽ Bronx Zoo

Siehe S. 254f.

❾ Belmont und Arthur Avenue

🅼 Fordham Rd (B, D, 4), dann den Bus Richtung Osten.
🆆 arthuravenuebronx.com

Belmont liegt in Gehweite vom botanischen Garten und vom Zoo. Hier lebt New Yorks größte italo-amerikanische Gemeinde. Das Viertel ist eine authentische Alternative zu Little Italy in Manhattan. Die Hauptstraße Arthur Avenue ist voller italienischer Bäckereien, Pizzerias und Lokale. Der Arthur Avenue Retail Market bietet Konditoreien, Fleischer, Pasta-Hersteller, Fischstände und Coffee Shops. Im September feiert die Community Ferragosto, ein Herbstfest, mit Tanz, Essensständen, Live-Acts und einem Käseschnitzerei-Wettbewerb.

❿ Yankee Stadium

E 161st St/River Ave, Highbridge. 📞 1-718-293-6000. 🅼 161st St. 🎫 verschiedene Touren (Anmeldung unter 1-646-977-8687). Siehe **Unterhaltung** S. 354.
🆆 newyork.yankees.mlb.com

In der landesweit berühmten Sportarena ist seit 1923 das Baseball-Team New York Yankees zu Hause. Zu den Helden der Yankees gehörten zwei der weltbesten Spieler aller Zeiten: Babe Ruth und Joe DiMaggio, der auch durch seine Ehe mit Marilyn Monroe bekannt wurde. 1921 errang der Linkshänder Babe Ruth für die Yankees gegen die Boston Red Sox den ersten *home run* des Stadions.

Das Yankee Stadium wurde 1923 von Jacob Ruppert, dem Besitzer der Mannschaft, gebaut. Mitte der 1970er Jahre erfolgte eine umfassende Renovierung. Das Stadion bietet heute insgesamt rund 54000 Zuschauern Platz. Eine der bedeutendsten Veranstaltungen ist jedes Jahr die Versammlung der Zeugen Jehovas – im Jahr 1950 kamen hier 123707 Mitglieder zusammen. 1965 feierte Papst Paul VI. im Stadion vor über 80000 Gläubigen die Messe. Es war der erste Besuch eines Papstes in Nordamerika – der zweite folgte erst 1979, als Johannes Paul II. ebenfalls das Yankee Stadium beehrte.

Das im April 2009 eröffnete, 1,5 Milliarden Dollar teure Yankee Stadium liegt parallel zum alten zwischen 161st und 164th Street. Die New York Yankees zählen nach wie vor zu den besten Mannschaften der American League. In New York gibt es mehrere Yankee-Clubhouse-Shops, wo man Tickets für Spiele oder Stadionführungen kaufen kann.

⓫ Bronx Museum of the Arts

1040 Grand Concourse. 📞 1-718-681-6000. 🅼 167th St-Grand Concourse. 🕐 Mi–So 11–18 Uhr (Fr bis 20 Uhr). ♿🎫 für Gruppen.
🆆 bronxmuseum.org

Das 1971 gegründete Kunstmuseum präsentiert zeitgenössische Werke von asiatischen, lateinamerikanischen und afroamerkanischen Künstlern. Re-

Joe DiMaggio 1941 in Aktion im Yankee Stadium

gelmäßig finden auch Lesungen und andere Events statt.

Das Museum besitzt über 1000 Kunstwerke unterschiedlicher medialer Form. Unter den präsentierten Künstlern befinden sich Romare Bearden (1911–1988), ein Multimedia-Künstler, der für seine Darstellungen des afroamerikanischen Alltags bekannt ist, Whitfield Lovell (1959 in der Bronx geboren), der Bleistift- und Kohlezeichnungen von Afroamerikanern anfertigt, die kubanische Installations- und Performance-Künstlerin Tania Bruguera (geboren 1968), der Fotograf Seydou Keïta (1921–2001) aus Mali, der brasilianische bildende Künstler Hélio Oiticica (1937–1980), die Afroamerikanerin Kara Walker (geboren 1969) und der chinesische Künstler Xu Bing (geboren 1955). 1982 zog das Museum in eine ehemalige Synagoge um, eine Stiftung der Stadt New York. Von 2004 bis 2006 wurde es von Arquitectonica aus Miami modernisiert und erweitert. Die gezackte »Akkordeon«-Fassade aus Stahl und Glas zeugt davon.

Ausstellung im Bronx Museum of the Arts

New York Botanical Garden

Ein Besuch des 100 Hektar großen New York Botanical Garden ist eine Entdeckungsreise der besonderen Art – vom herrlichen viktorianischen Glashaus bis zum Everett Children's Adventure Garden. Als einer der ältesten und größten der Welt umfasst der botanische Garten 50 Gartenbereiche und einen 20 Hektar großen, weitgehend naturbelassenen Wald. Das berühmte Enid A. Haupt Conservatory wurde als »A World of Plants« restauriert und bietet sowohl Regenwälder als auch Wüstenareale.

Eingang zum Enid A. Haupt Conservatory

Saisonale Ausstellungen

Afrikanische Wüste

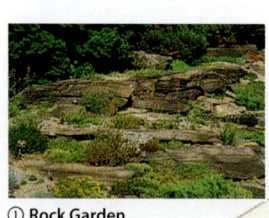

① **Rock Garden**
Geröllblöcke, Bäche, Wasserfall und Teich bilden den alpinen Lebensraum für Gebirgspflanzen aus aller Welt.

② **Thain Family Forest**
In einem der letzten natürlichen Wälder New Yorks wachsen Eichen, Weißeschen, Tulpenbäume und Birken.

Amerikanische Wüste

③ **Everett Children's Adventure Garden**
Kinder können hier auf ökologische und botanische Entdeckungsreise gehen.

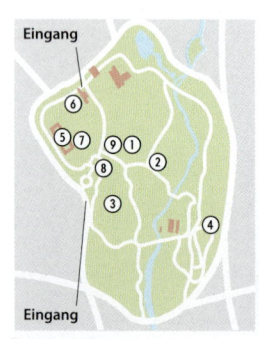

Zur Orientierung

④ **Peggy Rockefeller Rose Garden**
1988 wurden hier 2700 Rosenstöcke angepflanzt – nach dem Originalentwurf von 1916.

NEW YORK BOTANICAL GARDEN | 253

Palms of the Americas Gallery
100 majestätische Palmen gedeihen unter der hohen Glaskuppel. Um einen Teich wachsen tropische Pflanzen.

Infobox

Information
2900 Southern Boulevard.
1-718-817-8700.
Di–So 10–18 Uhr (Mitte Jan–Feb: bis 17 Uhr).
Thanksgiving, 25. Dez.
Vorträge.
nybg.org

Anfahrt
4, B, D bis Bedford Park Blvd.
Bx26.

⑤ **Im Enid A. Haupt Conservatory**, das aus elf miteinander verbundenen Arealen besteht, gibt es »A World of Plants« zu bestaunen: Regenwälder, Wüsten, Wasserpflanzen sowie saisonale Ausstellungen.

⑥ **Garden Cafe**
Dies ist ein angenehmer Ort, um sich zu stärken. Von der Terrasse überblickt man die Gartenanlagen.

⑦ **Jane Watson Irwin Perennial Garden**
Winterharte Pflanzen bilden, nach Höhe, Farbton und Blütezeit kombiniert, beeindruckende Muster.

Tropischer Tiefland-Regenwald

Courtyard Pool

Wasser- und Kletterpflanzen

⑧ **Leon Levy Visitor Center**
Der moderne Pavillon beherbergt einen Laden und ein Café. Hier findet man auch einen Übersichtsplan.

Tropischer Bergregenwald

⑨ **»Tram«**
Auf der halbstündigen Fahrt durch den Garten erfährt man viel über Gartenbau-, Lehr- und Forschungsprogramme. An verschiedenen Haltestellen kann man aussteigen und später wieder zusteigen.

Bronx Zoo

Der 1899 gegründete Bronx Zoo ist der größte städtische Tierpark der USA. Hier leben über 4000 Tiere, die etwa 500 Arten angehören, in realistisch nachgebildeten Lebensräumen. Der Zoo gilt als führend bei der Erhaltung gefährdeter Arten, etwa des Indischen Panzernashorns oder des Schneeleoparden. Das Areal umfasst 107 Hektar Waldflächen, Bachläufe und Parkanlagen und bietet – saisonal abhängig – einen Streichelzoo, einen Schmetterlingsgarten, Kamelreiten und die Wild Asia Monorail. Weitere Attraktionen sind die Seelöwenfütterung, das Affenhaus und das 4-D Theater.

★ **The Congo Gorilla Forest**
Die preisgekrönte Nachbildung des afrikanischen Regenwalds ist das Zuhause der größten Gruppe von Westlichen Flachlandgorillas in den USA sowie einer Familie von Zwergseidenäffchen, den kleinsten Affen der Welt.

Baboon Reserve
Besucher der Pavian-Abteilung durchwandern eine der äthiopischen Gebirgswelt nachgebildete Umgebung.

Asia-Eingang

Kamelreiten
Für Kinder bietet der Zoo Kamelritte und andere tolle Erlebnisse.

★ **African Plains**
Hier leben Wildhunde, Löwen, Geparden, Giraffen, Zebras und Gazellen. Ein Wassergraben trennt Raub- und Beutetiere.

★ **JungleWorld**
In dem tropischen Regenwald unter Glas leben Säugetiere, Vögel und Reptilien aus Südasien. Schluchten, Wasserläufe und Klippen trennen sie von den Besuchern.

Paviane in JungleWorld

BRONX ZOO | 255

Children's Zoo
Hier können Kinder durch einen Präriehunde-Tunnel kriechen sowie Tiere streicheln und füttern.

Doppelhornvogel

★ **World of Birds**
Exotische Vögel fliegen in üppigem Regenwald frei umher. Ein künstlicher Wasserfall rauscht eine 15 Meter hohe Fiberglasklippe hinunter.

Infobox

Information
2300 Southern Blvd, Bronx.
1-718-367-1010.
Apr–Okt: Mo–Fr 10–17, Sa, So 10–17.30 Uhr;
Nov–März: tägl. 10–16.30 Uhr.
Kinder unter 2 Jahren frei. Extragebühr für einige Attraktionen.

Children's Zoo
Apr–Okt.
bronxzoo.com

Anfahrt
2, 5 bis E Tremont Ave.
bis Fordham. Bx9, Bx12, Bx19, Bx22, Bx39, BxM11, Q44.

Eingang Southern Boulevard

Legende

① 4-D Theater
② Wild Asia Monorail
③ Carter Giraffe Building
④ Dancing Crane Café
⑤ World of Reptiles
⑥ Butterfly Garden
⑦ Zoo Center
⑧ Madagascar!
⑨ Aquatic Bird House
⑩ Sea Bird Colony
⑪ Sea Lions
⑫ Mouse House
⑬ Himalayan Highlands
Hier leben bedrohte Tiere wie Schneeleoparden und Rote Pandas.

Eingang Fordham Road

Eingang Bronx River

★ **Wild Asia Monorail**
Von Mai bis Oktober fährt eine Bahn durch Wälder und Steppen, in denen sich Nashörner, Tiger und Mongolische Wildpferde frei bewegen.

★ **Tiger Mountain**
Sibirische Tiger sind das ganze Jahr zu sehen. Dicke Glasscheiben trennen Großkatzen und Besucher.

Queens

Queens, der größte Borough, besitzt viele Attraktionen sowie jede Menge Ethno-Restaurants. In Astoria gibt es florierende griechische, ägyptische und bosnische Nachbarschaften, in Woodside leben Thailänder, Koreaner und Philippiner. Flushing hat eine große Chinatown. In Jackson Heights findet man Little India, Little Pakistan, Little Bangladesh und Little Colombia – Queens ist tatsächlich ein Schmelztiegel. Long Island City und Astoria bieten Kultur.

⓬ Flushing Meadows-Corona Park

M Willets Point-Shea Stadium. Siehe **Unterhaltung** S. 354f.

Das Areal, auf dem 1939 und 1964 die beiden Weltausstellungen New Yorks stattfanden, ist ein ausgedehntes, am Wasser gelegenes Picknickgelände mit einer Fülle von Attraktionen, so das Citi Field Stadium (2009), das 41 000 Zuschauern Platz bietende Stadion der Baseball-Mannschaft New York Mets. Der Nachfolgebau des Shea Stadium ist ein beliebter Veranstaltungsort für Popkonzerte.

In Flushing Meadows befindet sich das National Tennis Center, in dem jedes Jahr im August/September die US Open ausgetragen werden.

In den 1920er Jahren war das als Corona Dump bekannte Gelände ein Ort des Grauens mit Salzsümpfen und Bergen verfaulenden Mülls. In *Der große Gatsby* beschrieb es F. Scott Fitzgerald als »*valley of ashes*« (»Tal der Asche«). Robert Moses, zuständig für die New Yorker Parkanlagen, setzte sich für eine Umgestaltung ein. Die Müllberge wurden abgetragen, sodass man ein neues Flussbett schaffen konnte. Man legte Sümpfe trocken und baute Abwasserkanäle. 1939 war das Areal Schauplatz für die Weltausstellung. Die Unisphere – Wahrzeichen der Weltausstellung von 1964 – beherrscht noch den Schauplatz. Der riesige Stahlglobus ist zwölf Stockwerke hoch und 350 Tonnen schwer.

⓭ Queens Museum

New York City Building, Flushing Meadows-Corona Park. 📞 1-718-592-9700. M 111th St. 🕐 Mi–So 12–17 Uhr. 🎟️ So 13, 14, 15 Uhr (englisch u. spanisch). W queensmuseum.org

Das Museum nahe der Unisphere blieb als einziges Gebäude von der Weltausstellung 1939 übrig. Ursprünglich beherbergte es den New York City Pavilion, später diente es als Erholungszentrum. Heute gibt es hier Wechselausstellungen sowie zwei Dauerausstellungen: die Neustadt-Sammlung von Tiffany-Glas von Louis Comfort Tiffany, der in den 1890er Jahren seine Werkstätten in Corona hatte, und die Ausstellung »From Watersheds to Faucets: The Marvel of the NYC Water Supply System«, ein Reliefmodell aus Holz und Gips, das das System der New Yorker Wasserversorgung abbildet. Es stammt von 1939, war aber jahrzehntelang im Depot verschollen.

Ein weiteres Highlight des Museums ist das Panorama der Stadt, ein Überbleibsel der Weltausstellung von 1964. Das 864 Quadratmeter große Panorama ist das größte Architekturmodell der Welt. Hier sind 895 000 Holzgebäude zu sehen – zusammen mit Häfen, Flüssen, Brücken und Mini-Flugzeugen in den Airports.

Architekt Aymar Embury III, der schon den Central Park Zoo gestaltete, entwarf den Gebäudekomplex in modern-klassischem Stil. Die Säulenfassade besitzt Kalksteinpilaster, die mit dunklem Marmor eingefasst sind. Das Queens Museum belegt seit 1972 die Nordseite des Komplexes. 1994 wurde Rafael Viñoly mit der ersten Umgestaltung beauftragt. Mit einer weiteren Renovierung 2013 wurde die Ausstellungsfläche des Museums verdoppelt. Durch die große Glasfassade entstand ein lichtdurchflutetes Atrium.

Im Louis Armstrong House Museum

⓮ Louis Armstrong House Museum

34–56 107th St. 📞 1-718-478-8274. M 103rd St-Corona Plaza. 🕐 Di–Fr 10–17, Sa, So 12–17 Uhr. 🎟️ W louisarmstronghouse.org

Die Trompeter-Legende (1901–1971) lebte hier von 1943 bis zu seinem Tod 1971. Armstrong ist auf dem nahen Flushing Cemetery begraben. Das relativ bescheidene Heim des Jazz-Künstlers ist so erhalten, wie er und seine vierte Frau, die Sängerin Lucille Wilson, es bewohnt haben. Im Haus sind Audio-Aufnahmen von Armstrong zu hören – von Trompeten-Übungen über Mahlzeiten bis zum Gespräch mit Freunden. Führungen erläutern Hintergründe.

Das Besucherzentrum gegenüber besitzt weitere Aufnahmen des Audio-Archivs von Armstrong. Manchmal finden im Garten hinter dem Haus

Unisphere im Flushing Meadows-Corona Park

Konzerte statt. Größen wie Dizzy Gillespie und Cannonball Adderley, wohnten in Armstrongs Nähe. Auch Koryphäen wie Ella Fitzgerald, Count Basie, Lena Horne, Fats Waller und Charles Mingus bevorzugten Queens als Wohnort.

⓯ Steinway & Sons

1 Steinway Place/19th Ave. 1-718-721-2600. Ditmars Boulevard. Di 9.30 Uhr (außer Juli, Aug). steinway.com

Der Deutsche Heinrich Steinweg (1797–1871) emigrierte 1850 nach Amerika. Nach der Anglisierung seines Namens zu Henry Steinway gründete er 1853 Steinway & Sons. Die Firma war bald dafür bekannt, die besten Klaviere und Flügel herzustellen, gewann viele Preise und expandierte. In den 1870er Jahren verlegte Henrys Sohn William die Fabrik von Manhattan nach Astoria. Sein Urenkel Henry Z. Steinway arbeitete hier bis zu seinem Tod 2008. Er war das letzte Familienmitglied, das Präsident des Unternehmens war.

In Queens werden jährlich 1250 Steinway-Flügel hergestellt – sie kosten von 40 000 bis weit über 100 000 US-Dollar. Die handgefertigten Instrumente bestehen aus 12 000 Einzelteilen. Ihre Fertigung aus kanadischem Ahorn dauert ein ganzes Jahr.

⓰ Noguchi Museum und Socrates Sculpture Park

9-01 33rd Rd. 1-718-204-7088. Broadway, dann Bus Q104. Mi–Fr 10–17, Sa, So 11–18 Uhr. noguchi.org
Socrates Sculpture Park 32-01 Vernon Blvd. 1-718-956-1819. tägl. 9 Uhr bis Sonnenuntergang. Mi–So 14 Uhr. socratessculpturepark.org

Das Museum mit Garten ist dem japanisch-amerikanischen Bildhauer und Designer Isamu Noguchi (1904–1988) gewidmet. Es wurde geschaffen, um den kreativen Visionen und abstrakten Skulpturen Noguchis einen Raum zu geben. Der Garten ist voller Steinskulpturen, die ihn umgebenden Ausstellungsräume zeigen weitere Exponate. Noguchi ist wohl am bekanntesten durch seine Arbeit für die Herman Miller Company im Jahr 1947, als er den Noguchi-Tisch schuf. Er kreierte auch die Installation Red Cube, die sich vor dem Marine Midland Building in Lower Manhattan befindet.

Der Socrates Sculpture Park liegt in Gehweite vom Museum. Er entstand 1986, als der Expressionist Mark di Suvero eine alte Deponie in ein Open-Air-Studio umwandelte. Seither haben hier verschiedene Künstler große Werke ausgestellt. Das Museum bietet auch Kurse, etwa kostenlose Yoga-Kurse, Musikaufführungen und ein Drachenfestival.

⓱ Museum of the Moving Image and Kaufman Astoria Studio

36-01 35th Ave/36th St, Astoria. 1-718-777-6800. 36th St. Di 9.30–14.30, Mi, Do 10.30–17, Fr 10.30–20, Sa, So 10.30–18 Uhr. **Filmvorführungen** Fr 19.30 Uhr, Sa, So nachmittags u. abends. Memorial Day, Thanksgiving, 25. Dez. Fr 16–20 Uhr frei. **Studio** für Besucher. movingimage.us

Auf dem Höhepunkt der New Yorker Filmproduktion drehten in dem 1920 von Paramount Pictures eröffneten Astoria Studio Größen wie Rudolph Valentino, W. C. Fields, die Marx Brothers und Gloria Swanson. Als die Filmindustrie nach Hollywood abwanderte, übernahm die Armee das Studio und produzierte hier 1941 bis 1971 Lehrfilme.

Der Komplex stand leer, bis sich die Astoria Motion Picture and Television Foundation 1977 für seine Erhaltung einsetzte. The Wiz, Sidney Lumets 24 Millionen Dollar teures Musical mit Michael Jackson und Diana Ross in den Hauptrollen, wurde hier gedreht, um die

Plakat im Museum of the Moving Image

Renovierung zu finanzieren. Heute verfügen die Studios über die besten Filmeinrichtungen an der Ostküste.

Seit 1981 ist eines der Gebäude Sitz des American Museum of the Moving Image, das interaktive Ausstellungen zur Film- und Fernsehgeschichte zeigt. Über 85 000 Requisiten – von Wagen aus Ben Hur bis zu Raumanzügen aus Star Trek – gehören zur Sammlung.

Das Museum bietet ein Kino (254 Sitze), ein Amphitheater mit Video-Vorführungen und einen Vorführraum (71 Sitze).

⓲ MoMA PS1, Queens

22–25 Jackson Ave/46th Ave, Long Island City. 1-718-784-2084. E, M bis 23rd St-Ely Ave, 7 bis 45 Road-Courthouse Sq, G bis Court Sq oder 21 St-Van Alst. B61, Q67. Do–Mo 12–18 Uhr. 1. Jan, 25. Dez. momaps1.org

Das 1971 gegründete PS1 entstand im Rahmen eines Programms für die Umwandlung leer stehender öffentlicher Gebäude in Orte für Ausstellungen und Ateliers. Das PS1 ist dem Museum of Modern Art (siehe S. 168–171) angeschlossen und gehört zu den ältesten Kunstforen der USA, die ausschließlich zeitgenössische Kunst sponsern. Neben Wechsel- und Dauerausstellungen gibt es interaktive Events und im Sommer Live-Musik im Hof.

Staten Island

Abgesehen von der Fahrt mit der Fähre sind Staten Island und seine Attraktionen wenig bekannt – übrigens auch bei genuinen New Yorkern. Viele Besucher, die jenseits des Fährhafens bummeln, sind angenehm überrascht von den weiten Hügeln, Wiesen und Seen, den Ausblicken auf den Hafen und den gut erhaltenen Gebäuden aus der Gründerzeit New Yorks. Zu den Überraschungen gehört eine Sammlung tibetischer Kunst – versteckt in einem Nachbau eines buddhistischen Tempels.

Voorlezer's House in Richmond

⓮ Historic Richmond Town

441 Clarke Ave. ☎ 1-718-351-1611. 🚌 S74 ab Fähre. ◯ Mi–So 13–17 Uhr. ⬤ 1. Jan, Ostersonntag, Thanksgiving, 25. Dez.
🆆 historicrichmondtown.org

Von den 29 Gebäuden in New Yorks einzigem restaurierten Dorf und Freilichtmuseum sind 14 zu besichtigen. Das nach den heimischen Muscheln »Cocclestown« genannte Dorf wurde im Volksmund – zum Ärger der Anwohner – zu »Cuckoldstown« (»Stadt des gehörnten Ehemanns«). Gegen Ende des Unabhängigkeitskriegs (1775–83) erhielt es den Namen »Richmondtown«. Es war Kreishauptstadt, bis Staten Island 1898 eingemeindet wurde. Rich-

Rumflasche, General Store

mond Town ist ein typisches Beispiel für eine frühe Siedlung in New York.

In dem um 1695 erbauten Voorlezer's House im holländischen Stil befindet sich die älteste Grundschule des Landes.

Der 1837 eröffnete Stephens General Store diente gleichzeitig als Postamt. Er wurde detailgetreu nachgebaut. Der 40 Hektar große Komplex umfasst einen Wagenschuppen, ein Herrenhaus von 1837, Bürgerhäuser, mehrere Läden und eine Schenke. Hier finden Workshops zu traditionellen Handwerkstechniken statt.

Die St. Andrew's Church von 1708 und ihr Friedhof liegen jenseits des Mill Pond Stream. Das Historical Society Museum residiert im County Clerk's and Surrogate's Office, entzückend ist das Spielzeugzimmer.

Statue im Jacques Marchais Museum of Tibetan Art

⓴ Jacques Marchais Museum of Tibetan Art

338 Lighthouse Ave. ☎ 1-718-987-3500. 🚌 S74 ab Fähre. ◯ Mi–So 13–17 Uhr (Dez–März: nur Fr–So). ⬤ Feiertage.
🆆 tibetanmuseum.org

Das vom Lärm abgeschottete Museum auf einem Hügel enthält eine der größten Privatsammlungen tibetischer Kunst außerhalb Tibets mit Werken vom 15. Jahrhundert bis zur Gegenwart.

Das Hauptgebäude ist ein originalgetreu nachgebildetes Bergkloster mit einem dreistöckigen Altar. Ein weiteres Gebäude dient als Bibliothek. Im Garten finden sich lebensgroße Buddha-Figuren. Das Museum wurde 1947 von der Kunsthändlerin Mrs. Jacques Marchais gegründet. 1991 stattete der Dalai Lama dem Museum einen Besuch ab.

Altes Cottage im Snug Harbor Cultural Center

㉑ Snug Harbor Cultural Center und Botanical Garden

1000 Richmond Terrace. ☎ 1-718-425-3504. 🚌 S40 ab Fähre zum Snug Harbor Gate. **Park** ◯ tägl. Sonnenaufgang bis -untergang. **Newhouse Center for Contemporary Art** ◯ Di–Fr 12–19, Sa, So 11–17 Uhr. **Children's Museum** ◯ Di–Fr 11–17, Sa, So 10–17 Uhr. ⬤ 1. Jan, Thanksgiving, 25. Dez. ♿ teilweise.
🆆 snug-harbor.org

Snug Harbor wurde 1801 als Bleibe für altersschwache und abgearbeitete Seeleute gegründet. 1975 wurde dies ein Komplex für Museen, Sammlungen, Kunstzentren und Gartenanlagen. Der 34 Hektar große, von Bäumen bestandene Campus besitzt noch 28 Gebäude aus seiner Anfangszeit, sie zeigen grandiosen Greek-Revival-Stil und auch italienische Stilelemente. Das älteste, schön restaurierte Gebäude ist die Main Hall (Building C), die als Besucherzentrum dient. Das angrenzende Newhouse Center for Contemporary Art bietet Ausstellungen lokaler Künstler.

Weitere Gebäude beherbergen das preisgekrönte Staten Island Children's Museum und die Noble Maritime Collection, die Lithografien und Bilder zu maritimen Themen des Malers John Noble (1913–1983) präsentiert. Besucher haben auch Zutritt zu seinem Hausboot-Atelier. 2016 wurde das Staten Island Museum hierher verlegt, seine Dauerausstellung widmet sich der Geschichte von Staaten Island in den letzten 300 Jahren.

Der größte Teil von Snug Harbor gehört zum Staten Island Botanical Garden. Zu seinen Attraktionen zählen eine Ausstellung zu Schmetterlingen und ein charmant-altmodischer Rosengarten. Der ruhige Chinese Scholar's Garden mit seinen Goldfischteichen, den Pagodenbauten und den Bambushainen wurde 1999 von Gartenkünstlern aus dem chinesischen Suzhou angelegt.

Clear Comfort, das frühere Heim von Alice Austen

Das um 1690 erbaute kleine Landhaus trägt den schönen Namen Clear Comfort. Hier verbrachte die 1866 geborene Fotografin Alice Austen den größten Teil ihres Lebens. Ihre Fotos dokumentieren das Leben auf der Insel, in Manhattan, aber auch in anderen Landesteilen der USA und in Europa.

Beim Börsenkrach 1929 verlor sie ihr ganzes Vermögen, sodass sie mit 84 Jahren völlig mittellos in ein Armenhaus ziehen musste. Ein Jahr später wurde ihr fotografisches Talent vom Magazin *Life* entdeckt, das einen Artikel über sie veröffentlichte. Die Einnahmen ermöglichten ihr den Umzug in ein Altenheim.

Austen hinterließ 3500 Negative aus der Zeit von 1880 bis 1930. Heute organisiert der Freundeskreis »Alice Austen House« Ausstellungen ihrer besten Arbeiten.

❷ Alice Austen House

2 Hylan Blvd. 1-718-816-4506. S51 ab Fähre zum Hylan Blvd. Di–Fr 13–17, Sa, So 11–17 Uhr; Grundstück bis Sonnenuntergang. Jan, Feb, Feiertage. teilweise. aliceausten.org

Eingang zum New York Aquarium, Coney Island

❷ Coney Island

Stillwell Ave (D, F, N, Q), W 8th St (F, Q). **New York Aquarium** Surf Ave/W 8th St. 1-718-265-2663. Juni–Aug: Mo–Fr 10–18, Sa, So 10–19 Uhr; Sep–Mai: Mo–Fr 10–16.30, Sa, So 10–17.30 Uhr. nyaquarium.com **Coney Island Museum** 1208 Surf Ave, nahe W 12th St. 1-718-372-5159. Mitte Juni–Labor Day: Mi–Sa 12–18, So 14–18 Uhr; Labor Day–Mitte Juni: Sa 12–17, So 14–17 Uhr. coneyisland.com

Mitte des 19. Jahrhunderts schrieb Walt Whitman, der Poet aus Brooklyn, viele seiner Gedichte auf Coney Island, das damals noch eine wilde Atlantikküste war. In den 1920er Jahren machte Coney Island Werbung als »weltgrößter Spielplatz« mit drei großen Rummelplätzen, die rasante Fahrgeschäfte anboten. 1920 fuhr auch die U-Bahn bis Coney Island, 1921 wurde eine Promenade angelegt, die die Popularität der Halbinsel sogar während der Depression sicherstellte.

Zu den Highlights zählt das **New York Aquarium** mit 350 Tierarten. Das **Coney Island Museum** zeigt Memorabilien und Relikte alter Fahrgeschäfte. Coney Island selbst wird modern – zum Verdruss seiner Einwohner, die um sein Flair fürchten. Doch auf der Promenade genießt man immer noch den Ausblick, und die Cyclone-Achterbahn steht unter Denkmalschutz. Die Meerjungfrauen-Parade im Juni ist ein großes Event.

Ikone: die Cyclone-Achterbahn im Vergnügungspark Coney Island

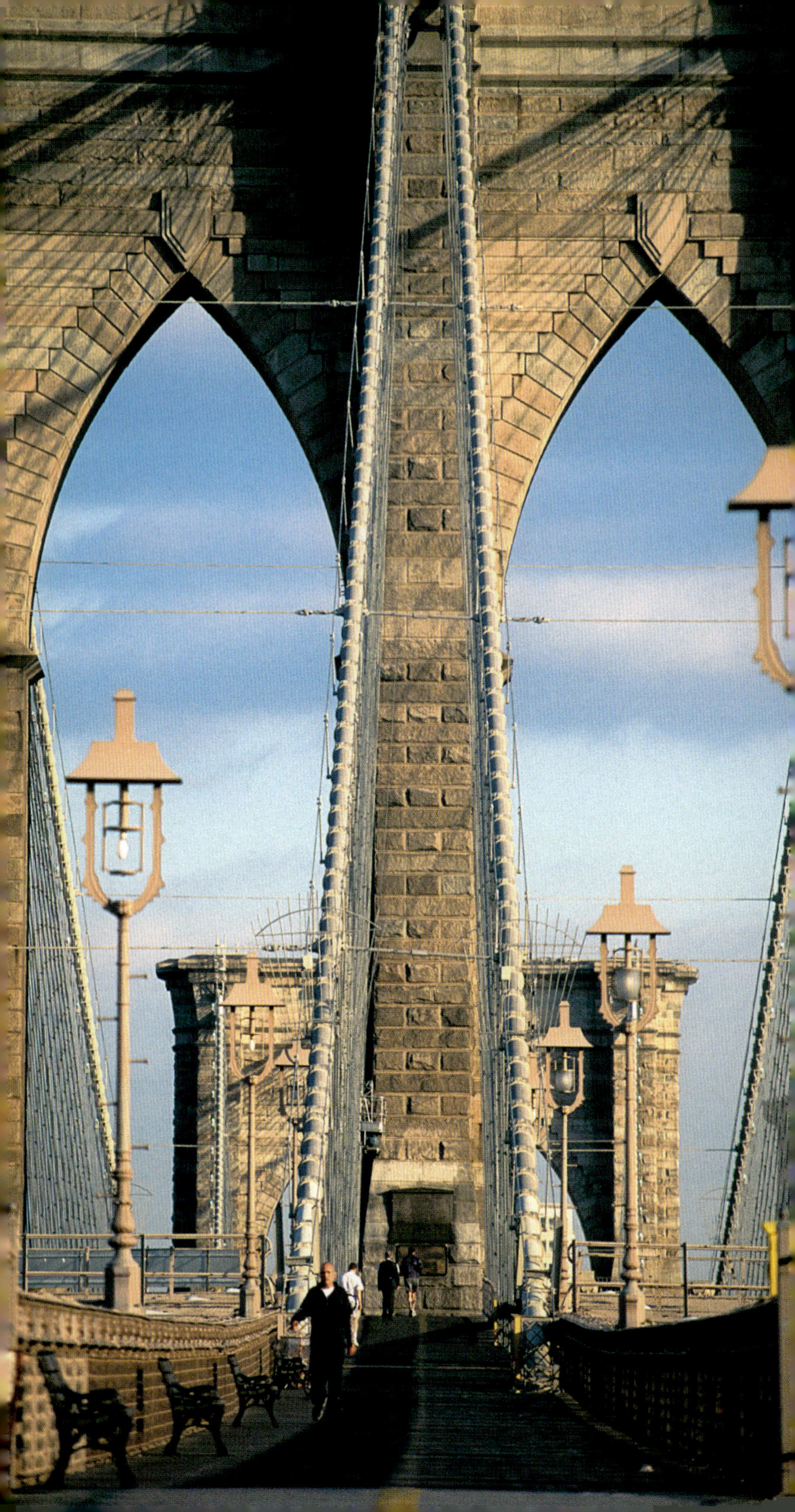

DIE STADTTEILE NEW YORKS | **261**

Spaziergänge

Spaziergänge durch New York bringen einem die Stadt und ihre Menschen näher. Auf den folgenden sieben Routen lernen Sie den einzigartigen Charme und Charakter des »Big Apple« kennen. Ihr Weg führt Sie auf die Spur von Literaten und Künstlern in Greenwich Village und SoHo *(siehe S. 264f)* oder über die Brooklyn Bridge, wo Sie die herrliche Aussicht und das New York des 19. Jahrhunderts erleben können *(siehe S. 270f)*.

Zu jedem der 15 Viertel Manhattans wird in *Die Stadtteile New Yorks* auf einer *Detailkarte* ein kurzer Spaziergang vorgeschlagen, der an den wichtigsten Sehenswürdigkeiten vorbeiführt. Verschiedenste Organisationen bieten Touren zu Fuß an, die thematisch von der Architekturgeschichte New Yorks bis zu den Geistern am Broadway reichen. Näheres zu Veranstaltern finden Sie auf Seite 381. Wie in jeder Großstadt sollten Sie bei Spaziergängen auf Ihre Wertsachen achten *(siehe S. 366f)*. Machen Sie sich vorher mit dem Weg vertraut, und lassen Sie vor allem bei Dunkelheit eine gewisse Vorsicht walten.

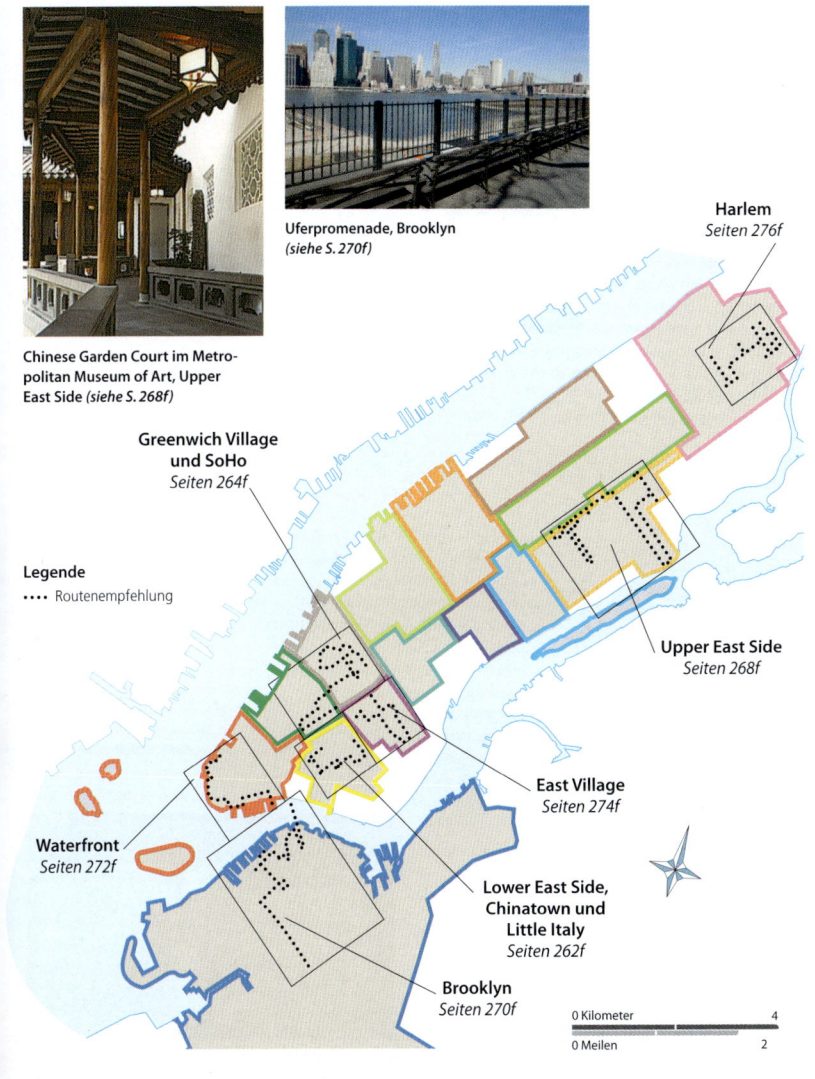

Uferpromenade, Brooklyn
(siehe S. 270f)

Chinese Garden Court im Metropolitan Museum of Art, Upper East Side *(siehe S. 268f)*

Harlem
Seiten 276f

Greenwich Village und SoHo
Seiten 264f

Legende
•••• Routenempfehlung

Upper East Side
Seiten 268f

East Village
Seiten 274f

Waterfront
Seiten 272f

Lower East Side, Chinatown und Little Italy
Seiten 262f

Brooklyn
Seiten 270f

0 Kilometer 4
0 Meilen 2

◄ Spaziergang über die Brooklyn Bridge *(siehe S. 232–235)*

Spaziergang durch die Lower East Side, Chinatown und Little Italy (1:30 Std.)

Der Spaziergang führt durch Einwandererviertel, denen New York sein einzigartiges Flair verdankt. Er veranschaulicht die sich stetig verändernde Zusammensetzung der Stadt. Unterwegs können Sie diverse Kulturen und Küchen kennenlernen. Sonntag ist der beste Tag (Details zur Lower East Side *siehe S. 86–95*).

Lower East Side

Ausgangspunkt ist die East Houston Street, die Grenze zwischen Lower East Side (LES) und East Village. Hier finden Sie traditionelle jüdische Küche in der Yonah Schimmel Knish Bakery ① (Nr. 137) sowie bei Russ & Daughters ② (Nr. 179), das vom Enkel des Gründers geführt wird und für Räucherfisch und Kaviar berühmt ist. Katz's Delicatessen ③ (Nr. 205) ist seit über 100 Jahren eine Institution. Weiter geht's zur Norfolk Street und rechts zum Angel Orensanz Center ④ (Nr. 172) in New Yorks ältester Synagoge. Biegen Sie rechts in die Rivington Street ein, und gehen Sie am 1937 eröffneten Süßwarengeschäft Economy Candy ⑤ vorbei. In der Rivington Street gibt es neue coole und altehrwürdige Modeläden. Links geht es in die Orchard Street, das traditionelle jüdisches Zentrum der LES.

Die LES ist mittlerweile trendy mit neuesten Boutiquen, hippen Clubs und Restaurants. Sonntags ist die Orchard Street zwischen Delancey und Houston wegen des traditionellen Kleidermarkts für den Verkehr gesperrt. Die Marktstände bieten zumeist Billiges, doch viele Läden führen günstige Designermode.

Ein Muss für Geschichtsinteressierte ist das Lower East Side Tenement Museum ⑥ (Nr. 108). Die restaurierte Mietskaserne illustriert die Lebensweise der Immigrantenfamilien von 1874 bis in die 1930er Jahre.

Ein Abstecher nach rechts in die Broome Street lohnt sich wegen der Kehila Kedosha Janina Synagogue ⑦ (Nr. 280), einem Gemeindehaus mit Museum.

Kehren Sie anschließend zurück in die Orchard Street. Gehen Sie zunächst rechts und dann links in die Grand Street. Dort gelangen Sie zum Pickle Guys Store ⑧ (Nr. 49), wo Sie Pickles in allen Geschmacksrichtungen kosten können. Gehen Sie die Grand Street zurück, dann in die Eldridge Street und über die Canal Street zur Eldridge Street Synagogue ⑨ (Nr. 12), der ersten osteuropäischen Synagoge New Yorks.

⑥ Bügeleisen von 1885 im Lower East Side Tenement Museum

Routeninfos

Start: East Houston Street.
Länge: 3,2 Kilometer.
Anfahrt: Subway-Linie F oder V bis Second Avenue; Ausgang East Houston/Eldridge St. Andere Stationen: F bis Delancey St, J, M, Z bis Essex St. Bus M15 zur East Houston St oder Ecke Delancey St/Allen St. M14A und M9 fahren die Essex St entlang. Rückfahrt von Chinatown/Little Italy: Subway-Linien J, N, Q, R und 6 ab Canal Street.
Rasten: Little Italys Cafés sind ideal für eine Pause bei exzellentem Kaffee und guten Torten. Chinesische Speisen bietet Hop Kee, 21 Mott St, an, italienisches Essen bekommen Sie in der Mulberry St bei Il Cortile (Nr. 125) oder bei Il Palazzo (Nr. 151). Il Laboratorio del Gelato, 108 Ludlow St, lockt im Sommer mit seinen zahlreichen Eis- und Sorbetsorten.

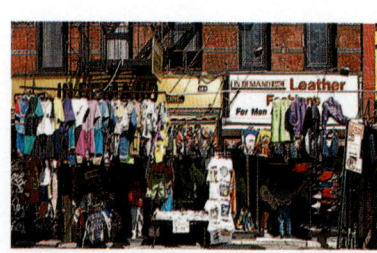

Legende

··· Routenempfehlung

Kleiderstände in der Orchard Street

DURCH DIE LOWER EAST SIDE, CHINATOWN UND LITTLE ITALY | 263

② Russ & Daughters

Chinatown
Gehen Sie zur Canal Street zurück, bewundern Sie von hier aus das Chrysler Building und die Skyline. Links überqueren Sie die Bowery. Allmählich weichen die Läden Marktständen, die exotisches Gemüse anbieten, und Restaurants mit gebratenen Enten in den Fenstern. In der Canal Street Nr. 200 finden Sie New Kam Man, einen der größten chinesischen Märkte der Gegend. Biegen Sie nun von der Canal Street links in die Mott Street ein. Die chinesischen Neonschilder verraten es: Sie sind im Herzen von Chinatown, wo sogar die Banken und Telefonzellen Pagoden nachempfunden sind. Hier gibt es Hunderte Restaurants – von Imbiss-Ständen bis zu feinster Chinaküche. Kontemplation finden Sie im Eastern States Buddhist Temple ⑩ (Nr. 64b) in der Mott Street.

In der Bayard Street können Sie sich in der Chinatown Ice Cream Factory (Nr. 65) ein Eis kaufen. Neben bekannten Sorten gibt es auch exotische wie Sesam, Zen-Butter oder Taro.

Kehren Sie um, und gehen Sie zurück zur Mulberry Street. Die Biegung beim Columbus Park ist die Mulberry Bend ⑪. Seinerzeit war dieser Ort berüchtigt für Morde von Bandenmitgliedern und für chaotische Zustände.

⑫ Deli in Little Italy

Little Italy
Gehen Sie die Mulberry Street Richtung Grand Street. Unvermittelt stehen Sie in Little Italy ⑫. Es ist klein, und Chinatown droht sich auch hier auszubreiten, doch bislang bieten die wenigen Blocks Alte-Welt-Restaurants, Kaffeehäuser und Läden mit Pasta, Wurst, Brot und Kuchen aus eigener Fertigung. Die italienische Gemeinde schrumpft, doch eine Gruppe von Händlern bleibt standhaft und sorgt für italienisches Flair. Ihr Zentrum ist die Mulberry Street zwischen Broome und Canal Street, ein paar Läden gibt es noch in der Grand Street. Wenn Sie hier weitergehen, sind Sie gleich wieder in Chinatown.

Das größte jährliche Event in Little Italy ist das Fest von San Gennaro, dem Stadtpatron Neapels. Elf Abende im September ist die Mulberry Street voller Menschen. Es gibt Umzüge, italienische Köstlichkeiten – und lange Schlangen vor den Wurstbuden.

Columbus Park in Chinatown

New Kam Man, 200 Canal Street

Zeichenerklärung siehe hintere Umschlagklappe

Spaziergang durch Greenwich Village und SoHo (1:30 Std.)

Ein Bummel durch Greenwich Village führt Sie in eine Gegend, in der viele Schriftsteller und Künstler gelebt und gearbeitet haben. Er endet mit einer Tour zu den Galerien, Läden und Cast-Iron-Buildings in SoHo (zu weiteren Sehenswürdigkeiten in Greenwich Village *siehe S. 102–111*, in SoHo *siehe S. 96–101*).

② **Jefferson Market Courthouse**

⑬ **Fassade in Washington Mews**

West 10th Street
An der Kreuzung West 8th Street und 6th Avenue ① gibt es Musik- und Modeläden. Gehen Sie die 6th Avenue bis zur West 9th Street hinauf. Sie finden dort (linker Hand, Nr. 425) das Jefferson Market Courthouse ②.

Biegen Sie nach rechts ab, und folgen Sie der West 10th Street ③ bis zum Lilian Vernon Creative Writers House. Früher führte hier eine Passage zum Tile Club, wo sich die Künstler aus dem 10th Street Studio trafen, etwa Augustus Saint-Gaudens, John LaFarge und Winslow Homer. Hier wohnten Mark Twain (24 West 10th St) und Edward Albee (50 West 10th St).

Am Milligan Place ④ stehen Häuser aus dem 19. Jahrhundert. Am Patchin Place ⑤ lebten E. E. Cummings und John Masefield. Etwas weiter entfernt liegt die Ninth Circle Bar ⑥. Bei der Eröffnung 1898 hieß sie Regnaneschi's. John Sloan verewigte sie auf seinem Bild *Regnaneschi's Saturday Night*. Edward Albee entdeckte hier die auf einen Spiegel gekritzelte Frage »Wer hat Angst vor Virginia Woolf?«.

Routeninfos
Start: 8th St/6th Ave.
Länge: 3,2 Kilometer.
Anfahrt: Subway-Linien A, B, C, D, E oder F zur West 4th Street, Washington Square (Ausgang 8th Street). Die Fifth-Avenue-Busse M2 und M3 halten an der 8th Street. Gehen Sie von hier zur 6th Street. Bus M5 fährt eine Schleife beim Washington Square, an der 8th Street und zur 6th Avenue.
Rasten: The Little Owl (90 Bedford Street) ist ideal zum Mittagessen. Fanelli's Café (94 Prince Street) existiert schon seit 1847 und war in der Prohibitionszeit ein Speakeasy (Lokal mit illegalem Alkoholausschank).

⑨ **Ungewöhnliche Fassade des Twin Peaks**

Greenwich Village
Gehen Sie – vorbei am Three-Lives-Buchladen (154 West 10th St), einem der Literaturtreffs des Village – links zur Christopher Street und zum Northern Dispensary ⑦, einem Ambulanzzentrum.

Folgen Sie der Grove Street bis zum Sheridan Square, dem Mittelpunkt des Village. Das Circle Repertory Theater ⑧ ist nun geschlossen. Überqueren Sie die 7th Avenue, und gehen Sie die Grove Street entlang. An der Ecke Bedford Street stoßen Sie auf das Twin Peaks ⑨ (102 Bedford St), früher ein Künstlerwohnheim. Die Fassade des Hauses gegenüber, an der nordöstlichen Ecke von Bedford und Grove Street ⑩, hatte als Motiv eine tragende Filmrolle: In der TV-Serie *Friends* verbargen sich dahinter die beiden (Studio-)Apartments, in denen die Protagonisten wohnten. Das Haus Nr. 75½ ist das schmalste Gebäude. Hier lebte die feministische Lyrikerin Edna St. Vincent Millay.

Gehen Sie die Bedford Street weiter, dann links die Carmine Street zur 6th Avenue, und biegen Sie am Waverly Place rechts ab. In Nr. 116 ⑪ wohnte früher Charlotte Lynch. Bei ihr trafen sich u. a. Herman Melville und Edgar Allan Poe, der hier erstmals sein Gedicht *The Raven* vortrug. Ein kleiner Umweg einen halben Block nach links bringt Sie zur MacDougal Alley ⑫, einer kleinen Straße mit Kutschenhäuschen. Gertrude Vanderbilt Whitney hatte hier ihr Atelier, hinter dem sie 1932 das erste Whitney Museum eröffnete.

Zeichenerklärung siehe hintere Umschlagklappe

DURCH GREENWICH VILLAGE UND SOHO | **265**

Washington Square

Von der MacDougal Alley gehen Sie nach links zum Washington Square North, wo Sie einige der schönsten klassizistischen Häuser der USA besichtigen können. Der Autor Henry James ließ seinen Roman *Washington Square* (1880) im Haus Nr. 18, dem Anwesen seiner Großmutter, spielen. Von der 5th Avenue bietet sich nochmals ein guter Blick auf den Washington Square Park mit dem Washington Square Arch. Gegenüber dem Gebäude Nr. 2 in der 5th Avenue stoßen Sie auf die Washington Mews ⑬, einen Komplex früherer Stallungen und späterer Kutschenhäuschen. Im Studio in Nr. 14a wohnten bereits John Dos Passos, Edward Hopper, William Glackens und Rockwell Kent.

Nun kommen Sie zum Haus der Autorin Edith Wharton (7 Washington Square North). Wenn Sie den Park überquert haben, sehen Sie links die von Stanford White entworfene Judson Memorial Church and Tower ⑭ und das Kimmel Center. Hier war früher eine Pension, die als »Haus der Genies« bekannt war und wo Theodore Dreiser *Eine amerikanische Tragödie* schrieb.

Washington Square Park mit Torbogen

SoHo

Gehen Sie nun auf der Thompson Street, einer von zahlreichen Bars, Cafés und Läden gesäumten typischen Village-Straße, nach Süden. Biegen Sie nach links in die Houston Street ein, dann nach rechts in den West Broadway. Dort finden Sie die besten Galerien der Stadt und trendige Boutiquen.

In der Spring Street gehen Sie erst links und dann nach rechts in die Green Street ⑮, deren Häuser schöne Gusseisen-Fassaden haben. In den Gebäuden sind heute hochpreisige Läden.

Wenn Sie am Ende der Green Street nach links in die Canal Street einbiegen, ändert sich die Atmosphäre urplötzlich: Hier reihen sich die Straßenhändler und Elektronikläden. Wer jetzt vom Broadway rechts in die Spring Street abbiegt, erreicht das Nolita (»North of Little Italy«) genannte Viertel, wo man die Labels junger, angesagter Mode-Designer kaufen kann.

⑮ Gusseisen-Fassade, Greene Street

Legende

··· Routenempfehlung

Fußgängerbrücke im Central Park (siehe S. 198–203) ▶

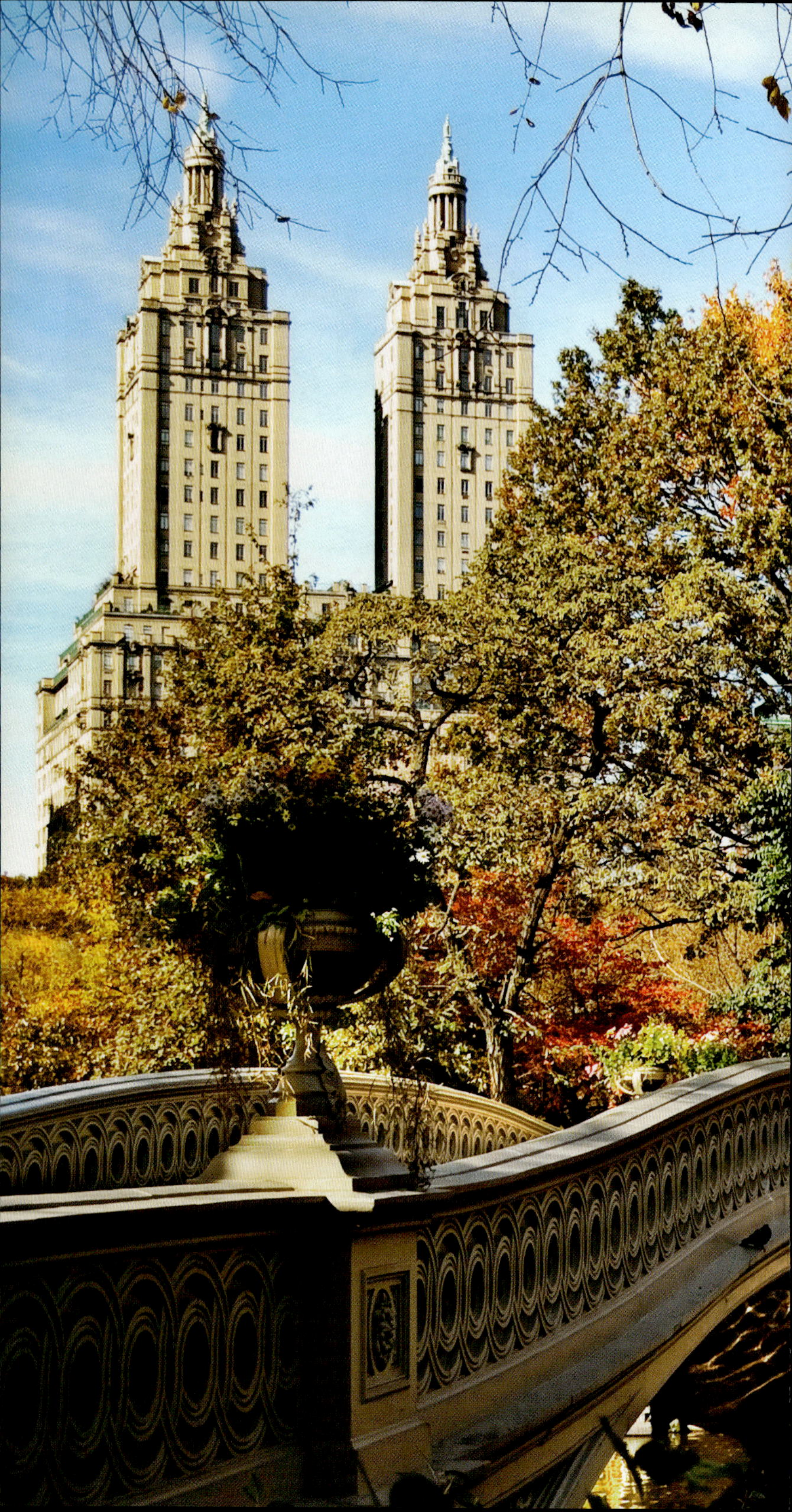

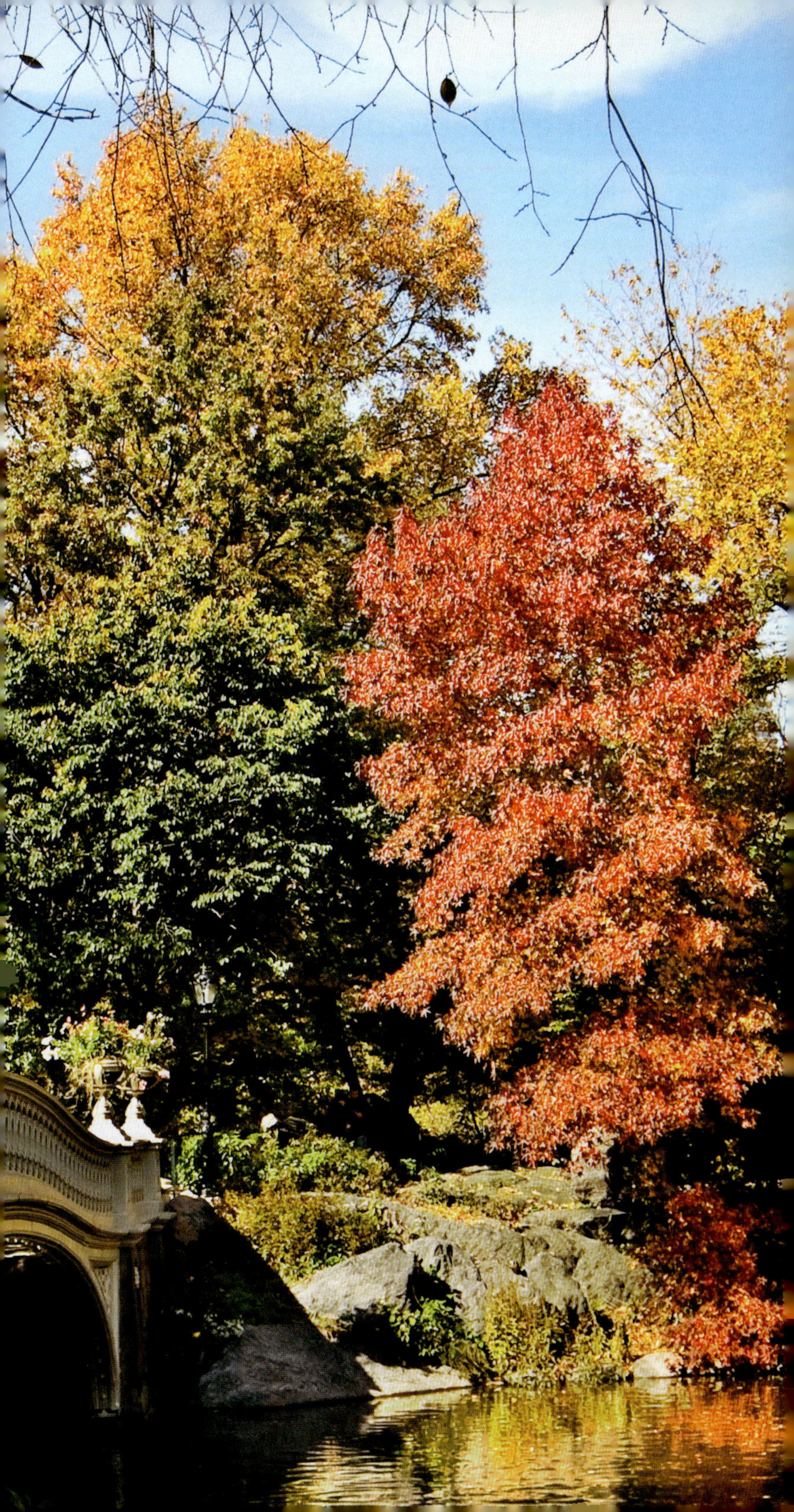

Spaziergang in der Upper East Side (2 Std.)

Ein Spaziergang die obere Fifth Avenue entlang führt Sie zu einigen der schönsten Bauten aus dem New York der Zeit um 1900. Ein kleiner Umweg durch das deutsche Viertel Yorkville bringt Sie zum Gracie Mansion, seit 1799 offizielle Residenz des Bürgermeisters von New York (Details zu den Sehenswürdigkeiten der Upper East Side *siehe S. 178–197*).

Vom Frick zum Met

Sehen Sie sich zunächst die Frick Collection *(siehe S. 196f)* im Frick Mansion ① an, das der Kohlemagnat Henry Clay Frick 1913/14 erbauen ließ. Die reichen New Yorker überboten sich bei der Errichtung solcher Villen, die an Versailles, die Loire-Schlösser oder venezianische Palazzi erinnerten. Heute beherbergen die noch existierenden Gebäude oft öffentliche Einrichtungen. Gegenüber befindet sich ein typisches Wohnhaus für betuchte New Yorker.

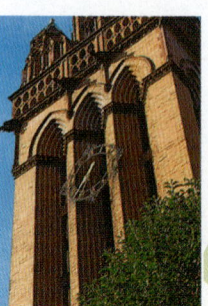

⑯ Church of the Holy Trinity

Gehen Sie die Madison Avenue hinauf bis zur 72nd Street zum Polo-Ralph Lauren Store ②. In dem 1898 erbauten Haus lebte Gertrude Rhinelander Waldo. Schauen Sie sich das elegante Innere an.

Gehen Sie an der Nordseite der 72nd Street zur Fifth Avenue zurück. Dabei passieren Sie zwei Kalksteinbauten (Ende 19. Jh.), in denen jetzt das Lycée Français de New York ③ residiert. Folgen Sie der 5th Avenue zur 73rd Street, wo Sie rechts abbiegen. Im Haus Nr. 11 ④ lebte Joseph Pulitzer. Östlich davon, zwischen Lexington und Third Avenue, stehen einige schöne Stadthäuser ⑤.

⑨ Fassade des Ukrainian Institute

Zurück auf der Fifth Avenue gehen Sie zur 75th Street. In Nr. 1, einst Heim von Edward S. Harkness, Sohn des Mitbegründers der Standard Oil, ist nun der Commonwealth Fund ansässig ⑥. Im Haus des Tabakmillionärs James B. Duke (1 East 78th St) befindet sich das New York University Institute of Fine Arts ⑦, im Gebäude des Finanzmagnaten Payne Whitney (Ecke 5th Ave/79th St) die französische Botschaft ⑧. In 2 East 79th Street sitzt das Ukrainian Institute ⑨. Das Duke-Semans House ⑩ an der Ecke 82nd Street ist eines der wenigen Fifth-Avenue-Palais in Privatbesitz. Ein Besuch des Metropolitan Museum ⑪ erfordert einen Tag.

IN DER UPPER EAST SIDE | 269

Carl Schurz Park Promenade

Routeninfos

Start: Frick Collection.
Länge: 4,8 Kilometer.
Anfahrt: Subway-Linie 6 zur 68th Street/Lexington Avenue, dann drei Blocks westwärts zur Fifth Avenue. Busse M1, M2, M3, M4, dann entlang Madison Avenue zur 70th Street und einen Block westwärts.
Rasten: Das Restaurant im Guggenheim Museum ist empfehlenswert. Österreichische Küche serviert das Café Sabarsky in der Neuen Galerie (5th Ave/86th St), Bayrisches das Heidelberg Café (2nd Ave, nahe 86th St). Viele Lokale gibt es in der Madison Avenue zwischen 92nd und 93rd Street, etwa Sarabeth's Kitchen (am Wochenende guter Brunch).

Yorkville

In der 86th Street stoßen Sie auf die Überreste des deutschen Yorkville, z. B. Bremen House ⑫. Besuchen Sie in der 2nd Avenue das Heidelberg Café oder das Deli Schaller & Weber ⑬. Ein guter Imbiss ist Papaya King, 179 East 86th Street.

East River und Gracie Mansion

Henderson Place ⑭ an der East End Avenue wird von Häusern im Queen-Anne-Stil gesäumt. Der Carl Schurz Park ist nach dem Herausgeber von *Harper's Weekly* und *New York Post* benannt. Oberhalb des East River Drive schaut man auf Hell Gate, wo sich Harlem River, Long Island Sound und Hafen treffen. Von hier sieht man auch Gracie Mansion ⑮, die Residenz des Bürgermeisters. In der 88th Street steht die Church of the Holy Trinity ⑯. Von der Lexington Avenue gehen Sie links in die 92nd Street, wo zwei der letzten Holzhäuser Manhattans ⑰ stehen.

Legende
··· Routenempfehlung

⑰ **Holzhäuser in der 92nd Street**

⑲ **Cooper Hewitt Museum**

Carnegie Hill

In der Fifth Avenue sehen Sie rechts das 1908 erbaute Felix Warburg Mansion, das heutige Jewish Museum ⑱. Ein Stück weiter, Ecke 91st Street, steht Andrew Carnegies riesiges Anwesen, das jetzige Cooper Hewitt, Smithonian Design Museum ⑲. Die 1902 im Stil eines englischen Herrenhauses erbaute Residenz gab der Gegend den Namen: Carnegie Hill. Nr. 7, das James Burden House ⑳, wurde 1915 für die Vanderbilt-Erbin Adele Sloan errichtet. Den Aufgang unter einem Bleiglas-Oberlicht nannten Besucher »Himmelstreppe«. 1 E 91 Street im Stil der italienischen Renaissance gehörte dem Finanzmagnaten Otto Kahn. Heute beherbergt es die Convent of the Sacred Heart School.

Zeichenerklärung siehe hintere Umschlagklappe

Spaziergang in Brooklyn (3 Std.)

Die Überquerung der berühmtesten Brücke New Yorks bringt Sie nach Brooklyn Heights, dem ersten Vorort der Metropole. Hier mischen sich 19.-Jahrhundert-Flair und nahöstliche Kultureinflüsse. Die Flusspromenade bietet einen fantastischen Blick auf Manhattan (zu Sehenswürdigkeiten in Brooklyn *siehe S. 226–241*).

Feuerwache in der Old Fulton Street

Fulton Ferry Landing

Die rund einen Kilometer lange Brooklyn Bridge bietet eine herrliche Sicht auf die Skyline von Manhattan und reichlich Fotomotive. Nehmen Sie ein Taxi, oder gehen Sie zu Fuß über die Brücke nach Brooklyn. Folgen Sie auf der anderen Seite dem Tillary-Street-Schild nach rechts, wenden Sie sich am Fuß der Treppe abermals nach rechts, nehmen Sie den ersten Weg durch den Park über Cadman Plaza West ①, und gehen Sie unter dem Brooklyn-Queens Expressway hindurch. Hier beginnt die Old Fulton Street.

Während Sie über die Water Street zur Anlegestelle der Fulton-Fähre ② gehen, sehen Sie rechter Hand die Brücke. Im Unabhängigkeitskrieg flohen George Washingtons Truppen von hier aus nach Manhattan. 1814 war hier die Anlegestelle für die Fähre Brooklyn–Manhattan, aus den ländlichen Brooklyn Heights entwickelte sich allmählich eine Wohngegend. Das River Café ③ rechter Hand gilt dank seiner exquisiten Küche und des Ausblicks als eines der besten Restaurants New Yorks. Am einstigen Eagle-Lagerhaus ④ von 1893 vorbei gehen Sie zurück.

④ Eagle-Lagerhaus

Brooklyn Heights

Wenden Sie sich von der Anlegestelle aus nach rechts, gehen Sie durch die steile Everit Street zur Middagh Street und dann die Straßen von Brooklyn Heights hinauf. Das Gebäude Nr. 24 ⑤ ist eines der ältesten (erbaut 1824).

Biegen Sie nun rechts in die Willow Street, dann links in die Cranberry Street ein – mit schindelgedeckten Häusern, Häusern im Federal Style und »Brownstones«.

Viele berühmte Leute wohnten hier. Im Keller des Hauses Willow Street Nr. 70 schrieb Truman Capote *Frühstück bei Tiffany* und *Kaltblütig*. Arthur Miller war einmal Besitzer des Hauses Nr. 155. Während seiner Zeit als Herausgeber des *Brooklyn Eagle* wohnte Walt Whitman in der Cranberry Street. Seine *Leaves of Grass* gab er in der Druckerei an der Ecke in Satz. Die Stadthäuser, die jetzt an dieser Stelle stehen, nennt man »Whitman Close«.

Biegen Sie rechts in die Hicks Street und links in die Orange Street ein, und spazieren Sie bis zur Plymouth Church ⑥, in der Henry Ward Beecher gegen die Sklaverei predigte. Seine Schwester Harriet Beecher Stowe war die Autorin von *Onkel Toms Hütte*. Schlendern Sie nun durch die

③ Eingang zum River Café

Truman Capote mit gefiedertem Freund

IN BROOKLYN | 271

Henry Street und die Pineapple Street. In der Clark Street erkennen Sie noch die Namenszüge einstiger Luxushotels. Gehen Sie bis zum Haus Columbia Heights Nr. 142 ⑦, in dem Norman Mailer lebte. Washington Roebling, der Sohn des Ingenieurs, der die Brooklyn Bridge entwarf und baute, lebte im Haus Nr. 110.

Promenade

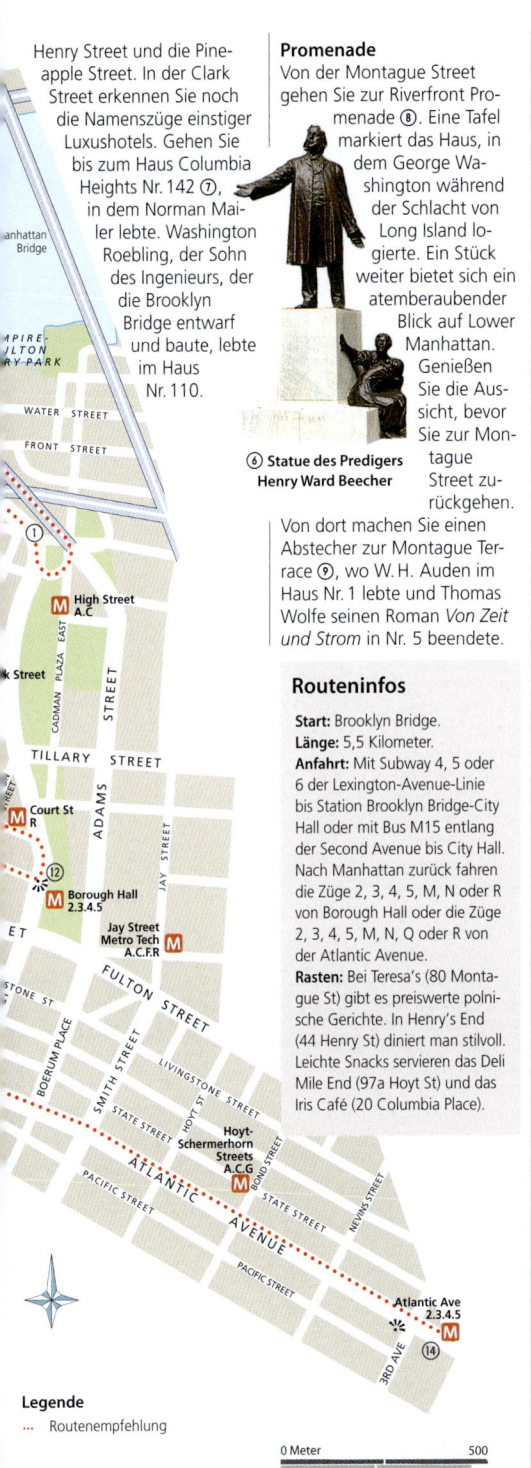

Von der Montague Street gehen Sie zur Riverfront Promenade ⑧. Eine Tafel markiert das Haus, in dem George Washington während der Schlacht von Long Island logierte. Ein Stück weiter bietet sich ein atemberaubender Blick auf Lower Manhattan. Genießen Sie die Aussicht, bevor Sie zur Montague Street zurückgehen. Von dort machen Sie einen Abstecher zur Montague Terrace ⑨, wo W. H. Auden im Haus Nr. 1 lebte und Thomas Wolfe seinen Roman *Von Zeit und Strom* in Nr. 5 beendete.

⑥ **Statue des Predigers Henry Ward Beecher**

Routeninfos

Start: Brooklyn Bridge.
Länge: 5,5 Kilometer.
Anfahrt: Mit Subway 4, 5 oder 6 der Lexington-Avenue-Linie bis Station Brooklyn Bridge-City Hall oder mit Bus M15 entlang der Second Avenue bis City Hall. Nach Manhattan zurück fahren die Züge 2, 3, 4, 5, M, N oder R von Borough Hall oder die Züge 2, 3, 4, 5, M, N, Q oder R von der Atlantic Avenue.
Rasten: Bei Teresa's (80 Montague St) gibt es preiswerte polnische Gerichte. In Henry's End (44 Henry St) diniert man stilvoll. Leichte Snacks servieren das Deli Mile End (97a Hoyt St) und das Iris Café (20 Columbia Place).

Die alte Montague-Tram

Montague und Clinton Street

Von der Montague Street erreichen Sie das Zentrum von Brooklyn Heights mit Cafés und Boutiquen. Das frühere Baseball-Team Brooklyn Dodgers verdankte seinen Namen den Ausweichmanövern (*dodge*) vor einer Tram. An der Ecke Montague/Clinton Street sieht man die Bleiglasfenster der Church of St. Ann and the Holy Trinity ⑩ von 1834. Via Clinton Street geht es zur Pierrepont Street, wo die Brooklyn Historical Society ⑪ ansässig ist. Einen Block weiter, in der Court Street, liegen die Borough Hall ⑫ von 1849 und eine Subway-Station.

Brooklyn Dodgers (nun L.A. Dodgers)

Atlantic Avenue

Als Alternative bleiben Sie auf der Clinton Street und gehen fünf Blocks zur Atlantic Avenue. Linker Hand stoßen Sie auf eine ganze Reihe orientalischer Warenhäuser: Sahadi's ⑬ in Nr. 187 hat eine große Lebensmittelauswahl, Rashid in Nr. 191 verkauft arabische Druckerzeugnisse und Schallplatten, die Bäckerei Damascus in Nr. 195 stellt hervorragendes Filo-Gebäck her. Einige Läden verkaufen arabische Bücher, DVDs und CDs. An der Flatbush Avenue sehen Sie links die Brooklyn Academy of Music (BAM) ⑭ und die Fassade der Williamsburg Savings Bank. Auch hier befindet sich eine Subway-Station.

Legende
... Routenempfehlung

Zeichenerklärung siehe hintere Umschlagklappe

Spaziergang an der Waterfront (1:30 Std.)

Auf dem Weg von der Battery Park City Esplanade mit ihrer Aussicht und den Luxuswohnungen bis zu den stattlichen Segelschiffen im South Street Seaport bringt Ihnen dieser Spaziergang auch ein Stück New Yorker Seefahrtsgeschichte näher. Die Großstadt ist hier kaum zu spüren, stattdessen erinnert die grüne Spitze des Battery Park daran, dass Manhattan eine Insel ist (Details zu den Sehenswürdigkeiten in Lower Manhattan *siehe S. 66–85*).

Blick von der Uferpromenade auf die Statue of Liberty

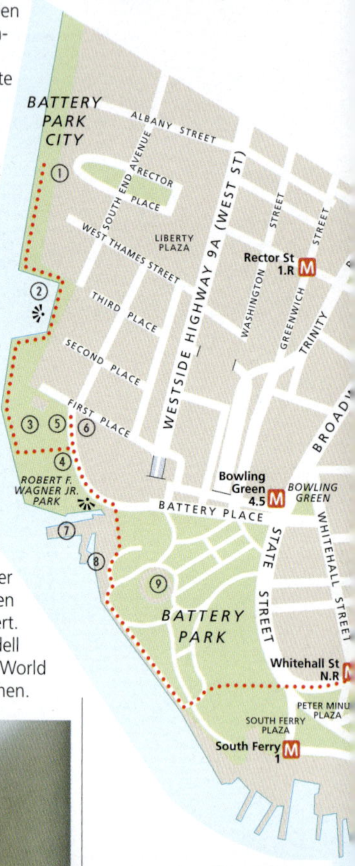

⑤ Unzählige Fotografien im Museum of Jewish Heritage

Battery Park City
Der Spaziergang beginnt an der Esplanade ① beim Rector Place Park, westlich der Subway-Station Rector Street. Jenseits des Hudson River zeichnet sich die Skyline von New Jersey ab. Nun geht es Richtung South Cove ②, wo man, so wie 100 Millionen Immigranten zuvor, der Freiheitsstatue ansichtig wird. Der Robert F. Wagner Jr. Park ③ ist nach dem einstigen Bürgermeister der Stadt benannt. Die Abhänge mit Schatten spendenden Linden und einladenden Pavillons gehen über in den uferseitigen Grüngürtel von Lower Manhattan. Vom erhöhten Aussichtspunkt ④ des Wagner Park überblickt man den Hudson River. Informationstafeln referieren die Seefahrtsgeschichte der Stadt.

Battery Place
Am Battery Place liegt das Museum of Jewish Heritage ⑤ *(siehe S. 76)* mit dem »Steingarten«, einem meditativen Ort mit Zwergeichen zwischen Findlingen. Manhattan besitzt die meisten Hochhäuser weltweit – der Hommage widmet sich das Skyscraper Museum ⑥, das sich ein Gebäude mit dem Ritz-Carlton teilt. Hier wird die Geschichte der Wolkenkratzer auf allen Kontinenten präsentiert. Auch das Originalmodell (1971) des zerstörten World Trade Center ist zu sehen.

⑥ Klare Strukturen und glänzende Flächen im Skyscraper Museum

⑨ Schutz des Hafens: Castle Clinton (frühes 19. Jh.)

AN DER WATERFRONT | 273

Battery Park

Auf dem Weg zum Battery Park passiert man das Pier A Harbour House ⑦, die schön renovierte Feuerwache von 1886. Wichtige Persönlichkeiten, die per Schiff die Stadt ansteuerten, begrüßten die Löschschiffe mit meterhohen Wassersalven. Die Uhr des Hafenturms richtete sich nach der maritimen Zeit – acht Glockenschläge signalisierten die Wachablösung. Am Uferweg stößt man auf das American Merchant Mariners Memorial ⑧. Die Skulptur – sie zeigt Soldaten, die einen Kameraden aus dem Wasser ziehen – basiert auf Fotos von einem Angriff auf ein amerikanisches Schiff im Zweiten Weltkrieg. Nun geht es zum Castle Clinton Monument ⑨, einer Artilleriestellung von 1811, die später als Opernhaus und Theater genutzt wurde (heute das Ticketbüro für die Statue of Liberty). Schlendern Sie durch den schattigen Park. Die State Street führt rechts in die Whitehall Street, dann geht es links ab in die South Street mit dem Battery Maritime Building ⑩ im Beaux-Arts-Stil.

⑬ Erholungspause in einem Café, South Street Seaport

South Street Seaport

Folgen Sie der South Street mit der Brooklyn Bridge im Hintergrund. Eindrucksvoll ist die Vietnam Veterans' Memorial Plaza ⑪ mit dem gläsernen Mahnmal. Darin eingeritzt sind ergreifende Worte, die Soldaten an ihre Liebsten richteten.

Die Water Street in nördlicher Richtung markiert die Stelle, an der einst das Ufer war. Sie führt am Old Slip vorbei. In westlicher Richtung verläuft hier die Wall Street ⑫ (siehe S. 68f). In der Ferne erkennt man die Trinity Church (siehe S. 71). Biegen Sie rechts in die Maiden Lane ein und gleich wieder links in die malerische Front Street, die durch den South Street Seaport ⑬ (siehe S. 84) führt. Im Hafen schwanken die Holzmasten der großen Schiffe. New Yorks Seefahrtsgeschichte lässt sich im South Street Seaport Museum studieren.

Anschließend geht es durch die geschäftige Fulton Street zur Water Street. Schauen Sie bei Bowne & Co Stationers in Nr. 211 ⑭ vorbei, einem charmanten altmodischen Geschäft für alte Drucke. Schlendern Sie bis zum Pier 16, wo große Museumsschiffe ⑮ vertäut sind, darunter der Schoner *Pioneer*. Gehen Sie nun zum renovierten Pier 17 ⑯ mit seinen Läden und Cafés. Von hier hat man eine einzigartige Aussicht auf Manhattan – im Vordergrund die Masten der alten Schoner, im Hintergrund die Hochhäuser. Beenden Sie den Spaziergang im Café Paris des Meyer's Hotel von 1873.

Legende
··· Routenempfehlung

Routeninfos

Start: Esplanade, Rector Place.
Länge: 3,2 Kilometer.
Anfahrt: Mit den Subway-Linien 1 oder R bis Rector Street. Gehen Sie auf der Rector Street nach Westen und auf der Brücke über die West Street zum Rector Place, dann zur Esplanade.
Rasten: Gigino am Wagner Park, 20 Battery Place, serviert italienische Küche im Freien.

Zeichenerklärung siehe hintere Umschlagklappe

Spaziergang im East Village (1:30 Std.)

Wo heute Musiker und Künstler leben, wo spannende Bars und Ethno-Restaurants ihre Gäste bewirten, da erstreckte sich früher die Farm *(bouwerie)* der Stuyvesant-Familie. In diesem Stadtteil gelingt die Balance zwischen relativ ruhigem Wohnviertel und kreativen Neuerungen – noch. Im steten Wechsel kommen und gehen Shops und Boutiquen aller Art, vegane Cafés, Kunsthandwerksläden und Musikclubs (Infos zu Sehenswürdigkeiten im East Village *siehe Seiten 112–117*).

Astor Place
Gleich neben der Subway-Station Astor Place steht ein schwarzer Würfel aus Stahl, *The Alamo* ① – Treffpunkt für Studenten und Skateboarder. Auf dem Weg Richtung Third Avenue gehen Sie zwischen den Gebäuden der Cooper Union ② *(siehe S. 116)* entlang. Peter Cooper, trotz seiner schlechten Ausbildung ein erfolgreicher Industrieller, gründete das College 1859. Auf der anderen Straßenseite liegt das Continental ③, in dem schon Iggy Pop und Guns N' Roses auftraten. Die 8th Street wurde St. Mark's Place ④ und war früher das Zentrum der Jazzfans. Später kamen die Hippies und Punks, heute gehört das Areal mit Straßencafés und bunten Verkaufsständen zu den belebtesten in Manhattan. Das St. Mark's Ale House ⑤ auf der rechten Seite (früher The Five Spot) war Treffpunkt der Musiker und Schriftsteller der 1960er Jahre. Nur wenige Schritte weiter (Nr. 4) liegt das Hamilton-Holly House von 1831 ⑥, früher das Bridge Theater. Es wurde mehrmals geschlossen und wiedereröffnet. Hier veranstaltete Yoko Ono Happenings, 1967 brannte eine US-Flagge aus Protest gegen den Vietnamkrieg. 19–25 St. Mark's Place ⑦ trafen sich früher Juden, später dominierte die italienische Mafia, bis Andy Warhol von 1967 bis 1971 seinen skandalträchtigen Nachtclub »Electric Circus« betrieb. Hier spielte u. a. Velvet Underground.

Little Ukraine
Biegen Sie nach links auf die Second Avenue, wo die älteste ukrainische Gemeinde der USA lebt. Hier gibt es ukrainische Restaurants, Bars und ein Zentrum wie das Ukrainian National Home ⑧ (rechte Seite, Nr. 140). An der Ecke liegt das 24 Stunden geöffnete ukrainische Lokal Veselka ⑨.

Am »Ukrainian Day« wird gefeiert

Routeninfos
Start: The Alamo.
Länge: 2,8 Kilometer.
Anfahrt: Subway-Linie 6 bis Astor Place oder Bus M101, M102 oder M103.
Rasten: Der St. Mark's Place bietet sich an. Probieren Sie das französische Essen in Jules Bistro (zwischen 1st und 2nd Avenue) oder die Caracas Arepa Bar in der 93½ East 7th Street (venezolanisch und preiswert).

④ Läden am St. Mark's Place

IM EAST VILLAGE | 275

⑪ Edle Verführung wie in alten Zeiten: Konditorei Veniero's

Weiter auf der Second Avenue, Ecke East 10th Street, steht die St. Mark's Church-in-the-Bowery ⑩ (siehe S. 117). Sie wurde 1799 an der Stelle der Privatkapelle des holländischen Gouverneurs Peter Stuyvesant erbaut. Früher trafen sich hier die Black Panther, Allen Ginsberg trat im Rahmen des Poetry Project auf. Auf der rechten Seite führt Sie die 11th Street zu Veniero's ⑪, einer traditionsreichen italienischen Konditorei. Biegen Sie nun rechts und gleich wieder links in die 10th Street ab. Sie gelangen an den Russian & Turkish Baths ⑫ vorbei zum Tompkins Square ⑬ (siehe S. 117).

Tompkins Square

Im quadratischen Park von 1834 fanden schon viele Polit-Aktionen statt. Die Ulme im Zentrum ⑭ erinnert an die ersten Hare-Krishna-Zeremonien in den USA. Direkt am Park lebte von 1950 bis 1955 der Jazzmusiker Charlie Parker ⑮. Gehen Sie zur südwestlichen Ecke, zur 7th Street: Hier serviert Miss Lily ⑯ jamaikanisches Essen. Am Ende des Blocks verkauft Turntable Lab ⑰ Vinylplatten sowie alles für DJs. Wer jetzt Durst hat, der sollte auf der Second Avenue weiter westlich bis zu McSorley's Old Ale House ⑱ gehen. Die gemütliche Bar gehört zu den ältesten in New York. Weiter auf der Second Avenue sieht man rechts (Nr. 105) das Fillmore East ⑲, das von 1968 bis 1971 ein hochkarätiges Programm bot. Hier spielten u. a. The Doors, Jimi Hendrix, Janis Joplin, Pink Floyd und The Who, die ihre Rockoper *Tommy* uraufführten. Schauen Sie in der 6th Street nach links zur »Indian Restaurant Row« ⑳, wo Sie gute Currys bekommen. Weiter auf der Second Avenue passieren Sie das Haus Nr. 80 ㉑, von dem aus Joe »The Boss« Masseria in den 1920er Jahren seinen Mafia-Clan leitete.

Biegen Sie nun nach rechts in die 4th Street ein. Rechts befindet sich der Club KGB ㉒, eine literarische Institution. In der Lafayette Street liegt La Colombe ㉓, ein Café mit exquisiten Kaffeeröstungen. Sie gehen links in die Great Jones Street und biegen rechts in die Bowery. Nr. 315 war das berühmte CBGB ㉔, eine Bühne für Punks, wo viele Musiker ihren Durchbruch feierten. Heute ist hier eine Boutique.

⑭ Hare-Krishna-Denkmal, Ulme im Tompkins Square Park

Legende

··· Routenempfehlung

0 Meter 200
0 Yards 200

⑫ Russian & Turkish Baths

Zeichenerklärung siehe hintere Umschlagklappe

Spaziergang in Harlem (1:30 Std.)

Nur wenige New Yorker Stadtteile bieten eine so reiche Geschichte wie Harlem, das Zentrum der Afroamerikaner. Der Spaziergang startet in der Strivers' Row mit ihren schönen Häusern aus Harlems Blütezeit in den 1920er und 1930er Jahren. Er führt Sie zu bekannten Kirchen, zu Jazz- und Bluesclubs und endet am berühmten Apollo Theater, Harlems wichtigster Bühne für talentierte Künstler (detaillierte Informationen zu Harlem *siehe S. 214–225*).

⑭ Apollo Theater – berühmt für Shows und legendäre Auftritte

Strivers' Row
Der baumbestandene Abschnitt der 138th Street zwischen Seventh und Eighth Avenue heißt St. Nicholas Historic District und wird Strivers' Row ① genannt. Ab den 1920er Jahren zogen erfolgreiche und aufstrebende Afroamerikaner in diese Gegend. Die Häuser wurden von bekannten Architekten wie James Brown Lord und McKim, Mead & White entworfen. Gehen Sie ein kurzes Stück auf der Seventh Avenue (Adam Clayton Powell Jr. Boulevard), dann rechts in die West 139th Street ②, wo 1932 Billie Holiday als 16-Jährige im Haus Nr. 108 lebte. Kurz darauf begann ihre Karriere als Sängerin in einem der Clubs in der nahen »Jungle Alley«.

① Jugendstil-Tür in der Strivers' Row

Abyssinian Baptist Church
Auf dem Malcolm X Boulevard geht es kurz nach rechts und gleich wieder rechts in die 138th Street zur Abyssinian Baptist Church ③ *(siehe S. 223)*. Der Gospelgottesdienst am Sonntag zählt zu den meistbesuchten in New York. Die Kirche wurde 1921 gegründet und nach der Ersten Kongregation der ostafrikanischen Amerikaner benannt. Hier predigten berühmte Pastoren wie Adam Clayton Powell Jr. Nur einen Katzensprung entfernt, in der West 137th Street, befindet sich die Mother Zion Church ④, New Yorks erste und USA-weit älteste Kirche für Afroamerikaner. Der unterirdische Kirchenraum war Teil der Underground Railroad (ein Netzwerk für Sklaven auf der Flucht). Daher rührt auch der Beiname der Kirche, »Freedom Church«.

Weiter geht es via Malcom X Boulevard zur 136th Street und zur Countee Cullen Regional Library. Daneben in Nr. 108 gründete Madam C. J. Walker (1896–1919) ihre Walker School of Hair ⑤. Mit zahlreichen Kosmetikartikeln und einem System zur Haarglättung wurde sie die erste Selfmade-Dollar-Millionärin der USA. Mrs. Walker war Philanthropin, sie spendete für viele afroamerikanische Institutionen Geld, darunter die National Association of the Advancement of Colored People (NAACP) und das Tuskegee Institute. Nach ihrem Tod führte ihre Tochter A'Leila den Walker-Salon weiter als Zentrum für Künstler und Aktivisten. Man nannte ihn »The Dark Tower«, in Anlehnung an ein Gedicht von Countee Cullen. Gleich um die Ecke auf dem Malcolm X Boulevard liegt das Schomburg Center for Research in Black Culture ⑥ *(siehe S. 223)*. In der West 136th Street liegt »Niggerati Manor« ⑦, ein Künstler-Logierhaus. Der Name stammt von Zora Neale Hurston, die hier mit Wallace Thurman,

⑩ In Sylvia's Restaurant wird authentisches Soul Food serviert

IN HARLEM | 277

Aaron Douglas und Bruce Nugend das Magazin *Fire!!* für schwarze Künstler publizierte.

Zurück auf dem Adam Clayton Powell Jr. Boulevard gehen Sie bis zur West 133rd Street, der »Jungle Alley« ⑧. Hier war früher das Zentrum von Harlems Nachtleben mit Bars, Clubs, Cabarets und *Speakeasies*. Ein Abstecher in die 131st Street bringt Sie zum Haus von Marcus Garvey

⑥ Ausstellung im Schomburg Center for Research in Black Culture

② Jazz-Ikone Billie Holiday

125th Street genießen Sie im Red Rooster Harlem ⑪ moderne Küche. Folgen Sie der 125th Street, wo Malcolm X in den 1950er und 1960er Jahren predigte und wo Bill Clinton 2001 Büros bezog. In der Lenox Lounge ⑫ traten Billie Holiday, Miles Davis und John Coltrane auf. In der Mitte des nächsten Häuserblocks liegt The Studio Museum Harlem ⑬ *(siehe S. 224f)* mit Kunstausstellungen und Events.

Apollo Theater

In der West 125th Street ist das berühmte Apollo Theater ⑭ *(siehe S. 224)*. Seit 1934 werden hier »Stars geboren und Legenden geschrieben«. Fast alle traten auf, von Ella Fitzgerald bis zu James Brown. Seit 1987 gibt es die »Amateur Night at the Apollo«.

⑧ »Jungle Alley«, wo Billie Holiday erstmals auftrat

Die Show wurde USA-weit im Fernsehen ausgestrahlt und machte das Apollo zur beliebtesten Attraktion Manhattans.

⑨ (Nr. 235), einem der Protagonisten der schwarzen Unabhängigkeitsbewegung. Zurück auf dem Adam Clayton Powell Jr. Boulevard gehen Sie nach links in die 127th Street zu Sylvia's ⑩ *(siehe S. 224)*. Das seit 1962 familienbetriebene Restaurant heißt nach der selbst ernannten Queen of Soul Food und serviert allerbeste Südstaaten-Gerichte wie Brathähnchen, Seewolf oder BBQ Ribs (Spareribs). Als Alternative auf dem Malcolm X Boulevard, Ecke

Routeninfos

Start: Strivers' Row.
Länge: 2,8 Kilometer.
Anfahrt: Subway-Linie 2 oder 3 bis 135th St (Lenox Ave), dann zu Fuß nach Norden zur 138th St und nach Westen zur Seventh Ave. Oder Bus M2, M7 oder M10 zur 135th St und zu Fuß zur Seventh Ave.
Rasten: Sylvia's (127th St/Lenox Ave) ist Harlems berühmtestes Restaurant für Soul Food.

Legende
... Routenempfehlung

Zeichenerklärung siehe hintere Umschlagklappe

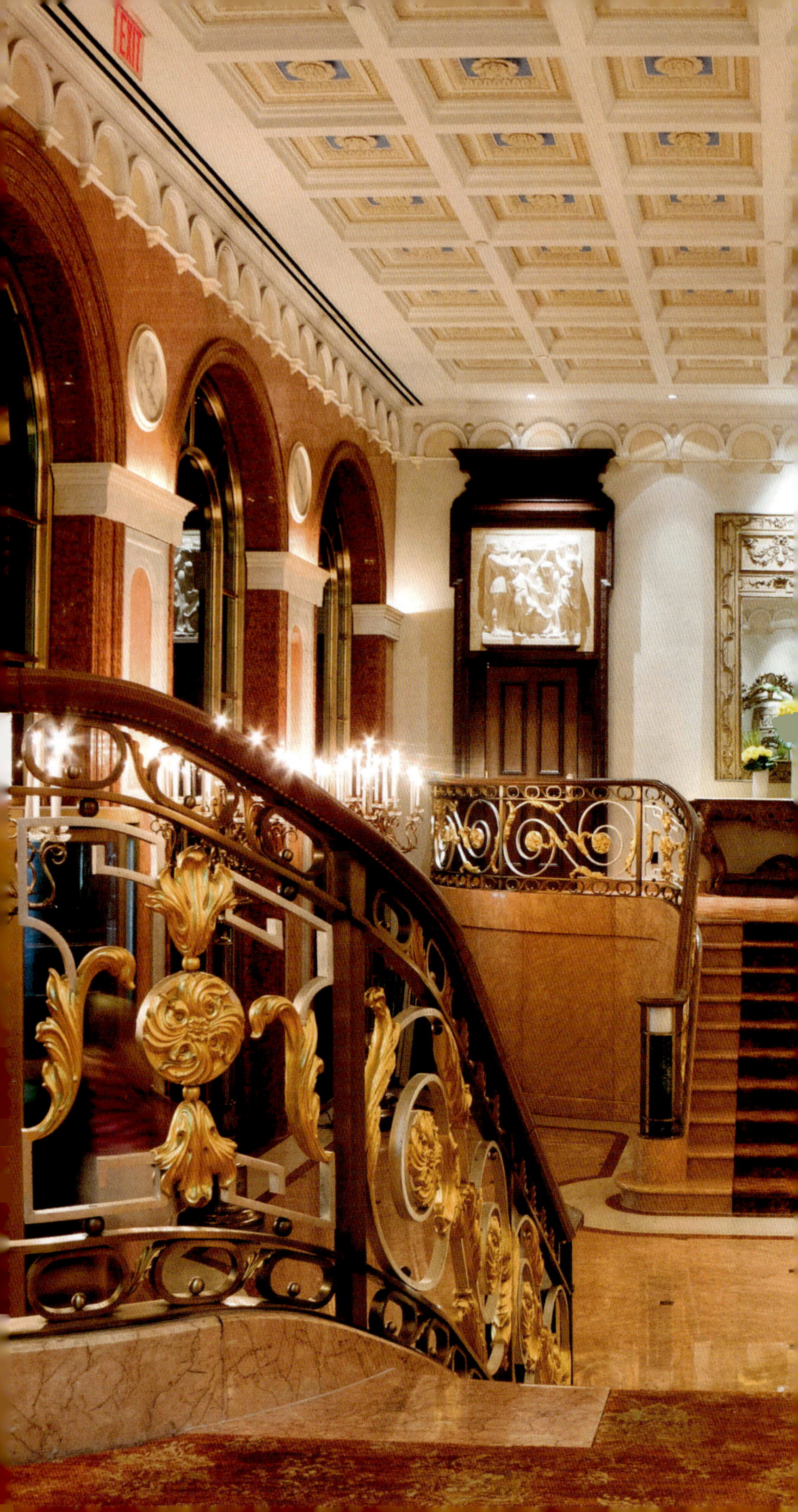
EXIT

ZU GAST IN NEW YORK

Hotels	**280–289**
Restaurants	**290–311**
Shopping	**312–333**
Unterhaltung	**334–357**
New York mit Kindern	**358–359**

Hotels

Mit über 110 000 Hotelzimmern hat New York für jeden etwas zu bieten. Zwar sind die Preise der Spitzenhotels höher als in den USA üblich, doch es gibt auch einige erschwingliche Hotels. Auch wenn viele dieser Häuser nicht besonders reizvoll sind, bieten sie doch faire Preise. Man findet auch Apartments und Privatquartiere, zudem gibt es Jugendherbergen und YMCA-Schlafplätze. Die *Hotelauswahl* auf den Seiten 284–289 berücksichtigt Lage, Ausstattung und Service sowie das Preis-Leistungs-Verhältnis. Die Einträge sind nach Kategorien und Preisen geordnet. Sie finden eine kurze Beschreibung der einzelnen Häusern und die Internet-Adresse für weitere Infos und die direkte Buchung.

Dachterrasse des Peninsula New York *(siehe S. 289)*

Orientierung

Die East Side, grob die Gegend östlich des Central Park zwischen 59th und 77th Street, ist der Standort der meisten Luxushotels. Die Renovierung etlicher Midtown-Residenzen durch Hotelketten, etwa des St. Regis durch Starwood oder des Gotham Hotel, das nun das Peninsula New York ist, haben die Konkurrenz belebt.

Viele Geschäftsreisende bevorzugen die Midtown-Gegend, und dort vor allem die erschwinglichen Hotels an der Lexington Avenue in der Nähe des Grand Central Terminal.

Wer in Midtown-Nähe ein relativ ruhiges Plätzchen sucht, sollte sich im Viertel Murray Hill umschauen, während Theaterliebhaber von der Wiederbelebung der Gegend um den Times Square profitieren. Wenn man sein Hotel vom Theater aus zu Fuß erreichen kann, ist dies ein Vorteil, vor allem weil nach den Vorstellungen der Andrang auf Taxis sehr groß ist.

In der Gegend um den Herald Square findet man gute und günstige Hotels – eine ideale Lage, wenn man nach Herzenslust shoppen will.

Kleinere Boutique-Hotels haben sich in SoHo und Lower Manhattan angesiedelt, wo seit einiger Zeit auch viele Restaurants, Bars und trendige Nachtclubs sowie edle Läden *(siehe S. 314f)* eröffnet haben. Harlem bietet erschwingliche B&Bs. Auch in Brooklyn, etwa in Williamsburg, gibt es günstige Preise sowie viele Boutique-Hotels (mehr Infos zu verschiedenen Gegenden *siehe Hotelauswahl S. 282f*).

Reservierung

Es ist ratsam, Hotels möglichst mehrere Monate im Voraus zu buchen, sonst sind die besten Zimmer unter Umständen bereits vergeben. New Yorker Hotels sind ganzjährig gut belegt, doch in der Osterzeit, in der Woche des New York Marathon Ende Oktober oder Anfang November, an Thanksgiving und in der Weihnachtszeit ist besonders viel los.

Reservieren Sie per Telefon oder übers Internet. Eine schriftliche Bestätigung einer telefonischen Reservierung ist nötig, meist sogar eine Vorauszahlung per Kreditkarte für den Fall Ihres Fernbleibens. Teilen Sie mit, ob Sie nach 18 Uhr eintreffen. Internet-Portale wie **www.expedia.com** oder **www.hotels.com** haben oft bessere Konditionen im Angebot.

Viele Hotels haben einen gebührenfreien Telefonanschluss, der allerdings nicht von Europa aus zu erreichen ist. Wenn das Hotel zu einer internationalen Kette gehört, fragen Sie, ob ein entsprechendes Hotel in Ihrem Land für Sie die Reservierung vornehmen kann.

Ausstattung

Man könnte meinen, New Yorker Hotelzimmer seien besonders laut, doch die meisten sind mit Schallschutzfenstern ausgestattet. Je nach Lage sind manche Räume vielleicht ruhiger als andere – erkundigen Sie sich beim Buchen. Klima-

Zimmer im Inn at Irving Place *(siehe S. 284)*

◀ Opulenter Aufgang im Lotte New York Palace Hotel *(siehe S. 289)*

Lobby im Roxy *(siehe S. 285)*

anlagen gehören fast immer zur Grundausstattung. Auch Fernseher, Radio, Telefon und kostenlosen Internet-Zugang gibt es in fast jedem Zimmer, selbst in einfachen Hotels. Die allermeisten Zimmer haben ein eigenes Bad, in preiswerten und Mittelklassehotels ist meist nur eine Dusche vorhanden. Mittelklassehotels bieten oft auch einen Fitnessraum an. Luxushotels haben in den Zimmern Minibars.

Im unmittelbaren Umkreis der auf den Seiten 284–289 aufgeführten Hotels gibt es Läden und Restaurants. Wenige Hotels haben einen eigenen Parkplatz, manche halten einen Service *(valet)* bereit, um Ihren Wagen auf eigens für Gäste reservierten Stellplätzen in Parkhäusern zu parken. Normalerweise wird dafür allerdings eine zwar reduzierte, aber gleichwohl saftige Gebühr fällig.

Hotelpreise und Preisnachlässe

Am besten belegt sind Hotels unter der Woche, wenn Geschäftsreisende in der Stadt sind. Die meisten Hotels und selbst Luxushotels gewähren deshalb am Wochenende Preisnachlässe, um ihre Kapazitäten besser auszulasten. Manche bieten auch saisonal Sonderkonditionen.

Preisnachlässe erhalten häufig die Mitarbeiter großer Unternehmen. Oft allerdings gewähren Hotels auf Nachfrage auch ohne entsprechenden Nachweis Sondertarife.

Manche Reservierungsbüros offerieren Sonderpreise. Sehr gut können Sie Tarife vergleichen, indem Sie auf die Website eines Reservierungsdienstes wie **Hotel Rooms 365** oder **Quikbook** gehen. Je nach Jahreszeit erhalten Sie Preisnachlässe zwischen 20 und 50 Prozent. Bei der Buchung einer Pauschalreise werden in der Regel ebenfalls erhebliche Preisnachlässe gewährt. Der Preis des »Pakets« schließt oft auch den Transport vom Flughafen zum Hotel ein.

Beachten Sie, dass ein Einzelzimmer in New York kaum weniger kostet als ein Doppelzimmer.

Versteckte Kosten

Übernachten ist seit Langem mit einer Sondersteuer belegt: Zu den in der Regel (im Internet oder in Katalogen) angegebenen Hotel-(Netto-)Preisen müssen Sie noch 14,75 Prozent Hotelsteuer plus 3,50 Dollar Belegsteuer pro Nacht und Zimmer dazurechnen. Die Preiskategorien in der *Hotelauswahl* auf den Seiten 284–289 schließen Steuern ein.

In einigen Hotels ist das Frühstück im Zimmerpreis enthalten. Ansonsten kostet ein durchschnittliches »Continental Breakfast« ohne Steuern in den preiswerteren Hotels pro Person um die zehn Dollar, in Spitzenhotels um die 25 Dollar. Wer sparen möchte, kann preiswerter in einem Coffee Shop oder Deli frühstücken.

Die Telefongebühren sind in Hotels meist hoch, preisgünstiger nutzen Sie das öffentliche Telefon in der Lobby oder ein Miethandy.

In den USA erwartet man Trinkgeld. Hotelangestellte, die Ihr Gepäck zum Zimmer tragen, erhalten pro Gepäckstück mindestens einen Dollar – in einem Luxushotel mehr. Für normale Dienstleistungen wie das Bestellen eines Taxis oder eine Restaurantreservierung durch den Portier ist kein Trinkgeld fällig, wohl aber für besondere Serviceleistungen. Wenn Sie etwas über den Zimmerservice bestellen, sollten Sie nachsehen, ob die Bedienung im Preis enthalten ist. Wenn nicht, ist ein Trinkgeld von 20 Prozent angemessen.

Reisende mit besonderen Bedürfnissen

Neue Hotels sind gesetzlich verpflichtet, eine barrierefreie Ausstattung anzubieten. Erfreulicherweise sind auch in vielen älteren Häusern inzwischen Umbauten erfolgt.

Am besten informieren die Websites der Hotels. Vergewissern Sie sich aber unbedingt nochmals bei der Buchung. Informieren Sie das Hotel bei der Reservierung über etwaige spezielle Anforderungen. Blindenhunde sind in den meisten Hotels erlaubt, man sollte aber vorab nachfragen. Das **Mayor's Office for People with Disabilities** erteilt weitere Auskünfte.

Elegantes Understatement im Kitano *(siehe S. 288)*

Mit Kindern reisen

Kinder sind in amerikanischen Hotels in der Regel herzlich willkommen. Kinderbetten und Adresslisten von Babysittern stehen fast immer zur Verfügung. Viele Hotels berechnen für Kinder, die im Zimmer ihrer Eltern übernachten, nichts oder nur einen geringen Aufpreis für ein Extrabett. In solchen Fällen sind normalerweise ein oder zwei Kinder pro Zimmer zulässig. Meist dürfen Kinder ein bestimmtes Alter – oft zwölf Jahre – nicht überschritten haben, allerdings ist die Altersgrenze bisweilen auf 18 Jahre heraufgesetzt. Erkundigen Sie sich am besten bei der Reservierung nach den Konditionen.

Bed and Breakfast

Bed-and-Breakfast-Angebote liegen eher in den äußeren Boroughs, doch es gibt auch welche in Manhattan. Die Bandbreite reicht vom einzelnen Zimmer bei Anwesenheit des Hauptmieters, der dann auch Frühstück macht, bis zum gepflegten, professionell geführten Gästehaus, das einem Hotel vergleichbar ist.

Privatquartiere

Eine große Bandbreite herrscht auch an Wohnungen, die New Yorker privat auf Zeit vermieten. Sie zählen zu den preiswerteren Übernachtungsmöglichkeiten. Wer in so einer Privatwohnung logiert, bekommt mehr vom Alltag der New Yorker mit. Auch wird er vermutlich öfter in einem Restaurant an der Ecke essen gehen, was meist günstiger ist als in den eher touristischen Vierteln.

Bedenken Sie bei der Auswahl aber auch: Wenn Sie weit außerhalb des Zentrums wohnen, können Ihre Taxikosten unter Umständen enorm ansteigen. Informieren Sie sich deshalb vorab gut über Lage und Infrastruktur.

Es gibt viele freie Vermittlungsdienste für Privatquartiere. **Airbnb** hat von der Studentenbude im East Village oder in Brooklyn bis hin zum Edel-

Sitzbereich im Akwaaba Mansion (siehe S. 284)

apartment oder gar dem luxuriösen Stadthaus in der Upper East Side zahlreiche Möglichkeiten im Angebot. Achung: Derzeit gibt es Regulierungen, die eine Vermietung von Apartments auf 30 Tage begrenzen. Erkundigen Sie sich vorab. Eine andere Agentur mit vielen Angeboten ist **Couchsurfing**. Die Preise rangieren von 100 bis 300 Dollar für Apartments.

Jugendherbergen und preiswerte Unterkünfte

New Yorker Jugendherbergen und **YMCA**-Herbergen sprechen Leute mit schmalem Budget an. Das geschäftige Wohnheim **92nd Street Y** in der Upper East Side bietet hauptsächlich Studenten, die länger in der Stadt bleiben möchten, akzeptable Zimmer zu Preisen von 2000 Dollar pro Monat (Einzelzimmer).

Es gibt keine Campingplätze in Manhattan, auch Jugendherbergen sind in New York längst nicht so verbreitet wie etwa in vergleichbaren europäischen Großstädten.

Preisbewusste Reisende finden immer wieder erstaunlich preiswerte Zimmer. Mitunter liegen solche Unterkünfte sogar günstig in der Nähe von Sehenswürdigkeiten, so etwa in Chelsea, im Garment District und in der Upper West Side sowie – seltener – in begehrten Gegenden wie Upper Midtown. Einige dieser Zimmer sind recht bequem und mit ei-

genem Bad oder zumindest einer Dusche ausgestattet, andere sind klein, haben keine Klimaanlage, und das Bad muss man sich mit anderen Gästen teilen.

Apartment-Hotels

In allen Preiskategorien gibt es eine wachsende Anzahl von Apartment-Hotels oder All-Suite-Hotels. Sie bieten sehr geräumige Zimmer, manchmal mit getrenntem Schlaf- und Wohnbereich, immer aber mit einer Küchenzeile oder zumindest einer Kochgelegenheit inklusive Kühlschrank. In diesen »Suiten« finden bis zu vier Personen Platz – für Familien oder für einen längeren Aufenthalt eine gern gewählte, kostengünstige Lösung.

Außerhalb Manhattans

In dem Maße, in dem Manhattan teurer wird, wächst das Angebot an Unterkünften in den Außenbezirken, die immer sicherer werden. Außer in Brooklyn und Harlem finden sich preisgünstige Häuser von Hotelketten in Queens, Staten Island und der Bronx. Jersey City jenseits des Hudson bietet günstige Apartments sowie Boutique- und Business-Hotels. Auf den Websites der Hotels gibt es meist Sonderangebote.

Hotelkategorien

In der Hotelauswahl auf den folgenden Seiten sind die Häuser nach **fünf Kategorien** geordnet: Bed and Breakfast, Boutique, Preiswert, Business und Luxus.

Wer sich für **Bed and Breakfast** (B & B) entscheidet, wird in der Regel freundlich empfangen und hat mehr persönlichen Kontakt mit seinen Gastgebern als in einem Hotel. Die Zimmer sind angenehm ausgestattet, das Frühstück ist meist herzhaft.

Boutique-Hotels sind meist kleinere unabhängige Häuser, sie legen viel Wert auf Design und Atmosphäre.

In **Business-Hotels** sind die Zimmer eher funktional eingerichtet. Dafür stehen hier alle

Möglichkeiten moderner Kommunikation zur Verfügung, von WLAN bis zu Konferenzzimmern mit Audio- und Videogeräten.

Preisgünstige Übernachtungen gibt es in vielen Varianten, von urigen Hostels und Zimmern mit Küchenzeile bis zu angenehmen Hotels.

Unter den New Yorker **Luxushotels** sind sehr edle Häuser. Wer sich gern mit Zimmerservice oder im Spa verwöhnen lässt, wird hier nichts vermissen. In den Hotelrestaurants sind oft Starköche am Werk.

Die Lage der Häuser in der Hotelauswahl ist nach fünf Arealen sortiert: **Downtown** ändert sein Gesicht teils nach wenigen Blocks und umfasst Lower Manhattan und Civic Center, Lower East Side, SoHo und TriBeCa, Greenwich Village, East Village sowie Gramercy und Flatiron District. **Midtown** umfasst Lower und Upper Midtown sowie Chelsea und Garment District, Midtown West und Theater District, der vor allem bei Besuchern beliebt ist, die abends in Broadway-Shows gehen wollen. **Upper Manhattan** umfasst die Upper East Side mit vielen Luxushotels plus die Upper West Side sowie Morningside Heights und Harlem. Hier findet man eine Palette an Übernachtungsmöglichkeiten. **Brooklyn** ist ein aufstrebender Borough mit Boutique-Hotels und B&Bs. Die **Abstecher** listen Hotels in Queens.

In der Hotelauswahl sind einige Häuser als **Vis-à-Vis-Tipp** hervorgehoben. Sie bieten entweder besonders guten Service, eine außergewöhnliche Einrichtung, ein vorzügliches Restaurants oder eine wunderbare Dachterrasse ... oder auch Kombinationen all dieser Vorzüge.

Blick auf das Ritz-Carlton im Battery Park *(siehe S. 288)*

Auf einen Blick

Information

NYC & Company
810 7th Ave.
Stadtplan 12 E4.
☎ 1-212-484-1200.
🌐 nycgo.com

Reservierung am Flughafen

Accommodations Plus
JFK International Airport.
☎ 1-718-995-441.

Reservierungs-Portale und Agenturen

Booking.com
☎ 1-212- 419-2618.
🌐 booking.com

Expedia
🌐 expedia.de

Hotels.com
☎ 1-800-246-8357.
🌐 hotels.com

Kayak
🌐 kayak.com

Quikbook
☎ 1-212-779-7666.
🌐 quikbook.com

Reisende mit besonderen Bedürfnissen

Mayor's Office for People with Disabilities
100 Gold St, 2. Stock, NY, NY 10038.
☎ 1-212-788-2830.
🌐 nyc.gov/mopd

Bed and Breakfast

Affordable New York City
☎ 1-212-533-4001.
🌐 affordable newyorkcity.com

At Home in NY
☎ 1-212-956-3125.
🌐 athomeny.com

City Lights Bed & Breakfast
☎ 1-212-737-7049.
🌐 citylightsnewyork.com

Privatquartiere

Airbnb
🌐 airbnb.de

Couchsurfing
🌐 couchsurfing.org

Jugendherbergen und preiswerte Unterkünfte

92nd Street Y
1395 Lexington Ave, NY, NY 10128.
Stadtplan 17 A2.
☎ 1-212-415-5650.
🌐 92y.org

Chelsea Hostel
251 W 20th St, NY, NY 10011. Stadtplan 8 D5.
☎ 1-212-647-0010.
🌐 chelseahostel.com

Hosteling International, NY
891 Amsterdam Ave/W 103rd St, NY, NY 10025. Stadtplan 20 E5.
☎ 1-212-932-2300.
🌐 hinewyork.org

New York's Jazz Hostels
🌐 jazzhostels.com

Vanderbilt YMCA
224 E 47th St, NY, NY 10017.
Stadtplan 13 A5.
☎ 1-212-912-2500.
🌐 ymcanyc.org

YMCA – West Side
5 W 63rd St, NY, NY 10023. Stadtplan 12 D2.
☎ 1-917-441-8800.
🌐 ymcanyc.org

Apartment-Hotels

Affinia Hotels
Mehrere Häuser in Midtown.
☎ 1-212-465-3661.
☎ 1-866-246 2203.
🌐 affinia.com

Beekman Tower
3 Mitchell Pl.
Stadtplan 13 C5.
☎ 1-888-754-8044.
🌐 bridgestreet.com

The Benjamin
125 E 50th St.
Stadtplan 13 B4.
☎ 1-212-715-2500.
🌐 thebenjamin.com

The Phillips Club
155 West 66th St.
Stadtplan 12 D2.
☎ 1-887-644-8900.
🌐 phillipsclub.com

Radio City Apartments
142 West 49th St.
Stadtplan 12 E5.
☎ 1-212-730-0728.
🌐 radiocityapts.com

The Surrey
20 E 76th St.
Stadtplan 17 A5.
☎ 1-212-288-3700.
🌐 thesurrey.com

Stadtplan *siehe Seiten 386–419*

Hotelauswahl

Bed and Breakfast

Downtown

Inn at Irving Place $$
56 Irving Place, 10003
📞 1-212-533-4600 SP 9 A5 K E7
🌐 innatirving.com
Exklusives Gästehaus in zwei angrenzenden Brownstone-Häusern.

Upper Manhattan

The Harlem Flophouse $
242 West 123rd St, 10027
📞 1-347-632-1960
SP 21 A2 K M3
🌐 harlemflophouse.com
Der »Brownstone« aus den 1890er Jahren bietet vier Räume und zwei Gemeinschaftsbäder mit frei stehenden Badewannen.

Sugar Hill Harlem Inn $$
460 West 141st St, 10031
📞 1-212-234-5432 SP 19 A2 K L1
🌐 sugarhillharleminn.com
Das ökofreundliche Hotel liegt in einem charmanten viktorianischen Haus (1906). Bio-Essen.

Brooklyn

Vis-à-Vis-Tipp

Akwaaba Mansion $
*347 MacDonough St,
Bedford-Stuyvesant, 11233*
📞 1-718-455-5958
🌐 akwaaba.com
Das Gästehaus bietet Themenzimmer mit afrikanischem Interieur, z. B. Adrinkrastoffe und Daffodil-Puppen. Es gibt einen schönen Teesalon und eine sonnige Veranda. Frühstück im Südstaatenstil.

Schicker Lounge-Bereich im Hotel Giraffe, Downtown

Hotelkategorien *siehe Seite 282f*

Bibi's Garden Bed & Breakfast $
762 Westminster Rd, Brooklyn, 11230
📞 1-718-434-3119
🌐 bibisgarden.net
Viktorianisches Haus mit Antiquitäten. Kontinentales Frühstück.

The Sofia Inn $
288 Park Place, Brooklyn, 11238
📞 1-917-865-7428 SP 23 C4
🌐 brooklynbedandbreakfast.net
Historisches B&B mit traditionellen Zimmern und Holzböden. Pool im Garten.

Boutique

Downtown

Blue Moon Hotel $
100 Orchard St, 10002
📞 1-212-533-9080 SP 5 A3 K F10
🌐 bluemoon-nyc.com
Das Boutique-Hotel mit Anklängen an die 1920er Jahre war einmal eine Mietskaserne. Geschmackvoll dekorierte Zimmer.

The Evelyn $$
7 East 27th St, 10016
📞 1-212-545-8000 SP 8 F3 K E6
🌐 theevelyn.com
Das moderne Hotel bietet eine große Auswahl an Zimmern in verschiedenen Preiskategorien.

Gatsby Hotel $$
135 East Houston St, 10002
📞 1-212-358-8844 SP 5 A3 K F10
🌐 gatsbyhotelnyc.com
Anheimelnde, saubere Zimmer mit robusten Möbeln und TV-Flachbildschirmen.

Gild Hall $$
15 Gold St, 10038
📞 1-212-232-7700 SP 2 D2 K E13
🌐 thompsonhotels.com
Das elegante Hotel mit holzgetäfelter Bibliothek und Champagnerbar liegt nahe der Wall Street, ideal für Geschäftsreisende.

The Marcel at Gramercy $$
201 East 24th St, 10010
📞 1-212-696-3800 SP 9 B4 K F7
🌐 themarcelatgramercy.com
Stilvolle Zimmer mit Regendusche im Bad und luxuriöser italienischer Bettwäsche.

Nolitan $$
330 Kenmare St, 10012
📞 1-212-925-2555 SP 4 F4 K F10
🌐 nolitanhotel.com
In dem reizenden Hotel (Haustiere erlaubt) haben viele Zimmer Balkon und Regendusche.

Preiskategorien
Der Preis gilt für ein Doppelzimmer pro Nacht in der Hochsaison, inklusive Service und Steuern.

$	unter 200 US-Dollar
$$	200 – 400 US-Dollar
$$$	über 400 US-Dollar

The Roger New York $$
131 Madison Ave, 10016
📞 1-212-448-7000 SP 9 A3 K E6
🌐 therogernewyork.com
Dies ist ein gemütliches, freundliches Hotel mit vielen Annehmlichkeiten. Einige Zimmer haben Balkone.

Soho Grand Hotel $$
301 West Broadway, 10013
📞 1-212-965-3000 SP 4 E4 K E11
🌐 sohogrand.com
Schickes Hotel mit geschmackvollen Zimmern. Das 17 Stockwerke hohe Haus erlaubt einen schönen Blick auf Downtown Manhattan.

The Standard East Village $$
25 Cooper Square, 10003
📞 1-212-475-5700 SP 4 F2 K E9
🌐 standardhotels.com
Von Carlos Zapata entworfenes auffälliges Hotel mit ultramodern ausgestatteten Zimmern. Es gibt kontinentales Frühstück.

Wall Street Inn $$
9 South William St, 10004
📞 1-212-747-1500 SP 1 C3 K E14
🌐 thewallstreetinn.com
Das Business-Hotel mit gemütlichen Zimmern und Betten gehörte einst zu Lehman Brothers.

Washington Square Hotel $$
103 Waverly Place, 10011
📞 1-212-777-9515 SP 4 D2 K D9
🌐 washingtonsquarehotel.com
Elegante Marmorlobby und gemütliche Zimmer. Die Räume gewähren teilweise einen Blick auf den Washington Square Park.

The Bowery Hotel $$$
335 Bowery, 10003
📞 1-212-505-9100 SP 4 F3 K F10
🌐 theboweryhotel.com
Luxuriöses Hotel, zur Ausstattung gehören Antikmöbel und Holztäfelung.

Crosby Street Hotel $$$
79 Crosby St, 10012
📞 1-212-226-6400 SP 4 E3 K E10
🌐 firmdalehotels.com
Ein Stück vornehmes London im Herzen von SoHo mit freundlich eingerichteten Zimmern. Der Afternoon Tea wird in einem stilvollen Salon serviert.

BED AND BREAKFAST UND BOUTIQUE | 285

Duane Street Hotel $$$
130 Duane St, 10013
📞 1-212-964-4600 **SP** 1 B1 **K** E12
🌐 duanestreethotel.com
Kleines Hotel mit chic designten Zimmern im Loft-Stil. Sehr einladendes Restaurant.

Vis-à-Vis-Tipp

Hotel Giraffe $$$
365 Park Ave South, 10016
📞 1-212-685-7700
SP 9 A4 **K** E7
🌐 hotelgiraffe.com
In perfekter Lage zwischen Midtown und Downtown trifft man hier auf viel Designer-Eleganz. Alles ist hell und luftig. Dachterrassen-Bar. Frühstück ist im Preis inbegriffen.

Hotel on Rivington $$$
107 Rivington St, 10002
📞 1-212-475-2600 **SP** 5 A3 **K** F10
🌐 hotelonrivington.com
Das moderne Hotel bietet geräumige Zimmer, üppiges Dekor und deckenhohe Fenster.

The James $$$
27 Grand St, 10013
📞 1-212-465-2000 **SP** 4 E4 **K** D11
🌐 jameshotels.com
Elegante Zimmer mit Leinenbettwäsche und Regenduschen. Von der Dachterrasse reicht der Blick über die glitzernde Skyline.

The Mercer Hotel $$$
147 Mercer St, 10012
📞 1-212-966-6060 **SP** 4 E3 **K** E10
🌐 mercerhotel.com
Angenehmes Hotel mit Zimmern im Loft-Stil und exzellentem New-American-Restaurant.

Roxy Hotel $$$
2 Sixth Ave, 10013
📞 1-212-519-6600 **SP** 3 E5 **K** E11
🌐 roxyhotelnyc.com
Die große Lobby mit Atrium führt zu komfortablen Zimmern. Cocktails gibt es in der Church Bar.

SIXTY LES $$$
190 Allen St, 10002
📞 1-887-460-8888 **SP** 5 A3 **K** F10
🌐 sixtyhotels.com
Hotel im schicken Industrie-Stil, mit zeitgenössischer Kunst und einem Dachpool mit Andy-Warhol-Filmbildern.

SIXTY SoHo $$$
60 Thompson St, 10012
📞 1-877-431-0400 **SP** 4 D4 **K** D10
🌐 sixtyhotels.com
Sehr elegante, minimalistische Zimmer mit Spitzenausstattung. Schicke Dachbar und gutes italienisches Restaurant.

Zeitgenössische Kunst schmückt die Wände im Ace Hotel, Midtown

Smyth $$$
85 West Broadway, 10007
📞 1-212-587-7000 **SP** 1 B1 **K** E10
🌐 thompsonhotels.com
Modernes, elegantes Hotel mit gepflegten, ziemlich großen Zimmern und Marmorbädern.

Midtown

Roger Smith Hotel $
501 Lexington Ave, 10022
📞 1-212-755-1400 **SP** 13 A5 **K** E3
🌐 rogersmith.com
Reizendes Hotel in einem Gebäude von 1929. Die Zimmer sind individuell eingerichtet.

Ace Hotel $$
20 West 29th St, 10001
📞 1-212-679-2222 **SP** 8 F3 **K** D6
🌐 acehotel.com
Die gut 200 Zimmer des schicken Rock-'n'-Roll-Hotels sind mit schönen Kunstwerken amerikanischer und internationaler Künstler dekoriert. Auswahl von Zimmern mit Etagenbett bis hin zu Suiten.

Belvedere Hotel $$
319 West 48th St, 10036
📞 1-212-245-7000 **SP** 12 D5 **K** C6
🌐 belvederehotelnyc.com
Die familienfreundlichen geräumigen Zimmer im Art-déco-Stil weisen Erdfarben auf. Lebhaftes brasilianisches Restaurant.

The Benjamin $$
125 East 50th St, 10022
📞 1-212-715-2500 **SP** 13 A4 **K** E3
🌐 thebenjamin.com
Das zeitlose Hotel ist stolz auf seine komfortablen Betten und die Auswahl an zwölf verschiedenen Kissen.

Casablanca Hotel $$
147 West 43rd St, 10036
📞 1-212-869-1212 **SP** 8 E1 **K** D4
🌐 casablancahotel.com
Das Hotel im marokkanischen Stil veranstaltet abends Empfänge mit Wein und Käse. Die Zimmer sind mit Rattanmöbeln eingerichtet und haben farbige Jalousien.

Eurostars Dylan Hotel $$
52 East 41st St, 10017
📞 1-212-338-0500 **SP** 9 A1 **K** E4
🌐 dylanhotel.com
Hotel in einem Beaux-Arts-Gebäude mit schönen Walnussholzmöbeln. Steaklokal.

Fitzpatrick Grand Central $$
141 East 44th St, 10017
📞 1-212-351-6800 **SP** 13 A5 **K** E4
🌐 fitzpatrickhotels.com
Die Zimmer sind einladend, einige haben Himmelbetten. Lebhaftes Pub im Haus.

IBEROSTAR 70 Park Avenue $$
70 Park Ave, 10016
📞 1-212-973-2400 **SP** 9 A1 **K** E4
🌐 70parkave.com
Behagliches Hotel mit eleganten Zimmern. Abends Weinstunde, umweltfreundlicher Spa-Service im Zimmer. Haustiere erlaubt.

Ink 48 $$
653 11th Ave, 10036
📞 1-212-757-0088 **SP** 11 B5 **K** B3
🌐 ink48.com
Farbenfrohe Zimmer mit Blick auf die Skyline. Über der Dachbar wölbt sich der Sternenhimmel.

Kimberly Hotel $$
145 East 50th St, 10022
📞 1-212-755-0400 **SP** 13 A5 **K** E3
🌐 kimberlyhotel.com
Das unspektakuläre Hotel bietet große, gut ausgestattete Zimmer. Exzellentes Preis-Leistungs-Verhältnis.

Morgans $$
237 Madison Ave, 10016
📞 1-212-686-0300 **SP** 9 A8 **K** E5
🌐 morganshotel.com
Schickes Hotel – das durchgängige schwarz-weiße Karomuster ist von Taxis inspiriert.

SP = Stadtplan siehe Seiten 386–419 **K** = Karte Extrakarte zum Herausnehmen

Vis-à-Vis-Tipp
The Standard High Line $$
848 Washington St, 10014
📞 1-212-645-4646
SP 3 B1 K E9
🌐 standardhotels.com
Ultratrendiges Hochhaushotel mit fantastischem Blick auf den Hudson River. Makellose Zimmer, deckenhohe Fenster. Sehr guter Service.

Andaz 5th Avenue $$$
485 5th Ave, 10017
📞 1-212-601-1234 SP 8 F1 K E4
🌐 newyork.5thavenue.andaz.hyatt.com
Elegantes Hotel. Die für Allergiker geeigneten Zimmer sind mit modernsten Luftfilteranlagen ausgestattet. Die loftartigen Zimmer besitzen deckenhohe Fenster.

Bryant Park $$$
40 West 40th St, 10018
📞 1-212-869-0100 SP 8 F1 K D4
🌐 bryantparkhotel.com
Das Hotel am Bryant Park bietet exzellent ausgestattete, minimalistische Zimmer. Theater sowie riesige Bar im Untergeschoss.

The Chatwal $$$
130 West 44th St, 10036
📞 1-212-764-6200
SP 12 E5 K EF4
🌐 thechatwalny.com
Das elegante Hotel verbindet Art déco mit zeitgenössischem Design und sehenswerten Kunstwerken. Das Haus wurde 1905 als Lambs Club eröffnet und 2010 zum Hotel umgewandelt.

Hotel Americano $$$
518 West 27th St, 10001
📞 1-212-216-0000 SP 7 C3 K B6
🌐 hotel-americano.com
Das Hotel, Teil einer hippen mexikanischen Kette, besitzt schicke minimalistische Zimmer, eine Dachbar und einen Pool.

Kimpton Eventi $$$
851 6th Ave, 10001
📞 1-212-564-4567 SP 8 E3 K E6
🌐 hoteleventi.com
Das Haus im Herzen von Chelsea bietet farbenfrohe Zimmer, deckenhohe Fenster und einen großartigen Service.

Library Hotel $$$
299 Madison Ave, 10017
📞 1-212-983-4500 SP 9 A1 K E4
🌐 libraryhotel.com
Zum Bibliotheksmotto passen die etwa 6000 Bücher überall. Jedes Stockwerk ist einem anderen Thema gewidmet – von Philosophie bis Technologie.

The Maritime $$$
363 West 16th St, 10011
📞 1-212-242-4300 SP 8 D5 K C8
🌐 themaritimehotel.com
Exklusives, trendiges Hotel mit maritimem Design. Von jedem Zimmer blickt man durch ein Bullauge auf den Hudson River.

The Nomad Hotel $$$
1170 Broadway, 10001
📞 1-212-796-1500 SP 8 F3 K D6
🌐 thenomadhotel.com
Schön restauriertes Beaux-Arts-Hotel mit beliebter Bar und Lounge.

**St. Giles New York –
The Court & The Tuscany** $$$
120–130 East 39th St, 10016
📞 1-212-686-1600 SP 9 A1 K E5
🌐 stgiles.com/new-york
Das Signature-Hotel beim Grand Central besitzt elegant eingerichtete Räume und stilvolle Lounge-Bereiche.

Upper Manhattan
Bentley Hotel $$
500 East 62nd St, 10065
📞 1-212-644-6000 SP 13 C2 K G2
🌐 bentleyhotelnyc.com
Hotelturm mit spektakulärem Blick auf den East River. Ansprechende Zimmer mit schönen Designermöbeln und Marmorbädern.

NYLO New York City $$
2178 Broadway, 10024
📞 1-212-362-1100 SP 15 C5 K L8
🌐 nylohotels.com
Traumblick auf die Skyline. Viele Zimmer haben Balkone. Zwei exzellente Hotelrestaurants.

6 Columbus $$$
6 Columbus Circle, 10019
📞 1-212-204-3000
SP 12 D3 K C2
🌐 thompsonhotels.com
Buntes, ansprechendes Dekor im Stil der 1960er Jahre, originale Kunstwerke, Dachbar und exzellente Sushi-Bar.

Preiswert
Downtown
Hotel 17 $
225 East 17th St, 10003
📞 1-212-475-2845 SP 9 B5 K F7
🌐 hotel17ny.com
Das einfache kleine Hotel war 1993 Kulisse im Woody-Allen-Film *Manhattan Murder Mystery*, hier gibt es oft Mode-Shootings.

Hotel 31 $
129 East 31st St, 10016
📞 1-212-685-3060 SP 9 A3 K E6
🌐 hotel31.com
Schwesterhaus des Hotel 17 mit gepflegten Zimmern, kostenlosem WLAN und Kabel-TV.

Larchmont $
27 West 11th St, 10011
📞 1-212-989-9333 SP 4 D1 K D8
🌐 larchmonthotel.com
Einfach ausgestattete Zimmer im West Village. Gemeinschaftsbäder.

Union Square Apartments $
209 East 14th St, 10003
📞 1-212-614-0500 SP 4 F1 K F8
🌐 unionsquareapartmentsnyc.com
Einfache Apartments, meist mit Küchenzeile. Preisnachlass bei längerem Aufenthalt.

Midtown
American Dream $
168 East 24th St, 10010
📞 1-212-260-9779 SP 9 A4 K F8
🌐 americandreamhostel.com
Das freundliche Hostel in guter Lage bietet WLAN und gutes kontinentales Frühstück. Alle Zimmer haben Etagenbetten, es gibt sie mit eigenem Bad und mit Gemeinschaftsbädern.

Blick von der Terrasse des Standard High Line, Midtown

Hotelkategorien *siehe Seite 282f* **Preiskategorien** *siehe Seite 284*

BOUTIQUE, PREISWERT UND BUSINESS | 287

Americana Inn $
69 West 38th St, 10018
☎ 1-212-840-6700 SP 8 F1 K D5
🌐 theamericanainn.com
Einfache Zimmer mit Gemeinschaftsbädern und auf jeder Etage einer Gemeinschaftsküche mit Kühlschrank und Mikrowelle.

Chelsea International Hostel $
251 West 20th St, 10011
☎ 1-212-647-0010 SP 8 D5 K C7
🌐 chelseahostel.com
Eines der besten Hostels mit Schlafsälen und Einzelzimmern. Kostenloses Frühstück sowie kostenlose Pizza mittwochs.

Colonial House Inn $
318 West 22nd St, 10011
☎ 1-212-243-9669 SP 8 D4 K C7
🌐 colonialhouseinn.com
Schwulenfreundliches Stadthaus mit modernen Zimmern, teils mit Bad und Kamin.

Hotel NYMA $
6 West 32nd St, 10001
☎ 1-212-643-7100
SP 8 E3 K D5–6
🌐 applecorehotels.com
Geschmackvolle Zimmer in ruhigem Braun und Beige, mit Flachbildfernseher, Kaffeemaschine.

Pod 39 $
145 East 39th St, 10016
☎ 1-877-358-0617 SP 9 A1 K E5
🌐 thepodhotel.com
Gemütliche, chic eingerichtete Zimmer mit Flachbildfernseher, WLAN und Entertainment Docks. Es gibt für jeden einen Pod – von Singles bis zu Familien.

Vis-à-Vis-Tipp

Pod 51 $
230 East 51st St, 10022
☎ 1-212-355-0300
SP 13 B4 K F3
🌐 thepodhotel.com
Eines der besten preiswerten Hotels in New York. Die Zimmer sind klein, aber klug eingerichtet – mit farbigen Möbeln, bequemen Betten und TV-Flachbildschirmen. In der Lobby gibt es Wandbilder, große Tische und eine Café-Bar mit Happy Hour. Auf der Dachterrasse blickt man auf die Hochhäuser Midtowns.

La Quinta Manhattan $
17 West 32nd St, 10001
☎ 1-212-736-1600
SP 8 E3 K D5–6
🌐 applecorehotels.com
Komfortable Zimmer mit Kaffeemaschine. Das Frühstück ist im Preis inbegriffen. Dachbar.

Das zeitgenössische Yotel mit grandiosem Blick auf die City

Riff Hotel Chelsea $
300 West 30th St, 10011
☎ 1-212-244-7827 SP 8 D3 K C6
🌐 riffchelsea.com
Das Dekor ist von der New Yorker Partyszene der 1980er Jahre inspiriert. Das urige Haus bietet Schlafsäle und Einzelzimmer.

Vanderbilt YMCA $
224 East 47th St, 10017
☎ 1-212-912-2500 SP 13 B5 K F4
🌐 ymcanyc.org/vanderbilt
Das kleine ruhige Hostel liegt in der Nähe des Grand Central. Zu den Annehmlichkeiten zählen Waschmaschinen, Fitnessraum und Swimmingpool.

Yotel $$
570 10th Ave, 10036
☎ 1-646-449-7700 SP 7 C1 K B5
🌐 yotel.com
Das massive Hotel hat angenehme, platzsparend eingerichtete Zimmer. Einige besitzen Etagenbetten. Automatisiertes Ein- und Auschecken.

Upper Manhattan

Astor on the Park $
465 Central Park West, 10025
☎ 1-212-866-1880
SP 21 A5 K M5
Nette, saubere Zimmer mit Marmorbädern und Kabel-TV. Snack-Automaten, Wäscheservice möglich.

Chic & Budget Rooms & Apartments $
269 West 131st St, 10027
☎ 1-917-464-3528
SP 21 A1 K M2
🌐 chicandbudget.com
Die gepflegten Apartments liegen in historischen »Brownstones« in Harlem. Die Zimmer sind mit modernen Annehmlichkeiten ausgestattet.

Hostelling International New York $
891 Amsterdam Ave, 10025
☎ 1-212-932-2300 SP 20 E5 K L4
🌐 hinewyork.org
Das riesige Gebäude erinnert an ein Studentenheim mit Cafeteria, Spielzimmer und Picknicktischen.

Jazz on the Park $
36 West 106th St, 10025
☎ 1-212-932-1600 SP 21 A5 K M5
🌐 jazzonthepark.com
Schlichtes, lebhaftes Hostel mit einfachen Schlafsälen sowie einem Café mit Live-Musik. Frühstück inklusive.

Mount Morris House $
12 Mt. Morris Park West, 10027
☎ 1-917-478-6214 SP 21 B2 K N3
🌐 mountmorrishousebandb.com
Das elegante »Brownstone« von 1888 bietet fünf anheimelnde Suiten. Die Räume sind mit Antikmöbeln ausgestattet. Frühstück ist nicht inklusive, doch es gibt jeden Tag frischen Kuchen im Angebot.

Brooklyn

Best Western Gregory Hotel Brooklyn $
8315 Fourth Ave, 11201
☎ 1-718-238-37377 SP 23 B4
🌐 bestwestern.com
Komfortable, gut ausgestattete Zimmer. Das Frühstück ist inklusive. Altmodische Bar mit preiswerten Cocktails.

Business

Downtown

Best Western Seaport Inn $
33 Peck Slip, 10038
☎ 1-212-766-6600 SP 2 D2 K F13
🌐 seaportinn.com
Von den Terrassen hat man beste Aussicht auf die Brooklyn Bridge. Die Zimmereinrichtung ist traditionell. 24-Stunden-Fitness-Center.

Holiday Inn Lower East Side $$
150 Delancey St, 10002
☎ 1-212-475-2500
SP 5 B4 K G10
🌐 ihg.com
Das Haus der verlässlichen Kette bietet einfache, aber komfortable Zimmer mit guten Betten und ergonomischen Bürostühlen.

Marriott Downtown $$
85 West St, 10006
☎ 1-212-385-4900 SP 1 B3 K D13
🌐 marriott.com
Business-Hotel mit eleganten Zimmern, teilweise mit schönem Blick auf die Statue of Liberty.

SP = Stadtplan *siehe Seiten 386–419* **K** = Karte *Extrakarte zum Herausnehmen*

Wyndham Garden Chinatown $$
93 Bowery, 10002
📞 1-212-329-3400 SP 5 A5 K F11
🌐 wyndham.com
Moderne Zimmer mit kostenlosem WLAN sowie ein Fitness-Center. Das Haus liegt nur wenige Gehminuten von Little Italy, Chinatown und SoHo entfernt.

Midtown

Millennium Broadway $
145 West 44th St, 10036
📞 1-212-768-4400 SP 12 E5 K D4
🌐 millenniumhotels.com
Mit über 700 großen, komfortablen Zimmern ist das Haus vor allem bei Geschäftsreisenden beliebt.

Murray Hill East Suites $
149 East 39th St, 10016
📞 1-212-661-2100 SP 9 A1 K EF5
🌐 murrayhillsuites.com
Zu jeder der wohnlichen Suiten gehört eine Küchenzeile. Mindestaufenthalt: 30 Tage.

Affinia Dumont $$
150 East 34th St, 10016
📞 1-212-481-7600 SP 9 A2 K E5
🌐 affinia.com
Apartment-ähnliche Zimmer mit voll ausgestatteter Küchenzeile. Verwöhnen Sie sich im Spa, oder trainieren Sie im Fitness-Center.

Four Points by Sheraton $$
160 West 25th St, 10001
📞 1-212-627-1888 SP 8 E4 K D6
🌐 starwoodhotels.com
Noble, gepflegte Zimmer, teilweise mit Balkon. Gemütliches Restaurant und Bar.

Hotel 48Lex $$
517 Lexington Ave, 10017
📞 1-212-838-1234 SP 13 A5 K E3
🌐 48lex.hyatt.com
Großartiges Nobelhotel mit begrünten Terrassen für Geschäftsreisende. Hervorragendes Hotelrestaurant.

Radio City Apartments $$
142 West 49th St, 10019
📞 1-212-730-0728 SP 12 E5 K D3
🌐 radiocityapts.com
Hotel mit gemütlichen Apartments und Suiten, die meisten mit Küchenzeile. Penthouse-Wohnungen sowie gutes italienisches Restaurant.

Radisson Martinique on Broadway $$
49 West 32nd St, 10001
📞 1-212-736-3800 SP 3 F3 K D5
🌐 radisson.com
Das Spitzenhotel in einem historischen Gebäude im Stil der französischen Renaissance hat eine dekorative Lobby und elegante Zimmer. Es gibt ein Fitness-Center sowie zwei Hotelrestaurants.

Renaissance New York Hotel 57 $$$
130 East 57th St, 10022
📞 1-212-753-8841 SP 13 A3 K E2
🌐 newyorkhotel57.com
Das trendige Hotel überzeugt mit makellos gepflegten, großen Zimmern, Hartholzböden und blitzsauberen Marmorbädern.

Abstecher

Sheraton LaGuardia East Hotel $$$
135-20 39th Ave, Queens, 11354
📞 1-718-460-6666
🌐 sheratonlaguardiaeast.com
Das Hotel bietet einfache, aber gepflegte Zimmer mit Kaffeemaschinen. Die hohe Nachfrage nach Übernachtungen in dieser Gegend treibt die Preise nach oben.

Luxus

Downtown

Gansevoort Meatpacking $$$
18 Ninth Ave, 10014
📞 1-212-206-9700 SP 3 B1 K C8
🌐 gansevoorthotelgroup.com
Von dem schicken Hotel hat man einen Panoramablick über die Stadt. Der beheizte Dachpool ist verlockend.

Gramercy Park Hotel $$$
2 Lexington Ave, 10010
📞 1-212-920-3300 SP 9 A4 K E7
🌐 gramercyparkhotel.com
Das opulente Hotel beruft sich auf sein Bohème-Erbe und präsentiert zahlreiche Kunstwerke.

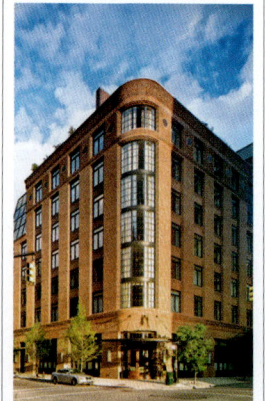

Fassade des Greenwich Hotel, Downtown

The Greenwich Hotel $$$
377 Greenwich St, 10013
📞 1-212-941-8900 SP 1 B1 K D12
🌐 thegreenwichhotel.com
Robert De Niro ist Mitbesitzer dieses altehrwürdigen Hotels. Jedes Zimmer ist anders, aber stilvoll eingerichtet. Locanda Verde, das italienische Restaurant des Hauses, gilt als exzellent.

Ritz-Carlton Battery Park $$$
2 West St, 10004
📞 1-212-344-0800 SP 1 B4 K D14
🌐 ritzcarlton.com
Das zeitgenössisch-klassische Hotel liegt am Wasser. Einige Zimmer ermöglichen einen fantastischen Blick auf die Statue of Liberty – es gibt sogar Fernrohre.

Trump SoHo $$$
246 Spring St, 10013
📞 1-212-842-5500
SP 4 D4 K D10
🌐 trumphotelcollection.com/soho
Residieren Sie hoch über Manhattan in Donald Trumps luxuriösem Hotelturm. Das Spa inklusive Hammam offeriert eine Bandbreite an Behandlungen.

Midtown

Algonquin Hotel $$
59 West 44th St, 10036
📞 1-212-840-6800 SP 12 F5 K D4
🌐 algonquinhotel.com
Das Haus ist für den »Round Table« berühmt, einer Gruppe von Künstlern und Autoren, die sich in den 1920er Jahren hier täglich zum Mittagessen trafen.

Hilton Times Square $$
234 West 42nd St, 10036
📞 1-212-840-8222 SP 8 E1 K D4
🌐 hilton.com
Dank exzellentem Service und eleganten, gut ausgestatteten Zimmern eine Oase in der City. Einige bieten unvergleichliche Ausblicke.

Kitano $$
66 Park Ave, 10017
📞 1-212-885-7000 SP 13 A5 K E5
🌐 kitano.com
Dies ist das älteste von Japanern betriebene Hotel der Stadt. Genießen Sie *kaiseki* im Restaurant sowie den besten Grüntee. Der Service ist grandios.

Sofitel $$
45 West 44th St, 10036
📞 1-212-354-8844 SP 12 F5 K D4
🌐 sofitel-new-york.com
Das 30-stöckige Haus bietet einen freundlichen Mix aus Moderne und Tradition und in den oberen Etagen einen herrlichen Blick.

Hotelkategorien *siehe Seite 282f* **Preiskategorien** *siehe Seite 284*

BUSINESS UND LUXUS | 289

W Times Square $$
1567 Broadway, 10036
1-212-930-7400 **SP** 12 E5 **K** D4
wnewyorktimessquare.com
Nobles, doch sympathisches Haus mit gut ausgestatteten Zimmern, beliebtem Restaurant und lebhafter Barszene.

Waldorf Astoria $$
301 Park Ave, 10022
1-212-355-3000 **SP** 13 A5 **K** E4
waldorfnewyork.com
Präsidenten und Staatsoberhäupter genossen schon die kultivierte Gastlichkeit dieses Hotels mit der beeindruckenden Lobby.

Four Seasons New York $$$
57 East 57th St, 10022
1-212-758-5700 **SP** 13 A3 **K** E2
fourseasons.com
Das luxuriöse Kronjuwel der Four-Seasons-Kette bietet einen grandiosen Ausblick auf den Central Park.

Langham Place $$$
400 5th Ave, 10018
1-212-695-4005
SP 8 F2 **K** DE5
langhamhotels.com
Die geräumigen Suiten des klassischen Hotels enthalten alle modernen Annehmlichkeiten, darunter Espressomaschinen sowie Regenduschen. Schöner Blick auf die Sykline von Manhattan.

The London NYC $$$
151 West 54th St, 10019
1-212-307-5000 **SP** 2 E4 **K** D3
thelondonnyc.com
Das Nobelhotel, das ausschließlich Suiten hat, ziert ein Wandbild von Londons Hyde Park. Health-Club.

Lotte New York Palace $$$
455 Madison Ave, 10022
1-212-888-7000 **SP** 13 A4 **K** E3
lottenypalace.com
Das Luxushotel mit Innenhof in einem markanten Gebäude von 1882 macht seinem Namen alle Ehre.

Vis-à-Vis-Tipp

Omni Berkshire Place $$$
21 East 52nd St, 10022
1-212-753-5800
SP 12 F4 **K** D3
omnihotels.com
Zimmer mit viel Komfort und Marmorbädern – ideal für Urlauber wie auch für Geschäftsreisende. Zum Workout und Entspannen laden ein Fitness-Center und eine Sonnenterrasse mit Bar ein. Im Fireside Restaurant kann man gut essen.

Ausblick vom Surrey: Licht, Luft und Sonne in Upper Manhattan

Le Parker Meridien $$$
118 West 57th St, 10019
1-212-245-5000 **SP** 12 E3
parkermeridien.com
Geräumige Design-Zimmer, bester Service und Pool auf der Dachterrasse. Superbe Burgers.

Peninsula New York $$$
700 Fifth Ave, 10019
1-212-956-2888 **SP** 12 F4 **K** E3
peninsula.com
Das New Yorker Haus der asiatischen Kette bietet opulente, gut eingerichtete Zimmer und ein perfekt ausgestattetes Spa.

The Plaza $$$
768 5th Ave, 10019
1-212-759-3000 **SP** 12 F3 **K** E2
theplaza.com
Die Grande Dame von 1907 kombiniert mühelos traditionelles Dekor mit moderner Ausstattung. Herausragender Service.

Vis-à-Vis-Tipp

Ritz-Carlton Central Park $$$
50 Central Park South, 10019
1-212-308-9100
SP 12 F3 **K** D2
ritzcarlton.com
Das Luxushotel gehört zu den besten der Stadt und profitiert von seiner Nähe zum Central Park: Fast überall blickt man auf die grüne Oase. Sehr gestylte Zimmer. Der Zimmerservice trägt weiße Handschuhe.

St. Regis $$$
2 East 55th St, 10022
1-212-753-4500 **SP** 12 F4 **K** D2
stregisnewyork.com
In dem Beaux-Arts-Hotel von 1904 ist für jede Etage ein Butler zuständig. Probieren Sie unbedingt die berühmte Bloody Mary des Hauses.

Upper Manhattan

Carlyle $$$
35 East 76th St, 10021
1-212-744-1600 **SP** 17 A5 **K** P8
rosewoodhotels.com
Prominente und gekrönte Häupter goutieren den phänomenalen Service und die Teestunde in diesem hocheleganten Haus.

Upper West Side

Mandarin Oriental $$$
80 Columbus Circle, 10023
1-212-805-8800
SP 12 D3 **K** C2
mandarinoriental.com
Über 200 luxuriöse Zimmer und eine schicke Bar gehören zu dem Hotel im opulenten Asienstil. Großartiger Blick auf den Central Park sowie grandioses Spa.

The Pierre $$$
2 East 61st St, 10021
1-212-838-8000 **SP** 12 F3 **K** E2
thepierreny.com
Eine prächtige Lobby ist das Entrée zu den unglaublichen Zimmern. Der Service wird allen Ansprüchen gerecht, z. B. mit einer Speisekarte für Haustiere.

Sherry-Netherland $$$
781 5th Ave, 10022
1-212-355-2800 **SP** 12 F3 **K** E2
sherrynetherland.com
Das Hotel mit europäischem Charme und riesigen, gut ausgestatteten Suiten verwöhnt mit Luxus und grandiosem Service.

The Surrey $$$
20 East 76th St, 10021
1-212-288-3700 **SP** 17 A5 **K** P8
thesurrey.com
Viele der Suiten des Luxushotels haben Küchen. Zudem locken Dachgarten und Fitness-Center. Auf die Bedürfnisse eines jeden Gastes abgestimmter Service.

SP = **Stadtplan** *siehe Seiten 386–419*   **K** = **Karte** *Extrakarte zum Herausnehmen*

Restaurants

New Yorker lieben es, zum Essen auszugehen. Über 25 000 Lokale in fünf Stadtbezirken stehen dafür zur Verfügung. Restaurantkritiken auf Websites und in Magazinen wie *New York* (www.nymag.com) werden eifrig studiert und ernst genommen. Angesagte Restaurants und Kochstile wechseln häufig, wobei einige Lokale über viele Jahre durchgängig beliebt bleiben. Die im Folgenden aufgeführten Restaurants gehören zu den besten der Stadt, die Liste auf den Seiten 294–305 erleichtert Ihnen die Entscheidung. Auf den Seiten 306–308 finden Sie Empfehlungen für einen kleinen Imbiss. *New Yorker Bars* auf den Seiten 309–311 stellt Ihnen einige der schillerndsten und bekanntesten Bars der Metropole vor.

Immer voll: Shake Shack *(siehe S. 295)* am Madison Square Park

Speisenfolge

In den meisten Restaurants besteht das Essen aus drei Gängen: Vorspeise *(appetizer/starter)*, Hauptgericht *(entrée/main course)* und Dessert. Mitunter wird auch vorweg ein kleines Amuse-Gueule als »Gruß aus der Küche« serviert, etwa ein Klecks Mousse.

In Nobelrestaurants sind die Vorspeisen oft besonders raffiniert, sodass manche Gäste zwei Vorspeisen und dafür kein Hauptgericht bestellen. Einige haben auch eine Käseauswahl. Italienische Speisekarten bieten als Zwischengang Pasta an, doch die meisten Amerikaner, die nicht italienischer Abstammung sind, bestellen Pasta eher als Hauptgericht. Nach dem Essen bzw. zum Dessert wird in allen besseren Restaurants (trinkbarer) Kaffee serviert.

Einblick in die Speisekarten von vielen Lokalen in Manhattan bietet das Internet-Portal www.menupages.com, wo man auch Bewertungen der Gäste findet. Einige andere Websites, darunter die des wöchentlich erscheinenden *New York Magazine* (www.nymag.com), haben Links zu Restaurants und deren Angebot.

Preise

Man findet immer ein Lokal in New York, das zum Budget passt. In Imbisslokalen und bei Fast-Food-Ketten bekommt man schon für zehn bis 15 Dollar eine sättigende Mahlzeit. Zudem gibt es unzählige Restaurants, wo man in netter Atmosphäre für etwa 25 Dollar pro Person (ohne Getränke) gut essen kann. In den Spitzenlokalen der New American Cuisine hingegen zahlt man pro Person allein fürs Essen ab 100 bis 200 Dollar. Viele Restaurants der gehobenen Preisklasse bieten auch Tages- oder Probiermenüs zu einem Festpreis an. Mittags *(lunch)* ist das Essen in solchen Lokalen preiswerter als abends *(dinner)*. Wo viele Büros sind, herrscht mittags oft auch der größte Betrieb.

Steuern und Trinkgeld

Zu den auf den Speisekarten ausgewiesenen Preisen kommen noch die Sales Tax (Verkaufssteuer) von 8,875 Prozent und das Trinkgeld hinzu: im Coffee Shop etwa zehn Prozent, in Edellokalen bis zu 20 Prozent. Viele New Yorker verdoppeln den Steuerbetrag und runden die Summe entsprechend ihrer Zufriedenheit auf. Die Rechnung heißt *check*. Visa, MasterCard und American Express werden am häufigsten akzeptiert. In Diners und Coffee Shops zahlt man bar, ebenso in Fast-Food-Restaurants.

Das beliebte Red Hook Lobster Pound *(siehe S. 305)*

Ein Hauch von Venedig in der Trattoria al di là *(siehe S. 304)*

Preiswert essen

Abgesehen von Geschäftsessen, die schon mal 200 Dollar pro Person oder auch mehr kosten dürfen, kann man in New York durchaus preiswert essen. Bestellen Sie weniger Gänge als üblich: Die Portionen sind häufig riesig, eine Vorspeise reicht oft als leichte Hauptmahlzeit. Fragen Sie, ob es ein verbilligtes *prix fixe menu* gibt. Viele teure Restaurants haben sie zum Lunch und Dinner auf der Karte – am frühen Abend heißen sie oft *pre-theater menu*. Üppige und günstige Buffets bieten indische Lokale oft mittags an.

Eine schnelle und schmackhafte Mahlzeit bekommt man auch in einem der vielen preisgünstigen chinesischen, thailändischen und mexikanischen Restaurants sowie in einigen jüdischen Delis. Pizzerias und Bistros sowie Imbisslokale mit Hamburgern oder belegten Sandwiches sind weitere Möglichkeiten, den Hunger auf preiswerte Art zu stillen.

Gehen Sie in eine Bar mit Happy Hour, wenn verbilligte Preise gelten. Häufig gibt es dort Vorspeisen, etwa Tapas, die praktisch eine Mahlzeit ersetzen. Wer Luxuslokale nicht nur von außen sehen möchte, kann dort manchmal auch einfach einen Drink an der Bar nehmen. Während der sogenannten »Restaurant Week« (Jan/Feb; Juni/Juli; www.nycgo.com/restaurant-week) kostet das Essen in vielen Lokalen deutlich weniger.

Frühstücken Sie nicht im hoteleigenen Coffee Shop: Er ist teurer als der um die Ecke.

Minimalistisches Interieur des Restaurants Hearth *(siehe S. 297)*

Essenszeiten
Frühstückszeit ist gewöhnlich von 7 Uhr bis etwa 10.30 oder 11 Uhr. Sonntags ist Brunch beliebt. In den meisten besseren Restaurants wird er von etwa 11 bis 15 Uhr serviert. Lunch gibt es meist von 11.30 oder 12 Uhr bis 14.30 Uhr, wobei der Hauptandrang gegen 13 Uhr herrscht. Dinner wird meist ab 17.30 oder 18 Uhr serviert. Die Hauptessenszeit beginnt zwischen 19.30 und 20 Uhr.

Unter der Woche schließen viele Restaurants um 22 Uhr, freitags und samstags gegen 23 Uhr. Einige haben von 11.30 bis 22 Uhr geöffnet, Coffee Shops oft ab 7 Uhr oder sogar 24 Stunden.

Kleidung
In besseren Restaurants wird erwartet, dass Männer Jackett tragen, eventuell herrscht Krawattenzwang. Doch meist reicht gepflegte Straßen- bzw. Geschäftskleidung. Viele Frauen ziehen sich für ein Abendessen in einem teuren Restaurant chic an. Welcher Dresscode erwünscht ist, kann man bei der Reservierung erfragen.

Reservierung
Mit Ausnahme von Imbiss- und Fast-Food-Lokalen ist eine Reservierung empfehlenswert, vor allem am Wochenende. Einige Restaurants, in denen sich die Prominenz trifft, nehmen nur Reservierungen zwei Monate im Voraus an. In Midtown ist eine Reservierung zum Lunch unerlässlich – und selbst dann sitzt man oft lange wartend an der Bar.

Rauchen
Rauchen ist in Bars und Restaurants untersagt. Ausnahmen gelten für familiengeführte Lokale, die spezielle Räumlichkeiten für Raucher haben.

Mit Kindern essen
Kinder mit gutem Benehmen sind in fast allen Restaurants willkommen. Oft gibt es eine spezielle Speisekarte oder verbilligte Kinderportionen. Restaurants der gehobenen Preisklasse sind nur teilweise auf kleine Kinder eingestellt. Alkohol (auch Bier) wird an junge Menschen erst ab 21 Jahren ausgeschenkt.

Reisende mit besonderen Bedürfnissen
Viele Restaurants haben Tische, die sich auch für Gäste im Rollstuhl eignen, man sollte dies bei der Reservierung abklären. In Imbisslokalen können Rollstuhlfahrer aus Platzmangel meist nicht bewirtet werden.

Starköche
New York hat zahlreiche Flagships der Gastro-Szene: Anthony Bourdain gründete Les Halles. Mario Batali besitzt mehrere Lokale, etwa Babbo und Eataly. Gastronom und TV-Moderator David Chang steht hinter dem Phänomen Momofuku. Auch Anita Lo (Annisa), Daniel Boulud (Daniel), Bobby Flay (Bar Americain) und Eric Ripert (Le Bernardin) gehören zur Spitze der New Yorker Szene.

Ein Essen in einem Spitzenrestaurant ist teuer. Um einen Tisch sollte man sich wenigstens zwei Monate im Voraus bemühen. Für viele Restaurants kann man online über Opentable (www.opentable.com) reservieren.

Restaurantkategorien
New Yorker bietet eine unglaubliche Vielfalt an Küchen, von spanisch über griechisch und italienisch bis zu amerikanischer Küche *(siehe New Yorks kulinarische Vielfalt S. 292f)*. Die Restaurantauswahl listet die Lokale nach fünf Arealen geordnet auf:

Downtown umfasst Lower Manhattan und Civic Center, Lower East Side, Chinatown, Little Italy, SoHo und TriBeCa, Greenwich Village, East Village sowie Gramercy und Flatiron District. Zu **Midtown** gehören Lower und Upper Midtown, Chelsea und Garment District sowie Midtown West und Theater District, wo die Lokale vor und nach den Broadway-Shows am vollsten sind.

Upper Manhattan umschließt die Upper East Side mit vielen Edellokalen, die Upper West Side sowie Morningside Heights und Harlem. **Brooklyn** bietet eine innovative Szene. Unter **Abstecher** finden Sie Restaurants in Queens.

In der Restaurantauswahl auf den Seiten 294–305 sind einige Häuser als **Vis-à-Vis-Tipp** hervorgehoben. Sie bieten ein gutes Preis-Leistungs-Verhältnis, ein besonderes Flair, eine hochwertige Küche oder eine einzigartige Erfahrung – oder eine Kombination aus mehreren Vorzügen.

New Yorks kulinarische Vielfalt

Wenige Metropolen bieten eine solche Auswahl an unterschiedlichen Restaurants wie New York. Das kulinarische Angebot der Stadt ist ebenso vielfältig wie ihr kulturelles und ethnisches Erscheinungsbild: von der Haute Cuisine Frankreichs bis zum frischesten Sushi außerhalb Tokyos. Dazwischen liegen karibische, mexikanische, thailändische, vietnamesische, koreanische, griechische, indische und italienische Restaurants. Angesichts der vielen Nationalitäten steht die ursprüngliche Küche New Yorks mittlerweile eher im Hintergrund.

Dim Sum

Frische regionale Produkte auf einem Gemüsemarkt

Essen im Deli

Die große jüdische Gemeinde New Yorks hat einige Spezialitäten in die Stadt gebracht, die heute alle mögen. Dazu gehören Corned Beef, Pastrami-Sandwiches, Mixed Pickles, Heringe, Blintzes und Bagels mit Frischkäse und Räucherlachs. Der Bagel, das jüdische Hefegebäck in Ringform, wird heute in ganz Amerika gegessen, doch im Vergleich zum wahren New Yorker Bagel sind alle anderen nur brotartige Imitate aus der Provinz. Bagels werden mit der Hand geformt, der Teig wird kurz in kochendes Wasser getaucht, bevor er in den Ofen kommt, woraus seine einzigartige Konsistenz resultiert. Ein Verwandter und ebenfalls eine New Yorker Spezialität ist Bialy, eine flache Rolle mit einer Einkerbung, die mit gerösteten Zwiebeln gefüllt ist. Das beste Gebäck bekommt man in den koscheren Bäckereien der Lower East Side *(siehe S. 86–95)*.

Greenmarkets

Auf den Gemüsemärkten der Stadt trifft man nicht selten den Küchenchef eines bekannten Restaurants persönlich. Unter freiem Himmel

Pastrami im Roggenbrot
Blintzes
Gurken
Bagels mit Räucherlachs und Frischkäse
Eingelegte Heringe

Typische Angebote in einem New Yorker Deli

New Yorker Spezialitäten

Pretzels

Obwohl in New Yorks Speiselokalen internationaler als in jeder anderen Stadt gekocht wird, gibt es doch einige Gerichte, die die Metropole für sich beansprucht. Manhattan Clam Chowder, die Muschelsuppe mit Tomaten statt mit Sahne, ist seit ihrer Einführung in den 1880er Jahren an den Stränden von Coney Island beliebt. Das gefragteste Gericht in den Steakhäusern der Stadt ist das New York Strip Steak, ein besonders zartes Lendensteak vom Rind. Der gehaltvolle, cremig-zarte New York Cheesecake wird mit Frischkäse statt mit Ricotta hergestellt. Da die traditionellen, mit Holz beheizten Öfen in New York unpraktisch waren, haben die italienischen Einwanderer Kohleöfen verwendet. Sie sind heute selten, Puristen jedoch essen nur eine solchermaßen zubereitete Pizza.

Manhattan Clam Chowder ist eine Muschelsuppe mit Tomaten. Sie wird mit Brot oder Crackern serviert.

KULINARISCHE VIELFALT | 293

Hotdog-Wagen an einer Straßenecke in Manhattan

bieten Landwirte der Umgebung frisches Gemüse und Obst an, aber auch Fleisch, Geflügel und Milchprodukte. Viele renommierte Köche kaufen hier ein. Auf dem größten dieser Märkte am Union Square *(siehe S. 125)* verkaufen rund 70 Händler montags, mittwochs, freitags und samstags ihre Waren.

Street Food

Street Food ist für die schnelllebige Stadt besonders typisch. Eine große, weiche *pretzel* oder einen Hotdog auf die Hand – beide Klassiker isst man dann im Gehen. Sie sind in New York nach wie vor die beliebtesten Snacks. Das Angebot an Straßenständen ist erstaunlich vielseitig. Es gibt u. a. Falafel, Suppen, Gegrilltes oder Chili. Im Winter verkaufen fliegende Händler geröstete Esskastanien.

Soul Food

In Harlem lebt die berühmteste afroamerikanische Gemeinde der USA. Deren Küche hat ihre Ursprünge im Süden des Landes, typische Gerichte sind z. B. Schweinerippchen, Brathähnchen, Maisbrot und Süßkartoffeln. Das beliebte Gericht Hähnchen mit Waffeln aßen angeblich als Erste die

Lebensmittelladen mit Produkten aus Fernost, Chinatown

schwarzen Musiker der Jazzclubs zwischen zwei Auftritten.

Asiatische Küche

Chinesische Restaurants waren lange Zeit an jeder Ecke in der ganzen Stadt zu finden. In den letzten Jahren haben sie durch thailändische und vietnamesische Restaurants Konkurrenz bekommen. Am meisten haben die Sushi-Bars, aber auch die sehr edlen japanischen Restaurants vom Siegeszug der asiatischen Küche profitiert.

Delicatessen-Klassiker

Babkas Leicht gesüßtes Hefegebäck.

Blintzes Pfannkuchen, gefüllt mit gesüßtem Frischkäse und/oder Früchten.

Gefilte Fish Klößchen aus gehackten Fischfilets, in Fischbrühe gegart und kalt serviert (ein Feiertagsgericht).

Gehackte Leber Hühnerleber mit gehackten Zwiebeln, hart gekochten Eiern und *schmaltz* (Hühnerfett).

Knishes Teigblätter, gefüllt mit Zwiebeln und Tomaten.

Latkes Puffer aus Kartoffeln, Zwiebeln und Matsemehl.

Rugelach Gebäck mit Frischkäse, gefüllt mit gehackten Nüssen und Rosinen.

Pizza New Yorker Art – ob mit dickem oder dünnem Teig: Die Pizza muss im Kohleofen gebacken werden.

New York Strip Steak ist ein zartes Steak, serviert mit Sahnespinat, Pommes frites oder Kartoffelpuffern.

New York Cheesecake ist der in den ganzen USA bekannte Käsekuchen jüdischen Ursprungs.

Restaurantauswahl

New Yorker Institution: Katz's Delicatessen in Downtown

Preiskategorien
Der Preis gilt für ein Drei-Gänge-Menü pro Person, inklusive einer halben Flasche Hauswein, Service und Steuern.
$ unter 50 US-Dollar
$$ 50–90 US-Dollar
$$$ über 90 US-Dollar

Vis-à-Vis-Tipp

Katz's Delicatessen $
Deli **SP** 5 A3 **K** F10
205 East Houston St, 10002
1-212-254-2246
Das jüdische Deli, eine altehrwürdige New Yorker Institution, lockt mit dicken Pastrami- und Corned-Beef-Sandwiches und anderen Spezialitäten, z. B. *knishes* (Teigtaschen mit Kartoffeln, Fleisch und Kohl), Erbsensuppe und *latkes*.

Downtown

Adrienne's Pizza Bar $
Pizza **SP** 1 C4 **K** E14
54 Stone St, 10004
1-212-248-3838
Pizza mit dünnem, knusprigem Boden und leckere Antipasti mögen auch New Yorker.

Angelica Kitchen $
Vegetarisch **SP** 5 A1 **K** F8
300 East 12th St, 10003
1-212-228-2909
Innovative vegetarische Küche, von Suppen und Salaten bis zu Pasta – serviert in einem hellen Raum. Alles wird aus Bio-Zutaten bereitet, die Getränke sind offen und nicht in Flaschen abgefüllt.

Buvette $
Französisch **SP** 3 C2 **K** D9
42 Grove St, 10014
1-212-243-9579
Das Lokal serviert die besten Eiergerichte Manhattans zum Frühstück. Appetizer wie gesalzene Butter und Anchovis peppen das Ganze auf.

Caracas Arepa Bar $
Venezolanisch **SP** 5 A2 **K** F9
93½ East 7th St, 10009
1-212-228-5062
Kleines, immer gut besuchtes Lokal mit leckeren Gerichten aus Venezuela. Spezialität sind *arepas* (Maisküchlein) mit verschiedenen Füllungen.

Congee Village $
Chinesisch **SP** 5 A4 **K** F10
100 Allen St, 10002
1-212-941-1818
Das große Restaurant hat sich auf Congee spezialisiert, den gewürzten chinesischen Reisbrei mit Fleisch oder Fisch. Zudem gibt es schmackhafte Nudelgerichte.

Corner Bistro $
Amerikanisch **SP** 3 C1 **K** C8
331 West 4th St, 10014
1-212-242-9502
Die Bar ist Kult: Hier bekommt man mit die besten Burger der Stadt. Die Manhattanites lieben das Lokal auch wegen der langen Karte mit lokalen Bieren.

Dumpling Man $
Chinesisch **SP** 5 A1 **K** F8
100 St. Mark's Place, 10009
1-212-505-2121
Das winzige Lokal serviert nordasiatische Teigtaschen – gebraten oder gedämpft, mit Hühnchen-, Schweinefleisch-, Tofu- oder Gemüsefüllung. Es gibt auch Suppen und Salate

Ippudo $
Japanisch **SP** 4 F1 **K** E8
65 Fourth Ave, 10003
1-212-388-0088
Shigemi Kawahara aus Fukuoka, der »Ramen King«, ist Besitzer des beliebten Ramen-Ladens, wo man an großen Tischen sitzt. Genießen Sie die Nudelsuppe im *Tonkotsu*-Stil (Brühe aus Schweineknochen).

Ivan Ramen $
Japanisch **SP** 5 B3 **K** G10
25 Clinton St, 10002
1-646-678-3859
Das charmante Lokal mit einem Wandbild aus Pappmaschée serviert scharfe Hits wie Dan-Dan-Nudeln und Ramen mit Chili.

Joe's Shanghai $
Chinesisch **SP** 4 F5 **K** F12
9 Pell St, 10013
1-212-233-8888
Das quirlige Restaurant – eine Institution in Downtown – produziert Teigtaschen mit Füllungen in allen Variationen. Empfehlenswert: die Teigtaschen in Suppe.

Lil' Frankies $
Amerikanisch **SP** 5 A2 **K** F9
19–21 First Ave, 10003
1-212-420-4900
Die angesagte Pizzeria hat einen Garten mit Tischen im Freien. Die Pizza wird im Steinofen über Holzfeuer gebacken.

Lombardi's $
Amerikanisch **SP** 4 F4 **K** E10
32 Spring St, 10012
1-212-941-7994
Die Spitzen-Pizzeria belegt ihre dünnen, knusprigen Pizzas aus dem Steinofen in allen erdenklichen Variationen. Beliebt sind auch hausgemachte Fleischbällchen und Clam Pie (Muschel-Pie).

Mighty Quinn's Barbeque $
Amerikanisch **SP** 4 F2 **K** F9
103 Second Ave, 10003
1-212-219-2000
Der texanisch inspirierte Barbecue-Treff hat leckere Bruststücke, Spareribs und *pulled pork*, begleitet von gebackenen Bohnen.

Mission Cantina $
Mexikanisch **SP** 5 A3 **K** F10
172 Orchard St, 10002
1-212-254-2233
Die witzige Karte hat drei Arten von Speisen: roh, zum Teilen und Platten. Testen Sie die frischen Fisch-Burritos, Ceviche vom Gelbflossenthun und Hähnchenflügel.

Nom Wah Tea Parlor $
Chinesisch **SP** 4 F5 **K** F120
13 Doyers St, 10013
1-212-962-6047
Das elegante altmodische Dim-Sum-Lokal aus den 1920er Jahren besitzt eine einladende Karte. Sie

Restaurantkategorien siehe Seite 291

reicht von Taro- und Shrimps-Teigtaschen bis zu Frühlingsrollen und leckeren Garnelen.

The Paris Café $
Amerikanisch SP 2 D2 K E10
119 South St, 10038
📞 1-212-240-9797
Die altmodische Taverne von 1873 ist eher ein Irish Pub als ein französisches Bistro. Pub-Essen, Guinness und Sport-TV.

Pho Pasteur $
Vietnamesisch SP 4 F5 K E11
85 Baxter St, 10013
📞 1-212-608-3656
Laben Sie sich an leckeren vietnamesischen Rollen, scharfer Nudelsuppe mit Rinderbrust oder Fischbällchen in diesem winzigen, sehr populären Lokal.

Shake Shack $
Amerikanisch SP 9 A4 K E7
Südostecke des Madison Square Park, nahe Madison Ave/East 23rd St, 10010
📞 1-212-889-6600
Die saftigen Burger und gerifelten Pommes der Snackbude verspeisen die Kunden im kühlen Schatten der Bäume. Dazu gibt es leckere Shakes.

Aquagrill $$
Seafood SP 4 D4 K D10
201 Spring St, 10012
📞 1-212-274-0505
Für Seafood-Fans: Das hübsche Lokal mit luftiger Terrasse serviert das frischeste Seafood der Stadt – und aromatische Saucen.

Artisanal $$
Französisch SP 9 A4 K E6
387 Park Ave, 10016
📞 1-212-725-8585
Das elegant eingerichtete Bistro brilliert mit üppigen Käseplatten und Fondues. Bemerkenswerte Auswahl an Cocktails sowie grandiose Desserts.

Eleganter Innenraum des Aquagrill, Downtown

Vis-à-Vis-Tipp

Balthazar $$
Französisch SP 4 E4 K E10
80 Spring St, 10012
📞 1-212-965-414
Die Atmosphäre des Bistros ist unwiderstehlich – schon wenn man einen Blick durch die Panoramafenster an der Spring Street wirft. Das schicke Balthazar ist die Krone in Keith McNallys Brasserie-Imperium. Der bunten Gästeschar – von Literaten aus SoHo bis zu Fashionistas in High Heels – munden französische Klassiker wie Steak frites, Austern und Bordeaux-Weine.

Battery Gardens $$
Amerikanisch SP 1 C4 K E14
17 State St, 10004
📞 1-212-809-5508
Das Lokal besticht durch seine einmalige Lage am Wasser. Hier isst man mediterran inspirierte amerikanische Küche mit tollem Blick auf die Freiheitsstatue.

Beauty & Essex $$
Amerikanisch SP 5 B3 K G10
146 Essex St, 10002
📞 1-212-614-0146
Das äußerst elegante, niveauvolle und geräumige Restaurant serviert kleine Gerichte aus aller Welt und bietet großen Gruppen ein vorab ausgewähltes Menü.

Blue Hill $$
Amerikanisch SP 4 E4 K E9
75 Washington Place, 10011
📞 1-212-539-1776
Das Restaurant verwendet für seine New-American-Küche frischeste Zutaten von Farmen im Umland. Probieren Sie den Räucherlachs mit Rote-Bete-Püree oder das fünfgängige Probiermenü »Farmer's Feast«, das auf der Ernte der Woche basiert.

Blue Ribbon Bakery $$
Amerikanisch SP 4 D3 K D10
35 Downing St, 10014
📞 1-212-337-0404
Die Speisekarte bietet vom gegrillten Schwein bis zum Bio-Salat eine Auswahl kleiner Gerichte – ausschließlich aus lokalen Produkten. Den Durst löscht eine hervorragende Auswahl lokaler Biere.

Blue Smoke $$
Amerikanisch SP 9 A3 K E6
116 East 27th St, 10016
📞 1-212-447-7733
Der hochgepriesene Koch Danny Meyer liefert bestes, authentisches Pit-BBQ, z. B. supersaftige Rippchen oder Schweinefleisch-Sandwiches. Der Jazzclub eine Etage tiefer bietet zwei Musik-Gigs pro Abend.

Boqueria $$
Spanische Tapas SP 4 D4 K D10
171 Spring St, 10012
📞 1-212-343-4255
In dem lebhaften, gut besuchten Lokal schmecken Tapas mit Sangria – vor allem der gegrillte Tintenfisch, die Lammfleischbällchen und die Kroketten mit Schinken. Das Restaurant bezieht seine frischen Zutaten von Bauern aus der Umgebung.

Brother Jimmy's BBQ $$
Amerikanisch SP 9 A3 K E6
181 Lexington Ave, 10016
📞 1-212-779-7427
Fleischfans schwören auf dieses laute Lokal mit »finger-licking« BBQ. Mit seinen großzügigen Portionen bietet es ein gutes Preis-Leistungs-Verhältnis.

Bubby's $
Amerikanisch SP 4 D5 K D12
120 Hudson St, 10013
📞 1-212-219-0666
Herzhafte traditionelle Gerichte und berühmte Pies, in denen Zutaten aus der Region verarbeitet wurden, machen den Ruf des Bubby's aus. Es lohnt sich, den »Arkansas Red Velvet Cake« zu probieren oder vielleicht einen klassischen Apfelkuchen mit Eiscreme. Vermutlich der beste Platz, um genuin amerikanisches Essen zu genießen.

Dos Caminos $$
Mexikanisch SP 4 F3 K E10
475 West Broadway, 10012
📞 1-212-277-4300
Das laute Lokal lockt mit frischer mexikanischer Küche – dicke Guacamole, gegrilltes Hähnchen und starke Tequilas – täglich eine große Gästeschar an. Es ist auch beliebt zum Brunch.

SP = Stadtplan *siehe Seiten 386–419* **K** = Karte *Extrakarte zum Herausnehmen*

Gedämpftes Licht und rustikales Dekor bei Da Silvano, Downtown

Craft $$
Amerikanisch SP 9 A5 K E7
43 East 19th St, 10003
1-212-780-0880
Der kreative Koch Tom Colicchio zelebriert frische Zutaten in seinen »dekonstruierten« Gerichten. Probieren Sie den gebratenen Schwertfisch, Kaninchenrücken oder geschmorte Rinderrippe – und unbedingt die Desserts.

Da Silvano $$
Italienisch SP 4 D3 K D10
260 Sixth Ave, 10014
1-212-982-2343
Das toskanische Restaurant ist bekannter für seine prominenten Gäste als für seine Küche, stellt aber jeden zufrieden. Das Ambiente ist großartig: gedämpftes Licht und heiß umkämpfte Tische im Freien.

Delmonico's $$
Amerikanisch SP 1 C3 K E14
56 Beaver St, 10004
1-212-509-1144 So
Das charmante Steakhaus von 1837 mit historischen Wandbildern serviert Klassiker wie Delmonico Steak, Lobster Newburg oder Baked Alaska.

Dirt Candy $$
Vegetarisch SP 5 A3 K F11
86 Allen St, 10009
1-212-228-7732 Mo
Ambitionierte vegetarische Küche mit Kreationen wie Minz-Estragon-Zucchini-Pasta und Champignon-Mousse. Jedes Gericht kann vegan bestellt werden.

Dirty French $$
Französisch SP 5 A3 K F10
180 Ludlow St, 10002
1-212-254-3000
Das französische Bistro bietet Klassiker wie Ente à l'orange oder Bachforelle mit getrockneten Aprikosen und Sesam.

Edi & the Wolf $$
Österreichisch SP 5 B2 K G9
102 Ave C, 10009
1-212-598-1040
Das rustikale Restaurant punktet mit österreichischen Klassikern wie Wiener Schnitzel (allerdings aus Schweinefleisch) und herrlichen Mehlspeisen. Gute Weinauswahl.

Empellón Cocina $$
Mexikanisch SP 5 A2 K F9
105 First Ave, 10003
1-212-780-0999
Das innovative, aber authentische mexikanische Restaurant verbindet kunstvoll klassische und moderne Küche. Köstlich: Lammbries mit Kürbiskernen.

Fraunces Tavern $$
Amerikanisch SP 1 C4 K E14
54 Pearl St, 10004
1-212-968-1776 So
In der historischen Gaststätte aus dem 18. Jahrhundert schmecken amerikanische Klassiker wie Steak und Fischgerichte. Dazu gönnt man sich eine der 18 Biersorten vom Fass.

Barbereich im Restaurant Freemans, Downtown

Freemans $$
Amerikanisch SP 5 A3 K F10
Freeman Alley, nahe Rivington St, 10002
1-212-420-0012
Das Restaurant liegt versteckt am Ende einer Gasse. Die Karte erinnert mit rumgetränkten Rippchen und Cocktails an eine 1950er-Jahre-Party, die Ausstattung an traditionelle amerikanische Gaststätten.

> ### Vis-à-Vis-Tipp
>
> **Gramercy Tavern** $$
> Amerikanisch SP 9 A5 K E7
> *42 East 20th St, 10003*
> 1-212-477-0777
> Ein Liebling der New Yorker, der Eleganz mit rustikalem Charme verbindet. Gramercy Tavern serviert zeitgenössisches amerikanisches Essen aus saisonalen Produkten. Speisen kann man in der Taverne, nach Vorbestellung gibt es ein mehrgängiges Menü im Dining Room. Probiermenüs sowie exzellenter Serivce.

Great Jones Cafe $$
Amerikanisch SP 4 F2 K E9
54 Great Jones St, 10012
1-212-674-9304
Hier dominiert ein mit Mardi-Gras-Schmuck verziertes Elvis-Bildnis. Trinken Sie Cocktails an der Bar – ein Muss: Cajun Mary –, und wählen Sie ein paar Vinylscheiben in der Jukebox aus.

Les Halles $$
Französisch SP 1 C2 K E13
15 John St, 10038
1-212-285-8585
Die lebhafte Brasserie überzeugt mit Klassikern: saftige Steaks mit Sauce béarnaise, leckerer Lachs oder frische Salate mit würzigen Dressings. Sehr gute Weine.

Restaurantkategorien *siehe Seite 291* Preiskategorien *siehe Seite 294*

Hearth $$
Italienisch **SP** 5 A1 **K** F8
403 East 12th St, 10009
☎ 1-212-602-1300
Das beliebte, lässig-schicke Restaurant vereint die toskanische und amerikanische Küche mit Gerichten wie marinierten Sardinen, scharf angebratenem Rochen und gefülltem Kohl. Danach schmeckt Olivenölkuchen.

Hundred Acres $$
Amerikanisch **SP** 4 D3 **K** D10
38 MacDougal St, 10012
☎ 1-212-475-7500
Von den gebratenen grünen Tomaten bis zum saftigen Lamm kommt in dem gemütlichen Lokal alles frisch von der Farm. Schöner Garten auf der Rückseite.

Jane $$
Amerikanisch **SP** 4 E3 **K** D10
100 West Houston St, 10012
☎ 1-212-254-7000
Hübsches Bistro mit einfachen, aber köstlichen Gerichten aus frischen Zutaten. Angenehmes Ambiente. Beliebt ist der Brunch am Sonntag.

Jewel Bako $$
Japanisch **SP** 4 F2 **K** F9
239 East 5th St, 10003
☎ 1-212-979-1012 ● So
Das winzige, makellose Restaurant serviert exquisite Sushi und eine breite Auswahl an Sashimi. Denken Sie daran, dass sich die Preise für die Gerichte zu einer beachtlichen Summe addieren können – doch es lohnt sich.

Kesté $$
Pizza **SP** 4 D2 **K** E9
271 Bleecker St, 10014
☎ 1-212-243-1500
Pizza wie in Neapel. Im Kesté gibt es mit die beste Holzofenpizza in New York. Bei den Zutaten kann man auch glutenfreie und vegane Optionen auswählen.

Zeitgenössische Ausstattung im Hearth, Downtown

The Little Owl $$
Amerikanisch **SP** 3 C2 **K** C9
90 Bedford St, 10014
☎ 1-212-741-4695
Ein hübsches Lokal, das innovative mediterrane Küche aus frischen Zutaten vom Markt serviert. Besonders gut sind die Schweinekoteletts und Hackfleischbällchen.

Vis-à-Vis-Tipp

Locanda Verde $$
Italienisch **SP** 4 D5 **K** D12
379 Greenwich St, 10013
☎ 1-212-925-3797
Die beliebte Taverne liegt in Robert De Niros Greenwich Hotel. Sie ist bekannt für große Portionen italienischer Hausmannskost – von Pasta bis Seafood.

Lupa $$
Italienisch **SP** 4 F3 **K** D10
170 Thompson St, 10012
☎ 1-212-982-5089
Promikoch Mario Batali serviert superbe Pasta- und Grillgerichte in seiner italienischen Trattoria. Abends sollte man einen Tisch reservieren. Genießen Sie an der Bar einen Cocktail, während Sie auf Ihren Tisch warten.

The Mermaid Inn $$
Seafood **SP** 5 A2 **K** F9
96 Second Ave, 10003
☎ 1-212-674-5870
In das legere Lokal mit der einfachen Bar zieht es viele junge, schicke Gäste zu Muschelsuppe und Hummersandwiches. Zum Seafood schmeckt eine Flasche Bier aus Brooklyn.

Mission Chinese Food $$
Chinesisch **SP** 5 B5 **K** G11
East Broadway, 10002
☎ 1-212-529-8800
Danny Bowiens aus San Francisco hierher verpflanztes Lokal hat sich seit seiner Eröffnung 2012 zum Kultlokal von Fans der Sichuan-Küche entwickelt. Scharf: dreimal gekochter Schinken und Ente im Tonmantel. Das Restaurant hat eine kleine Bar und – erstaunlicherweise – einen Pizza-Ofen.

Momofuku Noodle Bar $$
Asiatisch **SP** 5 A1 **K** F8
171 First Ave, 10003
☎ 1-212-475-7899
Der gefeierte koreanisch-amerikanische Koch serviert innovative Ramen und andere japanische Klassiker. Ein Gedicht sind die Schweinefleischteilchen und das Hühnchen mit Pfannkuchen.

Moustache $$
Nahöstlich **SP** 3 C2 **K** D10
90 Bedford St, 10014
☎ 1-212-229-2220
Das zwanglose Lokal lockt mit würzigem, gegrilltem Lamm und Hühnchen sowie knuspriger »pitza« – Pizza aus Pita-Teig.

Otto $$
Italienisch **SP** 4 E1 **K** E9
1 Fifth Ave, 10003
☎ 1-212-995-9559
Lardo-Pizza (mit Speck) ist eine Spezialität von Koch Mario Batali in dieser lebhaften Nobelpizzeria. Auf der Weinkarte stehen viele exzellente Tropfen aus Italien. Die Preise sind vernünftig, der Service ist ausgesprochen freundlich.

Attraktiv eingedeckte Tisch in The Little Owl, Downtown

La Palapa $$
Mexikanisch SP 5 A1 K F8
77 St. Mark's Place, 10003
☏ 1-212-777-2537
Das bunte Restaurant serviert mexikanische Gerichte wie gebackenen Catfish, starke Margaritas und andere Tequila-Drinks.

Pardon My French $$
Französisch SP 5 B2 K G9
103 Ave B, 10009
☏ 1-212-358-9683
Das Bistro bietet gesunde Gerichte wie *moules frites* (Muscheln) und Ente mit Aprikosen. Der kleine Hinterhof bietet die Möglichkeit, unter Sternen zu speisen.

Pearl Oyster Bar $$
Seafood SP 4 D4 K D10
18 Cornelia St, 10014
☏ 1-212-691-8211 ● So
Das seit Langem erfolgreiche Lokal lockt mit Austernbar und verführerischen Hummerbrötchen. Zu Spitzenzeiten sind die Wartezeiten auf einen Tisch lang.

Il Posto Accanto $$
Italienisch SP 5 B2 K G9
192 East 2nd St, 10009
☏ 1-212-228-3562
In dem freundlichen, gut besuchten Lokal mit Weinbar leuchten festlich Kerzen, das Licht ist gedämpft. Keine schlechte Atmosphäre für den preiswerten Rotwein.

Prune $$
Amerikanisch SP 5 A3 K F9–10
54 East 1st St, 10003
☏ 1-212-677-6221
Das kleine, rustikale Lokal serviert diverse Variationen amerikanischer Klassiker wie etwa Speck und Eier auf einem pfeffrigen Spaghettibett.

Public $$
Australisch SP 4 F3 K F10
210 Elizabeth St, 10012
☏ 1-212-343-7011
In diesem hippen Restaurant gibt es elegant variierte Küche von Down Under. Zu den Highlights gehört das häufig gewählte Kängurufleisch vom Grill. Die Weinkarte listet eine Reihe edler Tropfen aus Neuseeland.

Red Farm $$
Chinesisch SP 3 C2 K C9
529 Hudson St, 10014
☏ 1-212-792-9700
In dem chinesischen Etablissement werden saisonale Produkte verwendet. Auf der Karte stehen Dim-Sum-Pac-Man-Teigtaschen (mit Garnelen) und köstliche Hauptgerichte wie geräuchertes Huhn.

Hier gibt es Asiatisches: Ethno-Look des Spice Market, Downtown

Russ & Daughters Cafe $$
Jüdisch SP 5 A4 K F10
127 Orchard St, 10002
☏ 1-212-475-4880
Hier gibt es handgemachte Bagels mit Räucherlachs, *knishes*, eingelegten Hering und andere jüdische Klassiker. Die New Yorker Gourmet-Kette eröffnete dieses Café 2014.

Sammy's Roumanian $$
Osteuropäisch SP 5 A4 K F10
157 Chrystie St, 10002
☏ 1-212-673-0330
Hier gibt es *latkes* (Kartoffelpuffer), dunkelrote Pastrami und geschabte Leber. Dazu schmeckt ein heimisches Bier. Im oberen Stockwerk kann man tanzen.

Vis-à-Vis-Tipp

Saravanaa Bhavan $$
Indisch/Vegetarisch
SP 9 A4 K E6
81 Lexington Ave, 10016
☏ 1-212-679-0204
Hier gibt es ausschließlich vegetarische Speisen, darunter viele Spezialitäten aus Südindien (u. a. Rasam, eine pikante Linsensuppe). Gute Auswahl an Desserts.

Spice Market $$
Südostasiatisch SP 3 B1 K C8
403 West 13th St, 10014
☏ 1-212-675-2322
Straßenküche aus Südostasien macht einen Besuch zum Erlebnis. Probieren Sie das Schweinefleisch-Vindaloo.

The Spotted Pig $$
Britisch SP 3 B2 K C9
314 West 11th St, 10014
☏ 1-212-620-0393
Briten fühlen sich in dem teuren hippen Pub mit dem exzellenten Wein-, Stout- und Ale-Angebot wie zu Hause. Empfehlenswert ist das fünfgängige vegetarische Menü.

Spring Street Natural $$
Vegetarisch SP 4 F4 K E10
98 Kenmare St, 10012
☏ 1-212-966-0290
Vollwertige Gerichte aus so frischen wie gesunden Zutaten sind das Markenzeichen dieses vegetarischen Lokals. Auch makrobiotische Kost wird angeboten.

The Standard Grill $$
Amerikanisch SP 3 B1 K B8
848 Washington St, 10014
☏ 1-212-645-4100
Das beliebte Lokal im Landhausstil bietet gegrillte Steaks und Burger, Salate aus der Region und eine exzellente Ale-Auswahl. Lecker: die gegrillten Mayan Shrimps.

Stanton Social $$
Amerikanisch SP 5 A3 K F10
99 Stanton St, 10002
☏ 1-212-995-0099
Die Party-Atmosphäre und die kreativen Cocktails in diesem angesagten Lokal lenken etwas von den kleinen Gerichten zum gemeinsamen Genießen ab. Am Wochenende legen DJs auf.

SUteiShi $$
Sushi SP 2 D2 K F13
24 Peck Slip, 10038
☏ 1-212-766-2344
In einem hohen, stilvoll eingerichteten Speiseraum genießt man Sushi und andere Klassiker der japanischen Küche.

Tamarind $$
Indisch SP 4 D5 K D12
99 Hudson St, 10013
☏ 1-212-775-9000
Das moderne, lebhafte Restaurant serviert exzellente Currys und saftiges Lamm. Mit mächtigen Portionen und einer breiten Auswahl an indischen Gerichten bietet es ein großartiges Preis-Leistungs-Verhältnis.

Tertulia $$
Spanische Tapas SP 4 D2 K D9
359 Sixth Ave, 10014
☏ 1-646-559-9909
In der bunten Tapas-Bar locken geräucherte Muscheln und dampfende Paella mit Garnelen.

Tocqueville $$
Französisch SP 8 F5 K D8
1 East 15th St, 10003
☏ 1-212-647-1515 ● So
Dieses versteckte Juwel bietet japanisch inspirierte französische Küche, z. B. Lavendel-Seesaibling. Exzellente Weinkarte.

DOWNTOWN UND MIDTOWN | 299

Tribeca Grill $$
Amerikanisch SP 4 D5 K D12
375 Greenwich St, 10013
☎ 1-212-941-3900
Das Restaurant gehört zu Teilen Robert De Niro und kreiert amerikanische Küche mit asiatischen und italienischen Akzenten. Attraktives Ambiente in einem Lagerhaus von 1905.

I Trulli $$
Italienisch SP 9 A3 K E6
122 East 27th St, 10010
☎ 1-212-481-7372
Das romantische gehobene Lokal ist auf süditalienische Küche spezialisiert und bezieht seine Zutaten ausschließlich aus der Umgebung.

Veselka $$
Ukrainisch SP 1 B1 K E6
144 Second Ave, 10003
☎ 1-212-228-9682
Schon seit 1954 ist das Diner eine Institution im East Village. Es serviert besten hausgemachten Borschtsch, Kalbsgulasch, Piroggen und Kielbasa-Wurst.

The Waverly Inn and Garden $$
Amerikanisch SP 3 C1 K C8
216 Bank St, 10014
☎ 1-212-243-7900
Der schlichte Name täuscht: Hier knabbern Promis und Fashionistas an Schweinekoteletts und anderen amerikanischen Klassikern. Nur mit Reservierung. Beliebter Brunch am Wochenende.

Westville $$
Amerikanisch SP 3 C2 K C9
210 West 10th St, 10014
☎ 1-212-741-7971
Das legere schmale Lokal serviert Hausmannskost wie Mac 'n' Cheese (Makkaroni mit Käse) und Cod Po'boys (Kabeljau-Sandwich). Die Küche ist einfach, aber bekömmlich, auch das heimische Bier schmeckt super.

Zum Schneider $$
Bayerisch SP 5 B2 K G9
107 Ave C, 10009
☎ 1-212-598-1098
In diesem Biergarten ist das ganze Jahr Oktoberfest – mit bayerischen Gerichten und leckeren Bratwürstchen. Am Wochenende ist es proppenvoll.

Aldea $$$
Mediterran SP 8 F5 K D7
31 West 17th St, 10011
☎ 1-212-675-7223 ⬤ So
Der US-portugiesische Koch George Mendes führt dieses einladend helle mediterrane Restaurant. Probieren Sie das Spanferkel mit Trüffelpüree.

Babbo $$$
Italienisch SP 4 D2 K D8
110 Waverly Place, 10011
☎ 1-212-777-0303
Im Hauptlokal von Promikoch Mario Batali locken feinste Pasta, gegrillte Fleischgerichte und Innereien. Die umfassende Weinkarte macht Kenner glücklich.

Vis-à-Vis-Tipp

Bouley $$$
Französisch SP 1 C1 K E12
163 Duane St, 10013
☎ 1-212-66-5829 ⬤ So
Daniel Bouleys bekanntes Restaurant serviert exquisite, teure Gerichte, die jedoch ihren Preis wert sind. Geschmack und Qualität stehen hier im Vordergrund.

The Dutch $$$
Amerikanisch SP 4 D3 K D10
131 Sullivan St, 10012
☎ 1-212-677-6200
Spezialitäten des trendigen Lokals sind Austern und Klassiker der amerikanischen Küche. Großartiges Essen in lebhaftem Ambiente. Gute Auswahl an Bourbons.

Eleven Madison Park $$$
Amerikanisch-Französisch
SP 9 A4 K E6
11 Madison Ave, 10010
☎ 1-212-889-0905
In dem Art-déco-Restaurant pflegt man moderne Haute Cuisine, die zu Recht ihren Preis hat. Kreditkarte nicht vergessen!

Gotham Bar & Grill $$$
Amerikanisch SP 4 E1 K E8
12 East 12th St, 10003
☎ 1-212-620-4020
Das vornehme Restaurant ist eine angesehene New Yorker Institution. Das Greenmarket-Mittagsmenü bietet ein hervorragendes Preis-Leistungs-Verhältnis.

Odeon $$$
Französisch SP 1 B1 K D12
145 West Broadway, 10013
☎ 1-212-233-0507
Im Odeon gibt es Steak tartare und scharfes Hühnchen. Gute Dessertweine und Cocktails. Nur Online-Reservierungen.

Minetta Tavern $$$
Italienisch SP 4 D2 K D9
113 MacDougal St, 10012
☎ 1-212-475-3850
In dem legeren, promifreundlichen Lokal serviert man saftige Steaks und in der mit dunklem Holz getäfelten Bar erstklassige Cocktails und Bourbons.

One if by Land, Two if by Sea $$$
Amerikanisch SP 3 C3 K C10
17 Barrow St, 10014
☎ 1-212-228-0822
Das romantische Restaurant in Aaron Burrs berühmtem Kutscherhaus bietet abends dreigängige Menüs sowie Live-Klaviermusik. Empfehlenswert ist das siebengängige Verkostungsmenü.

Strip House $$$
Amerikanisch SP 4 E1 K E8
13 East 12th St, 10003
☎ 1-212-328-0000
Das Steakhouse im plüschigen Bordellstil verführt mit Dry Aged Steaks, in Gänseschmalz gebratenen Kartoffeln und 24-Schichten-Schokokuchen.

Midtown

Burger Joint at Le Parker Meridien $
Amerikanisch SP 12 E3 K D2
119 West 57th St, 10019
☎ 1-212-708-7414
Das kitschige Lokal überzeugt mit Burgern, Shakes und gutem Bier. Es liegt versteckt in der Lobby des Hotels Le Parker Meridien.

Ziegeltoreingang zum One if by Land, Two if by Sea, Downtown

SP = Stadtplan *siehe Seiten 386–419* **K** = Karte *Extrakarte zum Herausnehmen*

Schicker Speiseraum im Restaurant Pampano, Midtown

Estiatorio Milos $
Griechisch   SP 12 E4   K D2
125 West 55th St, 10019
📞 1-212-245-7400
Dieser Seafood-Palast bietet alles vom gegrillten Hummer bis zur traditionellen griechischen Fischsuppe, von mediterranen Vorspeisen bis zu kanadischen Jakobsmuscheln – und dazu griechische Weine.

Joe Allen $
Amerikanisch   SP 12 D5   K C4
326 West 46th St, 10036
📞 1-212-581-6464
Mit seiner altmodischen Bar-Room-Atmosphäre zieht das Joe Allen seit 1965 Theaterbesucher vor und nach der Vorstellung an. Mit einem Burger oder Hackbraten können Sie eigentlich nichts falsch machen.

Ali Baba $$
Türkisch   SP 13 B5   K F4
862 Second Ave, 10017
📞 1-212-888-8622
Zum Angebot des traditionellen türkischen Lokals gehören Baba Ganoush (Auberginen-Sesam-Püree), gefüllte Weinblätter und Grillgerichte.

Becco $$
Italienisch   SP 11 D5   K C4
355 West 46th St, 10036
📞 1-212-397-7597
Das gemütliche Restaurant ist für sein Pasta-Verkostungsmenü bekannt, begleitet von exzellenten italienischen Weinen.

Bottino $$
Italienisch   SP 7 C4   K B7
246 Tenth Ave, 10001
📞 1-212-206-6766
In einem umgebauten, 100 Jahre alten Eisenwarenladen mit schönem Garten und Innenhof bietet das Bottino köstliche norditalienische Küche und eine üppige Weinauswahl.

Buddakan $$
Fusion   SP 8 D5   K C8
75 Ninth Ave, 10011
📞 1-212-989-6699
Genießen Sie unter hohen Decken das unglaubliche Ambiente, moderne asiatische Küche und Cocktails. Der geräumige Speisesaal ist ideal für große Gruppen.

Carnegie Deli $$
Deli   SP 12 E4   K D3
854 Seventh Ave, 10019
📞 1-800-334-5606
Das typische New Yorker Deli serviert riesige Pastrami- und Corned-Beef-Sandwiches sowie leckere *knishes* (Teigtaschen).

Cho Dang Gol $$
Koreanisch   SP 8 F2   K D5
55 W 35th St, 10001
📞 1-212-695-8222
Das Lokal liegt jenseits der 32nd Street mit ihren vielen Koreanern. Lecker: der hausgemachte Tofu.

Cookshop $$
Amerikanisch   SP 7 C5   K B7
156 Tenth Ave, 10011
📞 1-212-924-4440
Cookshop ist Teil des Marc-Meyer-Imperiums mit Tischen im Freien und saisonalen amerikanischen Gerichten. Auf der Karte stehen Pasta mit Fasan und Schulter vom Vermont-Lamm.

Dawat $$
Indisch   SP 13 B3   K F2
210 East 58th St, 10022
📞 1-212-355-7555
Genießen Sie aromatische, köstliche indische Küche, z. B. exzellenten mit Koriander-Chutney marinierten Lachs oder den Evergreen Chicken tikka masala.

Esca $$
Italienisch   SP 8 D1   K C4
402 West 43rd St, 10036
📞 1-212-564-7272
Chefkoch Mario Batali brilliert auch in dieser exzellenten Trattoria mit süditalienischer Küche. Empfehlenswert: in Meersalz gegarter Seebarsch für zwei.

Felidia $$
Italienisch   SP 13 B3   K F2
99 East 52nd St, 10022
📞 1-212-758-1479
TV-Starköchin Lidia Bastianich serviert italienische Nobelküche in einem eleganten Stadthaus. Fantastische Weinkarte.

Vis-à-Vis-Tipp

Grand Central Oyster Bar $$
Seafood   SP 9 A1   K E4
Grand Central Terminal untere Ebene, 89 East 42nd St, 10017
📞 1-212-490-6650
Unter riesigen Gewölbedecken schlemmert man in diesem Seafood-Tempel Austern, Fisch und andere Meeresfrüchte. Der Chefkoch schwört auf einfache Zutaten, die den Eigengeschmack der Meeresfrüchte nicht überdecken.

Hill Country $$
Amerikanisch   SP 8 F4   K D6
30 W 26th St, 10010
📞 1-212-255-4544
Eine würdige Hommage an original texanisches Barbecue. Ob Rinderbrust oder Rippchen – Fleischliebhaber kommen hier auf ihre Kosten. Auch die Auswahl an Beilagen stellt jeden zufrieden. Abends gibt es häufig Live-Musik.

Marseille $$
Französisch-Marokkanisch
SP 12 D5   K C4
630 Ninth Ave, 10036
📞 1-212-333-2323
Das freundliche marokkanisch-französische Lokal gefällt mit Fliesenboden und Klassikern wie Enten-Cassoulet und Tagines.

Ziegelwände und dezente Beleuchtung im Quality Meats, Midtown

Restaurantkategorien *siehe Seite 291*   Preiskategorien *siehe Seite 294*

MIDTOWN | 301

Michael Jordan's Steakhouse N.Y.C. $$
Amerikanisch SP 9 A1 K E4
23 Vanderbilt Ave, Grand Central Terminal, 10017
1-212-655-2300
Den Basketballstar wird man kaum sehen, aber die Steaks sind perfekt. Ideal für ein Power Lunch.

Molyvos $$
Griechisch SP 12 E4 K D3
871 Seventh Ave, 10019
1-212-582-7500
Hier gibt es Spezialitäten wie dampfendes Moussaka, saftiges Lamm und andere leckere griechische Gerichte. Im Wasserbecken schwimmt, was die Küche an Fisch zu bieten hat. Hübscher großer Speiseraum.

Norma's $$
Amerikanisch SP 12 E3 K D2
119 West 56th St, 10019
1-212-708-7460
Das hervorragende Brunch-Lokal serviert riesige Omeletts und Pfannkuchen.

Osteria al Doge $$
Italienisch SP 12 E5 K D4
142 West 44th St, 10036
1-212-944-3643
Herzhaft gegrilltes Fleisch, hausgemachte Pasta, köstliche krosse Pizza und weitere norditalienische Spezialitäten serviert dieses freundliche, rustikale Lokal.

Vis-à-Vis-Tipp

Pampano $$
Mexikanisch SP 13 B2 K F3
209 East 49th St, 10017
1-212-751-4545
Spezialitäten des eleganten Restaurants von Chefkoch Richard Sandoval sind geräucherter Schwertfisch, gegrillter Heilbutt und Guacamole. Gute Dessertauswahl.

Quality Meats $$
Amerikanisch SP 12 F3 K D2
57 W 58th St, 10019
1-212-371-7777
Das Lokal bietet Top-Steaks, gute Appetizer und Beilagen. Das Rib Eye Steak ist grandios.

The Red Cat $$
Amerikanisch SP 7 C4 K B7
227 Tenth Ave, 10011
1-212-242-1122
In dem Lokal im New-England-Landhausstil serviert man gebratene Austern, Wildbarsch in Weißweinbutter und andere Köstlichkeiten. Gute Weinkarte.

Rue 57 $$
Fusion SP 12 F3 K D2
60 West 57th St, 10019
1-212-307-5656
Das beliebte Lokal bietet einen ungewöhnlichen Mix aus französischer Küche und japanischen Sushi sowie französische Bistro- und amerikanische Klassiker.

Russian Tea Room $$
Russisch SP 12 E3 K D2
150 W 57th St, 10019
1-212-581-7100
Das opulente russische Restaurant reicht nicht ganz an das Vorgängerlokal heran, doch es gibt immer noch ein fantastisches *boeuf stroganoff* und ein noch besseres Hühnchen Kiew.

Shun Lee Palace $$
Chinesisch SP 13 A4 K E2
155 East 55th St, 10022
1-212-371-8844
Das gehobene Restaurant serviert traditionelle chinesische Küche und überaus köstliche Grand-Marnier-Garnelen.

Taboon $$
Nahöstlich SP 11 C4 K B3
773 Tenth Ave, 10019
1-212-713-0271
In diesem freundlichen, rustikalen Lokal trifft Orient auf Mittelmeer-

küche. Die Weinkarte ist herausragend.

Tia Pol $$
Spanische Tapas SP 7 C4 K B7
205 Tenth Ave, 10011
1-212-675-8805
In der kleinen Tapas-Bar herrscht ansteckend gute Laune. Probieren Sie die gebratenen Kichererbsen, Tintenfisch in eigener Tinte und frische Sangria. Große Auswahl an spanischen Weinen.

Trestle on Tenth $$
Schweizerisch SP 7 C4 K B6
242 Tenth Ave, 10001
1-212-645-5659
In dem charmanten Lokal gibt es Schweizer Gerichte wie Schweinefilet mit Rösti. Im Sommer steht ein schattiger Garten zur Verfügung.

Virgil's Real Barbecue $$
Amerikanisch SP 12 E5 K D4
152 West 44th St, 10036
1-212-921-9494
Genießen Sie saftige Schweinerippchen, Chicken Wings, Maisbrot und Kohl in diesem lauten BBQ-Lokal. Zur Auswahl gehören auch mexikanische, kreolische und Cajun-Klassiker.

Vis-à-Vis-Tipp

Aquavit $$$
Skandinavisch SP 13 A4 K E2
65 East 55th St, 10022
1-212-307-7311
Das hochpreisige Restaurant serviert in elegant-minimalistischem Ambiente Skandinavisches wie schwedische Hackbällchen, Graved Lachs und Toast Skagen. Einen hervorragenden Ruf genießen die Cocktails in der Bar-Lounge.

Asiatische Fusion-Küche: das Buddakan in Chelsea, Midtown

Stilvoll mit minimalem Styling: das Aquavit in Midtown

SP = Stadtplan *siehe Seiten 386–419*   K = Karte *Extrakarte zum Herausnehmen*

Seafood-Tempel: das elegante Bernardin, Midtown

Aureole $$$
Amerikanisch SP 8 F1 K D4
135 West 42nd St, 10036
1-212-319-1660
Chefkoch Charlie Palmer serviert in diesem schönen Restaurant einfallsreiche Gerichte, ein beliebtes Pre-Theater-Menü und eine exzellente Weinauswahl.

Le Bernardin $$$
Französisch SP 12 E4 K D3
155 West 51st St, 10019
1-212-554-1515
In dem eleganten Lokal kreiert Chefkoch Eric Ripert französische Meisterwerke. Besonders beliebt ist z. B. Red Snapper mit geräucherter Paprika. Ein Mekka für Seafood-Fans.

BLT Steak $$
Amerikanisch SP 13 A3 K E2
106 East 57th St, 10022
1-212-752-7470
Das trendige Bistro bietet saftige Steaks mit leckeren Saucen, etwa einer Sauce béarnaise. BLT Steak ist berühmt für warme Popovers (Brötchen) und riesige Zwiebelringe.

DB Bistro Moderne $$$
Französisch SP 8 F1 K D4
55 West 44th St, 10036
1-212-391-2400
Der prominente Chefkoch Daniel Boulud leitet dieses nicht zu laute Bistro. Die Küche ist exzellent, die zwei Speiseräume verbindet eine holzvertäfelte Weinbar. Exzellente Auswahl französischer Weine.

La Grenouille $$
Französisch SP 12 F4 K D3
3 East 52nd St, 10022
1-212-752-1495 ● Mo
Der »Frosch« ist klassisch französisch und ideal für ein romantisches Dinner. Zum Ambiente tragen Kerzen bei.

Marea $$$
Seafood SP 12 D3 K C2
240 Central Park South, 10019
1-212-582-5100
Das Marea lockt mit Scheidenmuscheln, Seebarsch, verschiedenen Austernsorten und seinen leckeren Antipasti. Exzellenter Wochenend-Brunch.

Morimoto $$$
Japanisch SP 7 C5 K B8
88 Tenth Ave, 10011
1-212-989-8883
Im Lokal des bekannten Sushi-Meisters Masaharu Morimoto reicht die Palette von Sushi bis zu »Kentucky Fried«-Kugelfisch. Ein Sake-Sommelier hilft Ihnen durch die Sake-Auswahl.

The Sea Grill $$$
Seafood SP 12 F5 K D3
19 West 49th St, 10020
1-212-332-7610 ● So
Das elegante Lokal verwöhnt seine Gäste mit hervorragendem gegrilltem Fisch und Meeresfrüchten, moderner Einrichtung und toller Aussicht.

Smith & Wollensky $$$
Amerikanisch SP 13 B5 K F6
797 Third Ave, 10022
1-212-753-1530
Das exklusive Steakhouse lockt mit besten Steaks, Erbsensuppe und herzhaften Vorspeisen. Die Platte mit gemischtem Seafood ist eine Augen- und Magenfreude.

Upper Manhattan

Amy Ruth's $
Südstaaten SP 21 B3 K N4
113 West 116th St, 10026
1-212-280-8779
Glücklich machendes Soul Food – vom köstlichen Brathuhn bis zur leckeren Schweinshaxe.

Hühnchen auf Waffeln im Amy Ruth's, Upper Manhattan

Harlem Shake $
Amerikanisch SP 21 B2 K N3
100 W 124th St, 10027
1-212-222-8300
Das Lokal ist eine Neuinterpretation des klassischen Diner mit Theke und Mobiliar im Stil der 1950er Jahre. Auf der Karte: Käse-Hotdogs, Burger und Süßkartoffel-Pie. Tische im Freien.

Sisters Cuisine $
Karibisch SP 21 C2 K NP3
47 E 124th St, 10035
1-212-410-3000
Hier kann man mit das beste karibische Essen in Harlem genießen. Auf der Karte findet sich ein fantastisches jamaikanisches Jerk-Hühnchen, Callaloo (Eintopf) à la Trinidad und guyanische gefüllte Brottaschen.

Bar Boulud $$
Französisch SP 12 D2 K C1
1900 Broadway, 10023
1-212-595-0303
Starkoch Daniel Boulud bietet in diesem Restaurant französische Landküche. Das Dekor ist elegant und modern, besonders beliebt sind die Tische auf der Terrasse.

Beyoglu $$
Türkisch SP 17 B5 K P8
1431 Second Ave, 10028
1-212-650-0850
Das ungewöhnlich dekorierte Lokal bietet köstliche authentische Meze (Vorspeisen), z. B. gefüllte Weinblätter und Börek (Blätterteig mit Fetafüllung).

Café d'Alsace $$
Französisch SP 17 B3 K P7
1695 Second Ave, 10128
1-212-722-5133
Das Café vermittelt mit Fliesenboden, Rotwein und Tartes ein Stückchen Elsass. Von einem Tisch im Freien kann man gut die Menschen beobachten.

Café Boulud $$
Französisch SP 16 F5 K N8
20 East 76th St, 10021
1-212-772-2600
Hier bringt Daniel Boulud seine Kreationen in lockerem Ambiente auf den Tisch. Saisonale Gerichte sind etwa Entenbrust mit Rosenkohl in Cidre.

Café Fiorello $$
Italienisch SP 12 D2 K C1
1900 Broadway, 10023
1-212-595-5330
In dem fröhlichen Lokal sollten Sie die Vorspeisen von der Antipasti-Theke probieren. Bei knuspriger Pizza können Sie an den Tischen im Freien die Menschen vor dem Lincoln Center beobachten.

Restaurantkategorien *siehe Seite 291* Preiskategorien *siehe Seite 294*

MIDTOWN UND UPPER MANHATTAN | 303

Café Frida $$
Mexikanisch SP 16 D5 K M8
368 Columbus Ave, 10025
📞 1-212-749-2929
In dem lebhaften Lokal schmecken mexikanische Klassiker wie Fajitas und Tacos ... und die wirklich starken Margaritas.

Café Luxembourg $$
Französisch SP 11 C1 K M9
200 W 70th St, 10024
📞 1-212-873-7411
Das Art-déco-Bistro im Pariser Stil ist bei Geschäftsleuten beliebt und reizend mit alten Spiegeln und verzinkter Theke eingerichtet.

Café Sabarsky $$
Österreichisch SP 16 F3 K N7
1048 Fifth Ave, 10028
📞 1-212-288-0665 ● Di
Ein klassisches Wiener Café mit leckeren Kaffees und herzhaften Spezialitäten von Gulasch bis Strudel. Im hübschen Speiseraum hängt österreichische Kunst.

Calle Ocho $$
Kubanisch SP 16 D4 K M7
45 W 81st St, 10024
📞 1-212-873-5025
In dem bunten, ausgelassenen Lokal wählt man aus einem breiten Angebot lateinamerikanischer Gerichte, von *ceviche* über Yucca-Fritten bis zu mariniertem Thunfisch und Räucherlachs.

The Cecil $$
Afroamerikanisch
SP 21 A3 K MN4
210 W 118th St, 10026
📞 1-212-866-1262
Die stilvolle Brasserie bietet von der afrikanischen Diaspora beeinflusste Fusion-Küche. Probieren Sie Muscheln in Fladenbrot oder Teigtaschen mit Ochsenschwanz.

Dinosaur Bar-B-Que $$
Amerikanisch SP 20 D1 K L2
700 West 125st St, 10027
📞 1-212-694-1777
Das laute BBQ-Lokal wurde von leidenschaftlichen Bikern gegründet. Hier gibt es riesige Rippchen, knusprige Chicken Wings, amerikanisches Bier und am Wochenende Live-Jazz und Comedy.

E.A.T. $$
Amerikanisch SP 17 A4 K P8
1064 Madison Ave, 10028
📞 1-212-772-0022
Das Restaurant des Gourmet-Impresarios Eli Zabar ist oft gnadenlos voll, doch das Essen ist auch ausgezeichnet, vor allem die Suppen, Salate und Sandwiches (die Beläge mit Mozzarella, Basilikum und Tomaten sind superfrisch).

Flex Mussels $$
Belgisch SP 17 A4 K P8
174 East 82nd St, 10028
📞 1-212-717-7772
Gönnen Sie sich in dem fröhlichen Bistro köstliche Miesmuscheln in zahlreichen Varianten, von Schinken und karamellisierten Zwiebeln bis zu Blauschimmelkäse und Speck. Gute Weine.

Vis-à-Vis-Tipp

Gennaro $$
Italienisch SP 15 C2 K M6
665 Amsterdam Ave, 10025
📞 1-212-665-5348
Hier gibt es köstliche Gerichte und bezahlbare Weine. Ein Hit ist die in Rotwein geschmorte Lammkeule. Im Gennaro kann man nicht reservieren. Da das Restaurant ausgesprochen beliebt ist, muss man zu Spitzenzeiten lange auf einen Tisch warten.

Loeb Boathouse Restaurant Central Park $$
Amerikanisch SP 12 E1 K M9
East 72nd St/Park Drive North, Central Park, 10023
📞 1-212-515-2233
Das Restaurant in hübscher Lage am See im Central Park bietet gute amerikanische Küche und ist abends für romantische Dinner beliebt. Bar im Außenbereich.

Maya $$
Mexikanisch SP 13 C2 K F1
1191 First Ave, 10021
📞 1-212-585-1818
Genießen Sie mexikanische Spezialitäten, etwa aromatische Guacamole, frische Tortillas – und auf jeden Fall Margaritas, Tequilas und andere Drinks.

Penrose $$
Amerikanisch SP 17 B4 K P7
1590 Second Ave, 10028
📞 1-212-203-2571
In dem beliebten Gastro-Pub sollten Sie den grandiosen Pat LaFrieda Penrose Burger und das göttliche irische Frühstück testen. Ideal für das Mittagessen, wenn man auf der Museum Mile ist.

Pio Pio $$
Peruanisch SP 15 C2 K M6
702 Amsterdam Ave, 10025
📞 1-212-665-3000
Probieren Sie das knusprige Brathähnchen oder die riesigen sättigenden gemischten Platten – hier reicht eine für zwei Personen.

Vis-à-Vis-Tipp

Red Rooster $$
Amerikanisch SP 21 B1 K N3
310 Malcolm X Ave, 10027
📞 1-212-792-9001
Im Red Rooster schlemmt man Hausmannskost aus den Südstaaten. Ein Gedicht sind die saftigen Steaks mit gebratenen grünen Tomaten, die Schweinelende und das feurigscharfe Jerk Chicken. Der Name des Restaurants ist eine Hommage an das originale Red Rooster, ein Speakeasy, in dem während der Prohibition illegal Alkohol ausgeschenkt wurde.

Rosa Mexicano $$
Mexikanisch SP 12 D2 K C1
61 Columbus Ave, 10023
📞 1-212-977-7700
Das Restaurant serviert Sangrias und grobe Guacamole. Spezialitäten sind mit Achote gewürztes Schweinefleisch und scharfe Enchiladas. Es gibt auch glutenfreie Gerichte.

Ruhig und hübsch: Tische des Café Boulud, Upper Manhattan

SP = **Stadtplan** siehe Seiten 386–419   K = **Karte** Extrakarte zum Herausnehmen

Sfoglia $$
Italienisch   **SP** 17 A2 **K** P6
1402 Lexington Ave, 10128
📞 1-212-831-1402
Das kleine, rustikale Lokal serviert beste italienische Landküche, eine Spezialität des Hauses ist Ente mit Aprikosen. Die Karte wechselt zweimal im Monat, die italienischen Weine sind hervorragend.

Shanghai Pavilion $$
Chinesisch   **SP** 17 B5 **K** P8
1378 Third Ave, 10021
📞 1-212-585-3388
Hier gibt es eine große Auswahl an Spezialitäten aus Shanghai, z. B. erstklassige Dim Sum, sowie Hummer tropicana und andere interessante Seafood-Gerichte.

Sylvia's $$
Soul Food   **SP** 21 B1 **K** N3
328 Malcolm X Ave, 10027
📞 1-212-996-0660
Bei Sylvia's lockt exzellentes Soul Food – vom Brathuhn mit Waffeln bis zum Carolina-Catfish, vom reichhaltigen Frühstück zu himmlischen Südstaaten-Desserts, z. B. köstlichem Peach Cobbler (mit Teig überbackene Pfirsiche).

Asiate $$$
Asiatisch   **SP** 12 D3 **K** C2
80 Columbus Circle, 10019
📞 1-212-805-8881
Hier überzeugen die großartige Aussicht und kreative asiatische Gerichte wie Wagyu-Rind mit Ochsenschwanzsauce, zart in Butter gebratene *foie gras* und Hummer. Am Wochenende dreigängiges Brunch-Menü.

Vis-à-Vis-Tipp

Daniel $$$
Französisch   **SP** 13 A2 **K** E1
60 East 65th St, 10021
📞 1-212-288-0033   ● So
Die erste Wahl für alle, die sich in der City teuer verwöhnen lassen wollen. Das opulente französische Restaurant von Starkoch Daniel Boulud bietet ein fantastisches Sinneserlebnis, vom Betreten des großartigen Speisesaals über den ersten Bissen *foie gras* bis zum letzten Löffel verführerischer Schokoladenmousse. Die exzellente Weinauswahl und der tadellose Service runden den Genuss ab.

Jean-Georges $$$
Französisch   **SP** 12 D3 **K** C2
1 Central Park West, 10023
📞 1-212-299-3900   ● So
Im Kronjuwel des französischen Starkochs Jean-Georges Von-gerichten probiert man sich am besten durch eines der Verkostungsmenüs aus Bio-Zutaten.

Masa $$$
Japanisch   **SP** 12 D3 **K** C2
10 Columbus Circle, 10029
📞 1-212-823-9800   ● So
Chefkoch Masa hält den Rekord für das teuerste Verkostungsmenü aller Zeit. Die 595 US-Dollar sind jedoch jeden Cent wert. Nehmen Sie an der Sushi-Bar Platz – und staunen Sie.

Per Se $$$
Amerikanisch   **SP** 12 D3 **K** C2
10 Columbus Circle, 10019
📞 1-212-823-9335
Thomas Keller bringt kalifornische Spitzenküche nach New York. Ein Traum sind die neungängigen Verkostungsmenüs, die Weinauswahl ist exzellent, der Blick auf den Central Park ist fantastisch.

Sasabune $$$
Japanisch   **SP** 13 C1 **K** Q9
401 East 73rd St, 10021
📞 1-212-249-8583
Der New Yorker Ableger der berühmten Sushi-Schreine in Los Angeles und Honolulu serviert zum Abendessen das Menü *omakase* mit verschiedenen japanischen Köstlichkeiten.

Tavern on the Green $$$
Amerikanisch   **SP** 12 D2 **K** M9
Central Park West/67th St, 10023
📞 1-212-877-8684
Es ist das berühmteste Restaurant des Central Park. Die Küche bietet moderne Gerichte. Hauptsächlich sieht man hier betuchte Anwohner, aber auch Besucher, die eine besondere Gelegenheit feiern wollen.

Brooklyn

Pies-n-Thighs $
Amerikanisch
166 South 4th St, Brooklyn, 11211
📞 1-347-529-6090
Vom Speisesaal bis zum Dekor vermittelt das Lokal typisch amerikanischen Charme. Probieren Sie Shrimps und Maisgrütze, Bratähnchen, Pulled Pork und Butterkekse. Gute Frühstücksauswahl und am Wochenende leckerer Brunch.

al di la Trattoria $$
Italienisch
248 Fifth Ave, Brooklyn, 11215
📞 1-718-783-4565
In dem venezianisch inspirierten Lokal sollten Sie das geschmorte Kaninchen mit schwarzen Oliven kosten – und die köstlichen Desserts oder das himmlische Eis.

Fette Sau $$
Amerikanisch
354 Metropolitan Ave, Brooklyn, 11211
📞 1-718-963-3404
Das Restaurant in einer früheren Garage serviert Barbecue – von Spareribs bis Schweinebauch. Dazu gibt es ein zünftiges Bier oder ein Glas Wein.

Ein Himmel für Fleischliebhaber: Peter Luger Steakhouse, Brooklyn

Elegantes Interieur des renommierten Per Se, Upper Manhattan

Restaurantkategorien *siehe Seite 291* **Preiskategorien** *siehe Seite 294*

Frankies 457 Spuntino $$
Italienisch
457 Court St, Brooklyn, 11231
📞 1-718-403-0033
In dem schicken Restaurant mit Ziegelmauern gibt es herzhafte Küche und starke Cocktails. Saisonale Gerichte sind etwa Riesen-Fleischbällchen und Auberginen-Crostini.

Grimaldi's $$
Italienisch
1 Front St, Brooklyn, 11201
📞 1-718-387-7400
In der überaus beliebten Pizzeria lohnt es sich, auf die Pizza mit cremigem Mozzarella und frischer Tomatensauce aus dem kohlebefeuerten Ofen zu warten.

Marlow & Sons $$
Amerikanisch
81 Broadway, Brooklyn, 11211
📞 1-718-384-1441
Angenehm exzentrisch, mit Gemeinschaftstischen und mediterran inspirierter amerikanischer Küche. Hier kocht man gern mit Bio-Zutaten, z. B. Ziegenkäsetarte mit Bärlauch.

Pok Pok NY $$
Thai
117 Columbia St, Brooklyn, 11231
📞 1-718-923-9322
Chefkoch Andy Ricker hat hier ein gut gehendes Schaufenster eröffnet. Die Küche ist nordthailändisch mit exotisch gewürzten Hähnchenflügeln und Rippchen sowie sautiertem Braunen Senf.

Prime Meats $$
Amerikanisch
465 Court St, Brooklyn, 11231
📞 1-718-254-0327
Das freundliche Restaurant verwöhnt Fleischfans mit Gerichten vom Schweineschnitzel bis zum Steak vom Weiderind. Dazu gibt es eine große Auswahl amerikanischer Biere und starke Cocktails.

Red Hook Lobster Pound $$
Seafood
284 Van Brunt St, Brooklyn, 11231
📞 1-646-326-7650 ● Mo
In dieser Seafood-Bude wird Hummer auf alle erdenklichen Arten zubereitet, etwa mit Nudeln und Käse gratiniert. Die Gäste wählen ihren Hummer aus dem Wasserbecken aus. Zum exzellenten, flexiblen Cateringservice gehört ein spezieller »Hummerlaster«, der auch ausliefert.

Rye Restaurant $$
Amerikanisch
247 South 1st St, Brooklyn, 11211
📞 1-718-218-8047
In der umgebauten Fabrik sind das Hackbraten-Sandwich und die kreativen Cocktails ein Muss.

Vis-à-Vis-Tipp

**Peter Luger
Steak House** $$$
Amerikanisch
178 Broadway, Brooklyn, 11211
📞 1-718-387-7400
Seit über 125 Jahren beglückt diese New Yorker Institution Fleischliebhaber mit riesigen saftigen Portionen, vom Porterhouse-Steak über Prime-Rib-Steaks bis zum Schmorbraten. Die köstlichen Saucen sind ein Genuss. Die gute Nachricht: Man kann sie auch mit nach Hause nehmen. Sie stehen in Flaschen abgefüllt zum Verkauf.

Abstecher (Queens)

Il Bambino $
Italienisch
34–08 31st Ave, Queens, 11106
📞 1-718-626-0087
Hier gibt es italienisch-amerikanische Küche, dicke Panini und eine Riesenauswahl bezahlbarer Weine. Beliebt ist die heiße Erdnussbutter-Schokolade. Zwanglose Atmosphäre sowie guter Service.

Jackson Diner $
Indisch
37–47 74th St, Queens, 11372
📞 1-718-672-1232
Das geräumige Lokal bietet eines der besten Buffets in der Stadt. Hier schmecken klassische nordindische Vorspeisen, Tandoori-Huhn aus dem Lehmofen, verschieden gefüllte Samosas und dickflüssige Lassis.

Agnanti Meze $$
Griechisch
1906 Ditmars Blvd, Queens, 11105
📞 1-718-545-4554
Das lebhafte, gut besuchte Lokal liegt im Herzen der griechischen Gemeinde in Astoria und serviert u. a. gefüllte Weinblätter und Filo-Teig mit Käsefüllung. Im Sommer sitzt man im Hof, im Winter am Kamin.

Elias Corner $$
Griechisch
24–02 31st St, Queens, 11102
📞 1-718-932-1510
Das ausgesprochen beliebte Lokal serviert superfrischen Fisch. Der große Garten ist ideal für Gruppen.

Sripraphai $$
Thai
64–13 39th Ave, Queens, 11377
📞 1-718-899-9599 ● Mi
Die Einheimischen schwören auf dieses kleine Lokal – angeblich soll es hier die beste Thai-Küche der Stadt geben. Die Karte bietet u. a. eine Riesenauswahl an vegetarischen Gerichten, lecker sind u. a. die kurz gebratenen Nudeln mit Tofu, Gemüse, Chili und Thai-Basilikum. Dazu trinken viele den schwarzen Thai-Eistee.

Hübsch beleuchtete Theke im Rye Restaurant, Brooklyn

SP = Stadtplan *siehe Seiten 386–419* K = Karte *Extrakarte zum Herausnehmen*

Kleine Mahlzeiten und Snacks

Fast überall in Manhattan bekommt man jederzeit einen Snack. Die New Yorker scheinen ständig zu essen – an Straßenecken, in Bars, Imbisslokalen, Delis, vor und nach der Arbeit sowie mitten in der Nacht. Man verzehrt Brezeln, Bagels, Pizza, Sandwiches von einem Deli oder Sandwich Shop, heiße Maronen, Pita mit Gyros, einen Snack vor dem Theater im Café oder etwas Herzhaftes im Coffee Shop nach einer durchzechten Nacht. Auch wenn Straßenstände und Snackbars im Allgemeinen billig sind, unterscheiden sie sich in Sachen Qualität erheblich.

Food-Courts und Märkte

Mit Mario Batalis **Eataly** *(siehe S. 125)* und dem Brooklyner **Smorgasburg** von 2011 sind Gourmet-Zwitter entstanden, die sowohl Lebensmittelabteilungen als auch Essensbereiche bieten. Sie sind extrem beliebt.

Le District ist ein französischer Food-Court im Komplex des Brookfield Place *(siehe S. 71)*, **Chelsea Market** belegt die einstige Nabisco-Fabrik am Ende des Meatpacking District. **The Pennsy** eröffnete 2016 bei der Penn Station und bietet Gerichte von New Yorker Chefköchen. Grand Central Terminal hat Gourmet-Essbereiche sowie einen Lebensmittelmarkt, die **Great Northern Food Hall** in der Vanderbilt Hall besitzt fünf Pavillons mit skandinavisch inspirierten Speisen.

Delis

Delis (Delicatessen) sind eine New Yorker Institution. Hier bekommt man riesige Sandwiches zum Lunch. Probieren Sie die mit Corned Beef und Pastrami, die es im berühmten **Carnegie Delicatessen** gibt, für viele das beste Deli in New York. **Katz's Delicatessen** in der Lower East Side ist authentischer und billiger. **Second Avenue Deli** ist für seine Pastrami-Roggenbrötchen beliebt.

Das größte Geschäft machen Delis mit dem Straßenverkauf. Die Sandwiches sind hier noch verhältnismäßig billig, aber das Personal ist oft ungeduldig. Moderner und auch stilvoller ist das Ambiente bei **Mile End**.

Snacks nach jüdischer Art gibt es bei **Barney Greengrass** in der Upper West Side. Seit 1929 serviert der »Stör-König« Lachs, Pastrami und natürlich Stör. Beliebt bei Yuppies sind die Gerichte zum Mitnehmen (Räucherfisch, Pickles und Salate) bei **Zabar's**.

Cafés, Bistros und Brasserien

Cafés, Bistros und Brasserien sind angesagt. Versuchen Sie die ausgefallenen Snacks im **Balthazar** in der Spring Street. Für seine reichhaltige Auswahl an Gourmet-Sandwiches bekannt ist das **Kava Cafe** im Meatpacking District. Das **Café Centro** über der Grand Central Station ist vor allem mittags gut besucht. Zur provenzalischen/mediterranen Küche gehören Fischsuppen ebenso wie Desserts.

Caffè Reggio ist ein legendäres italienisches Café, das 1927 in Greenwich Village seine Pforten öffnete. Das von Alain Ducasse geführte Bistro **Benoit** verwöhnt mit leckeren französischen Speisen – ideal für ein Mittagessen. Downtown in TriBeCa ist das **Odeon** mit seinem Brasserie-Angebot vor allem spätabends voll.

Raoul's in SoHo ist ein französisches Bistro mit lockerem Ambiente, in dem meist Künstler die soliden Speisen genießen. **Elephant and Castle** ist ein minimalistisch eingerichtetes Café in Greenwich Village. Hier trifft man sich zum Lunch, um Suppe, Salat, Omelett oder andere Snacks zu essen. Hervorragend ist der Brunch, der in großen Portionen zu günstigen Preisen serviert wird.

Chez Jacqueline ist eine beliebte Bar in Greenwich Village. Im französischen Bistro trifft sich alles, was jung und hip ist.

Im Theater District liegt das kubanische **Victor's Café**. In dem großen, lebendigen Lokal wird authentische kubanische Küche zu angemessenen Preisen serviert. **Chez Josephine** ist ein ausgelassenes Bistro-Cabaret mit Live-Jazz und Klaviermusik.

Im kleinen **La Boite en Bois** nahe beim Lincoln Center wird köstliche französische Bistro-Küche serviert. **P. J. Clarke's** ist bekannt für seine Burger und wird oft vor dem Theaterbesuch angesteuert.

Sarabeth's in der Upper West Side entzieht sich jeglicher Kategorisierung, lässt sich aber am ehesten als Café bezeichnen. Am besten geht man zum Frühstück hin oder zum Brunch am Wochenende, wenn hier ganze Familien Waffeln, Omeletts und Pfannkuchen verdrücken.

Im **Les Halles** im Financial District steigt der Geräuschpegel am späten Abend stark an, doch die *frites* und Rindfleischgerichte machen den Lärm und den großen Andrang wett.

Pizzerias

Auf Pizza stößt man in New York überall – an Straßenständen, in Fast-Food-Lokalen oder in Pizzerias. Einige Lokale bieten noch etwas mehr. In **Arturo's Pizzeria** kommen die knusprigen Pizzaböden aus einem Holzkohleofen. Zudem gibt es Live-Jazz zu hören. **Motorino** hat eine innovative Karte und bietet ungewöhnliche Beläge, etwa Pizza mit Rosenkohl. **Lombardi's** Pizza gilt als eine der besten in Manhattan. Auch **Mezzaluna** hat sich auf knusprige Pizzas mit dünnem Boden spezialisiert, ebenso **John's Pizzeria**, deren Stammgäste (unter ihnen Woody Allen) sie für die beste Manhattans halten. Im Two Boots sind einige Pizzas nach Filmrollen benannt, u. a. The Dude aus dem Streifen *The Big Lebowski*.

In Brooklyn ist die **Totonno Pizzeria** auf Coney Island einen Ausflug wert. **Joe's Pizza** hat sich in Manhattan einen Namen gemacht. Die Schlange vor dem Lokal ist riesig, aber es geht rasch voran.

Pizzerias sind ideal für eine einfache, preiswerte Mahlzeit, gerade mit Kindern. Die meisten nehmen keine Reservierung vor, in beliebten Lokalen muss man teils mit langen Warteschlangen rechnen.

Burgerlokale

Billige Burger- und Hotdog-Stände findet man gewöhnlich überall. Doch es gibt auch Lokale, wo man Burger von besserer Qualität bekommt. Dabei kann ein Top-Burger leicht bis zu 20 Dollar kosten.

Der New Yorker Restaurant-Betreiber Danny Meyer hat den Burger im **Shake Shack** (mehrere Filialen in Manhattan, u. a. im Madison Square Park) salonfähig gemacht. Man bekommt mit ganz Jahr über leckere Hamburger zu recht günstigen Preisen. Im stilvollen Hotel Le Parker Meridien in Midtown hat sich **Burger Joint** angesiedelt, das wie ein Truck Stop aussieht und erstklassige Burger zubereitet.

Die vier Filialen von **Jackson Hole** servieren saftige Burger, die bei Kindern beliebt sind. Erwachsene werden durch die niedrigen Preise für die lieblose Einrichtung entschädigt.

Für die sehr hohe Qualität ihrer Burger ist die Kette **Five Guys** bekannt, deren Filialen ausnahmslos gut besucht sind.

Grandiose Burger gibt es im **Corner Bistro** in Greenwich Village. Die Preise sind angemessen, auch die Bierauswahl ist gut. Wer nachts Hunger bekommt – das Lokal hat bis 4 Uhr morgens geöffnet.

Imbisslokale (Diners, Luncheonettes)

Imbisslokale, die in den USA »Diners«, »Sandwich Shops«, »Luncheonettes« oder »Coffee Shops« heißen, findet man in ganz New York. Das Essen ist oft nur mittelmäßig, aber reichlich und preiswert. Solche Lokale haben in der Regel von morgens bis abends geöffnet, und man bekommt dort zu allen Tageszeiten Kaffee und etwas Einfaches zu essen.

Bei den Diners sind Neuauflagen der alten Diners aus den 1930er Jahren beliebt. Eines dieser »Retro-Diners« ist **Chock Full o' Nuts**, das mehrere Filialen betreibt. Eine weitere Option ist **Brooklyn Diner** nahe der Carnegie Hall. Theaterbesucher schätzen auch **Junior's**, vor allem das Original in Brooklyn, das wegen seines exzellenten Käsekuchens beliebt ist. In Brooklyns hippem Viertel Williamsburg bekommt man im **Diner** für ein Imbisslokal eine überraschende Auswahl und Qualität. **The Coffee Shop** am Union Square serviert die ganze Nacht über brasilianisch-amerikanische Küche. In Eli Zabars **E.A.T.** in der Upper East Side kann man superbe jüdische Spezialitäten probieren, die jedoch nicht ganz günstig sind. **EJ's Luncheonette** in der Nähe serviert klassische, kinderfreundliche Gerichte in authentischer 1950er-Jahre-Atmosphäre.

Veselka ist kein gewöhnlicher Sandwich Shop. Man bekommt hier polnische und ukrainische Speisen zu Tiefstpreisen – und das sogar rund um die Uhr.

Teesalons (Tea Rooms)

Guten Tee und dazu passendes Gebäck bekommt man in den teureren Hotels, wo zwischen 15 und 17 Uhr zum Nachmittagstee gebeten wird.

Wer Tee und Gebäck auf Chippendale-Möbeln einnehmen möchte, geht ins Hotel **Carlyle**. Das **Hotel Pierre** bietet einen der besten Nachmittagstees zum Fixpreis an. Zum Tee im **Waldorf Astoria** gibt es Devonshire Cream. Überaus elegant ist auch der Palmengarten im **The Plaza**, das auf eine lange Tradition zurückblickt.

Abwechslung beim Teetrinken verspricht **Ten Ren's Tea Time** in Chinatown, wo man Bubble Tea oder Tee-Drinks mit zerstoßenem Eis bzw. Boba-Perlen (platzenden Perlen) serviert. Für eine Teepause eignet sich auch **Tea & Sympathy** in Greenwich Village (Greenwich Avenue).

Kaffee und Kuchen

Eine Tasse amerikanischen (in der Regel eher dünnen) Kaffee bekommt man in den meisten Diners, Coffee Shops und Luncheonettes, dort wird auch endlos nachgeschenkt. Ein bei Kaffeefreunden willkommener Trend sind Coffee Bars, die italienischen Kaffee und diverse Varianten wie Cappuccino oder Caffè Latte anbieten. Auch einige Eisdielen und Konditoreien servieren guten Kaffee zu Kuchen und Gebäck.

Vor den Filialen der **Magnolia Bakery** stehen die Leute Schlange, um in den Genuss der Köstlichkeiten zu kommen. Auch **Joe** hat diverse Niederlassungen. Die 1892 gegründete **Ferrara Bakery and Café** bietet italienisches Gebäck, Kaffee sowie Tische im Freien bei günstigen Preisen. Der **Hungarian Pastry Shop** serviert österreichisch-ungarische Köstlichkeiten mit Blick auf St. John the Divine. **Sant Ambroeus** ist ein Abkömmling der Mailänder *pasticceria* mit einer Espressobar. Hier bekommt man verführerische Süßspeisen. Vor der beliebten **Dominique Ansel Bakery** bilden sich Schlangen für den originalen Cronut, eine Kreuzung aus Donut und Croissant. Beliebt ist auch **Serendipity 3**, bekannt für sein viktorianisches Ambiente, die kunstvollen Eisbecher – eine besondere Delikatesse sind der Eiskaffee und die Eisschokolade – sowie die Nachmittags-Snacks zur Teatime. Ein Refugium für Leseratten ist das **Barnes & Noble Café** im gleichnamigen Buchladen.

Mudspot ist der feste Ableger des als »Mudtrack« bekannten orangefarbenen Vans, der mobil Kaffee verkauft. Um Starbucks mit seinen Dutzenden von Filialen kommt man auch in New York nicht herum.

Auf einen Blick

Lower Manhattan und Civic Center

Le District
Brookfield Place, West St.
Stadtplan 1 A2.

Les Halles
15 High St.
Stadtplan 1 C2.

Lower East Side

Ferrara Bakery and Café
195 Grand St.
Stadtplan 4 F4.

Katz's Delicatessen
205 E Houston St.
Stadtplan 5 A3.

Ten Ren's Tea Time
73 Mott St.
Stadtplan 4 F5.

SoHo und TriBeCa

Balthazar
80 Spring St.
Stadtplan 4 E4.

Dom. Ansel Bakery
189 Spring St.
Stadtplan 4 D4.

Odeon
145 W Broadway.
Stadtplan 1 B1.

Raoul's
180 Prince St.
Stadtplan 4 D3.

Starbucks
72 Spring St. Stadtplan 4 F4. Mehrere Filialen.

Greenwich Village

Arturo's Pizzeria
106 W Houston St.
Stadtplan 4 E3.

Caffè Reggio
119 MacDougal St.
Stadtplan 4 D2.

Chelsea Market
75 9th Ave.
Stadtplan 3 A1.

Chez Jacqueline
72 MacDougal St.
Stadtplan 4 D2.

Corner Bistro
331 W 4th St.
Stadtplan 3 C1.

Elephant and Castle
68 Greenwich Ave.
Stadtplan 3 C1.

Five Guys
296 Bleecker St.
Stadtplan 3 C3.

Joe
141 Waverly Place.
Stadtplan 3 C1.

Joe's Pizza
7 Carmine St.
Stadtplan 4 D3.

Kava Cafe
803 Washington St.
Stadtplan 3 B1.

Magnolia Bakery
401 Bleecker St.
Stadtplan 3 C2.
200 Columbus Ave.
Stadtplan 12 D1.

Sant Ambroeus
259 W 4th St.
Stadtplan 3 C1.

Tea & Sympathy
108 Greenwich Ave.
Stadtplan 3 C1.

East Village

Mile End
53 Bond St.
Stadtplan 4 F2.

Motorino
349 E 12th St.
Stadtplan 5 A1.

Mudspot
307 E 9th St.
Stadtplan 4 F1.

Veselka
144 2nd Ave.
Stadtplan 4 F1.

Gramercy und Flatiron District

The Coffee Shop
29 Union Square West.
Stadtplan 9 A5.

Eataly
200 Fifth Ave.
Stadtplan 8 F4.

Shake Shack
Madison Square Park.
Stadtplan 8 F4.

Midtown West und Theater District

Carnegie Delicatessen
854 7th Ave.
Stadtplan 12 E4.

Chez Josephine
414 W 42nd St.
Stadtplan 7 B1.

John's Pizzeria
260 W 44th St.
Stadtplan 12 E5.
Eine von drei Filialen.

Junior's
Shubert Alley,
Eingang 45th St.
Stadtplan 12 E5.

Victor's Café
236 W 52nd St.
Stadtplan 11 B4.

Chelsea und Garment District

The Pennsy
2 Pennsylvania Plaza.
Stadtplan 8 E2.

Lower Midtown

Café Centro
Grand Central, E 42nd St/Park Ave.
Stadtplan 9 A1.

Great Northern Food Hall
Vanderbilt Hall, Grand Central E 42nd St/Park Ave. Stadtplan 9 B2.

Second Avenue Deli
162 E 33rd St.
Stadtplan 9 B2.

Upper Midtown

Barnes & Noble Café
555 Fifth Ave.
Stadtplan 12 F5.

Brooklyn Diner
212 W 57th St.
Stadtplan 12 E3.

Burger Joint
Le Parker Meridien Hotel, 118 W 57th St.
Stadtplan 12 E3.

Waldorf Astoria
301 Park Ave.
Stadtplan 13 A5.

Lower East Side

Lombardi's
32 Spring St.
Stadtplan 4 F4.

Upper East Side

Benoit
60 W 55th St.
Stadtplan 12 F3.

Carlyle
35 E 76th St.
Stadtplan 17 A5.

E.A.T.
1064 Madison Ave.
Stadtplan 17 A4.

EJ's Luncheonette
1271 3rd Ave.
Stadtplan 13 B1.

Hotel Pierre
2 E 61st St.
Stadtplan 12 F3.

Jackson Hole
232 E 64th St.
Stadtplan 13 B2.
Mehrere Filialen.

Mezzaluna
1295 3rd Ave.
Stadtplan 17 B5.

The Plaza
768 5th Ave.
Stadtplan 12 F3.

Serendipity 3
225 E 60th St.
Stadtplan 13 B3.

Upper West Side

Barney Greengrass
541 Amsterdam Ave.
Stadtplan 15 C3.

La Boite en Bois
75 W 68th St.
Stadtplan 11 C1.

P. J. Clarke's
44 W 63rd St.
Stadtplan 12 D2.

Sarabeth's
423 Amsterdam Ave.
Stadtplan 15 C4.

Zabar's
2245 Broadway.
Stadtplan 15 C2.

Morningside Heights und Harlem

The Hungarian Pastry Shop
Amsterdam/109th St.
Stadtplan 20 E4.

Brooklyn

Chock Full o' Nuts
1611 Ave M, Midwood.

Diner
85 Broadway.

Smorgasburg
90 Ken Ave.

Totonno Pizzeria
1524 Neptune Ave.

Stadtplan *siehe Seiten 386–419*

New Yorker Bars

Bars spielen eine große Rolle in der Stadtkultur. Für New Yorker ist es normal, den Abend in verschiedenen Bars zu verbringen, denn jede bietet mehr als nur Alkohol und jede etwas anderes, etwa erstklassiges Essen, Tanz oder Live-Musik. Eine besondere Attraktion sind Pubs, die Bier vor Ort brauen. Bars gibt es in großer Zahl und für jeden Geldbeutel. In New York wird jeder seine Lieblingsbar finden.

Praktische Hinweise

Bars haben in der Regel von etwa 11 Uhr bis 2 Uhr geöffnet. Viele schließen auch erst um 4 Uhr, zur gesetzlichen Sperrstunde. In vielen gibt es zwischen 16 und 18 Uhr eine »Happy Hour«, dann werden *twofers* (zwei Drinks zum Preis von einem) und kostenlose Snacks angeboten. Barkeeper können es ablehnen, an jemanden auszuschenken, von dem sie den Eindruck haben, dass er schon angetrunken ist. In New Yorker Bars herrscht Rauchverbot, außer in speziell belüfteten Räumen.

Mindestalter für den Genuss von Alkohol ist 21 Jahre. Hält der Barkeeper Sie für jünger, müssen Sie sich ausweisen. Kinder haben in New Yorker Bars nichts zu suchen.

Üblicherweise werden die Getränke aufgeschrieben, und man bezahlt alles zusammen, bevor man geht. Ein Trinkgeld für den Barkeeper wird erwartet – 15 Prozent des Betrags oder ein Dollar pro Drink. Die Drinks werden nicht abgemessen. Wenn Sie also etwas mehr im Glas haben wollen, schadet es nicht, dem Barkeeper ein ordentliches Trinkgeld zu geben. Wenn man am Tisch bedient wird, kosten die Getränke mehr. Eine Runde Bier kann durchaus teuer werden. Günstiger ist es, wenn Sie einen Krug mit einem Quart (0,95 l) oder einer halben Gallone (1,9 l) bestellen.

Manche Bars haben ihre Alkoholausschanklizenz nach einem alten »Cabaret-Gesetz« bekommen, das Tanzen verbietet. Es kommt relativ häufig vor, dass Bars ihre Lizenz verlieren, weil sie dieses Gesetz übertreten. Wenn Sie also in einer Musikkneipe gebeten werden, nicht zu tanzen, hat dies durchaus einen ernsten Hintergrund.

Getränke

In New Yorker Bars ist fast jedes alkoholische Getränk zu haben. Am beliebtesten ist Bier. Die meisten Bars führen Biere großer Brauereien (Budweiser, Coors und Miller) und bekannte europäische Biere wie Beck's, Heineken und Guinness. In alten Pubs und schicken Bars gibt es eine größere Auswahl: importierte, aber auch amerikanische Biere aus kleinen Brauereien, etwa Samuel Adams, Sierra Nevada und Anchor Steam, sowie New Yorker Biere wie Brooklyn Lager. Im Trend liegen *micro-breweries*, die gute Biere nach europäischer Tradition brauen.

Beliebte Getränke sind Designer- oder Fusion-Cocktails: Cola-Rum, Wodka und Tonic, trockener Martini, Scotch oder Bourbon, *straight up* (ohne Eis) oder *on the rocks* (mit Eis). Gefragt ist der Cosmopolitan: Wodka, Cointreau, Cranberry- und Limettensaft.

Seit einiger Zeit feiern auch Weinbars eine Renaissance in New York. Hier bietet die Weinkarte meist eine gute Auswahl.

Essen

Die meisten Bars bieten den ganzen Tag über etwas zu essen an, meist Burger, Pommes, Salate, Sandwiches oder Chicken Wings. An Restaurantbars können Sie oft einen Barsnack bestellen. Die Küche vieler Bars schließt kurz vor Mitternacht.

Angesagte Bars

Wenn Sie in eine der hippen Bars wollen, sollten Sie sich so chic wie möglich anziehen und sich darauf einstellen, in einer Schlange anzustehen – außer vielleicht, wenn Sie sehr früh kommen.

Im Meatpacking District reiht sich Bar an Bar, eine davon heißt **Cielo**, zugleich ein Club mit Musik von den 1980er Jahren bis Hip-Hop. Im trendigen West Village hat sich die Bar **Employees Only** wegen ihrer grandiosen Cocktails, deren Qualität auch in New York Maßstäbe setzt, einen Namen gemacht. Die **Tao Bar** nimmt in einem ehemaligen Theater neben dem Four Seasons Hotel drei Stockwerke ein. Von den oberen Etagen überblicken Sie bei asiatischem Essen die Bar unten.

Das Nachtleben in der Lower East Side wird immer bunter, weil ständig neue Bars und Clubs aufmachen. Sehr populär für ihre Cocktails ist die **Schiller's Liquor Bar**. Immer noch treffen sich die Schönen und Schicken gern in der **B-Bar**. Auch wenn manche meinen, deren beste Zeit sei vorbei – der große Platz unter freiem Himmel ist im Sommer nicht zu schlagen. **Sweet & Vicious** ist eine weitere angesagte Bar im nahen Nolita mit Kronleuchtern und viel Holz und Ziegeln. Der Treffpunkt für die SoHo-TriBeCa-Szene ist seit einiger Zeit **The Odeon**.

Bars mit Ausblick

Die **Rooftop Bar** im Hotel Pod 39 bietet einen einmaligen Blick auf Lower Manhattan und das Empire State. Spektakulär ist auch der Blick von der **Rooftop Bar and Lounge** im Empire Hotel, von der **Ascent Lounge** im Time Warner Center und von der **Living Room Terrace** im W Downtown auf das neue World Trade Center. Bei warmem Wetter ist das **Bryant Park Café** in Midtown ein beliebter Treff. Mit Cocktails und einer tollen Aussichtsterrasse lockt das **230 Fifth**.

Historische und Literaten-Bars

Zu den ältesten Bars New Yorks gehört **McSorley's Old Ale House**, seit 1854 ein irischer Saloon. Die Historie des **Ear Inn** reicht bis ins Jahr 1812 zurück, als an dieser Stelle erstmals eine Taverne eröffnete. Heute ist es ein gemütliches Lokal mit einem langen Holztresen. Ein weiterer Klassiker in SoHo ist **Fanelli's Café**, das 1922 während der Prohibition als »Speakeasy« eröffnete.

In Greenwich Village befinden sich einige der ältesten Bars. Die Lieblingskneipe von Dylan Thomas, die **White Horse Tavern**, ist noch immer voller Literaten und College-Typen. Im Sommer kann man draußen sitzen. Im **Peculier Pub** hat man die Wahl unter über 360 Biersorten. Eine nette, aber stark von Besuchern bevölkerte Kneipe im Finanzviertel ist **Fraunces Tavern** *(siehe S. 80)*.

Pete's Tavern im Gramercy Park gibt es seit 1864. Die Bar hat bis 2 Uhr geöffnet und ist für ihr viktorianisches Ambiente und ihr hauseigenes Bier der Marke Pete's Ale bekannt. Die **Old Town Bar**, ein irisches Pub, existiert seit 1892 und ist bei Leuten aus der Werbebranche populär. Statt der Celebrities von einst finden sich heute bei **Sardi's** die Reporter der New York Times ein, die die großzügig eingeschenkten Drinks schätzen.

Der **Carnegie Club** mit seinen Bücherschränken aus dem 18. Jahrhundert und gemauerten Kaminen ist eine Zeitreise. Hier sollte man korrekt gekleidet aufschlagen. Es gibt edle Malts und Zigarren. Seit 2015 residiert in der Upper East Side das **Subway Inn**, eine klassische Kneipe, die schon 1937 eröffnet wurde.

Nach der Arbeit trifft man sich bei **P.J. Clarke's**, dem Saloon mit irischen Barkeepern und unglaublich viel Betrieb. Der **21 Club** zählt zu den stimmungsvollsten Treffpunkten der Stadt mit altem Spielzeug unter der Decke. In der Nähe der Carnegie Hall liegt **P.J. Carney's**, seit 1927 Treffpunkt von Musikern und Künstlern. Es gibt irisches Ale und guten Shepherd's Pie.

Mikrobrauereien

Seit den 1990er Jahren gibt es in den USA eine Renaissance von Craft Beer. Meist wird es in kleinen unabhängigen Brauereien hergestellt, die auch nur kleine Mengen an exklusiven Bieren in allen Varianten fabrizieren. New York hinkte diesem Trend etwas hinterher. Doch allmählich hat sich auch hier eine Szene entwickelt. Dank der staatlichen Legalisierung kleiner Brauereien und Bierbars floriert mittlerweile die Mikrobrauerei auch im Big Apple.

1987 entstand die **Brooklyn Brewery**, der Pionier der Bewegung. Bis 1996 stellte sie nur Bier vor Ort an ihrem Hauptsitz in Williamsburg her. Heute kann man in der cafeteriaartigen »Bierschwemme« abhängen oder eine Tour durch die Anlage machen. Pro Bier zahlt man fünf Dollar, das Angebot umfasst saisonale Biersorten, die man sonst nicht in Bars oder Restaurants findet.

In Greenpoint serviert das dänische **Tørst** 21 Biersorten in einem mit Scheunenholz eingerichteten Lokal, darunter auch die eigene Marke Evil Twin Brewing. Weitere Bars in Brooklyn sind **Threes Brewing** im Viertel Gowanus mit 20 eigenen Sorten im Ausschank und **Other Half Brewing** in Carroll Gardens mit guten IPAs (India Pale Ales).

In Queens gibt es **SingleCut Beersmiths**, einen Lagerbier-Spezialisten, sowie **Transmitter Brewing**, Produzent von Farmhouse Ales.

In Manhattan bietet **d.b.a.** im East Village 14 Sorten Bier vom Fass, im West Village hat Blind Tiger (281 Bleeker St) immer mehrere seiner rollierenden 28 Sorten im Angebot.

Schwulen- und Lesbenbars

Schwulenbars findet man in Greenwich Village, SoHo, East Village, Chelsea und Murray Hill sowie, in geringerem Maße, in der Upper East und der Upper West Side.

Bars für Lesben konzentrieren sich vor allem in Greenwich Village und im East Village. Einschlägige Adressen findet man im kostenlosen Wochenmagazin Next oder online auf der Website (www.nextmagazine.com).

Hotelbars

Das **Algonquin Hotel** war in den 1920er und 1930er Jahren ein beliebter Literatentreff. Heute kann man in der atmosphärischen Lobby Lounge und der Blue Bar einen Drink nehmen. Die minimalistisch eingerichtete **Bar 44** im Royalton Hotel ist nahezu ideal, um Leute aus der Theaterszene zu beobachten. Auch die **Paramount Bar** mit ihren Fenstern vom Boden bis zur Decke ist bei Theaterleuten und -gängern beliebt.

Bull and Bear im Waldorf Astoria ist eine geschichtsträchtige Bar aus der Prohibitionszeit, sie strahlt eine Behaglichkeit aus, der man kaum widerstehen kann.

Die elegante **King Cole Bar** im St. Regis Hotel ist nach dem Wandbild von Maxfield Parrish benannt, das dem Raum Farbe verleiht. Hier soll übrigens die Bloody Mary erfunden worden sein.

Die trendige **Grand Bar** des Soho Grand ist ein angesagter Night Spot. Die **Roxy Bar** im Roxy Hotel lockt eine ebenso elaborierte Gästeschar an.

Die **Sky Terrace** im Hudson Hotel bietet Ausblick auf die funkelnden Lichter und auf den Hudson River. Die **Rose Bar** und **Jade Bar** im Gramercy Park Hotel sind voller Fashionistas, die nicht nur Cocktails, sondern auch die elektrifizierenden Schwingungen einsaugen.

In der Upper East Side finden sich Daniel Boulouds **Bar Pleiades**, eine stilvolle Art-déco-Hommage des Luxushotels The Surrey an Coco Chanel, sowie die **Bemelmans Bar** im Carlyle Hotel, die mit den witzigen Wandbildern von Ludwig Bemelmans verziert ist.

BARS | 311

Auf einen Blick

Lower Manhattan und Civic Center

Fraunces Tavern
54 Pearl St.
Stadtplan 1 C4.
w fraunccstavern.com

Living Room Terrace
W Downtown,
123 Washington St.
Stadtplan 1 B3.

SoHo und TriBeCa

The Ear Inn
326 Spring St.
Stadtplan 3 C4.
w earinn.com

Fanelli's Café
94 Prince St.
Stadtplan 4 E3.

The Grand Bar
Soho Grand,
310 W Broadway.
Stadtplan 4 E4.
w sohogrand.com

The Odeon
145 W Broadway.
Stadtplan 1 B1.
w theodeonrestaurant.com

Roxy Bar
Roxy Hotel,
26th Ave.
Stadtplan 4 D4.
w roxyhotelnyc.com

Sweet & Vicious
5 Spring St.
Stadtplan 4 F4.
w sweetandvicious.com

Greenwich Village

Cielo
18 Little W 12th St.
Stadtplan 3 B1.
w cieloclub.com

Employees Only
510 Hudson St.
Stadtplan 3 C2.
w employeesonlynyc.com

Peculier Pub
145 Bleecker St.
Stadtplan 4 D3.
w peculierpub.com

White Horse Tavern
567 Hudson St.
Stadtplan 3 C1.

East Village und Lower East Side

B-Bar
40 E 4th St.
Stadtplan 4 F2.
w bbarandgrill.com

d.b.a.
41 1st Ave.
Stadtplan 5 A1.

McSorley's Old Ale House
15 E 7th St.
Stadtplan 4 F2.
w mcsorleysnewyork.com

Schiller's Liquor Bar
131 Rivington St.
Stadtplan 5 B3.
w schillersny.com

Gramercy

Jade Bar
Gramercy Park Hotel,
2 Lexington Ave.
Stadtplan 9 A4.
w gramercyparkhotel.com

Old Town Bar
45 E 18th St.
Stadtplan 8 F5.
w oldtownbar.com

Pete's Tavern
129 E 18th St.
Stadtplan 9 A5.
w petestavern.com

Rose Bar
Gramercy Park Hotel,
2 Lexington Ave.
Stadtplan 9 A4.
w gramercyparkhotel.com

Midtown West und Theater District

Algonquin Hotel
59 W 44th St.
Stadtplan 12 F5.
w algonquinhotel.com

Bar 44
Royalton Hotel,
44 W 44th St.
Stadtplan 12 F5.

Bryant Park Café
Bryant Park.
Stadtplan 8 F1.
w bryantpark.org

Paramount Bar
Paramount Hotel,
235 W 46th St.
Stadtplan 12 E5.
w nycparamount.com

P. J. Carney's
906 7th Ave.
Stadtplan 12 E3.
w pjcarneys.com

Sardi's
234 W 44th St.
Stadtplan 12 F5.
w sardis.com

Sky Terrace
Hudson Hotel,
356 W 58th St.
Stadtplan 12 D3.
w hudsonhotel.com

Lower Midtown

230 Fifth
230 Fifth Ave.
Stadtplan 8 F3.
w 230-fifth.com

Carnegie Club
156 W 56th St.
Stadtplan 12 E3.

Upper Midtown

21 Club
21 W 52nd St.
Stadtplan 12 F4.
w 21club.com

Ascent Lounge
10 Columbus Circle,
4. Stock. Stadtplan
12 D3. w ascentloungenyc.com

Bull and Bear
Waldorf Astoria Hotel,
Lexington Ave.
Stadtplan 13 A5.
w bullandbearsteakhouse.com

King Cole Bar
St. Regis Hotel,
2 E 55th St.
Stadtplan 12 F5.

P. J. Clarke's
915 3rd Ave.
Stadtplan 13 B4.
w pjclarkes.com

Rooftop at Pod 39
Pod 39,
145 E 39th St.
Stadtplan 9 A1.
w thepodhotel.com

Tao Bar
42 E 58th St.
Stadtplan 13 A3.
w taorestaurant.com

Upper East Side

Bar Pleiades
20 E 76th St.
Stadtplan 17 A5.

Bemelmans Bar
Carlyle Hotel,
35 E 76th St.
Stadtplan 17 A5.

Subway Inn
1140 2nd Ave.
Stadtplan 13 B3.

Upper West Side

Rooftop Bar and Lounge
Empire Hotel,
44 W 63rd St.
Stadtplan 12 D2.
w empirehotelnyc.com

Brooklyn

Brooklyn Brewery
79 North 11th St,
Williamsburg.
Stadtplan 23 B1.
w brooklynbrewery.com

Other Half Brewing
195 Centre St, Carroll
Gardens.
Stadtplan 23 A5.
w otherhalfbrewing.com

Threes Brewing
333 Douglass St.
Stadtplan 23 B4.
w threesbrewing.com

Tørst
615 Manhattan Ave,
Greenpoint.
Stadtplan 23 B1.
w torstnyc.com

Abstecher

SingleCut Beersmiths
19–33 37th St, Astoria.
w singlecutbeer.com

Transmitter Brewing
11th St, Long Island
City.
w transmitterbrewing.com

Stadtplan *siehe Seiten 386–419*

Shopping

Was wäre eine New-York-Reise ohne einen ausgedehnten Schaufenster- und Shopping-Bummel? Die Stadt ist zweifellos das Konsumzentrum der Welt, ein Einkaufsparadies mit einem überwältigenden Angebot. Hier gibt es einfach alles – von der aktuellsten Mode über seltene Kinderbücher und die neuesten Elektronikartikel bis hin zu einer Vielfalt exotischer Nahrungsmittel. Wer auf der Suche nach seinem eigenen Hovercraft, einer Nachtlesebrille, einem Designerbett für seine Wüstenspringmaus oder einer Wurlitzer-Jukebox ist, für den präsentiert sich New York als Stadt seiner Träume. Und ob man nun fünf oder 50 000 Dollar hat – hier ist definitiv der attraktivste Ort, sie auszugeben.

Henri Bendel im Stil der 1920er Jahre

Schnäppchen

New York ist das Eldorado für die Jagd nach günstigen Angeboten, denn mit etwas Glück findet man hier alles – von Haushaltswaren bis zur Designermode – zu Discountpreisen. Einige der besten Läden sind in der Orchard und der Grand Street in der Lower East Side. Man bekommt hier Kleidung aller Art, aber auch Geschirr, Schuhe, Einrichtungsgegenstände und Elektronik mit zum Teil beträchtlichen Preisnachlässen. Einige Läden des Viertels sind am Samstag – dem jüdischen Sabbat – geschlossen, haben aber dafür meist sonntags geöffnet.

Mode zu Niedrigpreisen gibt es im Garment District, der sich zwischen der Sixth und der Eighth Avenue von der 30th bis zur 40th Street erstreckt. Viele Designer und Hersteller haben hier Ausstellungsräume, von denen einige öffentlich zugänglich sind. Sonderverkäufe von Musterstücken werden überall in dieser Gegend durch Werbeplakate angekündigt. Die besten Angebote gibt es meist kurz vor Feiertagen, die mit Geschenken verbunden sind. Unter www.topbuttom.com finden Sie Adressen für besonders preisgünstige Mode.

Sonderangebote

Ein Wort, auf das man in New York ständig stößt, ist »Sale«. Die besten Angebote gibt es im Sommerschlussverkauf, Juni bis Ende Juli, und im Winterschlussverkauf vom 26. Dezember bis Februar (Einzelheiten in der lokalen Presse). Vorsicht ist bei Billigläden in der Fifth Avenue in Midtown geboten, die mit »Lost Our Lease«-Schildern einen Totalausverkauf wegen Geschäftsaufgabe anzeigen. Oft hängen die schon seit Jahren in den Fenstern.

Halten Sie die Augen offen für »Sample Sales«. Hier verkaufen Top-Designer ihre Musterstücke, die sie für eine Vorführung vor Großeinkäufern kreiert haben. Solche Verkäufe finden an unterschiedlichen Orten statt und werden in der Regel nicht vorab inseriert. In der Fifth Avenue und am Broadway hat man die besten Chancen auf Zufallsfunde.

Bulgari-Eingang im Hotel Pierre (siehe S. 289)

Bezahlung

Die meisten Läden akzeptieren Kreditkarten, allerdings oft erst ab einer Mindestsumme. Wer mit Reiseschecks bezahlen will, muss sich ausweisen. Manche kleineren Geschäfte nehmen nur Bargeld, vor allem während der Schlussverkäufe.

Öffnungszeiten

Die meisten Läden haben montags bis samstags von 10 bis 18 Uhr geöffnet, viele Kaufhäuser auch am Sonntag sowie an mindestens zwei Abenden bis 21 Uhr. Mittags (12 – 14.30 Uhr), am Samstag, während des Schlussverkaufs und während der Schulferien ist der Andrang in den Geschäften am größten.

Schaufensterdeko: aktuelle Mode bei Barney's New York

Steuern

Die Sales and Use Tax (Verkaufs- und Gebrauchssteuer, entspricht in etwa der europäischen Umsatzsteuer) von 8,875 Prozent entfällt für Kleidung und Schuhe bis zu einem Betrag von 110 Dollar.

Shopping-Touren

Wer nicht allein einkaufen will, kann sich einer Shopping-Tour anschließen. Neben bekannten Warenhäusern stehen u. a. der Besuch von Showrooms, Auktionshäusern und Modenschauen auf dem Programm. Einige Anbieter organisieren auch individuelle Touren, bei denen Ihre persönlichen Vorlieben berücksichtigt werden.

Bloomingdale's in der 3rd Avenue

Kaufhäuser

Die meisten namhaften Kaufhäuser befinden sich in Midtown Manhattan. Aufgrund ihrer Größe und des riesigen Warenangebots erfordert ein Bummel viel Zeit. Die Preise sind oft recht hoch, doch im Ausverkauf gibt es interessante Sonderangebote. Department Stores wie Saks Fifth Avenue, Bloomingdale's und Macy's bieten eine Reihe zusätzlicher Dienstleistungen an und übernehmen sogar den kompletten Einkauf für Sie.

Eines der größten Einkaufszentren ist **Shops at Columbus Circle** im Time Warner Center. Vertreten sind u. a. Williams-Sonoma, Coach und Hugo Boss. **Century 21** verkauft Designerkleidung und Geschenke. **Barney's New York** führt erstklassige Designermode und ist daher vor allem bei jungen New Yorker Geschäftsleuten beliebt.

Bergdorf Goodman strahlt Luxus, Eleganz und Understatement aus. Das Geschäft ist auf ausgesuchte europäische Designer spezialisiert. Das Herrengeschäft liegt genau gegenüber.

Bloomingdale's (siehe S. 177) steht bei fast allen New-York-Reisenden auf dem Programm. »Bloomies« ist der Star unter den Kaufhäusern – mit außergewöhnlichen Schaufensterauslagen und einem Riesenangebot. Wohlhabende, tadellos gekleidete New Yorker auf der Suche nach neuesten Modetrends kommen hierher. Das umfassende Angebot bedient alle Altersklassen. Bloomingdale's ist zudem für seine legendäre Delikatessenabteilung bekannt, darunter ist auch ein Shop, der ausschließlich Kaviar verkauft. Zum Kaufhaus gehört auch ein empfehlenswertes Restaurant, Le Train Bleu. Bloomingdale's hat in SoHo am Broadway eine Zweigstelle, die jedoch wesentlich kleiner ist.

Bei **Henri Bendel** werden alle Artikel – vom Art-déco-Schmuckstück bis hin zu handgefertigten Schuhen – wie kostbare Kunstwerke ausgestellt. Das exklusive Kaufhaus im Stil der 1920er Jahre bietet eine gute Auswahl an moderner Damenmode.

Lord & Taylor ist bekannt für seine klassische, eher konservative Damen- und Herrenkleidung, wobei der Schwerpunkt auf der Mode von US-Designern liegt.

Macy's bezeichnet sich als größtes Kaufhaus der Welt (siehe S. 130f) und erstreckt sich über zehn Etagen. Sie finden hier alles, was Sie sich vorstellen können – vom Dosenöffner bis zur Antiquität.

Saks Fifth Avenue steht für Stil, Eleganz und tadellosen Service. Es gilt als eines der besten Kaufhäuser der Stadt, vor allem für Designermode, darunter auch für Kindermode.

Fassade des Kaufhauses Century 21

Auf einen Blick

Shopping-Touren

Elegant Tightwad
☎ 1-800-808-4614.
🌐 theeleganttightwad.com

Shop Gotham
☎ 1-212-209-3370 (Tickets).
🌐 shopgotham.com

Kaufhäuser

Barney's New York
660 Madison Ave. **Stadtplan** 13 A3. ☎ 1-212-826-8900.

Bergdorf Goodman
754 5th Ave. **Stadtplan** 12 F3. ☎ 1-212-753-7300.

Bloomingdale's
1000 3rd Ave. **Stadtplan** 13 A3. ☎ 1-212-705-2000.
504 Broadway. **Stadtplan** 4 E3. ☎ 1-212-729-5900.

Century 21
22 Cortland St. **Stadtplan** 1 C2. ☎ 1-212-227-9092.

Henri Bendel
712 5th Ave. **Stadtplan** 12 F4. ☎ 1-212-247-1100.

Lord & Taylor
656 6th Ave. **Stadtplan** 8 E5. ☎ 1-212-226-7585.

Macy's
151 W 34th St. **Stadtplan** 8 E2. ☎ 1-212-695-4400.

Saks Fifth Avenue
611 5th Ave. **Stadtplan** 12 F4. ☎ 1-212-753-4000.

Shops at Columbus Circle
Time Warner Center.
Stadtplan 12 D3. ☎ 1-212-823-6300.

Stadtplan siehe Seiten 386–419

Highlights: Shopping

In einer Stadt, in der man fast rund um die Uhr shoppen kann und so gut wie alles bekommt, übernimmt man am besten die Gewohnheit der Einheimischen. Sie tätigen ihre Einkäufe zumeist in speziellen Vierteln, von denen jedes einen eigenen Charakter und typische Warenangebote hat. Im Folgenden werden die besten Shopping-Gegenden vorgestellt. Wer nur wenig Zeit mitbringt, sollte in eines der großen Kaufhäuser *(siehe S. 313)* gehen oder sich für die Fifth Avenue entscheiden.

Herald Square und Garment District
Hier ist eine der Kultstätten des Konsums: Macy's. Das Viertel (speziell die Seventh Avenue) ist Zentrum des Textilgroßhandels, der im Ausverkauf Waren zu Niedrigstpreisen anbietet. Einige Läden akzeptieren keine Kreditkarten *(siehe S. 128f)*.

Greenwich Village und Meatpacking District
Kurioses und Antiquitäten findet man im Village. Gourmets schätzen die unzähligen Lebensmittelläden. Im Meatpacking District *(siehe S. 104f)* stößt man auf ausgefallene Mode.

SoHo
Das Areal zwischen Sixth Avenue, Lafayette, Houston und Canal Street ist voller Läden mit Accessoires, Schuhen und Kleidung in Designerqualität. An Wochenenden kann es extrem überlaufen sein, vor allem am Broadway. Wenn Sie den Broadway Richtung Nolita überqueren, finden Sie die noch ausgefallenere Mode *(siehe S. 98f)*.

East Village und Lower East Side
Rund um den St. Mark's Place *(siehe S. 114f)* findet man Schuhe und Avantgarde-Mode. Schnäppchen sind in der Lower East Side *(siehe S. 88f)* selten geworden, dafür ist das Angebot trendiger.

SHOPPING | 315

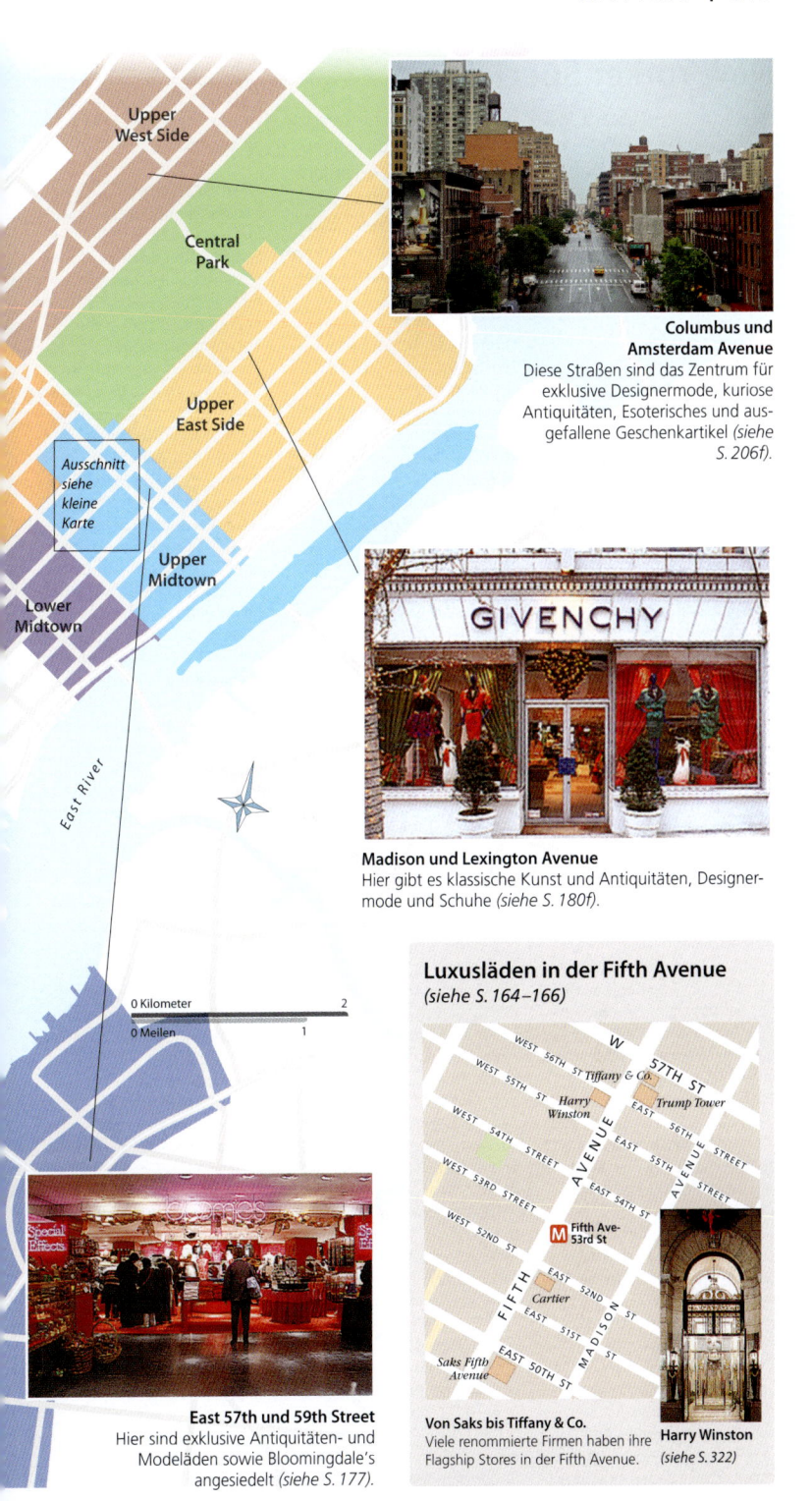

Columbus und Amsterdam Avenue
Diese Straßen sind das Zentrum für exklusive Designermode, kuriose Antiquitäten, Esoterisches und ausgefallene Geschenkartikel *(siehe S. 206f)*.

Madison und Lexington Avenue
Hier gibt es klassische Kunst und Antiquitäten, Designermode und Schuhe *(siehe S. 180f)*.

Luxusläden in der Fifth Avenue
(siehe S. 164–166)

East 57th und 59th Street
Hier sind exklusive Antiquitäten- und Modeläden sowie Bloomingdale's angesiedelt *(siehe S. 177)*.

Von Saks bis Tiffany & Co.
Viele renommierte Firmen haben ihre Flagship Stores in der Fifth Avenue.

Harry Winston
(siehe S. 322)

New Yorker Specials

New York ist eine Stadt, in der sich jeder Wunsch – und sei er noch so ausgefallen – erfüllen lässt. Dutzende kleiner Shops haben sich auf ungewöhnliche Dinge spezialisiert, die von Schmetterlingen und Gebeinen bis zu tibetischen Kunstschätzen und Kleeblättern aus Irland reichen. In versteckten Winkeln auf solche Läden zu stoßen und in ihnen zu stöbern macht Shopping in New York zum Vergnügen.

Fachgeschäfte

Alle Arten von Stiften, u. a. Marken wie etwa Montblanc und Schaeffer, gibt es bei **Fountain Pen Hospital**. Für Sportliche verkauft und verleiht **Blades** Rollschuhe, Skateboards und alle Arte von Sicherheitszubehör. **Mason's Tennis Mart** ist das einzige verbliebene Tennisfachgeschäft der Stadt. Hier dürfen Sie alle Schläger ausprobieren.

Wer Knöpfe liebt, für den ist **Tender Buttons** ein absolutes Muss. Ob es Knöpfe aus Email, Holz oder Navajo-Silber sein sollen (oder auch aus diesen Materialien angefertigte Ohrringe) – unter den Millionen von Knöpfen, die das Geschäft auf Lager hat, finden Sie sicher genau das, was Sie suchen. **Trash and Vaudeville** versorgt die New Yorker seit Jahrzehnten mit Punk- und Gothic-Klamotten und ist das Zentrum für East-Village-Mode.

Sollten Sie Briefbeschwerer sammeln, ist **Leo Kaplan Ltd.** der richtige Platz zum Stöbern. **C. O. Bigelow**, ein seit 1838 betriebener Laden, führt Beauty-Produkte, die anderswo nur schwer zu finden sind.

Romantisch veranlagte Naturen finden bei **Only Hearts** alles in Herzform – einschließlich Seife, Schmuck und Kissen.

Für Künstlerbedarf und Geschenkartikel ist **Blick Art Materials** eine hervorragende Adresse.

Forbidden Planet USA ist einer der weltweit größten Läden für Comics, Science-Fiction, Spiele, Spielzeugfiguren und Merchandising-Artikel rund um die Themen Action und Fantasy. Der bis zur Decke vollgestopfte Laden **Gracious Home** in der Upper West Side führt alles, was man für die gehobene Ausstattung einer Wohnung benötigt – von trendigen Leuchtkörpern bis hin zu Pflegeprodukten von Caswell-Massey Ltd.

Gitarren-Freaks sollten den Gitarrenladen **Rudy's** nicht versäumen – oder aber den von Matt Umanov oder Sam Ash. Hier gibt es eine geradezu gigantische Auswahl an Musikinstrumenten.

Für Bücherfreunde ist der **New York Public Library Shop** (siehe S. 142) interessant. Die Steinlöwen, die den Haupteingang flankieren, kann man in Form von Buchstützen mit nach Hause nehmen. Der **Morgan Library Shop** (siehe S. 160f) verkauft u. a. Lesezeichen und Briefpapier.

In den Geschenkabteilungen von **NYU Bookstore** und **Columbia University Bookstore** findet man allen möglichen Schnickschnack in den Farben der Colleges und mit Universitätsabzeichen.

Der **NBA Store** bietet Merchandise-Artikel aller NBA-Basketball-Teams. Zudem gibt es den **Yankees Clubhouse Shop**, der alle erdenklichen Artikel, die einen Bezug zum legendären Baseball-Team haben, verkauft.

The Cathedral Shop der Cathedral of St. John the Divine führt eine Auswahl an religiösen Büchern, Bildern, Kunsthandwerk und Devotionalien.

Im East Village hat sich **Obscura Antiques and Oddities** auf seltene antike Tierpräparate spezialisiert. **Posteritati** bietet über 9000 Filmposter – von *20 000 Meilen unter dem Meer* bis zu *Avatar*. Im West Village findet sich das Game-Café **Uncommons**, wo man bei Bier, Café und Snacks etwa *Game of Thrones* spielen oder auch kaufen kann.

Memorabilien

Der **Metropolitan Opera Shop** im Lincoln Center führt CDs, Schallplatten, Libretti, Operngläser und viele andere Geschenkartikel, die mit der Oper in Zusammenhang stehen. Theaterfans erfreuen sich an den Skripten, den Aufnahmen und den CDs von **One Shubert Alley**. Tausende alter und seltener Standfotos sowie Filmplakate gibt es bei **Jerry Ohlinger's Movie Material Store** (216 W 30th St).

Der **Carnegie Hall Shop** hat Karten, T-Shirts, Spiele, Poster und Tragetaschen – alles mit musikalischen Motiven. Originelles und typisch Amerikanisches findet man beim **Lost City Arts** im East Village und **Urban Archaeology** in Midtown. Zwischen diesen beiden Läden werden Sie auf alle möglichen Relikte der amerikanischen Vergangenheit stoßen, angefangen bei Barbiepuppen-Zubehör bis hin zu alten Möbeln.

Spielwaren und Schnickschnack

Children's General Store hat sich auf klassisch erprobte und pädagogische Spielwaren spezialisiert. Kleine Mädchen könnten sich im Puppenladen **American Girl Place** vermutlich den ganzen Tag aufhalten. Hier gibt es u. a. ein Café, ein Fotostudio und einen Friseur.

Myplasticheart führt eine riesige Auswahl erstklassiger Spielsachen. Ein Paradies für Fans von Modelleisenbahnen ist **Red Caboose**. In der Stadt gibt es auch verschiedene Filialen von **Disney** und **Lego**, die die Kleinen garantiert faszinieren. **Dinosaur Hill** in der Second Avenue bietet handgefertigte Puppen und Spielsachen, Mobiles sowie sehr hübsche und ausgefallene Kinderkleidung, die ihren Preis wert ist.

Seit 1848 versteht sich **Hammacher Schlemmer** darauf, seinen Kunden die neuesten

Gerätschaften, Erfindungen und Spielereien fürs Heim oder fürs Büro zu verkaufen. **Toy Tokyo Shop** verführt mit asiatischem Spielzeug, meist aus Japan. **Toys 'R' Us**, eines der größten Spielwarengeschäfte, schloss 2015 seinen Flagship Store am Times Square. Das Unternehmen ist vorübergehend in der Manhattan Mall, bis es eine neue passende Location gefunden hat.

Museumsläden

Einige der besten Souvenirs sind in den zahlreichen Museumsläden der Stadt erhältlich. Neben dem üblichen Angebot an Büchern, Plakaten und Karten gibt es dort auch Reproduktionen von Ausstellungsstücken wie Schmuck und Skulpturen.

Der Shop im **Museum of Arts and Design** *(siehe S. 145)* bietet eine ausgezeichnete Auswahl amerikanischen Kunsthandwerks an. Das **American Museum of Natural History** *(siehe S. 210f)* verkauft Dinosauriermodelle, Gummitiere, Mineralien und Steine, die verschiedensten Recyclingprodukte, Geschenke für Umweltbewusste, Poster, Taschen, T-Shirts und indianisches Kunsthandwerk. Es gibt auch eine große Abteilung für Kinder, die Spielsachen, Trommeln, Magnete o. ä. führt.

Der **Asia Society Bookstore and Gift Shop** *(siehe S. 183)* hat eine große Auswahl an fernöstlichen Drucken, Postern, Kunstbüchern, Schmuck und Spielwaren. Das **Cooper-Hewitt, Smithsonian Design Museum** *(siehe S. 182)* bietet diverse Artikel zum Thema Innenarchitektur.

Eine reiche Auswahl an jüdischen Kultgegenständen, darunter Menora-Leuchter, sowie Bücher und Schmuck findet man im Laden des **Jewish Museum** *(siehe S. 182)*.

Wenn Sie sich für Reproduktionen berühmter Gemälde und Skulpturen interessieren, sollten Sie den Laden des **Metropolitan Museum of Art** *(siehe S. 186–193)* aufsuchen. Hier gibt es auch eine große Buchabteilung und hübsche Geschenke für Kinder.

Das **American Folk Art Museum** *(siehe S. 213)* ist bekannt für sein amerikanisches Kunsthandwerk, zu dem u. a. Holzspielzeug, Quilts und Wetterfahnen gehören. Hier werden auch Originalarbeiten der ausstellenden Künstler verkauft.

Das **Museum of the City of New York** *(siehe S. 195)* ist auf Abbildungen des alten New York sowie auf historische Bücher spezialisiert. Darüber hinaus gibt es hier eine große Auswahl an Büchern, Drucken und Postern.

Der **Museum of Modern Art / MoMA Design Store** *(siehe S. 168–171)* führt innovative Einrichtungsartikel, Spielsachen und Küchenutensilien, die von bekannten Designern und Architekten wie Frank Lloyd Wright und Le Corbusier inspiriert sind.

Der **Whitney Museum Shop** *(siehe S. 108f)* führt Artikel US-amerikanischer Herkunft, etwa Schmuck, Holzspielzeug, Bücher, Poster – jeweils passend zur aktuellen Ausstellung.

Im **Museum of Jewish Heritage** *(siehe S. 76)* gibt es eine Boutique, die eine Auswahl ungewöhnlicher Geschenke und lehrreiches Material rund um die jüdische Kultur anbietet. Zugang haben nur Museumsbesucher.

Waren aus aller Welt

New York ist ein riesiger Schmelztiegel unterschiedlicher ethnischer Gruppen. Die meisten von ihnen sind durch Läden vertreten, die typische Erzeugnisse der jeweiligen Bevölkerungsgruppe verkaufen.

Alaska on Madison bietet Inuit-Kunst an. **Imports from Marrakesh** führt erlesenes Kunsthandwerk aus Marokko. Die **Chinese Porcelain Company** hat Möbel und Dekoratives aus China. **Mandala Tibetan Store** verkauft tibetisches Kunsthandwerk wie Bilder und Teppiche.

Sweet Life in der Lower East Side ist ein kleiner, hübsch altmodischer Süßwarenladen mit leckeren Spezialitäten aus aller Welt. **Yunhong Chopsticks** in Chinatown bietet eine farbenfrohe Bandbreite an Ess-Stäbchen. **Astro Gallery of Gems** führt eine eindrucksvolle Auswahl von Juwelen und Mineralien aus Afrika und Asien. Um die Ecke, in Chinatown, findet man unzählige Läden, die souveniertaugliche Dinge verkaufen.

Der Volkskunstladen **La Sirena** führt Artikel aus Mexiko. Die Produkte haben teils Museumsqualität, teils sind es traditionelle Marktwaren, etwa Serape-Stoffe, Sombreros und religiöse Idole.

Adressen

Alaska on Madison
937 Madison Ave.
Stadtplan 17 A1.
☎ 1-212-879-1782.

Astro Gallery of Gems
417 5th Ave. **Stadtplan** 8 F2.
☎ 1-212-889-9000.

Chinese Porcelain Company
475 Park Ave. **Stadtplan** 13 A3.
☎ 1-212-838-7744.

Imports from Marrakesh
88 10th Ave. **Stadtplan** 7 C5.
☎ 1-212-675 9700.

Mandala Tibetan Store
17 St. Mark's Place.
Stadtplan 4 F1.
☎ 1-212-260-1550.

Pearl River Mart
477 Broadway. **Stadtplan** 4 E4.
☎ 1-212-431-4770.

La Sirena
27 E 3rd St. **Stadtplan** 4 F2.
☎ 1-212-780-9113.

Sweet Life
63 Hester St. **Stadtplan** 5 B4.
☎ 1-212-598-0092.

Yunhong Chopsticks
50 Mott St. **Stadtplan** 4 F5.
☎ 1-212-566-8828.

Stadtplan siehe Seiten 386–419

Auf einen Blick

Fachgeschäfte

Blades
659 Broadway.
Stadtplan 4 E2.
1-212-477-7350.

Blick Art Materials
1–5 Bond St.
Stadtplan 4 F2.
1-212-533-2444.

The Cathedral Shop
Cathedral of St. John the Divine,
1047 Amsterdam Ave.
Stadtplan 20 E4.
1-212-316-7540.

C. O. Bigelow
414 6th Ave.
Stadtplan 4 D1.
1-212-533-2700.

Columbia University Bookstore
2922 Broadway.
Stadtplan 20 E3.
1-212-854-4131.

Forbidden Planet USA
832 Broadway.
Stadtplan 4 E1.
1-212-473-1576.

Fountain Pen Hospital
10 Warren St.
Stadtplan 1 C1.
1-212-964-0580.

Gracious Home
1992 Broadway.
Stadtplan 12 D1.
1-212-231-7800.

Leo Kaplan Ltd.
136 E 57th St, Suite 605.
Stadtplan 13 A3.
1-212-355-7212.

Masons's Tennis Mart
56 E 53rd St.
Stadtplan 13 A4.
1-212-755-5805.

Morgan Library Shop
Madison Ave/36th St.
Stadtplan 9 A2.
1-212-685-0008.

NBA Store
545 5th Ave.
Stadtplan 12 F5.
1-212-515-6221.

New York Public Library Shop
5th Ave/42nd St.
Stadtplan 8 F1.
1-212-930-0869.

NYU Bookstore
726 Broadway.
Stadtplan 4 E2.
1-212-998-4678.

Obscura Antiques and Oddities
207 Ave A.
Stadtplan 5 A1.
1-212-505-9251.

Only Hearts
386 Columbus Ave.
Stadtplan 15 D5.
1-212-724-5608.

Posteritati
239 Centre St.
Stadtplan 4 F4.
1-212-226-2207.

Rudy's
461 Broome St.
Stadtplan 4 E4.
1-212-625-2557.

Tender Buttons
143 E 62nd St.
Stadtplan 13 A2.
1-212-758-7004.

Trash and Vaudeville
96 E 7th St.
Stadtplan 5 A2.
1-212-982-3590.

Uncommons
230 Thompson St.
Stadtplan 4 E2.
1-646-543-9215.

Yankees Clubhouse Shop
245 W 42nd St.
Stadtplan 8 D1.
1-212-768-9555.

Memorabilien

Carnegie Hall Shop
881 7th Ave.
Stadtplan 12 E3.
1-212-903-9610.

Jerry Ohlinger's Movie Material Store
216 W 30th St.
Stadtplan 8 E3.
1-212-989-0869.

Lost City Arts
18 Cooper Square.
Stadtplan 4 F2.
1-212-375-0500.

Metropolitan Opera Shop
Metropolitan Opera House, Lincoln Center,
136 W 65th St.
Stadtplan 11 C2.
1-212-580-4090.

One Shubert Alley
1 Shubert Alley/222 W 45th St.
Stadtplan 12 E5.
1-212-944-4133.

Urban Archaeology
143 Franklin St.
Stadtplan 4 D5.
1-212-431-4646.

Spielwaren und Schnickschnack

American Girl Place
609 5th Ave.
Stadtplan 12 F5.
1-877-247-5223.

Children's General Store
168 E 91st St.
Stadtplan 17 A2.
1-212-426-4479.

Dinosaur Hill
306 E 9th St, 2nd Ave.
Stadtplan 4 F1.
1-212-473-5850.

Disney Store
1540 Broadway/Times Square.
Stadtplan 12 F5.
1-212-626-2910.
Mehrere Filialen.

Hammacher Schlemmer
147 E 57th St.
Stadtplan 13 A3.
1-212-421-9000.

Lego Store
620 5th Ave.
Stadtplan 12 F5.
1-212-245-5973.
Mehrere Filialen.

Myplasticheart
210 Forsyth St.
Stadtplan 5 A3.
1-646-290-6866.

Red Caboose
23 W 45th St.
Stadtplan 12 F5.
1-212-575-0155.

Toy Tokyo Shop
91 2nd Ave.
Stadtplan 4 F2.
1-212-673-5424.

Toys 'R' Us
901 6th Ave, Manhattan Mall. Stadtplan 8 E2.
1-212-239-7306.

Museumsläden

American Folk Art Museum
2 Lincoln Square.
Stadtplan 12 D2.
1-212-595-9533.

American Museum of Natural History
W 79th St/Central Park W. Stadtplan 16 D5.
1-212-769-5100.

Asia Society Bookstore and Gift Shop
725 Park Ave.
Stadtplan 13 A1.
1-212-288-6400.

Cooper Hewitt, Smithonian Design Museum
2 E 91st St.
Stadtplan 16 F2.
1-212-849-8400.

Jewish Museum
1109 5th Ave.
Stadtplan 16 F2.
1-212-423-3200.

Metropolitan Museum of Art
5th Ave/82nd St.
Stadtplan 16 F4.
1-212-535-7710.

Museum of Arts and Design
40 W 53rd St.
Stadtplan 12 F4.
1-212-956-3535.

Museum of the City of New York
5th Ave/103rd St.
Stadtplan 21 C5.
1-212-534-1672.

Museum of Jewish Heritage
36 Battery Place,
Battery Park City.
Stadtplan 1 B4.
1-646-437-4200.

Museum of Modern Art/MoMA Design Store
44 W 53rd St.
Stadtplan 12 F4.
1-212-767-1050.

Whitney Museum Shop
99 Gansevooort St.
Stadtplan 3 B1.
1-212-570-3614.

Stadtplan *siehe Seiten 386–419*

Mode

Ganz egal, was Sie suchen – sei es eine Levi's 501 im Sonderangebot oder ein Abendkleid, wie es ein Hollywood-Star tragen würde – in New York finden Sie es. Die Stadt ist das Modezentrum Amerikas. Hier arbeiten die meisten Designer und Manufakturen. Wie die Gastronomie spiegeln unzählige Modegeschäfte die verschiedenen Stile und Kulturen einzelner Stadtbezirke wider. Aus Zeitgründen konzentriert man sich am besten auf ein Viertel. Sie können auch eines der großen Kaufhäuser aufsuchen, die eine ausgezeichnete Auswahl an Bekleidung bieten.

Amerikanische Modeschöpfer

Viele US-Designer verkaufen ihre Kreationen innerhalb der großen Kaufhäuser in Extra-Shops oder unterhalten eigene exklusive Läden. Zu den berühmtesten gehört Michael Kors, der für das anspruchsvolle Design seiner klassischen Mode bekannt ist.

Bill Blass ist der König der amerikanischen Modebranche. Er verwendet viele verschiedene Farben, wilde Muster, innovative Formen und viel Esprit. Die Entwürfe von Liz Claiborne zeichnen sich durch schlichte Eleganz und vernünftige Preise aus. Ihre Kollektion ist breit gefächert und reicht vom Tennisdress bis zum eleganten Bürokostüm.

Der bei Fashionistas bekannte Marc Jacobs hat sein eigenes Label und einen Laden in Greenwich Village. James Galanos entwirft exklusive Einzelstücke zu astronomischen Preisen für eine reiche Klientel. Betsey Johnson ist auf Kundinnen abonniert, die hautenge Garderobe lieben.

Der Name Donna Karan taucht seit den 1990er Jahren überall auf. Ihre Kollektion bietet Mode für Karrierefrauen ebenso wie preiswertere Sportbekleidung. Calvin Klein ist für bequeme, sinnliche und gut sitzende Unterwäsche, Jeans, Kleider, Mäntel und Sonnenbrillen bekannt. Ralph Lauren hat sich einen Namen mit seiner aristokratischen und teuren Mode gemacht – ein Look, den die exklusive Gesellschaft der Universitätselite bevorzugt. Das Metier von Joan Vass sind aufregende, farbenfrohe und innovative Strickwaren mittlerer Preislage.

Vera Wang bietet tragbare Casual Ware, populär ist jedoch ihre üppige Brautmode. Unter den jüngeren Designern betreiben Alexander Wang und Anna Sui Boutiquen in SoHo.

Designermode zu Niedrigpreisen

Reduzierte Designermode in großer Auswahl gibt's bei **Designer Revival**, **Encore** und **Michael's**. Oscar de la Renta, Ungaro und Armani sind nur einige der Modeschöpfer, deren Kreationen in diesen Läden angeboten werden. In den Verkauf kommen ausschließlich fehlerlose (oder beinahe fehlerlose) Stücke, von denen die meisten noch niemals oder kaum getragen wurden.

Das Kaufhaus **Century 21**, *das* Discountgeschäft für europäische und amerikanische Designermode, bietet bis zu 75 Prozent Preisnachlass. Zu den vielen Läden um den Union Square gehört **Nordstrom Rack**, ein Ableger des gleichnamigen Kaufhauses.

Herrenmode

Im Zentrum von Midtown sind zwei der renommiertesten Herrenausstatter: **Brooks Brothers** und **Paul Stuart**. Brooks Brothers ist bekannt für elegante, klassische Herrenbekleidung und führt auch eine konservative Modelinie für Damen. Paul Stuart präsentiert sich betont britisch und bietet erlesene Herrenbekleidung an.

Bei **Bergdorf Goodman Men**, einem führenden Modehaus, findet man außergewöhnlich schöne Hemden von Turnbull & Asser sowie Herrenanzüge von Gianfranco Ferré und Hugo Boss.

Barney's New York bietet eine der größten Herrenabteilungen der USA, mit einer riesigen Auswahl an Bekleidung und Accessoires.

Modische und zugleich preiswerte Freizeitkleidung verkauft **Uniqlo**. Ein Flagship Store dieser japanischen Kette befindet sich in der Fifth Avenue. Die klassischen britischen Trenchcoats gibt es bei **Burberry Limited**.

John Varvatos ist für luxuriöse Sportmode mit eleganten Details bekannt.

Weitere Designermode für Männer findet man bei **Paul Smith**, der eine Auswahl an sehr stilvollen britischen Stücken verkauft, und im Shop von **Thomas Pink**, bei dem die Promis Modisches aus farbig interessanten, edlen Stoffen erwerben können. Ein Besuch bei **Hickey Freeman** in der Fifth Avenue, der eine große Auswahl traditioneller Herrenbekleidung führt, lohnt sich immer.

Viele der Herrenausstatter haben auch überraschend gute Damenabteilungen.

Kindermode

Neben dem ausgezeichneten Angebot der großen Kaufhäuser gibt es in New York auch einige gute Kinderbekleidungsgeschäfte.

Mode für die Kleinen mit dem gewissen französischen Charme findet man bei **Bonpoint**. Auch **Pink Olive** im East Village hat viele Fans.

GapKids und **BabyGap**, die man meist in den **Gap**-Läden findet, bieten komfortable, haltbare Baumwoll-Overalls, Hosen, Jeansjacken, hübsche Sweatshirts und Leggings.

Blue Tree ist der Kindermodeladen der Schauspielerin Phoebe Cates in der Madison Avenue. **Space Kiddets** hat alles, vom Babylätzchen bis zur Kinderkleidung im Western-Look.

Damenmode

Die New Yorker Damenmode unterliegt saisonalen Trends, wobei der Schwerpunkt auf Designer-Kleidung liegt. Die exquisiten Modeboutiquen findet man vor allem in Midtown um die Madison Avenue und Fifth Avenue. Hierzu gehören auch einige namhafte Kaufhäuser, die Labels verschiedener US-Designer, etwa Donna Karan, Ralph Lauren und Bill Blass, führen.

Internationale Modehäuser wie **Chanel** und **Valentino** haben in der Stadt ihre Niederlassungen. Gleiches gilt für den herausragenden amerikanischen Modeschöpfer **Michael Kors**. Darüber hinaus gibt es eine Reihe von beliebten Konfektionsgeschäften wie **Ann Taylor**.

Für lässige Freizeitmode und eine riesige Auswahl an Blue Jeans ist **Banana Republic** bestens bekannt. Der Laden scheint auch Anhänger von neuesten Schnitten magisch anzuziehen. Mitten im renommierten »Mode-Areal« erhebt sich der Trump Tower, der zahlreiche exklusive Läden beherbergt.

In der Madison Avenue findet man Haute-Couture-Ableger in großer Zahl, etwa **Ralph Lauren**. **Givenchy** bietet atemberaubende Kleider zu Höchstpreisen, **Valentino** klassische italienische Mode. **Missoni** ist bekannt für aufwendig gearbeitete, überaus farbenfrohe Pullover. In SoHo führt **Saint Laurent** Abendkleider, Modelljacken, extravagante Blusen und gut geschnittene Hosenanzüge. **Vera Wang** verblüfft mit ihren Brautkleidern sowie schicken alltagstauglichen Stücken.

Raffinierten Chic aus Italien bieten die großen Namen: **Giorgio Armani** und **Gianni Versace**. Auch **Dolce & Gabbana** entwirft einzigartige italienische Designer-Mode, die natürlich ihren Preis hat. **Gucci**, eines der ältesten italienischen Modelabels in den USA, zieht hauptsächlich Kunden aus der oberen Gesellschaftsschicht an.

In der Upper West Side erregen viele Shops durch ihre außergewöhnlichen Kreationen Aufmerksamkeit. Ein **Calvin-Klein**-Laden hat in der East Side eröffnet. Angeboten wird ultramodisches, aber bequemes Design. **French Connection** ist für erschwingliche Freizeit- und Bürokleidung bekannt.

Wer Vintage-Mode oder Kleidung der 1950er Jahre sucht, sollte sich vor allem im East Village und in Greenwich Village umsehen. Hier gibt es auch viele Shops junger Designer und Absolventen der Kunstschule (siehe S. 324f). Auf der Suche nach preiswerter lässiger Kleidung wird man bei **APC** fündig. Für stilvolle Designer-Ware bietet sich **Kirna Zabete** an.

No Relation Vintage bietet eine überwältigende Auswahl an Secondhand-Levi's sowie an Jeans- und Lederjacken unterschiedlicher Marken. Bei **Screaming Mimi's** finden Sie Extravagantes.

Etwas alltäglicher ist das Angebot bei **The Gap**, einer internationalen Kette, die Streetwear für die ganze Familie führt.

In Sachen interessanter Designer-Mode haben sich SoHo und NoHo/Nolita mittlerweile zu Konkurrenten der Madison Avenue entwickelt, wobei die Klamotten hier avantgardistischer sind. So findet man etwa die verspielte Boutique Kirna Zabete oder **Y-3 New York**. Japanischen Chic für Minimalisten gibt es bei **Comme des Garçons** in Chelsea.

Cynthia Rowley ist eine prominente New Yorker Designerin, die sexy Damenmode kreiert. **What Comes Around Goes Around** am West Broadway ist der richtige Laden, wenn Sie auf der Suche nach Vintage-Jeans sind.

Konfektionsgrößen

Kinderkleidung

USA	2–3	4–5	6–7	8–9	10–11	12–13
D, A, CH	92–104	–116	–128	–140	–152	–164

Kinderschuhe

USA	7½	8½	9½	10½	11½	12½	13½	1½ 2½
D, A, CH	24	25½	27	28	29	30	32	33 34

Damenmode

USA	2	4	6	8	10	12	14	16
D, A, CH	34	36	38	40	42	44	46	48

Damenschuhe

USA	5	6	7	8	9	10	11	
D, A, CH	36	37	38	39	40	41	44	

Herrenanzüge

USA	34	36	38	40	42	44	46	48
D, A, CH	44	46	48	50	52	54	56	58

Oberhemden

USA	14	15	15½	16	16½	17	17½	18
D, A, CH	36	38	39	41	42	43	44	45

Herrenschuhe

USA	7	7½	8	8½	9	9½	10	10½
D, A, CH	39	40	40½	41	42	42½	43	44

Bei Sport- und Freizeitkleidung, u. a. für T-Shirts, werden Konfektionsgrößen international in der Regel in *small* (S), *medium* (M) und *large* (L) angegeben – also klein, mittel und groß. Die Bandbreite ist nach oben und unten erweiterbar, von XS (entspricht in etwa Größe 34) bis XXXXXL oder 5XL (Übergröße).

Bei Jeans werden normalerweise zwei Werte angeben: Bundumfang und Hosenbein-Innenlänge, jeweils in Inches.

Auf einen Blick

Designermode zu Niedrigpreisen

Century 21 Department Store
22 Cortland St.
Stadtplan 1 C2.
1-212-227-9092.

Designer Revival
324 E 81st St.
Stadtplan 17 B4.
1-212-734-3639.

Encore
1132 Madison Ave.
Stadtplan 17 A4.
1-212-879-2850.

Michael's
1041 Madison Ave.
Stadtplan 17 A5.
1-212-737-7273.

Nordstrom Rack
60 E 14th St.
Stadtplan 9 A5.
1-212-220-2080.

Herrenmode

Barney's New York
660 Madison Ave.
Stadtplan 13 A3.
1-212-826-8900.

Bergdorf Goodman Men
754 5th Ave.
Stadtplan 12 F3.
1-212-753-7300.

Brooks Brothers
346 Madison Ave.
Stadtplan 9 A1.
1-212-682-8800.

Burberry Limited
9 E 57th St.
Stadtplan 12 F3.
1-212-757-3700.

Hickey Freeman
543 Madison Ave.
Stadtplan 13 A4.
1-212-586-6481.

John Varvatos
122 Spring St.
Stadtplan 4 E4.
1-212-965-0700.

Paul Smith
250 Vesey St.
Stadtplan 1 A2.
1-646-565-5900.
Eine von mehreren Filialen.

Paul Stuart
350 Madison Ave.
Stadtplan 13 A5.
1-212-682-0320.

Thomas Pink
520 Madison Ave.
Stadtplan 13 A4.
1-212-838-1928.

Uniqlo
666 5th Ave.
Stadtplan 12 F4.
1-877-486-4756.

Kindermode

Blue Tree
1283 Madison Ave.
Stadtplan 17 A2.
1-212-369-2583.

Bonpoint
1269 Madison Ave.
Stadtplan 17 A3.
1-212-722-7720.

GapKids / Baby Gap
60 W 34th St.
Stadtplan 8 F2.
1-212-760-1268.
Eine von mehreren Filialen.

Pink Olive
439 Earth 9th St.
Stadtplan 5 A1.
1-212-780-0036.

Space Kiddets
26 E 22nd St.
Stadtplan 8 F4.
1-212-420-9878.

Damenmode

Ann Taylor
330 Madison Ave.
Stadtplan 9 A1.
1-212-949-0008.
Eine von mehreren Filialen.

APC
131 Mercer St.
Stadtplan 4 E3.
1-212-966-9685.

Banana Republic
626 Fifth Ave.
Stadtplan 12 F4.
1-212-974-2350.

Calvin Klein
654 Madison Ave.
Stadtplan 13 A3.
1-212-292-9000.

Chanel
15 E 57th St.
Stadtplan 12 F3.
1-212-355-5050.

Comme des Garçons
520 W 22nd St.
Stadtplan 8 F3.
1-212-604-9200.

Cynthia Rowley
376 Bleecker St.
Stadtplan 3 C2.
1-212-242-3803.

Dolce & Gabbana
717 5th Ave.
Stadtplan 12 F3.
1-212-965-8000.

French Connection
700 Broadway.
Stadtplan 4 E2.
1-212-897-9653.
Eine von mehreren Filialen.

The Gap
277 W 23rd St.
Stadtplan 8 D4.
1-646-336-0802.
Eine von mehreren Filialen.

Gianni Versace
647 5th Ave.
Stadtplan 12 F4.
1-212-317-0224.

Giorgio Armani
760 Madison Ave.
Stadtplan 13 A2.
1-212-988-9191.
717 5th Ave.
Stadtplan 12 F3.
1-212-207-1902.

Givenchy
747 Madison Ave.
Stadtplan 13 A2.
1-212-688-4005.

Gucci
725 5th Ave.
Stadtplan 12 F3.
1-212-826-2600.

Kirna Zabete
477 Broome St.
Stadtplan 4 F4.
1-212-941-9656.

Michael Kors
790 Madison Ave.
Stadtplan 13 A2.
1-212-452-4685.

Missoni
1009 Madison Ave.
Stadtplan 13 A1.
1-212-517-9339.

No Relation Vintage
204 1st Ave.
Stadtplan 5 A1.
1-212-228-5201.

Ralph Lauren
888 Madison Ave/72nd St. Stadtplan 13 A1.
1-212-606-2100.

Saint Laurent
855 Madison Ave.
Stadtplan 13 A1.
1-212-517-7400.

Screaming Mimi's
240 W 14th St.
Stadtplan 3 C1.
1-212-677-6464.

Valentino
747 Madison Ave.
Stadtplan 13 A2.
1-212-772-6969.

Vera Wang
941 Madison Ave.
Stadtplan 17 A5.
1-212-628-3400.

What Comes Around Goes Around
351 W Broadway.
Stadtplan 4 E4.
1-212-343-9303.

Y-3 New York
92 Greene St.
Stadtplan 4 E4.
1-212-966-9833.

Stadtplan *siehe Seiten 386–419*

Accessoires

Neben den hier aufgeführten Läden haben alle großen Kaufhäuser in Manhattan ein vielfältiges Angebot an Accessoires, etwa Hüte, Handschuhe, Taschen, Schmuck, Uhren, Schals, Schuhe und Schirme.

Schmuck

Midtown Fifth Avenue ist die Adresse exklusiver Juweliere. Tagsüber glitzern die Juwelen in den Schaufenstern, nachts sind die Auslagen leer. Die kostbaren Stücke sind sicher in den Safes verwahrt. Die beeindruckendsten Geschäfte liegen nahe beieinander, darunter **Harry Winston**, wo Schmuckstücke edelster Art wie in einem Museum ausgestellt sind. **Buccellati** steht für innovative italienische Goldschmiedekunst. **Bulgari** führt eine Kollektion mit Stücken in Preislagen von einigen Hundert bis weit über eine Million Dollar.

Cartier, der in einer Art Renaissance-Palazzo residiert, ist ein Schmuckkästchen für sich und verkauft seine Edelsteine zu Preisen jenseits aller Vorstellung. **Tiffany & Co.**, 1837 gegründet und seit 1940 in der Fifth Avenue, erstreckt sich über zehn Etagen und umfasst ein opulentes Angebot an Diamanten und Juwelen, die in die typischen blauen Schächtelchen verpackt werden.

Der Diamond District, ein Häuserblock in der 47th Street (zwischen Fifth und Sixth Avenue), besteht aus einer ganzen Reihe von bestens sortierten Geschäften, die Diamanten, Goldschmuck und Perlen aus aller Herren Länder verkaufen. Der größte Verkäufer in diesem Areal ist **Rafaello and Co.**, dessen Personal für die Qualität seiner individuellen Beratung bekannt ist.

Hüte

Der älteste New Yorker Hutmacher mit der größten Auswahl in der ganzen Stadt ist **Worth & Worth**. Man bekommt hier jede Art von Kopfbedeckung, angefangen bei australischen Buschhelmen bis hin zu Seidenzylindern und wogenden romantischen Kreationen. Die Lieblingshutmacherin von Celebrities wie Meryl Streep und Kate Hudson ist **Suzanne Millinery**. Für Normalsterbliche bietet dagegen **Lids** Baseballkappen mit allen nur erdenklichen Logos an. Kopfbedeckungen in nahezu jeder Farbe, jeder Form und jedem Stil (von klassisch bis zeitgenössisch) findet man bei **The Hat Shop**.

Schirme

Sobald es in New York zu regnen beginnt, sprießen Hunderte von Schirmverkäufern wie Pilze aus dem Boden. Ihre Schirme, die nur ein paar Dollar kosten, sind wohl die billigsten in der Stadt, halten jedoch meist auch nicht länger als einen Regenguss.

Schirme von sehr guter Qualität findet man bei Worth & Worth, die ein reichhaltiges Angebot von Briggs of London führen. Barney's New York (siehe S. 313) bietet Schirme in modischem Design sowie mit traditionellem Schotten- und Streifenmuster. Auch Macy's (siehe S. 130f) führt den Regenschutz in ungewöhnlichen Mustern und Formen. Bei Gucci (siehe S. 321) gibt es passende Regenschirme zu den Krawatten. Schirme zum Thema Subway findet man im **NY Transit Museum Store**.

Lederwaren

Das günstig in Chinatown gelegene Geschäft **Empire Luggage** bietet ein überaus großes Angebot an Koffern und anderen Behältnissen für die Reise. In der Nachbarschaft gibt es auch eine große Auswahl an Rucksäcken sowie Taschen von Labels wie Victorinox, Manhattan Portage, Jansport, The North Face oder Samsonite.

Exklusive Läden anderswo in der Stadt sind **Bottega Veneta** und **Prada**, wo Handtaschen wie Kunstwerke ausgestellt werden und die Preise entsprechend sind.

Zu den neueren trendigeren Geschäften gehören etwa **Jeffrey New York** mit einem großen Sortiment an hippen Modellen und das elegante **Il Bisonte**. Für klassische amerikanische Handtaschen aus festem Leder ist **The Coach Store** bekannt. Die stilvollen und zugleich praktischen rechteckigen Handtaschen von **Kate Spade** sind längst Designklassiker und in einer Vielzahl von Farben und Druckmotiven erhältlich. Designerhandtaschen zu reduzierten Preisen bekommt man bei **Nordstrom Rack**. Wer Aktenkoffer zu günstigen Preisen sucht, sollte unbedingt **Altman Luggage Company** aufsuchen.

Schuhe

Die Schuhgeschäfte Manhattans sind bekannt für ihre riesige Auswahl an Schuhen und Stiefeln. Hier findet man fast immer, was man sucht – zu erschwinglichen Preisen.

Auch die meisten großen Kaufhäuser haben Schuhabteilungen, in denen neben ihren eigenen Schuhmarken auch Designermodelle angeboten werden. **Bloomingdale's** (siehe S. 177) unterhält eine riesige, gut sortierte Abteilung für Damenschuhe.

Brooks Brothers hat mit das beste Angebot an Herrenschuhen. Besonders exklusive Schuhläden gibt es in Midtown.

Ferragamo führt klassische Schuhmodelle aus Florenz. Modisches Schuhwerk zu angemessenen Preisen kann man bei **Sigerson Morrison** in Nolita erstehen.

John Fluevog bietet eine Auswahl an innovativen Schuhen in strahlenden Farben mit einer Vielfalt an Schnallen, sonstigen Verzierungen und ansprechenden Designs.

Jutta Neumann ist im East Village Kult. Sie ist für unglaublich komfortable, maßgefertigte Sandalen bekannt. Zudem gibt es hier eine Auswahl an Lederhandtaschen, die ausgesprochen beliebt sind.

ACCESSOIRES | 323

MooShoes ist ein Laden mit veganen Schuhen und Accesoires, der zu 100 Prozent tierfreie Produkte verkauft.

Wunderschöne maßgefertigte Stiefel sind bei **E. Vogel Custom Boots & Shoes** erhältlich.

Sammler von Sportschuhen finden im **Alife Rivington Club** in der Lower East Side einige schwer erhältliche Modelle dieser Marke.

Bei **Jimmy Choo** findet man unzählige High Heels – von stilvoll bis sexy. Eine Klasse für sich sind die Schuhe von **Manolo Blahnik**, aber auch die Modelle von **Christian Louboutin** fallen ins Auge. **Kenneth Cole** ist eine weitere Designer-Ikone für klassische und zeitgenössische Modelle – und auch für Lederhandtaschen.

Spaniens bekannteste Marke **Camper** hat in SoHo einen geräumigen Store, wo die bequemen farbenfrohen Camper-Schuhe erhältlich sind.

Schuhe zu Discountpreisen findet man vor allem in der West 34th Street und in der West 8th Street zwischen Fifth und Sixth Avenue sowie in der Orchard Street in der Lower East Side. Der Schuh-Discounter **DSW** führt in der 40 E 14th Street Markenware zum Bruchteil des regulären Preises.

Dessous
Teure und exquisite handgefertigte Seidendessous aus Europa bekommt man bei **La Petite Coquette**. Preiswerter ist **Victoria's Secret** in der Fifth Avenue und in SoHo, wo Lingerie aus Satin, Seide und anderen verführerischen Materialien angeboten wird. **Henri Bendels** Dessous-Abteilung führt edle und sexy Underwear für jeden Anlass und jede Größe. Hochwertig verarbeitet und von italienischem Chic geprägt sind die kleinen Teilchen der Marke **La Perla**.

Auf einen Blick

Schmuck

Buccellati
714 Madison Ave.
Stadtplan 13 A2.
1-212-308-2900.

Bulgari
730 5th Ave.
Stadtplan 12 F3.
1-212-315-9000.

Cartier
653 5th Ave.
Stadtplan 12 F4.
1-212-753-0111.

Harry Winston
718 5th Ave.
Stadtplan 12 F3.
1-212-245-2000.

Rafaello and Co.
22 W 47th St.
Stadtplan 12 F5.
1-212-840-0780.

Tiffany & Co.
727 5th Ave.
Stadtplan 12 F3.
1-212-755-8000.

Hüte

The Hat Shop
120 Thompson St.
Stadtplan 4 D3.
1-212-219-1446.

Lids
239 W 42nd St.
Stadtplan 8 E1.
1-212-575-1711.
Mehrere Filialen.

Suzanne Millinery
136 E 61st St.
Stadtplan 13 A3.
1-212-593-3232.

Worth & Worth
45 W 57th St., 6. Stock.
Stadtplan 12 E4.
1-212-265-2887.

Schirme

NY Transit Museum Store
Grand Central Terminal.
Stadtplan 9 A1.
1-212-878-0106.

Lederwaren

Altman Luggage Company
135 Orchard St.
Stadtplan 5 A3.
1-212-254-7275.

Il Bisonte
120 Sullivan St.
Stadplan 4 D4.
1-212-966-8773.

Bottega Veneta
650 Madison Ave.
Stadtplan 13 A3.
1-212-371-5511.

The Coach Store
685 Madison Ave.
Stadtplan 12 F4.
1-212-754-0041.

Empire Luggage
414 Broadway.
Stadtplan 4 E5.
1-212-925-5805.

Jeffrey New York
4489 W 14th St.
Stadtplan 3 A1.
1-212-206-1272.

Kate Spade
454 Broome St.
Stadtplan 4 E4.
1-212-274-1991.

Nordstrom Rack
60 E 14th St.
Stadtplan 9 A5.
1-212-220-2080.

Prada
575 Broadway.
Stadtplan 4 E3.
1-212-334-8888.

Schuhe

Alife Rivington Club
158 Rivington St.
Stadtplan 5 B3.
1-212-375-8128.

Brooks Brothers
Siehe S. 321.

Camper
110 Prince St.
Stadtplan 4 E3.
1-212-343-4220.

Christian Louboutin
967 Madison Ave.
Stadtplan 17 A5.
1-212-396-1884.

DSW
40 E 14th St.
Stadtplan 9 A5.
1-212-674-2146.

E. Vogel Custom Boots & Shoes
63 Flushing Ave, Unit 331, Brooklyn, Naval Yard.
1-718-852-2887.

Ferragamo
655 5th Ave.
Stadtplan 12 F3.
1-212-759-3822.

Jimmy Choo
645 5th Ave.
Stadtplan 12 F4.
1-212-625-1820.

John Fluevog
250 Mulberry St.
Stadtplan 4 F3.
1-212-431-4484.

Jutta Neumann
355 E 4th St.
Stadtplan 5 C2.
1-212-982-7048.

Kenneth Cole
595 Broadway.
Stadtplan 4 E3.
1-212-965-0283.

Manolo Blahnik
31 W 54th St.
Stadtplan 12 F4.
1-212-582-3007.

MooShoes
78 Orchard St.
Stadtplan 5 A4.
1-212-254-6512.

Sigerson Morrison
28 Prince St.
Stadtplan 4 F3.
1-212-219-3893.

Dessous

Henri Bendel
Siehe S. 313.

La Perla
434 Broadway.
Stadtplan 4 E3.
1-212-219-0999.

La Petite Coquette
51 University Place.
Stadtplan 4 E1.
1-212-473-2478.

Victoria's Secret
115 5th Ave.
Stadtplan 8 F5.
1-212-477-4118.

Stadtplan siehe Seiten 386–419

Vintage und Flohmärkte

Wie von einer Welthauptstadt der Mode nicht anders zu erwarten, ist die New Yorker Vintage- und Secondhand-Szene ein großer Markt. In jeder Saison füllen die Fashionistas der Stadt ihre Kleiderschränke mit neuen Modellen und entsorgen ihre älteren Outfits. Gleiches gilt für Modeläden und Kaufhäuser. Die Qualität der Kleidung ist meist hoch – Vintage-Läden sind daher nicht nur das Revier von Käufern auf der Suche nach Schnäppchen, sondern auch das von einheimischen Designern. Die Szene konzentriert sich in der Lower East Side, vor allem um die Ludlow und Rivington Street, doch man findet Läden in der ganzen Stadt. Besonders gute Qualität gibt es in den Läden der Upper East Side.

Auch New Yorks Flohmärkte haben Vintage-Kleidung, Schmuck und Retro-Stücke. Verkauft wird auf Straßenmärkten, Park- und Spielplätzen, meist im Frühling und Sommer. Im Dezember gibt es Weihnachts- und Handwerksmärkte am Union Square und im Bryant Park.

Vintage-Läden

Die Secondhandläden auf Kommissionsbasis in der Upper East Side gehören zu den besten Tipps für alle, die Designer-Kleidung suchen. **Michael's Consignment** und **Encore Consignment** in der Madison Avenue – der Letztere war der Favorit von Jackie Kennedy – florieren schon seit 1954. **BIS Designer Resale** ist ideal für Designer-Stücke für Damen. Hier gibt es z. B. Sachen von Louis Vuitton. In Downtown ist der Laden von **INA** voller Reste vom Saisonende. Die Betreiber von **Amarcord** unternehmen regelmäßig Reisen nach Italien, auf der Suche nach gebrauchten Fashion-Teilen. **Tokio 7** bietet eine extravagantere Auswahl an Secondhand und Vintage.

Das gut geführte Emporium **Edith Machinist** hat sich auf hippe Vintage-Schuhe spezialisiert, der beste Laden für Highend Vintage und Klassiker von den 1960er bis zu den 1980er Jahren ist **Resurrection**. Dagegen bietet **AuH20 Thriftique** eine handverlesene Auswahl von Stücken aus den 1980er bis 1990er Jahren – wobei jedes Teil etwa 30 Dollar oder weniger kostet. Ebenfalls preisgünstig geht es bei **Gabay's Outlet** zu. Hier findet man Restauflagen und Mängelexemplare der bekannten Kaufhäuser in Midtown. **Screaming Mimi's** verkauft ebenfalls günstige Kleidung, Handtaschen, Schuhe und sogar Haushaltswaren. **What Comes Around Goes Around** ist ein weiterer populärer Vintage-Laden in Downtown. Neben seinem umfassenden Angebot an Designer-Kleidung verkauft er auch klassische Stücke und Sammlerstücke. **Monk Vintage Thrift** bietet sowohl Damen- als auch Herrenkleidung sowie Schmuck und Seidenkrawatten. Im ursprünglich in den 1970er Jahren in Arizona gegründeten **Buffalo Exchange** können Kunden Kleidung tauschen oder sie direkt gegen Bargeld verkaufen.

Secondhandläden

Viele der preisgünstigen Secondhandläden wie etwa **Angel Street Thrift** gehören zu Wohltätigkeitsorganisationen – in diesem Fall zum Lower Eastside Service Center. Die Einnahmen von **Housing Works Thrift Shop** gehen an Housing Works, die Aids-Stiftung. Der **Cure Thrift Shop**, wo man neben Kleidung auch Schmuck und Retro-Möbel findet, spendet alle Einnahmen an das Diabetes Research Institute. Der gemeinnützige **Vintage Thrift** und sein ebenfalls gut sortierter Ableger **Vintage Thrift West** unterstützen den United Jewish Council of the East Side. Die Kette **Goodwill** ist mit mehreren Filialen in New York vertreten. In ihren Läden findet man alles, von alten Ballkleidern bis zu witzigen Haushaltswaren. Die **Salvation Army** (Heilsarmee) betreibt drei Secondhandläden in Manhattan, die Preise für Kleidung sind unschlagbar günstig.

Jenseits des East River in Brooklyn ist der Sitz von **Beacon's Closet**, einem Kaufhaus für gebrauchte Kleidung, das sich auf moderne und Vintage-Teile spezialisiert hat. **Domsey Express** ist ein weiterer »Monster«-Laden mit fünf Stockwerken voller Waren – von Boutique-Stücken bis zu Armeeklamotten. Das nordkalifornische **Crossroads** ist eine Kleiderbörse, die günstige Schuhe und Accessoires anbietet. **Brooklyn Junk** ist eine Fundgrube für Retro-Möbel, Kunst, Bücher, Geschirr, Fotografien, Vinylplatten, Kleidung und Accessoires. Die **Eleven Consignment Boutique** verkauft hochwertige Mode, etwa von Ralph Lauren, Diane von Furstenberg, Louis Vuitton, und Hermès, zum halben Preis. Teilweise sind die Stücke nochmals um 50 Prozent reduziert.

Flohmärkte

Der **Hell's Kitchen Flea Market** ist der am schnellsten wachsende Flohmarkt New Yorks. Jedes Wochenende bieten hier über 170 Verkäufer Antiquitäten, Retro-Möbel, Vintage-Kleidung und allerlei Nippes feil. Auf dem **Artists & Fleas Chelsea Market** gibt es etwa 135 Stände für Antiquitäten, Kunstgewerbe, Secondhandkleidung und Modeschmuck. Der größte Markt der Stadt liegt in der Upper West Side. Der **Grand Bazaar NYC** ist in einen Antiquitätenabschnitt und einen sonntäglichen Bauernmarkt aufgeteilt. **Hester Street Fair** heißt der Sommerflohmarkt in der Lower East Side (nur samstags), der vor allem für seine guten Essensstände bekannt ist. Auf dem

VINTAGE UND FLOHMÄRKTE | 325

lebhaften Open-Air-Markt erhält man hervorragende Hausmacherkost, Secondhandkleidung und Schmuck. Der relativ kleine **Nolita Market** bietet günstigen Schmuck und handbedruckte T-Shirts.

Malcolm Shabazz Harlem Market ist eine Art Basar für westafrikanische Kleidung, Schmuck, Masken, Ashanti-Puppen und Perlen.

Der jeweils am Wochenende in Fort Greene und Williamsburg stattfindende **Brooklyn Flea** ist ein angesagtes Event. Die über 200 Stände bieten qualitativ hochwertiges Essen und ebensolche (Kunst-)Handwerksprodukte an. Es gibt auch Secondhandwaren. Zwischen Dezember und März zieht der Markt in Hallen um (Infos auf der Website). Wer Brooklyn besser kennenlernen will, sollte den weniger überlaufenen **Bushwick Flea** besuchen, auf dem es wesentlich entspannter zugeht. Er ist jeweils mittwochs von 11 bis 19 Uhr sowie samstags und sonntags von 10 bis 18 Uhr geöffnet.

In Queens findet man auf dem **LIC Flea & Food** Berge von Secondhandkleidung, Taschen, Möbel, Drucke und Kunsthandwerk von lokalen Handwerkern. Der Markt bietet auch jede Menge Essensstände sowie Live-Musik und Spiele für Besucher.

Auf einen Blick

Vintage-/Secondhandläden

Amarcord
223 Bedford Ave,
Williamsburg.
Stadtplan 23 B1.
📞 1-718-963-4001.

Angel Street Thrift
118 W 17th St.
Stadtplan 8 E5.
📞 1-212-229-0546.

AuH20 Thriftique
84 E 7th St.
Stadtplan 5 A2.
📞 1-212-466-0844.

Beacon's Closet
74 Guernsey St, Greenpoint, Brooklyn.
📞 1-718-486-0816.

BIS Designer Resale
1134 Madison Ave.
Stadtplan 17 A4.
📞 1-212-396-2760.

Brooklyn Junk
567 Driggs Ave,
Williamsburg.
Stadtplan 23 B1.

Buffalo Exchange
332 E 11th St.
Stadtplan 5 A1.
📞 1-212-260-9340.

Crossroads
24 W 26th St.
Stadtplan 8 F4.
📞 1-646-398-7917.

Cure Thrift Shop
111 E 12th St.
Stadtplan 4 F1.
📞 1-212-505-7467.

Domsey Express
431 Broadway,
Williamsburg.
Stadtplan 23 B2.
📞 1-718-384-6000.

Edith Machinist
104 Rivington St.
Stadtplan 5 A3.
📞 1-212-979-9992.

Eleven Consignment Boutique
70 5th Ave, Brooklyn.
Stadtplan 23 B4.
📞 1-718-399-7767.

Encore Consignment
1132 Madison Ave.
Stadtplan 17 A4.
📞 1-212-879-2850.

Gabay's Outlet
195 Ave A.
Stadtplan 5 A1.
📞 1-212-254-3180.

Goodwill
44 W 8th St.
Stadtplan 4 D2.
📞 1-212-477-7024.

Housing Works Thrift Shop
143 W 17th St.
Stadtplan 8 E5.
📞 1-718-838-5050.

INA
15 Bleecker St.
Stadtplan 4 F3.
📞 1-212-228-8511.

Michael's Consignment
1041 Madison Ave.
Stadtplan 17 A4.
📞 1-212-737-7273.

Monk Vintage Thrift
496 Driggs Ave,
Williamsburg.
Stadtplan 23 B1.
📞 1-718-384-6665.

Resurrection
45 Great Jones St.
Stadtplan 4 F2.
📞 1-212-625-1374.

Salvation Army
208 E 23rd St.
Stadtplan 9 B4.
📞 1-212-532-8115.

Screaming Mimi's
240 W 14th St.
Stadtplan 3 C1.
📞 1-212-677-6464.

Tokio 7
83 E 7th St.
Stadtplan 5 A2.
📞 1-212-353-8443.

Vintage Thrift
286 3rd Ave.
Stadtplan 9 B4.
📞 1-212-871-0777.

Vintage Thrift West
242 W 10th St.
Stadtplan 3 C2.
📞 1-646-371-9262.

What Comes Around Goes Around
351 W Broadway.
Stadtplan 4 E4.
📞 1-212-343-1225.

Flohmärkte

Artists & Fleas, Chelsea Market
88 10th Ave.
Stadtplan 7 C5.
📞 (917) 488-0044.

Brooklyn Flea
176 Lafayette Ave,
Fort Greene.
Stadtplan 23 C2.
50 Kent Ave,
Williamsburg.
Stadtplan 23 B1.
📞 1-212-243-5343.

Bushwick Flea
52 Wyckoff Ave,
Bushwick.
📞 1-845-707-3942.
🌐 bwflea.com

Chelsea Flea Market
W 25th St, zwischen
Sixth Ave und Broadway.
Stadtplan 8 E2.

Grand Bazaar NYC
Columbus Ave, zwischen
W 76th und W 77th St.
Stadtplan 16 D5.
📞 1-212-239-3025.

Hell's Kitchen Flea Market
W 39th St, zwischen
Ninth und Tenth Ave.
Stadtplan 7 C1.
📞 1-212-243-5343.

Hester Street Fair
Hester und Essex St.
Stadtplan 5 B4.
📞 1-917-267-9496.

LIC Flea & Food
5-25 46th Ave,
Long Island City.
Stadtplan 14 E5.
📞 1-718-224-5863.

Malcolm Shabazz Harlem Market
52 W 116th St.
Stadtplan 22 D3.
📞 1-212-987-8131.

Nolita Market
Prince St, zwischen
Mulberry und Mott St.
Stadtplan 4 F3.

Stadtplan *siehe Seiten 386–419*

Bücher und Musik

Als Verlagszentrum der USA ist New York auch landesweit die Stadt mit den meisten Buchläden. Neben großen Sortimentsbuchhandlungen gibt es Hunderte von kleinen Läden, die sich auf alle nur erdenklichen Fachgebiete spezialisiert haben, sowie zahlreiche Antiquariate. Auch Musikliebhaber finden Klänge jeder Stilrichtung sowie Tausende seltener Aufnahmen.

Buchhandlungen

Die bekannteste der großen Buchhandelsketten ist **Barnes & Noble**, allerdings wurden in den letzten Jahren viele ihrer Filialen geschlossen. Die Filiale am Union Square ist sicherlich die größte und attraktivste. Hier gibt es ein großes Café, regelmäßig finden Autorenlesungen statt.

Book Culture ist die größte unabhängige Buchhandlung der Stadt mit einer großen Auswahl an Belletristik. Die freundliche Buchhandlung **McNally Jackson** bietet Klassiker und neuere Literatur. Zum Laden gehört ein Café.

Der 1977 gegründete **St. Mark's Bookshop** ist eine East-Village-Institution. Hier findet man Bücher zu zeitgenössischer Kunst, Politik, Gender Studies, Literaturkritik und Umwelt. **Shakespeare & Co.** mit seiner sensationellen Auswahl hat bis spätabends offen.

Dank einladender unabhängiger Buchhandlungen wie **Word** oder **BookCourt** avanciert Brooklyn gerade zu einem Literaturzentrum. **Powerhouse Arena** ist für vielfältige Veranstaltungen bekannt, das Spektrum reicht von Autorenlesungen bis zu groß angelegten literarischen Festivitäten.

Secondhand-Buchläden

Der berühmte New Yorker Buchladen **Strand** wurde 1927 gegründet. Hier gibt es gut zweieinhalb Millionen antiquarische Bücher in übervollen _ Bücherregalen. Das Sortiment verteilt sich über mehrere Stockwerke. Es gibt einen eigenen Raum für seltene Erstausgaben. **Housing Works Bookstore Café** birgt in seinen hohen Räumen sowohl ein Antiquariat als auch ein Café.

Westsider Bookshop bietet eine umfassende Auswahl an Secondhand-Büchern und hat zudem eine riesige Sammlung an alten Country- und Bluegrass-LPs. In Williamsburg, dem angesagten Viertel in Brooklyn, findet man bei **Spoonbill & Sugartown** ein großes Sortiment an antiquarischen und neuen Büchern zu Themen wie Kunst, Kunstgeschichte, Design und Architektur.

Fachbuchhandlungen

Die beste Auswahl an Theaterliteratur in ganz New York bietet der gut sortierte **Drama Book Shop**. Kriminalromane sind das Spezialgebiet des **Mysterious Bookshop**. Jüdische Bücher und Musik gibt es bei **J. Levine Judaica**. **Kinokuniya Bookstore** ist der größte japanische Buchladen der Stadt, er verkauft Bücher über Japan. Der renommierte italienische Verlag **Rizzoli** mit Buchladenkette ist auf europäische Literatur spezialisiert.

Bank Street Book Store hat die beste Auswahl an Kinderbüchern. **Books of Wonder** führt seltene Kinderbücher. Pädagogisch wertvolles Spielzeug und Bücher zum Thema Erziehung findet man im weitläufigen, hellen **Scholastic Store** gleich unterhalb der Büros des in SoHo ansässigen Verlags.

Kunst- und Architekturbände führt der **Taschen Store** in SoHo. Spezialist für Kochbücher ist **Kitchen Arts & Letters**, wo es auch viele vergriffene Bücher und Originalausgaben gibt. **Idlewild** ist eine gut sortierte, auf Reiseführer spezialisierte Buchhandlung.

Interessante Läden für alte und brandneue Science-Fiction und Comics sind **Forbidden Planet** und **St. Mark's Comics**. **Midtown Comics** betreibt drei Filialen mit einer breiten Auswahl von Comics. Wer ausgefallene Exemplare sucht, hat gute Chancen, bei **JHU Comic Books**, gegenüber dem Empire State, fündig zu werden. Hier gibt es auch Spielzeug, T-Shirts und DVDs. **Desert Island** ist mit seinen Comics Treff der Brooklyner Hipster.

Bluestockings lockt mit neuen und antiquarischen Titeln zu vielfältigen Themen, etwa zu Gender Studies und Homosexualität oder zu Kapitalismus und Gefängnissystemen.

Musik

Wer auf der Suche nach längst vergriffenen Schallplatten ist, sollte zu **Westsider Records** gehen, einer Fundgrube für Sammler von Jazz-, Klassik- und Opernaufnahmen. Das **House of Oldies** im West Village erstaunt mit einem Riesenangebot an alten Schallplatten jeder Stilrichtung. **Bleecker Street Records** ist bekannt für seine Raritäten, zwischen denen es sich zu stöbern lohnt. **Generation Records** bietet Hardcore, Metal und Punk. Echte Musikenthusiasten und Sammler wissen **Other Music** zu schätzen. Hier findet man wahre Juwele von Elektronik bis zum Free Jazz der 1970er Jahre. Eine sehr gute Auswahl an Secondhand-CDs, -DVDs und -LPs bietet **Academy Records**.

DJs und Vinyl-Liebhaber stöbern bei **Turntable Lab** in Manhattan oder bei **Halcyon** in Brooklyn. **Earwax** im trendigen Williamsburg zählt ebenso wie **Rough Trade NYC** zu den angesagten Läden der Hipster-Szene.

Jazz finden Sie in der **Downtown Music Gallery** oder im **Jazz Record Center**, das seltene bzw. vergriffenen Jazz-LPs, Bücher, Videos und Memorabilien verkauft.

Der Buchladen der renommierten **Juilliard School** im Lincoln Center führt neben Büchern und Aufnahmen auch Noten.

BÜCHER UND MUSIK | **327**

Auf einen Blick

Buchhandlungen

Barnes & Noble
33 E 17th St.
Stadtplan 9 A5.
1-212-253-0810.
Eine von mehreren
Filialen.

BookCourt
163 Court St, Brooklyn.
1-718-875-3677.

Book Culture
2915 Broadway.
Stadtplan 20 E3.
1-646-403-3000.

McNally Jackson
52 Prince St.
Stadtplan 4 F3.
1-212-274-1160.

Powerhouse Arena
37 Main St, Brooklyn.
1-718-222-1331.

Shakespeare & Co.
939 Lexington Ave.
Stadtplan 13 A1.
1-212-772-3400.

St. Mark's Bookshop
136 E 3rd St.
Stadtplan 5 A2.
1-212-260-7853.

Word
126 Franklin St,
Brooklyn.
1-718-383-0096.

Secondhand-Buchläden

Housing Works Bookstore Café
126 Crosby St.
Stadtplan 4 F3.
1-212-334-3324.

Spoonbill & Sugartown
218 Bedford Ave,
Brooklyn.
1-718-387-7322.

Strand
828 Broadway.
Stadtplan 4 E1.
1-212-473-1452.

Westsider Bookshop
2246 Broadway.
Stadtplan 15 C4.
1-212-362-0706.

Fachbuchhandlungen

Bank Street Book Store
610 W 112th St.
Stadtplan 21 A4.
1-212-678-1654.

Bluestockings
172 Allen St.
Stadtplan 5 A3.
1-212-777-6028.

Books of Wonder
18 W 18th St.
Stadtplan 8 E5.
1-212-989-3270.

Desert Island
540 Metropolitan Ave,
Brooklyn.
1-718-388-5087.

Drama Book Shop
250 W 40th St.
Stadtplan 8 E1.
1-212-944-0595.

Forbidden Planet
832 Broadway.
Stadtplan 4 E1.
1-212-473-1576.

Idlewild
170 7th Ave.
Stadtplan 3 C1.
1-212-414-8888.

J. Levine Judaica
5 W 30th St.
Stadtplan 8 F3.
1-212-695-6888.

JHU Comic Books
32 E 32nd St.
Stadtplan 8 F2.
1-212-268-7088.

Kinokuniya Bookstore
1073 6th Ave.
Stadtplan 8 E1.
1-212-869-1700.

Kitchen Arts & Letters
1435 Lexington Ave.
Stadtplan 17 A2.
1-212-876-5550.

Midtown Comics
200 W 40th St.
Stadtplan 8 E1.
459 Lexington Ave.
Stadtplan 13 A5.
64 Fulton St.
Stadtplan 2 D2.
1-212-302-8192.

Mysterious Bookshop
58 Warren St.
Stadtplan 1 B1.
1-212-582-1011.

Rizzoli
1133 Broadway.
Stadtplan 8 F4.
1-212-759-2424.

Scholastic Store
577 Broadway.
Stadtplan 4 E4.
1-212-343-6166.

St. Mark's Comics
11 St. Mark's Place.
Stadtplan 4 F1.
1-212-598-9439.

Taschen Store
107 Greene St.
Stadtplan 4 E3.
1-212-226-2212.

Musik

Academy Records
12 W 18 St.
Stadtplan 7 C5.
1-212-243-3000.

Bleecker Street Records
188 W 4th St.
Stadtplan 3 C2.
1-212-255-7899.

Downtown Music Gallery
13 Monroe St.
Stadtplan 2 E1.
1-212-473-0043.

Earwax
167 N 9th St, Brooklyn.
1-718-486-3771.

Generation Records
210 Thompson St.
Stadtplan 4 E2.
1-212-254-1100.

Halcyon
74 Wythe Ave,
Williamsburg, Brooklyn.
Stadtplan 23 B1.
1-718-260-WAXY.

House of Oldies
35 Carmine St.
Stadtplan 4 D3.
1-212-243-0500.

Jazz Record Center
236 W 26th St.
Stadtplan 8 D4.
1-212-675-440.

Juilliard Store
144 W 66th St.
Stadtplan 11 C2.
1-212-799-5000.

Other Music
15 E 4th St.
Stadtplan 4 F2.
1-212-477-8150.

Rough Trade NYC
64 N 9th St, Brooklyn.
1-718-388-4111.

Turntable Lab
120 E 7th St.
Stadtplan 5 A2.
1-212-677-0675.

Westsider Records
233 W 72nd St.
Stadtplan 11 D1.
1-212-874-1588.

Stadtplan *siehe Seiten 386–419*

Kunst und Antiquitäten

Kunstliebhaber finden in New York Hunderte von Galerien, die einen Besuch lohnen. Für Antiquitätensammler gibt es zahlreiche Flohmärkte, die zum Herumstöbern einladen *(siehe S.324f)*, sowie Antik-Center mit zum Teil erlesenen Stücken aus Europa und den USA. Freunde amerikanischer Volkskunst erwartet ebenfalls ein reichhaltiges Angebot.

Kunstgalerien

Zu den großen Namen New Yorks zählt die **Castelli Gallery**, die in den frühen 1960er Jahren Pop-Art und heute junge Künstler präsentiert. Die **Mary Boone Gallery** zeigt erfolgreiche Neo-Expressionisten wie Julian Schnabel und David Salle, die **Pace Gallery** stellt vorwiegend bekannte Fotokünstler aus, die **Marian Goodman Gallery** europäische Avantgardisten. **Postmasters** ist eine Fundgrube für Konzeptkunst und junge aufstrebende Künstler.

In Chelsea lohnen die **Matthew Marks Gallery** und die **Marianne Boesky Gallery** einen Besuch. **Paula Cooper** veranstaltet in ihrem schönen Loft regelmäßig heftig diskutierte Ausstellungen. Die **Gagosian Gallery** präsentiert moderne Meister wie Roy Lichtenstein und Jasper Johns. Besuchen Sie unbedingt die außergewöhnlichen Shows von Größen des 20. Jahrhunderts der **Robert Miller Gallery**. **Hirschl & Adler Galleries** in Midtown sind eine weitere Fundgrube für Hochkarätiges. Die **Lehmann Maupin Gallery** ist eine gefragte Adresse für noch nicht ganz etablierte Kunst.

Die **Gladstone Gallery** ist ein zugkräftiger Name. Die **David Zwirner Gallery** bietet erstklassige Ausstellungen mit bekannten Künstlern. Die **Agora Gallery** präsentiert lokale und internationale Kunst, u. a. auch Art-déco-Werke.

Artists Space in SoHo ist eine angesehene alternative Galerie mit häufig wechselnden themenbasierten Ausstellungen, alle Filmvorführungen und Installationen. Das **Drawing Center** präsentiert historische und zeitgenössische Grafik. **47 Canal** in der Lower East Side ist ein nicht kommerzielles, von Künstlern verwaltetes Center für experimentelle Projekte. Weitere angesagte Galerien in der Nachbarschaft sind **Frosch & Portmann**, **Salon 94 Bowery** (ein Ableger der Galerie in der Upper East Side) und **Sperone Westwater** in einem Gebäude von Norman Foster.

Gavin Brown's Enterprise in Nolita ist auf Mixed-Media-Kunst spezialisiert. **White Columns** konzentriert sich auf kommende Talente.

Einige der vibrierendsten Galerien findet man in Brooklyn. Im **Front Room** trifft sich die Williamsburger Szene, das **WAH Center** konzentriert sich auf Malerei und Skulptur. Die **Smack Mellon Gallery** in Dumbo zeigt verschiedene Kunstrichtungen.

Amerikanische Volkskunst

Die **American Primitive Gallery** präsentiert eine große Auswahl an Volkskunst, darunter auch antike Holzpuppen und moderne Glaskunst.

Antik-Center und Trödelläden

Neben Hunderten von kleinen Läden mit Angeboten vom Tigerzahn bis zum mehrere Millionen Dollar teuren Gemälde beheimatet New York das **Manhattan Art & Antiques Center** mit 70 Antiquitätenhändlern unter einem Dach.

Das **Showplace Antique and Design Center** in Chelsea hält auf vier Stockwerken Antiquitäten, Retro-Möbel und alle Arten von Memorabilien für Interessenten bereit.

Amerikanische Möbel

Wunderschöne Landhausmöbel aus dem 17., 18. und 19. Jahrhundert führen **Bernard & S. Dean Levy** und **Circa Antiques** (jetzt nur noch online und nach Vereinbarung). Eine fantastische Auswahl von einfachen und sehr praktischen Shaker-Möbeln, Teppichen und auch Quilts gibt es bei **Woodard & Greenstein**.

Sammler von Art-déco- und Jugendstil-Mobiliar sollten **Alan Moss** aufsuchen. Auch die **Macklowe Gallery** in der Madison Avenue hat eine große Auswahl dieser begehrten Stücke. **Lillian Nassau** führt Tiffany-Leuchten sowie Jugendstil- und Art-déco-Stücke.

New York bietet eine Handvoll an Retro-Läden. Bei **Adelaide** etwa kann man Schätze aus den 1930er bis 1960er Jahren entdecken.

Internationale Antiquitäten

Antike Stücke aus ganz Europa führen **Eileen Lane Antiques** (ein wichtiger Importeur schwedischer Antiquitäten) und **Linda Horn Antiques**.

La Belle Epoque verkauft alte Plakate. Antiquitäten aus Fernost findet man beispielsweise bei **Doris Leslie Blau** und bei **Flying Cranes Antiques** (im Manhattan Art & Antiques Center).

Auktionshäuser

Die beiden berühmtesten Auktionshäuser Manhattans, **Christie's** und **Sotheby's**, versteigern Sammlerstücke wie Münzen, Schmuck, Jahrgangsweine und Kunstwerke.

Doyle New York und **Phillips** sind ebenfalls geachtete Auktionshäuser für Kunst, Schmuck und Antiquitäten. Die ehrwürdigen **Swann Galleries** versteigern Drucke, seltene Bücher, Handschriften, Plakate und Fotografien.

Die Gegenstände können in den meisten Fällen einige Tage vor der Auktion besichtigt werden. Über Besichtigungszeiten informieren die Freitags- und die Sonntagsausgabe der *New York Times*.

KUNST UND ANTIQUITÄTEN | **329**

Auf einen Blick

Kunstgalerien

47 Canal
281 Grand St.
Stadtplan 5 A4.
1-212-415-7712.

Agora Gallery
530 W 25th St.
Stadtplan 7 C4.
1-212-226-4151.

Artists Space
38 Green St.
Stadtplan 4 E4 A5.
1-212-226-3970.

Castelli Gallery
18 77th St.
Stadtplan 17 A5.
1-212-249-4470.

David Zwirner Gallery
525 W 19th St.
Stadtplan 7 B3.
1-212-727-2070.

The Drawing Center
35 Wooster St.
Stadtplan 4 E4.
1-212-219-2166.

Front Room
147 Roebling St, Williamsburg.
Stadtplan 7 B3.
1-718-782-2556.

Frosch & Portmann
53 Stanton St.
Stadtplan 5 A3.
1-212-266-5994.

Gagosian Gallery
555 W 24th St.
Stadtplan 7 C4.
1-212-741-1111.
Eine von mehreren Filialen.

Gavin Brown's Enterprise
291 Grand St.
Stadtplan 5 A4.
1-212-627-5258.

Gladstone Gallery
151 W 24th St.
Stadtplan 7 C4.
1-212-206-9300.

Hirschl & Adler Galleries
730 5th Ave, 4. Stock.
Stadtplan 12 F1.
1-212-535-8810.

Lehmann Maupin Gallery
540 W 26th St.
Stadtplan 7 C4.
1-212-255-2923.

Marian Goodman Gallery
24 W 57th St.
Stadtplan 12 F3.
1-212-977-7160.

Marianne Boesky Gallery
509 W 24th St.
Stadtplan 7 C4.
1-212-680-9889.

Mary Boone Gallery
745 5th Ave.
Stadtplan 12 F3.
1-212-752-2929.
Zwei Filialen.

Matthew Marks Gallery
523 W 24th St.
Stadtplan 7 C4.
1-212-243-0200.

Pace Gallery
534 W 25th St.
Stadtplan 7 C4.
1-212-929-7000.
Eine von mehreren Filialen.

Paula Cooper
534 W 21st St.
Stadtplan 7 C4.
1-212-255-1105.

Postmasters
459 W 19th St.
Stadtplan 7 C5.
1-212-727-3323.

Robert Miller Gallery
524 W 26th St.
Stadtplan 7 C3.
1-212-366-4774.

Salon 94 Bowery
243 Bowery.
Stadtplan 4 F3.
1-212-979-0001.

Smack Mellon Gallery
92 Plymouth St, Dumbo
1-718-834-8761.

Sperone Westwater
257 Bowery.
Stadtplan 4 F3.
1-212-999-7337.

WAH Center
135 Broadway, Williamsburg.
1-718-486-6012.

White Columns
320 W 13th St.
Stadtplan 3 B1.
1-212-924-4212.

Amerikanische Volkskunst

American Primitive Gallery
49 E 78th St, Suite 2B.
Stadtplan 17 A5.
1-212-628-1530.

Antik-Center und Trödelläden

The Manhattan Art & Antiques Center
1050 2nd Ave.
Stadtplan 13 A3.
1-212-355-4400.

Showplace Antique and Design Center
40 W 25th St.
Stadtplan 8 F4.
1-212-633-6063.

Amerikanische Möbel

Adelaide
702 Greenwich St.
Stadtplan 3 C2.
1-212-627-0508.

Alan Moss
436 Lafayette St.
Stadtplan 4 F2.
1-212-473-1310.

Bernard & S. Dean Levy
24 E 84th St.
Stadtplan 16 F4.
1-212-628-7088.

Circa Antiques
374 Atlantic Ave, Brooklyn.
1-718-596-1866.

Lillian Nassau
220 E 57th St.
Stadtplan 13 B3.
1-212-759-6062.

Macklowe Gallery
667 Madison Ave.
Stadtplan 13 A3.
1-212-644-6400.

Woodard & Greenstein
506 E 74th St.
Stadtplan 17 A5.
1-212-988-2906.

Internationale Antiquitäten

La Belle Epoque
115a Greenwich Ave.
Stadtplan 3 C1.
1-212-362-1770.

Doris Leslie Blau
306 E 61st St, 7. Stock.
Stadtplan 13 B3.
1-212-586-5511.
nach Vereinbarung.

Eileen Lane Antiques
236 E 60th St.
Stadtplan 13 B3.
1-212-475-2988.

Flying Cranes Antiques
1050 2nd Ave.
Stadtplan 13 B4.
1-212-223-4600.

Linda Horn Antiques
1327 Madison Ave.
Stadtplan 17 A2.
1-212-772-1122.

Auktionshäuser

Christie's
20 Rockefeller Plaza.
Stadtplan 12 F5.
1-212-636-2000.

Doyle New York
175 E 87th St.
Stadtplan 17 A3.
1-212-427-2730.

Phillips
450 W 15th St.
Stadtplan 7 C5.
1-212-940-1200.

Sotheby's
1334 York Ave.
Stadtplan 13 C1.
1-212-606-7000.

Swann Galleries
104 E 25th St.
Stadtplan 9 A4.
1-212-254-4710.

Stadtplan *siehe Seiten 386–419*

Delikatessen und Wein

New Yorks kulturelle und ethnische Vielfalt spiegelt sich natürlich auch im Essen und Trinken wider – die Lebensmittelläden der Stadt offerieren eine internationale Auswahl über alle Grenzen hinweg. Kaffeegeschäfte und Weinhändler bieten erlesene Produkte von höchster Qualität sowie kompetentes Personal, das Sie gern berät.

Delikatessen

Es gibt in New York eine ganze Reihe von Feinkostläden, die durchaus als Besucherattraktionen gelten. Beim Einkauf von Delikatessen sollten Sie aber auch die großen Warenhäuser nicht vergessen, die den Fachgeschäften in nichts nachstehen.

Bei **Dean & DeLuca** am Broadway ist Essen zu einer Kunstform erhoben worden – versäumen Sie auf keinen Fall das riesige Angebot an Snacks und Speisen zum Mitnehmen. **Russ & Daughters** in der Houston Street zählt zu den ältesten jüdischen Feinkostläden und ist berühmt für geräucherten Fisch, Schokolade und Bagels. Die renommierte **Gourmet Garage** in der Broome Street bietet alle möglichen frischen Lebensmittel, vor allem ökologische Produkte, an. Der vielleicht beste Delikatessenladen der Welt ist **Zabar's** am Broadway, in dem die Kunden geduldig für vorzügliches Räucherlachs, Bagels, Kaviar, Käse und Kaffee anstehen – das Warten lohnt sich.

William Poll in der Lexington Avenue hat eine gute Auswahl an Picknickkörben und fertigen Speisen.

Whole Foods steht für eine hervorragende Auswahl an gesunden natürlichen Lebensmitteln. Die Filiale am Columbus Circle ist zugleich der größte Supermarkt Manhattans. In den schier endlosen Regalreihen findet man ausschließlich hochwertige Lebensmittel ohne Zusatzstoffe. Zentral gelegen ist auch die Whole-Foods-Filiale am Union Square. Der **Fairway Market** verkauft seit mehr als 50 Jahren allerbeste Feinkost von frischem Räucherlachs bis zu knusprigen Backwaren.

Fachgeschäfte

Erstklassige Bäckereien gibt es viele, doch die **Poseidon Greek Bakery**, bekannt für ihren Strudelteig, gehört zweifellos zu den besten. **Ess-a-Bagel** in der Third Avenue bietet mit die besten Bagels der Stadt. Köstliches chinesisches Gebäck gibt es bei **Golden Fung Wong Bakery**, Croissants-Brezeln in der **City Bakery**. Schon von Weitem erkennt man die sechs Filialen von **Magnolia Bakery** in Manhattan an der Schlange von Kunden, die für die leckeren Cupcakes anstehen.

Zu den besten Konfiserien gehören **Li-Lac Chocolates** mit hausgemachten Pralinen sowie **Mondel Chocolates** mit seinen köstlichen Schokoladentieren. **Economy Candy** bietet eine riesige Auswahl an getrockneten Früchten und altmodischen süßen Sünden. **Teuscher Chocolates** lässt seine frischen Champagnertrüffel aus der Schweiz einfliegen. Foie gras, Räucherlachs und Kaviar bekommt man bei **Caviarteria**.

Myers of Keswick importiert englische Lebensmittel. Exotischere Zutaten bietet der asiatische **New Kam Man Market**. Bei **Eataly** (siehe S. 125) bekommt man Allerfeinstes aus Italien, u. a. Käse oder Nudeln. Die Waren gibt es zum Mitnehmen, man kann sie aber auch in einem der Lokale des Komplexes kosten. Fleisch und Wild kauft man bei **Lobel's** (seit 1840). Ein großes Angebot an Meeresfrüchten und Fisch bietet **Citarella**.

Exotische Gewürze und Tees gibt es bei **Sullivan Street Tea & Spice Co.** in Greenwich Village oder bei **Kalustyan's**.

Für Käse, Oliven und Wurstwaren empfiehlt sich **Murray's Cheese Shop**. Unwiderstehlich ist der Duft an der Eingangstür. Für viele ist es der beste Käseladen von New York. Mehr als 250 Käsesorten aus aller Welt sind im Angebot. Sie können gern vorab ein Stückchen probieren. Zusammen mit dem frischen Brot und einer Auswahl von Oliven ist so eine Käseplatte kaum zu übertreffen – ideal auch zum Picknick.

Eingelegtes aus Osteuropa führt **The Pickle Guys**. Neben Essiggurken und anderen in Essig eingelegten Gemüsen gibt es hier auch sonnengetrocknete Tomaten, Pilze, Oliven, Peperoni, Sauerkraut, Heringe und vieles mehr.

Obst und Gemüse kauft man am besten vormittags auf einem »Greenmarket«, z. B. auf dem **79th Street Green Market**, dem **TriBeCa Greenmarket** oder am **Union Square**. Einzelheiten zu Öffnungszeiten einzelner Märkte erfahren Sie unter 1-212-788-7476.

Kaffeeläden

New York hat viele erstklassige Kaffeegeschäfte. **Oren's Daily Roast** und **Porto Rico Importing Company** halten feinste Bohnen bereit. Auch **The Sensuous Bean** führt beste Kaffeesorten und dazu noch verschiedene Tees. **McNulty's Tea & Coffee Company** ist eines der ältesten Kaffeegeschäfte der USA und verkauft erstklassige Ware.

Weinhandlungen

Für beste Weine steht seit 1820 der Name **Acker Merrall & Condit**. Weine und Champagner zu Discountpreisen bekommt man bei **Garnet Wines & Liquors**. Der **Spring Street Wine Shop** in SoHo ist ein gut sortierter Laden, in dem man so manchen edlen Tropfen findet. **Sherry-Lehmann Wine & Spirits** gehört zu New Yorks führenden Weinhändlern.

Astor Wines & Spirits bietet die größte Weinauswahl der Stadt. Jeden Monat präsentiert das Geschäft seine Rangliste mit Weinen unter zehn Dollar. Auch **Union Square Wines and Spirits** hat exzellente Tropfen im Angebot und veranstaltet wöchentliche Verkostungen.

Auf einen Blick

Delikatessen

Dean & DeLuca
560 Broadway.
Stadtplan 4 E3.
📞 1-212-226-6800.
Eine von mehreren Filialen.

Fairway Market
2131 Broadway.
Stadtplan 15 C5.
📞 1-212-595-1888.
Eine von mehreren Filialen.

Gourmet Garage
489 Broome St.
Stadtplan 4 E4.
📞 1-212-941-5850.
Eine von mehreren Filialen.

Russ & Daughters
179 E Houston St.
Stadtplan 5 A3.
📞 1-212-475-4880.

Whole Foods
10 Columbus Circle.
Stadtplan 12 D3.
📞 1-212-823-9600.
Eine von mehreren Filialen.

William Poll
1051 Lexington Ave.
Stadtplan 17 A5.
📞 1-212-288-0501.

Zabar's
2245 Broadway.
Stadtplan 15 C4.
📞 1-212-787-2000.

Fachgeschäfte

79th Street Green Market
Columbus Ave (zwischen 78th St und 81st St).
Stadtplan 16 D5.
🔵 So.

Caviarteria
502 Park Ave.
Stadtplan 13 A3.
📞 1-212-759-7410.

Citarella
2135 Broadway.
Stadtplan 15 C5.
📞 1-212-874-0383.
Eine von mehreren Filialen.

City Bakery
3 W 18th St.
Stadtplan 8 F5.
📞 1-212-366-1414.

Eataly
200 5th Ave.
Stadtplan 8 F4.
📞 1-646-398-5100.

Economy Candy
108 Rivington St.
Stadtplan 5 A3.
📞 1-212-254-1531.

Ess-a-Bagel
831 3rd Ave.
Stadtplan 13 B4.
📞 1-212-980-1010.

Golden Fung Wong Bakery
41 Mott St.
Stadtplan 4 F3.
📞 1-212-267-4037.

Kalustyan's
123 Lexington Ave.
Stadtplan 9 A3.
📞 1-212-685-3451.

Li-Lac Chocolate
40 8th St.
Stadtplan 3 C1.
📞 1-212-924-2280.

Lobel's
1096 Madison Ave.
Stadtplan 17 A4.
📞 1-212-737-1372.

Magnolia Bakery
401 Bleecker St.
Stadtplan 3 C2.
📞 1-212-462-2572.
Eine von mehreren Filialen.

Mondel Chocolates
2913 Broadway.
Stadtplan 20 E3.
📞 1-212-864-2111.

Murray's Cheese Shop
254 Bleecker St.
Stadtplan 4 D2.
📞 1-212-243-3289.
Eine von zwei Filialen.

Myers of Keswick
634 Hudson St.
Stadtplan 3 C2.
📞 1-212-691-4194.

New Kam Man Market
200 Canal St.
Stadtplan 4 F5.
📞 1-212-571-0330.

The Pickle Guys
49 Essex St.
Stadtplan 5 B4.
📞 1-212-656-9739.

Poseidon Greek Bakery
629 9th Ave.
Stadtplan 12 D5.
📞 1-212-757-6173.

Sullivan Street Tea & Spice Co.
208 Sullivan St.
Stadtplan 4 D3.
📞 1-212-387-8702.

Teuscher Chocolates
25 E 61st St.
Stadtplan 12 F3.
📞 1-212-751-8482.
620 5th Ave.
Stadtplan 12 F4.
📞 1-212-246-4416.

TriBeCa Greenmarket
Greenwich St (zwischen Chambers St und Duane St).
Stadtplan 1 B1.
🔵 Mi, Sa.

Union Square Greenmarket
E 17th St/Broadway.
Stadtplan 8 F5.
🔵 Mo, Mi, Fr, Sa.

Kaffeeläden

McNulty's Tea & Coffee Company
109 Christopher St.
Stadtplan 3 C2.
📞 1-212-242-5351.

Oren's Daily Roast
1144 Lexington Ave.
Stadtplan 17 A4.
📞 1-212-472-6830.
Eine von mehreren Filialen.

Porto Rico Importing Company
201 Bleecker St.
Stadtplan 3 C2.
📞 1-212-477-5421.
Eine von mehreren Filialen.

The Sensuous Bean
66 W 70th St.
Stadtplan 12 D1.
📞 1-212-724-7725.

Weinhandlungen

Acker Merrall & Condit
160 W 72nd St.
Stadtplan 11 C1.
📞 1-212-787-1700.

Astor Wines & Spirits
399 Lafayette St.
Stadtplan 4 F2.
📞 1-212-674-7500.

Garnet Wines & Liquors
929 Lexington Ave.
Stadtplan 13 A1.
📞 1-212-772-3211.

Sherry-Lehmann Wine & Spirits
505 Park Ave.
Stadtplan 13 A3.
📞 1-212-838-7500.

Spring Street Wine Shop
187 Spring St.
Stadtplan 4 C4.
📞 1-212-219-0521.

Union Square Wines and Spirits
140 4th Ave.
Stadtplan 4 F1.
📞 1-212-675-8100.

Stadtplan *siehe Seiten 386–419*

Hightech und Haushaltswaren

Vom Flachbildfernseher über hochwertige Soundsysteme bis hin zu eleganten Designermöbeln fürs Heim – die Elektroniktempel und Innenausstattungsläden New Yorks lassen keine Wünsche offen. Den härtesten Preiskampf unter den Einzelhändlern der Stadt liefern sich die Großmärkte für Elektrogeräte – als Käufer ist man der lachende Dritte. Vorsichtig sollten Sie in den Geschäften in der Nähe von Sehenswürdigkeiten sein, etwa in der Fifth Avenue beim Empire State Building: Viele der hier angebotenen Produkte sind veraltet und überteuert. Wer beabsichtigt, Elektrogeräte mit nach Europa zu nehmen, sollte darauf achten, ob sie hinsichtlich Netzspannung und Stecker für das 230-Volt-Stromnetz in Europa ausgerichtet sind.

Musikanlagen

Die neuesten Hi-Fi-Geräte bekommt man bei **Sound by Singer**. J & R Music World ist geschlossen, doch **J & R Express** (im Century 21) hat noch eine gute Auswahl an Musik- und PC-Zubehör. Die dänische Firma **Bang & Olufsen** zeigt in ihrer Filiale extrem flache, minimalistische Klanggeräte mit unglaublichem Sound. **Hammacher Schlemmer** ist seit 1848 eine Institution in New York und für den am Kunden orientierten Service bekannt. Begutachten Sie auch die Soundsysteme bei **Lyric HiFi & Video**, seit 1959 ein Spezialist auf diesem Gebiet. Der **Sony Store** schließlich hat ein breit gefächertes Sortiment schicker Hightech-Geräte aller Art.

Bei der Kette **Best Buy** ist der Name Programm. Unter dem enormen Angebot von Stereoanlagen und Home-Entertainment-Produkten findet man immer wieder unglaubliche Angebote (die Filiale am Union Square hat 24 Stunden geöffnet). Anlagen der Extraklasse gibt es bei **Innovative Audio Video Showrooms**. Einen Besuch wert ist **Stereo Exchange** mit einer Auswahl an neuen und gebrauchten Anlagen.

Fotografie

Amateur- wie Profifotografen können sich bei **B & H Photo Video** mit neuer Ausrüstung versorgen. **Willoughby's** (seit 1898) ist ein weiterer bekannter Name für günstige Fotoausrüstung. Wer sich noch mit analoger Fotografie beschäftigt, wird im stilvollen **Lomography Gallery Store** bestens beraten. **Foto Care** in Chelsea hat ein großes Angebot an Kameras und Ausrüstungen.

Auch die Produktpalette von **Print Space Photo Lab** mit Kameras, Zubehör und Licht-Equipment sowie Kameraverleih und Filmentwicklung ist nicht zu verachten. **Adorama** im Flatiron District lockt die Kundschaft mit Digitalkameras und Zubehör. High-End-Kameras und hochwertiges Zubehör bietet **Photo Village**.

Der **Leica Store Soho** ist ein Schatzkästchen rund um die Kamera deutscher Provenienz. Zudem gibt es Fotoausstellungen und Sonderanfertigungen von Kameras.

Computer

Für Mac-Fans gibt es in Manhattan mehrere Apple Stores, darunter den riesigen **Apple Store SoHo** und den glitzernden Kubus in der **5th Avenue**, der 24 Stunden geöffnet ist. Ebenso beeindruckend ist die Filiale im **Grand Central Terminal**, ein spektakulärer Laden. In allen Apple-Läden kann man die Produkte ausprobieren, bevor man sich für den Kauf entscheidet – ob iMac, iPod, iPhone oder iPad. Seminare führen in unterschiedliche Anwendungen ein.

Wer während seines New-York-Aufenthalts Probleme mit seinem mitgebrachten Laptop bekommt, findet an der Apple Store Genius Bar einen kompetenten Techniker, der ihm hilft – egal, um welches Modell es sich handelt. Das Personal gibt auch Tipps zu neuen Technologien, man kann sich hier auch ein Update holen. Der **Microsoft Store** hat sich allen Produkten von Microsoft verschrieben, darunter auch dem Lumia-Handy sowie dessen Surface-Nachfolger und der Xbox.

Küchenausstattung

Fast alle Kaufhäuser haben eine Vielzahl von Haushaltsgeräten und Küchenutensilien im Angebot. Macy's *(siehe S. 313)* bietet im Untergeschoss eine Riesenauswahl. Gleiches gilt für **Bed, Bath & Beyond** *(siehe S. 333)*.

Williams-Sonoma, eine Kette, verkauft alles von Geschirr über Küchenmesser bis zu Kochbüchern. Im East Village, vor allem in der Gegend rund um die Bowery Street, sind seit Langem die Küchenausstatter für Restaurants ansässig. Die Produkte sind erstklassig, die Preise eher niedrig. Bei **MTC Kitchen** erhält man Typisches aus Fernost wie Soba-Nudelmaschinen und alles für die Zubereitung von Sushi.

Haushaltswaren und Innenausstattung

Edelstes Kristall, Porzellan und Stücke aus Silber findet man bei **Baccarat**, **Lalique** und **Villeroy & Boch**. Bei **Orrefors Kosta Boda** gibt es schwedische Glaswaren. Auch Tiffany & Co. *(siehe S. 166)* hat zahlreiche schöne Stücke fürs Heim. Preiswertes Porzellan für den Alltagsgebrauch findet man bei **Fishs Eddy**.

Joan B. Merviss verkauft hübsche handgemachte japanische Töpferwaren. Handbemalte Keramik kauft man bei **La Terrine** und **Mackenzie-Childs**. In der schicken Filiale des Designers **Jonathan Adler** in SoHo fallen Porzellan- und Keramikartikel in natürlichen Formen und Farben ins Auge. Von der Fischplatte bis zum Dekanter reicht das nahezu

HIGHTECH UND HAUSHALTSWAREN | **333**

unerschöpfliche Angebot höchst kunstvoller Töpfererzeugnisse.

ABC Carpet & Home am Broadway ist bekannt für seine Dekogegenstände. Elegante Möbel, von weichen Ledersofas über luxuriöse Betten bis zu schlanken Tischen, bietet Giorgio Armanis edle **Armani Casa**. **Dune** in der Lexington Avenue in Lower Midtown führt schicke Möbel und Wohnaccessoires von zeitgenössischen Designern. **Design Within Reach** ist auf lizenzierte Kopien von Designklassikern spezialisiert, darunter Entwürfe von Eames, Saarinen und Bertoia.

Wer Retro-Chic liebt, ist bei **Restoration Hardware** mit seinen schön restaurierten Art-déco-Möbeln, alten Lampen, Spiegeln, Bronzestatuetten und vielem mehr genau richtig.

Stoffe

Hochwertige Stoffe verkauft jedes bessere Kaufhaus. Seidentücher und viele andere edle Stoffkreationen findet man bei **D. Porthault** und **Pratesi**. **Frette** in der Madison Avenue führt flauschige Handtücher und wunderbar weiche Bettbezüge. **Bed, Bath & Beyond** hält Stoffe für jeden Zweck und in jeder Qualität bereit.

Auf einen Blick

Musikanlagen

Bang & Olufsen
600 Madison Ave.
Stadtplan 13 A3.
1-212-879-6161.

Best Buy
52 E 14th St.
Stadtplan 4 E1.
1-212-466-4789.

Hammacher Schlemmer
147 E 57th St.
Stadtplan 13 A3.
1-212-421-9000.

Innovative Audio Video Showrooms
150 E 58th St.
Stadtplan 13 A4.
1-212-634-4444.

J & R Express
22 Cortlandt St (Century 21). Stadtplan 1 C2.
1-212-227-9002.

Lyric HiFi & Video
1221 Lexington Ave.
Stadtplan 17 A4.
1-212-439-1900.

Sony Store
11 Madison Ave.
Stadtplan 9 A4.
1-212-833-8800.

Sound by Singer
242 W 27th St.
Stadtplan 8 D3.
1-212-924-8600.

Stereo Exchange
627 Broadway.
Stadtplan 4 E3.
1-212-505-1111.

Fotografie

Adorama
42 W 18th St.
Stadtplan 8 F5.
1-212-741-0466.

B & H Photo Video
420 9th Ave.
Stadtplan 8 D2.
1-212-444-6615.

Foto Care
41 W 22nd St.
Stadtplan 8 E4.
1-212-741-2990.

Leica Store Soho
460 W Broadway.
Stadtplan 4 E3.
1-212-475-7799.

Lomography Gallery Store
41 W 8th St.
Stadtplan 4 D1.
1-212-529-4353.

The Photo Village
369 W 34th St.
Stadtplan 8 D2.
1-212-989-1252.

Print Space Photo Lab
151 W 19th St, 8. Stock.
Stadtplan 8 E5.
1-212-255-1919.

Willoughby's
298 5th Ave.
Stadtplan 8 F3.
1-212-564-1600.

Computer

Apple Store 5th Ave
767 5th Ave.
Stadtplan 12 F3.
1-212-336-1440.

Apple Store Grand Central
45 Grand Central Terminal. Stadtplan 9 A1.
1-212-284-18000.

Apple Store SoHo
103 Prince St.
Stadtplan 4 E3.
1-212-226-3126.

Microsoft Store
677 5th Ave.
Stadtplan 12 F4.
1-212-824-3100.

Küchenausstattung

MTC Kitchen
711 3rd Ave.
Stadtplan 13 B5.
1-212-661-3333.

Williams-Sonoma
10 Columbus Circle.
Stadtplan 12 D3.
1-212-581-1146.

Haushaltswaren, Innenausstattung

ABC Carpet & Home
888 Broadway.
Stadtplan 8 F5.
1-212-473-3000.

Armani Casa
979 3rd Ave.
Stadtplan 13 B3.
1-212-334-1271.

Baccarat
635 Madison Ave.
Stadtplan 13 A3.
1-212-826-4100.

Design Within Reach
110 Greene St.
Stadtplan 4 E3.
1-212-475-0001.
Mehrere Filialen.

Dune
200 Lexington Ave.
Stadtplan 9 A2.
1-212-925-6171.

Fishs Eddy
889 Broadway.
Stadtplan 8 F5.
1-212-420-9020.

Joan B. Merviss
39 E 78th St, 4. Stock.
Stadtplan 17 A5.
1-212-799-4021.

Jonathan Adler
53 Greene St.
Stadtplan 4 E4.
1-212-941-8950.

Lalique
609 Madison Ave.
Stadtplan 13 A3.
1-212-355-6550.

Mackenzie-Childs
20 W 57th St.
Stadtplan 12 F3.
1-212-570-6050.

Orrefors Kosta Boda
41 Madison Ave.
Stadtplan 9 A4.
1-212-684-5455.

Restoration Hardware
935 Broadway.
Stadtplan 8 F4.
1-212-260-9479.

La Terrine
1024 Lexington Ave.
Stadtplan 13 A1.
1-212-988-3366.

Villeroy & Boch
41 Madison Ave.
Stadtplan 9 A4.
1-213-988-8149.

Stoffe

Bed, Bath & Beyond
620 Ave of the Americas. Stadtplan 8 F5.
1-212-255-3550.

D. Porthault
470 Park Ave.
Stadtplan 13 A3.
1-212-688-1660.

Frette
799 Madison Ave.
Stadtplan 13 A1.
1-212-988-5221.

Pratesi
829 Madison Ave.
Stadtplan 13 A2.
1-212-288-2315.

Stadtplan *siehe Seiten 386–419*

Unterhaltung

New York City bedeutet spannendes Entertainment – tagtäglich und zu jeder Jahreszeit. Das kulturelle Programm der Metropole hält für jeden Geschmack etwas Passendes bereit. Für Theaterliebhaber gibt es auf großen wie auf kleinen Bühnen ein unerschöpfliches Angebot: Kassenerfolge am Broadway oder aber Off-Off-Broadway, experimentelles Theater in entlegenen Kellergewölben und in den Lofts alter Lagerhäuser. In der »Met« kann man Opern genießen, im David H. Koch Theater Ballett, in der Carnegie Hall klassische Musik und in den Village-Clubs erstklassigen Jazz. Man kann sich avantgardistische Tanzaufführungen in Cafés ansehen oder sich in den Clubs austoben. Zahllose Kinos und eine Reihe großer Festivals machen New York zur »Filmstadt«. Für viele Events gibt es erschwingliche Karten, doch die beste Unterhaltung ist vollkommen kostenlos: durch die Straßen zu gehen und die riesige Show zu erleben, die New York heißt.

Am TKTS-Kartenkiosk sind reduzierte Last-Minute-Tickets erhältlich

Information

Einen guten Überblick über das aktuelle Kulturangebot geben die »Arts and Leisure«-Beilagen von The New York Times und The Village Voice sowie die Magazine Time Out New York, New York und The New Yorker. In den meisten Hotels liegt Where aus, ein kostenloses Veranstaltungsmagazin.

Auch an der Rezeption Ihres Hotels wird man Ihnen mit Infos weiterhelfen. Hier liegen in der Regel Flyer aller möglichen Veranstalter aus. Gute Häuser besorgen Ihnen auch Eintrittskarten. Manche Hotels haben einen TV-Info-Kanal.

Besonders aktuell informieren Sie sich im Internet auf den Seiten der jeweiligen Zeitungen, z.B. unter www.nymag.com.

An Kiosken mit Touch Screens bietet **NYC & Company**, das New York Convention and Visitors Bureau, Informationen und Tickets für Besucher an. Es gibt mehrsprachige Ratgeber, Rabattcoupons, kostenlose Stadtpläne und Geldautomaten.

Moviefone ist ein Internet-Infodienst über Filme, **ClubFone** informiert telefonisch und im Internet über das Nachtleben.

Tickets

Beliebte Shows können Wochen im Voraus ausverkauft sein. Buchen Sie also so früh wie möglich. Theaterkassen haben täglich – außer sonntags – von 10 Uhr bis eine Stunde nach Vorstellungsbeginn geöffnet. Man kann bei der Theaterkasse persönlich Tickets kaufen oder telefonisch bzw. online ordern. Auf den Websites der Theater ist der Sitzplan ersichtlich.

Tickets sind auch über Agenturen, etwa **Telecharge** und **Ticketmaster**, erhältlich, beide berechnen eine kleine Gebühr. Sie können sich auch an eine unabhängige Agenturen wenden. Viele liegen am Broadway (Listen gibt es online oder in den Gelben Seiten). Die Gebühren hängen vom Ticketpreis ab.

Band in einem gemütlichen New Yorker Jazzclub

Reduzierte Tickets

Eine gute Quelle für verbilligte Eintrittskarten für Broadway-Theater sind die nicht kommerziellen **TKTS**-Verkaufsstellen. Hier erhält man am Tag der Aufführung (oder am Tag vorher) Karten mit Preisnachlässen von 25 bis 50 Prozent. Zusätzlich wird eine Bearbeitungsgebühr fällig. Der Preis muss bar oder mit Reiseschecks bezahlt werden. Man kann sich auch auf der Website informieren, es gibt zudem eine TKTS-App.

Der TKTS-Kiosk beim Times Square (beim Duffy Square unter den roten Stufen) verkauft Tickets für Matineen mittwochs und samstags von 10 bis 14 Uhr und sonntags von 11 bis 15 Uhr, Tickets für Abendvorstellungen täglich von 15 bis 20 Uhr (dienstags ab 14 Uhr). Die Schlangen vor dem Kiosk an der Ecke Front Street/John Street sind in der Regel kürzer. Hier gibt es täglich von 11 bis 18 Uhr Tickets für Abendvorstellungen. Karten für Matineen werden bereits am Vortag angeboten. Der Kiosk ist im Winter geschlossen. Es gibt auch einen TKTS-Kiosk in Brooklyn (im MetroTech Center Ecke Jay Street/Myrtle Avenue). Hier gibt es dienstags bis samstags von 11 bis 18 Uhr Karten für die Abendvorstellung und Tickets für Matineen am nächsten Tag.

Ticketmaster verkauft Eintrittskarten für Vor-

Booth Theater am Broadway *(siehe S. 339)*

stellungen desselben Tages mit Preisnachlässen von zehn bis 25 Prozent per Telefon und verlangt dafür eine Gebühr. Verbilligte Tickets für Shows gibt es auch bei **Broadway.com** und **New York Show Tickets**. Über **StubHub!** und **TicketsNow** kann man Karten für Sport- und Musikveranstaltungen sowie Broadway-Shows kaufen. Sie kommen per E-Mail oder Kurier an den Käufer und haben einen Geld-zurück-Garantie.

Schwarzhändler

Auf dem Schwarzmarkt erstandene Tickets sind sehr teuer und obendrein oft noch gefälscht. Bekannte Treffpunkte von Schwarzhändlern und Kunden werden häufig polizeilich überwacht.

Kostenlose Veranstaltungen

Kostenlose Tickets für TV-Shows, Konzerte und Sonderveranstaltungen bekommt man im Informationszentrum von **NYC & Company** am Times Square (täglich 8–19 Uhr). Kostenlose bzw. stark reduzierte Tickets für Film- oder Theatervorführungen werden häufig in der *New York Times*, der *Daily News* oder in *Time Out New York* beworben. In der *Village Voice* findet man unter »Cheap Thrills« Veranstaltungen, die (fast) umsonst sind.

Kostenlos sind Tickets für Aufführungen im Rahmen des Shakespeare Festival. Sie werden am **Delacorte Theater** im Central Park an Aufführungstagen ausgegeben (zwei Tickets pro Person). Stellen Sie sich auf Warteschlangen ein.

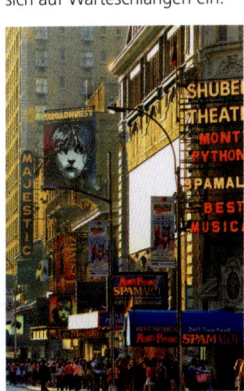

Neonlichter der Theater im Herzen des Broadway

Reisende mit besonderen Bedürfnissen

Broadway-Theater bieten einige Plätze und reduzierte Tickets für Rollstuhlfahrer und Begleitpersonen (Anfragen bei **Ticketmaster** und **Telecharge**). Für Off-Broadway-Produktionen sollte man sich an die Theaterkassen wenden. Manche Theater bieten Hörhilfen an. **Tap** organisiert Gebärdensprachen-Dolmetscher für Broadway-Theater.

Auf einen Blick

Information

ClubFone
☎ 1-212-777-2582.
🌐 clubfone.com

Kinokarten online
🌐 fandango.com
🌐 moviefone.com
🌐 movietickets.com

NYC & Company
7th Ave zwischen 44th und 45th St. **Stadtplan** 12 E5.
☎ 1-212-484-1222.
🌐 nycgo.com

Tickets

Telecharge
☎ 1-212-239-6200, 1-800-432-7250. 🌐 telecharge.com

Ticketmaster
☎ 1-212-307-4100, 1-800-755-4000. 🌐 ticketmaster.com

Reduzierte Tickets

Broadway.com
226 W 47th St. **Stadtplan** 12 E5. ☎ 1-212-398-8383-214.

New York Show Tickets
☎ 1-646-755-3452.
🌐 nytix.com

StubHub!
☎ 1-866-STUB-HUB.
🌐 stubhub.com

TicketsNow
☎ 1-800-927-2770.
🌐 ticketsnow.com

TKTS
☎ 1-212-912-9770.
Duffy und Times Square. 47th St/Broadway. **Stadtplan** 12 E5. Front St/John St. **Stadtplan** 2 D2. 🌐 tdf.org/TKTS

Kostenlose Veranstaltungen

Delacorte Theater
Eingang 81st St/Ecke Central Park W. **Stadtplan** 16 E4.
☎ 1-212-539-8500.
🌐 publictheater.org
Nur im Sommer.

Reisende mit besonderen Bedürfnissen

Tap (Theatre Accessibility Program)
☎ 1-212-221-1103 (Band).
🌐 tdf.org

Stadtplan siehe Seiten 386–419

Highlights: Unterhaltung

New York ist die Metropole des Entertainments mit Live-Musik, Theater und Comedy an 365 Tagen im Jahr. Auch große Sport-Events finden hier statt. Spitzenstars aller Sparten geben Gastspiele, wenn sie nicht ohnehin in der Stadt leben und arbeiten. Was das Nachtleben betrifft, so wird New York seinem Ruf als »die Stadt, die niemals schläft«, vollauf gerecht. Auf den Seiten 338–355 finden Sie Details, auf dieser Doppelseite sind einige herausragende Veranstaltungsorte aufgeführt, die Sie nicht versäumen sollten. Selbst wenn Sie nur einen davon besuchen, erleben Sie ein Stück New York, das genauso zur Stadt gehört wie das Empire State Building oder die Brooklyn Bridge.

Madison Square Garden
Der »Garden« bietet Sportveranstaltungen der Spitzenklasse, z. B. Basketball mit den New York Knicks, Eishockey mit den New York Rangers und große Boxkämpfe *(siehe S. 354)*.

Village Vanguard
In den Jazzclubs von Greenwich Village gastierten bereits alle Größen der Jazzszene. Im Village Vanguard und im Blue Note kann man die Stars von heute und morgen erleben *(siehe S. 346)*.

Film Forum
Im elegantesten Programmkino New Yorks sind die neuesten Independents aus den USA und dem Ausland zu sehen. Zudem gibt es Retrospektiven mit Filmklassikern *(siehe S. 343)*.

The Public Theater
Das 1954 eröffnete Public hat den Auftrag, Theater für alle New Yorker zu machen. Sein Shakespeare-Festival steht für die Liebe zu den Klassikern. Doch es werden auch neue Stücke inszeniert *(siehe S. 116)*.

UNTERHALTUNG | **337**

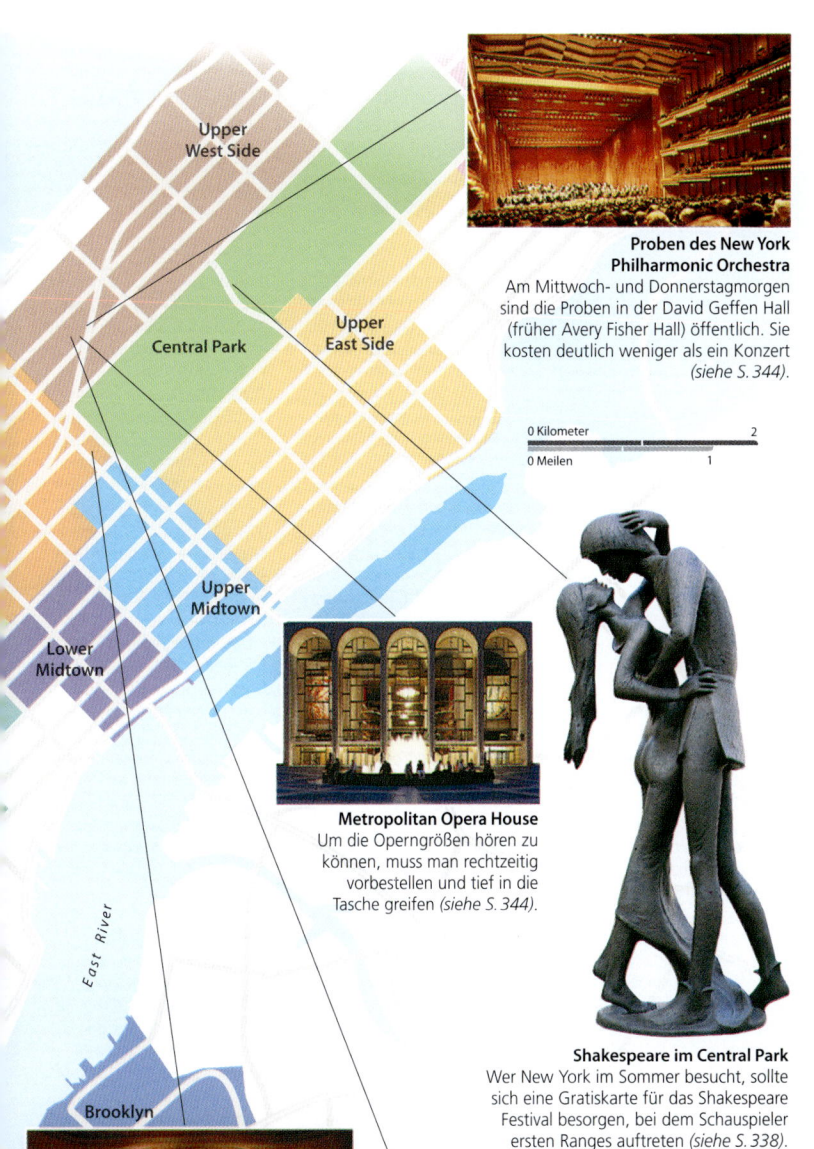

Proben des New York Philharmonic Orchestra
Am Mittwoch- und Donnerstagmorgen sind die Proben in der David Geffen Hall (früher Avery Fisher Hall) öffentlich. Sie kosten deutlich weniger als ein Konzert *(siehe S. 344).*

Metropolitan Opera House
Um die Operngrößen hören zu können, muss man rechtzeitig vorbestellen und tief in die Tasche greifen *(siehe S. 344).*

Shakespeare im Central Park
Wer New York im Sommer besucht, sollte sich eine Gratiskarte für das Shakespeare Festival besorgen, bei dem Schauspieler ersten Ranges auftreten *(siehe S. 338).*

Carnegie Hall
Die im Theater District gelegene Carnegie Hall ist weltberühmt als Auftrittsort der besten Musiker und Sänger. Eine Backstage-Tour vermittelt einen Blick hinter die Kulissen dieses legendären Gebäudes *(siehe S. 344).*

Der Nussknacker
Das Weihnachtsereignis für Kinder jeden Alters wird jedes Jahr im Lincoln Center vom New York City Ballet aufgeführt *(siehe S. 340).*

Theater und Tanz

New York ist bekannt für seine extravaganten Musicals und seine schonungslosen Kritiker. Die Stadt ist eine der Metropolen von Theater und Tanz und bietet Produktionen jeglicher Art. Ob Sie nun Glanz und Glamour eines Broadway-Kassenschlagers oder etwas Experimentelles suchen – hier finden Sie es.

Broadway

Der Broadway ist seit Langem ein Synonym für New Yorks Theaterviertel, auch wenn sich die meisten Broadway-Theater zwischen 41st und 53rd Street, Sixth und Ninth Avenue sowie am Times Square befinden. Fast alle von ihnen wurden zwischen 1910 und 1930 gebaut, in der Blütezeit des Vaudeville und der berühmten »Ziegfeld Follies«. Das **Lyceum** *(siehe S. 140)* von 1903 ist das älteste noch genutzte Theater, zu den neueren (1918) gehört das **American Airlines Theatre**, Sitz der Roundabout Theater Co.

Nach dem Theatersterben der 1980er Jahre erleben die Broadway-Bühnen heute wieder einen Aufschwung, wobei die großen Namen von Hollywood-Stars einiges dazu beigetragen haben. Hier finden die »Mammutproduktionen« von großen Theaterstücken und Musicals sowie Wiederaufführungen mit Starbesetzung statt. Zu Broadway-Erfolgen gehören ausländische Produktionen wie *Les Misérables*, New Yorker Originale wie *Hamilton* sowie Klassiker wie *Lion King* und *42nd Street*, die heute wieder groß im Kommen sind. Aufwendige Adaptionen bekannter Kinofilme wie *Hairspray* oder von Kultserien wie Monty Pythons *Spamalot* sowie Revival-Pop-Shows wie *Mamma Mia!* sind ebenfalls höchst erfolgreich.

Off-Broadway und Off-Off-Broadway

Es gibt rund 20 Off-Broadway- und 300 Off-Off-Broadway-Bühnen, deren Produktionen teils von Broadway-Theatern übernommen werden. Für ihre Unterscheidung ist die Größe ausschlaggebend: Off-Broadway-Bühnen haben 100 bis 499 Sitzplätze, Off-Off-Broadway-Theater weniger als 100. Das Spektrum reicht von gut ausgestatteten Theatern bis zu improvisierten Spielstätten wie Lofts, Kirchen oder Garagen. Off-Broadway-Theater wurden in den 1950er Jahren als Reaktion auf den kommerziellen Theaterbetrieb populär. Produzenten konnten mit geringeren Kosten Stücke aufführen, die für den Broadway unpassend waren. Das Off-Off-Broadway-Theater ist seit den 1990er Jahren zum Domizil des experimentellen Theaters geworden.

Off-Broadway-Theater gibt es überall in Manhattan, etwa das **Delacorte Theater** *(siehe S. 202)*, die Open-Air-Bühne im Central Park, die 1962 eröffnet wurde. Einige Theater liegen sogar im traditionellen Broadway-Viertel wie das **Manhattan Theater Club**. Etwas abseits haben sich die **Brooklyn Academy of Music (BAM)** *(siehe S. 231)* und **92nd Street Y** etabliert, die Foren für junge Talente und experimentelle Produktionen sind.

Die Off-Broadway-Theater waren die ersten Aufführungsorte für Werke von Sean O'Casey, Tennessee Williams, Eugene O'Neill, Jean Genet, Eugène Ionesco und David Mamet. Samuel Becketts Stück *Glückliche Tage* wurde 1961 im **Cherry Lane Theatre** uraufgeführt. Das Theater ist bis heute eine Bühne für Avantgarde-Stücke.

Mitunter eignet sich eine Off-Broadway-Bühne besser für eine Produktion als ein großes Theater, was Dauererfolge wie *The Fantasticks* und die *Dreigroschenoper* belegen. Letztere wurde von 1955 bis 1961 immer wieder im **Lucille Lortel Theater** gespielt.

Performance-Theater

Diese avantgardistische Kunstform kann man an verschiedenen Off- und Off-Off-Broadway-Theatern verfolgen. Besucher sollten auf Bizarres und Ausgefallenes gefasst sein. Auf Performances trifft man am ehesten in **La MaMa Experimental Theatre Club**, **P.S.122**, **HERE**, **Baruch Performing Arts Center**, **92nd Street Y**, **Symphony Space** und im **The Public Theater** *(siehe S. 116)*. Letzteres übt vermutlich den größten Einfluss auf die New Yorker Theaterszene aus. Es wurde in den 1950er Jahren von Joseph Papp gegründet, der Aufführungen organisierte, um damit Menschen zu erreichen, die niemals zuvor ein Theater besucht hatten.

Das Public Theater feierte Erfolge mit *Hair* und *A Chorus Line*, hat sich aber mit den kostenlosen Shakespeare-Aufführungen einen Namen gemacht, die im Sommer im Delacorte Theater im Central Park stattfinden. Am Tag der Vorstellung bekommt man ab 18 Uhr an der Kasse des Public Theater noch Karten – pro Person maximal zwei.

Schauspielschulen

Wer das Handwerk eines Schauspielers erlernen will, hat in New York beste Gelegenheit dazu. Führend unter den Schauspielschulen ist **The Actors' Studio**. Sein Mentor war Lee Strasberg, der das Konzept einer vollständigen Identifizierung mit der Rolle vertrat. Zu seinen Schülern gehörten u. a. Marilyn Monroe, Dustin Hoffman und Al Pacino. An der **Neighborhood Playhouse School of the Theatre** hat Sandy Meisner viele Schauspieler ausgebildet, darunter auch Lee Remick. Die Aufführungen von »Arbeitsstücken« sind nicht öffentlich. Die **New Dramatists** tragen seit 1949 zur Ausbildung junger Stückeschreiber bei. Den öffentlichen Textlesungen kann man kostenlos beiwohnen.

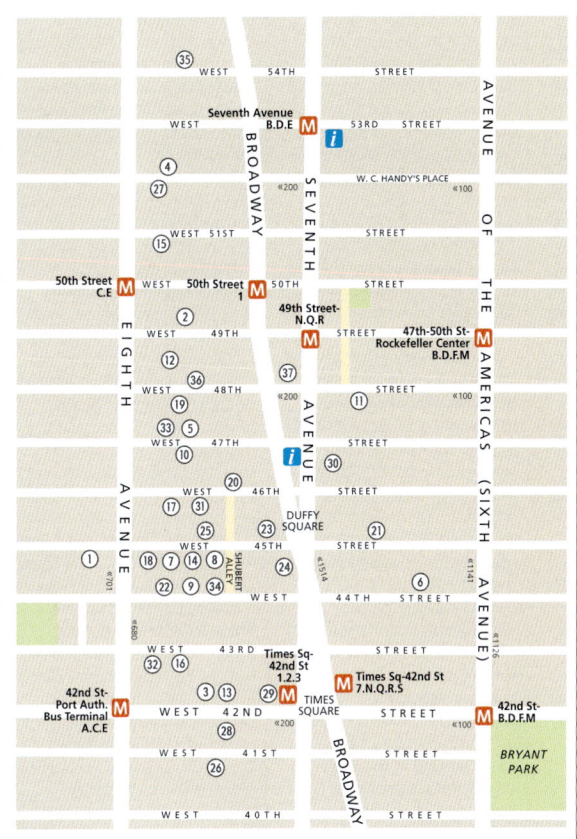

Broadway-Theater

① **Al Hirschfeld**
302 W 45th St.
📞 1-212-239-6200.

② **Ambassador**
219 W 49th St.
📞 1-212-239-6200.

③ **American Airlines Theatre**
227 W 42nd St.
📞 1-212-719-1300.

④ **August Wilson**
245 W 52nd St.
📞 1-212-239-6200.

⑤ **Barrymore**
243 W 47th St.
📞 1-212-239-6200.

⑥ **Belasco**
111 W 44th St.
📞 1-212-239-6200.

⑦ **Bernard B. Jacobs**
242 W 45th St.
📞 1-212-239-6200.

⑧ **Booth**
222 W 45th St.
📞 1-212-239-6200.

⑨ **Broadhurst**
235 W 44th St.
📞 1-212-239-6200.

⑩ **Brooks Atkinson**
256 W 47th St.
📞 1-212-307-4100.

⑪ **Cort**
138 W 48th St.
📞 1-212-239-6200.

⑫ **Eugene O'Neill**
230 W 49th St.
📞 1-212-239-6200.

⑬ **Gerald Schoenfeld**
236 W 45th St.
📞 1-212-239-6200.

⑭ **Gershwin**
222 W 51st St.
📞 1-212-307-4100.

⑮ **Helen Hayes**
240 W 44th St.
📞 1-212-239-6200.

⑯ **Imperial**
249 W 45th St.
📞 1-212-239-6200.

⑰ **John Golden**
252 W 45th St.
📞 1-212-239-6200.

⑱ **Longacre**
220 W 48th St.
📞 1-212-239-6200.

⑲ **Lunt-Fontanne**
205 W 46th St.
📞 1-212-307-4747.

⑳ **Lyceum**
149 W 45th St.
📞 1-212-239-6200.

㉑ **Lyric**
214 W 43rd St.
📞 1-212-556 4750.

㉒ **Majestic**
245 W 44th St.
📞 1-212-239-6200.

㉓ **Marquis**
1535 Broadway.
📞 1-212-307-4100.

㉔ **Minskoff**
200 W 45th St.
📞 1-212-307-4100.

㉕ **Music Box**
239 W 45th St.
📞 1-212-239-6200.

㉖ **Nederlander**
208 W 41st St.
📞 1-212-307-4100.

㉗ **Neil Simon**
250 W 52nd St.
📞 1-212-307-4100.

㉘ **New Amsterdam**
214 W 42nd St.
📞 1-212-307 4100.

㉙ **New Victory**
209 W 42nd St.
📞 1-212-239-6200.

㉚ **Palace**
1564 Broadway.
📞 1-212-307-4100.

㉛ **Richard Rodgers**
226 W 46th St.
📞 1-212-307-4100.

㉜ **Samuel J. Friedman Theatre**
261 W 47th St.
📞 1-212-239-6200.

㉝ **St. James**
246 W 44th St.
📞 1-212-239-6200.

㉞ **Shubert**
225 W 44th St.
📞 1-212-239-6200.

㉟ **Studio 54**
254 W 54th St.
📞 1-212-719 3100.

㊱ **Walter Kerr**
219 W 48th St.
📞 1-212-239-6200.

㊲ **Winter Garden**
1634 Broadway.
📞 1-212-239-6200.

Weitere Theater siehe S. 341.

Zeichenerklärung siehe hintere Umschlagklappe

Ballett

Mittelpunkt der Ballettszene ist das **Lincoln Center** *(siehe S. 208)*, wo von November bis Februar und von Ende April bis Anfang Juni das New York City Ballet im **David H. Koch Theater** auftritt. Es wurde von dem legendären Choreografen George Balanchine ins Leben gerufen und ist vermutlich noch immer das beste klassische Ballett der Welt. Bis Anfang 2018 formte Peter Martins, einer von Balanchines besten Tänzern, die Truppe zu einer homogenen Kompanie. Die Ballettabteilung der **Juilliard School** veranstaltet jedes Frühjahr einen Workshop, dessen Aufführungen öffentlich sind.

Das American Ballet Theatre tritt im **Metropolitan Opera House** auf, in dem auch ausländische Ensembles gastieren, etwa das Royal Ballet, das Kirow- und das Bolschoi-Ballett. Das Repertoire umfasst sowohl Klassiker wie *Schwanensee* als auch Produktionen moderner Choreografen wie Twyla Tharp und Paul Taylor.

Zeitgenössischer Tanz

New York ist das Zentrum der wichtigsten Richtungen im Modern Dance. Das **Dance Theater of Harlem** ist weltberühmt für seine Inszenierungen. Auch **92nd Street Y** und **Alvin Alley American Dance Theater** bieten erstklassigen experimentellen Tanz. Im ungewöhnlichen **New York Live Arts** erleben Besucher Tanzvorstellungen aus aller Welt. **The Kitchen, La MaMa Experimental Theatre Club, Symphony Space** und **P.S.122** bringen das Neueste an zeitgenössischem Tanz, Performance und Avantgarde-Musik zur Aufführung.

Die Truppe des Choreografen Mark Morris tritt im **Mark Morris Dance Center** in Brooklyn auf. Das **New York City Center** *(siehe S. 144)* ist eine beliebte Adresse in der Tanzszene und war früher das Stammhaus des New York City Ballet und des American Ballet Theater. Neben dem Joffrey Ballet sind im City Centre schon alle großen Künstler aufgetreten, darunter Alvin Ailey und die Ensembles von Paul Taylor und des verstorbenen Modern-Dance-Choreografen Merce Cunningham. (Wählen Sie nach Möglichkeit keinen Rangplatz, da der Blick hier eingeschränkt ist.)

Die aktivste Einzelbühne für Tanzaufführungen ist das **Joyce Theater**, in dem etablierte Ensembles wie das Ballet Tech, aber auch mutige Neulinge und Gasttruppen auftreten.

Jedes Frühjahr zeigt das DanceAfrika Festival in der **Brooklyn Academy of Music (BAM)** *(siehe S. 231)* alles von »Ethnic Dance« bis »Hip-Hop«. Im Herbst präsentiert das »Next Wave«-Festival nationale und internationale avantgardistische Tanz- und Musikinszenierungen. Im Winter findet hier das American Ballet Festival statt.

Im Juni hält die Tisch School of the Arts in der **New York University** *(siehe S. 111)* ein Summer Residency Festival ab, wo es Tanzübungen, Proben und Aufführungen zu sehen gibt. **Dancing in the Streets** organisiert sommerliche Tanzvorführungen in ganz New York.

Im August präsentiert das **Lincoln Center Out of Doors** auf der Plaza ein Freedance-Programm mit experimentellen Gruppen wie etwa dem American Tap Dance Orchestra.

Im **Duke on 42nd Street** treten zeitgenössische Tanzgruppen auf, außerdem finden hier auch Veranstaltungen im Rahmen des New York Tap Festival statt.

Die **Radio City Music Hall** bringt im Lauf des Jahres mehrere erstklassige Shows mit internationalen Tanztruppen. Zu Weihnachten und Ostern tritt hier das berühmte Rockettes-Ensemble auf.

Bisweilen kann man öffentlichen Tanzproben beiwohnen. Die interessantesten Vorführungen bietet wohl das **Joan Weill Center for Dance**, das vom Alvin Ailey American Dance Theater geschaffen wurde, um schwarze Kultur zu promoten. **Hunter College Dance** zeigt neue Arbeiten von Choreografieschülern. Die **Isadora Duncan Dance Foundation** lässt die Tänze ihrer legendären Namensgeberin wiederaufleben.

Zeitgenössische Choreografien kann man sich in der **Juilliard School** ansehen.

Eintrittspreise

Viele Theaterproduktionen sind sehr aufwendig, was sich natürlich auf die Eintrittspreise niederschlägt. Selbst Off- und Off-Off-Broadway-Bühnen sind heute kein ganz billiges Vergnügen mehr. Manchmal gibt es Karten für Generalproben, sogenannte Previews. Sie sind etwas günstiger (und erheblich leichter zu bekommen).

Broadway-Theater verlangen 100 Dollar und mehr. Bei Musicals muss man mit 200 Dollar rechnen. Der Eintritt für Off-Broadway-Bühnen beträgt 25 bis 60 Dollar. Tanzaufführungen kosten zwischen 20 und 50 Dollar, für das American Ballet Theater muss man bis zu 125 Dollar einplanen.

Vorstellungsbeginn

Theater bleiben in der Regel montags geschlossen (mit Ausnahme der meisten Musical-Bühnen). Mittwochs, samstags und auch sonntags finden Matineen statt, die meist um 14 Uhr anfangen. Abendvorstellungen beginnen üblicherweise um 20 Uhr. Informieren Sie sich rechtzeitig über Anfangszeiten sowie über den genauen Ort der Aufführung.

Backstage-Touren

Wer sich für Bühnentechnik und Star-Anekdoten interessiert, sollte an einer der beliebten Backstage-Touren der Theater teilnehmen. Das **92nd Street Y** organisiert interessante Diskussionen mit bekannten Regisseuren, Schauspielern und Choreografen. Auch Autoren werden zu Lesungen oder Diskussionen eingeladen. In der **Radio City Music Hall** werden ebenfalls spannende Führungen hinter den Kulissen angeboten.

THEATER UND TANZ | 341

Auf einen Blick

Off-Broadway und Off-Off-Broadway

92nd Street Y
1395 Lexington Ave.
Stadtplan 17 A2.
☎ 1-212-415-5500.

Brooklyn Academy of Music (BAM)
30 Lafayette Ave,
Brooklyn.
☎ 1-718-636-4100.

Cherry Lane Theatre
38 Commerce St.
Stadtplan 3 C2.
☎ 1-212-239-6200.

Delacorte Theater
Central Park,
Höhe 81st St.
Stadtplan 16 E4.
☎ 1-212-539-8750.
Nur im Sommer.

Lucille Lortel Theater
121 Christopher St.
Stadtplan 3 C2.
☎ 1-212-924-2817.

Manhattan Theater Club
311 W 43rd St.
Stadtplan 8 D1.
☎ 1-212-399-3000.

Vivian Beaumont
Lincoln Center.
Stadtplan 11 C2.
☎ 1-212-362-7600.

Performance-Theater

92nd Street Y
Siehe Off-Broadway.

Baruch Performing Arts Center
55 Lexington Ave.
Stadtplan 9 A4.
☎ 1-646-312-4085.

HERE Art Center
145 6th Ave.
Stadtplan 4 D4.
☎ 1-212-647-0202.

La MaMa Experimental Theatre Club
74a E 4th St.
Stadtplan 4 F2.
☎ 1-212-475-7710.

P.S.122
150 First Ave.
Stadtplan 5 A1.
☎ 1-212-477-5288.

The Public Theater
425 Lafayette St.
Stadtplan 4 F2.
☎ 1-212-539-8500.

Symphony Space
2537 Broadway.
Stadtplan 15 C2.
☎ 1-212-864-5400.

Schauspielschulen

The Actors' Studio
432 W 44th St.
Stadtplan 11 B5.
☎ 1-212-757-0870.

Neighborhood Playhouse School of the Theatre
340 E 54th St.
Stadtplan 13 B4.
☎ 1-212-688 3770.

New Dramatists
424 W 44th.
Stadtplan 11 C5.
☎ 1-212-757-6960.

Ballett

David H. Koch Theater
Lincoln Center,
Broadway/65th St.
Stadtplan 11 C2.
☎ 1-212-870-5570.

Juilliard School
155 W 65th St (Lincoln Center).
Stadtplan 11 C2.
☎ 1-212-769-7406.

Metropolitan Opera House
Lincoln Center,
Broadway/65th St.
Stadtplan 11 C2.
☎ 1-212-362-6000.

Zeitgenössischer Tanz

92nd Street Y
Siehe Off-Broadway.

Alvin Ailey American Dance Theater
405 W 55th St.
Stadtplan 11 C4.
☎ 1-212-405-9000.

Brooklyn Academy of Music
Siehe Off-Broadway.

Dance Theater of Harlem
466 W 152nd St.
☎ 1-212-690-2800.

Dancing in the Streets
555 Bergen Ave, Bronx.
☎ 1-718-292-3113.

Duke on 42nd Street
229 W 42nd St.
Stadtplan 8 E1.
☎ 1-646-223-3000.

Hunter College Dance Company
695 Park Ave.
Stadtplan 13 A1.
☎ 1-212-772-4490.

Isadora Duncan Dance Foundation
141 W 26th St.
Stadtplan 20 D2.
☎ 1-212-691-5040.

Joan Weill Center for Dance
405 W 55th St.
Stadtplan 11 D4.
☎ 1-212-405-9000.

Joyce Theater
175 Eighth Ave/19th St.
Stadtplan 8 D5.
☎ 1-212-242-0800.

Juilliard School
Siehe Ballett.

The Kitchen
512 W 19th St.
Stadtplan 7 C5.
☎ 1-212-255-5793.

La MaMa Experimental Theatre Club
Siehe Performance-Theater.

Lincoln Center Out of Doors
Lincoln Center,
Broadway/64th St.
Stadtplan 11 C2.
☎ 1-212-362-6000.

Mark Morris Dance Center
3 Lafayette Ave,
Brooklyn.
☎ 1-718-624-8400.

Martha Graham School of Contemporary Dance
55 Bethune St.
Stadtplan 3 B2.
☎ 1-212-229-9200.

New York City Center
130 W 56th St.
Stadtplan 12 E4.
☎ 1-212-581-1212.

New York Live Arts
219 W 19th St.
Stadtplan 8 E5.
☎ 1-212-924-0077.

New York University
Tisch School of the Arts (TSOA), 111 2nd Ave.
Stadtplan 4 F1.
☎ 1-212-998-1920.

P.S.122
Siehe Performance-Theater.

Radio City Music Hall
50th St/Ave of the Americas.
Stadtplan 12 F4.
☎ 1-212-307-7171.

Symphony Space
Siehe Performance-Theater.

Backstage-Touren

92nd Street Y
Siehe Off-Broadway.

Radio City Music Hall
Siehe Zeitgenössischer Tanz.

Internet-Seiten

w broadway.com
w playbill.com

Stadtplan *siehe Seiten 386–419*

Kino und TV-Shows

New York ist ein Paradies für Cineasten. In den Kinos sind neben brandneuen US-Filmen auch viele Klassiker und ausländische Filme zu sehen. Die Stadt ist von jeher das Versuchsgelände für neue Entwicklungen im Film und die Wiege junger Talente. Regisseure wie Woody Allen, Martin Scorsese und Spike Lee sind in New York aufgewachsen, der Einfluss der Stadt wird in ihren Filmen deutlich. Filmemacher kann man häufig bei Dreharbeiten in der Stadt sehen – zahlreiche New Yorker Örtlichkeiten sind durch das Kino bekannt geworden. Viele der New Yorker Fernsehstationen bieten Eintrittskarten für die Aufzeichnungen von TV-Shows an. Ein solches Studio-Erlebnis, etwa *The Tonight Show Starring Jimmy Fallon*, ist bei New Yorkern und Besuchern gleichermaßen beliebt.

Premierenkinos

Die New Yorker Kritiken und Einspielergebnisse sind so wichtig für den Erfolg eines Kinofilms, dass die Uraufführungen der meisten großen US-Filme in den Kinos von Manhattan stattfinden. Premierenkinos sind meist die Filmtheater von City Cinema, United Artists und Regal. Einige Kinos haben eine Telefonansage, die Programmhinweise, Spieldauer und Eintrittspreise bekannt gibt.

Die Vorstellungen beginnen um 10 oder 11 Uhr und werden bis Mitternacht alle zwei bis drei Stunden wiederholt. Abends und an Wochenenden muss man für Karten meist anstehen. Reservierungen per Kreditkarte sind bei einigen Kinos für einen Aufschlag von etwa zwei Dollar pro Ticket möglich. Karten für Matineen (gewöhnlich vor 16 Uhr) sind leichter erhältlich. Je nach Kino zahlen Senioren über 60, 62 oder 65 Jahren weniger.

Filmfestivals

Alljährliches Film-Highlight ist das New York Film Festival, das seit über 50 Jahren stattfindet. Es wird von der Film Society of Lincoln Center organisiert, beginnt Ende September und läuft zwei Wochen in den Kinos des **Lincoln Center**. Gezeigt und ausgezeichnet werden Filme aus den Vereinigten Staaten und dem Ausland, es gibt jedoch keine Preisverleihung. Die erfolgreichsten Filme laufen anschließend in einigen New Yorker Kinos und Kulturinstituten.

Das **Tribeca Film Festival** wurde 2002 gegründet, einer seiner Initiatoren war Robert De Niro. Mit dem Festival sollte die Filmstadt New York gefeiert, aber auch die Wiederbelebung von Lower Manhattan unterstützt werden. Gezeigt werden sowohl neue Produktionen als auch Klassiker und Dokumentarfilme. Das Festival findet Ende April, Anfang Mai statt.

Eine Woche im November werden beim Filmfestival **DOC NYC** Film- und Videodokumentationen aus aller Welt präsentiert. Anschließend stellen sich die Filmemacher den Fragen des Publikums.

Einstufungen

Filme werden in den USA folgendermaßen eingestuft:

G Für alle Altersstufen.

PG Einige Szenen für Kinder ungeeignet, Begleitung von Erwachsenen ratsam.

PG-13 Einige Szenen für Kinder unter 13 Jahren ungeeignet, Begleitung von Erwachsenen dringend empfohlen.

R Kinder unter 17 Jahren nur in Begleitung eines Erwachsenen zugelassen.

NC-17 Für Kinder unter 17 Jahren verboten.

New York im Film

Viele New Yorker Locations spielen in Filmen eine bedeutende Rolle. Hier einige Beispiele:

55 Central Park West wird als Sigourney Weavers Haus in *Ghostbusters* in Erinnerung bleiben.

Auf dem **Brill Building** (1141 Broadway) steht Burt Lancasters Penthouse in *Dein Schicksal in meiner Hand*.

Die **Brooklyn Bridge** wird in Spike Lees *Mo' Better Blues* gezeigt.

Brooklyn Heights und die **Metropolitan Opera** sind in *Mondsüchtig* zu sehen.

Der **Central Park** ist in unzähligen Filmen präsent, darunter in *Love Story* und *Der Marathon-Mann*.

Chinatown spielt eine bedeutende Rolle *Im Jahr des Drachen*.

Im **Dakota** wohnt Mia Farrow in dem Filmklassiker *Rosemaries Baby*.

Auch nach *King Kong* war das **Empire State Building** Filmschauplatz: Cary Grant wartete dort vergebens in *Die Liebe meines Lebens*. Meg Ryan traf hier endlich Tom Hanks in *Schlaflos in Seattle*.

Grand Central Terminal ist der Ort, wo sich Robert Walker und Judy Garland in *Die Uhr* treffen und wo die Ballsaalszene in *König der Fischer* spielt.

Harlem ist der Schauplatz für die Jazzmusiker und Tänzer in *Cotton Club*.

Katz's Delicatessen liefert die Kulisse der denkwürdigen Szene in *Harry und Sally*.

Little Italy wird in *Der Pate I* und *Der Pate II* gezeigt.

Der **Madison Square Garden** ist Schauplatz des dramatischen Höhepunkts von *Botschafter der Angst*.

Tiffany & Co. ist Audrey Hepburns bevorzugtes Geschäft in *Frühstück bei Tiffany*.

Das **United Nations Building** sieht man im Hitchcock-Thriller *Der unsichtbare Dritte*.

Im **Washington Square Park** laufen Robert Redford und Jane Fonda gemeinsam *Barfuß im Park*.

KINO UND TV-SHOWS | 343

Ausländische Filme und Arthouse-Filme

Die neuesten ausländischen und nicht kommerziellen Filme zeigt das **Angelika Film Center**. Andere gute Kinos sind **Rose Cinemas**, das **Film Forum** und **Lincoln Plaza Cinema**. Das Plaza zeigt ein Programm an ausländischen und Kunstfilmen. Produktionen aus Indien, China und anderen asiatischen Ländern sind bei der **Asia Society** zu sehen. Das **French Institute** bringt meist dienstags französische Filme mit Untertiteln. Das **Quad Cinema** zeigt eine große Auswahl ausländischer, oft seltener Filme. **Cinema Village** führt Sonderveranstaltungen durch, etwa das Festival of Animation.

Das **Walter Reade Theater** beherbergt die Film Society of Lincoln Center, die Retrospektiven des internationalen Films sowie Festivals der Gegenwartskunst, z. B. das alljährliche Spanish Cinema Now Festival, veranstaltet.

Filmklassiker und Filmmuseen

Retrospektiven mit Filmen einzelner Regisseure oder Schauspieler zeigen **The Public Theater** und das **Whitney Museum of American Art** *(siehe S. 108f)*.

Im **Museum of the Moving Image** *(siehe S. 257)* sind alte Filme und zahlreiche historische Memorabilien der Filmindustrie zu sehen.

Das **Paley Center for Media** *(siehe S. 167)* präsentiert regelmäßig Filmklassiker und bietet auch spezielle Fernseh- und Radioprogramme.

Wer sich für klassisches oder experimentelles Kino interessiert, findet in den **Anthology Film Archives** eine reiche Materialsammlung.

Die Vorführungen des Rose Center for Earth and Space im **American Museum of Natural History** sind sehr sehenswert.

Im Bryant Park können Sie an Sommerabenden Open-Air-Vorführungen von Filmklassikern sehen, samstagvormittags zeigt die **Film Society of Lincoln Center** Kinderfilme.

TV-Shows

In New York werden diverse Fernsehsendungen produziert. Tickets für *The Tonight Show Starring Jimmy Fallon* oder *Saturday Night Live* sind fast nicht zu bekommen. Doch Tickets für andere sehenswerte Sendungen sind auf den Websites von **NBC**, **ABC** und **CBS** erhältlich.

Unter der Woche werden morgens auf der Fifth Avenue im Bereich der **Rockefeller Plaza** vom jeweiligen Produktionsteam Freikarten für einige TV-Sendungen verteilt. Ob man ein solches Ticket erhält, ist allerdings reine Glückssache und hängt davon ab, zur richtigen Zeit am richtigen Ort zu sein.

Für alle, die einmal einen Blick hinter die Kulissen eines TV-Senders werfen wollen, organisiert NBC Studioführungen, jeweils montags bis freitags von 8.30 bis 14 Uhr sowie samstags und sonntags von 8.30 bis 17 Uhr (Start ist alle 30 Min.). Tickets für solche Touren sollten Sie vorab online reservieren.

Praktische Hinweise

Einen Überblick über das aktuelle Kinogeschehen bieten das Magazin *New York*, die *New York Times*, *The Village Voice* und *The New Yorker* sowie folgende Websites, über die man auch Tickets bestellen kann:
www.moviefone.com
www.movietickets.com

Auf einen Blick

Filmfestivals

DOC NYC
W docnyc.net

Film Society of Lincoln Center
C 1-212-875-5367.
W filmlinc.com

Tribeca Film Festival
C 1-212-941-2400.
W tribecafilm.com

Ausländische Filme und Arthouse-Filme

Angelika Film Center
18 W Houston St.
Stadtplan 4 E3.
C 1-212-995-2000.

Asia Society
725 Park Ave.
Stadtplan 13 A1.
C 1-212-517-2742.

Cinema Village
22 E 12th St.
Stadtplan 4 F1.
C 1-212-924-3363.

Film Forum
209 W Houston St.
Stadtplan 3 C3.
C 1-212-727-8110.

French Institute
22 E 60th St.
Stadtplan 12 F3.
C 1-212-355-6100.

Lincoln Plaza Cinema
1886 Broadway.
Stadtplan 12 D2.
C 1-212-757-2280.

Quad Cinema
34 W 13th St.
Stadtplan 4 D1.
C 1-212-255-8800.

Rose Cinemas
Brooklyn Academy of Music (BAM), 30 Lafayette Ave, Brooklyn.
C 1-718-636-4100.

Walter Reade Theater
70 Lincoln Center Plaza.
Stadtplan 12 D2.
C 1-212-875-5600.

Filmklassiker und Filmmuseen

American Museum of Natural History
Central Park W/79th St.
Stadtplan 16 D5.
C 1-212-769-5100.

Anthology Film Archives
32 2nd Ave/2nd St.
Stadtplan 5 C2.
C 1-212-505-5181.

Film Society of Lincoln Center
Siehe Filmfestivals.

Museum of the Moving Image
35th Ave/36th St, Astoria, Queens.
C 1-718-784-0077.

Paley Center for Media
25 W 52nd St.
Stadtplan 12 F4.
C 1-212-621-6600.

The Public Theater
425 Lafayette St.
Stadtplan 4 F4.
C 1-212-539-8500.

Whitney Museum of American Art
99 Gansevoort St.
Stadtplan 3 B1.
C 1-212-570-3600.

TV-Shows

ABC
W abc.com

CBS
W cbs.com

NBC
W thetouratnbcstudios.com

Rockefeller Plaza
47th–50th St, 5th Ave.
Stadtplan 12 F5.

Stadtplan siehe Seiten 386–419

Klassische und zeitgenössische Musik

New York ist als Musikmetropole weltberühmt. Das ganze Jahr hindurch gastieren weltbekannte Musiker in den berühmten Konzertsälen. Junge, unbekannte Künstler aus dem In- und Ausland finden hier ein interessiertes und oft begeistertes Publikum.

Information

Umfassende aktuelle Veranstaltungstipps findet man auf den Websites von *NYC & Co.*, *New York Times*, *The Village Voice*, *Time Out New York* und *The New Yorker*.

Klassische Musik

Das Stammhaus der New York Philharmonic ist die David Geffen Hall im **Lincoln Center** *(siehe S. 208)*. Dort finden jedes Jahr die beliebten Konzertreihen »Mostly Mozart« und »Young People's Concerts« statt. Ein Meisterwerk der Akustik und Sitz der Chamber Music Society ist die **Alice Tully Hall**, ebenfalls im Lincoln Center.

Zu den führenden Konzertsälen der Welt zählt die **Carnegie Hall** *(siehe S. 144)*. In der Weill Recital Hall finden erstklassige Konzerte zu günstigen Preisen statt.

In der **Brooklyn Academy of Music (BAM)** *(siehe S. 231)* finden ebenfalls zahlreiche klassische Konzerte statt. Das **New Jersey Performing Arts Center** präsentiert Klassik, Oper, Jazz und Tanz. In der **Merkin Concert Hall** gastieren Kammerorchester und Solisten der Spitzenklasse. Eine ausgezeichnete Akustik hat die **Town Hall**. Die Kaufmann Concert Hall im **92nd Street Y** hat ebenfalls ein interessantes Musik- und Tanzangebot.

Beliebte Veranstaltungsorte sind auch die **Frick Collection** und **Symphony Space**, die beide ein breit gefächertes Programm bieten, das von Gospel bis Gershwin und von Klassik bis Ethno-Musik reicht.

Im schönen Grace Rainey Rogers Auditorium im **Metropolitan Museum of Art** spielen Kammerorchester und Solisten, während die gut ausgestattete **Florence Gould Hall** in der Alliance Française u. a. Kammermusik, Orchesterstücke und französische Filmklassiker bietet.

Die **Juilliard School of Music** und das **Mannes College of Music** haben einen hervorragenden Ruf. Hier gibt es kostenlose Proben und Gastspiele führender (Kammermusik-)Orchester und Opernensembles. Die **Manhattan School of Music** bietet ein Programm von Klassik bis Jazz mit über 400 Veranstaltungen im Jahr.

Für die Konzerte der New York Philharmonic am Donnerstagabend findet am selben Tag um 9.45 Uhr in der David Geffen Hall im Lincoln Center oft eine öffentliche Probe statt, zu der es preisgünstige Tickets gibt.

Kammermusik-Fans kommen in der **Kosciuszko Foundation** auf ihre Kosten, wo auch der jährliche Chopin-Wettbewerb stattfindet. Die **Corpus Christi Church** bietet viele Konzerte, z. B. mit den Tallis Scholars.

Oper

Mittelpunkt des Operngeschehens ist das **Lincoln Center** *(siehe S. 208f)*, Sitz der New York City Opera und des **Metropolitan Opera House**. Die Met ist das musikalische Juwel der Stadt, wird aber häufig als zu bieder kritisiert. Innovativer ist die New York City Opera. Obwohl die Kompanie 2013 bankrott ging, werden ihre Shows im Rahmen von Jazz at Lincoln Center im Rose Theater gezeigt. Erstklassige Aufführungen zu teils deutlich niedrigeren Eintrittspreisen bieten die **Village Light Opera Group**, das **Kaye Playhouse** am Hunter College und die Studenten der **Juilliard Opera** im Lincoln Center.

Zeitgenössische Musik

New York gehört zu den wichtigsten Zentren zeitgenössischer Musik. Exotische, ethnische und experimentelle Musik wird auf vielen erstklassigen Bühnen gespielt. Die Brooklyn Academy of Music (BAM) setzt Maßstäbe für das avantgardistische Musikgeschehen. Jeden Herbst veranstaltet die Akademie das Musik- und Tanzfestival »Next Wave«, dem zahlreiche Musiker ihre Karriere zu verdanken haben.

Das jährliche Festival zeitgenössischer Musik »Bang on a Can« findet in der **New York Society for Ethical Culture** statt und bringt Werke von Komponisten wie Steve Reich, Pierre Boulez und John Cage zur Aufführung.

Experimentelle Künstler wie etwa der italienische Grenzgänger Alessandro Sciarroni und der Brooklyner Performer Okwui Okpokwasili stellen sich im **New York Live Arts** vor.

Weitere Veranstaltungsorte sind die **Asia Society** *(siehe S. 183)*, in deren prachtvollem Theater zahlreiche Künstler aus Asien gastieren, und die **St. Peter's Church**.

Führungen

Führungen durch den Backstage-Bereich bieten das Lincoln Center und die Carnegie Hall an.

Sakrale Musik

Wenige Erlebnisse sind so beeindruckend wie ein Osterkonzert in der **Cathedral of St. John the Divine** *(siehe S. 220f)*. Um Ostern und Weihnachten kann man auch an anderen Orten, etwa in den Museen der Stadt, im Grand Central Terminal *(siehe*

Klassik im Radio

In New York empfängt man drei FM-Rundfunksender, die klassische Musik spielen: WQXR auf 96,3, den landesweiten Sender WNYC auf 93,9 und WKCR auf 89,9 kHz.

KLASSISCHE UND ZEITGENÖSSISCHE MUSIK | 345

S. 152f), in Foyers von Banken und Hotels geistliche Musik hören. Jazzmessen werden in der **St. Peter's Church** veranstaltet. Die meisten sind kostenlos, doch eine Spende ist willkommen.

Open-Air-Konzerte

Im Sommer kann man regelmäßig kostenlose Konzerte im **Bryant Park**, auf dem **Washington Square** und im **Damrosch Park** (Lincoln Center) hören. Im Central Park und im Brooklyner Prospect Park gastieren jedes Jahr die New York Philharmonic und die Metropolitan Opera. Bei schönem Wetter sorgen am South Street Seaport, auf den Stufen zum Metropolitan Museum of Art *(siehe S. 186–193)* oder im Areal um den Washington Square häufig Straßenmusiker für anregende Klänge.

Gratiskonzerte

Kostenlose Musikveranstaltungen gibt es das ganze Jahr über in **The Cloisters** *(siehe S. 246–249)*. An Sonntagnachmittagen finden Konzerte am Rumsey Playfield und in der Naumburg Bandshell im Central Park statt. Fragen Sie dafür telefonisch bei **The Dairy** nach.

Musik wird auch regelmäßig in der **Federal Hall** *(siehe S. 70)* gespielt.
Im Lincoln Center begeistern Aufführungen der Juilliard School of Music.
Weitere Orte sind die **Greenwich House Music School** (kostenlose Konzerte der Studenten) und der hübsche **Winter Garden** des Brookfield Place *(siehe S. 71)*.
Kostenlose Konzerte finden auch in zahlreichen Kirchen New Yorks statt, u. a. in der **St. Paul's Chapel** *(siehe S. 85)*, der **Trinity Church** *(siehe S. 71)* und der **St. Thomas Church** *(siehe S. 167)*.

Auf einen Blick

Klassische Musik

92nd Street Y
1395 Lexington Ave.
Stadtplan 17 A2.
☎ 1-212-415-5500.

Brooklyn Academy of Music (BAM)
30 Lafayette Ave, Brooklyn.
☎ 1-718-636-4100.

Carnegie Hall
881 7th Ave.
Stadtplan 12 E3.
☎ 1-212-247-7800.

Corpus Christi Church
529 W 121st St.
Stadtplan 20 E2.
☎ 1-212-666-9350.

Florence Gould Hall (Alliance Française)
55 E 59th St.
Stadtplan 13 A3.
☎ 1-212-355-6160.

Frick Collection
1 E 70th St.
Stadtplan 12 F1.
☎ 1-212-288-0700.

Juilliard School of Music
☎ 1-212-799-5000.

Kosciuszko Foundation
15 E 65th St.
Stadtplan 12 F2.
☎ 1-212-734-2130.

Lincoln Center
155 W 65th St.
Stadtplan 11 C2.
☎ 1-212-546-2656.
☎ 1-212-875-5350 (Führungen).
☎ 1-212-875-5050 (Alice Tully Hall).
☎ 1-1-212-875-5030 (David Geffen Hall).

Manhattan School of Music
120 Claremont Ave.
Stadtplan 20 E2.
☎ 1-212-749-2802.

Mannes College of Music
55 W 13th St.
Stadtplan 4 D3.
☎ 1-212-580-0210.

Merkin Concert Hall
129 W 67th St.
Stadtplan 11 D2.
☎ 1-212-501-3330.

Metropolitan Museum of Art
1000 5th Ave/82nd St.
Stadtplan 16 F4.
☎ 1-212-535-7710.

New Jersey Performing Arts Center
1 Center St, Newark, NJ.
☎ 1-888-466-5722.

Symphony Space
2537 Broadway.
Stadtplan 15 C2.
☎ 1-212-864-5400.

Town Hall
123 W 43rd St.
Stadtplan 8 E1.
☎ 1-212-997-1003.

Oper

Juilliard Opera
☎ 1-212-769-7406.

Kaye Playhouse (Hunter College)
695 Park Ave.
Stadtplan 13 A1.
☎ 1-212-772-4448.

Metropolitan Opera House
Stadtplan 11 C2.
☎ 1-212-362-6000.

Village Light Opera Group
Aufführungen: Schimmel Center for the Arts at Pace University, 3 Spruce St. Stadtplan 1 C2.
☎ 1-212-346-1715.

Zeitgenössische Musik

Asia Society
725 Park Ave.
Stadtplan 13 A1.
☎ 1-212-517-2742.

New York Live Arts
Siehe Tanz S. 341.

New York Society for Ethical Culture
2 W 64th St.
Stadtplan 12 D2.
☎ 1-212-874-5210.

St. Peter's Church
619 Lexington Ave.
Stadtplan 13 A4.
☎ 1-212-935-2200.

Sakrale Musik

Cathedral of St. John the Divine
1047 Amsterdam Ave/112th St.
Stadtplan 20 E4.
☎ 1-212-316-7540.

Open-Air-Konzerte

Bryant Park
Stadtplan 8 F1.
☎ 1-212-768-4242.

Damrosch Park
Stadtplan 11 C2.
☎ 1-212-875-5000.

Washington Square
Stadtplan 4 D2.

Gratiskonzerte

The Cloisters
Fort Tryon Park.
☎ 1-212-923-3700.

The Dairy
Central Park/65th St.
Stadtplan 12 F2.
☎ 1-212-794-6564.

Federal Hall
26 Wall St.
Stadtplan 1 C3.
☎ 1-212-825-6888.

Greenwich House Music School
46 Barrow St.
Stadtplan 3 C2.
☎ 1-212-242-4770.

St. Paul's Chapel
Broadway/Fulton St.
Stadtplan 1 C2.
☎ 1-212-233-4164.

Trinity Church
Broadway/Wall St.
Stadtplan 1 C3.
☎ 1-212-602-0800.

Winter Garden
Brookfield Place, West St. Stadtplan 1 A2.
☎ 1-212-945-2600.

Stadtplan siehe Seiten 386–419

Rock, Jazz und Live-Musik

Von Rock bis zum Sound der Sixties, von Dixieland bis zu Country-Blues, von Soul und World Music bis zu talentierten Straßenmusikern – in New York ist jede erdenkliche Musikrichtung vertreten. Die Musikszene verändert sich ständig – fast täglich gibt es Neueinsteiger (und Absteiger). Schwer zu sagen, was los sein wird, wenn Sie in New York sind – doch auf jeden Fall wird es aufregend sein.

Preise und Bühnen

In den meisten Clubs muss man »cover charge« – also das Gedeck – bezahlen und möglicherweise mindestens einen oder zwei Drinks (ab acht Dollar oder mehr) bestellen. Die Eintrittspreise für größere Konzerte liegen zwischen 50 und 150 Dollar. Kleinere Häuser haben oft getrennte Sitz- und Tanzbereiche – zu unterschiedlichen Preisen.

Stars wie Bruce Springsteen, Jay-Z und Taylor Swift treten gewöhnlich auf großen Bühnen wie dem **Barclays Center** oder im **Madison Square Garden** *(siehe S. 131)* auf. Solche Veranstaltungen sind schnell ausverkauft, sodass man sich früh um Tickets bemühen sollte – es sei denn, man will sie für teures Geld bei einem Agenten oder Schwarzhändler kaufen. Im Sommer finden Open-Air-Konzerte auf der **Central Park SummerStage** und der **Prospect Park Bandshell** statt, Letztere unter der Schirmherrschaft des Festivals Celebrate Brooklyn.

Zu den Spielstätten mittlerer Größe gehören die **Radio City Music Hall**, der **Hammerstein Ballroom** und das **Beacon Theater**. Eine weitere Location mit spannenden Konzerten und überragender Akustik ist das **PlayStation Theater** am Times Square.

Rock

Die Rockszene umfasst eine ganze Reihe von Stilrichtungen: Gothic, Techno, Industrial, Psychedelic, Post-Punk, Funk und Indie. Bekannte Treffpunkte von Rockfans sind vielfach Bars. Meist treten dort an jedem Abend andere Gruppen auf. Man kann sich in der *New York Times*, *The Village Voice*, in *Time Out New York* oder auf deren Websites informieren. Wer mehr von einer Band sehen will als eine riesige Videowand, findet in den folgenden Lokalitäten eine intimere Atmosphäre vor.

Im **Bowery Ballroom** in der Lower East Side treten international bekannte Gruppen ebenso wie unbekannte Musiker auf. Der Veranstaltungsort ist für seine hervorragende Akustik bekannt. Das umgewandelte Weinlokal **Arlene's Grocery** kann sich auf sein treues Publikum verlassen, das Rock, Country oder auch Comedy schätzt. Beliebt ist die kostenlose Punk- und Heavy-Metal-Karaoke-Nacht am Montag. Die **Mercury Lounge** ist einer der Hotspots, die brandneue Bands mit Zukunft präsentieren.

Jenseits des Flusses in Brooklyn hat die **Knitting Factory Brooklyn** Indie Rock auf dem Programm, während die **Music Hall** in einer alten Fabrik in Williamsburg mit großartiger Akkustik und günstigen Preisen lockt. **The Rock Shop** ist der beste Ort, um Newcomer zu hören.

Jazz

Den ursprünglichen Cotton Club und Connie's Inn, die einstigen Brennpunkte der Jazzszene, gibt es schon lange nicht mehr, ebenso wenig wie die *Speakeasies* der Prohibitionszeit in der West 52nd Street. Einige hochtalentierte Jazzer halten die Erinnerung an Legenden wie Dave Brubeck, Les Paul, Duke Ellington, Count Basie und andere berühmte Big Bands am Leben. In Harlem gehen klassische Bühnen wie **Showmans Jazz Club** (wo noch Veteranen wie der Hammondorgelspieler Seleno Clarke auftreten) und **Minton's** recht gut. Der Saxofonist Bill Saxton tritt freitags und samstags in seinem eigenen Club **Bill's Place** auf.

Der **Cotton Club** von 1977 hat keine Beziehung zu seinem berühmten Vorgänger, doch er bietet guten Swing, Blues, Jazz – und sonntags einen Gospel-Brunch.

In Greenwich Village haben die Jazzkneipen aus den 1930er Jahren überlebt. Führend ist **Village Vanguard**, wo alle großen Namen des Jazz aufgetreten sind. (Sonny Rollins' *A Night at the Village Vanguard* wurde 1957 hier aufgenommen.) Im **Blue Note** (seit 1981), das zwar hohe Preise, aber eine großartige Atmosphäre hat, treten nach wie vor bedeutende Jazzsolisten auf. **Smalls** setzt Maßstäbe in modernem Jazz. Hier stehen abends mehrere Bands auf der Bühne.

Smoke in der Upper West Side ist ein anziehender Ort für Nachtschwärmer, in dem die ganze Bandbreite des modernen Jazz zu hören ist. **Birdland** in Midtown ist ein etablierter Club, in dem große Namen auftreten. **Iridium**, ein witziger Club mit Restaurant, bietet progressiven Jazz.

Das **Café Carlyle** in der Upper East Side, einst bekannt wegen des Jazzpianisten und Sängers Bobby Short, kann sich rühmen, dass Woody Allen hier mit Eddy Davis und seiner New Orleans Jazz Band spielt – meist montagabends (Jan – Juni). Auf der geräumigen Bühne des **Jazz Standard** treten fast täglich bekannte Jazz-Interpreten auf. Das gemütliche **5C Café** ist Teil eines Nachbarschaftszentrums und bietet teils Jazz, teils experimentelle Musik.

Ganzjährig Veranstaltungen bietet **Jazz at Lincoln Center**, darunter auch Konzerte des Lincoln Jazz Orchestra unter der Leitung von Wynton Marsalis. Nach dem Umzug ins Time Warner Center am Columbus Circle beim Central Park hat es nun eine richtige Heimstatt.

Wer im Januar nach New York reist, sollte sich keinesfalls das **NYC Winter Jazzfest** entgehen lassen. Hier gibt es Jazz Acts in vielen Clubs von Manhattan.

Folk und Country
Folk, Rock und R&B hört man im ehemals berühmten **Bitter End**, das James Taylor und Joni Mitchell auf die Bühne brachte und sich nun auf junge Talente spezialisiert hat (Lady Gaga trat hier 2007 auf). Auch die **Rockwood Music Hall** gibt Nachwuchsmusikern eine Chance.

Interessant ist das Programm im **Sidewalk Café** und im von Studenten der Columbia University geführten **Postscrypt Coffeehouse**. In Brooklyn hört man im winzigen **Jalopy Theatre and School of Music** (mit eigenem Radiosender) Folk, traditionellen Jazz und Blues.

Blues, Soul und World Music
Blues, Soul und World Music stehen u. a. auf dem Programm des **Apollo Theater** in Harlem *(siehe S. 224)*. Bei den »Amateur Nights« am Mittwoch werden hier seit über 75 Jahren Stars entdeckt, darunter James Brown und Dionne Warwick. Das Harlemer Shrine (2271 Adam Clayton Powell Jr. Blvd) bietet Afro-Beat, World Music und Jazz.

Der **B. B. King Blues Club** lockt immer wieder Legenden des Jazz und Blues auf seine Bühne. Nicht versäumen sollten Sie die »After Work Fridays« im **SOB's** (Sounds of Brazil), das sich auf Weltmusik und lateinamerikanische Rhythmen spezialisiert hat.

Im **Terra Blues** hört man authentischen Chicago-Blues und seine moderneren Varianten.

Auf einen Blick

Bühnen

Barclays Center
620 Atlantic Ave, Brooklyn. **Stadtplan** 23 B4.
📞 1-917-618-6100.

Beacon Theater
2124 Broadway.
Stadtplan 15 C5.
📞 1-212-465-6500.

Central Park SummerStage
Rumsey Playfield.
Stadtplan 12 F1.
📞 1-212-360-2777.

Hammerstein Ballroom
311 W 34th St.
Stadtplan 8 D2.
📞 1-212-279-7740.

Madison Square Garden
7th Ave/33rd St.
Stadtplan 8 E2.
📞 1-212-465-6741.

PlayStation Theater
1515 Broadway.
Stadtplan 12 E5.
📞 1-212-930-1950.

Prospect Park Bandshell
62 W Drive, Prospect Park, Brooklyn.
Stadtplan 23 C5.
📞 1-718-683-5600.

Radio City Music Hall
Siehe S. 341.

Rock

Arlene's Grocery
95 Stanton St.
Stadtplan 5 A3.
📞 1-212-995-1652.

Bowery Ballroom
6 Delancey St.
Stadtplan 4 F3.
📞 1-212-533-2111.

Knitting Factory
361 Metropolitan Ave, Brooklyn.
📞 1-347-529-6696.

Le Poisson Rouge
158 Bleecker St.
Stadtplan 4 D3.
📞 1-212-505-3473.

Mercury Lounge
217 E Houston St.
Stadtplan 5 A3.
📞 1-212- 260-4700.

Music Hall of Williamsburg
66 N 6th St.
Stadtplan 6 F1.
📞 1-718-486-5400.

The Rock Shop
249 4th Ave, Brooklyn.
Stadtplan 23 B4.
📞 1-718-230-5740.

Jazz

5C Café
68 Ave C. **Stadtplan** 5 C2.
📞 1-212-477-5993.

Bill's Place
148 W 133rd St.
Stadtplan 19 C3.
📞 1-212-281-0777.

Birdland
315 W 44th St.
Stadtplan 12 D5.
📞 1-212-581-3080.

Blue Note
131 W 3rd St.
Stadtplan 4 D2.
📞 1-212-475-8592.

Café Carlyle
95 E 76th St.
Stadtplan 17 A5.
📞 1-212-744-1600.

Cotton Club
656 W 125th St.
Stadtplan 22 F2.
📞 1-212-663-7980.

Iridium
1650 Broadway.
Stadtplan 12 D2.
📞 1-212-582-2121.

Jazz at Lincoln Center
150 W 65th St.
Stadtplan 11 C2.
📞 1-212-258-9800.

Jazz Standard
116 E 27th St.
Stadtplan 9 A3
📞 1-212-576-2232.

Minton's
206 W 118th St.
Stadtplan 21 A3.
📞 1-212-243-2222.

NYC Winter Jazzfest
🌐 winterjazzfest.com

Showmans Jazz Club
375 W 125th St.
Stadtplan 20 F1.
📞 1-212-864-8941.

Smalls
183 W 10th St.
Stadtplan 3 C2.
📞 1-212-252-5091.

Smoke
2751 Broadway.
Stadtplan 20 E5.
📞 1-212-864-6662.

Village Vanguard
178 7th Ave S.
Stadtplan 3 C1.
📞 1-212-255-4037.

Folk und Country

Bitter End
147 Bleecker St.
Stadtplan 4 E3.
📞 1-212-673-7030.

Jalopy Theatre and School of Music
315 Columbia St, Brooklyn. **Stadtplan** 23 A4.
📞 1-718-395-3214

Postscrypt Coffeehouse
2098 Broadway.
Stadtplan 21 C1.
🌐 blogs.cuit.columbia.edu/postcrypt/

Rockwood Music Hall
196 Allen St.
Stadtplan 5 A3.
📞 1-212-477-4155.

Sidewalk Café
94 Ave A. **Stadtplan** 5 B2.
📞 1-212-473-7373.

Blues, Soul und World Music

Apollo Theater
253 W 125 St.
Stadtplan 19 A1.
📞 1-212-531-5305.

B. B. King's Blues Club
237 W 42nd St.
Stadtplan 8 E1.
📞 1-212-997-4144.

SOB's
204 Varick St.
Stadtplan 4 D3.
📞 1-212-243-4940.

Terra Blues
149 Bleecker St.
Stadtplan 4 E3.
📞 1-212-777-7776.

Stadtplan siehe Seiten 386–419

Clubs und Discos

New York ist für sein Nachtleben und seine Clubszene weltweit berühmt, das Angebot an Locations ist breit gefächert: Sie können in einem plüschigen, in der Regel teuren Club einen Drink genießen, in einer traditionellen Disco tanzen oder in einer Pianobar relaxen. In den 1980er und 1990er Jahren gab es einen Boom an Groß-Discos, von denen allerdings wenige den Trend zu den Clubs und Lounges (von stilvoll bis leger) überlebt haben. Auch für schwule und lesbische Gäste wird viel geboten.

Information

Die beste Zeit, um durch die Clubs zu ziehen, ist unter der Woche – dann ist es auch erheblich billiger. Man sollte seinen Ausweis und genügend Geld einstecken, denn Drinks sind sehr teuer (Alkohol ab 21 Jahren).

Clubs, die gerade »in« sind, haben meist bis 4 Uhr oder länger geöffnet. Da sich die New Yorker Clubszene ständig verändert, informiert man sich am besten bei Veranstaltungskalendern *(siehe S. 334)* oder liest die *Village Voice*, um auf dem Laufenden zu sein. Die angesagtesten Locations werden oft per Mundpropaganda oder Twitter weitergegeben und von Leuten organisiert, die möglichst unterschiedliche Orte für Club-Nächte aussuchen. Oder man informiert sich direkt bei Veranstaltern wie Blackmarket Membership (blkmarketrsvp@gmail.com), Tiki Disco (tikidisco.com) und Mister Saturday Night (www.mistersaturdaynight.com).

Discos und Clubs

New Yorker lieben Musik und Tanz. Die Tanzlokale reichen von Klassikern wie **SOB's** – wo Jungle, Reggae, Soul, Jazz und Salsa vom Feinsten geboten werden – bis zu riesigen Tanzpalästen wie **FREQ** (früher Space Ibiza). Die legendäre Clubkette, die auf Ibiza ihren Anfang nahm, hat in Midtown eine mondäne Stätte eröffnet. Um das gigantische Hightech-Soundsystem zum Klingen zu bringen, werden regelmäßig internationale Star-DJs engagiert. Beides sind die Orte für alle, die stampfende Rhythmen, schwitzende Tänzer und Gedränge lieben.

Für viele gilt die einst schäbige Lower East Side als bestes Ausgehviertel. In der legeren **bOb Bar** tanzt die Menge zu Retro-Klängen wie Hip-Hop und Discosound. Sehr eng geht es meist auch im **Webster Hall** zu. Der Club ist eine altehrwürdige Institution, auf vier Dancefloors kommen Anhänger von R&B, Pop, Elektro und House auf ihre Kosten (falls gerade keine Sonderveranstaltung stattfinden). **Cielo** hingegen ist ganz 21. Jahrhundert. Der gehobene Club für Fans von Electronica besitzt ein »Killer«-Soundsystem, das die Tänzer, die sich auf der abgesenkten Tanzfläche drängeln, einhüllt.

Ebenfalls top ist das **Marquee** in Chelsea. Hier gibt es ein gläsernes VIP-Zwischengeschoss, in dem man Hollywood-Starlets antrifft. Beliebt sind auch die monatlichen Partys im spacigen **Rose Center** des American Museum of Natural History, die als »One Step Beyond at the Rose Center« bekannt sind.

Alle, die gern zu Klassikern der 1980er Jahre abtanzen, findet man im **Pyramid Club**, der einst für seine Drag-Nights bekannt war. Heute zieht er mit Retro-Themenpartys ein gemischtes Publikum an. Trendsetter in Brooklyn ist das Williamsburger **Output**, ein ehemaliger Industriekomplex.

Pianobars und Cabarets

Pianobars und Cabarets sind heutzutage weniger schrill als in den 1940er und 1950er Jahren, bieten aber immer noch eine interessante Programmmischung. In den meisten Fällen muss man für das Gedeck bezahlen, teilweise muss man auch mindestens zwei Drinks bestellen (mehr zu Cabarets *siehe S. 350f*).

Marie's Crisis Café ist eine legendäre Pianobar in Greenwich Village, in der die Gäste zum Singen animiert werden. **Uncle Charlie's** bietet eine Piano-Lounge und eine Gay Bar, die Besuchern des Theater District erlaubt, ihre eigenen Versionen von Broadway-Hits zu schmettern. In **Joe's Pub** im Public Theater erhält man ordentliches Essen, dazu gibt es wunderbare Darbietungen und Musik.

Orte für Schwule sind das trendige, recht exklusive **Town-House**, eine Pianobar mit Restaurant, und **Don't Tell Mama**, eine etablierte Schwulenbar, die ansprechende Musikrevuen und Klamauk präsentiert. Unter den beliebten Schwulen-Cabarets sticht das **Duplex** hervor, die man einen Mix aus Stand-up-Comedy, Sketchen und Musiknummern erleben kann.

Wer schlüpfige Neo-Burlesque-Shows sehen will, in New York ein beliebtes Genre, sollten den **Slipper Room** besuchen.

Schwule und Lesben

Seit Mitte der 1990er Jahre wurden zahlreiche Clubs und Restaurants für Schwule und Lesben eröffnet. Magazine wie *The Village Voice* und *Time Out* listen auf, was in der Gay Community angesagt ist, auch die *Gay Yellow Pages* sind eine guten Informationsquelle für die Szene. Wer genauere Informationen haben will, kann bei **Gay and Lesbian Switchboard** anrufen.

In Chelsea ist vor allem das Areal um die 8th Avenue ein pulsierendes Zentrum der Schwulenszene New Yorks. Auch in der Gegend von Hell's Kitchen, in den mittvierziger Straßen zwischen 8th und 10th Avenue, trifft sich die Schwulengemeinde der Metropole, so z. B. im **Barrage** am

CLUBS UND DISCOS | 349

Freitag zur Happy Hour. In der stilvollen **G Lounge** werden köstliche Cocktails und aromatisierter Kaffee serviert – ein idealer Ort, um sich vor dem Clubbesuch zu treffen. Das **Barracuda** zeigt tolle Drag-Shows, hier finden auch Neulinge an Plätzchen. Die Sportbar **Gym** ist eher bei Sportlern gefragt. Das **Stonewall Inn**, Ursprung der Stonewall-Unruhen und Geburtsort der Schwulenbewegung, wurde für mehrere Millionen Dollar renoviert und chic gemacht.

Eher behaglich ist die **Posh Bar & Lounge**, wo man sich während der Happy Hour zwischen 16 und 20 Uhr trifft. Viele meinen, ohne einen Besuch im **Lips** in Midtown mit seinem ultimativen Drag-Dining war der Aufenthalt in New York nicht komplett.

Das altehrwürdige **Pieces**, das das ganze Jahr über Weihnachtsbeleuchtung hat, bietet seinen Besuchern fast jeden Abend Programm – von Drag-Shows bis Karaoke. Im hochpreisigen **XL Nightclub** genießen Schwule und Lesben VIP-Behandlung mit spezieller Bedienung. Der Treff in Midtown bietet eine Reihe von Cabaretvorstellungen sowie farbenfrohe Themenpartys und ein Drag-Bingo.

Henrietta Hudson in Greenwich Village ist ausschließlich einer lesbischen Klientel vorbehalten, Gleiches gilt für das fantasievoll ausgeschmückte **Cubby Hole**, eine gemütliche Bar, in der die Stammgäste oft die Titel aus der Jukebox mitsingen.

Auf einen Blick

Discos und Clubs

bOb Bar
235 Eldridge St.
Stadtplan 5 A3.
📞 1-212-529-1807.
🌐 bobbarnyc.com

Cielo
18 Little West 12th St.
Stadtplan 3 B1.
📞 1-212-645-5700.
🌐 cieloclub.com

FREQ
637 W 50th St.
Stadtplan 11 B4.
📞 1-212-247-2447.
🌐 freqnyc.com

Marquee
289 10th Ave.
Stadtplan 7 C4.
📞 1-646-473-0202.
🌐 marqueeny.com

Output
78 Wythe Ave,
Williamsburg.
Stadtplan 23B1.
🌐 outputclub.com

Pyramid Club
101 Ave A.
Stadtplan 5 A2.
📞 1-212-228-4888.
🌐 thepyramidclub.com

Rose Center
Central Park West/
W 79th St.
Stadtplan 16 D4.
📞 1-212-769-5200.
🌐 amnh.org

SOB's
204 Varick St.
Stadtplan 4 D3.
📞 1-212-243-4940.
🌐 sobs.com

Webster Hall
125 E 11th St.
Stadtplan 4 F1.
📞 1-212-353-1600.
🌐 websterhall.com

Pianobars und Cabarets

Don't Tell Mama
343 W 46th St.
Stadtplan 12 D5.
📞 1-212-757-0788.
🌐 donttellmamanyc.com

Duplex
61 Christopher St.
Stadtplan 3 C2.
📞 1-212-255-5438.
🌐 theduplex.com/

Joe's Pub
425 Lafayette St.
Stadtplan 4 F2.
📞 1-212-539-8778.
🌐 publictheater.org

Marie's Crisis Café
59 Grove St.
Stadtplan 3 C2.
📞 1-212-243-9323.

Slipper Room
167 Orchard St.
Stadtplan 5 A3.
📞 1-212-253-7246.
🌐 slipperroom.com

TownHouse
236 E 58th St.
Stadtplan 13 B4.
📞 1-212-754-4649.
🌐 townhouseny.com

Uncle Charlie's
139 E 45th St.
Stadtplan 13 A5.
📞 1-212-661-9097.
🌐 unclecharliesnyc.com

Schwule und Lesben

Barracuda
275 W 22nd St.
Stadtplan 8 D4.
📞 1-212-645-8613.

Barrage
401 W 47th St.
Stadtplan 12 D5.
📞 1-212-586-9390.

Cubby Hole
281 W 12th St.
Stadtplan 3 C1.
📞 1-212-243-9041.
🌐 cubbyholebar.com

G Lounge
223 W 19th St.
Stadtplan 8 E5.
📞 1-212-929-1085.

Gay and Lesbian Switchboard
📞 1-212-989-0099.

Gym
167 Eighth Ave.
Stadtplan 8 D5.
📞 1-212-337-2439.
🌐 gymsportsbar.com

Henrietta Hudson
438 Hudson St.
Stadtplan 3 C3.
📞 1-212-924-3347.
🌐 henriettahudson.com

Lips
227 E 56th St.
Stadtplan 13 B3.
📞 1-212-675-7710.
🌐 lipsnyc.com

Pieces
8 Christopher St.
Stadtplan 4 D2.
📞 1-212-929-9291.
🌐 piecesbar.com

Posh Bar & Lounge
405 W 51st St.
Stadtplan 11 C4.
📞 1-212-957-2222.
🌐 poshbarnyc.com

Stonewall Inn
53 Christopher St.
Stadtplan 3 C2.
📞 1-212-488-2705.
🌐 thestonewallinnnyc.com

XL Nightclub
512 West 42nd St.
Stadtplan 7 C1.
📞 1-212-239-2999.
🌐 xlnightclub.com

Stadtplan *siehe Seiten 386–419*

Comedy, Cabaret und Lesungen

New York hat mindestens so viele namhafte Comedians hervorgebracht, wie es Geschichten, Anekdoten und Witze über die Stadt gibt. Die Namen lesen sich wie ein *Who is Who* des Komikerfachs: von Jack Benny über Woody Allen und Chris Rock bis Jerry Seinfeld. In New York werden tagtäglich Hunderte Alltagsgeschichten geschrieben. Comedians, Liedermacher und Dichter nehmen sie auf und weben daraus ihre kunstvollen Werke, die man in einem der unzähligen Clubs der Stadt vorgespielt bekommt – als Stand-up-Comedy (Solo-Bühnenshow) oder als Sketch (mit mehreren Schauspielern), mit Improvisationseinlagen oder ohne, mit Musik oder ohne. In New York ist der Konkurrenzkampf unbarmherzig, und so begegnet man in Kleinkunsttheatern oft großen Talenten.

Comedy-Bühnen

Viele der derzeit besten Comedy-Clubs der Stadt haben sich aus Improvisationsbühnen entwickelt. Der Reiz dieser Clubs besteht darin, dass man nie genau weiß, wer als Nächster die Bühne betritt. Jeder, von Louis C. K. und Roseanne Barr bis zu Chris Rock, könnte es sein. Aber seien Sie gewarnt: Wollen Sie nicht zum Opfer der Späßchen gemacht werden, sollten Sie sich nicht direkt vor die Bühne setzen. In vielen der größeren Clubs kann man auch essen. Reservierung ist bei den bekannteren Häusern empfehlenswert.

Am **Broadway Comedy Club** im Theater District kommt derzeit niemand vorbei, hier geben sich die bekanntesten Komiker die Klinke in die Hand. Der Club entstand aus dem Zusammenschluss von Chicago City Limits und NY Improv. Auch im eleganten Ambiente von **Caroline's** produzieren sich große Namen.

Der berühmte Satz des Komikers Rodney Dangerfield war »I get no respect«. Der andauernde Erfolg seines **Dangerfield's Comedy Club**, in dem die bedeutendsten Komiker des Landes auftreten, strafen ihn Lügen. Das **Upright Citizens Brigade Theatre** präsentiert seine Improvisationen im Chicago-Stil mehrmals unter der Woche. Der Eintritt zu vielen wöchentlichen Late Shows des UCB ist kostenlos.

Der **Gotham Comedy Club** im Flatiron District bringt Künstler jeder Richtung auf die Bühne. **Comic Strip Live** in der East Side verweist stolz darauf, dass es von AOL City Guides zum »Best Comedy Club« gewählt wurde. Hier traten schon viele Spitzenkomiker auf, darunter auch Eddie Murphy. Der **Comedy Cellar** in Greenwich Village zeigt ein Programm mit jungen Talenten wie etablierten Künstlern.

Weitere erstklassige Comedy-Bühnen sind – um nur einige zu nennen – **Stand-Up NY** und der **NY Comedy Club**, die täglich mehrere Shows auf dem Programm haben und dazu Cocktails servieren. Auch **The West End Lounge** und **The Laugh Factory** lohnen einen Besuch. Sehr gefragt sind auch **The Theater at Madison Square Garden** und **Radio City Music Hall**.

Klassische Cabarets und Pianobars

Cabarets, in denen man einem Künstler zuhört, sind eine New Yorker Institution, allerdings im Niedergehen begriffen. Sie werden auch *rooms* genannt und sind oft in Hotels zu finden. Vorstellungen gibt es meist von Dienstag bis Samstag. In der Regel kosten Cabarets Eintritt, oder man muss wenigstens einen Drink bestellen (Cabarets für Schwule siehe S. 348f).

Das **Triad** in der Upper West Side ist für ausgefallene wie spektakuläre Shows bekannt, das Spektrum reicht von Comedy bis Burlesque. Auf der Bühne von **Brandy's Piano Bar** in der Upper East Side stehen die verschiedensten Talente – manchmal auch die Angestellten. Bobby Short spielte über 25 Jahre lang im **Café Carlyle** des Carlyle Hotel. Nun tritt Woody Allen hier montags mit Eddy Davis's New Orleans Jazz Band auf.

Im Carlyle Hotel ist auch die **Bemelman's Bar** mit ihren skurrilen Wandbildern beheimatet. Hier hört ein entspanntes Publikum erstklassigen Schnulzensängern zu.

Ars Nova in Hell's Kitchen ist ein ungezwungenes Cabaret mit Showprogramm und gewagter Comedy, in dem bereits Liza Minnelli und Tony Kushner auftraten.

Für einen denkwürdigen Abend sollten Sie ins **Feinstein's/54 Below** in Midtown West gehen. Hier geben sich Top-Entertainer die Ehre.

Eine weitere Adresse für einen unterhaltsamen Abend in New York ist **Metropolitan Room** nahe dem Flatiron Building. Neben Größen aus der Cabaretszene treten hier auch bekannte Jazzmusiker auf.

Lesungen und Poetry Slams

Als Geburtsort von einigen der größten amerikanischen Autoren wie Herman Melville und Henry James, aber auch als Wahlheimat unzähliger Schriftsteller hat New York eine große literarische Tradition. Das ganze Jahr über finden in Buchhandlungen, Büchereien, Cafés und öffentlichen Räumen der Stadt Lesungen und Literaturgespräche statt. In der Regel sind sie kostenlos, nur bei Veranstaltungen mit bekannten Autoren müssen Sie mit langen Warteschlangen rechnen.

Im **92nd Street Y** gastieren die größten Autoren auf ihren Lesereisen, darunter auch viele Nobelpreisträger und Pulitzer-Preisträger. Die meisten Buchläden haben ein dichtes Programm mit Lesungen und Autorengesprächen, so auch **Barnes & Noble** (insbesondere die Filialen in der Fifth Avenue und am Union Square).

Die **Mid-Manhattan Library** präsentiert ebenfalls Lesungen, Gleiches gilt für den Buchladen **Strand**. Im **Drama Book Shop** werden Stücke gelesen, was höchst unterhaltsam sein kann. *The New Yorker*, in Buchläden und an Zeitungsständen erhältlich, informiert über alle literarischen Veranstaltungen.

Poetry Slams (auch »Spoken Word« genannt) sind das, was der Name impliziert: frei vorgetragene, teils improvisierte Wortwettbewerbe in Form von Gedichten, Rap und Geschichten, oft laut und unverschämt, aber nie langweilig.

Das **Nuyorican Poets Café** in Alphabet City gilt als Vorreiter des »Spoken Word« in New York. Hier ist jede Nacht was geboten, seien es Poetry Slams, Lesungen oder Aufführungen. Literarische Veranstaltungen von Studenten und Dozenten der Columbia University und der City University gibt es in der **KGB Bar**.

Bowery Poetry entstand als Bühne für jede Art von »Spoken Word« und ermöglicht Künstlern aus allen Bereichen, ihre Performance vor Publikum zu zeigen.

Auch das **Poetry Project** der St. Mark's Church ist Gastgeber für Lesungen und bietet auch Workshops an.

Auf einen Blick

Comedy-Bühnen

Broadway Comedy Club
318 W 53rd St.
Stadtplan 12 E4.
1-212-757-2323.

Caroline's
1626 Broadway.
Stadtplan 12 E5.
1-212-757-4100.

Comedy Cellar
117 MacDougal St.
Stadtplan 4 D2.
1-212-254-3480.

Comic Strip Live
1568 2nd Ave.
Stadtplan 17 B4.
1-212-861-9386.

Dangerfield's Comedy Club
1118 1st Ave.
Stadtplan 13 C3.
1-212-593-1650.

Gotham Comedy Club
208 West 23rd St.
Stadtplan 8 D4.
1-212-367-9000.

The Laugh Factory
303 W 42nd St.
Stadtplan 8 D1.
1-212-586-7829.

New York Comedy Club
241 E 24th St.
Stadtplan 9 B4.
1-212-696-5233.

Radio City Music Hall
50th St/Avenue of the Americas.
Stadtplan 12 F4.
1-212-307-7171.

Stand-Up NY
236 W 78th St.
Stadtplan 15 C5.
1-212-595-0850.

The Theater at Madison Square Garden
7th Ave/33rd St.
Stadtplan 8 E2.
1-212-465-6741.

Upright Citizens Brigade Theatre
307 W 26th St.
Stadtplan 8 D4.
1-212-366-9176.

The West End Lounge
955 W End Ave.
Stadtplan 20 E5.
1-212-531-4759.

Klassische Cabarets und Pianobars

Ars Nova
511 W 54th St.
Stadtplan 12 E4.
1-212-489-9800.

Bemelman's Bar
Carlyle Hotel,
35 E 76th St.
Stadtplan 17 A5.
1-212-744-1600.

Brandy's Piano Bar
235 E 84th St.
Stadtplan 17 B4.
1-212-650-1944.

Café Carlyle
Carlyle Hotel,
35 E 76th St.
Stadtplan 17 A5.
1-212-744-1600.

Don't Tell Mama
343 W 46th St.
Stadtplan 12 D5.
1-212-757-0788.

Feinstein's / 54 Below
254 W 54th St.
Stadtplan 12 D4.
1-646-476-3551.

Metropolitan Room
34 W 22nd St.
Stadtplan 8 F4.
1-212-206-0440.

Triad
158 W 72nd St,
2. Stock.
Stadtplan 11 C1.
1-212-362-2590.

Lesungen und Poetry Slams

92nd Street Y
1395 Lexington Ave.
Stadtplan 17 A2.
1-212-415-5729.

Barnes & Noble
555 5th Ave.
Stadtplan 12 F5.
1-212-697-3048.

33 E 17th St.
Stadtplan 9 A5.
1-212-253-0810.

Bowery Poetry
308 Bowery.
Stadtplan 4 F3.
1-212-614-0505.

Drama Book Shop
250 W 40th St.
Stadtplan 8 E1.
1-212-944-0595.

KGB Bar
85 E 4th St.
Stadtplan 4 F2.
1-212-505-3360.

Mid-Manhattan Library
455 Fifth Ave/40th St.
Stadtplan 8 F1.
1-212-340-0833.

Nuyorican Poets Café
236 E 3rd St.
Stadtplan 5 B2.
1-212-505-8183.

Poetry Project
St. Mark's Church,
131 E 10th St.
Stadtplan 4 F1.
1-212-674-0910.

Strand
828 Broadway.
Stadtplan 4 E1.
1-212-473-1452.

Stadtplan siehe Seiten 386–419

New York spätnachts

New York ist in der Tat die Stadt, die niemals schläft. Wer mitten in der Nacht Appetit auf frisches Brot bekommt, Unterhaltung sucht oder den Sonnenaufgang über der Skyline von Manhattan erleben will, für den hält New York ein vielfältiges Angebot bereit.

Bars

Die gemütlichsten Bars sind meist irisch. Typische Vertreter dieser Pubs sind **O'Flanagan's** oder **Peter McManus Café** – sie sind laut und bieten nächtliche Unterhaltung. Für einen Martini zu später Stunde ist die **Temple Bar** geeignet.

Die besten Pianobars gibt es in den Hotels, z. B. das Café Carlyle oder die (günstigere) Bemelman's Bar – beide im **Carlyle Hotel**. Sehr beliebt ist auch Feinstein's/54 Below *(siehe S. 351)*.

Heißer Jazz erklingt bis 4 Uhr früh in **Joe's Pub** oder im **Blue Note**. Das **Cornelia Street Café** in Greewich Village ist eine lebhafte Literatenkneipe. Lyrik, Theater und lateinamerikanische Musik stehen auf dem Programm des **Nuyorican Poets Café**. Zu den Favoriten in Midtown gehört **Rudy's** – pro Drink gibt es einen kostenlosen Hotdog.

Mitternachtskino

Mitternachtskino für ein junges Publikum veranstalten das Angelika Film Center und das Film Forum *(siehe S. 343)*. Auch große Multiplex-Kinos haben am Wochenende Mitternachtsvorstellungen.

Läden

Die Buchhandlungen Strand am Broadway und McNally Jackson Book haben lange geöffnet. Der **Apple Store** in einem Glaskubus an der Fifth Avenue hat an 365 Tagen im Jahr 24 Stunden offen. DJs sorgen für Stimmung, tagsüber stehen rund 300 Mac-Spezialisten als Berater zur Verfügung.

In SoHo bekommt man in der Filiale der Modekette **H&M** montags bis samstags bis 21 und sonntags bis 20 Uhr preiswerte Mode.

Zu den Village-Modeläden mit längeren Öffnungszeiten gehört **Trash and Vaudeville** (Mo–Do bis 20, Fr bis 20.30, Sa bis 21 Uhr). **Macy's** am Herald Square hat täglich bis 22 Uhr offen. Apotheken mit 24-Stunden-Dienst sind **Duane Reade**, **CVS** und **Rite Aid**.

Essen zum Mitnehmen

Einige Supermärkte haben 24 Stunden geöffnet, etwa die vielen **Gristedes**-Filialen und der **Westside Supermarket**. Viele koreanische Lebensmittelhändler haben die ganze Nacht auf. Die Supermarktkette **Food Emporium** schließt um Mitternacht. Spirituosenläden sind meist bis 22 Uhr offen.

Die besten Bagels gibt es bei **Ess-a-Bagel**, **Bagels On The Square** und **Jumbo Bagels and Bialys**. Viele Pizzerias und Chinarestaurants haben bis in die späte Nacht offen, bieten zudem Essen zum Mitnehmen oder liefern ins Haus.

Speiselokale

Nachtschwärmer gehen zu **Balthazar** und **Les Halles**, wo es sehr gute französische Küche gibt. Im **Coffee Shop** trifft sich die Jugend zu brasilianischen Spezialitäten. Köstliche Sandwiches bekommt man im **Carnegie Deli**. Das **Caffè Reggio** in Greenwich Village ist seit 1927 ein beliebtes Nachtcafé. Weitere gute Lokale zu fortgeschrittener Stunde sind **Blue Ribbon** und **Odeon**.

The Dead Poet ist ein alteingesessener Treffpunkt in der Upper West Side mit Jukebox, einer quirligen Bar und Essen spätabends. Downtown versammeln sich Partygänger im **Artichoke Pizza**, das bis 5 Uhr exzellente Pizza anbietet, oder im **Veselka** im East Village, das 24 Stunden am Tag ukrainisches Essen serviert.

Sport

Billard bis 4 Uhr morgens wird am Wochenende bei **Slate Billiards** gespielt. Bier und Burger gibt es auf der Bowlingbahn von **Bowlmor Lanes**. Bei **Lucky Strike Lanes and Lounge** bowlt man in Retro-Atmosphäre mit Musik und Cocktails. Im **24 Hours Fitness Club** kann man rund um die Uhr trainieren.

Dienstleistungen

Der Wäscherei- und Reinigungs-Service der **Astoria Laundry** in Queens arbeitet bis 23 Uhr. Bis 4 Uhr nachts bietet **Beauty Bar** nächtliche Maniküren mit Martinis an. Bis 23 Uhr ist der Friseursalon **Red Market** nahe Koreatown geöffnet. Im koreanischen **Juvenex Spa** gibt es zu jeder Tages- und Nachtzeit Massagen – meist für Frauen. Wer sich ausgeschlossen hat, ruft **Mr. Locks Inc.** an. Das **James A. Farley Post Office Building** hat montags bis freitags bis 22 Uhr geöffnet. Die beiden Filialen des **Fairway Market** in der Upper East Side und der Upper West Side sind bis 1 Uhr geöffnet.

Spaziergänge und Aussichtsorte

Einer der schönsten Spaziergänge im Stadtgebiet führt am Hudson River bei der **Battery Park City** entlang und ist Tag und Nacht offen. Pier 16 und 17 im South Street Seaport sind ein Treff für Nachtschwärmer. Die Bar **Watermark** am Pier 15 hat bis 24 Uhr geöffnet. Die funkelnden Lichter der nächtlichen Stadt kann man auf einer zweistündigen Schiffsrundfahrt mit der **Circle Line** genießen.

Die Riverview Terrace am Sutton Place ist ein guter Ort, um die Sonne über dem East River aufgehen zu sehen. Einen herrlichen Blick auf die Skyline von Manhattan hat man vom **River Café** (nach Westen) und vom Restaurant **Chart House** (nach Osten).

Bei einer Fahrt mit der **Staten Island Ferry** *(siehe S. 80)* kann man die Statue of Liberty und die Skyline Manhattans in der Morgendämmerung sehen. Wer zur richtigen Zeit über die **Brooklyn Bridge** *(siehe S. 232–235)* fährt, kann den Sonnenaufgang über dem Hafen beobachten. Den besten Blick auf New York bietet bis 2 Uhr das **Empire State Buil**ding *(siehe S. 132f)*. Die Aussichtsterrasse **Top of the Rock** *(siehe S. 140)* im Rockefeller Center ist bis 24 Uhr geöffnet. Von der **Living Room Terrace** des W Downtown sieht man über Downtown.

Kutschfahrten bieten **Château Stables** an. Bei **Liberty Helicopters** gibt es Hubschrauberflüge über die Stadt. Ein Erlebnis sind die **New York Food Tours** – fachkundige Kneipentouren. Wenn Sie dann noch immer nicht schlafen können, genehmigen Sie sich einen Hotdog bei **Gray's Papaya** in der Upper West Side.

Auf einen Blick

Bars

Blue Note
Siehe S. 347.

Carlyle Hotel
Siehe S. 351.

Cornelia Street Café
29 Cornelia St.
Stadtplan 4 D2.
📞 1-212-989-9318.

Joe's Pub
Siehe S. 349.

Nuyorican Poets Café
236 E 3rd St.
Stadtplan 5 A2.
📞 1-212-505-8183.

O'Flanagan's
1215 1st Ave.
Stadtplan 13 C2.
📞 1-212-439-0660.

Peter McManus Café
152 7th Ave.
Stadtplan 8 E5.
📞 1-212-929-9691.

Rudy's
627 9th Ave.
Stadtplan 12 D5.
📞 1-212-707-0890.

Temple Bar
332 Lafayette St.
Stadtplan 4 F4.
📞 1-212-925-4242.

Läden

Apple Store
767 5th Ave.
Stadtplan 12 F3.
📞 1-212-336-1440.

CVS Pharmacy
158 Bleecker St.
Stadtplan 4 D3.
📞 1-212-982-3133.

Duane Reade Drugstores
100 W 57th St.
Stadtplan 12 E3.
📞 1-212-956-0464.
Mehrere Filialen.

H & M
558 Broadway.
Stadtplan 4 E4.
📞 1-212-343-2722.

Macy's
Siehe S. 130f.

Rite Aid Pharmacy
Siehe S. 367.

Trash and Vaudeville
Siehe S. 318.

Essen zum Mitnehmen

Bagels On The Square
7 Carmine St.
Stadtplan 4 D3.
📞 1-212-691-3041.

Ess-a-Bagel
831 3rd Ave.
Stadtplan 13 B4.
📞 1-212-980-1010.

Food Emporium
810 8th Ave.
Stadtplan 12 D5.
📞 1-212-977-120.
Mehrere Filialen.

Gristedes Food Emporium
262 W 96 St/Broadway.
Stadtplan 15 C2.
📞 1-212-663-5126.
Mehrere Filialen.

Jumbo Bagels and Bialys
1070 2nd Ave.
Stadtplan 13 B3.
📞 1-212-355-6185.

Westside Supermarket
2171 Broadway.
Stadtplan 15 C5.
📞 1-212-595-2536.

Speiselokale

Artichoke Pizza
328 E 14th St.
Stadtplan 5 A1.
📞 1-212-228-2004.

Balthazar
80 Spring St.
Stadtplan 4 E4.
📞 1-212-965-1414.

Blue Ribbon Bakery
Siehe S. 295.

Caffè Reggio
119 MacDougal St.
Stadtplan 4 D2.
📞 1-212-475-9557.

Carnegie Deli
Siehe S. 300.

The Coffee Shop
Siehe S. 308.

The Dead Poet
450 Amsterdam Ave.
Stadtplan 15 C4.
📞 1-212-595-5670.

Les Halles
Siehe S. 308.

Odeon
Siehe S. 299.

Veselka
144 2nd Ave.
Stadtplan 5 A1.
📞 1-212-228-9682.

Sport

24 Hours Fitness Club
255 5th Ave.
Stadtplan 8 F4.
📞 1-212-271-1002.

Bowlmor Lanes
222 W 44th St.
Stadtplan 12 E5.
📞 1-212-680-0012.

Lucky Strike Lanes and Lounge
624-660 W 42nd St.
Stadtplan 7 B1.
📞 1-646-829-0171.

Slate Billiards
Siehe S. 355.

Dienstleistungen

Astoria Laundry
23–17 31st St, Queens.
📞 1-718-274-2000.

Beauty Bar
231 E 14th St.
Stadtplan 4 F1.
📞 1-212-539-1389.

Fairway Market
2131 Broadway.
Stadtplan 15 C5.
📞 1-212-595-1888.
Mehrere Filialen.

James A. Farley Post Office Building
Siehe S. 131.

Juvenex Spa
25 W 32nd St, 5. Stock.
Stadtplan 8 F3.
📞 1-212-733-1330.

Mr. Locks Inc.
📞 1-866-675-6257.

Red Market
13 E 13th St.
Stadtplan 5 A1.
📞 1-212-929-9600.

Spaziergänge und Aussichtsorte

Battery Park City
West St. Stadtplan 1 A3.

Chart House
Lincoln Harbor, Pier D-T, Weehawken, NJ.
📞 1-201-348-6628.

Château Stables
608 W 48th St.
Stadtplan 15 B3.
📞 1-212-246-0520.

Circle Line
W 42nd St.
Stadtplan 15 B3.
📞 1-212-563-3200.

Gray's Papaya
2090 Broadway/72nd St. Stadtplan 11 C1.
📞 1-212-260-3532.

Liberty Helicopters
📞 1-212-487-4777.

Living Room Terrace
123 Washington St.
Stadtplan 1 B3.
📞 1-646-826-8600.

New York Food Tours
📞 1-347-559-0111.

River Café
1 Water St, Brooklyn.
Stadtplan 2 F2.
📞 1-718-522-5200.

Watermark
78 South St, Pier 15.
Stadtplan 2 D2.
📞 1-212-742-8200.

Stadtplan *siehe Seiten 386–419*

Sport und Aktivurlaub

Die New Yorker sind sportbegeistert, dementsprechend viele Angebote gibt es in der Stadt. Sie reichen von Fitness-Training über Reiten, Schwimmen und Tennis bis zu Joggen. Wer lieber zuschaut, kann zwischen zwei Baseball-Teams, zwei Eishockey-Mannschaften, zwei Basketball-Teams und zwei Football-Mannschaften wählen. Der Madison Square Garden ist der wichtigste Austragungsort. Tennis-Fans zieht es im August / September nach Queens zu den US Open. Freunde der Leichtathletik strömen zu den Millrose Games, wo man Spitzensportler aus nächster Nähe bei ihren Rekordversuchen beobachten kann.

Tickets
Eintrittskarten bekommt man am einfachsten im Internet über **Ticketmaster**. Bei Top-Wettbewerben muss man sie meist über eine Agentur oder auch online via **StubHub!** beziehen. Natürlich kann man Tickets auch direkt am Kartenschalter der jeweiligen Stadions kaufen, obwohl sie dort oft schnell vergriffen sind. Häufig werden Tickets auch in den Anzeigen der Entertainment-Heftchen angeboten.

American Football
Die beiden Profi-Teams der Metropole sind die New York Giants und die New York Jets. Beide tragen ihre Spiele im **MetLife Stadium** in New Jersey aus. Hier wurde 2014 erstmals im Raum New York der Super Bowl veranstaltet. Karten für die Giants, eines der besten Teams der National Football League (NFL), zu bekommen ist fast aussichtslos. Bei den Jets kann man dagegen eher Glück haben.

Baseball
Um das Wesen dieses US-Volkssports zu erfassen, sollten Besucher, die Baseball noch nicht kennen, ein Spiel der New York Yankees im **Yankee Stadium** verfolgen. Die zahlreichen Triumphe des Teams sind legendär, dazu gehören die meisten Titel in den World Series mit einmaligen Spielern wie Joe DiMaggio und Jackie Robinson. Die New York Mets, das andere bekannte Baseball-Team der Stadt, spielt im **Citi Field** in Queens.

Wer einmal einem Spiel an einem warmen Sommertag beiwohnen durfte, wird dieses denkwürdige Ereignis wohl kaum wieder vergessen. Wenn Sie besonderes Glück haben, können Sie ein Spiel der Yankees gegen den Erzrivalen Boston Red Sox erleben. Die Baseball-Saison dauert von April bis Oktober.

Basketball
Die NBA-Saison beginnt im November und endet im Juni. Die New York Knicks spielen ihre Heimspiele im **Madison Square Garden**. Tickets sind teuer und schwer zu bekommen, Reservierungen müssen lange im Voraus über Ticketmaster getätigt werden.

Leichter bekommt man Karten für die Brooklyn Nets, die ihre Heimspiele im **Barclays Center** in Brooklyn austragen. Im Madison Square Garden tragen die Harlem Globetrotters Freundschaftsspiele aus.

Boxen
Profi-Boxkämpfe finden gelegentlich im **Madison Square Garden** und im **Barclays Center** statt. In Letzterem werden Mitte April auch die Daily News Golden Gloves veranstaltet, das größte und älteste Boxturnier der Amateure in den USA, zu dem Boxer aus New Yorks fünf Boroughs antreten. Von den einstigen Gewinnern nahmen viele später erfolgreich an Olympischen Spielen teil. Auch spätere Weltmeister waren unter ihnen, etwa Sugar Ray Robinson und Floyd Patterson.

Pferderennen
Ein Tag auf der Rennbahn ist heute nicht mehr ganz so teuer und exklusiv wie in früheren Zeiten, doch Rennen mit hohen Gewinnsummen und Wetteinsätzen sind nach wie vor ein gesellschaftliches Ereignis. Auf den Rängen fiebern die Zuschauer mit den Pferden, auf die sie gesetzt haben. Trabrennen finden ganzjährig auf dem **Yonkers Raceway** statt. Galopprennen werden von Oktober bis Mai täglich außer dienstags auf dem **Aqueduct Race Track** in Queens sowie von Mai bis Oktober auf dem **Belmont Park Race Track** in Long Island veranstaltet.

Eishockey
Das Eis fliegt ebenso wie die Fäuste der Spieler, wenn die New York Rangers im **Madison Square Garden** antreten. Im Raum New York sind zwei weitere NHL-Teams ansässig: Die New York Islanders spielen im **Barclays Center** in Brooklyn, die New Jersey Devils im **Prudential Center** in Newark. Die Saison dauert von Oktober bis Juni.

Eislaufen
Es gibt verschiedene gute Bahnen zum Eislaufen im Winter. Der **Plaza Rink** des Rockefeller Center wirkt vor allem zu Weihnachten zauberhaft. Zwei andere, der **Wollman Rink** und der **Lasker Ice Rink**, liegen im Central Park. Als Halle ist der Sky Rink der **Chelsea Piers** sehr empfehlenswert.

Marathon
Wer am ersten Novembersonntag zu den mehr als 50 000 Teilnehmern des New York City Marathon gehören will, muss sich bereits knapp sechs Monate zuvor anmelden. Entsprechende Infos bekommt man im Internet unter www.tcsnycmarathon.org.

Tennis
Das wichtigste Tennisereignis in New York sind sicherlich die US Open. Dieses Grand-Slam-Turnier findet jedes Jahr im

August und September im **National Tennis Center** statt.

Wer selbst spielen möchte, sollte im Telefonbuch unter »Tennis Courts: Public and Private« nachsehen. Auf privaten Plätzen kostet die Stunde etwa 50 bis 70 Dollar. Der **Manhattan Plaza Racquet Club** bietet Plätze und Unterrichtsstunden an.

Für öffentliche Plätze benötigt man eine Spielerlaubnis für 15 Dollar (200 Dollar für die Saison). Sie ist beim **NY City Parks & Recreation Department** erhältlich. Beim Spielen sind ein Ausweis und der Reservierungsbeleg mitzuführen.

Leichtathletik

Die Millrose Games, zu denen regelmäßig internationale Spitzensportler erwartet werden, finden Anfang Februar im **Washington Heights Armory** statt. Im **Chelsea Piers Complex** gibt es neben einem Leichtathletikbereich auch Anlagen für vielfältige andere Aktivitäten, darunter Bowlingbahnen und einen Golfplatz.

Sportbars

In New York gibt es unzählige Sportbars. Zentrum des Interesses ist hier der Großbildschirm oder die Leinwand, davor stehen sportbegeisterte Kneipenbesucher, oft lautstark mitfiebernd und viel Bier konsumierend. Bei einem wichtigen Spiel steckt die Begeisterung schnell an.

Village Pourhouse, **Professor Thom's** und **Croxley's Ales** – alle im East Village – bieten Großbildschirme, damit man dem Spiel folgen kann, egal wo man steht. Das oft ein wenig laute, ausgelassene Bounce (56 W 21st St) lockt mit Spezial-Drinks zum Spiel. Beliebt sind die **Bar None** und **The Grafton**. Wer ein Fußballspiel sehen will, sollte bei **Tavern on the Third** im Gramercy-Areal vorbeischauen.

Weitere Aktivitäten

Im Central Park kann man beim **Loeb Boathouse** Boote mieten. Zum Schachspielen holt man die Figuren bei The Dairy *(siehe S. 202)*. Rollerblades können Sie bei **Blades** ausleihen, wer unsicher ist, bekommt im Central Park eine kostenlose Einführung. Bowlingbahnen gibt es u. a. im Komplex der **Chelsea Piers**. Poolbillard und Darts kann man in zahlreichen Lokalen der Stadt spielen, z. B. bei **Slate Billiards**.

Auf einen Blick

Aqueduct Race Track
Ozone Park, Queens.
1-718-641-4700.

Bar None
98 3rd Ave.
Stadtplan 4 F1.
1-212-777-6663.

Barclays Center
620 Atlantic Ave,
Brooklyn.
1-212-359-6387.

Belmont Park Race Track
Hempstead Turnpike, Long Island.
1-718-641-4700.

Blades
659 Broadway.
Stadtplan 4 E2.
1-212-477-7350.

Chelsea Piers Sports & Entertainment Complex
Piers 59–62, 23rd St/ 11th Ave (Hudson River).
Stadtplan 7 B4–5.
1-212-336-6000.
w chelseapiers.com

Citi Field
126th St/Roosevelt Ave, Flushing, Queens.
1-718-507-8499.

Croxley's Ales
28 Ave B.
Stadtplan 5 B2.
1-212-253-6140.

The Grafton
126 1st Ave.
Stadtplan 5 A2.
1-212-228-8580.

Lasker Ice Rink
Central Park Drive East/ 108th St. Stadtplan 21 B4. 1-212-534-7639.

Loeb Boathouse
Central Park.
Stadtplan 16 F5.
1-212-517-2233.

Madison Square Garden
7th Ave/33rd St.
Stadtplan 8 E2.
1-212-465-6741.
w thegarden.com

Manhattan Plaza Racquet Club
450 W 43rd St.
Stadtplan 7 C1.
1-212-594-0554.

MetLife Stadium
1 MetLife Stadium Dr, East Rutherford, NJ.
1-201-559-1515.
w metlifestadium.com
1-516-560-8200.
w newyorkjets.com

National Tennis Center
Flushing Meadow Park, Queens.
1-718-595-2420.
w usta.com

Nevada Smith's
100 3rd Ave.
Stadtplan 4 F1.
1-212-982-2591.

NY City Parks & Recreation Department
Arsenal Building, 64th St/5th Ave.
Stadtplan 12 F2.
1-212-408-0100.
w nycgovparks.org

Plaza Rink
1 Rockefeller Plaza, 5th Ave.
Stadtplan 12 F5.
1-212-332-7654.

Professor Thom's
219 2nd Ave.
Stadtplan 4 F1.
1-212-260-9480.

Prudential Center
25 Lafayette St, Newark.
1-973-757-6000.
w prucenter.com

Slate Billiards
54 W 21st St.

Stadtplan 8 E4.
1-212-989-0096.

StubHub!
w stubhub.com

Tavern on Third
380 3rd Ave.
Stadtplan 13 B3.
1-212-300-4046.

Ticketmaster
1-212-307-4100.
w ticketmaster.com

Village Pourhouse
64 3rd Ave.
Stadtplan 4 F1.
1-212-979-2337.

Washington Heights Armory
216 Fort Washington Ave.
1-212-923-1803.

Wollman Rink
Central Park, 5th Ave/ 59th St.
Stadtplan 12 F2.
1-212-439-6900.

Yankee Stadium
161st St/164th St, Bronx.
1-718-293-4300.

Yonkers Raceway
Yonkers, Westchester County.
1-914-968-4200.

Stadtplan *siehe Seiten 386–419*

Fitness und Wellness

New York bringt man mit Beton, Menschenmengen und Großstadthektik in Verbindung, Besucher überrascht deshalb oft die Sport- und Fitness-Begeisterung der Einheimischen. Tatsächlich ist das Angebot überwältigend: Radfahren am Flussufer, Joggen im Schatten der Wolkenkratzer und Klettern in einer der vielen gut ausgestatteten Hallen. Lassen Sie sich in einem nach Rosen duftenden Spa massieren, oder finden Sie im Yoga-Sitz Ihre Mitte – in New York ist (fast) alles möglich.

Radfahren

Wer mit seinem Auto ständig in der Innenstadt im Stau steckt, sehnt sich nach einem Fahrrad und freier Fahrt. Manhattan, eine der am dichtesten bevölkerten Inseln der Welt, bietet nicht weniger als 120 Kilometer Fahrradwege. Nach der letzten Zählung fahren täglich mehr als 110 000 Radfahrer durch Manhattan. Einer der schönsten Orte zum Fahrradfahren ist der Central Park am Wochenende, wenn er für Autos gesperrt ist. Räder kann man bei **Bike Rental Central Park** in der 9th Avenue mieten.

Der Radweg entlang dem West Side Highway verläuft parallel zum Hudson River und ist gut in Schuss. Die Radwege im Riverside Park sind ebenfalls ein lohnenswertes Ziel. An den Wochenenden im Sommer kann es hier ziemlich voll werden, aber am frühen Morgen und spätnachmittags sowie im Winter fährt man mitunter völlig allein.

Mit Tausenden Miträdern an Stationen, die über die ganze Stadt verteilt sind, ist **Citi Bike** auch für Besucher ideal. Es gibt 24-Stunden- oder Sieben-Tage-Pässe.

Fitness-Center

Selbst für die extremsten Workaholics von New York ist das wöchentliche Training unerlässlich. Fitness-Center gibt es in jedem Winkel der Stadt, um der großen Nachfrage gerecht zu werden. Geschwitzt wird überall rund um die Uhr. Die Möglichkeiten sind zahllos: Ob Sie Ihre Aggressionen am Punchingball abreagieren, Ihren Puls an einem Stepper in Schwung bringen oder ganz einfach Gewichte stemmen wollen – für alles ist gesorgt. Die größeren Hotels verfügen meist über einen eigenen Fitnessraum. Die meisten Fitness-Center stehen nur Mitgliedern offen, immer mehr Clubs bieten aber auch Tagespässe an.

Fragen Sie beim **Chelsea Piers Sports & Entertainment Complex** an den Piers 59–62, in der Nähe des Hudson River, nach. Die ausgedehnte Anlage bietet für jeden etwas. Auch im mehrstöckigen **May Center for Health, Fitness and Sport at the 92nd Street Y** gibt es Workout-Studios, Gewichtstraining, Squash-Hallen und einen Box-Trainingsraum. Tagespässe gibt es ab 35 Dollar. Mit reichem Angebot und Personal Trainer sowie vielen Übungseinheiten lockt **Julien Farel Restore Spa at the Regency Hotel** in der Park Avenue.

Eine große Bandbreite an unterschiedlichsten sportlichen Aktivitäten bieten die Sport-Center des **YMCA** (eines in der West Side, das andere in der 47th Street). Das moderne Equipment, mehrere Sporthallen sowie Swimmingpools, Aerobic-Studios, Laufstrecken und Spielplätze erlauben ausreichend Abwechslung. Das Center bietet auch speziell für ältere Menschen zusammengestellte Fitnessprogramme an.

Golf

Ihren Abschlag können Sie im **Randalls Island Golf Center** auf Randalls Island und im Chelsea Golf Club an den Chelsea Piers verbessern. New York unterhält einige städtische Plätze, zu den meistgenutzten gehören der im **Pelham Bay Park** in der Bronx und der **Silver Lake Golf Course** auf Staten Island.

Joggen

Einige Parks sind sicher genug für Jogger, andere weniger. Am besten erkundigen Sie sich in Ihrem Hotel an der Rezeption oder bei vertrauenswürdigen Einheimischen. Bei Dunkelheit sollten Sie ohnehin alle Parks meiden. Die beliebteste und schönste Jogging-Strecke führt um den See im Central Park. Die **NY Road Runners** in der Columbus Avenue kommen jede Woche zu Läufen zusammen, Gleiches gilt für den Chelsea Piers Sports & Entertainment Complex.

Pilates

Bauch- und Rückenmuskulatur werden bei der Pilates-Methode auf andere Weise trainiert als im Fitness-Center. Das ganzheitliche Training spricht vor allem die tief liegenden, kleinen und oft wenig ausgebildeten Muskelgruppen an. Stärken Sie Ihre Muskeln bei **Grasshopper Pilates** in SoHo, wo Sie ausgebildete Trainer einweisen. **Power Pilates** hat mehrere Filialen in der ganzen Stadt.

Yoga

In angenehmer Umgebung findet man leichter zum spirituellen Selbst. Ein solcher Ort ist beispielsweise das weitläufige **Exhale Mind Body Spa** in der Madison Avenue mit den hohen Räumen und massiven Holzböden. Mit seinen Exhale-Yoga-Kursen verschiedener Ausprägungen und Stufen (auch für angehende Yoga-Lehrer) bietet das Zentrum einen willkommenen Ausgleich zur Großstadthektik.

Wer glaubt, Yoga beanspruche den Körper nicht allzu sehr, sollte sich im Rahmen eines Kurses eines Besseren belehren lassen. **Fluid Fitness** in der Sixth Avenue bietet viele Kurse an, darunter auch Gyrotonic, ein Mix aus Yoga und Tai Chi. Das Studio heißt Anfänger und Fortgeschrittene willkommen.

FITNESS UND WELLNESS | 357

Spas

Lassen Sie sich in einem der vielen Wellness-Center der Stadt verwöhnen, um dann erholt die Stadtbesichtigung fortsetzen zu können. Die meisten Center bieten ein Kombi-Paket an, das mehrere Behandlungen zu einem günstigeren Preis beinhaltet. Sind Sie mit Ihrem Partner unterwegs, können Sie sich beide massieren lassen.

Der berauschende Duft von Weihrauch empfängt Sie am Eingang zum dezent beleuchteten **CLAY Health Club + Spa**, das aufwendige, überaus entspannende Massagen anbietet.

Im behaglichen und ungezwungenen **Oasis Day Spa** in der Park Avenue kann man zwischen sechs Aromatherapie-Massagen wählen – für Anregung, Erholung, Balance, Leidenschaft, Ruhe oder Erleichterung. Für Männer gibt es spezielle Abreibungen mit Salz vom Toten Meer, Algen-Gesichtsmasken und Muskelmassagen.

Ein Stück Himmel koreanischer Art kann man im **Jin Soon Spa** im West Village finden. Geboten werden Maniküre und Pediküre und eine Milch-Honig-Behandlung.

Bei **Bliss** in der 57th Street erfährt man, dass man mit einer Körperpackung aus Karotten und Sesam so gut wie alles heilen kann. Gekrönt wird das Ganze von einer Pediküre, zu der eine Tasse heiße Schokolade gereicht wird.

Prominente wie Antonio Banderas und Kate Moss schwören auf Gesichtsbehandlungen von **Mario Badescu** in der 52nd Street, darunter ein Peeling mit frischen Früchten. Seine Produkte sind zudem ein wunderbares Mitbringsel.

Schwimmen

Viele Hotels in Manhattan haben ein Schwimmbad, zu dem Gäste freien Zugang haben. Manche stehen gegen Gebühr auch Nicht-Gästen offen, etwa das Bad in Le Parker Meridien (siehe S. 289). Schwimmen und sogar surfen kann man auch im Surfside 3 Maritime Center an den **Chelsea Piers**.

Hallensport

Rollschuh- und Bowlingbahnen, Hallenfußball, Basketball, Kletterwände, Fitness-Center, Golf, Wellness-Center und natürlich Swimmingpools – der Komplex an den Chelsea Piers bietet alles. Das riesige Areal erstreckt sich über vier alte West-Side-Piers und steht für jeden offen.

Neben Fitness- und Gymnastik-Einrichtungen sowie Hallensportanlagen verfügt die **Vanderbilt YMCA** auch über Unterrichtsgruppen für Bewegung, Dehnung und Balance. Man organisiert Tagesausflüge und Sportveranstaltungen. Doch auch wer nur ein paar Kalorien verbrennen will, ist hier richtig. Für Kinder gibt es spezielle Abenteuer-Tagesausflüge, bei denen auch reichlich körperliche Ertüchtigung auf dem Programm steht.

Auf einen Blick

Radfahren

Bike Rental Central Park
892 9th Ave.
Stadtplan 12 D3.
☎ 1-212-664-9600.

Citi Bike
🌐 citibikenyc.com

Fitness-Center

Chelsea Piers Sports & Entertainment Complex
Piers 59–62, in der Nähe von 23rd St/11th Ave (Hudson River).
Stadtplan 7 B4–5.
☎ 1-212-336-6000.
🌐 chelseapiers.com

Julien Farel Restore Spa at the Regency Hotel
540 Park Ave.
Stadtplan 13 A3.
☎ 1-212-888-8988.

May Center for Health, Fitness and Sport at the 92nd Street Y
1395 Lexington Ave.
Stadtplan 17 A2.
☎ 1-212-415-5729.

YMCA West Side
5 W 63rd St.
Stadtplan 12 D2.
☎ 1-212-912-2600.
Mehrere Filialen.

Golf

Pelham Bay Park
870 Shore Rd, Bronx.
☎ 1-718-885-1461.

Randalls Island Golf Center
Randalls Island.
Stadtplan 22 F2.
☎ 1-212-427-5689.

Silver Lake Golf Course
915 Victory Blvd,
Staten Island.
☎ 1-718-447-5686.

Joggen

NY Road Runners
322 Columbus Ave.
Stadtplan 16 D5.
☎ 1-212-860-4455.

Pilates

Grasshopper Pilates
151 Spring St.
Stadtplan 4 E4.
☎ 1-212-431-5225.

Power Pilates
920 3rd Ave, 6. Stock.
Stadtplan 13 B3.
☎ 1-212-627-5852.

Yoga

Exhale Mind Body Spa
980 Madison Ave.
Stadtplan 17 A5.
☎ 1-212-561-6400.

Fluid Fitness
1026 6th Ave.
Stadtplan 8 E1.
☎ 1-212-278-8330.

Spas

Bliss
19 E 57th St.
Stadtplan 12 F3.
☎ 1-212-219-8970.
Mehrere Filialen.

CLAY Health Club + Spa
25 W 14th St.
Stadtplan 4 D1.
☎ 1-212-206-9200.

Jin Soon Spa
23 Jones St.
Stadtplan 4 D2.
☎ 1-212-229-1070.

Mario Badescu
320 E 52nd St.
Stadtplan 13 B4.
☎ 1-800-223-3728.

Oasis Day Spa
1 Park Ave.
Stadtplan 9 A2.
☎ 1-212-254-7722.
Eine von zwei Filialen.

Hallensport

Vanderbilt YMCA
224 E 47th St.
Stadtplan 13 B5.
☎ 1-212-756-9600.

Stadtplan *siehe Seiten 386–419*

New York mit Kindern

Nicht nur Erwachsene, sonern auch Kinder werden von New York City schnell in Bann gezogen. Neben unzähligen Attraktionen für Besucher aller Altersgruppen bietet die Stadt vieles, was speziell für Kinder gedacht ist: über ein Dutzend Kindertheater, zwei Zoos, zahllose die Fantasie anregende Museen sowie eine bunte Palette von Veranstaltungen in Museen und Parks. Auch der Besuch eines Fernsehstudios bereitet Kindern großes Vergnügen. Selbst ohne viel Geld könnte man in New York mehr unternehmen, als die Zeit erlaubt – und kein Kind wird über Langeweile klagen.

Ein kleiner Besucher, der sich in New York bestens amüsiert

Praktische Tipps

New York ist familienfreundlich. In vielen Hotels können Kinder umsonst im Zimmer der Eltern schlafen, oder es werden Kinderbetten gestellt. Museumseintritte sind für Kinder billiger oder kostenlos. Kinder unter 1,12 Meter Größe können in Begleitung eines Erwachsenen gratis Subway und Bus fahren.

Windeln o. Ä. bekommt man überall. Die Rite Aid Pharmacy *(siehe S. 367)* hat 24 Stunden geöffnet. In öffentlichen Toiletten gibt es selten Wickeltische, doch stört sich niemand daran, wenn man einen anderen Tisch umfunktioniert. Die meisten Hotels organisieren Babysitter; ansonsten kann man sich an die zuverlässige **Baby Sitters' Guild** oder an **Pinch Sitters** wenden.

Das aktuelle Angebot für Kinder liefert ein Veranstaltungskalender, den man kostenlos im New York Convention and Visitors Bureau *(siehe S. 363)* erhält. Einen Wochenüberblick findet man im Magazin *New York* und in *Time Out New York*.

Abenteuer in New York

Für Kinder ist die Stadt ein riesiger Vergnügungspark. Fahrstühle bringen einen in Windeseile auf die höchsten Gebäude der Welt, wo man New York aus der Vogelperspektive erlebt. Oder man fährt mit einem Schiff der **Circle Line** um die Insel Manhattan herum, geht an Bord des Segelschiffs **Pioneer** *(siehe S. 84)* oder nimmt die kostenlose Staten Island Ferry *(siehe S. 80)* für eine Schifffahrt.

Die Roosevelt Island Tramway *(siehe S. 176f)* ist eine Seilbahn, die in luftiger Höhe über den East River führt. Im Central Park *(siehe S. 198–203)* kann man Karussell fahren sowie auf Pferden oder Ponys reiten. Am Wochenende, wenn der Park ganz für Autos gesperrt ist, können Kinder im Central Park auch skaten.

Kleine Abkühlung an einem Brunnen im Central Park

Museen

Neben den vielen Museen für alle Altersgruppen gibt es Museen speziell für Kinder. Ganz oben auf der Liste stehen das Children's Museum of the Arts *(siehe S. 101)*, das Kids Kunst nahebringt, und das Children's Museum of Manhattan *(siehe S. 213)*, eine Multimedia-Welt, in der Kinder Videos produzieren können. Weitere Museen sind das **Staten Island Children's Museum** mit einem riesigen begehbaren Ameisenhügel und das Brooklyn Children's Museum *(siehe S. 236)*.

Der Flugzeugträger *Intrepid* beherbergt das *Intrepid* Sea, Air and Space Museum *(siehe S. 145)*. Nicht verpassen sollte man die Dinosaurier-Ausstellung im American Museum of Natural History *(siehe S. 210f)*.

Spaß im Freien

Im Sommer zieht es die New Yorker ins Freie. Der Central Park ist ein Paradies für Kinder, das zum Skaten, Minigolf-

Eislaufspaß mit Nikolaus, Rockefeller Center

spielen, Boot- und Radfahren einlädt. Es gibt viele Gratis-Veranstaltungen, etwa von Parkaufsehern geleitete Führungen (samstags) oder Rennen mit Spielzeug-Segelbooten. Der Central Park Zoo und der Tisch Children's Zoo sind genau das Richtige für kleine Kinder.

Kinder jeden Alters werden vom Bronx Zoo/Wildlife Conservation Park *(siehe S. 254f)* begeistert sein, in dem mehr als 650 Tierarten zu Hause sind. Coney Island *(siehe S. 259)* ist leicht mit der Subway zu erreichen. Im Winter kann man im Rockefeller Center *(siehe S. 140)* oder im Central Park Schlittschuh laufen.

Indoor-Unterhaltung

Das New Yorker Theaterangebot für Kinder ist ebenso vielseitig wie das für Erwachsene. Beliebte Bühnen sind u. a. **Paper Bag Players** und **Theatreworks USA**, Karten hierfür sollten Sie möglichst frühzeitig bestellen. Das **Swedish Cottage Marionette Theatre** im Central Park begeistert Jung und Alt (Di – Fr 10.30 und 12 Uhr, Sa 13 Uhr). Zur Weihnachtszeit tanzt das New York City Ballet im Lincoln Center *(siehe S. 208f)* den *Nussknacker*. Vorführungen sind von Ende November bis Silvester. Ringling Brothers and Barnum & Bailey Circus gastieren im Frühjahr im Madison Square Garden *(siehe S. 355)*.

Auch bei schlechtem Wetter können Kinder überschüssige Energie abbauen – z. B. beim Hallen-Bowling und Minigolfen im Komplex der **Chelsea Piers**. Hier stößt man auf das Toddler Gym (von sechs Monaten bis vier Jahre) sowie auf Kletterkurse für Fünf- bis 16-Jährige.

Buchpräsentation bei Books of Wonder in Manhattan

Läden

Shopping-Touren mit Kindern dürften kein Problem sein, wenn sie auch den riesigen **Disney Store** oder den **Lego Store** mit seiner großen Auswahl an Spielzeug und anderen Gadgets einschließen (weitere Infos zu Spielzeugläden *siehe S. 316 – 318 New Yorker Specials*). Bei **Books of Wonder** unterhalten Geschichtenerzähler ein junges Publikum.

Essen gehen

Die großen Hamburger-Pasta-Portionen in **Ottomanelli's Café** sind bei Kindern sehr beliebt. Schön finden die meisten auch das bunte **S'Mac**, wo es Makkaroni mit Käse gibt. Das **Hard Rock Cafe** ist ein Hit, und die meisten Kinder mögen das Essen in Chinatown und Little Italy. Wegen der wundervollen Auswahl sollten Sie die **Chinatown Ice Cream Factory** besuchen. Für einen Imbiss bieten sich die zahlreichen *Pretzel*- und Pizza-Stände in den Straßenschluchten an. Falls dies nicht das Richtige ist: Fast-Food-Lokale gibt es genug.

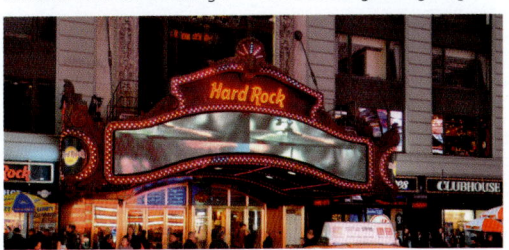

Das berühmte Hard Rock Cafe beim Times Square

Auf einen Blick

Praktische Tipps

Baby Sitters' Guild
☎ 1-212-682-0227.

Pinch Sitters
☎ 1-212-260-6005.

Abenteuer

Circle Line
Pier 83, W 42nd St.
Stadtplan 7 A1.
☎ 1-212-563-3200.

Museen

Staten Island Children's Museum
1000 Richmond Terr, Staten Is.
☎ 1-718-273-2060.

Indoor-Unterhaltung

Chelsea Piers
☎ 1-212-336-6800.

Paper Bag Players
185 East Broadway. **Stadtplan** 5 B5. ☎ 1-212-353-2332.

Swedish Cottage Marionette Theatre
☎ 1-212-988-9093.

Theatreworks USA
151 W 26th St. **Stadtplan** 8 E4.
☎ 1-800-497-5007.

Läden

Books of Wonder
18 W 18th St. **Stadtplan** 8 C5.
☎ 1-212-989-3270.

Disney Store
1540 Broadway. **Stadtplan** 12 E5. ☎ 1-212-626-2910.

Lego Store
Siehe S. 316.

Essen gehen

Chinatown Ice Cream Factory
65 Bayard St. **Stadtplan** 4 F5.
☎ 1-212-608-4170.

Hard Rock Cafe
1501 Broadway. **Stadtplan** 8 E1. ☎ 1-212-343-3355.

Ottomanelli's Café
1626 York Ave. **Stadtplan** 17 C3. ☎ 1-212-772-7722.

S'Mac
345 E 12th St. **Stadtplan** 5 A1.
☎ 1-212-358-7912.

Stadtplan *siehe Seiten 386 – 419*

driving emotion
Kodak
Kodak
SO
Kodak
SHARE YOUR SO KODAK MOMENT HERE
MARQUIS
Come Fly Away
Marriott
NEW YORK MARQUIS
MARQUIS

GRUND-INFORMATIONEN

Praktische Hinweise	362 – 371
Anreise	372 – 377
In New York unterwegs	378 – 385
Stadtplan	386 – 419

Praktische Hinweise

New York ist eine der vielfältigsten und aufregendsten Städte der Welt. Der schnelle Rhythmus der Metropole ist einzigartig, aber Sie werden sich schnell zurechtfinden. Weite Teile Manhattans haben ein gitterartiges Straßennetz, die Bezeichnung der Straßen folgt einem System, das man leicht durchblickt. Busse und Subways *(siehe S. 382 – 385)* sind zuverlässig und preiswert. Fast überall stehen Geldautomaten. Die Auswahl an Hotels *(siehe S. 284 – 289)* und Restaurants *(siehe S. 294 – 305)* ist in allen Preisklassen riesig, auch an guten Unterhaltungsangeboten *(siehe S. 334 – 357)* herrscht kein Mangel. Ein Aufenthalt in New York kann sowohl unterhaltsam als auch erschwinglich sein.

Winterliches Vergnügen im Central Park

Reisezeit
September und Oktober gelten für viele Besucher als Bilderbuchmonate. Die Temperaturen sind angenehm, die Parks zeigen sich in den Farben des Indian Summer. Auch der Spätfrühling ist eine gute Reisezeit, die Stadt ist dann weniger überfüllt.

Der Hochsommer kann in New York sehr heiß und drückend feucht werden. Die Stimmung in der Weihnachtszeit ist fantastisch, allerdings wird es in der Stadt dann sehr voll.

Einreise
Seit 26. Juni 2005 besteht das Visa Waiver Program (VWP) für visumfreies Reisen in die USA. Es gilt für deutsche, österreichische und Schweizer Staatsbürger für einen Aufenthalt von bis zu 90 Tagen. Erforderlich dafür ist ein elektronischer Reisepass (ePass mit Chip). Die Pässe müssen ein digitales Lichtbild haben und einen Chip mit biometrischen Daten enthalten. Vorläufige Reisepässe werden nicht mehr akzeptiert.

Auch jedes Kind muss für die Einreise in die USA einen eigenen Reisepass oder ein Visum haben.

Seit 2004 werden von allen Reisenden bei der Einreise digitale Fingerabdrücke genommen und digitale Fotos gemacht. Seit Oktober 2005 müssen alle, die in die USA einreisen, vor Reiseantritt ein APIS-Formular ausfüllen. Diese Daten werden vor Abflug an die US-Behörden übermittelt. Das Formular erhalten Sie meist bei der Buchung von Ihrer Fluglinie bzw. unter www.drv.de.

Für die Einreise per Flugzeug ohne Visum müssen Sie eine gültige elektronische Einreisegenehmigung (ESTA) haben, die spätestens 72 Stunden vor Reiseantritt online eingeholt werden sollte: Der Antrag kann nur auf der ESTA-Website gestellt werden (https://esta.cbp.dhs.gov). Die dafür fällige Gebühr von 14 US-Dollar ist ausschließlich per Kreditkarte zu begleichen. ESTA ist zwei Jahre lang gültig und ermöglicht in diesem Zeitraum mehrmalige Einreisen in die USA.

Für die Einreise müssen Sie außerdem ein gültiges Rückflug- oder Weiterflugticket vorweisen.

Die Einreisebestimmungen für die USA wurden im Oktober 2017 verschärft, Reisende müssen sich einer Sicherheitsbefragung durch die Fluggesellschaften unterziehen, was zu einer erhöhten Wartezeit führen kann. Empfohlen wird derzeit, mindestens drei Stunden vor Abflug am Flughafen zu sein. Außerdem sollten Sie sich bei der Airline erkundigen, was im Handgepäck mitgeführt werden darf.

Die USA sind ein terrorgefährdetes Land. Im Oktober und Dezember 2017 kam es in New York zu Anschlägen mit mehreren Toten.

Aktuelle Hinweise zur Einreise in die USA sowie Sicherheitshinweise finden Sie unter www.auswaertiges-amt.de oder www.us-botschaft.de.

Zoll
Während des Flugs erhalten Sie ein blaues Formular für die Zollerklärung – hier brauchen Sie eine Übernachtungsadresse in den USA. Es erleichtert die Einreise, wenn Sie das Formular auf Englisch in Großbuchstaben ohne Umlaute (stattdessen AE, OE, UE) und mit der US-Schreibweise für die Ziffern 1 und 7 (**I** und **7**) ausfüllen.

Tabak (200 Zigaretten pro Person ab 18 Jahren) und Alkohol (ein Liter ab 21) dürfen Sie mitbringen, Einfuhrverbot herrscht für Fleischprodukte und Pflanzen (weitere Infos unter www.cbp.gov/travel/international-visitors/know-before-you-visit).

◀ **Taxis am Times Square** *(siehe S. 142f)*

Information

Mit Rat und Tat zur Seite stehen Ihnen die Mitarbeiter des New York Convention & Visitors Bureau, das allgemein unter der Bezeichnung **NYC & Co.** bekannt ist. Der rund um die Uhr verfügbare Telefonservice *(siehe S. 365)* bietet auch außerhalb der Geschäftszeiten wichtige Infos. Auch unter der Servicenummer **311** erfährt man Wissenswertes (Informationen gibt es in verschiedenen Sprachen).

Läden an einer New Yorker Straße

Rauchen und Umgangsformen

Rauchen ist in allen öffentlichen Gebäuden und Räumen sowie in Restaurants New Yorks gesetzlich verboten. Gleiches gilt für Parks und große Plätze, etwa den Times Square. Zuwiderhandlungen werden sanktioniert.

An Bushaltestellen reiht man sich in die Schlange der Wartenden ein. In Subway-Stationen wird während der Stoßzeiten jedoch oft gedrängelt.

New York Pass und New York CityPass

Eingangsbereich des Solomon R. Guggenheim Museum *(siehe S. 184f)*

Eintrittspreise

New York ist nicht gerade eine günstige Stadt, mit etwas Geschick können Sie jedoch Geld sparen. Die Eintrittspreise in Museen liegen im Allgemeinen zwischen zwölf und 25 Dollar. Einige kann man gegen einen selbst zu bestimmenden, aber durchaus empfohlenen Betrag (»Spende«) besuchen. An manchen Abenden (meist an den Abenden mit verlängerten Öffnungszeiten) berechnen große Museen keinen Eintritt, die meisten erwarten aber stattdessen eine Spende. Informieren Sie sich auf den Websites der Museen oder Sammlungen über spezielle Angebote.

Mit dem **New York Pass** bzw. dem **New York City-Pass** *(siehe S. 364)* erhalten Sie bei vielen Sehenswürdigkeiten und Attraktionen freien Eintritt bzw. deutliche Preisnachlässe, ebenso für manche Lokale.

Öffnungszeiten

Bürozeiten sind durchgehend von 9 bis 17 Uhr. Viele Läden haben bis 19 Uhr geöffnet, donnerstags sogar bis 20.30 oder 21 Uhr. Außerdem haben die meisten Läden sonntags von 12 bis 18 Uhr geöffnet.

Banken sind in der Regel montags bis freitags von 9 bis 18 Uhr offen, einige Banken außerdem samstags von 9 bis 15 Uhr. An Geldautomaten kann man rund um die Uhr Geld abheben *(siehe S. 368)*.

Viele Museen bleiben am Montag geschlossen, bei einigen ist dies jedoch an einem anderen Tag der Fall. Das Guggenheim Museum ist etwa donnerstags geschlossen. Die täglichen Öffnungszeiten der Museen sind ebenfalls nicht einheitlich, einige stehen Besuchern sogar bis spät am Abend offen. Informieren Sie sich vor dem Besuch auf den Websites der Museen.

Noch ein Tipp: Berücksichtigen Sie bei Ihren Unternehmungen die Hauptverkehrszeiten: Vor allem montags bis freitags von 8 bis 10 und von 16.30 bis 18 Uhr sind die Straßen verstopft und die öffentlichen Verkehrsmittel überfüllt.

Öffentliche Toiletten

Die Toiletten in Einkaufszentren, Tourismusinformationen, Kaufhäusern, größeren Buchhandlungen (u. a. Barnes & Noble) und Fast-Food-Lokalen stehen Kunden kostenlos zur Verfügung. Öffentliche, wenn auch nicht immer gepflegte Toiletten finden Sie an vielen Bahnhöfen.

Steuer und Trinkgeld

Die Sales Tax entspricht in etwa der europäischen Mehrwertsteuer und beträgt in New York City 8,875 Prozent. Sie wird allen Waren (und Dienstleistungen) aufgeschlagen – mit Ausnahme von Kleidung und Schuhen unter einem Betrag von 110 Dollar sowie nicht verarbeiteten Nahrungsmitteln.

Übliche Trinkgelder sind: Taxifahrer 10 bis 15 Prozent, Kellner 15 bis 20 Prozent, Garderobiere ein Dollar, Zimmerservice 10 Prozent (sofern der Service nicht Bestandteil der Rechnung ist), Zimmermädchen ein bis zwei Dollar pro Tag, Gepäckträger ein Dollar pro Gepäckstück, Friseure 15 bis 20 Prozent des Rechnungsbetrags.

Rampen erleichtern den Einstieg in Busse

Reisende mit besonderen Bedürfnissen

Alle Stadtbusse können für Rollstuhlfahrer abgesenkt werden. Die Benutzung der Subway ist für behinderte Reisende hingegen schwieriger. Die meisten Bahnhöfe sind von der Straße aus nur über Treppen erreichbar, nur die wichtigsten – u. a. Grand Central Terminal und Penn Station sowie Port Authority Bus Terminal – haben Lifte. Eine Liste behindertengerechter Stationen bietet die Website der Metropolitan Transit Authority (www.mta.info).

Viele Hotels, Restaurants und Sehenswürdigkeiten sind für Rollstuhlfahrer geeignet. Fragen Sie aber bei der Reservierung nach den Gegebenheiten vor Ort, vor allem nach der Zugänglichkeit der Toiletten.

Einige Museen organisieren Führungen für Hör-, Seh- und Gehbehinderte, alle Broadway-Theater bieten Hörhilfen an. Eine ausgezeichnete Informationsquelle ist der *Official Accessibility Guide*, gratis vom **Mayor's Office for People with Disabilities** erhältlich. Auch *Access for All*, eine Veröffentlichung von **Healing Arts Initiative**, ist hilfreich.

Senioren

Ältere Reisende müssen in öffentlichen Verkehrsmitteln nur die Hälfte des regulären Fahrpreises entrichten. Zudem erhalten Senioren verbilligten Eintritt in Museen und Sammlungen sowie zahlreichen weiteren Attraktionen.

Schwule und Lesben

Die weltoffene Metropole ist Anziehungspunkt für Homosexuelle. Zur Gay Pride Week im Juni kommen Teilnehmer aus aller Welt. Auch die Halloween-Parade in Greenwich Village ist ein Highlight im Festivalkalender der Stadt. Das **Lesbian, Gay, Bisexual & Transgender Community Center** ist eine wichtige Informationsstelle. Die Christopher Street in Greenwich Village war Geburtsort der Schwulenbewegung. Heute sind die Eighth Avenue in Chelsea mit Hell's Kitchen und dem East Village Zentren der Community. Park Slope in Brooklyn ist ein Hotspot der lesbischen Gemeinde. In diesen Gegenden liegt das Wochenmagazin *Next* (www.nextmagazine.com) aus. Das monatliche *GO Magazine* (www.gomag.com) richtet sich an Lesben. *Time Out New York* (siehe S. 371) und die Website des *New York Magazine* (www.nymag.com) bieten zahlreiche Szene-Infos.

Logo des Lesbian, Gay, Bisexual & Transgender Community Center

Studenten

Viele Museen und Theater gewähren Studenten Ermäßigungen – bei Vorlage eines Internationalen Studentenausweises (**International Student Identity Card**, ISIC). Wenn man die Voraussetzungen erfüllt, kann man diesen Ausweis bei **STA Travel** günstig erwerben. Diese Institution verfügt auch über eine Niederlassung in New York.

Fragen Sie nach einem Exemplar des *ISIC Student Handbook*. Es informiert über alle Stellen, die Studenten Ermäßigungen bieten, u. a. Hotels, Restaurants, Museen und Tourenveranstalter.

Normalerweise ist es sehr schwierig, in den Vereinigten Staaten eine Arbeitserlaubnis zu bekommen, für Studenten gibt es allerdings Ausnahmeregelungen im Rahmen von Austauschprogrammen. STA Travel bietet auch dafür genaue Informationen.

Hinweis: Alkoholkonsum ist erst ab Vollendung des 21. Lebensjahrs erlaubt.

Internationaler Studentenausweis

Preisgünstig reisen

Auch mit überschaubarem Urlaubsbudget gibt es viele Möglichkeiten, das reiche kulturelle Angebot der Stadt zu nutzen. Die **TKTS**-Verkaufsstelle *(siehe S. 334)* nahe dem Times Square bietet am Tag der Aufführung günstige Restkarten für Events wie Broadway-Shows. Mit etwas Glück erhält man Tickets zum halben Preis.

Das David Rubenstein Atrium gegenüber vom Lincoln Center *(siehe S. 208)* bietet ebenfalls Karten mit Preisnachlässen für Aufführungen am gleichen Tag an. Bei dem jeden Donnerstag um 20.30 Uhr im Atrium angebotenen Konzert ist der Eintritt frei.

Proben der New York Philharmonic kann man für 20 Dollar sehen. Im Sommer sind Shakespeare-Aufführungen und klassische Konzerte im Central Park kostenlos.

Mit dem nicht ganz billigen **New York Pass** hat man freien Eintritt zu über 90 Attraktionen – von Museen bis zu Bootsfahrten. Er lohnt sich nur, wenn man sehr viel unternimmt. Der **New York CityPass** bietet freien Eintritt zu sechs Hauptsehenswürdigkeiten, darunter das Empire State Building und das Museum of Modern Art.

Zeitzone

In New York gilt die Eastern Standard Time (EST). Die Mitteleuropäische Zeit (MEZ) ist der EST um sechs Stunden voraus. Die Sommerzeit (Day Saving Time; DST) beginnt in den Vereinigten Staaten am zweiten Sonntag im März und endet am ersten Sonntag im November.

Elektrizität

In den USA sind Stromanschlüsse standardisiert auf 120 Volt Wechselstrom. Stecker und Steckdosen sind anders konstruiert als in Europa. Sie brauchen also einen Adapter und einen Spannungskonverter, falls sich Ihr Gerät nicht umstellen lässt.

In den meisten großen Hotels gibt es Haartrockner, in einigen Hotels sind die Zimmer mit Bügeleisen, teils auch mit Kaffeemaschinen ausgestattet. Große Hotels bieten auch Stromanschlüsse für 220-Volt-Rasierapparate, nicht aber z. B. für Radios. Es kann gefährlich sein, Geräte, die mehr Volt benötigen, hier anzuschließen. Nehmen Sie möglichst nur akkubetriebene Geräte mit. Für Aufladegeräte benötigen Sie ebenfalls einen Adapter.

Umrechnungstabellen

US-Maße
1 Inch = 2,5 Zentimeter
1 Foot = 30 Zentimeter
1 Mile = 1,6 Kilometer
1 Ounce = 28 Gramm
1 Pound = 454 Gramm
1 US-Pint = 0,47 Liter
1 US-Gallon = 4,6 Liter

Metrische Maße
1 Zentimeter = 0,4 Inch
1 Meter = 3 Feet 3 Inches
1 Kilometer = 0,6 Mile
1 Gramm = 0,04 Ounce
1 Kilogramm = 2,2 Pounds
1 Liter = ca. 2 US-Pints

Umweltbewusst reisen

Umweltschutz spielt in New York zunehmend eine Rolle, Besucher sollten dies unterstützen. Nach Materialien (u. a. Papier und Plastik) getrennte Abfallbehälter sind weitverbreitet. In den meisten Hotels werden Gäste angewiesen, auf täglichen Handtuchwechsel zu verzichten. Beim Einkaufen werden anstelle von Plastiktüten zunehmend Stofftaschen verwendet, die man etwa in Supermärkten kaufen kann. Viele Lebensmittelmärkte führen auch Bio-Produkte in ihrem Sortiment, die vornehmlich aus der Umgebung von New York stammen. Der **Greenmarket at Union Square** (Mo, Mi, Fr, Sa) zählt zu den meistbesuchten Märkten der Stadt. Immer mehr Lokale verwenden ausschließlich Produkte aus der Region. Einige – u. a. **Hearth** und **Gramercy Tavern** – wurden für dieses Verdienst mit dem Umweltsiegel **Slow Food NYC** ausgezeichnet.

Obst- und Gemüsestand an einem der vielen New Yorker Märkte

Auf einen Blick

Generalkonsulate

Deutschland
871 United Nations Plaza, 1st Ave zwischen 48th und 49th St.
Stadtplan 13 C5.
☎ 1-212-610-9700.
w new-york.diplo.de

Österreich
31 E 69th St, zwischen Park und Madison Ave.
Stadtplan 13 B1.
☎ 1-212-737-6400.
w austria-ny.org

Schweiz
633 3rd Ave, 30. Stock.
Stadtplan 9 B1.
☎ 1-212-599-5700.
w eda.admin.ch/newyork

Information

311
☎ 311.
w nyc.gov/311

New York CityPass
w citypass.com/city/ny

New York Pass
w newyorkpass.com

NYC & Co.
Macy's, 151 W 34th St.
Stadtplan 8 E2.
☎ 1-212-484-1222.
Times Square Plaza, zwischen 7th Ave, Broadway, 44th und 45th St.
Stadtplan 12 E4.
w nycgo.com

Reisende mit besonderen Bedürfnissen

Healing Arts Initiative
☎ 1-212- 575-7676.
w hainyc.org

Mayor's Office for People with Disabilities
☎ 1-212-788-2830.
w nyc.gov/mopd

Schwule und Lesben

Lesbian, Gay, Bisexual & Transgender Community Center
208 W 13th St.
Stadtplan 3 C1.
☎ 1-212-620-7310.
w gaycenter.org

Studenten

International Student Identity Card (ISIC)
w isic.org

STA Travel
722 Broadway.
Stadtplan 4 E1.
☎ 1-212-473-6100.
2871 Broadway.
Stadtplan 20 E4.
☎ 1-212-865-2700.
w statravel.com

Preisgünstig reisen

w nycgo.com/free

Umweltbewusst reisen

Gramercy Tavern
42 E 20th St.
Stadtplan 9 A5.
☎ 1-212-477-6777.
w gramercytavern.com

Greenmarket at Union Square
Union Square.
Stadtplan 9 A5.
w grownyc.org

Hearth
403 E 12th St.
Stadtplan 5 A1.
☎ 1-646-602-1300.
w restauranthearth.com

Slow Food NYC
w slowfoodnyc.org

Stadtplan siehe Seiten 386–419

Sicherheit und Gesundheit

New York zählt zu den sichersten Städten in den USA. In den touristisch interessantesten Gegenden sowie in öffentlichen Verkehrsmitteln und an den Flughäfen sorgen patrouillierende Polizisten für Sicherheit. Wie in allen Großstädten sollten Besucher aber die üblichen Sicherheitsvorkehrungen treffen und sich bei Dunkelheit nicht in abgelegenen Gegenden oder Parks aufhalten. Lassen Sie einfach Ihren gesunden Menschenverstand walten.

Polizisten auf Streife

Sicherheitskräfte

Rund um die Uhr sind New Yorks Polizisten und Polizistinnen zu Fuß, zu Pferd, mit Motorrädern oder mit dem Auto unterwegs – verstärkt zu bestimmten Zeiten in Gegenden, die als kritisch für die öffentliche Sicherheit gelten, z. B. im Theater District nach den Aufführungen. Auch in der Subway und in Bahnhöfen trifft man ziemlich häufig auf Polizeistreifen.

Verlust von Wertsachen

Wenn Sie etwas in New York verlieren, sind die Chancen, es zurückzubekommen, gering – es gibt kein zentrales Fundbüro. Die Metropolitan Transit Authority (MTA, *siehe S. 385*) bietet aber eine Sammelstelle für in Bussen und Subways gefundene Sachen, das Personal der Büros von Grand Central Terminal und Penn Station ist hilfsbereit. Die Taxi & Limousine Commission (*siehe S. 381*) hilft Fahrgästen, die etwas im Taxi vergessen haben. Wenn Sie nicht wissen, an wen Sie sich wenden können, rufen Sie die Nummer 311 an.

Wenn Ihnen etwas gestohlen wurde, sollten Sie es bei der Polizei melden bzw. sich mit der **Crime Victims Hot Line** in Verbindung setzen. Lassen Sie sich eine Kopie des Berichts für Ihre Versicherung geben.

Den Verlust Ihres Reisepasses sollten Sie unverzüglich dem Konsulat Ihres Heimatlandes (*siehe S. 365*) melden. Wenn Ihnen eine Kreditkarte abhandenkommt, setzen Sie sich umgehend mit dem entsprechenden Geldinstitut (*siehe S. 368*) in Verbindung, um die Karte sperren zu lassen und möglichst schnell Ersatz zu bekommen.

Verhaltensregeln

In Manhattan kann man im Allgemeinen unbeschwert bummeln, allerdings sollte man sich vor Taschendieben in Acht nehmen. Lassen Sie entsprechende Aufmerksamkeit walten, und bewegen Sie sich einigermaßen zügig durch die Straßen. Vermeiden Sie Blickkontakt oder gar Konfrontationen mit all jenen, die auf der Straße leben und betteln. Lassen Sie sich von ihnen keinesfalls in Gespräche verwickeln.

Gehen Sie vor allem bei Dunkelheit nicht durch verlassene Gegenden. Teile der Lower East Side, Chinatown und Midtown westlich des Broadway sind tagsüber sehr belebt, bei Dunkelheit sollten Sie sie jedoch meiden. Der Financial District wirkt nach Büroschluss nahezu wie ausgestorben. Einige Straßen TriBeCas und SoHos sind bei Nacht leer, obwohl die Viertel trendig sind. Fahren Sie nach 23 Uhr lieber mit dem Taxi, oder schließen Sie sich in öffentlichen Verkehrsmitteln anderen Fahrgästen an.

Parks sind beliebte Treffpunkte für Drogenabhängige und Dealer. Am sichersten sind Sie, wenn viele Menschen dort sind, z. B. bei einem Konzert oder anderen Event. Dann allerdings sollten Sie sich vor Taschendieben in Acht nehmen.

Wenn Sie eine Runde joggen wollen, fragen Sie im Hotel nach sicheren Routen. Verstauen Sie alles, was Sie bei sich haben, unauffällig, halten Sie Ihre Fahrkarte oder ein paar Münzen für den Bus griffbereit. So müssen Sie nicht Ihre Brieftasche öffnen und danach suchen, wenn Sie in einer Schlange stehen. Zählen Sie

Als Grundregel beim Bummeln gilt: Vorsicht vor Taschendieben

SICHERHEIT UND GESUNDHEIT | 367

Polizeiauto

Krankenwagen

Feuerwehrauto

auf keinen Fall größere Summen auf offener Straße, achten Sie darüber hinaus jederzeit auf herumlungernde Menschen an Geldautomaten. Tragen Sie Wichtiges möglichst eng am Körper. Der Verschluss Ihrer Tasche sollte zum Körper hin zeigen.

Wertsachen wie Schmuckstücke sowie größere Geldbeträge gehören in den Hotelsafe. Machen Sie von allen wichtigen Dokumenten wie etwa Ihrem Reisepass oder dem Flugticket eine Kopie. Lassen Sie Ihr Gepäck niemals unbeaufsichtigt und – falls nötig – ausschließlich vom Hotel- oder Flughafenpersonal transportieren.

Notfälle

In einem Notfall wird Ihnen unter der Nummer 411 das nächstgelegene Krankenhaus genannt. Benötigen Sie ambulante Hilfe, rufen Sie die Nummer 911. Haben Sie eine entsprechende Versicherung abgeschlossen oder genügend Geld zur Verfügung, dann empfiehlt es sich, nicht in eines der überfüllten städtischen, sondern in ein privates Krankenhaus zu gehen. Städtische Krankenhäuser finden Sie in den Blauen Seiten, private in den Gelben Seiten des Telefonbuchs. Außerdem können Sie das Personal in Ihrem Hotel bitten, einen Arzt oder Zahnarzt anzurufen.

Darüber hinaus können Sie sich bei **NY Hotel Urgent Medical Services** oder **NYU Dental Care** telefonisch erkundigen. Eine erstklassige Ambulanz ist **Mount Sinai Doctors** in der 34th Street. Informationen erteilt auch **Travelers' Aid**, eine Hilfsorganisation für Besucher aus allen Ländern. Viele Medikamente sind teurer als in europäischen Ländern.

Krankenhäuser und Apotheken

Krank sein kann in den USA teuer werden. Viele Krankenhäuser in New York zählen zu den besten der USA. Die Kosten für die Behandlungen sind meist entsprechend hoch. Um die finanzielle Belastung abzufedern, empfiehlt sich der Abschluss einer Reisekrankenversicherung. Berücksichtigen Sie, dass Sie die Kosten für medizinische Behandlungen vorstrecken müssen. Bewahren Sie alle Zahlungsbelege auf, um sie zu Hause mit Ihrer Versicherung abzurechnen. Viele Apotheken in New York sind rund um die Uhr geöffnet.

Eine der zahlreichen 24-Stunden-Apotheken in New York

Reiseversicherungen

Nicht nur wegen der sehr hohen Arztkosten ist ein guter Versicherungsschutz, der auch den Rücktransport im Notfall einschließt, anzuraten. Es gibt vielfältige Angebote, die Kosten richten sich u. a. nach der Dauer des Aufenthalts und der Anzahl der versicherten Personen. Neben Versicherungen für ärztliche und zahnärztliche Behandlungen sind auch Gepäck-, Diebstahl- und Unfallversicherungen zu erwägen. Viele Anbieter bieten Kombis.

Auf einen Blick

Notfälle

Alle Notfälle
☎ 911 (oder 0).

Crime Victims Hot Line
☎ 1-212-577-7777.

Medizinische Hilfe

Mount Sinai Doctors
55 E 34th St. **Stadtplan** 8 F2.
☎ 1-212-252-6000. (Teil des Mount Sinai Beth Israel Network, mehrere Filialen).

NY Hotel Urgent Medical Services
☎ 1-212-737-1212.

NYU Dental Care
345 E 24th St/1st Ave.
Stadtplan 9 B4. ☎ 1-212-998-9800 oder 998-9828 (Wochenende oder nach 21 Uhr).

Travelers' Aid
JFK Airport, Terminal 410.
☎ 1-718-656-4870.

Krankenhäuser und Apotheken

Duane Reade
1627 Broadway (beim Times Square). **Stadtplan** 12 E5.
☎ 1-212-586-0374.

Mount Sinai West
58th St/10th Ave. **Stadtplan** 12 D3. ☎ 1-212-523-4000.

NYU Langone Medical Center
550 1st Avenue.
Stadtplan 9 C3.
☎ 1-212-263-5550.

Rite Aid
301 W 50th St.
Stadtplan 12 D4.
☎ 1-212-247-8384.

Stadtplan *siehe Seiten 386–419*

Banken und Währung

New York ist das Bankenzentrum der Nation. Zahlreiche regionale und nationale Banken sowie die großen internationalen Bankhäuser haben hier ihren Hauptsitz bzw. Vertretungen. Nahezu alle bedeutenden europäischen Bankinstitute haben Niederlassungen oder zumindest Büros in der Stadt.

Banken

New Yorker Banken haben im Allgemeinen montags bis freitags von 9 bis 18 Uhr geöffnet, es gibt auch einige, die ein wenig früher öffnen bzw. etwas später schließen. Immer mehr Banken haben mittlerweile auch samstags zwischen 9 und 16 Uhr offen.

Nicht alle Privatkundenbanken wechseln ausländische Währungen oder Reiseschecks in US-Dollar ein. Für Letztere nimmt man besser den Service von American Express in Anspruch.

Geldautomat (ATM)

Geldautomaten

Geldautomaten (ATM, *automated teller machine*) bieten in fast allen Banken rund um die Uhr die Möglichkeit, Geld in US-Währung vom eigenen Konto abzuheben. Gewöhnlich erhält man die gewünschte Summe in 20-Dollar-Noten.

Einer der vielen Vorteile von Geldautomaten ist, dass sie schnell und sicher arbeiten und Kunden denselben Wechselkurs bekommen, den auch die Banken bei ihren internen Geschäften zugrunde legen. Außerdem sind die Wechselgebühren bei diesen Transaktionen wesentlich niedriger als in Wechselstuben.

Klären Sie vor der Reise bei Ihrem Geldinstitut, welche Banken bzw. ATM-Systeme in den USA Ihre Karte(n) akzeptieren und wie hoch die Gebühren sind. Die meisten Geldautomaten arbeiten sowohl mit dem Cirrus- als auch mit dem Plus-System. Sie akzeptieren Kreditkarten wie Master-Card oder Visa und auch **giro-card** *(siehe unten)*.

Leider ereignen sich in New York gelegentlich Überfälle auf ATM-Kunden. Nutzen Sie am besten die Automaten innerhalb der Bankgebäude. Gehen Sie lieber tagsüber und in belebten Gegenden an den Geldautomaten. Achten Sie bei der Eingabe der PIN darauf, dass Sie nicht beobachtet werden.

Kredit- und Debitkarten

Mit **MasterCard**, **Visa**, **American Express** oder **Diners Club** können Sie in den USA fast alles bezahlen – von Einkäufen im Supermarkt über Hotel- und Restaurantrechnungen bis hin zu telefonischen Kartenvorbestellungen für Kinos oder Theater. Für Hotels und Autovermietungen ist eine Kreditkarte sogar unabdingbar.

Neben den Kreditkarten kommen auch Debitkarten immer öfter zum Einsatz. Die bekannteste Debitkarte ist die **girocard** (früher EC-Karte). Sie gibt es in zwei Ausführungen – mit dem Maestro-Logo und mit dem VPay-Logo. Beachten Sie, dass in den USA – anders als in den europäischen Ländern – nur Debitkarten mit Maestro-Logo akzeptiert werden, Karten mit VPay-Logo hingegen nicht.

Bar bezahlen müssen Sie viele Taxis, Busse, manche Ärzte sowie an Straßenständen und Märkten. Außerdem brauchen Sie Bares für Trinkgelder.

American-Express-Kreditkarten

Im Fall eines Kartenverlusts sollten Sie Ihre Karte(n) so schnell wie möglich sperren lassen *(Telefonnummern siehe Kasten)*.

Reiseschecks

Reiseschecks verlieren immer mehr an Bedeutung. Allerdings werden Schecks in US-Dollar von **American Express** immer noch an vielen Stellen in den USA gebührenfrei angenommen. Dies gilt auch für die meisten New Yorker Kaufhäuser, Läden, Hotels und Restaurants.

Bewahren Sie Reiseschecks unbedingt immer getrennt von den Seriennummern auf.

Die bekanntesten Einrichtungen zum Geldwechseln sind **Travelex Currency Services Inc.** und American Express. Auch **Chase** und **TD Bank** verfügen über zahlreiche Filialen in New York. Einige Adressen von Instituten mit längeren Öffnungszeiten finden Sie im Kasten rechts.

Kartenverlust

Allgemeine Notrufnummer
📞 011-49-116 116.
🌐 116116.eu

American Express
📞 1-800-528-4800.
🌐 americanexpress.com

Diners Club
📞 1-800-234-6377.
🌐 dinersclub.com

MasterCard
📞 1-800-627-8372.
🌐 mastercard.com

Visa
📞 1-800-847-2911.
🌐 visa.com

girocard
📞 011-49-69-740 987.

BANKEN UND WÄHRUNG | 369

Münzen (Coins)

Währungseinheit der Vereinigten Staaten von Amerika sind US-Dollar und US-Cent. 100 Cent sind ein Dollar. Folgende Münzen (coins) sind in Umlauf: 1, 5, 10, 25 Cent und 1 US-Dollar. Die 50-Cent-Münze ist eher selten. Jede Münze hat eine allgemein gebräuchliche Bezeichnung: 1-Cent-Münzen heißen pennies, *5-Cent-Münzen* nickels, *10-Cent-Münzen* dimes, *25-Cent-Münzen* quarters *und 1-Dollar-Münzen* bucks.

1-Cent-Münze *(penny)*

5-Cent-Münze *(nickel)*

10-Cent-Münze *(dime)*

25-Cent-Münze *(quarter)*

1-Dollar-Münze *(buck)*

Banknoten (Bills)

Banknoten (bills) *gibt es im Wert von 1, 2 (selten), 5, 10, 20, 50 und 100 US-$. Die neue Golden Dollar-Münze hat die 1-Dollar-Banknote bei Weitem nicht ersetzt. Seit einiger Zeit sind neue Scheine mit leicht geänderten Farben, größeren Porträts und neuen Sicherheitsmerkmalen im Umlauf. Nur der 1-Dollar-Schein ist noch komplett grün.*

Auf einen Blick

Geldwechsel

American Express
822 Lexington Ave.
Stadtplan 13 A2.
☎ 1-212-758-6510. Hotline: 1-800-333-AMEX (-2639).
🕐 Mo–Fr 9–18, Sa 10–16 Uhr.
🌐 americanexpress.com

Chase
623 Broadway.
Stadtplan 4 E1–E5.
☎ 1-212-420-9085. Hotline: 1-800-CHASE24 (-7324).
🌐 chase.com

TD Bank
🌐 tdbank.com

Thomas Cook
🌐 thomascook.com/travel-money

Travelex Currency Services Inc.
One Times Square, 1590 Broadway. **Stadtplan** 82 E1.
☎ 1-212-265-6063.
🕐 Mo–Sa 9–22, So 9–19 Uhr.
1271 Broadway/W 32th St.
Stadtplan 8 F3.
☎ 1-212-679-4365.
🕐 tägl. 9–20, So 9–19 Uhr.
🌐 travelex.com

1-Dollar-Note
(George Washington, 1. US-Präsident)

5-Dollar-Note
(Abraham Lincoln, 16. US-Präsident)

10-Dollar-Note (Alexander Hamilton, einer der Gründerväter der USA)

20-Dollar-Note
(Andrew Jackson, 7. US-Präsident)

50-Dollar-Note
(Ulysses S. Grant, 18. US-Präsident)

100-Dollar-Note (Benjamin Franklin, einer der Gründerväter der USA)

Stadtplan *siehe Seiten 386–419*

Kommunikation

Durch den verbreiteten Gebrauch von Mobiltelefonen und die zunehmende Nutzung des Internets per Smartphones und Tablets hat sich die Welt der Kommunikation nachhaltig verändert – New York bildet in dieser Hinsicht natürlich keine Ausnahme. Öffentliche Telefone sind nahezu aus dem Straßenbild verschwunden, nur vereinzelt findet man noch welche. Läden mit jeglichem Equipment für moderne Telekommunikation gibt es in großer Zahl. In der Stadt gibt es viele Bereiche mit WLAN (Wi-Fi). New ist die Hauptstadt der Buch- und Magazinproduktion. Neben der einheimischen Presse sind ausländische (auch deutschsprachige) Zeitungen und Zeitschriften leicht zu bekommen.

Die New York Public Library bietet ihren Nutzern WLAN

Telefonnummern
- **Vorwahl USA: 001**.
- **Area codes:** 212 und 646 für Manhattan sowie 347, 718 und 929 für die anderen Bezirke. 917 ist die Vorwahl für Handys.
- Bei Telefonaten in den USA wählen Sie **1**, dann den dreistelligen *area code* und die siebenstellige Rufnummer. Dies gilt auch für Manhattan.
- Notruf: **911**.
- Kostenlose Nummern beginnen mit **(1) 800**, **855**, **866**, **877** oder **888**.
- Internationale Direktwahl: Wählen Sie **011**, dann Landesvorwahl (Deutschland: **49**, Österreich: **43**, Schweiz: **41**), Ortsnetzkennzahl ohne »0« und Telefonnummer.
- Auslandsgespräch über die Vermittlung: Wählen Sie **01**, dann Landesvorwahl, Ortsvorwahl (die **0** weglassen) und Telefonnummer.
- Internationale Auskunft: **00**.
- Deutschland Direkt (für ein kostenloses R-Gespräch): **1-800-292-0049**.

Lokale und internationale Telefongespräche

Bei *Telefonaten innerhalb der USA* wählen Sie unabhängig von Ihrem Standort mit Handy oder Festnetztelefon *immer* die **1**, dann den dreistelligen *area code (siehe Kasten)*, dann die siebenstellige Telefonnummer. Die *area codes* werden in den USA zurzeit (bis Ende 2021) reorganisiert. Immer öfter muss man alle elf Ziffern wählen.

Für *Auslandsgespräche* wählen Sie erst die 011, anschließend die jeweilige Ländervorwahl *(siehe Kasten)*, dann die Ortsvorwahl (ohne 0) und die Rufnummer.

Mobiltelefone

Mit einem europäischen Handy (in den USA *cell phone* oder *mobile phone*) können Sie nur telefonieren, wenn es sich um ein Smartphone handelt. Alte GSM-Handys funktionieren nur als Triband- oder Quadband-Mobiltelefone. Auch für ankommende Anrufe übernehmen Sie einen Teil der Gebühr.

Fragen Sie Ihren Provider nach den Roaming-Gebühren für die USA. Schalten Sie während Ihres Aufenthalts das kostspielige Daten-Roaming ab.

Für günstige Telefonate brauchen Sie eine US-SIM-Karte. **Cellion** etwa bietet gratis eine SIM-Karte mit eigener US-amerikanischer Rufnummer. Die Kosten werden von Ihrem Konto abgebucht.

Öffentliche Telefone

Bei häufiger Benutzung eines öffentlichen Telefons für längere Gespräche oder nach Übersee empfiehlt sich der Kauf einer Telefonkarte, die man zu Werten von 5, 10 und 25 Dollar am Kiosk erhält. Münztelefone funktionieren mit Münzen zu 5, 10 und 25 Cent. Einige öffentliche Telefone werden von unabhängigen Telefongesellschaften betrieben, die allerdings deutlich teurer sein können. Alle öffentlichen Telefone informieren Benutzer über die Handhabung des Apparats, die Tarife und die gebührenfreien Nummern. Ein Ortsgespräch innerhalb von New York kostet 25 Cent für drei Minuten.

Logo des US Postal Service

Internet

Es gibt nur noch wenige Internet-Cafés in New York, eines ist die **Internet Garage** in Brooklyn. Eine Alternative sind die Filialen der **New York Public Library** mit kostenlosem WLAN und kostenloser Computerbenutzung.

Nahezu alle Hotels in New York bieten ebenfalls die Möglichkeit der Internet-Nutzung, manche allerdings gebührenpflichtig.

Es gibt in der ganzen Stadt kostenlose WLAN-Hotspots, etwa in den meisten Subway-Stationen, am Times Square, im Bryant Park sowie in vielen Cafés, etwa Starbucks.

Postdienste

Das Hauptpostamt der Stadt ist das **James A. Farley Post Office Building** (*siehe S. 131*, Mo–Fr 7–22, Sa 9–21, So 11–19 Uhr). Briefmarken gibt es hier oder an Automaten, in Apotheken, Kaufhäusern, Bus- und Zugbahnhöfen. Briefe und Postkarten können Sie in Postämtern und an der Rezeption Ihres Hotels abgeben, wo Sie meist auch Briefmarken erhalten.

Das Porto für einen Standardbrief (bis 20 g) bzw. eine Postkarte nach Europa beträgt 1,15 Dollar. Briefkästen – blau oder rot-weiß-blau – finden Sie in Eingangshallen von Bürogebäuden, in Flughäfen, Bahnhöfen und auf der Straße.

Die Postämter bieten gegen Gebühr weitere Dienste an: Priority Mail heißt Zustellung innerhalb der USA am nächsten Tag. Global Express Guaranteed sichert die Zustellung nach Übersee binnen ein bis drei Tagen, Priority Mail Express binnen drei bis fünf Tagen.

Kurierdienste wie **FedEx**, **UPS** oder **DHL** können Sie über Ihr Hotel buchen.

Zeitungen und Zeitschriften

New York ist Erscheinungsort der *New York Times*, einer der landesweit bedeutendsten Zeitungen. Auch das *Wall Street Journal*, die *Daily News* und *New York Post* werden hier publiziert sowie zwei Boulevardblätter (*AM New York* und *Metro*), die über Regionales und das Wichtigste vom Tage informieren. Die Freitags- und Samstagsausgaben der *New York Times* informieren umfassend über kulturelle Events in der Stadt. Gleiches gilt für wöchentlich erscheinende Magazine wie *Time Out New York* (kostenlos), *New York* und *The New Yorker*. Die kostenlose Wochenzeitung *Village Voice* richtet sich eher an ein jüngeres Publikum.

Ebenfalls gratis ist das in Hotels ausliegende, im Wochenrhythmus erscheinende *Where New York* – eine Fundgrube für Infos über aktuelle Ausstellungen.

Ausländische Zeitungen und Zeitschriften gibt es u. a. bei **Around the World**, **Barnes & Noble** sowie in einigen Hotels und am Flughafen.

Fernsehen und Radio

Das Fernsehprogramm können Sie den Tageszeitungen entnehmen. Die Sonntagsausgabe der *Daily News* enthält das Wochenprogramm. Das TV-Angebot ist riesig und breit gefächert. CBS sendet auf Kanal 2, NBC auf Kanal 4, ABC auf Kanal 7 und WNYW (Fox) auf Kanal 5. PBS strahlt auf Kanal 13 Kultur- und Bildungsprogramme aus. Kabelfernsehen bietet eine breite Palette – von Arts & Entertainment Network bis Sport auf ESPN.

Im Radio empfangen Sie Nachrichten u. a. auf folgenden Wellenlängen: WCBS News (880AM) und WFAN Sports (660AM). Unterhaltung bieten z. B. WBGO (Jazz, 88,3FM) und WQXR (Klassik, 105,9FM).

Express Mail  | **Priority Mail**  | **Standard Mail**

Auf einen Blick

Nützliche Nummern

Ortsauskunft
- 411.
- superpages.com
- yellowpages.com

Mobiltelefone

Cellion
- cellion.de

Internet

Internet Garage
218 Bedford Ave, Brooklyn.
- 1-718-486-0059.

New York Public Library
5th Avenue/42nd Street.
Stadtplan 8 F1.
- 1-212-939-0653.

Postdienste

DHL
- 1-800-782-7892.
- dhl.com

FedEx
- 1-800-225-5345.
- fedex.com

James A. Farley Post Office Building
421 8th Ave.
Stadtplan 8 D2.
- 1-800-ASK-USPS
oder 1-800-222-1811.
Priority und Express Mail:
- 1-800-463-3339.
- usps.com

UPS
- 1-800-742-5877.
- ups.com

Zeitungen und Zeitschriften

Around the World
148 W 37th St.
Stadtplan 8 E2.
- 1-212-695-2534.

Barnes & Noble
33 E 17th St.
Stadtplan 9 A5.
- 1-212-253-0810.

Stadtplan siehe Seiten 386–419

Anreise

Direktflüge nach New York werden von vielen europäischen und US-amerikanischen Fluglinien angeboten. Von den Flughäfen der Stadt aus kann man per Inlandsflug fast überall hinkommen. Aufgrund der harten Konkurrenz unter den Airlines sind Inlandsflüge relativ günstig. Kümmern Sie sich am besten um frühzeitige Buchung. Im Hafen von New York legen Kreuzfahrtschiffe aus aller Welt an. Das Schienennetz in den Vereinigten Staaten ist nicht so dicht wie in vielen Ländern Europas, doch die Amtrak-Züge erlauben bequemes Reisen mit der Bahn nach und von New York. Überlandbusse sind eine weitere preisgünstige und komfortable Option, das Land kennenzulernen. Detaillierte Informationen zur Ankunft mit Flugzeug, Bahn oder Bus in New York finden Sie auf den Seiten 376f.

Taxis am Flughafen LaGuardia

Mit dem Flugzeug

Von mehreren deutschen und vielen europäischen Städten aus gibt es Direktflüge nach New York. Ab Frankfurt am Main dauert der Flug ungefähr sieben Stunden, etwas länger fliegen Sie etwa von München, Stuttgart, Wien oder Zürich. Neben amerikanischen Fluggesellschaften und Billigfliegern steuern die Airlines **Lufthansa**, **Austrian** und **Swiss** New York direkt an. Alle Transatlantik-Flüge kommen am JFK Airport oder am Flughafen Newark an.

Flugtickets

Am günstigsten fliegen Sie natürlich mit Billigfliegern, Chartergesellschaften und im Rahmen einer Pauschalreise. Sie können aber auch sehr preisgünstig mit Linie fliegen, wenn Sie frühzeitig buchen und auf Sondertarife oder bestimmte Zeiten ausweichen.

Besonders günstig sind Flüge in der Zeit von November bis März außerhalb der Ferienzeiten. Auch kurzfristig verfügbare Restplätze in nicht ausgebuchten Flugzeugen sind oft recht preiswert. Im Internet finden Sie zahllose attraktive Angebote über Portale oder auf der Website der Fluglinie Ihrer Wahl.

Bedenken Sie: Online-Buchungen sind mitunter erheblich günstiger als Buchungen über Agenturen oder Reisebüros. Dies gilt auch für Pauschalreisen, bei denen Sie neben dem Flug auch das Hotel und eventuell Tickets für Veranstaltungen buchen können.

Für Inlandsflüge in den Vereinigten Staaten lohnt es sich, die Angebote von günstigen Fluglinien wie **Southwest Airlines**, **JetBlue** und Frontier zu prüfen.

Ankunft

Planen Sie für Hin- und Rückreise genügend Zeit für die obligatorischen Sicherheitskontrollen in den Flughäfen ein, die bei jedem Flug eine gewisse Zeit in Anspruch nehmen – vor allem bei Reisen in die Vereinigten Staaten. Für einen reibungslosen Ablauf der Reisen sollten Sie auf jeden Fall auf die Bestimmungen zur Mitnahme von Handgepäck achten, die sich auch kurzfristig ändern können.

Nach der Ankunft an einem der New Yorker Flughäfen müssen Sie sich ebenfalls diversen Kontrollen unterziehen. Zunächst müssen Sie den Einreiseschalter passieren, für den Sie Ihren Reisepass und die ESTA-Bestätigung griffbereit haben sollten. Dort werden Ihnen einige Fragen zu Ihrem Aufenthalt in den USA gestellt, digitale Fingerabdrücke und ein Foto gemacht. Bei der Zollkontrolle geben Sie Ihr im Flugzeug ausgefülltes Zollformular ab.

Infos zu Einreise und Zoll finden Sie auf Seite 362. Beachten Sie die Online-Registrierung für die visafreie Einreise, die mindestens 72 Stunden vorher erfolgen muss.

AirTrain auf dem Weg zum JFK

John F. Kennedy Airport (JFK)

Jedes Jahr passieren den größten Flughafen New Yorks über 50 Millionen Passagiere. Für die meisten Besucher aus Übersee ist JFK das Eingangstor zu der faszinierenden Metropole. An insgesamt neun Terminals, die sich um einen zentralen Bereich gruppieren, werden Fluggäste von mehr als 100 Airlines abgefertigt – allein an Terminal 4, dem größten des Flughafens, Passagiere von über 50 Airlines.

Der Airport liegt in Queens, 24 Kilometer südöstlich von Manhattan. Für die Fahrt nach Midtown benötigt man in der Regel 45 bis 60 Minuten. In Hauptverkehrszeiten kann dies wesentlich länger dauern.

Flugzeuge am Newark Liberty Airport

Alle Terminals bieten Möglichkeiten zum Geldwechseln, Geldautomaten und einen Service-Bereich, wo Sie Hotels und Mietwagen buchen können und Auskünfte erhalten.

Vor den Terminals stehen die gelben Taxis. Dispatcher regeln die Verteilung. Für die Fahrt nach Manhattan gibt es eine Flatrate: 52 Dollar plus Mautgebühren und Trinkgeld. Andere Destinationen werden nach Taxameter abgerechnet. Die NYC Airporter-Busse fahren zum Grand Central Terminal, Penn Station und Port Authority Bus Terminal. Der Fahrpreis beträgt 18 bzw. 19 Dollar.

Direkt zum Ziel kommt man mit den Sammelbussen von **SuperShuttle** für 25 Dollar für den ersten und 13 Dollar für jeden weiteren Fahrgast. Die Rückfahrt zum Flughafen muss früh gebucht werden.

Der **AirTrain JFK** fährt für 5 Dollar nach Howard Beach (Anschluss zur Subway A) und zur Station Jamaica (Subway E, J, Z und Long Island Railroad für die Weiterfahrt zur Penn Station). Die Fahrt mit der Subway (mit MetroCard) kostet 2,75 Dollar. Ein Hubschrauber von **Helicopter Flight Services** bringt Sie in nur zehn Minuten vom JFK Airport in die East 34th Street – für die Kleinigkeit von über 1600 Dollar.

Newark Liberty Airport (EWR)

Newark Liberty International Airport, New Yorks zweitgrößter internationaler Flughafen, liegt in New Jersey, 26 Kilometer südwestlich von Manhattan. Fast alle internationalen Flüge kommen am Terminal B an. Gepäckwagen für Koffer bekommen Sie bei der Gepäckausgabe, doch es gibt keine Möglichkeit, Gepäck zu deponieren. Wechselstuben und Geldautomaten finden Sie in allen Terminals.

Nahe der Gepäckausgabe sind die Schalter der Ground Transportation Services, die 24 Stunden geöffnet haben. Leihwagenfirmen haben Kundentelefone im Flughafen und bieten einen Shuttle-Service zu ihren Büros. In jedem Terminal können Hotelzimmer reserviert werden. Das Personal an den Infoschaltern hilft bei vielen Fragen weiter.

Taxis stehen vor allen Terminals. Uniformierte Ordner (»Taxi dispatchers«) helfen Ihnen, ein Taxi zu bekommen. Fahren Sie niemals mit jemandem mit, der Ihnen am Flughafen eine »preiswerte« Fahrt in die Stadt anbietet; meist sind diese Autos nicht versichert. Die Fahrt nach Manhattan dauert 40 bis 60 Minuten und kostet 50 bis 70 Dollar plus Mautgebühren und Trinkgeld.

Busse von **Newark Airport Express** nach Manhattan halten am Port Authority Bus Terminal, an der 42nd Street nahe 5th Avenue, Penn Station und am Grand Central Terminal. Die Fahrt dauert kaum länger als per Taxi, ist aber mit 17 Dollar deutlich günstiger.

Der AirTrain Newark fährt in jeweils zehn Minuten Bahnhöfe von NJ Transit und Amtrak an. Von dort sind es jeweils 25 Minuten zur Penn Station. Die ganze Fahrt mit NJ kostet 18,80 Dollar.

LaGuardia (LGA)

LaGuardia, der kleinste Verkehrsflughafen, wird hauptsächlich für Inlandsflüge in alle Regionen der USA genutzt. Der Airport liegt 13 Kilometer östlich von Manhattan in Queens, nördlich von Long Island. Die Fahrt nach Manhattan dauert etwa 30 Minuten.

Wenn Sie Ihr Gepäck nicht selbst mit einem Trolley herumfahren möchten, können Sie es bei der Gepäckausgabe einem »Skycap« anvertrauen. Im Central Terminal haben Sie die Möglichkeit, Geld zu wechseln, dort befinden sich auch Geldautomaten. Zwischen den Terminals und den Parkplätzen fahren von 5 Uhr morgens bis 2 Uhr nachts Busse, die Fahrt ist kostenlos.

Busse und Taxis nach Manhattan und in andere Stadtteile fahren vor den Terminals ab. Achten Sie darauf, ein lizenziertes Taxi zu nehmen, andere Wagen sind meist teurer. Die Fahrt nach Manhattan kostet um die 30 Dollar, wie üblich kommen Mautgebühren (für Brücken bzw. Tunnel), Trinkgeld sowie Zuschläge für Fahrten zu Stoßzeiten (16–20 Uhr) und in der Nacht (20–6 Uhr) hinzu. Eine Busfahrt nach Manhattan kostet 2,75 Dollar.

Terminal des Flughafens LaGuardia

RMS *Queen Mary 2* im Brooklyn Cruise Terminal

Mit dem Schiff

An Bord eines Kreuzfahrtschiffs die Freiheitsstatue zu passieren und unmittelbar danach in den Hafen von New York einzulaufen ist ein unvergleichliches Erlebnis. Die drei Kreuzfahrtterminals der Stadt sind auch Stopps bei Kreuzfahrten in die Karibik, nach Kanada und Europa.

Am **New York Cruise Terminal** an der 12th Avenue zwischen 46th und 54th Street werden Luxusliner von Carnival, Silversea, Holland America, MSC und NCL abgefertigt. Ein Taxistand befindet sich an der Ecke 12th Avenue/55th Street. Mit Bussen der Linien M57 und M31 gelangt man bequem und preiswert nach Midtown, zu Fuß ist man in 15 bis 20 Minuten im Zentrum Manhattans.

Der moderne **Brooklyn Cruise Terminal** wurde 2006 in Red Hook eröffnet. Hier legen Schiffe der Linien Cunard und Princess an und ab. Auch die QM2 wird mehrmals im Jahr im Rahmen ihrer Fahrten von und nach Europa und Australien hier abgefertigt. Die Passagiere kommen vom Terminal mit dem Taxi nach Manhattan sowie zu mehreren Subway-Stationen.

Kreuzfahrtschiffe von Royal Caribbean und Celebrity nutzen den **Cape Liberty Cruise Port** in Bayonne an der in New Jersey gelegenen Seite des New York Harbor. Die Distanz zum Zentrum Manhattans beträgt elf Kilometer. Von der etwa drei Kilometer vom Hafen entfernten Bahn-Station Hudson–Bergen an der 34th Street kommt man rasch zu den PATH-Zügen, zum New Jersey Transit in Hoboken und zu mehreren Fähranlegern. Weitere nützliche Informationen finden Sie im Internet unter www.njtransit.com.

Für mit dem Schiff in New York ankommende Passagiere gelten die gleichen Einreise- und Zollbestimmungen wie für Flugreisende *(siehe S. 362)*.

Mit Fernreisebus

Fernreisebusse aus allen Regionen der Vereinigten Staaten kommen am **Port Authority Bus Terminal** an der Eighth Avenue zwischen 40th und 42nd Street an. An diesem Busbahnhof herrscht fast rund um die Uhr reges Treiben mit 6000 Bussen täglich. Die Entfernung nach Midtown ist angenehm kurz, auch viele Hotels liegen in Gehentfernung. Taxis finden Sie gleich an der Eighth Avenue. Subway-Stationen der Linien A und C befinden sich im Busbahnhof.

Durch einen ungefähr einen Häuserblock langen Tunnel erreicht man vom Bus Terminal den Times Square. An der Eighth Avenue Ecke 42nd Street halten Busse der Linie M42, in der Nähe sind Haltestellen weiterer Linien. Vom Port Authority Bus Terminal bestehen außerdem Busverbindungen zu allen drei Flughäfen sowie nach New Jersey.

Busse eignen sich in den USA hervorragend für Überlandfahrten. Die Unternehmen **Greyhound** und **BoltBus** bieten – vor allem bei frühzeitiger Buchung – günstige Preise. Die Busse sind komfortabel ausgestattet und verfügen u. a. über Klimaanlage und Toiletten, die Sitze bieten viel Beinfreiheit. Von New York bestehen Verbindungen nach Philadelphia (2 Std.), Washington, DC (4 Std.) und Boston (4,5 Std.) sowie Montréal (8,5 Std.) und Toronto (11,5 Std.) in Kanada.

Tickets für Greyhound-Busse werden am Port Authority Bus Terminal verkauft, telefonisch oder online sind die Fahrkarten jedoch günstiger. Vor allem bei frühzeitiger Buchung werden nicht selten erhebliche Preisnachlässe gewährt. Darüber hinaus gibt es Ermäßigungen für Reisegruppen, Studenten und Senioren.

Mit dem Zug

Züge von Amtrak verbinden New York mit allen Regionen der USA und mit kanadischen Städten. Wichtigster Bahnhof der Amtrak-Züge ist die **Penn Station**. Der Bahnhof für die Regionalzüge aus dem Norden des Staats New York und für Züge aus Connecticut ist das Grand Central Terminal *(siehe S. 152f)*.

Amtrak verfügt in der Penn Station über eigene Ticketschalter und Wartebereiche. Die Fahrkarten können vor Ort am Schalter oder an Automaten gekauft werden. Darüber hinaus besteht die Möglichkeit der telefonischen Bestellung oder der Online-Reservierung.

Vor dem Bahnhof gibt es Taxistände, Busse fahren von hier auf der Seventh Avenue

Imposante Eingangshalle des Grand Central Terminal

nach Süden und der Eighth Avenue in nördliche Richtung. Auch Linien, die Lexington Avenue und Broadway befahren, halten hier.

Amtrak-Züge bieten ihren Fahrgästen viel Komfort und sind sehr geräumig. Die Fahrgäste erhalten Imbisse, auf Langstrecken werden Speise- und Schlafwagen (mit Duschmöglichkeit und Toilette im Abteil) eingesetzt.

Mit dem Amtrak USA Rail Pass kann man für 459 Dollar (Kinder von zwei bis zwölf Jahren 229,50 Dollar) 15 Tage lang auf acht Streckenabschnitten durch die USA fahren. Zu den am stärksten frequentierten Routen gehört der Northeast Corridor zwischen Boston, New York, Philadelphia und Washington, DC. Auf dieser Strecke werden auch Hochgeschwindigkeitszüge (Acela Express) eingesetzt, die im Stundentakt fahren. An Bord dieser Züge ist der Betrieb von Laptops möglich.

Mit dem Auto

Manhattan ist eine Insel, die man über Brücken und Tunnels erreicht – von Süden kommt man durch den Holland Tunnel

Brooklyn Bridge – Verbindung von Brooklyn nach Manhattan

zum Financial District, von Osten durch den Lincoln Tunnel nach Midtown. Viel eindrucksvoller ist eine Fahrt über die George Washington Bridge. Auf ihr erreicht man Manhattan an der 178th Street im Nordosten.

Die Robert Kennedy Bridge (früher: Triborough Bridge) verbindet zwei andere Bezirke mit Manhattan: Die Brücke von Queens im Osten ist ideal bei Anfahrt von den Airports JFK und LaGuardia. Über die zweite erreicht man Manhattan aus der Bronx im Norden. Beide Brücken führen zusammen und bieten eine tolle Aussicht auf die Skyline. Bei der Anfahrt von Queens kann man auch die mautfreie Queensboro Bridge nutzen. Von diesem Bezirk führt auch der Midtown Tunnel nach Manhattan.

Die wohl faszinierendste Kulisse bietet sich allerdings bei der Fahrt über die Brooklyn Bridge nach Manhattan, die Aussicht auf die Wolkenkratzer im Financial District ist unschlagbar. Von Brooklyn kommt man auch durch den Brooklyn Battery Tunnel nach Manhattan.

Brücken- und Tunnelmaut

Die meisten Straßen von und nach Manhattan sind gebührenpflichtig und müssen beim Passieren bar bezahlt werden, wenn man keinen Jahrespass (E-ZPass) hat. Für die Tunnels von und nach Long Island und Brooklyn sowie die Robert Kennedy Bridge zahlt man 8,50 Dollar in beide Richtungen. Die Benutzung von Lincoln Tunnel, Holland Tunnel und George Washington Bridge kostet stadtauswärts nichts, stadteinwärts beträgt die Gebühr 15 Dollar.

Auf einen Blick

Flugzeug

Airport Information Service
JFK: 1-718-244-4444.
EWR: 1-973-961-6000.
LGA: 1-718-533-3400.
panynj.gov/airports

AirTrain
1-800-247-8726.
airtrain.com

American Airlines
1-800-433-7300.
aa.com

Austrian
1-800-843-0002.
+43 05 1766 1000
(A). austrian.com

Helicopter Flight Services
1-212-355-0801.
heliny.com

JetBlue
1-800-538-2583.
jetblue.com

Lufthansa
1-800-645-3880.
+49 69 86 799 799
(D). lufthansa.com

Newark Airport Express
1-877-863-9275.
newarkairportexpress.com

Southwest Airlines
1-800-435-9792.
southwest.com

SuperShuttle
1-212-209-7000.
supershuttle.com

Swiss
1-877-359-7947.
+41 848 700 700
(CH). swiss.com

United Airlines
1-800-864-8331.
united.com

Schiff

Brooklyn Cruise Terminal
Pier 12, Building 112, Bowne Street, Red Hook.
1-718-246-2794.
nycruise.com

Cape Liberty Cruise Port
14 Port Terminal Blvd, Bayonne.
1-201-823-3737.
cruiseliberty.com

New York Cruise Terminal
Pier 90, 711 12th Avenue. Stadtplan 11 B4.
1-212-246-5450.
nycruise.com

Fernreisebus

BoltBus
boltbus.com

Greyhound
1-800-231-2222.
greyhound.com

Port Authority Bus Terminal
Eighth Ave/W 40th St.
Stadtplan 8 D1.
1-212-564-8484.
panynj.gov

Zug

Amtrak
1-800-872-7245.
amtrak.com

Penn Station
Eighth Ave/31st St.
Stadtplan 8 E3.
amtrak.com

Stadtplan siehe Seiten 386–419

Ankunft in New York

Die Karte zeigt die Verbindungen zwischen Manhattan und den drei Flughäfen. Zudem sind die Zugverbindungen zwischen New York und anderen Teilen der USA sowie Kanada aufgeführt. Reiseinformationen, inklusive Fahrzeiten von Bussen, Fernbussen und Zügen, finden Sie in den Infoboxen. New Yorks Hafen für Passagierschiffe liegt am Hudson River in Midtown Manhattan. Der Port Authority Bus Terminal auf der West Side ist Busbahnhof für Fernbusse und Endhaltestelle vieler Buslinien.

Hafen für Passagierschiffe

Passenger Ship Terminal
Piers 88–92 für Kreuzfahrtschiffe. Cunard und Princess nutzen den Brooklyn Cruise Terminal.

Legende
- New York Airport Service und SuperShuttle *siehe S. 373*
- Long Island Rail Road
- NJ Transit Trains
- Newark Airport Express *siehe S. 373*
- AirTrain *siehe S. 373*
- Subway A *siehe S. 383*

Port Authority Bus Terminal
Alle Langstreckenbusse; Busverbindungen zu den Flughäfen.

Penn Station
Langstreckenzüge aus USA und **Kanada**; Pendlerzüge nach **Long Island** und **New Jersey**; NJ Transit zum **Newark Airport**. Amtrak, Long Island Rail Road und New Jersey Transit. M A, C, E, 1, 2, 3.

SuperShuttle-Busse halten auf Wunsch überall zwischen Battery Park und 227th Street.

Newark
Newark Airport Express
4–1 Uhr alle 15–30 Min. zu **Penn Station, Grand Central** und **Port Authority**.
New Jersey Transit alle 15–20 Min. zu **Port Authority**.
New Jersey Transit oder **Amtrak** zur **Penn Station**
Mo–Fr 5–24 Uhr alle 5–20 Min., Sa, So 5–24 Uhr alle 50 Min.

Die Port Authority of New York and New Jersey, Betreiber von JFK, Newark und LaGuardia, investierte in den AirTrain, einen Zug, der JFK und Newark mit den Subway-Linien verbindet.

ANKUNFT IN NEW YORK | **377**

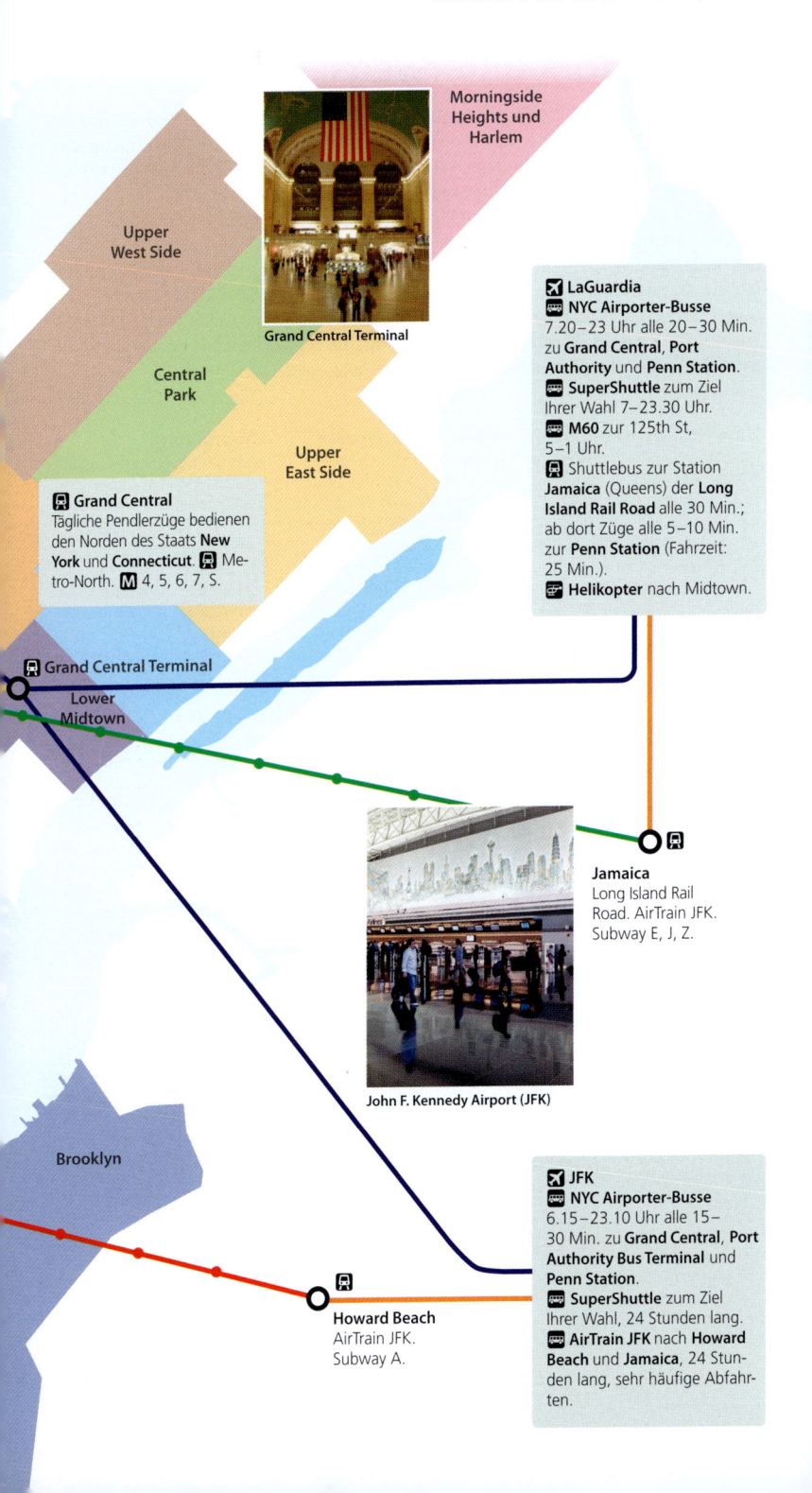

Grand Central Terminal

✈ LaGuardia
🚌 **NYC Airporter-Busse**
7.20–23 Uhr alle 20–30 Min. zu **Grand Central**, **Port Authority** und **Penn Station**.
🚌 **SuperShuttle** zum Ziel Ihrer Wahl 7–23.30 Uhr.
🚌 **M60** zur 125th St, 5–1 Uhr.
🚆 Shuttlebus zur Station **Jamaica** (Queens) der **Long Island Rail Road** alle 30 Min.; ab dort Züge alle 5–10 Min. zur **Penn Station** (Fahrzeit: 25 Min.).
🚁 **Helikopter** nach Midtown.

🚆 Grand Central
Tägliche Pendlerzüge bedienen den Norden des Staats **New York** und **Connecticut**. 🚆 Metro-North. Ⓜ 4, 5, 6, 7, S.

Grand Central Terminal

Lower Midtown

Jamaica
Long Island Rail Road. AirTrain JFK. Subway E, J, Z.

John F. Kennedy Airport (JFK)

Brooklyn

Howard Beach
AirTrain JFK. Subway A.

✈ JFK
🚌 **NYC Airporter-Busse**
6.15–23.10 Uhr alle 15–30 Min. zu **Grand Central**, **Port Authority Bus Terminal** und **Penn Station**.
🚌 **SuperShuttle** zum Ziel Ihrer Wahl, 24 Stunden lang.
🚆 **AirTrain JFK** nach **Howard Beach** und **Jamaica**, 24 Stunden lang, sehr häufige Abfahrten.

In New York unterwegs

New York verfügt über ein Straßennetz von rund 10 000 Kilometern Länge. Nur auf den ersten Blick scheint die Orientierung schwierig, denn die Stadt ist in ein recht übersichtliches Netzwerk aus Distrikten und Vierteln gegliedert, in denen man leicht die Übersicht behält. Das Stadtviertel Midtown in Manhattan, in dem viele Hauptsehenswürdigkeiten liegen, erstreckt sich zwischen 34th und 59th Street. Wenn Sie nicht alles zu Fuß gehen möchten, können Sie einen der Busse nehmen, die z. B. die Fifth oder Sixth Avenue entlangfahren. Leider stecken Busse oft im Stau fest, was natürlich auch für Taxis gilt. Mit der Subway kommt man zu jeder Tageszeit am schnellsten vorwärts. Sie ist preiswert, zuverlässig und hat viele Stationen in Manhattan. Für die Benutzung von öffentlichen Verkehrsmitteln *(siehe S. 382 – 385)* benötigen Sie für die Einzelfahrt eine *MetroCard* oder einen Pass, der als Wochen- oder Monatskarte angeboten wird.

Umweltbewusst reisen

Die Stadtverwaltung unternimmt seit langer Zeit große Anstrengungen beim Einsparen von Energie. In den 1990er Jahren zählte New York zu den Pionieren bei der Einführung schadstoffärmerer Treibstoffe für Busse. Der Einbau von Rußpartikel- und Schwefelfiltern brachte eine deutliche Verringerung der Emissionen und eine Verbesserung der Luftqualität. Die MTA (Metropolitan Transportation Authority) betreibt auf den Straßen der Stadt rund 2000 Busse mit Hybrid- bzw. mit Gasantrieb sowie auch einige Elektrobusse.

Um dem hohen Verkehrsaufkommen entgegenzuwirken, wurden in den letzten Jahren viele neue Radwege angelegt.

In den USA ist das Angebot an Zügen außerhalb großer Städte oft recht begrenzt, von New York aus bietet Amtrak jedoch mit dem East Coast Metroliner und dem Acela Express gute Verbindungen *(siehe S. 374f)*.

Radfahrerin im Central Park

Orientierung

Manhattans *Avenues* verlaufen von Süden nach Norden (von »downtown« nach »uptown«, wie New Yorker sagen). Die *Streets* (ausgenommen in älteren Teilen der Stadt) führen von Westen nach Osten. Die Fifth Avenue teilt Manhattan in West und Ost.

Die meisten *Streets* in Midtown sind Einbahnstraßen. Generell verläuft der Verkehr in Straßen mit geraden Nummern nach Osten, in Straßen mit ungeraden Nummern nach Westen. Auch *Avenues* sind oft Einbahnstraßen: First, Third (oberhalb der 23rd Street), Madison, Avenue of the Americas (Sixth), Eighth und Tenth Avenue kann man ausschließlich nach Norden befahren. Second, Lexington, Fifth,

Adressen in New York

Eine Formel hilft, bei *Avenues* die Adresse zu finden: Man lässt die letzte Ziffer der Hausnummer weg, teilt den Rest durch 2, addiert oder subtrahiert eine **Schlüsselzahl** *(siehe Tabelle)* und findet so die dem gesuchten Haus nächstgelegene Kreuzung. Beispiel: 826 Lexington Avenue. 6 weglassen; 82 geteilt durch 2 ergibt 41. Addiert wird die Schlüsselzahl 22. Dies ergibt die nächstgelegene Querstraße: 63rd Street.

Adresse	Schlüsselzahl	Adresse	Schlüsselzahl
1st Ave	+3	9th Ave	+13
2nd Ave	+3	10th Ave	+14
3rd Ave	+10	Amsterdam Ave	+60
4th Ave	+8	Audubon Ave	+165
5th Ave, bis 200	+13	Broadway oberhalb	
5th Ave, bis 400	+16	23rd St	−30
5th Ave, bis 600	+18	Central Park W, Zahl	
5th Ave, bis 775	+20	durch 10 teilen	+60
5th Ave 775 – 1286,		Columbus Ave	+60
nicht durch 2 teilen	−18	Convent Ave	+127
5th Ave, bis 1500	+45	Lenox Ave	+110
5th Ave, bis 2000	+24	Lexington Ave	+22
(6th) Ave of the		Madison Ave	+26
Americas	−12	Park Ave	+35
7th Ave unterhalb		Park Ave South	+8
110th St	+12	Riverside Drive, Zahl	
7th Ave oberhalb		durch 10 teilen	+72
110th St	+20	St. Nicholas Ave	+110
8th Ave	+10	West End Ave	+60

IN NEW YORK UNTERWEGS | 379

Beim Bummeln durch Chelsea

Seventh, Ninth Avenue und Broadway unterhalb der 59th Street führen hingegen nach Süden. Verkehr in zwei Richtungen herrscht auf York, Park, Eleventh, Twelfth Avenue und am Broadway oberhalb der 60th Street.

Die meisten Häuserblocks nördlich der Houston Street sind rechteckig angelegt. Die West-Ost-Seitenlänge ist dabei jedoch drei- bis viermal so lang wie die Seitenlänge von Nord nach Süd.

Einige Straßen haben mehrere Namen: Die Avenue of the Americas ist eher als Sixth Avenue bekannt. Die Park Avenue heißt Park Avenue South unterhalb der 34th Street und Fourth Avenue unterhalb der 14th Street. Dieser Reiseführer benutzt für Straßen und Plätze die Namen, die in New York üblich sind.

Verkehrsfluss

Hauptverkehrszeiten sind montags bis freitags zwischen 8 und 10 Uhr sowie zwischen 16.30 und 18.30 Uhr. Dann ist es oft besser, zu Fuß zu gehen, als Bus, Subway oder Taxi zu benutzen. Zu anderen Tageszeiten und an Feiertagen *(siehe S. 55)* kommen Sie auf New Yorker Straßen gut voran.

Natürlich gibt es Ausnahmen. Die beim Besuch hochrangiger Politiker getroffenen Sicherheitsmaßnahmen können den Verkehrsfluss stark beeinträchtigen. Das Areal um die Seventh Avenue, südlich der 42nd Street, ist den ganzen Tag über voller Lastwagen der New Yorker Bekleidungsfabriken.

Die Fifth Avenue und die Straßen, die sie kreuzen, sollte man an Tagen wie St. Patrick's Day oder Thanksgiving Day sowie beim New York Marathon besser ganz meiden. Auch andere Areale sind dann schwer passierbar. Wenn Sie sich an diesen Tagen in der Stadt aufhalten, sollten Sie andere Viertel besichtigen. Aber auch Subway-Züge sind dann unter Umständen vollkommen überfüllt.

Autofahren in New York

Dichter Verkehr, Mangel an Parkplätzen und hohe Mietwagenpreise machen Autofahren in New York zu einer frustrierenden Angelegenheit. Es besteht Anschnallpflicht. Die Höchstgeschwindigkeit von 30 mph (48 km/h) zu überschreiten ist angesichts der vielen Ampeln fast unmöglich. Die meisten Straßen sind nur in eine Richtung befahrbar. Anders als in den Vereinigten Staaten sonst üblich, dürfen Sie an einer roten Ampel – auch wenn es der Verkehr zulässt – nicht ohne Weiteres nach rechts abbiegen, sondern nur, wenn es durch Verkehrszeichen ausdrücklich erlaubt ist.

Um einen Wagen zu mieten, was in der Stadt günstiger ist als am Flughafen ist, müssen Sie mindestens 25 Jahre alt sein, einen gültigen Führerschein besitzen (ein internationaler Führerschein ist nützlich), Ihren Pass zeigen und eine Kreditkarte vorlegen. Achten Sie darauf, dass Sie ausreichenden Versicherungsschutz haben.

Logos von Mietwagenfirmen

Parken

Parken in Manhattan ist fast unmöglich und teuer. Sie können Ihr Auto in einer Parkgarage abstellen oder den Parkplatz Ihres Hotels nutzen – sofern es einen gibt. Beide Optionen sind kostspielig.

In den verkehrsreichsten Straßen Midtowns gibt es keine Parkmöglichkeiten. Andere bieten Kurzzeit-Parkzonen (20–60 Min.). Gelbe Straßen- und Bordsteinmarkierungen bedeuten Parkverbot.

»*Alternate Side*«-Parken ist in vielen Seitenstraßen möglich. Hier können Sie Ihr Auto zwar parken, müssen es aber bis zum nächsten Morgen um 8 Uhr auf der anderen Straßenseite abstellen.

Strafen

Strafzettel müssen Sie innerhalb von sieben Tagen bezahlen oder dagegen Einspruch erheben. In Streitfällen wenden Sie sich an das **Parking Violations Bureau**.

Falls Sie Ihren Wagen nicht wiederfinden, rufen Sie die Nummer 311, um zu erfahren, ob er abgeschleppt wurde. Das **Traffic Department Tow Pound** ist außer am Sonntag rund um die Uhr besetzt. Sie erhalten Ihren Wagen gegen Gebühren von mehr als 270 Dollar zurück (jeder weitere Tag kostet 20 Dollar Stellplatzgebühr mehr). Bei einem Mietwagen kann nur derjenige, auf dessen Namen der Mietvertrag läuft, den Wagen auslösen.

Times Square mit seinen Neonreklamen

Taxis an einer Straßenkreuzung in SoHo

Taxis

Es gibt in New York mehr als 13 000 »Yellow Cabs«, die leicht an ihrer Farbe zu erkennen sind. In einem Taxi können bis zu vier Personen mitfahren, die Gebühr ist nicht höher als für einen einzelnen Fahrgast. Alle zugelassenen Taxis sind mit Taxameter ausgestattet und drucken auf Wunsch eine Quittung aus. Man kann eines auf der Straße anhalten und an einem der wenigen Taxistände einsteigen. Taxis von Boro fahren auch nach Brooklyn und Staten Island, Areale, die Yellow Cabs nicht bedienen. Man muss sie buchen.

Am einfachsten finden Sie ein Taxi an der Penn Station und am Grand Central Terminal. Lizenzierte Taxis werden regelmäßig inspiziert und sind versichert. Auf nichtlizenzierte Taxis, sogenannte *gipsy cabs*, die auch kein Taxameter haben, trifft dies nicht zu, sie sind nicht zu empfehlen.

Sobald Sie ein Taxi besteigen, beginnt das Taxameter beim Stand von 3,30 Dollar zu laufen. Nach 267 Metern oder nach 60 Sekunden Wartezeit wird es um 50 Cent teurer. Zwischen 20 und 6 Uhr wird eine zusätzliche Gebühr von 50 Cent fällig. Einen Dollar Zusatzgebühr bezahlt man zwischen 16 und 20 Uhr an Werktagen. Immer mehr Taxifahrer akzeptieren Kreditkarten. Es ist üblich, dem Taxifahrer etwa 15 Prozent des Fahrpreises Trinkgeld zu geben.

Taxifahrer ist eine typische Tätigkeit für neu angekommene Einwanderer. Vergewissern Sie sich bei Fahrtantritt, dass Ihr Chauffeur versteht, wo Sie hinwollen. Wenn Sie einen Stadtplan zur Hand haben, können Sie auf Ihr Ziel deuten. Der Taxifahrer darf Sie erst dann nach Ihrem Ziel fragen, wenn Sie eingestiegen sind. Er darf nicht rauchen und muss – auf Ihren Wunsch – Fenster öffnen oder schließen, weitere Fahrgäste mitnehmen oder aussteigen lassen. Neben dem Taxameter müssen ein Foto des Fahrers und dessen Lizenznummer angebracht sein. Bei Problemen können Sie sich mit Ihrer Beschwerde an die **Taxi & Limousine Commission** wenden.

Eine kostspieligere Alternative sind Luxuslimousinen mit Fahrer (ab 40 Dollar/Stunde).

Zu Fuß

An allen Straßenkreuzungen in New York gibt es beleuchtete Straßenschilder sowie Ampeln: Fußgängerampeln zeigen ein grünes *Walk* für gehen, ein rotes *Don't walk* für stehen bleiben. Überqueren Sie Straßen an Ampeln.

Vergessen Sie nicht, dass es in Manhattan trotz der vielen Einbahnstraßen auch einige Straßen mit Gegenverkehr gibt. Schauen Sie vor dem Überqueren der Straße in beide Richtungen.

In Midtown gibt es schöne kleine Parks oder begrünte

Straßenschilder

größere Plätze mit Sitzbänken – geeignete Orte für eine kleine Pause vom lebhaften Straßenverkehr. Ein gut geeigneter Ort, das bunte Treiben am Times Square zu beobachten, ist die Treppe nahe dem TKTS-Ticketschalter (Ecke Broadway/47th St). Einige umliegende Blocks sind Fußgängerzone und bieten Stühle. Weitere Ruheinseln befinden sich beim Lincoln Center.

Fähren

Die **Circle Line** fährt mehrmals täglich vom Battery Park an der Südspitze von Manhattan zur Statue of Liberty und nach Ellis Island sowie von Pier 16 um Manhattan (auch halbe Tour möglich).

Rund um die Uhr bringt Sie die **Staten Island Ferry** kostenlos vom Battery Park nach Staten Island und zurück. Während der Fahrt bietet sich eine fantastische Aussicht auf Manhattan und seine Brücken, die Statue of Liberty und Ellis Island.

Wassertaxis

Der neue Fährdienst **Citywide Ferry** soll für 2,75 Dollar Dutzende von Vierteln in New York verbinden. Die derzeitigen Routen umfassen Rockaway, South Brooklyn, Astoria, Soundview und Lower East Side.

Die Boote von **New York Water Taxi** werden vor allem von Pendlern genutzt, bieten aber auch Touren und am Wochenende Hop-on-Hop-off-Sightseeing zwischen mehreren Anlegestellen.

Wassertaxi vor dem New York Harbor

Führungen

Wie auch immer Sie New York besichtigen wollen – zu Fuß, mit dem Bus, an Bord eines Boots, eines Helikopters oder in einer Pferdekutsche: Geführte Stadtbesichtigungen sind eine hervorragende Möglichkeit, Wissenswertes über die Stadt, ihre Geschichte und Architektur zu erfahren. Zudem sparen Sie Zeit und Energie.

Die **Municipal Art Society** ist bekannt für ihre sachkundigen Stadtführer. Bei einigen Touren, etwa durch die New York Public Library, Metropolitan Opera oder Radio City Music Hall, blicken Sie auch hinter die Kulissen. Bei vielen Bustouren können Sie die Fahrt beliebig oft unterbrechen *(siehe S. 385)*.

Fahrrad

Um den Autoverkehr einzudämmen, werden ständig neue Radwege angelegt. Manhattan hat mittlerweile nicht weniger als 145 Kilometer Fahrradwege. Dennoch: Sich neben Autoschlangen auf einem Rad durch die Stadt zu bewegen erfordert Erfahrung und ist nur etwas für tollkühne Fahrradkuriere.

Es gibt aber auch wunderbare Strecken, z. B. am East River sowie viele Wege im Central Park, wo Autos an Wochenenden nicht fahren dürfen. Karten und Routenvorschläge finden Sie online (www.nycbikemaps.com). Radvermietungen gibt es u. a. am Columbus Circle, oder Sie nutzen Citi Bike, den Radverleih der Stadt *(siehe S. 356)*.

Auf einen Blick

Mietwagen

Avis
1-800-331-1212.
avis.com

Budget
1-800-527-0700.
budget.com

Hertz
1-800-654-3131.
hertz.com

National
1-800-CAR RENT.
nationalcar.com

Parken

Parking Violations and Towing Information
311.

Parking Violations Bureau
1-718-802-3636.

Polizei
911.

Traffic Department Tow Pound
Pier 76, W 38th St/12th Ave. Stadtplan 7 B1.
311.

Taxis

Fundbüro
311.

Taxi & Limousine Commission
311.

Transportation Department
311.

Fähren

Circle Line
circleline.com

Staten Island Ferry
siferry.com

Wassertaxis

Citywide Ferry
ferry.nyc.com

New York Water Taxi
1-212-742-1969.
nywatertaxi.com

Führungen

Bike the Big Apple
1-347-878-9809.
bikethebigapple.com

Bootstouren: Circle Line Sightseeing Yachts
Pier 83, W 42nd St.
Stadtplan 7 A1.
1-212-563-3200.
circleline42.com

Bustouren: Gray Line
42nd St/Eighth Ave.
Stadtplan 8 D1.
1-212-397-2620.

Gebäudetouren: Grand Central Terminal
E 42nd St/Park Ave.
Stadtplan 13 A5.
1-212-883-2420.
grandcentralterminal.com

Harlem Spirituals, Inc.
690 Eighth Ave.
Stadtplan 8 D1.
1-212-391-0900.
harlemspirituals.com

Helikopter-Rundflug: Liberty
Downtown Manhattan Heliport, 6 East River Piers. Stadtplan 2 D4.
1-800-542-9933.
libertyhelicopter.com

Heritage Trails
Federal Hall, 26 Wall St.
Stadtplan 1 C3.
nps.gov/feha

Kutschfahrten
59th St/5th Ave, entlang Central Park South.
Stadtplan 12 F3.
nycarriages.com

Lower East Side Tenement Museum
108 Orchard St.
Stadtplan 5 A4.
1-212-431-0233.
tenement.org

Municipal Art Society
488 Madison Ave.
Stadtplan 13 A4.
1-212-935-3960.
mas.org

Museum at Eldridge Street
12 Eldridge St.
Stadtplan 5 A5.
1-212-227-8780.

Metropolitan Opera Tours
Lincoln Center.
Stadtplan 11 C2.
1-212-769-7020.
metopera.org

NBC Studio Tour
30 Rockefeller Plaza.
Stadtplan 12 F5.
1-212-664-7174.
thetouratnbcstudios.com

New York Public Library
Fifth Ave/42nd St.
Stadtplan 8 F1.
1-917-275-6975.
nypl.org

Radio City Music Hall Stage Door Tours
Sixth Ave.
Stadtplan 12 F4.
1-212-247-4777.
radiocity.com/tours

Spirit of New York
W 23rd/Eighth Ave.
Stadtplan 8 D4.
1-866-211-3805.
spiritcruises.com

Walkin' Broadway
239 W 49th St.
Stadtplan 11 C5.
1-212-997-5004.
walkinbroadway.com

Zu Fuß: Adventures on a Shoestring
300 W 53rd St.
Stadtplan 12 E4.
1-212-265-2663.

Big Apple Greeter
1 Centre St, Suite 2035.
Stadtplan 4 F4.
1-212-669-8159.
bigapplegreeter.org

Big Onion Walking Tours
476 13th St, Brooklyn.
1-212-439-1090.
bigonion.com

Wall Street Walks
1-212-209-3379.
wallstreetwalks.com

World Yacht, Inc.
Pier 81, W 41st St.
Stadtplan 7 A1.
1-212-630-8100.
worldyacht.com

Fahrrad

Central Park Bike Rentals
892 9th Ave.
Stadtplan 12 E3.
1-212-664-9600.
bikerentalcentralpark.com

Stadtplan siehe Seiten 386–419

Mit der Subway unterwegs

Die Subway ist die schnellste und bequemste Möglichkeit, sich in der Stadt zu bewegen. Das Subway-Netz umfasst eine Gesamtstrecke von 380 Kilometern mit 472 Stationen. Die meisten Linien fahren rund um die Uhr, wenn auch nachts und an Wochenenden in größeren Zeitabständen. In den letzten Jahren wurde das gesamte System modernisiert, die Waggons sind mittlerweile alle klimatisiert. Ab den 1980er Jahren wurden immer mehr Stationen mit Kunstwerken versehen. Achten Sie auf die Skulpturen und Mosaiken, die viele Bahnhöfe schmücken.

Eingang zur Subway-Station Times Square-42nd Street

Tickets

Für die Benutzung der Subway benötigen Sie ein Einzelticket für 2,75 Dollar (maximale Fahrzeit: zwei Stunden) oder eine aufladbare *MetroCard*, mit der der Preis pro Fahrt 3 Dollar beträgt, egal wie weit Sie fahren. Beide Tickets müssen Sie vor Beginn der Fahrt lösen. Eine günstige Option ist es, die *MetroCard* mit *7-Day-Unlimited* für 32 Dollar oder *30-Day-Unlimited* für 121 Dollar aufzuladen. *MetroCards* (und Zeitkarten) gelten auch für Busse (siehe S. 384f), einmaliger Wechsel zwischen beiden Verkehrsmitteln ist erlaubt. Man erhält *MetroCards* an Subway-Stationen, Kiosken und an vielen anderen Orten der Stadt. Die Automaten in den Stationen akzeptieren auch Kreditkarten.

Orientierung

Um an den Bahnsteig zu gelangen, müssen Sie Ihr Ticket in den Schlitz eines der Drehkreuze schieben, das somit passierbar wird. Erst nach Fahrtende benötigen Sie das Einzelticket nicht mehr. Achten Sie auf die Fahrtrichtungen (Züge nach »uptown« fahren Richtung Norden, die nach »downtown« Richtung Süden). Es gibt zwei Arten von Zügen: Lokalzüge *(local trains)* halten an allen Stationen, die schnelleren Expresszüge *(express trains)* hingegen halten nicht überall. Auf den Subway-Fahrplänen sind beide Zugarten unterschiedlich ausgewiesen.

Subway-Stationen

Viele Stationen der Subway sind durch verschiedene Beleuchtungen gekennzeichnet: Im Bereich mit grünem Licht ist rund um die Uhr Personal anwesend, auch der Schalter ist besetzt. Der rot beleuchtete Bereich verweist auf eingeschränkten Zugang zu den Bahnsteigen. Stationen erkennen Sie am Schild mit dem Namen der Station und den Buchstaben bzw. Nummern der Subway-Linien, die hier verkehren.

Logo der Subway

Linienpläne

Jede Subway-Linie ist auf den Plänen *(siehe hintere Umschlaginnenseiten)* sowohl farblich als auch durch einen Buchstaben oder eine Nummer und mit den Namen der beiden Endbahnhöfe gekennzeichnet. Lokal- und Expresszüge sowie Umsteigestationen sind markiert.

Unter den Stationsnamen stehen die Buchstaben bzw. Nummern der Linien, die dort verkehren. Fett gedruckte Nummern oder Buchstaben zeigen an, dass die Subway-Linie rund um die Uhr fährt (allerdings seltener zwischen 24 und 6 Uhr), dünn gedruckte Nummern oder Buchstaben zeigen eingeschränkte Betriebszeiten an. Eingerahmte Zeichen markieren die Station als Endstation einer Linie. Expresszüge erkennt man an einem weißen Kreis. Übersichtspläne und Listen mit den genauen Fahrzeiten aller Linien hängen in allen Stationen.

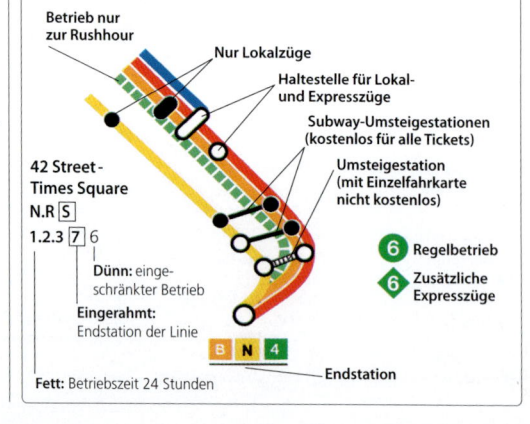

- Betrieb nur zur Rushhour
- Nur Lokalzüge
- Haltestelle für Lokal- und Expresszüge
- Subway-Umsteigestationen (kostenlos für alle Tickets)
- Umsteigestation (mit Einzelfahrkarte nicht kostenlos)
- **6** Regelbetrieb
- **6** Zusätzliche Expresszüge

42 Street - Times Square
N.R [S]
1.2.3 [7] 6

Dünn: eingeschränkter Betrieb
Eingerahmt: Endstation der Linie
B N 4 — Endstation
Fett: Betriebszeit 24 Stunden

Benutzung der Subway

Die meisten Subways fahren in Nord-Süd-Richtung. Die Linien nach Queens (E, F, N und R) verlaufen in West-Ost-Richtung *(siehe »Subway-Linien« unten).*

1 Auf den hinteren Umschlaginnenseiten finden Sie einen Plan der New Yorker Subway. Große Übersichtspläne hängen zudem unübersehbar in allen Subway-Stationen. Pläne des Streckennetzes gibt es auch im Internet.

2 Kaufen Sie eine *MetroCard* am Schalter oder am Automaten. Die Automaten akzeptieren gängige Kreditkarten, fast alle auch Geldscheine bis zu 50 Dollar, aber keine 1-Cent-Münzen. An den Automaten kann man die *MetroCard* auch aufladen.

3 Schieben Sie Ihr Ticket bzw. die *MetroCard* ein, dann lässt sich das Drehkreuz bewegen.

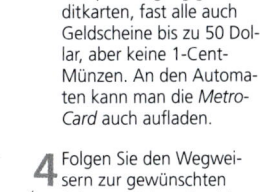

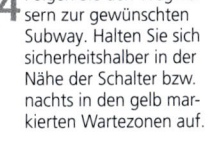

4 Folgen Sie den Wegweisern zur gewünschten Subway. Halten Sie sich sicherheitshalber in der Nähe der Schalter bzw. nachts in den gelb markierten Wartezonen auf.

5 Anzeigetafeln und Züge zeigen Nummer bzw. Buchstaben der Linie und den Namen der Endstation an.

6 Einen Übersichtsplan finden Sie am Bahnsteig und in jedem Wagen nahe der Tür. Neuere Züge haben elektronische Anzeigen. Alle Stationen werden ausgerufen, außerdem sind die Stationen gut ausgeschildert. Die Türen werden vom Fahrer geöffnet. Steigen Sie nachts möglichst nicht in leere Waggons ein.

7 An der gewünschten Station folgen Sie dem Hinweis zum Ausgang *(exit)* oder, falls Sie umsteigen müssen, den Wegweisern zur Anschlusslinie.

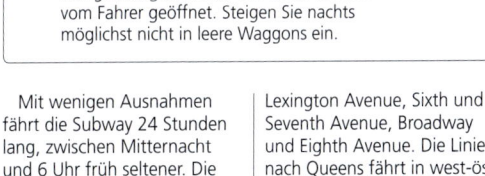

Mit wenigen Ausnahmen fährt die Subway 24 Stunden lang, zwischen Mitternacht und 6 Uhr früh seltener. Die Hauptverkehrszeiten sind werktags zwischen 6 und 8.30 Uhr sowie von 16.30 bis 18.30 Uhr. Wenn Sie zu diesen Zeiten fahren, sollten Sie den ersten oder letzten Waggon nehmen – sie sind meist weniger überfüllt.

Die Sicherheitsvorkehrungen in der Subway wurden deutlich verbessert. Vermeiden Sie es dennoch, ab dem späten Abend zu fahren. Abends warten Sie am besten in der »Off-Hours Waiting Area«. Im Notfall wenden Sie sich an die Wache im Stationshäuschen oder an die Sicherheits-Crew im ersten Wagen bzw. in der Mitte des Zugs.

Subway-Linien

Die meisten Subways durchqueren Manhattan in Nord-Süd-Richtung unter der Lexington Avenue, Sixth und Seventh Avenue, Broadway und Eighth Avenue. Die Linie 7 nach Queens fährt in west-östlicher Richtung, E, F, M, N, Q und R fahren in Nord-Süd-Richtung durch Midtown und dann östlich nach Queens. Ein Shuttle-Zug verbindet Grand Central Terminal und Times Square. Viele Linien verlaufen entlang einer Avenue, an einigen Bahnhöfen wie Times Square, Union Square und Columbus Circle treffen mehrere Linien aufeinander. Jede Linie ist mit einer Farbe sowie einem Buchstaben bzw. einer Nummer gekennzeichnet. Die grüne Linie etwa fährt entlang der Lexington Avenue, Nummer 6 ist ein *local train*, die Nummern 4 und 5 sind *express trains*. Die Linie Eighth Avenue ist blau (C und E sind *local trains*, A ist ein *express train*).

Die Endstation ist auf jedem Waggon angeschrieben. Pläne mit dem gesamten Streckennetz hängen in allen Subway-Bahnhöfen.

Einige Linien eignen sich für Besucher ganz besonders. Die Lexington-Linie bedient als einzige die East Side mit ihren Museen. Linie 6 hält u. a. an Guggenheim Museum und Metropolitan Museum of Art. Die rote Linie 1 entlang Broadway/Seventh Avenue führt zur West Side mit Lincoln Center, MoMA, Times Square, SoHo, Financial District und South Ferry, wo die Fähren zur Statue of Liberty ablegen.

Auf einen Blick

MTA Automated Trip Planner
w tripplanner.mta.info

Subway Information
C 511.
w mta.info

Mit dem Bus unterwegs

Auf mehr als 200 Linien sind über 4000 weiß-blaue Linienbusse *(local busses)* im Einsatz, einige davon täglich rund um die Uhr. Die Fahrzeuge sind modern, sauber, klimatisiert und umweltfreundlich, außerdem sicher und meist nicht überfüllt – außer in den Hauptverkehrszeiten. Busse bieten eine gute Gelegenheit, viele Sehenswürdigkeiten New Yorks »im Vorbeifahren« zu entdecken. Die Mitnahme von Tieren ist verboten, außer von Blindenhunden.

Tickets
Der Preis für eine Busfahrt beträgt 2,75 Dollar (siehe S. 382). Wenn Sie beim Busfahrer ein Einzelticket erwerben, müssen Sie den Betrag in Münzen passend parat haben, die Fahrer wechseln nicht. *MetroCards* (einschließlich der 7- oder *30-Day-Unlimited*-Pässe), die auch für Subways gelten, erhalten Sie u. a. an den Schaltern und Automaten der Subway-Stationen.

Mit Ihrem Ticket können Sie auch kostenlos in einen anderen Bus oder eine Subway umsteigen. Bei Benutzung einer *MetroCard* ist dies auf dem Ticket gespeichert. Bei Barzahlung müssen Sie den Fahrer nach einem Umsteigeticket *(transfer ticket)* fragen. Die gesamte Fahrzeit darf zwei Stunden nicht überschreiten.

Senioren (über 65 Jahre) und behinderte Fahrgäste zahlen die Hälfte. Für Rollstuhlfahrer und Gehbehinderte kann entweder der Zustiegsbereich abgesenkt werden, oder es gibt – je nach Bustyp – einen Lift.

Bushaltestellen
Busse halten nur an dafür ausgewiesenen Haltestellen. Sie befahren die Nord-Süd-Routen der großen Avenues, Haltestellen gibt es alle zwei bis drei Häuserblocks. Die Busse der Ost-West-Routen stoppen in der Regel an jedem Häuserblock. Viele Buslinien fahren rund um die Uhr.

Bushaltestellen sind mit roten, weißen und blauen Schildern sowie mit gelben Markierungen am Bordstein versehen. Die meisten verfügen über Wartehäuschen, teils mit Sitzgelegenheiten. An jeder Haltestelle finden Sie die Routen- und Fahrpläne der Buslinien. Beachten Sie, dass an vielen Haltestellen Busse mehrerer Linien halten.

Die Busse haben vor der Nummer einen Buchstaben, der dem Anfangsbuchstaben des von ihnen befahrenen Bezirks entspricht (M für Manhattan, B für Brooklyn, Bx für die Bronx, Q für Queens). In einigen leuchtet neben der Nummer die Aufschrift »limited« auf – diese fahren weniger Stationen an und sind deshalb schneller. Vergewissern Sie sich vor dem Einsteigen, dass Ihre gewünschte Station angefahren wird oder zumindest eine Station in der Nähe Ihres Fahrtziels.

In vielen Bussen liegen kostenlose Routen- und Fahrpläne aus.

Bushaltestelle in Midtown

Bus fahren
Die meisten Buslinien werden in Hauptverkehrszeiten im 3- bis 5-Minuten-Takt bedient, nachmittags von 12 bis 16.30 und abends von 7 bis 22 Uhr beträgt die Frequenz meistens sieben bis 15 Minuten. Staus und schlechtes Wetter verursachen oft Verspätungen. An Wochenenden und Feiertagen stehen weniger Busse zur Verfügung. Dafür kommen Busse dann schneller voran.

Steigen Sie an der vorderen Tür ein. Bei Unklarheiten oder Fragen zu Ihrer Route können Sie sich an den Busfahrer wenden. Bitten Sie ihn, in der Nähe Ihres Zielorts zu halten. Kaufen Sie ein Ticket (passende Münzen bereithalten), oder entwerten Sie Ihre *MetroCard* am Automaten.

Wenn Sie aussteigen möchten, ziehen Sie an der gelben vertikalen Schnur zwischen den Fenstern. Neuere Busse verfügen an einigen Haltestangen über Signalknöpfe, die bei Bedarf gedrückt werden. Über dem Fahrer leuchtet dann das Schild »Stop Request« auf. Ist der Bus überfüllt, begibt man sich besser schon einige Blocks vor der gewünschten Haltestelle zur Ausstiegstür.

Verlassen Sie den Bus durch die Doppeltür im hinteren Teil des Busses. Zwar wird sie vom Busfahrer aktiviert, damit sie sich öffnen kann (grünes Licht über der Tür), bisweilen müssen Sie jedoch kräftig gegen den gelben Streifen an der Tür drücken, um sie tatsächlich zu öffnen. In diesem Fall sollten Sie die Tür für die Passagiere hinter Ihnen offen halten.

Bus der Linie M86 auf der Fahrt durch den Central Park

Nachtbusse

Die meisten Buslinien der Stadt sind rund um die Uhr im Einsatz. Wenn Sie nachts mit dem Bus fahren möchten, sollten Sie auf jeden Fall die Fahrpläne beachten, die sich an den Bushaltestellen befinden. Nach 22 Uhr fahren viele Busse im 20-Minuten-Takt, zwischen Mitternacht und 6 Uhr können die Intervalle 30 bis 60 Minuten betragen.

Bustouren

Eine Stadtrundfahrt ist sinnvoll, wenn Sie in relativ kurzer Zeit möglichst viele Sehenswürdigkeiten erreichen wollen. Sie können an allen Haltestellen aussteigen und zu einem beliebigen Zeitpunkt wieder in einen anderen Bus einsteigen (hop-on/hop-off). Gray Line (siehe S. 381) ist das renommierteste Busunternehmen, das derartige Touren mit Doppeldeckerbussen anbietet.

Zu den gefragtesten Routen zählen die durch Downtown, Uptown und Brooklyn sowie Lichtertouren bei Dunkelheit (nicht als hop-on/hop-off). Mit einem zwei oder drei Tage gültigen Pass sehen Sie so die wichtigsten Sehenswürdigkeiten von New York. Während der Fahrt erhalten Sie über Kopfhörer Erläuterungen (auch auf Deutsch).

MTA Trip Planner

Der Trip Planner auf der Website von MTA (www.tripplanner.mta.info) bietet Karten mit dem Streckennetz von Bussen und Subways und zeigt Ihnen die besten Verbindungen zwischen zwei von Ihnen eingegebenen Orten.

Auf einen Blick

MTA Travel Information
- 511.
- mta.info

Fahrpläne
Erhältlich beim MTA/NYCT, Customer Service Center, 3 Stone Street, Lower Manhattan.
Stadtplan 1 C4.

Sightseeing mit dem Linienbus

Eine günstige Alternative zu einer Stadtrundfahrt im Rahmen einer Bustour ist die Benutzung der regulären Stadtbusse. Empfehlenswert ist die Linie M2, die auf der Fifth Avenue am Central Park entlangfährt mit Stopps bei Guggenheim und Met Museum. Dann dreht sie nördlich an der Madison Avenue (via Rockefeller Center und Empire State Building) und verläuft parallel zur M5, die südlich nach SoHo und Greenwich Village fährt. M15 verläuft von der Broad Street nach Norden, vorbei an Brooklyn Bridge und UN. Die Linien M7 und M20 folgen der Eighth Avenue und führen zu Times Square und Madison Square Garden.

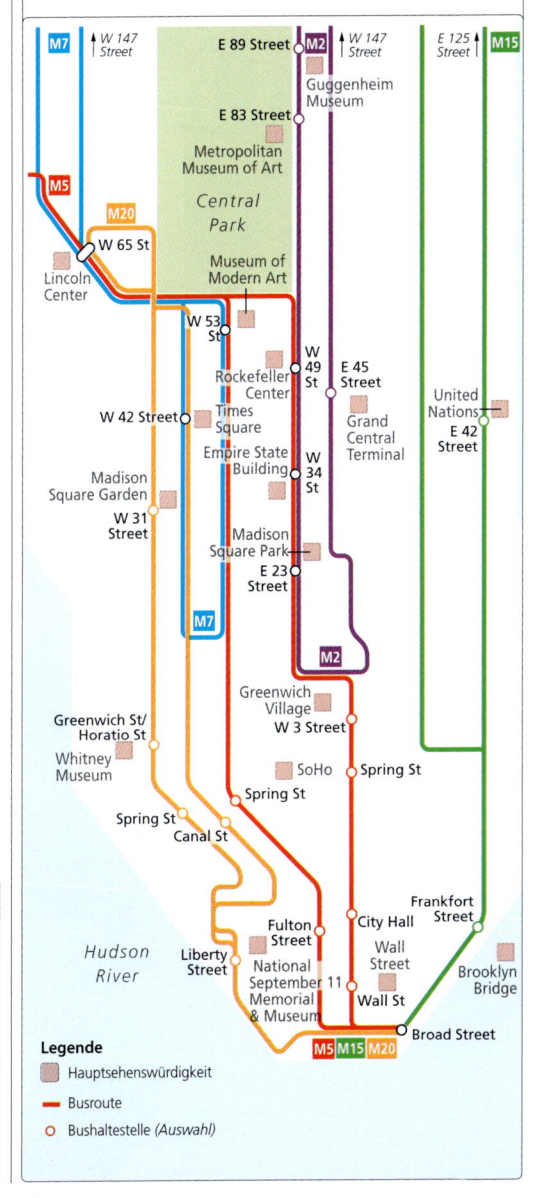

Stadtplan siehe Seiten 386–419

Stadtplan

Stadtplan-Verweise bei Sehenswürdigkeiten, Hotels, Restaurants, Bars, Läden und Veranstaltungsorten beziehen sich auf die Seiten 388–410 (Erklärung *siehe rechts*). Der *Stadtplan* deckt den Hauptteil Manhattans sowie einen Teil von Brooklyn ab. Die Übersichtskarte *(unten)* zeigt, welche Karte des *Stadtplans* welchen Bereich umfasst. Ein Register der Straßennamen und Sehenswürdigkeiten, die auf den Karten verzeichnet sind, finden Sie auf den Seiten 411–419. Der *Stadtplan* bildet alle ausführlich beschriebenen Viertel (farbig markiert) ab. Wichtige Stellen wie Informationsbüros, Fähranleger, Krankenhäuser etc. sind eingetragen.

Einkaufsstraße in Little Italy in der Lower East Side

Kartenausschnitt auf Stadtplan 1

STADTPLAN | **387**

Legende

- Hauptsehenswürdigkeit
- Sehenswürdigkeit
- Bahnhof
- Subway-Station
- Heliport
- Fährhafen
- Busbahnhof
- Seilbahn (Aerial Tramway)
- Information
- Krankenhaus mit Notaufnahme
- Polizei
- Kirche
- Synagoge
- Eisenbahn
- Fußgängerzone

Maßstab der Karten 1–22

0 Meter 200
0 Yards 200   1:11 500

Maßstab der Karte 23

0 Meter 800
0 Yards 800   1:40 000

Kartenausschnitt auf Stadtplan 19

Heights und Harlem

Upper East Side

Erklärung der Stadtplanverweise

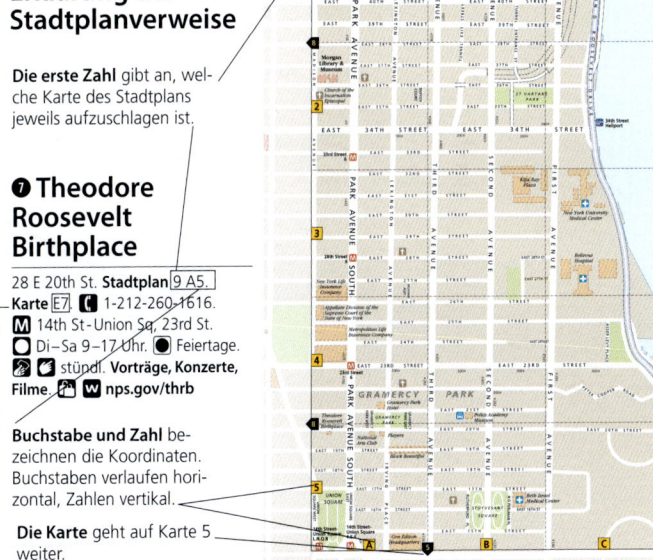

Die erste Zahl gibt an, welche Karte des Stadtplans jeweils aufzuschlagen ist.

❼ Theodore Roosevelt Birthplace

28 E 20th St. **Stadtplan** 9 A5. **Karte** E7. **℃** 1-212-260-1616. **Ⓜ** 14th St-Union Sq, 23rd St. **◐** Di–Sa 9–17 Uhr. **●** Feiertage. stündl. **Vorträge, Konzerte, Filme.** **W** nps.gov/thrb

Buchstabe und Zahl bezeichnen die Koordinaten. Buchstaben verlaufen horizontal, Zahlen vertikal.

Die Karte geht auf Karte 5 weiter.

Kartenverweise beziehen sich auf die Extrakarte zum Herausnehmen.

1
A
B
C
4
1
2
3
4
5
Harrison St
Independence Plaza
Manhattan Community College
Pier 25
Pier 21
Jay Street
Staple St
Hudson Street
Thomas
Worth Street
Lafayette Street
Centre Street
Trimble Place
Duane Street
Duane Park
Pace Plaza
African Burial Ground
Elk St
Washington Market Park
Reade Street
Andrew Plaza
Chambers Street
Chambers St-A.C
Surrogate's Court/ Hall of Records
Chambers St J.Z
Chambers St 1.2.3
Nelson A. Rockefeller Park
Municipal Building
Warren Street
Old NY County Courthouse
Brooklyn Bridge-City Hall 4.5.6
City Hall
Teardrop Park
River Terrace
West Street
West Broadway
Church Street
Broadway
Murray Street
Park Place 2.3
City Hall R
Frankfort St
Murray St
Park Place
City Hall Park
Park Row
Pace University
North End Avenue
Lower
Barclay Street
Woolworth Building
Spruce St
Battery Park City Ferry Terminal
7 World Trade Center
US Post Office
St. Peter's St
Beekman Street
Theatre Alley
Vesey Street
World Trade Center E
Lower Manhattan Hospital
Brookfield Place
One World Trade Center
Ann Street
St. Paul's Chapel
Fulton St A.C.4.5
National September 11 Memorial (North Pool)
Fulton Street
AT&T Building
Fulton St J.Z
Fulton St 2.3
Dutch St
National September 11 Memorial Museum
Dey Street
Cortlandt St R
John Street
North Cove Yacht Harbor
National September 11 Memorial (South Pool)
Cortlandt St
Federal Reserve Bank
Maiden Lane
Nassau Street
Merrill Lynch Liberty Plaza
Liberty Place
9/11 Tribute Center
Liberty Street
Platt
Battery Park City
Westside Highway 9A (West St)
Washington Street
Zuccotti Park
Chamber of Commerce
Legion Square
Cedar Street
Thames St
Chase Manhattan Bank
Albany Street
Greenwich Street
Wall St 4.5
William Street
Carlisle Street
Trinity Church
Federal Hall
Museum of American Finance
Pine
Rector St 1.R
Wall
Broad St J.Z
NY Stock Exchange
Wall St 2.3
Hudson
Rector Street
Rector Place
Exchange Place
Hanover Street
South End Avenue
Trinity Place
New Street
Liberty Plaza
Exchange Alley
Broad Street
Hanover Square
West Thames Street
J. P. Ward Street
Coenties Alley
Mill Lane
Beaver Street
Third Place
Cunard Building
Marketfield Street
South Street
River
South Cove
Morris Street
Western Union International Plaza
Charging Bull
Second Place
Downtown Athletic Club
Bowling Green 4.5
Bowling Green
Stone Street
Pearl Street
First Place
National Museum of the American Indian
Whitehall Street
Fraunces Tavern
Museum of Jewish Heritage
Skyscraper Museum
Battery Place
Bridge Street
Pearl St
Moore St
Water St
Battery Park
State St
Battery Plaza
Whitehall St R
Pier A Harbor House
Castle Clinton National Monument
Shrine of Elizabeth Ann Seton
Peter Minuit Plaza
Fähren nach Liberty und Ellis Island
The East Coast War Memorial
South Ferry 1
Battery Maritime Building
US Coast Guard
Staten Island Ferry
Fähren nach Staten Island und Weehawken
Brooklyn – Battery Tunnel
Lower Manhattan
Hudson River
East River
New Jersey
Liberty State Park
Ellis Island
Governors Island
Statue of Liberty
Liberty Island
Brooklyn
Upper Bay

Map: Lower Manhattan / Brooklyn

Manhattan side

- **PARK ROW**
- NY County Courthouse
- US Court House
- Police Headquarters
- AVENUE OF THE FINEST
- MADISON STREET
- ST JAMES PLACE
- OLIVER STREET
- HENRY STREET
- CATHERINE STREET
- JAMES STREET
- ST JAMES PLACE
- MONROE STREET
- CHERRY STREET
- MARKET STREET
- MARKET SLIP
- WATER STREET
- SOUTH STREET
- SOUTH STREET VIADUCT
- CATHERINE SLIP
- R.F. WAGNER SR. PLACE
- Knickerbocker Village
- Manhattan Bridge
- PIER 35
- Southbridge Towers
- PEARL STREET
- DOVER STREET
- FRONT STREET
- WATER STREET
- PECK SLIP
- BEEKMAN STREET
- FULTON STREET
- Titanic Memorial Park
- RYDERS ALLEY
- CLIFF STREET
- JOHN STREET
- Schermerhorn Row
- South Street Seaport
- FLETCHER STREET
- MAIDEN LANE
- PEARL STREET
- FRONT STREET
- SOUTH STREET
- PIER 17
- PIER 16
- PIER 15
- GOVERNEUR STREET
- 90th STREET
- OLD SLIP
- ELEVATED ACRE
- Wall St Ferry Pier — Fähren nach Fulton Landing – Bay Ridge und Rockaway
- PIER 2
- VIETNAM VETERANS PLAZA
- New York Plaza
- Downtown Manhattan Heliport — PIER 6
- South Ferry — Fähren nach Governors Island
- GOLD STREET
- WATER STREET

East River

Brooklyn side

- **BROOKLYN**
- Brooklyn Bridge
- Empire-Fulton Ferry Park
- DOCK STREET
- WATER STREET
- EVERIT ST
- OLD FULTON STREET
- DOUGHTY STREET
- FURMAN STREET
- COLUMBIA HEIGHTS
- MIDDAGH STREET
- CRANBERRY ST
- ORANGE ST
- PINEAPPLE ST
- CLARK ST
- BROOKLYN HEIGHTS PROMENADE
- BROOKLYN QUEENS EXPRESSWAY 278
- Brooklyn Bridge Park
- PIER 1
- PIER 2
- PIER 3
- PIER 4
- PIER 5
- PIER 6

Map of the West Village / Meatpacking District area of Manhattan, showing:

- Hudson River (west)
- Piers 26, 34, 40, 45, 46, 51, 52, 53, 54
- Fireboat Station
- Whitney Museum of American Art
- The High Line
- Meatpacking District
- Hudson River Park
- St. Luke's Garden
- James J. Walker Park
- Children's Museum of the Arts
- Isaacs-Hendricks House
- Grove Court
- 75½ Bedford Street
- St. Luke's Place
- Jackson Square
- Abingdon Square
- Sheridan Square
- McCarthy Square
- Mulry Square
- Manhattan Community College
- Holland Tunnel

Streets: West 14th Street, West 13th Street, West 12th Street, Little West 12th Street, Gansevoort Street, Horatio Street, Jane Street, West 12th Street, Bethune Street, Bank Street, West 11th Street, Perry Street, Charles Lane, Charles Street, West 10th Street, Christopher Street, Bedford Street, Grove Street, Commerce St, Barrow Street, Morton Street, Leroy Street, Clarkson Street, West Houston Street, King Street, Charlton Street, Vandam Street, Spring Street, Renwick Street, Canal Street, Watts Street, Desbrosses Street, Vestry Street, Laight Street, Hubert Street

Avenues: Eleventh Avenue, West Street, Washington Street, Greenwich Street, Hudson Street, Bleecker Street, Bank Street, Waverly Place, Greenwich Avenue, Eighth Avenue, Seventh Avenue, Bloomfield Street, Weehawken Street

Subway: 14th St 1.2.3 M; Christopher St–Sheridan Sq 1

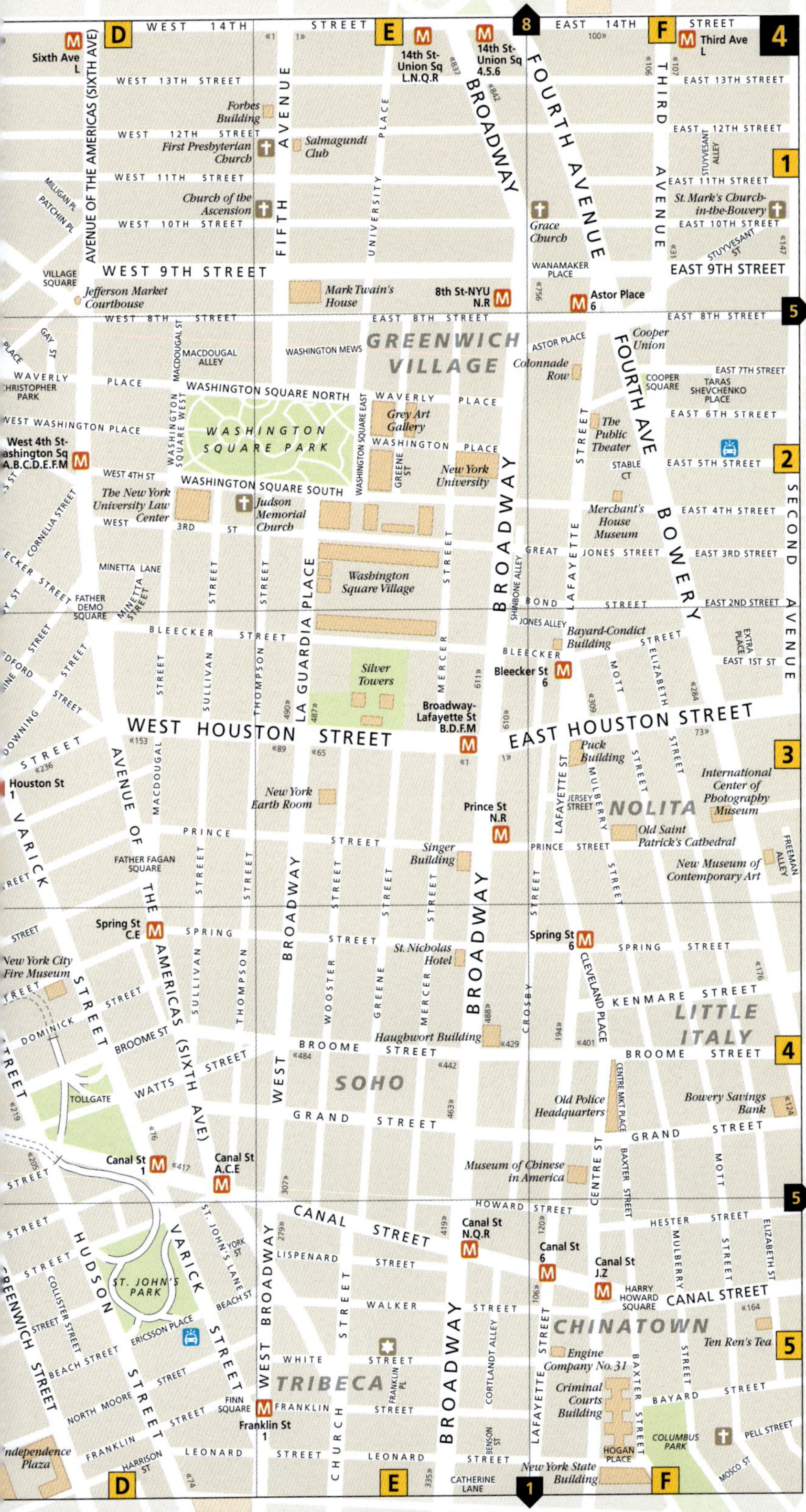
D
E
F
4
8
1
2
3
4
5
5
5
WEST 14TH STREET
EAST 14TH STREET
Sixth Ave L
14th St-Union Sq L.N.Q.R
14th St-Union Sq 4.5.6
Third Ave L
WEST 13TH STREET
EAST 13TH STREET
Forbes Building
WEST 12TH STREET
First Presbyterian Church
Salmagundi Club
EAST 12TH STREET
STUYVESANT ALLEY
WEST 11TH STREET
EAST 11TH STREET
Church of the Ascension
St. Mark's Church-in-the-Bowery
WEST 10TH STREET
EAST 10TH STREET
Grace Church
STUYVESANT ST
MILLIGAN PL
PATCHIN PL
AVENUE OF THE AMERICAS (SIXTH AVE)
FIFTH AVENUE
UNIVERSITY PLACE
BROADWAY
FOURTH AVENUE
THIRD AVENUE
VILLAGE SQUARE
WEST 9TH STREET
EAST 9TH STREET
WANAMAKER PLACE
Jefferson Market Courthouse
Mark Twain's House
8th St-NYU N.R
Astor Place 6
WEST 8TH STREET
EAST 8TH STREET
EAST 8TH STREET
GAY ST
PLACE
MACDOUGAL STREET
MACDOUGAL ALLEY
WASHINGTON MEWS
GREENWICH VILLAGE
ASTOR PLACE
Cooper Union
Colonnade Row
COOPER SQUARE
EAST 7TH STREET
TARAS SHEVCHENKO PLACE
WAVERLY PLACE
CHRISTOPHER PARK
WASHINGTON SQUARE NORTH
WAVERLY PLACE
WEST WASHINGTON PLACE
WASHINGTON SQUARE WEST
WASHINGTON SQUARE PARK
WASHINGTON SQUARE EAST
Grey Art Gallery
WASHINGTON PLACE
The Public Theater
EAST 6TH STREET
West 4th St-Washington Sq A.B.C.D.E.F.M
FOURTH AVE
STABLE CT
EAST 5TH STREET
WEST 4TH ST
GREENE ST
New York University
WASHINGTON SQUARE SOUTH
The New York University Law Center
WEST 3RD ST
Judson Memorial Church
Merchant's House Museum
EAST 4TH STREET
CORNELIA STREET
SECOND AVENUE
GREAT JONES STREET
EAST 3RD STREET
MINETTA LANE
BOWERY
BLEECKER STREET
FATHER DEMO SQUARE
MINETTA STREET
Washington Square Village
SHINBONE ALLEY
BOND STREET
EAST 2ND STREET
JONES ALLEY
Bayard-Condict Building
EXTRA PLACE
LA GUARDIA PLACE
BLEECKER STREET
MERCER STREET
THOMPSON STREET
SULLIVAN STREET
LAFAYETTE STREET
MOTT STREET
ELIZABETH STREET
Silver Towers
Bleecker St 6
EAST 1ST ST
DOWNING STREET
BEDFORD STREET
WEST HOUSTON STREET
Broadway-Lafayette St B.D.F.M
EAST HOUSTON STREET
Puck Building
Houston St 1
VARICK STREET
New York Earth Room
JERSEY STREET
MULBERRY STREET
NOLITA
International Center of Photography Museum
Prince St N.R
Old Saint Patrick's Cathedral
PRINCE STREET
PRINCE STREET
Singer Building
FATHER FAGAN SQUARE
New Museum of Contemporary Art
FREEMAN ALLEY
Spring St C.E
SPRING STREET
Spring St 6
SPRING STREET
St. Nicholas Hotel
New York City Fire Museum
CROSBY
CLEVELAND PLACE
KENMARE STREET
LITTLE ITALY
WOOSTER
GREENE
DOMINICK STREET
BROOME ST
BROOME STREET
Haughwort Building
BROOME STREET
WATTS STREET
SOHO
WEST BROADWAY
TOLLGATE
CENTRE MKT PLACE
Old Police Headquarters
Bowery Savings Bank
GRAND STREET
GRAND STREET
Canal St 1
Canal St A.C.E
Museum of Chinese in America
CENTRE ST
BAXTER STREET
HOWARD STREET
HESTER STREET
CANAL STREET
Canal St N.Q.R
Canal St 6
Canal St J.Z
YORK ST
ST. JOHN'S LANE
HUDSON STREET
LISPENARD STREET
ST. JOHN'S PARK
BEACH ST
WALKER STREET
HARRY HOWARD SQUARE
CANAL STREET
COLLISTER STREET
ERICSSON PLACE
CORTLANDT ALLEY
CHINATOWN
Ten Ren's Tea
GREENWICH STREET
BEACH STREET
CHURCH STREET
WHITE STREET
FRANKLIN PL
Engine Company No. 31
TRIBECA
Criminal Courts Building
BAYARD STREET
NORTH MOORE STREET
FINN SQUARE
FRANKLIN STREET
Franklin St 1
BENSON ST
COLUMBUS PARK
PELL STREET
Independence Plaza
FRANKLIN STREET
HARRISON ST
LEONARD STREET
LEONARD STREET
HOGAN PLACE
New York State Building
MOSCO ST
CATHERINE LANE

5
A
B
C
1
2
3
4
5
9
2
EAST 14TH STREET
First Ave L
EAST 13TH STREET
EAST 12TH STREET
EAST 11TH STREET
EAST 10TH STREET
EAST 9TH STREET
ST. MARK'S PLACE
EAST 8TH STREET
EAST 7TH STREET
EAST 6TH STREET
EAST 5TH STREET
EAST 4TH STREET
EAST 3RD STREET
EAST 2ND STREET
EAST 1ST STREET
FIRST AVENUE
AVENUE A
AVENUE B
AVENUE C
AVENUE D
SZOLD PLACE
FRANKLIN D. ROOSEVELT
TOMPKINS SQUARE
EAST VILLAGE
GUSTAVE HARTMAN SQUARE
PERETZ SQUARE
EAST HOUSTON STREET
HAMILTON FISH PARK
Second Ave F
Angel Orensanz Center
247365 Gallery
LOWER EAST SIDE
Economy Candy
Essex Street Market
Essex St F
Delancey St J.M.Z
Lower East Side Tenement Museum
The Pickle Guys
Harry Delancey Plaza
Bialystoker Synagogue
BIALYSTOKER PLACE
Bowery J.Z
Grand St B.D
SARA D. ROOSEVELT PARKWAY
FORSYTH
ELDRIDGE
CHRYSTIE STREET
ALLEN STREET
ORCHARD
LUDLOW
ESSEX
NORFOLK
SUFFOLK
CLINTON
ATTORNEY
RIDGE
PITT STREET
SHERIFF STREET
COLUMBIA STREET
STANTON STREET
RIVINGTON STREET
DELANCEY STREET
DELANCEY PARKWAY
WILLETT STREET
ABRAHAM E KAZAN ST
CANNON STREET
BROOME STREET
GRAND STREET
SAMUEL DICKSTEIN PLAZA
EAST BROADWAY
HENRY STREET
MADISON STREET
MONTGOMERY STREET
GOUVERNEUR ST
GOUVERNEUR SLIP EAST
GOUVERNEUR SLIP WEST
WATER STREET
HESTER STREET
DOVER ST
W. H. SEWARD PARK
STRAUS SQUARE
East Broadway F
JEFFERSON
RUTGERS STREET
CHERRY STREET
MONROE STREET
RUTGERS SLIP
RUTGERS PARK
SOUTH STREET
NYC Dept of Ports & Terminals
PIER 44
Mahayana Buddhist Temple
CANAL STREET
Museum at Eldridge Street
BOWERY
PIKE STREET
MARKET STREET
DIVISION
EAST BROADWAY
Confucius Plaza

WILLIAMSBURG (BROOKLYN)

- NORTH 9TH STREET
- NORTH 8TH STREET
- NORTH 7TH STREET
- NORTH 6TH STREET
- NORTH 5TH STREET
- NORTH 4TH STREET
- NORTH 3RD STREET
- METROPOLITAN AVENUE
- NORTH 1ST STREET
- GRAND STREET
- SOUTH 1ST STREET
- SOUTH 2ND STREET
- SOUTH 3RD STREET
- SOUTH 4TH STREET
- SOUTH 5TH STREET
- SOUTH 6TH STREET
- BROADWAY
- SOUTH 8TH STREET
- SOUTH 9TH ST
- SOUTH 11TH ST
- DIVISION AVENUE

RIVER STREET · KENT AVENUE · WYTHE AVENUE · BERRY STREET · DUNHAM PLACE

East River

Williamsburg Bridge

EAST RIVER DRIVE
FRANKLIN D ROOSEVELT DRIVE

ATHLETIC FIELD

EAST RIVER PARK

MANGIN STREET
BARUCH PLACE
SAMUEL A. SPIEGEL SQUARE
CHERRY STREET
CORLEARS HOOK PARK
VIADUCT
PIER 44

Fireboat Station

Corlears Hook

Wallabout Channel

US Naval Reserve Center

Wallabout Bay

7

A | B | C

1
- Pier 83 — Circle Line Boat Trip
- Pier 81
- West Midtown Ferry Terminal
- Lincoln Tunnel
- West 43rd Street
- West 42nd Street (Theater Row)
- West 41st Street
- West 40th Street
- West 39th Street
- NYC Technical College
- Cardinal Stepinac Plaza

2
- Pier 76
- Jacob K. Javits Convention Center
- West 38th Street
- West 37th Street
- West 36th Street
- West 35th Street
- West 34th Street
- Calvin Avenue

3
- Pier 72
- Port Authority West 30th Street Heliport
- West 33rd Street
- West 30th Street
- West 29th Street
- West 28th Street
- West 27th Street
- US Parcel Post Building
- Chelsea Park

4
- Pier 66
- Pier 64
- Pier 62
- West 26th Street
- West 25th Street
- West 24th Street
- Chelsea Waterside Park
- West 23rd Street — Empire Diner
- West 22nd Street
- West 21st Street
- The High Line

5
- Pier 61 — Chelsea Piers
- Pier 60
- Pier 59
- West 20th Street
- West 19th Street — Chelsea Historic District
- West 18th Street
- West 17th Street
- West 16th Street
- West 15th Street

Pier 57

Hudson River

TWELFTH AVENUE — ELEVENTH AVENUE — TENTH AVENUE — DYER AVENUE

Map of Midtown Manhattan / Chelsea area showing streets from 14th Street to 43rd Street, and avenues from Ninth Avenue to Fifth Avenue.

Grid References (borders): D, E, 12, F, 8 (top); 1, 9, 2, 3, 4, 9, 5 (right); D, E, 3, F (bottom)

Streets (north to south):
- West 43rd Street / East 43rd Street
- West 42nd Street / East 42nd Street
- West 41st Street / East 41st Street
- West 40th Street / East 40th Street
- West 39th Street / East 39th Street
- West 38th Street / East 38th Street
- West 37th Street / East 37th Street
- West 36th Street / East 36th Street
- West 35th Street / East 35th Street
- West 34th Street / East 34th Street
- West 33rd Street / East 33rd Street
- West 32nd Street / East 32nd Street
- West 31st Street / East 31st Street
- West 30th Street / East 30th Street
- West 29th Street / East 29th Street
- West 28th Street / East 28th Street
- West 27th Street / East 27th Street
- West 26th Street / East 26th Street
- West 25th Street / East 25th Street
- West 24th Street / East 24th Street
- West 23rd Street / East 23rd Street
- West 22nd Street / East 22nd Street
- West 21st Street / East 21st Street
- West 20th Street / East 20th Street
- West 19th Street / East 19th Street
- West 18th Street / East 18th Street
- West 17th Street / East 17th Street
- West 16th Street / East 16th Street
- West 15th Street / East 15th Street
- West 14th Street

Avenues (west to east): Ninth Avenue, Eighth Avenue, Seventh Avenue (Fashion Avenue), Broadway, Avenue of the Americas (Sixth Avenue), Fifth Avenue

Landmarks:
- McGraw-Hill Building
- Port Authority Bus Terminal
- 42nd St-Port Auth. Bus Terminal A,C,E
- Paramount Building
- Times Sq-42nd St 1,2,3
- Times Sq-42nd St 7,N,Q,R,S
- TIMES SQUARE
- New Amsterdam Theatre
- International Center of Photography Museum
- 42nd St-B,D,F,M
- Fifth Ave 7
- Bryant Park
- New York Public Library
- American Standard Building
- Macy's
- 34th St-Herald Sq B,D,F,M,N,Q,R
- HERALD SQUARE
- Empire State Building
- 34th St-Penn Station A,C,E
- 34th St-Penn Station 1,2,3
- James A. Farley Post Office Building
- Madison Square Garden Center
- Pennsylvania Station
- Pennsylvania Plaza
- St. John the Baptist Church
- Marble Collegiate Reformed Church
- Little Church Around the Corner
- 28th St 1
- 28th St N,R
- GREELEY SQUARE
- WORTH SQUARE
- Worth Monument
- Eataly
- 23rd St N,R
- MADISON SQUARE PLAZA
- MADISON SQUARE PARK
- 23rd St C,E
- Chelsea Hotel
- 23rd St F,M
- Flatiron Building
- CHELSEA
- General Theological Seminary
- Hugh O'Neill Dry Goods Store
- 18th St 1
- Rubin Museum of Art
- Port Authority Building
- 14th St-Eighth Ave A,C,E,L
- Sixth Ave L
- 14th St F,M
- 14th St-Union Sq N,Q,R,L

9
A
B
C
13
8
5
1
2
3
4
Grand Central Terminal
Chrysler Building
Grand Central-42nd Street 4.5.6.7.S
Pershing Square
Chanin Building
News Building
Ford Foundation Building
Tudor City Place
Tudor City
United Nations Headquarters
Franklin D. Roosevelt Drive
East 43rd Street
East 42nd Street
East 41st Street
East 40th Street
East 39th Street
East 38th Street
East 37th Street
East 36th Street
East 35th Street
East 34th Street
East 33rd Street
East 32nd Street
East 31st Street
East 30th Street
East 29th Street
East 28th Street
East 27th Street
East 26th Street
East 25th Street
East 24th Street
East 23rd Street
East 21st Street
East 20th Street
East 19th Street
East 18th Street
East 17th Street
East 16th Street
East 15th Street
East 28th St
East 27th St
East 24th St
East 16th St
Park Avenue
Park Avenue South
Lexington Avenue
Third Avenue
Second Avenue
First Avenue
Madison Avenue
Tunnel Exit Street
Tunnel Entrance St
Sniffen Court
Broadway Alley
Irving Place
Morgan Library & Museum
Church of the Incarnation Episcopal
St. Vartans Park
34th Street Heliport
33rd Street 6
Kips Bay Plaza
New York University Medical Center
Bellevue Hospital
28th Street 6
New York Life Insurance Company
Appellate Division of the Supreme Court of the State of New York
Metropolitan Life Insurance Company
Asser Levy Place
23rd Street 6
Gramercy Park
Gramercy Park Hotel
Gramercy Park West
Gramercy Park East
Theodore Roosevelt Birthplace
National Arts Club
The Players
Block Beautiful
Peter Cooper Road
Union Square
Union Square West
Union Square East
14th Street-Union Square L.N.Q.R
14th Street-Union Square 4.5.6
Con Edison Building
Rutherford Pl
Stuyvesant Square
N.D. Perlman Pl
Beth Israel Medical Center
«681
«803
«786
100»
300»
«639
«622
«748
«601
«729
«578
«68
«508
«622
349»
«9
100»
200»
«603
300»
«489
«442
«310
«301
«393
100»
200»
300»
400»
«286
«282
«401
«390
300»
«382
«2
«126
«230
«240

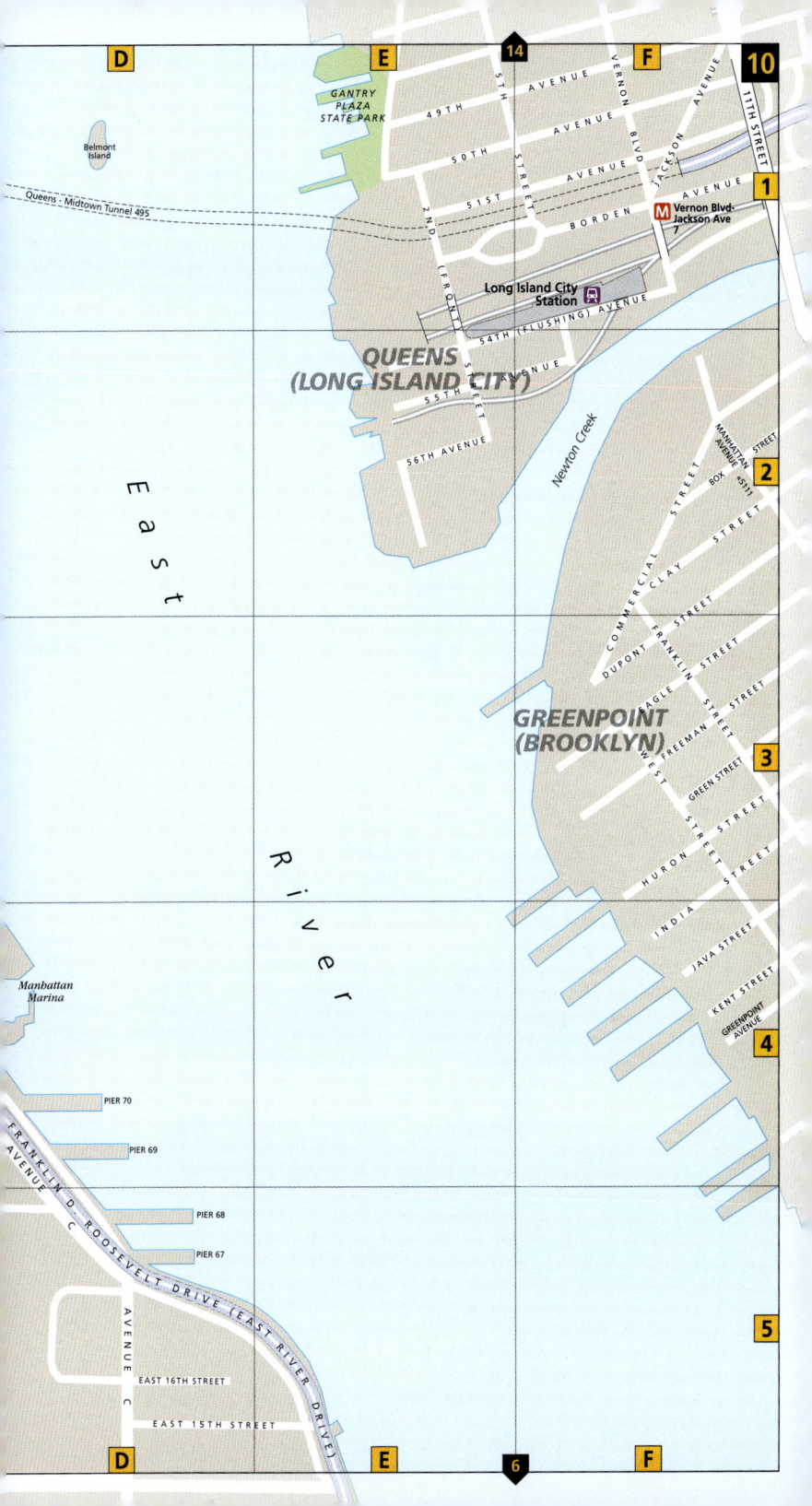

Map: Queens (Long Island City) / Greenpoint (Brooklyn) / East River

- Belmont Island
- Queens – Midtown Tunnel 495
- Gantry Plaza State Park
- 49th Avenue
- 50th Avenue
- 51st Avenue
- 5th Street
- Vernon Blvd
- Jackson Avenue
- 11th Street
- Borden Avenue
- M Vernon Blvd–Jackson Ave 7
- 2nd Street
- Front Street
- Long Island City Station
- 54th (Flushing) Avenue
- QUEENS (LONG ISLAND CITY)
- 55th Avenue
- 56th Avenue
- Newton Creek
- Commercial Street
- Dupont Street
- Eagle Street
- Clay Street
- Box Street
- Manhattan Avenue
- 45th Street
- Franklin Street
- West Street
- Freeman Street
- Green Street
- GREENPOINT (BROOKLYN)
- Huron Street
- India Street
- Java Street
- Kent Street
- Greenpoint Avenue
- Manhattan Marina
- East River
- Pier 70
- Pier 69
- Pier 68
- Pier 67
- Avenue C
- Franklin D Roosevelt Drive (East River Drive)
- East 16th Street
- East 15th Street

11

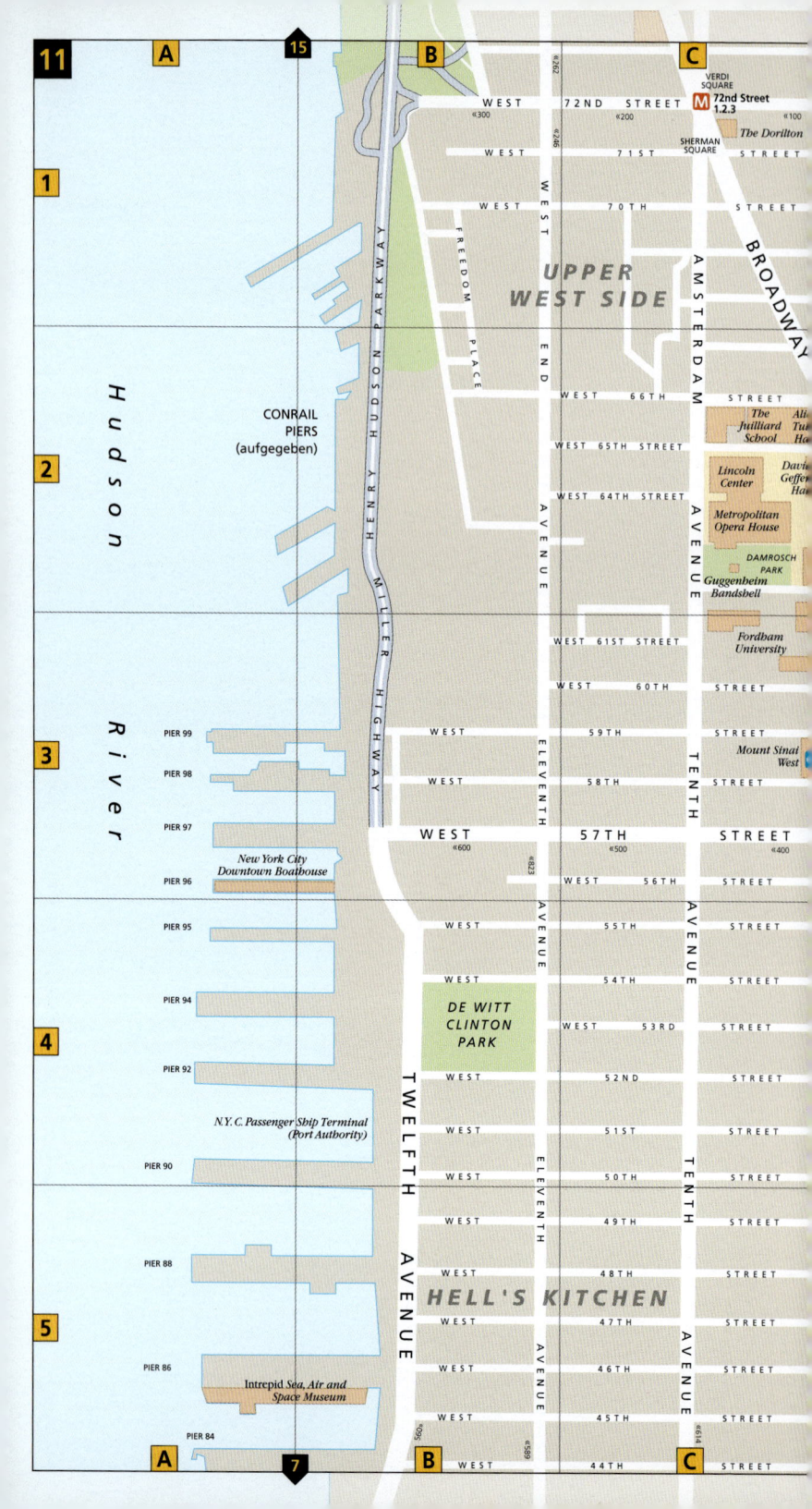

Hudson River

CONRAIL PIERS (aufgegeben)

PIER 99
PIER 98
PIER 97
PIER 96 — New York City Downtown Boathouse
PIER 95
PIER 94
PIER 92
N.Y.C. Passenger Ship Terminal (Port Authority)
PIER 90
PIER 88
PIER 86 — Intrepid Sea, Air and Space Museum
PIER 84

HENRY HUDSON PARKWAY / MILLER HIGHWAY

FREEDOM PLACE

UPPER WEST SIDE

WEST 72ND STREET
WEST 71ST STREET — SHERMAN SQUARE
WEST 70TH STREET
WEST 66TH STREET
WEST 65TH STREET
WEST 64TH STREET
WEST 61ST STREET
WEST 60TH STREET
WEST 59TH STREET
WEST 58TH STREET
WEST 57TH STREET
WEST 56TH STREET
WEST 55TH STREET
WEST 54TH STREET
WEST 53RD STREET
WEST 52ND STREET
WEST 51ST STREET
WEST 50TH STREET
WEST 49TH STREET
WEST 48TH STREET
WEST 47TH STREET
WEST 46TH STREET
WEST 45TH STREET
WEST 44TH STREET

TWELFTH AVENUE
ELEVENTH AVENUE
TENTH AVENUE
AMSTERDAM AVENUE
BROADWAY

VERDI SQUARE — 72nd Street 1,2,3
The Dorilton
The Juilliard School
Ali Tu Ha
Lincoln Center
Davi Geffen Ha
Metropolitan Opera House
DAMROSCH PARK
Guggenheim Bandshell
Fordham University
Mount Sinai West

DE WITT CLINTON PARK

HELL'S KITCHEN

Central Park & Midtown Manhattan Map

Grid References
- **D**, **E**, **F** (columns)
- **12**, **1**, **13**, **2**, **3**, **4**, **5**, **8** (rows)

Central Park Area

Landmarks:
- The Dakota (72nd Street B.C)
- Majestic Apartments
- Strawberry Fields
- Cherry Hill
- Bethesda Fountain and Terrace
- Bandshell
- East Green
- Frick Collection
- The Mall
- Hotel des Artistes
- CENTRAL PARK
- SHEEP MEADOW
- West Drive / East Drive
- 65th St Transverse Road
- 66th Street-Lincoln Center
- Lincoln Square
- American Folk Art Museum
- David Geffen Hall
- Lincoln Plaza
- David H. Koch Theater
- Century Apartments
- Heckscher Ballfields
- The Dairy
- Children's Zoo
- Temple Emanu-El
- Central Park Zoo
- Wollman Rink
- Heckscher Playground
- Bird Sanctuary
- The Pond
- Doris C. Freedman Plaza
- Fifth Avenue 59th St N.Q.R
- 59th Street-Columbus Circle 1.A.B.C.D
- St. Paul the Apostle Church
- Time Warner Center
- Columbus Circle
- Museum of Arts and Design
- Plaza Hotel
- Grand Army Plaza
- CENTRAL PARK SOUTH (OLMSTED WAY)

Midtown

Streets: East/West 72nd down to 44th Street

Avenues: Ninth, Columbus, Central Park West, Broadway, Eighth, Seventh, Avenue of the Americas (Sixth), Fifth

Landmarks:
- Alwyn Court Apartments
- 57th Street N.Q.R
- Carnegie Hall
- 57th St Street F
- Trump Tower
- IBM Building
- 1740 Broadway
- New York City Center
- Museum of Modern Art (MoMA)
- St. Thomas' Church
- Seventh Avenue B.D.E
- Fifth Ave-53rd St E.M
- W. C. Handy's Place
- Paley Center for Media
- Swing Street
- St. Patrick's Cathedral
- Radio City Music Hall
- International Building
- Rockefeller Center
- 50th Street C.E
- 50th Street 1
- 49th Street N.Q.R
- 47th-50th St-Rockefeller Center B.D.F.M
- MIDTOWN
- Diamond District
- Duffy Square
- Lyceum Theatre
- Fred F French Building
- Algonquin Hotel
- New York Yacht Club
- Shubert Theater
- Shubert Alley

UPPER EAST SIDE

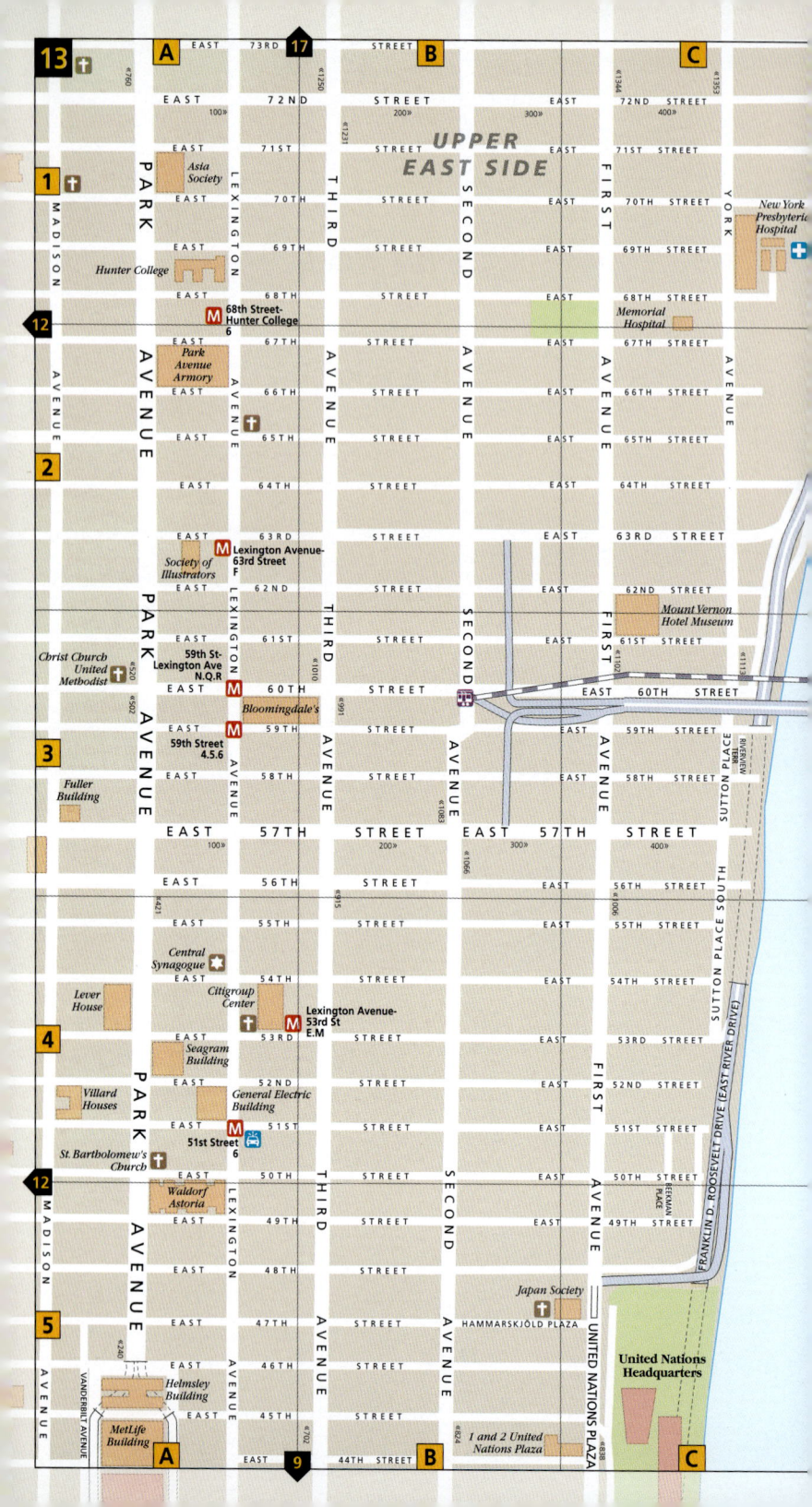

Grid references: A, B, C (columns); 1, 2, 3, 4, 5 (rows)

Streets (north to south)
- East 73rd Street
- East 72nd Street
- East 71st Street
- East 70th Street
- East 69th Street
- East 68th Street
- East 67th Street
- East 66th Street
- East 65th Street
- East 64th Street
- East 63rd Street
- East 62nd Street
- East 61st Street
- East 60th Street
- East 59th Street
- East 58th Street
- East 57th Street
- East 56th Street
- East 55th Street
- East 54th Street
- East 53rd Street
- East 52nd Street
- East 51st Street
- East 50th Street
- East 49th Street
- East 48th Street
- East 47th Street
- East 46th Street
- East 45th Street
- East 44th Street

Avenues (west to east)
- Madison Avenue
- Park Avenue
- Lexington Avenue
- Third Avenue
- Second Avenue
- First Avenue
- York Avenue
- Sutton Place / Sutton Place South
- Franklin D. Roosevelt Drive (East River Drive)
- Vanderbilt Avenue
- United Nations Plaza

Points of Interest
- Asia Society
- New York Presbyterian Hospital
- Hunter College
- 68th Street-Hunter College (6)
- Memorial Hospital
- Park Avenue Armory
- Society of Illustrators
- Lexington Avenue-63rd Street (F)
- Mount Vernon Hotel Museum
- Christ Church United Methodist
- 59th St-Lexington Ave (N.Q.R)
- Bloomingdale's
- 59th Street (4,5,6)
- Fuller Building
- Central Synagogue
- Lever House
- Citigroup Center
- Lexington Avenue-53rd St (E,M)
- Seagram Building
- Villard Houses
- General Electric Building
- 51st Street (6)
- St. Bartholomew's Church
- Waldorf Astoria
- Japan Society
- Hammarskjöld Plaza
- Helmsley Building
- MetLife Building
- United Nations Headquarters
- 1 and 2 United Nations Plaza
- Beekman Place

D
E
F
18
10
1
2
3
4
5
FRANKLIN D. ROOSEVELT DRIVE (EAST RIVER DRIVE)
West Channel
East Channel
BLACKWELL PARK
Roosevelt Island Bridge
MAIN STREET
Roosevelt Island
F
ROOSEVELT ISLAND
AERIAL TRAMWAY
Queensboro Bridge
WEST ROAD
EAST ROAD
FRANKLIN D. ROOSEVELT FOUR FREEDOMS PARK
LONG ISLAND CITY
QUEENS COUNTY
QUEENS BRIDGE PARK
VERNON BOULEVARD
36TH AVENUE
37TH AVENUE
38TH AVENUE
40TH AVENUE
41ST AVENUE
41ST ROAD
QUEENS PLAZA NORTH
QUEENS PLAZA SOUTH
43RD AVENUE
43RD ROAD
44TH AVENUE
44TH ROAD
44TH DRIVE
45TH AVENUE
45TH ROAD
46TH AVENUE
46TH ROAD
47TH AVENUE
47TH ROAD
48TH AVENUE
9TH STREET
10TH STREET
11TH STREET
12TH STREET
13TH STREET
21ST ST
5TH STREET
VERNON STREET
JACKSON AVENUE
«4302
«4302

Upper West Side

16
D
E
F
21
17
12
1
2
3
4
5
COLUMBUS AVENUE
CENTRAL PARK WEST
FIFTH AVENUE
(MUSEUM MILE)
WEST 101ST ST
WEST 100TH STREET
WEST 97TH STREET
WEST 96TH STREET
WEST 95TH STREET
WEST 94TH STREET
WEST 93RD STREET
WEST 92ND STREET
WEST 91ST STREET
(HENRY J. BROWNE BOULEVARD)
WEST 89TH STREET
WEST 88TH STREET
WEST 87TH STREET
WEST 86TH STREET
WEST 85TH STREET
WEST 84TH STREET
WEST 83RD STREET
WEST 82ND STREET
WEST 81ST STREET
WEST 77TH STREET
WEST 76TH STREET
WEST 75TH STREET
WEST 74TH STREET
EAST 101ST ST
EAST 98TH ST
EAST 97TH ST
EAST 96TH ST
EAST 95TH ST
EAST 94TH ST
EAST 93RD ST
EAST 92ND ST
EAST 90TH ST
EAST 88TH ST
EAST 87TH ST
EAST 86TH ST
EAST 85TH ST
EAST 84TH ST
EAST 83RD ST
EAST 82ND ST
EAST 81ST ST
EAST 80TH ST
EAST 79TH ST
EAST 78TH ST
EAST 77TH ST
EAST 76TH ST
EAST 75TH ST
EAST 74TH ST
The Pool
NORTH MEADOW
BALL FIELD
WEST DRIVE
EAST DRIVE
EAST MEADOW
Mount Sinai Medical Center
St. Nicholas Russian Orthodox Cathedral
97TH STREET TRANSVERSE ROAD
Children's Museum of Manhattan
96th Street B.C
CENTRAL PARK
SOUTH MEADOW TENNIS COURTS
Jacqueline Kennedy Onassis Reservoir
Jewish Museum
Cooper Hewitt, Smithsonian Design Museum
Eldorado Apartments
Solomon R. Guggenheim Museum
86th Street B.C
86TH STREET TRANSVERSE ROAD
Neue Galerie
THE GREAT LAWN
Metropolitan Museum of Art
81st Street-Museum of Natural History B.C
Rose Center for Earth and Space
SHAKESPEARE GARDEN
Delacorte Theater
Belvedere Castle
Belvedere Lake
79TH STREET TRANSVERSE ROAD
American Museum of Natural History
New-York Historical Society
San Remo Apartments
THE RAMBLE
Alice in Wonderland
Boathouse
Central Park Lake
Conservatory Water
Bow Bridge

17

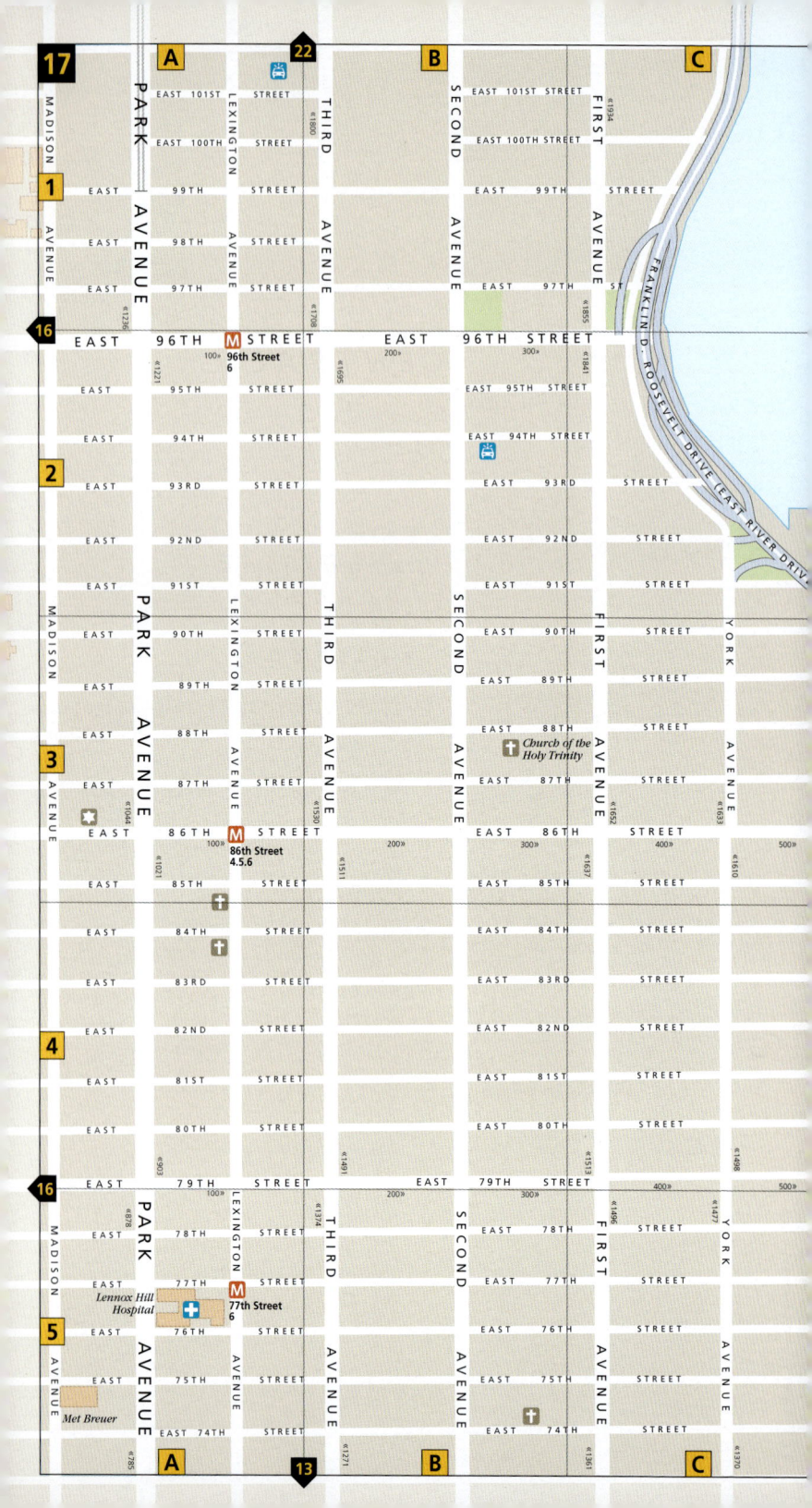

A | B | C

MADISON AVENUE
PARK AVENUE
LEXINGTON AVENUE
THIRD AVENUE
SECOND AVENUE
FIRST AVENUE
YORK AVENUE

EAST 101ST STREET
EAST 100TH STREET
EAST 99TH STREET
EAST 98TH STREET
EAST 97TH STREET
EAST 96TH STREET — 96th Street 6
EAST 95TH STREET
EAST 94TH STREET
EAST 93RD STREET
EAST 92ND STREET
EAST 91ST STREET
EAST 90TH STREET
EAST 89TH STREET
EAST 88TH STREET
EAST 87TH STREET — Church of the Holy Trinity
EAST 86TH STREET — 86th Street 4.5.6
EAST 85TH STREET
EAST 84TH STREET
EAST 83RD STREET
EAST 82ND STREET
EAST 81ST STREET
EAST 80TH STREET
EAST 79TH STREET
EAST 78TH STREET
EAST 77TH STREET — Lenox Hill Hospital — 77th Street 6
EAST 76TH STREET
EAST 75TH STREET
EAST 74TH STREET — Met Breuer

FRANKLIN D. ROOSEVELT DRIVE (EAST RIVER DRIVE)

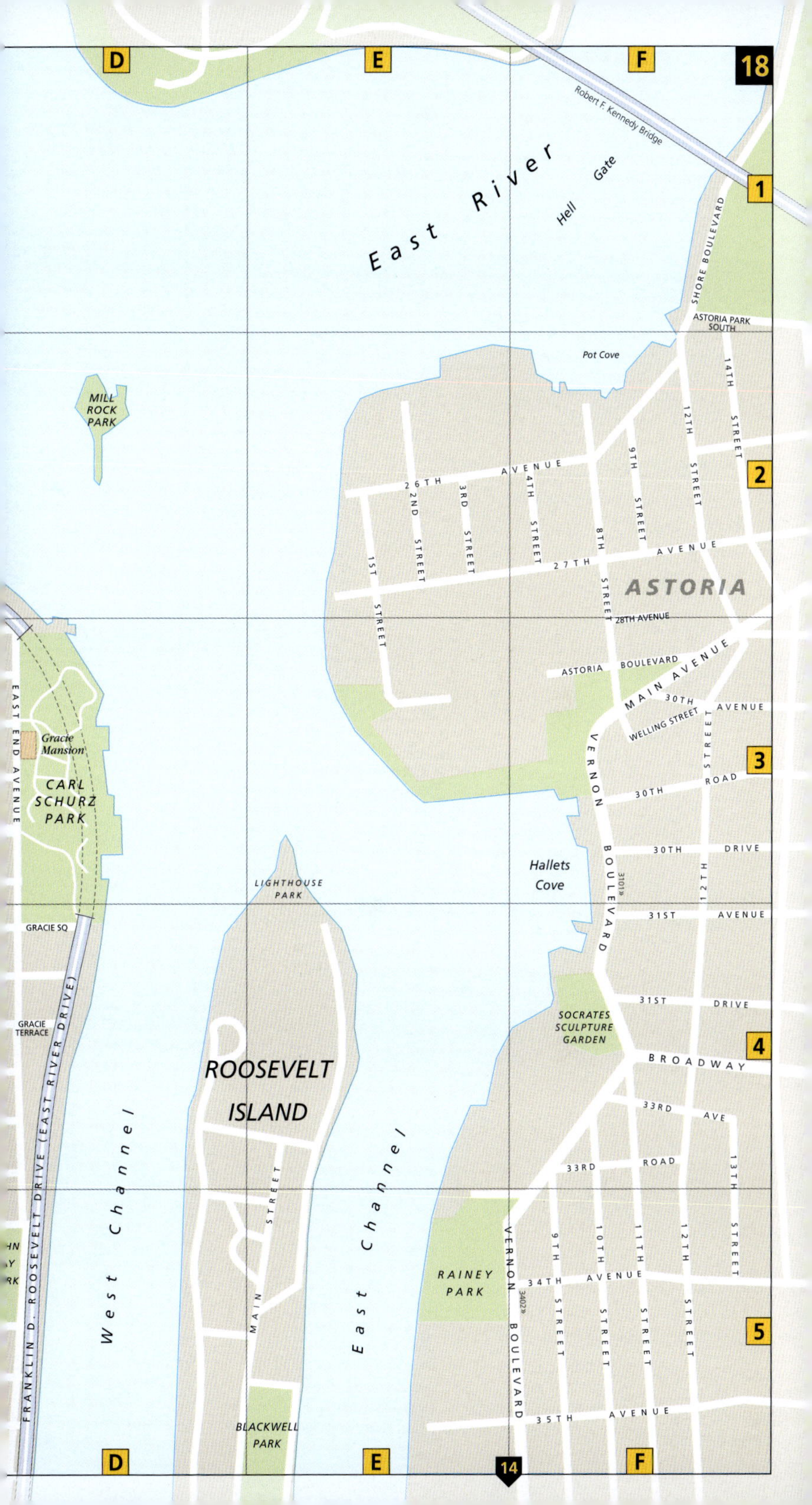
D
E
F
1
2
3
4
5
Robert F. Kennedy Bridge
East River
Hell Gate
SHORE BOULEVARD
ASTORIA PARK SOUTH
Pot Cove
MILL ROCK PARK
14TH STREET
12TH STREET
9TH STREET
26TH AVENUE
2ND STREET
3RD STREET
4TH STREET
8TH STREET
27TH AVENUE
1ST STREET
ASTORIA
28TH AVENUE
ASTORIA BOULEVARD
MAIN AVENUE
30TH AVENUE
WELLING STREET
STREET
VERNON BOULEVARD
30TH ROAD
30TH DRIVE
12TH
3101»
Hallets Cove
EAST END AVENUE
Gracie Mansion
CARL SCHURZ PARK
LIGHTHOUSE PARK
GRACIE SQ
31ST AVENUE
31ST DRIVE
GRACIE TERRACE
SOCRATES SCULPTURE GARDEN
BROADWAY
FRANKLIN D. ROOSEVELT DRIVE (EAST RIVER DRIVE)
ROOSEVELT ISLAND
33RD AVE
33RD ROAD
13TH STREET
West Channel
MAIN STREET
East Channel
VERNON BOULEVARD
9TH STREET
10TH STREET
11TH STREET
12TH STREET
RAINEY PARK
34TH AVENUE
3402»
35TH AVENUE
BLACKWELL PARK

14

19
A
B
C
1
2
3
4
5
21
JACKIE ROBINSON PARK
WEST 145TH STREET
145th Street 3
WEST 144TH STREET
WEST 143RD ST
WEST 142ND STREET
WEST 141ST STREET
WEST 140TH ST
WEST 139TH ST
WEST 138TH ST
WEST 137TH STREET
WEST 136TH ST
WEST 135TH STREET
WEST 134TH STREET
WEST 133RD STREET
WEST 132ND STREET
WEST 131ST STREET
AMSTERDAM AVENUE
CONVENT AVENUE
HAMILTON TERRACE
HAMILTON PLACE
EDGECOMBE AVENUE
BRADHURST AVENUE
FREDERICK DOUGLASS BOULEVARD (EIGHTH AVENUE)
ADAM CLAYTON POWELL JR. BOULEVARD (SEVENTH AVENUE)
LENOX AVENUE
SAINT NICHOLAS AVENUE
ST. NICHOLAS TERRACE
ST. NICHOLAS PARK
Hamilton Grange National Monument
Hamilton Heights
St. Nicholas Historic District
Abyssinian Baptist Church
City College of the University of NY
135th Street B.C
Schomburg Center for Research in Black Culture
135th Street 2.3
Harlem YMCA
Hudson River

20
D
E
F
1
2
3
4
5
21
15
WEST 130TH STREET
CONVENT HILL
CONVENT AVENUE
TWELFTH AVE
WEST 125TH STREET
(MARTIN LUTHER KING JR. BOULEVARD)
125th Street 1
ST. CLAIR PLACE
OLD BROADWAY
WEST 126TH STREET
WEST 129TH STREET
WEST 128TH STREET
WEST 127TH STREET
WEST 126TH ST
ST. NICHOLAS TERRACE
ST. NICHOLAS AVENUE
TIEMANN PLACE
RIVERSIDE DRIVE EAST
RIVERSIDE DRIVE WEST
HENRY HUDSON PARKWAY 9A
CLAREMONT AVENUE
BROADWAY
AMSTERDAM AVENUE
LA SALLE STREET
ROOSEVELT SQUARE
WEST 125TH ST
125th Street A.B.C.D
HANCOCK PLACE
HANCOCK SQUARE
Grant's Tomb
WEST 123RD STREET
WEST 123RD ST
Jewish Theological Seminary
WEST 122ND STREET
WEST 122ND ST
Riverside Church
WEST 121ST STREET
Teachers' College, Columbia University
WEST 120TH STREET
REINHOLD NIEBUHR PLACE
W 119TH ST
MORNINGSIDE PARK
MORNINGSIDE AVENUE
MANHATTAN AVENUE
WEST 119TH STREET
WEST 118TH STREET
WEST 117TH STREET
RIVERSIDE PARK
RIVERSIDE DRIVE
St. Paul's Chapel
Low Library
Columbia University
116th Street-Columbia University 1
A. H. Sulzberger Plaza
MORNINGSIDE DRIVE
WEST 116TH ST
WEST 115TH ST
WEST 115TH STREET
Butler Library
WEST 114TH STREET
St. Luke's Hospital
WEST 113TH STREET
WEST 112TH STREET
Cathedral of St. John the Divine
WEST 111TH STREET
Cathedral Parkway 1
CATHEDRAL PARKWAY
WEST 109TH STREET
WEST 108TH STREET
WEST 107TH STREET
COLUMBUS AVENUE
STRAUS PARK
WEST 106TH STREET
(DUKE ELLINGTON BOULEVARD)
WEST 105TH STREET
WEST END AVENUE
WEST 104TH STREET
WEST 103RD STREET
103rd Street 1

A
B
C
1
2
3
4
5
20
16
HARLEM
WEST 130TH STREET
WEST 129TH STREET
WEST 128TH STREET
WEST 127TH STREET
WEST 126TH STREET
WEST 124TH STREET
WEST 123RD STREET
WEST 122ND STREET
WEST 121ST STREET
WEST 120TH STREET
WEST 119TH STREET
WEST 118TH STREET
WEST 117TH STREET
WEST 116TH STREET
WEST 115TH STREET
WEST 114TH STREET
WEST 113TH STREET
WEST 112TH STREET
WEST 111TH STREET
EAST 130TH STREET
EAST 129TH STREET
EAST 128TH STREET
EAST 125TH STREET
EAST 124TH STREET
EAST 123RD STREET
EAST 122ND STREET
EAST 121ST STREET
EAST 120TH STREET
EAST 119TH STREET
EAST 118TH STREET
EAST 117TH STREET
EAST 116TH STREET
EAST 115TH STREET
EAST 112TH STREET
EAST 111TH STREET
EAST 110TH STREET
EAST 109TH STREET
EAST 108TH STREET
EAST 107TH ST
EAST 106TH STREET
EAST 105TH ST
EAST 104TH STREET
EAST 103RD STREET
FREDERICK DOUGLASS AVENUE (EIGHTH AVENUE)
ADAM CLAYTON POWELL JR. BOULEVARD (SEVENTH AVENUE)
ADAM CLAYTON POWELL JR. BOULEVARD
MALCOLM X BOULEVARD (LENOX AVENUE)
MOUNT MORRIS PARK WEST
FIFTH AVENUE
MADISON AVENUE
PARK AVENUE
ST. NICHOLAS AVENUE
CENTRAL PARK NORTH
CENTRAL PARK WEST
LANGSTON HUGHES PLACE
AFRICAN SQUARE
PHILLIP RANDOLPH SQUARE
FREDERICK DOUGLASS CIRCLE
FRAWLEY CIRCLE
Sylvia's
Apollo Theater
Studio Museum of Harlem
Mount Morris Historic District
MARCUS GARVEY PARK
125th Street 2.3
116th Street 2.3
116th Street B.C
110th Street-Cathedral Parkway B.C
Central Park North-110th Street 2.3
103rd Street B.C
Dana Discovery Center
Harlem Meer
The Blockhouse
Lasker Pool and Rink
CENTRAL PARK
THE GREAT HILL
WEST DRIVE
EAST DRIVE
The Loch
Conservatory Garden
Museo del Barrio
Museum of the City of New York
«398
«2116
«1914
«2089
«2021
«200
«2090
«1
«2000
1»
«1921
«1416
«1636
«100
«1399
«1617
«2
«1510
«1489
«419
«1209

Map — East Harlem / Randall's Island

Streets and Avenues (west to east):
- THIRD AVENUE (MARTIN LUTHER KING JR. BLVD / LUIS MUÑOZ MARIN BOULEVARD)
- SECOND AVENUE
- FIRST AVENUE
- PLEASANT AVENUE
- PALADINO AVENUE
- FRANKLIN D. ROOSEVELT DRIVE (EAST RIVER DRIVE)
- SYLVAN PL

Cross Streets:
- EAST 127TH STREET
- EAST 126TH STREET
- 5th Street (MARTIN LUTHER KING JR. BLVD)
- RONALD E. MCNAIR PLACE
- EAST 120TH STREET
- EAST 119TH STREET
- EAST 118TH STREET
- EAST 117TH STREET
- 6th Street (LUIS MUÑOZ MARIN BOULEVARD)
- EAST 115TH STREET
- EAST 114TH STREET
- EAST 113TH STREET
- EAST 112TH STREET
- EAST 111TH STREET
- EAST 110TH STREET / 0th Street
- EAST 109TH STREET
- EAST 108TH STREET
- EAST 107TH STREET
- EAST 106TH STREET
- EAST 105TH STREET
- EAST 104TH STREET
- EAST 103RD STREET / 103rd Street

Landmarks / Features:
- Harlem River
- Willis Avenue Bridge
- Robert F. Kennedy Bridge
- Louis Cuvillier Park
- RANDALL'S ISLAND PARK
- JEFFERSON PARK
- Benjamin Franklin Plaza
- RECREATION PIER
- Fußgängerbrücke

Grid references: 22 · D · E · F · 1 · 2 · 3 · 4 · 5 · 17

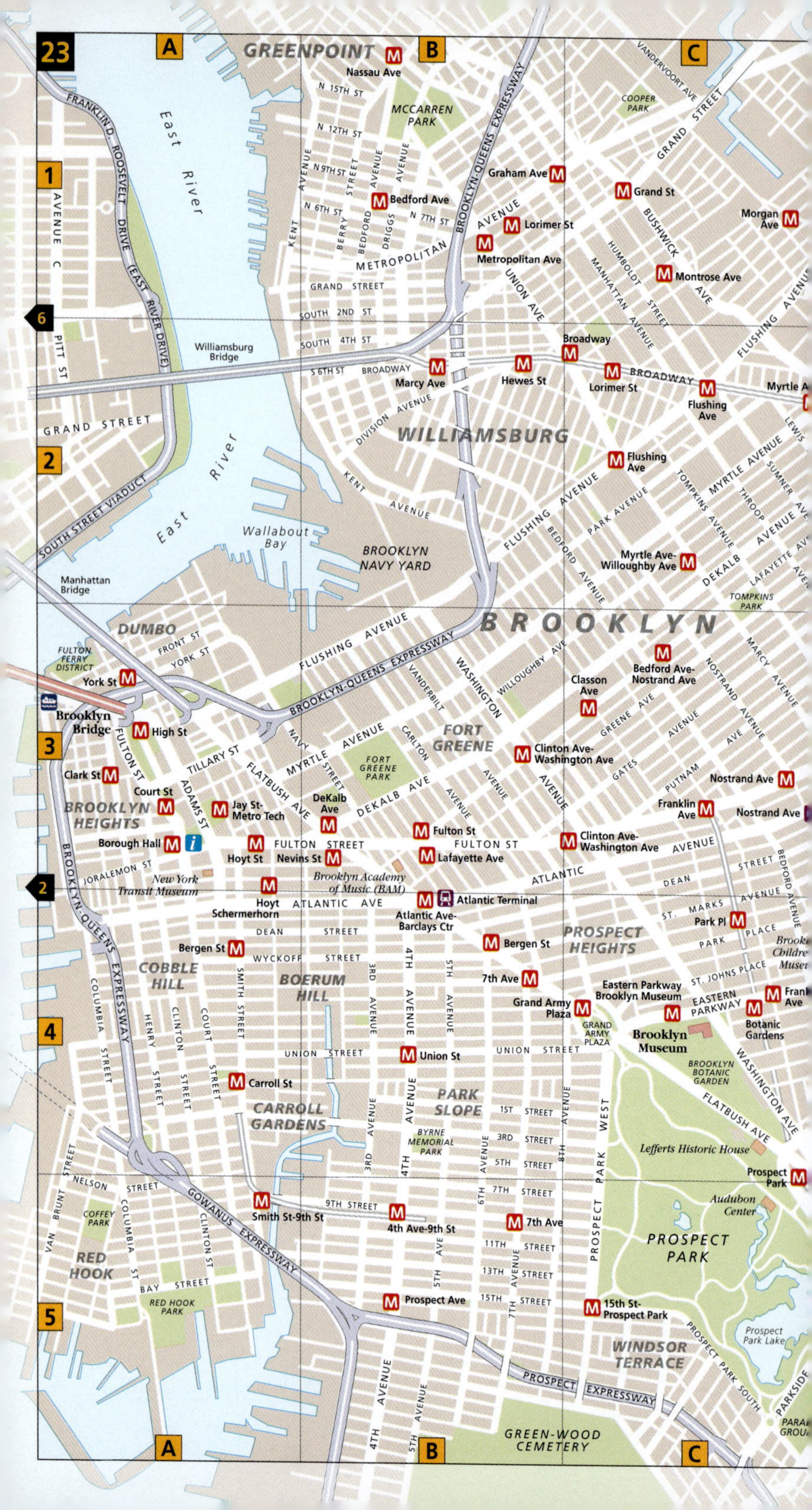

23
A
B
C
1
2
3
4
5
6
2
GREENPOINT
Nassau Ave
N 15TH ST
N 12TH ST
N 9TH ST
N 6TH ST
N 7TH ST
MCCARREN PARK
BROOKLYN-QUEENS EXPRESSWAY
VANDERVOORT AVE
COOPER PARK
GRAND STREET
Graham Ave
Grand St
Bedford Ave
Lorimer St
Morgan Ave
Metropolitan Ave
METROPOLITAN AVENUE
KENT AVENUE
BERRY STREET
BEDFORD AVENUE
DRIGGS AVENUE
UNION AVE
BUSHWICK AVE
HUMBOLDT STREET
MANHATTAN AVENUE
Montrose Ave
FLUSHING AVENUE
GRAND STREET
SOUTH 2ND ST
SOUTH 4TH ST
S 6TH ST
BROADWAY
Broadway
Marcy Ave
Hewes St
Lorimer St
Flushing Ave
Myrtle Ave
FRANKLIN D. ROOSEVELT DRIVE (EAST RIVER DRIVE)
AVENUE C
PITT ST
East River
Williamsburg Bridge
GRAND STREET
DIVISION AVENUE
WILLIAMSBURG
KENT AVENUE
Flushing Ave
LEWIS
SUMNER AVE
MYRTLE AVENUE
THROOP AVENUE
TOMPKINS AVENUE
PARK AVENUE
BEDFORD AVENUE
FLUSHING AVENUE
SOUTH STREET VIADUCT
East River
Wallabout Bay
BROOKLYN NAVY YARD
Myrtle Ave-Willoughby Ave
DEKALB AVENUE
LAFAYETTE AVE
TOMPKINS PARK
Manhattan Bridge
DUMBO
FRONT ST
YORK ST
FULTON FERRY DISTRICT
York St
FLUSHING AVENUE
BROOKLYN-QUEENS EXPRESSWAY
BROOKLYN
Brooklyn Bridge
High St
VANDERBILT
WASHINGTON
WILLOUGHBY AVE
Classon Ave
Bedford Ave-Nostrand Ave
NOSTRAND AVENUE
MARCY AVENUE
FULTON ST
TILLARY ST
NAVY STREET
MYRTLE AVENUE
CARLTON
FORT GREENE
FORT GREENE PARK
Clinton Ave-Washington Ave
GREENE AVE
GATES AVE
PUTNAM AVENUE
Clark St
Court St
ADAMS ST
FLATBUSH AVE
DeKalb Ave
DEKALB AVE
AVENUE
Nostrand Ave
BROOKLYN HEIGHTS
Jay St-Metro Tech
Franklin Ave
Nostrand Ave
Borough Hall
FULTON STREET
Fulton St
FULTON ST
Clinton Ave-Washington Ave
AVENUE
Hoyt St
Nevins St
Lafayette Ave
JORALEMON ST
New York Transit Museum
Brooklyn Academy of Music (BAM)
ATLANTIC
DEAN
STREET
BEDFORD AVENUE
BROOKLYN-QUEENS EXPRESSWAY
Hoyt Schermerhorn
ATLANTIC AVE
Atlantic Ave-Barclays Ctr
Atlantic Terminal
ST. MARKS AVENUE
Park Pl
DEAN STREET
Bergen St
WYCKOFF STREET
PROSPECT HEIGHTS
PARK PLACE
Brooklyn Children's Museum
COBBLE HILL
BOERUM HILL
3RD AVENUE
4TH AVENUE
5TH AVENUE
7th Ave
Eastern Parkway Brooklyn Museum
ST. JOHNS PLACE
Franklin Ave
COLUMBIA STREET
HENRY STREET
CLINTON STREET
COURT STREET
SMITH STREET
Grand Army Plaza
GRAND ARMY PLAZA
EASTERN PARKWAY
Botanic Gardens
Brooklyn Museum
UNION STREET
Union St
UNION STREET
BROOKLYN BOTANIC GARDEN
WASHINGTON AVE
Carroll St
CARROLL GARDENS
PARK SLOPE
1ST STREET
BYRNE MEMORIAL PARK
3RD STREET
5TH STREET
6TH AVENUE
8TH AVENUE
PROSPECT PARK WEST
FLATBUSH AVE
Lefferts Historic House
Prospect Park
NELSON STREET
VAN BRUNT STREET
COFFEY PARK
COLUMBIA ST
CLINTON ST
GOWANUS EXPRESSWAY
Smith St-9th St
9TH STREET
4th Ave-9th St
7TH STREET
7th Ave
Audubon Center
PROSPECT PARK
RED HOOK
BAY STREET
RED HOOK PARK
5TH AVE
11TH STREET
13TH STREET
7TH AVENUE
15TH STREET
Prospect Ave
15th St-Prospect Park
WINDSOR TERRACE
PROSPECT PARK SOUTH
Prospect Park Lake
PROSPECT EXPRESSWAY
PARKSIDE
PARADE GROUND
4TH AVENUE
5TH AVENUE
GREEN-WOOD CEMETERY

Kartenregister

1 and 2 United Nations Plaza	13 B5	
1st St (Brooklyn)	23 B4	
1st St (Queens)	10 E2	
Fortsetzung	18 E2	
2nd (Front) St (Queens)	10 E1	
2nd St (Queens)	18 E2	
3rd Ave (Brooklyn)	23 B4	
Fortsetzung	23 B4	
4th Ave (Brooklyn)	23 B4	
Fortsetzung	23 B4	
5th Ave (Brooklyn)	23 B4	
Fortsetzung	23 B4	
6th Ave (Brooklyn)	23 B4	
7th Ave (Brooklyn)	23 B5	
8th Ave (Brooklyn)	23 B5	
3rd St (Brooklyn)	23 B4	
3rd St (Queens)	18 E2	
4th St (Queens)	18 E2	
5th St (Brooklyn)	23 B4	
5th St (Queens)	10 E1	
Fortsetzung	14 E5	
7 World Trade Center	1 B2	
7th St (Brooklyn)	23 B5	
8th St (Brooklyn)	18 F2	
9th St (Brooklyn)	23 B5	
9th St (Queens)	14 F1	
Fortsetzung	18 F2	
9/11 Memorial	1 B2	
9/11 Memorial Museum	1 B2	
9/11 Tribute Center	1 B3	
10th St (Queens)	14 F1	
Fortsetzung	18 F2	
11th St (Brooklyn)	23 B5	
11th St (Queens)	14 F1	
Fortsetzung	18 F5	
12th St (Queens)	14 F1	
Fortsetzung	18 F2	
13th St (Brooklyn)	23 B5	
13th St (Queens)	14 F1	
Fortsetzung	18 F4	
14th St (Queens)	18 F2	
15th St (Brooklyn)	23 B5	
21st St (Queens)	14 F3	
26th Ave (Queens)	18 E2	
27th Ave (Queens)	18 E2	
28th Ave (Queens)	18 F3	
30th Ave (Queens)	18 F3	
30th Dr (Queens)	18 F3	
30th Rd (Queens)	18 F3	
31st Ave (Queens)	18 F4	
31st Dr (Queens)	18 F4	
33rd Ave (Queens)	18 F4	
33rd Rd (Queens)	18 F4	
34th Ave (Queens)	18 F5	
34th St Heliport	9 C2	
35th Ave (Queens)	18 F5	
36th Ave (Queens)	14 F1	
37th Ave (Queens)	14 F1	
38th Ave (Queens)	14 F1	
40th Ave (Queens)	14 F2	
41st Ave (Queens)	14 F2	
41st Rd (Queens)	14 F3	
43rd Ave (Queens)	14 E3	
43rd Rd (Queens)	14 F4	
44th Ave (Queens)	14 F4	
44th Dr (Queens)	14 E4	
44th Rd (Queens)	14 F4	
45th Ave (Queens)	14 F4	
45th Rd (Queens)	14 F4	
46th Ave (Queens)	14 F5	
46th Rd (Queens)	14 E5	
47th Ave (Queens)	14 E5	
47th Rd (Queens)	14 E5	
48th Ave (Queens)	14 F5	
50th Ave (Queens)	10 E1	
51st Ave (Queens)	10 E1	
54th (Flushing) Ave (Queens)	10 E2	
55th Ave (Queens)	10 E2	
56th Ave (Queens)	10 E2	
65th St Transverse Rd	12 E2	
75½ Bedford St	3 C3	
79th St Transverse Rd	16 E4	
86th St Transverse Rd	16 E3	
97th St Transverse Rd	16 E1	
1740 Broadway	12 E4	
247365 Gallery	5 A3	

A

A. H. Sulzberger Plaza	20 F3	
AT&T Building	1 C2	
Abingdon Sq	3 B1	
Abraham E. Kazan St	5 C4	
Abyssinian Baptist Church	19 C2	
Adam Clayton Powell Jr. Blvd (Seventh Ave)		
1801–2214	21 A1–4	
Fortsetzung		
2215–2474	19 C1–3	
Adams St (Brooklyn)	23 A3	
Aerial Tramway	13 B3	

African Burial Ground	1 C1	
African Sq	21 B1	
Albany St	1 B3	
Algonquin Hotel	12 F5	
Alice in Wonderland	16 F5	
Alice Tully Hall	11 C2	
Allen St	5 A3	
Alwyn Court Apartments	12 E3	
American Folk Art Museum	12 D2	
American Museum of Natural History	16 D5	
American Standard Building	8 F1	
American Stock Exchange	1 B3	
Amsterdam Ave		
1–278	11 C1–3	
Fortsetzung		
279–855	15 C1–5	
856–1435	20 E1–5	
1436–1701	19 A1–3	
Andrew's Plaza	1 C1	
Ann St	1 C2	
Ansonia Hotel	15 C5	
Apollo Theater	21 A1	
Appellate Division of the Supreme Court of the State of NY	9 A4	
Asia Society	13 A1	
Asser Levy Pl	9 C4	
Astor Pl	4 F2	
Astoria Blvd (Queens)	18 F3	
Astoria Park South (Queens)	18 F1	
Athletic Field	6 D2	
Attorney St	5 B3	
Audubon Center (Brooklyn)	23 C5	
Aunt Len's Doll and Toy Museum	19 A1	
Ave A 1–210	5 A1–3	
Ave B 1–215	5 B1–2	
Ave C (Brooklyn)	23 A1	
Ave C 1–212	5 C1–2	
Ave C 213–277	10 D4–5	
Ave D 1–199	5 C1–2	
Ave of the Americas (Sixth Ave)		
1–509	4 D1–E5	

Fortsetzung		
510–1125	8 E1–5	
1126–1421	12 F3–5	
Ave of the Finest	2 D1	

B

Bank St	3 B2	
Barclay St	1 B2	
Barrow St	3 B3	
Baruch Pl	6 D3	
Battery Park	1 B4	
Battery Park City	1 A3	
Battery Park City Heliport	1 B4	
Battery Place	1 B4	
Battery Plaza	1 C4	
Baxter St	4 F4	
Bayard St	4 F5	
Bayard-Condict Building	4 F3	
Beach St	4 D5	
Beaver St	1 C3	
Bedford St	3 C2	
Bedford Ave (Brooklyn)	23 B1	
Fortsetzung	23 C2	
Beekman Downtown Hospital	1 C2	
Beekman Pl	13 C5	
Beekman St	1 C2	
Bellevue Hospital	9 C3	
Belmont Island	10 D1	
Belvedere Castle	16 E4	
Benjamin Franklin Plaza	22 E5	
Benson St	4 E5	
Berry St (Brooklyn)	23 B1	
Bethesda Fountain and Terrace	12 E1	
Beth Israel Medical Center	9 B5	
Bethune St	3 B2	
Bialystoker Pl	5 C4	
Bialystoker Synagogue	5 C4	
Bird Sanctuary	12 F3	
Blackwell Park (Roosevelt Island)	14 E1	
Blackwell Park (Roosevelt Island)	18 E5	
Bleecker St	3 C2	

Hinter den Straßennamen außerhalb von Manhattan steht der Name des Borough

Block Beautiful	9 A5	Cardinal Stepinac		Children's Zoo	12 F2	Conservatory	
Bloomfield St	3 A1	Plaza	7 C1	Chinatown	4 F5	Garden	21 B5
Bloomingdale's	13 A3	Carl Schurz Park	18 D3	Christ Church United		Conservatory Water	
Boat Basin	15 B5	Carlisle St	1 B3	Methodist	13 A3		16 F5
Boathouse	16 F5	Carlton Ave		Christopher Park	4 D2	Convent Ave	
Bond Alley	4 F2	(Brooklyn)	23 B3	Christopher St	3 C2	52–336	19 A1–3
Borden Ave		Carmine St	4 D3	Chrysler Building	9 A1	Convent Ave	20 F1
(Queens)	10 F1	Carnegie Hall	12 E3	Chrystie St	5 A3	Convent Hill	20 F1
Bow Bridge	16 E5	Castle Clinton National		Church of the		Cooper Park	23 C1
Bowery	4 F2	Monument	1 B4	Ascension	4 E1	Cooper Sq	4 F2
Fortsetzung	5 A4	Cathedral of St. John		Church of the Holy		Cooper Hewitt,	
Bowery Savings		the Divine	20 F4	Trinity	17 B3	Smithsonian	
Bank	4 F4	Cathedral		Church of the		Design Museum	16 F2
Bowling Green	1 C4	Parkway	20 E4	Incarnation		Cooper Union	
Box St		Catherine La	4 E5	Episcopal	9 A2	Building	4 F2
(Brooklyn)	10 F2	Catherine Slip	2 E1	Church St	1 B1	Corlears Hook	6 D5
Bradhurst Ave	19 B1	Catherine St	2 E1	Fortsetzung	4 E5	Corlears Hook	
Bridge St	1 C4	Cedar St	1 B3	Circle Line		Park	6 D4
Broad St	1 C3	Central Park	12 E1	Boat Trip	7 A1	Cornelia St	4 D2
Broadway		Fortsetzung	16 E1	Citicorp Center	13 A4	Cortlandt Alley	4 E5
(Brooklyn)	23 B2	Fortsetzung	21 A5	City College of the		Cortlandt St	1 B2
Broadway		Central Park		University of		Court St	
1–320	1 C1–3	North	21 A4	New York	19 A2	(Brooklyn)	23 A4
Fortsetzung		Central Park South		City Hall	1 C1	Cranberry St	
321–842	4 E1–5	(Olmsted Way)	12 E3	City Hall Park	1 C1	(Brooklyn)	2 F3
843–1472	8 E1–F5	Central Park West		Claremont Ave	20 E1	Criminal Courts	
1473–1961	12 D2–E5	1–130	12 D1–3	Clark St		Building	4 F5
1962–2081	11 C1	Fortsetzung		(Brooklyn)	2 F3	Crosby St	4 E4
2082–2675	15 C1–5	131–418	16 D1–5	Clarkson St	3 C3	Cunard Building	1 C3
2676–3200	20 E1–5	419–480	21 A4–5	Clay St			
Broadway		Central Park Wildlife		(Brooklyn)	10 F2	**D**	
(Queens)	18 F4	Conservation		Cleveland Pl	4 F4		
Broadway Alley	9 A3	Center	12 F2	Cliff St	2 D2	Dairy, the	12 F2
Brookfield Place	1 A2	Central Synagogue		Clinton St	5 B3	Dakota, the	12 D1
Brooklyn			13 A4	Clinton St		Damrosch Park	11 C2
Academy		Centre Market Place	4 F4	(Brooklyn)	23 A4	Dante Park	12 D2
of Music (BAM)	23 B3	Centre St	1 C1	Coenties Alley	1 C3	David Geffen	
Brooklyn Botanic		Fortsetzung	4 F4	Collister St	4 D5	Hall	11 C2–12 C2
Garden	23 C4	Century		Colonnade Row	4 F2	De Witt	
Brooklyn Bridge	23 A3	Apartments	12 D2	Columbia Heights		Clinton Park	11 B4
Brooklyn Museum	23 C4	Chamber of		(Brooklyn)	2 F3	Dean St (Brooklyn)	23 A4
Brooklyn-Queens		Commerce	1 C3	Columbia St	5 C3	Dekalb Ave	
Expressway 278		Chambers St	1 A1	Columbia St		(Brooklyn)	23 C2
(Brooklyn)	23 A4	Chanin Building	9 A1	(Brooklyn)	23 A4	Fortsetzung	23 B3
Fortsetzung	23 B1–3	Charging Bull	1 C4	Columbia		Delacorte Theater	16 E4
Broome St	4 D4	Charles Lane	3 B2	University	20 E3	Delancey St	5 A4
Fortsetzung	5 A4	Charles St	3 B2	Columbus Ave		Delancey St South	5 C4
Bryant Park	8 F1	Charlton St	3 C4	1–239	12 D1–3	Desbrosses St	3 C5
Bushwick Ave		Chase Manhattan		Fortsetzung		Dey St	1 C2
(Brooklyn)	23 C1	Bank	1 C3	240–895	16 D1–5	Diamond District	12 F5
Butler Library	20 E3	Chelsea Historic		896–1021	20 F4–5	Division Ave	
Byrne Memorial		District	7 C5	Columbus Circle	12 D3	(Brooklyn)	23 B2
Park	23 B4	Chelsea Hotel	8 D4	Columbus Park	4 F5	Division St	5 A5
		Chelsea Park	7 C3	Commerce St	3 C2	Dock St (Brooklyn)	2 E2
C		Cherokee Place	17 C5	Commercial St		Dominick St	4 D4
		Cherry Hill	12 E1	(Brooklyn)	10 F2	Dorilton, the	11 C1
Calvin Ave	7 C2	Cherry St	2 E1	Con Edison		Doris C. Freedman	
Canal St	3 C4	Fortsetzung	5 B5	Building	9 A5	Plaza	12 F3
Canal St	5 A5	Children's Museum		Confucius Plaza	5 A5	Doughty St	
Cannon St	5 C4	of Manhattan	16 D1	Conrail Piers	11 A2	(Brooklyn)	2 F3
Cardinal St	2 D1					Dover St	2 D2

KARTENREGISTER | 413

Dover St	5 A5	East 20th St	8 F5	East 51st St	12 F4	East 81st St	16 F4
Downing St	4 D3	*Fortsetzung*	9 A5	*Fortsetzung*	13 A4	*Fortsetzung*	17 A4
Downtown Athletic		East 21st St	8 F4	East 52nd St	12 F4	East 82nd St	16 F4
Club	1 B4	*Fortsetzung*	9 A4	*Fortsetzung*	13 A4	*Fortsetzung*	17 A4
Downtown Manhattan		East 22nd St	8 F4	East 53rd St	12 F4	East 83rd St	16 F4
Heliport	2 D4	*Fortsetzung*	9 A4	*Fortsetzung*	13 A4	*Fortsetzung*	17 A4
Driggs Ave		East 23rd St	8 F4	East 54th St	12 F4	East 84th St	16 F4
(Brooklyn)	23 B1	*Fortsetzung*	9 A4	*Fortsetzung*	13 A4	*Fortsetzung*	17 A4
Duane Park	1 B1	East 24th St	9 A4	East 55th St	12 F4	East 85th St	16 F3
Duane St	1 B1	East 25th St	9 A4	*Fortsetzung*	13 A4	*Fortsetzung*	17 A3
Duffy Sq	12 E5	East 26th St	9 A4	East 56th St	12 F3	East 86th St	16 F3
Duke Ellington Blvd	20 E5	East 27th St	8 F3	*Fortsetzung*	13 A3	*Fortsetzung*	17 A3
Dumbo	23 A3	*Fortsetzung*	9 A3	East 57th St	12 F3	East 87th St	16 F3
Dunham Pl		East 28th St	8 F3	*Fortsetzung*	13 A3	*Fortsetzung*	17 A3
(Brooklyn)	6 F3	*Fortsetzung*	9 A3	East 58th St	12 F3	East 88th St	16 F3
Dupont St		East 29th St	8 F3	*Fortsetzung*	13 A3	*Fortsetzung*	17 A3
(Brooklyn)	10 F3	*Fortsetzung*	9 A3	East 59th St	12 F3	East 89th St	16 F3
Dutch St	1 C2	East 30th St	8 F3	*Fortsetzung*	13 A3	*Fortsetzung*	17 A3
Dyer Ave	7 C1	*Fortsetzung*	9 A3	East 60th St	12 F3	East 90th St	16 F3
		East 31st St	8 F3	*Fortsetzung*	13 A3	*Fortsetzung*	17 A3
E		*Fortsetzung*	9 A3	East 61st St	12 F3	East 91st St	16 F2
Eagle St (Brooklyn)	10 F3	East 32nd St	8 F3	*Fortsetzung*	13 A3	*Fortsetzung*	17 A2
East 1st St	4 F3	*Fortsetzung*	9 A3	East 62nd St	12 F2	East 92nd St	16 F2
Fortsetzung	5 A3	East 33rd St	8 F2	*Fortsetzung*	13 A2	*Fortsetzung*	17 A2
East 2nd St	4 F2	*Fortsetzung*	9 A2	East 63rd St	12 F2	East 93rd St	16 F2
Fortsetzung	5 A2	East 34th St	8 F2	*Fortsetzung*	13 A2	*Fortsetzung*	17 A2
East 3rd St	4 F2	*Fortsetzung*	9 A2	East 64th St	12 F2	East 94th St	16 F2
Fortsetzung	5 A2	East 35th St	8 F2	*Fortsetzung*	13 A2	*Fortsetzung*	17 A2
East 4th St	4 F2	*Fortsetzung*	9 A2	East 65th St	12 F2	East 95th St	16 F2
Fortsetzung	5 A2	East 36th St	8 F2	*Fortsetzung*	13 A2	*Fortsetzung*	17 A2
East 5th St	4 F2	*Fortsetzung*	9 A2	East 66th St	12 F2	East 96th St	16 F2
Fortsetzung	5 A2	East 37th St	8 F2	*Fortsetzung*	13 A2	*Fortsetzung*	17 A2
East 6th St	4 F2	*Fortsetzung*	9 A2	East 67th St	12 F2	East 97th St	16 F1
Fortsetzung	5 A2	East 38th St	8 F2	*Fortsetzung*	13 A2	*Fortsetzung*	17 A1
East 7th St	4 F2	*Fortsetzung*	9 A2	East 68th St	12 F1	East 98th St	16 F1
Fortsetzung	5 A2	East 39th St	8 F1	*Fortsetzung*	13 A1	*Fortsetzung*	17 A1
East 8th St	4 F2	*Fortsetzung*	9 A1	East 69th St	12 F1	East 99th St	16 F1
Fortsetzung	5 B2	East 40th St	8 F1	*Fortsetzung*	13 A1	*Fortsetzung*	17 A1
East 9th St	4 F1	*Fortsetzung*	9 A1	East 70th St	12 F1	East 100th St	16 F1
Fortsetzung	5 A1	East 41st St	8 F1	*Fortsetzung*	13 A1	*Fortsetzung*	17 A1
East 10th St	4 F1	*Fortsetzung*	9 A1	East 71st St	12 F1	East 101st St	16 F1
Fortsetzung	5 A1	East 42nd St	8 F1	*Fortsetzung*	13 A1	*Fortsetzung*	17 A1
East 11th St	4 F1	*Fortsetzung*	9 A1	East 72nd St	12 F1	East 102nd St	16 F1
Fortsetzung	5 A1	East 43rd St	8 F1	*Fortsetzung*	13 A1	*Fortsetzung*	17 A1
East 12th St	4 F1	*Fortsetzung*	9 A1	East 73rd St	12 F1	East 103rd St	21 C5
Fortsetzung	5 A1	East 44th St	12 F5	*Fortsetzung*	13 A1	East 104th St	21 C5
East 13th St	4 F1	*Fortsetzung*	13 A5	East 74th St	16 F5	East 105th St	21 C5
Fortsetzung	5 A1	East 45th St	12 F5	*Fortsetzung*	17 A5	East 106th St	21 C5
East 14th St	4 F1	*Fortsetzung*	13 A5	East 75th St	16 F5	East 107th St	21 C5
Fortsetzung	5 A1	East 46th St	12 F5	*Fortsetzung*	17 A5	East 108th St	21 C4
East 15th St	8 F5	*Fortsetzung*	13 A5	East 76th St	16 F5	East 109th St	21 C4
Fortsetzung	9 A5	East 47th St	12 F5	*Fortsetzung*	17 A5	East 110th St	21 C4
East 16th St	8 F5	*Fortsetzung*	13 A5	East 77th St	16 F5	East 111th St	21 C4
Fortsetzung	9 A5	East 48th St	12 F5	*Fortsetzung*	17 A5	East 112th St	21 C4
East 17th St	8 F5	*Fortsetzung*	13 A5	East 78th St	16 F5	East 113th St	22 D4
Fortsetzung	9 A5	East 49th St	12 F5	*Fortsetzung*	17 A5	East 114th St	22 E3
East 18th St	8 F5	*Fortsetzung*	13 A5	East 79th St	16 F4	East 115th St	21 C3
Fortsetzung	9 A5	East 50th St	12 F4	*Fortsetzung*	17 A4	East 116th St	
East 19th St	8 F5	*Fortsetzung*	13 A4	East 80th St	16 F4	(Luis Muñoz	
Fortsetzung	9 A5			*Fortsetzung*	17 A4	Marin Blvd)	21 C3
						East 117th St	21 C3

Hinter den Straßennamen außerhalb von Manhattan steht der Name des Borough

Name	Grid
East 118th St	21 C3
East 119th St	21 C3
East 120th St	21 C2
East 121st St	21 C2
East 122nd St	21 C2
East 123rd St	21 C2
East 124th St	21 C2
East 125th St (Martin Luther King Jr. Blvd)	21 C1
East 126th St	21 C1
East 127th St	21 C1
East 128th St	21 C1
East 129th St	21 C1
East 130th St	21 C1
East Broadway	5 A5
East Channel	14 E1
Fortsetzung	18 E5
East Coast War Memorial	1 C4
East Dr	12 F1
Fortsetzung	16 F1
Fortsetzung	21 B5
East End Ave	18 D3
East Green	12 F1
East Houston St	4 F3
Fortsetzung	5 A3
East Meadow	16 F1
East Rd (Roosevelt Island)	14 D2
East River	2 E5
Fortsetzung	10 D1
Fortsetzung	18 E1
East River Residences	13 C3
East River Park	6 D1
East Village	5 B2
Edgar Allan Poe St	15 B4
Edgar St	1 B3
Edgecombe Ave	19 B1
Eighth Ave 1–79	3 C1
Fortsetzung	
80–701	8 D1–5
702–948	12 D3–5
Eldorado Apartments	16 D3
Eldridge St	5 A3
Eleventh Ave 1–25	3 A1
Fortsetzung	
26–572	7 B1–4
573–885	11 B3–5
Elizabeth St	4 F3
Elk St	1 C1
Ellis Island	1 A4
Ellis Island Ferry	1 C4
Empire Diner	7 C4
Empire State Building	8 F2
Engine Company No. 31	4 F5
Ericsson Pl	4 D5
Essex St	5 B3
Everitt St (Brooklyn)	2 F2
Exchange Alley	1 C3
Exchange Pl	1 C3
Extra Pl	4 F3

F

Name	Grid
Fashion Ave (Seventh Ave) 15th–43rd	8 E1–5
Father Demo Sq	4 D2
Father Fagan Sq	4 D3
Federal Hall	1 C3
Federal Reserve Bank	1 C2
Fifth Ave 1–83	4 E1–E2
Fortsetzung	
84–530	8 F1–5
531–910 (Museum Mile)	12 F1–5
911–1208	16 F1–5
1209–2116	21 C1–5
Finn Sq	4 D5
Fireboat Station	3 A1
Fireboat Station	6 D4
First Ave 1–240	5 A1–3
Fortsetzung	
241–850	9 C1–5
851–1361	13 C1–5
1362–1933	17 C1–5
1934–2323	22 E1–5
First Pl	1 B4
First Presbyterian Church	4 D1
Flatbush Ave (Brooklyn)	23 A3
Fortsetzung	23 C4
Flatiron Building	8 F4
Fletcher St	2 D3
Flushing Ave	10 E2
Flushing Ave (Brooklyn)	23 C1
Fortsetzung	23 B3
Ford Foundation Building	9 B1
Fordham University	11 C3
Forsyth St	5 A3
Fort Greene Park	23 B3
Fourth Ave	4 F1
Frankfort St	1 C1
Franklin D. Roosevelt Dr (East River Dr) Grand–6th	6 D2–4
Fortsetzung	
7th–14th	5 C1–2
15th–20th	10 D4–E5
21st–45th	9 C1–4
46th–64th	13 C2–5
65th–73rd	14 D1–2
74th–90th	18 D3–5
Franklin D. Roosevelt Dr (East River Dr)	23 A1
91st–101st	17 C1–2
102nd–130th	22 D1–E5
Franklin D. Roosevelt Four Freedoms Park	14 D5
Franklin Pl	4 E5
Franklin St	4 D5
Franklin St (Brooklyn)	10 F3
Fraunces Tavern	1 C4
Frawley Circle	21 B4
Fred F. French Building	12 F5
Frederick Douglass Ave (Eighth Ave)	21 A1
Fortsetzung	19 B1
Frederick Douglass Circle	21 A4
Freedom Pl	11 B1
Freeman Alley	4 F3
Freeman St (Brooklyn)	10 F3
Frick Collection	12 F1
Front St	2 D2
Fuller Building	13 A3
Fulton Ferry District	23 A3
Fulton St	1 C2
Fulton St (Brooklyn)	23 A3
Furman St (Brooklyn)	2 F3

G

Name	Grid
Gansevoort St	3 B1
Gates Ave (Brooklyn)	23 C3
Gay St	4 D2
General Electric Building	13 A4
General Theological Seminary	7 C4
Gold St	2 D2
Gouverneur Slip	5 C5
Gouverneur St	5 C4
Governeur St	2 D3
Governors Island	1 B5
Gowanus Expressway (Brooklyn)	23 A5
Grace Church	4 F1
Gracie Mansion	18 D3
Gracie Sq	18 D4
Gracie Terrace	18 D4
Gramercy Park	9 A4
Grand Army Plaza	12 F3
Grand Army Plaza (Brooklyn)	23 C4
Grand Central Terminal	9 A1
Fortsetzung	13 A5
Grand St (Brooklyn)	23 B1
Fortsetzung	23 C1
Fortsetzung	23 A2
Grand St	4 D4
Fortsetzung	5 A4
Grand St (Brooklyn)	6 F2
Grant's Tomb	20 D2
Great Jones St	4 F2
Greeley Sq	8 F2
Green St (Brooklyn)	10 F3
Green-Wood Cemetary	23 B5
Greene St	4 E2
Greene Ave (Brooklyn)	23 C3
Greenpoint	23 A1
Greenpoint Ave (Brooklyn)	10 F4
Greenwich Ave	3 C1
Greenwich St	1 B1
Fortsetzung	3 B1
Greenwich Village	4 E2
Grey Art Gallery	4 E2
Grove Court	3 C2
Grove Pl	3 C2
Grove St	3 C2
Guggenheim Bandshell	11 C2
Gustave Hartman Sq	5 B3

H

Name	Grid
Hallets Cove (Queens)	18 F3
Hamilton Fish Park	5 C3
Hamilton Grange National Monument	19 A1
Hamilton Heights Historic District	19 A2
Hamilton Pl	19 A1
Hamilton Ter	19 A1
Hammarskjöld Plaza	13 B5
Hancock Pl	20 F2

KARTENREGISTER | 415

Hancock Sq	20 F2			Long Island City	14 F2	
Hanover Sq	1 C3	**I**		Long Island City		
Hanover St	1 C3	IBM Building	12 F3	Station (Queens)	10 F1	
Harlem Meer	21 B4	Independence		**K**		Louis Cuvillier Park	22 E2
Harlem River	18 D1	Plaza	1 A1	Kenmare St	4 F4	Low Library	20 E3
Fortsetzung	22 E1	*Fortsetzung*	4 D5	Kent Ave (Brooklyn)	23 B1	Lower East Side	
Harlem YMCA	19 C3	India St		*Fortsetzung*	23 B2	Tenement	
Harrison St	1 A1	(Brooklyn)	10 F3	Kent St (Brooklyn)	10 F4	Museum	5 A4
Fortsetzung	4 D5	International		King St	3 C3	Lower Manhattan	1 C1
Harry Delancey Plaza		Center of		Kips Bay Plaza	9 B3	Ludlow St	5 A3
	5 C4	Photography		Knickerbocker		Luis Muñoz Marin Blvd	
Harry Howard Sq	4 F5	Museum	4 F3	Village	2 E1	(E 116th St)	21 C3
Haughwort		*Intrepid* Sea, Air and				Lyceum Theater	12 E5
Building	4 E4	Space Museum	11 A5	**L**			
Hayden		Irving Trust		La Guardia Pl	4 E2	**M**	
Planetarium	16 D4	Operation Center	1 B2	La Salle St	20 E2		
Heckscher		Isaacs-Hendricks		Lafayette St	1 C1	MacDougal Alley	4 D2
Playground	12 E1	House	3 C2	*Fortsetzung*	4 F2	MacDougal St	4 D2
Hell Gate	18 F1			Lafayette Ave		Macy's	8 E2
Helmsley Building	13 A5	**J**		(Brooklyn)	23 C2	Madison Ave	
Henderson Pl	18 D3	Jackie Robinson		Laight St	3 C5	1–332	9 A1-4
Henry Hudson		Park	19 B1	Langston Hughes		*Fortsetzung*	
Parkway 9A	11 B1	Jackson Ave		Pl	21 C1	333–920	13 A1-5
Fortsetzung	15 B1	(Queens)	10 F1	Lasker Rink and		921–1449	17 A1-5
Fortsetzung	20 D1	*Fortsetzung*	14 F5	Pool	21 B4	1450–2057	21 C1-5
Henry J. Browne		Jackson Sq	3 C1	Lefferts Historic House		Madison Sq Garden	8 D2
Blvd	15 B3	Jackson St	5 C4	(Brooklyn)	23 C4	Madison Sq Park	8 F4
Henry St	2 D1	Jacob K. Javits		Legion Sq	1 C3	Madison Sq Plaza	8 F4
Fortsetzung	5 A5	Convention		Lenox Hill		Madison St	2 D1
Henry St (Brooklyn)	23 A4	Center	7 B2	Hospital	17 A5	*Fortsetzung*	5 B5
Herald Sq	8 E2	James A. Farley Post		Lenox Ave		Mahayana Buddhist	
Hester St	4 F5	Office Building	8 D2	119–397	21 B1-4	Temple	5 A5
Fortsetzung	5 A4	James St	2 D1	*Fortsetzung*		Maiden Lane	1 C2
High Line	3 B1-7 B2	Jane St	3 B1	398–659	19 C1-3	Main Ave	
Hogan Pl	4 F5	Japan Society	13 B5	Leonard St	4 D5	(Queens)	18 F3
Holland Tunnel	3 A5	Java St		Leroy St	4 D2	Main St (Roosevelt	
Horatio St	3 B1	(Brooklyn)	10 F4	Lever House	13 A4	Island)	14 D1
Hotel des		Jay St	1 B1	Lewis St	6 D4	*Fortsetzung*	18 E5
Artistes	12 D2	Jeanelle Park	2 D4	Lewis Ave		Majestic	
Howard St	4 E5	Jefferson Market		(Brooklyn)	23 C2	Apartments	12 D1
Hubert St	3 C5	Courthouse	4 D1	Lexington Ave		Malcolm X Boulevard	
Hudson Pk	3 C3	Jefferson Park	22 E4	1–194	9 A1-A4	(Lenox Ave)	21 B3
Hudson River	1 A2	Jefferson St	5 B5	*Fortsetzung*		Mangin St	6 D3
Fortsetzung	3 A2	Jersey St	4 F3	195–1003	13 A1-5	Manhattan Ave	
Fortsetzung	7 A1	Jewish Center	15 C3	1004–1611	17 A1-5	(Brooklyn)	23 C1
Fortsetzung	11 A1	Jewish Museum	16 F2	1612–2118	22 D1-5	Manhattan Ave	20 F2
Fortsetzung	15 A1	Jewish Theological		Liberty Island	1 A5	Manhattan Bridge	2 F1
Fortsetzung	19 C4	Seminary	20 E2	Liberty Island Ferry	1 C4	Manhattan Community	
Hudson St	1 B1	Joan of Arc Park	15 B2	Liberty Pl	1 C2	College	1 A1
Fortsetzung	3 B1	John Jay Park	18 D5	Liberty Plaza	1 B3	*Fortsetzung*	4 D5
Hugh O'Neill Dry		Jones Alley	4 F3	Liberty St	1 B2	Manhattan Marina	10 D4
Goods Store	8 E4	Jones St	4 D2	Lighthouse Park		Marble Collegiate	
Humboldt St		Joralemon St		(Roosevelt Island)	18 E3	Reformed Church	8 F3
(Brooklyn)	23 C1	(Brooklyn)	23 A3	Lincoln Center	11 C2	Marcus Garvey	
Hunter College	13 A1	J. P. Ward St	1 B3	Lincoln Plaza	12 D2	Park	21 B2
Huron St		Judson Memorial		Lincoln Sq	12 D2	Marcy Ave	
(Brooklyn)	10 F3	Church	4 D2	Lincoln Tunnel	7 A1	(Brooklyn)	23 C3
		Juilliard School	11 C2	Lispenard St	4 E5	McCarren Park	23 B1
				Little Church Around		McCarthy Sq	3 C1
				the Corner	8 F3		
				Little Italy	4 F4		
				Little West 12th St	3 B1		

Hinter den Straßennamen außerhalb von Manhattan steht der Name des Borough

McGraw-Hill Building	8 D1	Museum Mile	16 F1	NY Public Library	8 F1	Orange St
		Museum of American		NY State Building	4 F5	(Brooklyn) 2 F3
Mark Twain's House	4 E1	Finance	1 C3	NY State Theater	12 D2	Orchard St 5 A3
Market Slip	2 E1	Museum of Arts		NY Stock Exchange	1 C3	
Market St	2 E1	and Design	12 D3	NY Telephone		**P**
Fortsetzung	5 A5	Museum of Chinese		Company	1 B2	
Marketfield St	1 C4	in America	4 F4	NY University	4 E2	Pace Plaza 1 C1
Martin Luther		Museum of the		NY University Law		Pace University 1 C2
King Jr. Blvd		City of New York	21 C5	Center	4 D2	Paladino Ave 22 E2
(W 125th St)	20 E1	Museum at		NY University		Paley Center
Fortsetzung	21 C1	Eldridge Street	5 A5	Medical Center	9 C3	for Media, The 12 F4
Memorial Hospital	13 C1	Museum of		Newton Creek	10 F2	Paramount
Mercer St	4 E2	Modern Art	12 F4	Ninth Ave		Building 8 E1
Merrill Lynch		Myrtle Ave		44–581	8 D1-5	Park Ave
Liberty Plaza	1 C2	(Brooklyn)	23 C2	*Fortsetzung*		1–239 9 A1-2
Met Breuer	17 A5	*Fortsetzung*	23 B3	582–908	12 D3-5	*Fortsetzung*
MetLife Building	13 A5			Norfolk St	5 B3	240–759 13 A1-5
Metropolitan Ave		**N**		North 1st St		760–1300 17 A1-5
(Brooklyn)	23 B1	Nassau St	1 C2	(Brooklyn)	6 F2	1301–1937 21 C1-5
Metropolitan Life		National Arts Club	9 A5	North 3rd St		Park Ave
Insurance		National Museum		(Brooklyn)	6 F2	(Brooklyn) 23 C2
Company	9 A4	of the American		North 4th St		Park Ave South 9 A3-5
Metropolitan		Indian	1 C4	(Brooklyn)	6 F2	Park Pl 1 A1
Museum of Art	16 F4	National September		North 5th St		Park Pl (Brooklyn) 23 C4
Metropolitan		11 Memorial	1 B2	(Brooklyn)	6 F1	Park Row 1 C2
Opera House	11 C2	National September		North 6th St		Park Slope 23 B4
Middagh St		Memorial		(Brooklyn)	23 B1	Park St 1 C1
(Brooklyn)	2 F3	Museum	1 B2	North 7th St		Parkside Ave
Mill Lane	1 C3	Naumberg		(Brooklyn)	23 B1	(Brooklyn) 23 C5
Mill Rock Park	18 D2	Bandshell	12 F1	North 8th St		Parkway 5 C3
Miller Hwy	11 B2	Navy St (Brooklyn)	23 A3	(Brooklyn)	6 F1	Patchin Pl 4 D1
Milligan Pl	4 D1	N. D. Perlman Pl	9 B5	North 9th St		Pearl St 1 C4
Minetta La	4 D2	New Amsterdam		(Brooklyn)	23 B1	Peck Slip 2 D2
Minetta St	4 D2	Theatre	8 E1	North 12th St		Pedestrian
Monroe St	2 E1	New Museum of		(Brooklyn)	23 B1	Bridge 20 E3
Fortsetzung	5 B5	Contemporary Art	4 F3	North 15th St		Pell St 4 F5
Montgomery St	5 C5	New St	1 C3	(Brooklyn)	23 B1	Penn Station 8 E2
Moore St	1 C4	News Building	9 B1	North Cove		Pennsylvania Plaza 8 E3
Morgan Library	9 A2	New York City		Yacht Harbor	1 A2	Peretz Sq 5 A3
Morningside Ave	20 F2	Center	12 E4	North End Ave	1 A1	Perry St 3 B2
Morningside Dr	20 F2	New York Earth		North Meadow	16 E1	Pershing Sq 9 A1
Morningside Park	20 F2	Room	4 E3	North Moore St	4 D5	Peter Minuit
Morris St	1 B4	New-York Historical		Nostrand Ave		Plaza 1 C4
Morton St	3 C3	Society	16 D5	(Brooklyn)	23 C3	Phillip Randolph
Mosco St	4 F5	New York Plaza	2 D4			Sq 21 A3
Mott St	4 F3	New York Transit		**O**		Pier 1 (Brooklyn) 2 F3
Mount Morris		Museum	23 A3	Old Broadway	20 E1	Pier 2 (Brooklyn) 2 F3
Historic District	21 B2	NYC Dept of Ports		Old Fulton St		Pier 3 (Brooklyn) 2 F4
Mount Morris		and Terminals	5 C5	(Brooklyn)	2 F2	Pier 4 (Brooklyn) 2 F4
Park West	21 B2	NYC Fire		Old Merchant's		Pier 5 (Brooklyn) 2 F5
Mount Sinai		Museum	4 D4	House	4 F2	Pier 6 (Brooklyn) 2 D4
Medical Center	16 F1	NYC Passenger Ship		Old Police		Pier 9 2 D4
Mount Sinai		Terminal (Port		Headquarters	4 F4	Pier 11 2 D3
West	11 C3	Authority)	11 B4	Old St. Patrick's		Pier 13 2 E3
Mount Vernon Hotel		NYC Technical		Cathedral	4 F3	Pier 14 2 E3
Museum	13 C2	College	7 C1	Old Slip	2 D3	Pier 15 2 E3
Mulberry St	4 F3	Mulry Sq	3 C1	Oliver St	2 D1	Pier 16 2 E3
Mulry Sq	3 C1	NY Hospital	13 C1	One World Trade		Pier 17 2 E3
Murray St	1 A2	NY Life Insurance		Center	1 B2	Pier 18 2 E2
Museo del Barrio	21 C5	Company	9 A3			Pier 21 1 A1
						Pier 25 1 A1

KARTENREGISTER | 417

Pier 26	3 C5	Pomander Walk	15 C2	Riverside Dr		St. Nicholas Ter	19 A2
Pier 27	3 C5	Port Authority		22–251	15 B2–5	St. Patrick's	
Pier 28	3 C5	Building	8 D5	*Fortsetzung*		Cathedral	12 F4
Pier 29	3 B5	Port Authority		297–480	20 D2–5	St. Paul's Chapel	1 C2
Pier 32	3 B5	Bus Terminal	8 D1	Riverside Dr East		St. Paul's Chapel	20 E3
Pier 34	3 B4	Port Authority West		252–296	15 B1	St. Paul the Apostle	
Pier 35	2 F1	30th St Heliport	7 B3	*Fortsetzung*	D1–2	Church	12 D3
Pier 40	3 B4	Pot Cove		Riverside Dr West	15 B1	St. Peter's St	1 C2
Pier 42	3 B3	(Queens)	18 F2	*Fortsetzung*	20 D1–2	St. Thomas' Church	12 F4
Pier 44	6 D5	Prince St	4 D3	Riverside Park	15 B1	St. Vartans Park	9 B2
Pier 45	3 B3	Prospect Expressway		*Fortsetzung*	20 D2	St. Vincent's	
Pier 46	3 A3	(Brooklyn)	23 C5	Riverview Ter	13 C3	Hospital	3 C1
Pier 48	3 A2	Prospect Park		Rivington St	5 A3	Salmagundi Club	4 E1
Pier 49	3 A2	(Brooklyn)	23 C5	Rockefeller Center	12 F5	Samuel A. Spiegel	
Pier 50	3 A2	Prospect Park West		Rockefeller Plaza	12 F4	Sq	6 D4
Pier 51	3 A2	(Brooklyn)	23 C5	Ronald E. McNair		Samuel Dickstein	
Pier 52	3 A1	The Public Theater	4 F2	Pl	22 D2	Plaza	5 C4
Pier 53	3 A1	Pulaski Bridge	10 F1	Roosevelt Island	14 D1	San Remo	
Pier 54	3 A1	Putnam Ave		*Fortsetzung*	18 D5	Apartments	16 D5
Pier 56	3 A1	(Brooklyn)	23 C5	Roosevelt Island		Sara D. Roosevelt	
Pier 57	7 B5			Bridge	14 E1	Parkway	5 A3
Pier 58	7 B5	**Q**		Roosevelt Sq	20 F1	Schapiro's Winery	5 B3
Pier 59	7 B5			Rose St	2 D1	Schermerhorn	
Pier 60	7 B5	Queens County	14 F2	Rutgers Park	5 B5	Row	2 D3
Pier 61	7 B5	Queens–Midtown		Rutgers Slip	5 B5	Schomburg Center	
Pier 62	7 B4	Tunnel 945	9 B2	Rutgers St	5 B5	for Research in	
Pier 64	7 A4	Queens Plaza North		Rutherford Pl	9 B5	Black Culture	19 C2
Pier 66	7 A3	(Queens)	14 F3	Ryders Alley	2 D2	Schubert Alley	12 E5
Pier 67	10 D5	Queens Plaza South				Seagram Building	13 A4
Pier 68	10 D5	(Queens)	14 F3	**S**		Second Ave	
Pier 69	10 D4	Queensboro Bridge	13 C3			1–229	4 F1–3
Pier 70	10 D4	Queensbridge Park		St. Bartholomew's		*Fortsetzung*	
Pier 72	7 A3	(Queens)	14 E2	Church	13 A4	230–785	9 B1–5
Pier 76	7 A2			St. Clair Pl	20 D1	786–1392	13 B1–5
Pier 81	7 A1	**R**		St. James Pl	2 D1	1393–1995	17 B1–5
Pier 83	7 A1			St. John St	1 C2	1996–2485	22 D1–5
Pier 84	11 A5	Radio City Music		St. John the Baptist		Second Pl	1 B4
Pier 86	11 A5	Hall	12 F4	Church	8 E3	Seventh Ave	
Pier 88	11 A5	Rainey Park		St. Johns La	4 D5	(Fashion Ave)	
Pier 90	11 A4	(Queens)	18 E5	St. Johns Pl		64–639	8 E1–5
Pier 92	11 A4	Randall's Island Park		(Brooklyn)	23 C4	640–923	12 E3–5
Pier 94	11 A4	(Bronx)	22 F2	St. Luke's Hospital		1801–2214	21 A1–4
Pier 95	11 A4	Reade St	1 B1	Center	20 F3	2215–2474	19 C1–3
Pier 96	11 A3	Recreation Pier	22 F5	St. Luke's Pl	3 C3	Seventh Ave	
Pier 97	11 A3	Rector Pl	1 B3	St. Mark's Church-		South	3 C1
Pier 98	11 A3	Rector St	1 B3	in-the-Bowery	4 F1	Seventh Regiment	
Pier 99	11 A3	Red Hook	23 A5	St. Marks Ave		Armory	13 A2
Pier A	1 B4	Red Hook Park	23 A5	(Brooklyn)	23 C4	Shakespeare	
Pike St	5 A5	Reinhold Niebuhr		St. Mark's Pl	5 A2	Garden	16 E4
Pine St	1 C3	Pl	20 D2	St. Nicholas Ave		Sheep Meadow	12 E1
Pineapple St		Renwick St	3 C4	1–315	21 A2–B4	Sheridan Sq	3 C2
(Brooklyn)	2 F3	Reservoir	16 E2	*Fortsetzung*		Sheriff St	5 C3
Pitt St	5 C3	R. F. Wagner Sr		316–407	20 F1–2	Sherman Sq	11 C1
Pitt St		Pl	2 D1–E2	408–569	19 B1–3	Shinbone Alley	4 E2
(Brooklyn)	23 A2	Ridge St	5 B3	St. Nicholas Historic		Shore Blvd	
Platt St	1 C2	River St		District	19 B2	(Queens)	18 F1
The Players	9 A5	(Brooklyn)	6 F2	St. Nicholas Hotel	4 E4	Shrine of Elizabeth	
Plaza Hotel	12 F3	River Ter	1 A1	St. Nicholas Park	19 B2	Ann Seton	1 C4
Pleasant Ave	22 E2	Riverside Church	20 D2	St. Nicholas Russian		Shubert Alley	12 E5
				Orthodox Cathedral	16 F1	Shubert Theater	12 E5

Hinter den Straßennamen außerhalb von Manhattan steht der Name des Borough

Singer Building	4 E3	Strawberry Fields	12 E1	Tompkins Ave		Vietnam Veterans'
Sixth Ave 1–551	4 D1	Studio Museum of		(Brooklyn)	23 C2	Plaza	2 D4
Fortsetzung		Harlem	21 B2	Tompkins Park	23 C2	Village Sq	4 D1
552–1125	8 E1	Stuyvesant Alley	4 F1	Tompkins		Villard Houses	13 A4
1126–1421	12 F3	Stuyvesant Sq	9 B5	Square Park	5 B1	Vine St	
Smith St		Stuyvesant St	4 F1	Triborough		(Brooklyn)	2 F3
(Brooklyn)	23 A4	Suffolk St	5 B3	Bridge	18 F1	
Sniffen Court	9 A2	Sullivan St	4 D2	*Fortsetzung*	22 E2	**W**
Society of		Sumner Ave		Trimble Pl	1 C1	
Illustrators	13 A2	(Brooklyn)	23 C2	Trinity Church	1 C3	Waldorf Astoria	13 A5
SoHo	4 E4	Surrogate's		Trinity Pl	1 B3	Walker St	4 E5
Solomon R.		Court/Hall		Tudor City	9 C1	Wall St	1 C3
Guggenheim		of Records	1 C1	Tudor City Pl	9 B1	Wall St	
Museum	16 F3	Sutton Place	13 C3	Twelfth Ave		Ferry Pier	2 D3
South 1st St		Sutton Place		1–539	7 B1	Wallabout Bay	
(Brooklyn)	6 F2	South	13 C4	*Fortsetzung*		(Brooklyn)	6 E5
South 2nd St		Swing St		540–819	11 B3	Wallabout Channel	
(Brooklyn)	23 B1	(W 52nd St)	12 F4	2240–2351	20 D1	(Brooklyn)	6 F4
Fortsetzung	23 B2	Sylvan Pl	22 D2			Wanamaker Pl	4 F1
South 3rd St		Sylvia's	21 B1	**U**		Warren St	1 A1
(Brooklyn)	6 F3	Szold Pl	5 C1			Washington Ave	23 B2
South 4th St				Union Ave		*Fortsetzung*	23 C4
(Brooklyn)	6 F3	**T**		(Brooklyn)	23 B1	Washington Market	
South 5th St				Union Sq	9 A5	Park	1 B1
(Brooklyn)	6 F3	Taras Shevchenko		Union St	23 B4	Washington	
South 6th St		Pl	4 F2	United Nations		Mews	4 E2
(Brooklyn)	23 B2	Teachers' College,		Headquarters	13 C5	Washington Pl	4 E2
South 8th St		Columbia		*Fortsetzung*	9 C1	Washington Sq	
(Brooklyn)	6 F4	University	20 E1	United Nations		East	4 E2
South 9th St		Temple Emanu-El	12 F2	Plaza	13 C5	Washington Sq	
(Brooklyn)	6 F4	Ten Ren's Tea &		United States Coast		Park	4 D2
South 11th St		Ginseng Co.	4 F5	Guard	1 C5	Washington Sq	
(Brooklyn)	6 F4	Tenth Ave		United States		Village	4 E2
South Cove	1 B4	20–57	3 A1	Courthouse	2 D1	Washington St	1 B3
South End Ave	1 B3	*Fortsetzung*		United States		*Fortsetzung*	3 B1
South Ferry Plaza	1 C4	58–575	7 C1–5	Custom House	1 C4	Water St	1 C4
South Gardens	1 B4	576–890	11 C3–5	United States Naval		Water St (Brooklyn)	2 F2
South Meadow		Thames St	1 C3	Reserve Center		*Fortsetzung*	5 C5
Tennis Courts	16 E2	Theater Alley	1 C2	(Brooklyn)	6 F5	Watts St	3 C4
South St	2 D4	Theater Row	7 C1	US Parcel Post		Waverly Pl	3 C1
Fortsetzung	5 C5	Theodore Roosevelt		Building	7 C3	W. C. Handy's Pl	12 E4
South St		Birthplace	9 A5	United States		Weehawken St	3 B3
Seaport	2 E2	Third Ave		Post Office	1 B2	Welling St	
South St Viaduct	2 D4	1–125	4 F1–2	University Pl	4 E1V	(Queens)	18 F3
Fortsetzung	5 C5	*Fortsetzung*				West 3rd St	4 D2
South William St	1 C3	126–659	9 B1–5	**V**		West 4th St	3 C1
Southbridge		660–1270	13 B1–5			West 6th St	4 D2
Towers	2 D2	1271–1800	17 B1–5	Vandam St	3 C4	West 8th St	4 D2
Spring St	3 C4	1801–2340	22 D1–5	Vanderbilt Ave	13 A5	West 9th St	4 D1
Spruce St	1 C2	Third Pl	1 B3	Vandervoort Ave		West 10th St	3 C2
Stable Ct	4 F2	Thomas St	1 B1	(Brooklyn)	23 C1	West 11th St	3 B2
Stanton St	5 A3	Thompson St	4 D4	Varick St	4 D3	West 12th St	3 B2
Staple St	1 B1	Throop Ave		Verdi Sq	11 C1	West 13th St	3 B1
State St	1 C4	(Brooklyn)	23 C2	Vernon Blvd		West 14th St	3 B1
Staten Island		Tiemann Pl	20 E1	(Queens)	10 F1	West 15th St	7 C5
Ferry	2 D5	Tillary St		*Fortsetzung*	14 F1	West 16th St	7 C5
Statue of Liberty	1 A5	(Brooklyn)	23 A3	*Fortsetzung*	18 F3	West 17th St	7 C5
Stone St	1 C4	Time Warner		Vernon St		West 18th St	7 C5
Straus Park	20 E5	Center	12 D3	(Queens)	14 F5	West 19th St	7 C5
Straus Sq	5 B5	Times Square	8 E1	Vesey St	1 B2	West 20th St	7 C5
		Tollgate	4 D4	Vestry St	3 C5	West 21st St	7 C4

KARTENREGISTER | 419

West 22nd St	7 C4	West 76th St	15 B5	West 119th St	20 D3	West Rd (Roosevelt Island)	14 D2
West 23rd St	7 B4	West 77th St	15 B5	*Fortsetzung*	21 A3	West St	1 A1
West 24th St	7 B4	West 78th St	15 B5	West 120th St	20 E2	*Fortsetzung*	3 A1
West 25th St	7 B4	West 79th St	15 B4	*Fortsetzung*	21 A2	West St	
West 26th St	7 B3	West 80th St	15 B4	West 121st St	20 E2	(Brooklyn)	10 F3
West 27th St	7 B3	West 81st St	15 B4	*Fortsetzung*	21 A2	West St Viaduct	6 D5
West 28th St	7 B3	West 82nd St	15 B4	West 122nd St	20 D2	West Thames St	1 B3
West 29th St	7 B3	West 83rd St	15 B4	*Fortsetzung*	21 A2	West Washington	
West 30th St	7 B3	West 84th St	16 D4	West 123rd St	20 E2	Pl	4 D2
West 31st St	7 C3	West 85th St	15 B3	*Fortsetzung*	21 A2	Western Union	
West 32nd St	8 E3	West 86th St	15 B3	West 124th St	21 A2	Building	1 B1
West 33rd St	7 B2	West 87th St	15 B3	West 125th St	21 A1	Western Union	
West 34th St	7 B2	West 88th St	15 B3	*Fortsetzung*	20 F2	International	
West 35th St	7 C2	West 89th St	15 B3	West 125th St		Plaza	1 B4
West 36th St	7 C2	West 90th St		(Martin Luther		Westside Highway	
West 37th St	7 C2	(Henry J.		King Jr. Blvd)	20 D1	9A (West St)	1 B2
West 38th St	7 C1	Browne Blvd)	15 B3	West 126th St	20 E1	White St	4 E5
West 39th St	7 B1	West 91st St	15 B2	*Fortsetzung*	21 A1	Whitehall St	1 C4
West 40th St	7 B1	West 92nd St	15 B2	West 127th St	20 F1	Whitney Museum of	
West 41st St	7 B1	West 93rd St	15 B2	*Fortsetzung*	21 A1	American Art	3 B1
West 42nd St	7 B1	West 94th St	15 B2	West 128th St	20 F1	W. H. Seward Park	5 B5
West 43rd St	7 B1	West 95th St	15 B2	*Fortsetzung*	21 A1	Willett St	5 C4
West 44th St	11 B5	West 96th St	15 B2	West 129th St	20 E1	William St	1 C2
West 45th St	11 B5	West 97th St	15 B1	*Fortsetzung*	21 A1	Williamsburg	23 B2
West 46th St	11 B5	West 98th St	15 B1	West 130th St	20 D1	Williamsburg	
West 47th St	11 B5	West 99th St	15 B1	*Fortsetzung*	19 A1	Bridge	6 D3
West 48th St	11 B5	West 100th St	15 B1	West 131st St	19 B3	Willis Ave Bridge	22 E1
West 49th St	11 B5	West 101st St	15 B1	West 132nd St	19 B3	Willoughby Ave	
West 50th St	11 B4	West 102nd St	15 B1	West 133rd St	19 B3	(Brooklyn)	23 B3
West 51st St	11 B4	West 103rd St	20 E5	West 134th St	19 B3	Wollman Rink	12 F2
West 52nd St	11 B4	West 104th St	20 E5	West 135th St	19 A3	Woolworth	
West 53rd St	11 C4	West 105th St	20 E5	West 136th St	19 A2	Building	1 C2
West 54th St	11 B4	West 106th St		West 137th St	19 B2	Wooster St	4 E3
West 55th St	11 B4	(Duke Ellington		West 138th St	19 A2	World Trade	
West 56th St	11 B3	Blvd)	20 E5	West 139th St	19 A2	Center	1 B2
West 57th St	11 B3	West 107th St	20 E5	West 140th St	19 A2	Worth Monument	8 F4
West 58th St	11 B3	West 108th St	20 E4	West 141st St	19 A1	Worth Sq	8 F4
West 59th St	11 B3	West 109th St	20 E4	West 142nd St	19 A1	Worth St	1 C1
West 60th St	11 C3	West 111th St	20 D4	West 143rd St	19 A1	Wyckoff St	
West 61st St	11 C3	*Fortsetzung*	21 A4	West 144th St	19 A1	(Brooklyn)	23 A4
West 62nd St	11 C2	West 112th St	20 D4	West 145th St	19 A1	Wythe Ave	
West 63rd St	12 D2	*Fortsetzung*	21 A4	West Broadway	1 B1	(Brooklyn)	6 F1
West 64th St	11 C2	West 113th St	20 D4	West Broadway			
West 65th St	11 C2	*Fortsetzung*	21 A4	*Fortsetzung*	4 E3	**Y**	
West 66th St	11 C2	West 114th St	20 D3	West Channel	14 D1		
West 67th St	11 C2	*Fortsetzung*	21 A3	*Fortsetzung*	18 D4	York Ave	
West 68th St	11 C1	West 115th St	20 D3	West Dr	12 E1	1113–1369	13 C1–3
West 69th St	11 C1	*Fortsetzung*	21 A3	*Fortsetzung*	16 E1	*Fortsetzung*	
West 70th St	11 B1	West 116th St	20 D3	*Fortsetzung*	21 A4	1370–1694	17 C2–5
West 71st St	11 B1	*Fortsetzung*	21 A3	West End Ave	11 B1	York St	4 D5
West 72nd St	11 B1	West 117th St	20 F3	*Fortsetzung*	15 B1	York St	23 A3
West 73rd St	11 B1	*Fortsetzung*	21 A3	*Fortsetzung*	20 E5		
West 74th St	15 B5	West 118th St	20 F3	*Fortsetzung*	21 A3		
West 75th St	15 B5	*Fortsetzung*	21 A3	West Houston St	3 C3		

Hinter den Straßennamen außerhalb von Manhattan steht der Name des Borough

Textregister

Seitenzahlen in **fetter** Schrift verweisen auf Haupteinträge.

1 und 2 United Nations Plaza 62, **154**
9/11 Tribute Center **74f**
10–14 Greene Street 98
15–17 Greene Street 98
17 State Street 57
24 Middagh Street 229, 270
26 Broadway 57, 68
28 Liberty 59, 69
28–30 Greene Street 42, 100
40 Wall Street 59
42nd Street 10, 34
50 Cent 51
55 Central Park West 207, 342
55 Water Street 59
60 Gramercy Park 45
70 Pine Street 59
70 Willow Street 228
72–76 Greene Street 44, 98, 100
75½ Bedford Street 104, **106**, 264
100 Old Slip 59
100 UN Plaza 63
120 und 122 East 92nd Street 181
120 Wall Street 59
125 Broad Street 59
175 Water Street 61
245 Fifth Avenue 45
866 UN Plaza 63
1740 Broadway **144**
247365 Gallery **94f**

A

Abbott, Berenice 241
Abby A. Rockefeller Sculpture Garden 168
ABC-TV 207, 343, 371
Abstecher **242–259**
  Bars 311
  Hotels 288
  Restaurants 305
Abstrakter Expressionismus 50
Abyssinian Baptist Church 47, **223**, 276
Accessoires (Läden) 322f
Adams, Franklin P. 141
Adderley, Cannonball 257
Adressensuche 378
African-American Day Parade 54
African Burial Ground **85**
Afrikaa Bambaataa 51
Afroamerikaner 49
Akeley, Carl 211
Aktivurlaub 354f
Alamo (Rosenthal) 114, 274
Albee, Edward 264
Alexander der Große 239
Algonkin 20
Algonquin Hotel **141**
Alice Austen House **259**
Alice in Wonderland (Central Park) 201, 203
Alkoholausschank 309
Alluye, Jean d' 246
Alma Mater (French) 216, 218
Alphabet City 113
Alwyn Court Apartments **144f**
American Academy of Arts and Letters **244**
American Crafts Festival 53
American Express 368
American Folk Art Museum 40, 207, **213**
  Laden 317, 318
American Football 35, 54, 354
American Merchant Mariners' Memorial 57, 273
American Museum of Natural History 11, 41, **210f**
  Filme 343
  Highlights 39
  Läden 317, 318
Amis, Martin 50
Ammann, Othmar 245
Amsterdam Avenue 315
Andersen, Hans Christian 201, 203
Angel Orensanz Center **95**, 262
Anna Zborowska (Modigliani) 169
Ansonia, The **213**
Antikmöbel 328f
Antiquitäten
  internationale 328f
  Läden 328f
Apartmenthäuser 42, **45**
Apartment-Hotels 282
Apollo Theater 13, 29, 214, **224**, 227
Apotheken 367
Appellate Division of the Supreme Court of the State of New York 121, **122**
Aquarium, New York 259
Arad, Michael 74
Arbus, Diane 171, 194
Architektur
  Architekten **51**
  Highlights **42–45**
  Verkleidungen **44f**
  siehe auch einzelne Stile
Armour, Herman 250
Armstrong, Louis, Louis Armstrong House Museum **256f**
Arquitectonica 143, 251
Art déco 42, 45, 62f, 143
  Chanin Building 150
  Chrysler Building 149, 151
  Waldorf Astoria 173
Arthur Avenue **251**
Ärzte 367
Asia Society 41, **183**
  Konzerte 344
  Läden 317, 318
Asiatisches Essen 293
Asimov, Isaac 49, 218
Astaire, Fred 122
Astor, John Jacob 51, 116, 142
Astor, Mrs. William 183
Astor Court (Metropolitan Museum of Art) 189
Astor Place 114, 274
  Aufstand (1849) 27
Atget, Eugene 171
Atlantic Avenue 271
Auden, W. H. 117, 271
Audubon, John James 212, 244
Audubon Terrace **244**
Auktionshäuser 328f
Auskunft (Telefon) 370f
Austen, Alice 259
  Alice Austen House **259**
Austrian 372, 375
Autos 375
  Anreise 375
  Autovermietung 379, 381
  Maut 375
  Parken 379, 381
  New York 379
  Versicherungen 379
Avenues,
  Adressensuche 378

B

Babysitting 358f
Bacall, Lauren 212
Bäckereien 307, 308
Backstage-Touren
  Musikbühnen 337, 344
  Theater 340f
Bacon, Francis 170
Badende, Der (Cézanne) 170
Bailey, Pearl 224
Balanchine, George 49
Baldwin, James 30, 50
Balenciaga 191
Ball, Lucille 167
Balla, Giacomo 170
Ballett 52, **340**, 341
Balto (Statue) 203
BAM *siehe*
  Brooklyn Academy of Music
Bank of New York 25, 57, 59
Banken **368**
Bara, Theda 124
Bargemusic 228, 230
Barnard, George Grey 246
Barnes, Edward Larrabee 166, 183

TEXTREGISTER | 421

Barnum, Phineas T. 81, 117, 122
Barrio, El 47
Barrymore, John 106
Bars **309–311**
   Angesagte Bars 309, 311
   Bars mit Ausblick 309, 311
   Historische und Literaten-Bars 310f
   Hotelbars 310f
   Schwulen- und Lesbenbars 310f
   Spätnachts 352f
   Sportbars 355
Bartholdi, Frédéric-Auguste 78, **79**, 125
Baseball 27, 52, 354
   Yankee Stadium 30, 251, 354f
Basie, Count 222, 257, 346
Basilica of St. Patrick's Old Cathedral **94**
Basketball 54, 354
Basquiat, Jean-Michel 50, 237
Batali, Mario 125
Battery 21
Battery Maritime Building 58, 273
Battery Park 12, **81**, 273
Battery Park City **76**
   New York spätnachts 352f
Battery Park City Esplanade 101, 272
Battery Place 272
Bauernmärkte 330
Baxter, W. E. 100
Bayard-Condict Building **117**
Bearden, Romare 251
Beat Movement 32, 50, 103
Beatles 32, 167
Beatty, Warren 107
Beaux-Arts-Architektur 43, **44f**
Beckett, Samuel 209
Beckman Tower 63
Bed and Breakfast **282**, 283, **284**
Beecher, Henry Ward 229, 237, 270f
Behinderte Reisende *siehe* Reisende mit besonderen Bedürfnissen
Belasco, David 139
Belasco Theatre 139
Bell, Alexander Graham 28
Bellevue Hospital 25
Bellows, George 108
   Dempsey and Firpo 109
Belluschi, Pietro 150
Belmont **251**
Belvedere Castle (Central Park) 201, **202**
Benchley, Robert 141
Bennett, James Gordon Jr. 130

Berlin, Irving 49
Bernhardt, Sarah 125
Bernstein, Leonard 51, 237
   Carnegie Hall 144
   Dakota, The 212
   Lincoln Center 206, 208
Berry, Jean, Duc de 247, 249
Bethesda Fountain (Central Park) 200, **203**
Bethesda Terrace (Central Park) 200, **203**
Beuys, Joseph 170
Bialystoker Synagoge **93**
Big Apple Circus 54
Bingham, George Caleb 190
Bio-Märkte 365
Bischofssynode der russisch-orthodoxen Kirche außerhalb Russlands 181
Bistros 306, 308
Black History Month 55
Black Monday (1987) 33, 73
Black Panthers 275
Blackwell, Robert 177
Blake, Eubie 223
Blake, William
   The Song of Los 160
Bloch-Bauer, Adele 182
Block Beautiful 121, **124**
Blondie 51
Bloody Angle 88, 91
Bloomberg, Michael 34f, 51
Bloomingdale, Joseph und Lyman 177
Bloomingdale's 11, 13, **177**, 313
   Geschichte 28
Blues 347
Boccioni, Umberto 170
Bogart, Humphrey 212
Bonnard, Pierre 193
Boote und Schiffe
   Ankunft per Schiff 374
   Bootstouren 380f
   Fähren 380
   Wassertaxis 380f
Booth, Edwin 121, 124f, 143
Booth, John Wilkes 124
Boppard-Bleiglasfenster (Cloisters Museum) 246
Borough Hall (Brooklyn) 271
Börsenkrach (1929) 30f, **73**
Botticelli, Sandro 192
Boucher, François
   Vogelfang und Gartenbau 197
Bourke-White, Margaret 241
Boutique-Hotels 284–286
Bow Bridge (Central Park) 201, **202**
Bowery Savings Bank Building (Lower Midtown) 148, **150**

Bowery Savings Bank (Lower East Side) 89, **90**
Bowie, David 191
Bowling Green 11, 22, **76f**
Bowne & Co 273
Boxen 354
Bradford, William 71
Braque, Georges 170, 193
Brasserien 306, 308
Brazilian Festival 54
Bremen House 269
Breuer, Marcel 194
Brevoort, Henry 117
Brill Building 342
Britische Herrschaft **22f**
Broadway 12f, **338**
   Geschichte 20, 31
   Theater 338f
   Tickets 335
Broken Kilometer 98
Bronfman, Samuel 173
Bronx **250–255**
   Ethnische Vielfalt 49
Bronx Museum of the Arts **251**
Bronx Zoo **254f**
Bronzino, Agnolo di Cosimo 192
Brookfield Place (World Financial Center) 42, 56f, **71**
Brooklyn **226–241**
   Bars 311
   Ethnische Vielfalt 49
   Hotels 284, 287
   Kleine Mahlzeiten und Snacks 308
   Karten 18, 227
   Restaurants 304f
   Spaziergang 270f
Brooklyn Academy of Music (BAM) 13, **231**, 271
   Konzerte 344f
   Tanz 340, 341
   Theater 338
Brooklyn Botanic Garden 13, **237**
Brooklyn Brewery 231
Brooklyn Bridge 17, 226, 230, **232–235**, 260
   Filmschauplatz 342
   Geschichte 28
   Hauptsehenswürdigkeiten 37
   Jubiläum 234
   Themen- und Tagestouren 11, 12f
   Vom South Street Seaport 61, 84
Brooklyn Bridge: Variation on an Old Theme (Stella) 38
Brooklyn Children's Museum **236**
Brooklyn Cruise Terminal 374f
Brooklyn Dodgers 271
Brooklyn Flea 231

Brooklyn Heights 270f, 342
  Detailkarte 228f
Brooklyn Heights Promenade 13, 228, 261, 271
Brooklyn Historical Society 229, 271
Brooklyn Ice Cream Factory 228, 230
Brooklyn Museum 13, 41, **238–241**
  Ägyptische, klassische und orientalische Kunst 241
  Asiatische Kunst 240
  Dekorative Kunst 240f
  Drucke, Zeichnungen und Fotografien 241
  Grundriss 238f
  Kunst aus Afrika, Ozeanien, Nord- und Südamerika 240
  Malerei und Bildhauerei 241
Brotherhood Synagogue 121
Brown, James 224, 277
Brownstones (Haustyp) 27, 42, **44**
Brubeck, Dave 346
Brückenmaut 375
Brueghel, Pieter 192
Bruguera, Tania 251
Bryant Park 10, **141**
  Konzerte 345
Bryant Park Hotel **141**
Büchereien 41
  Butler Library 216, 218
  Low Library 216, **218**
  Morgan Library & Museum 16, 38, 40f, **160f**
  New York Public Library 41, 107, 136f, **142**
Buchhandlungen 326f
Büglerin, Die (Picasso) 184
Bürgerkrieg *siehe* Civil War
Burgerlokale 307, 308
Burne-Jones, Edward 155
Burnett, Frances Hodgson 203
Burnham, Daniel 45, 123
Burr, Aaron 25, 222, 245
Burroughs, William 50
Busse **384f**
  Bustouren 385
  Fernreisebusse 374
  Flughafenbusse 373
Bush-Brown, Henry K. 84
Businesshotels 287, 288
Büste von Sylvette (Picasso) 111
Butler Library 216, 218

C

Cabaret 348f, 350f
Cadman Plaza West 270
Cafés 306, 308
Cagney, James 124, 218
Calder, Alexander 166
  Cirque Calder 109
Callas, Maria 51, 209
Calloway, Cab 30f, 222

Campbell, Mrs. Patrick 124
Campin, Robert
  Mérode-Triptychon 246, 249
Canal Street 88
Cantor, Eddie 143
Capote, Truman 166, 228, 270
Capra, Frank 49
Carl Schurz Park 269
Carnegie, Andrew 51, 144
  Carnegie Hall 144
  Cooper Hewitt, Smithsonian Design Museum 39, 182, 269
Carnegie Hall **144**
  Architektur 44
  Geschichte 29
  Highlights 337
  Konzerte 344f
  Laden 316, 318
Carnegie Hill 269
Carrà, Carlo 170
Carrère & Hastings
  Ewiges Licht 122
  Life Building 129
  Neue Galerie New York 182
  New York Public Library 45, 142
Carroll, Lewis 161
Cartier, Pierre 166
Cartier-Bresson, Henri 171
Caruso, Enrico 213
Cassatt, Mary 241
Cast-Iron *siehe* Gusseisen-Architektur
Cast-Iron Historic District 98f, 265
Castle Clinton National Monument 57, **81**, 272f
Cavaglieri, Giorgio 107
CBGB 275
Central Park **198–203**, 200, 266f
  Filmschauplatz 342
  Geschichte 27, 28
  Hauptsehenswürdigkeit 37
  Spaziergang 200f
  Stadtteilkarte 199
  Themen- und Tagestouren 11, 12f
Central Park Summerstage 53, 346f
Central Park West 207, 208
Central Park Zoo **203**
Central Synagogue **176**
Century Apartments 207, 208
Cézanne, Paul 192, 241
  Badende, Der 170
  Kartenspieler, Die 188
Chagall, Marc 159, 208
  Paris durch das Fenster gesehen 184
Chambellan, René 150
Chamber of Commerce 69
Chanin, Irwin S. 148, 150, 208
Chanin Building 148, **150**
Chaplin, Charlie 122, 171

Charging Bull (Di Modica) **76**
Chatham Square 88
Chelsea Art Galleries **134**
Chelsea und Garment District 13, **126–135**
  Brownstones 44
  Hotels *siehe* Midtown
  Kleine Mahlzeiten und Snacks 308
  Restaurants *siehe* Midtown
  Shopping 314
  Stadtteilkarte 127
Chelsea Historic District **135**
Chelsea Market **135**
Chelsea Piers Complex **134**
Cherry Blossom Festival 52
Cherry Lane Theatre 104, 106
Chicago, Judy
  The Dinner Party 239
Children's Museum of the Arts 74
Children's Museum of Manhattan 11, **213**
Childs, David 74
Chinatown 46, 87, 88, **91**
  Detailkarte 88f
  Filmschauplatz 342
  Restaurants *siehe* Downtown
  Spaziergang 263
Chinatown Ice Cream Factory 263, 359
Chinesen in New York 46, **48**, 90f
Chinesisches Neujahr 55
Christ Church United Methodist **194**
Christina's World (Wyeth) 168
Christmas Spectacular 54
Christopher Street 104
Christy, Howard Chandler 209
Chruschtschow, Nikita 159
Chrysler, Walter P. 151
Chrysler Building 10, 36, 62, 146, **151**
  Architektur 43, 45
  Detailkarte 149
  Geschichte 30
Church, Frederic Edwin 182
Churchill, Winston 124, 173
Cipriani 150
Circle Line 381
  Kinder 358f
  Spätnachts 352f
Circle Repertory Theater 264
Cirque Calder (Calder) 109
Citi Field 354
Citibank Building 59
Citigroup Center 45, 63, **173**
Citizens Savings Bank 92
City College of the City University of New York **222**
City Hall 11, 43, 44, **84f**
City Hall Park 85
Civic Center *siehe* Lower Manhattan und Civic Center

Civil War 27
Clark, Edward S. 212
Clermont 27
Cleveland, Grover 78
Clifford, Sir George 187, 191
Clinton, Bill 277
Clinton, Charles W. 183
Clinton Street 271
Cloisters Museum, The 40,
   246–249
   Gotische Kunst 248f
   Grundriss 246f
   Konzerte 345
   Mittelalterliche Gärten 249
   Romanische Kunst 248
   Schatzkammer 249
   Wandteppiche 249
Clubs 348f
Cocks, Samuel 106
Cohan, George M. 139
Cohen, Jerry 95
Colbert, Claudette 49
College Board Building 206
Colonnade Row 114, **116**
Colt, Samuel 111, 191
Coltrane, John 51
Columbia University 23, 33, **218**
   Detailkarte 216f
Columbus Avenue,
   Shopping 315
Columbus Circle 13, **209**
Columbus Day Parade 54
Columbus Park 88, **91**
Comedy 350f
Comics (Läden) 326f
Commonwealth Fund 268
Computer (Läden) 332f
Con Edison Building **125**
Con Edison Mural (Haas) 61
Condict, Silas Alden 117
Coney Island **259**
Coney Island Museum 259
Confucius Plaza 89
Conkling, Roscoe 122
Conservatory Garden (Central Park)
   203
Conservatory Water (Central Park)
   201, **203**
Constitution (Schiff) 26
Continental, The 274
Coogan, Jackie 171
Cooper, James Fenimore 50
Cooper, Peter 116, 274
Cooper Union 115, **116**, 274
Cooper Hewitt, Smithsonian Design
   Museum **182**, 269
   Detailkarte 180
   Highlights 39, 40
   Laden 317, 318
Copland, Aaron 244
Cornbury, Lord 22
Corona Park **256**
Corpus Christi Church 344

Cotton Club 30f, 51, 342, 346
Country-Musik 347
Coutans, Jules-Alexis 152
Coward, Noël 207, 209
Cram, Ralph Adams 194, 220f
Criminal Courthouses **84**
Cross & Cross 172
Croton Distributing Reservoir
   26f
Crystal Palace 27
Cuban Day Parade 52
Cullen, Countee 277
Cummings, E. E. 50, 105, 107, 264
Cunningham, Merce 32
Cushman, Don Alonzo 135
Cuxa-Kreuzgang (Cloisters
   Museum) 247

D

Daily, Clifford 104
Daily News Building 149, **151**
Dairy, The (Central Park) 200, **202**
Dakota, The 28, 45, **212**, 342
Dalai Lama 258
Dalí, Salvador
   Zerrinnende Zeit 170
Damenmode 320f
Damrosch Park 209
   Konzerte 345
Darger, Henry 213
David Brody Bond 74
David Geffen Hall **209**
David H. Koch Theater 206, **208**
De Blasio, Bill 35
De Kooning, Willem 50, 170, 193
De Lancey, James 93
De Maria, Walter 98, 101
De Niro, Robert 34, 51
Dean, James 207
Dean & DeLuca 99
Degas, Edgar 192, 241
Delacorte, George T. 202, 203
Delano, Familie 111
Deli, Essen im 292
Delikatessen (Feinkostläden und
   Delis) 292f, 306, 308, 330f
Delmonico (Familie) 94
Delmonico's 58
Demoiselles d'Avignon, Les (Picasso)
   169, 170
Dempsey and Firpo (Bellows) 109
Demuth, Charles 193
Derain, André 170
Designer-Kleidung 319, 321
Deutsche in New York 47, **48**
Di Modica, Arturo
   Charging Bull **76**
Di Suvero, Mark 257
Diamond District **140**
Diana (Huntington) 182
Dickens, Charles 116
Diebstahl 366
DiMaggio, Joe 251

Diners (Imbisslokale) 307, 308
Diners Club 368
Dinkins, David 34
Dinner Party, The (Chicago) 239
Diptychon (van Eyck) 188
Discos 348f
Discovery Times Square **141**
Dodge, William de Leftwich 84
Dorilton, The **213**
Dos Passos, John 111, 265
Douglas, Aaron 277
Downtown
   Hotels 284–288
   Restaurants 294–299
   siehe auch East Village; Gramercy
   und Flatiron District; Greenwich
   Village; Lower East Side; Lower
   Manhattan und Civic Center;
   SoHo und TriBeCa
Downtown Heliport 58
Draper, John W. 111
Dreiser, Theodore 106, 122, 265
Dreyfuss, Richard 208
Du Bois, W. E. B. 223
Duboy, Paul E. M. 213
Dubuffet, Jean 170f
   Four Trees 69
Duchamp, Marcel 111, 195
Duckworth, Isaac F. 98
Duffy Square 139
Duke, James B. 268
Duke-Semans House 268
Dumbo **230**
Duncan, Isadora 207, 209
Duncan, John H. 236
Dunham, Lena 51
Dürer, Albrecht 191, 241
Dvořák, Antonín 125
Dylan, Bob 51, 103

E

E-Walk 138
Eagle Warehouse 230, 270
Eakins, Thomas 182
Early Sunday Morning (Hopper)
   108
East 57th und 59th Street
   (Shopping-Meile) 315
East Coast War Memorial 57
East Houston Street **94**
East River 232
   Lower Manhattan am East River
   58f
   Spaziergang in der Upper East
   Side 269
East Village **112–117**
   Bars 311
   Detailkarte 114f
   Hotels *siehe* Downtown
   Kleine Mahlzeiten und Snacks
   308
   Restaurants *siehe* Downtown
   Shopping 314

TEXTREGISTER

East Village *(Fortsetzung)*
  Spaziergang 274f
  Stadtteilkarte 113
Easter Flower Show 52
Easter Parade 52
Eastern States Buddhist Temple 88, 91, 263
Eataly 330f
Economy Candy **95**, 262, 330f
Edward VIII, König *siehe* Windsor, Herzog und Herzogin von
Egan, Jennifer 50
Église de Notre Dame 217
Eiffel, Gustave 78
Einhorn-Gobelins (Cloisters Museum) 246, 249
Einreise 362, 372
Einstein, Albert 49
Eintrittspreise 363
Einwohnerzahl 14
Eisenhower, Dwight D. 208
Eishockey 54, 354
Eislaufen 354
Eldridge Street Synagogue
  siehe Museum at Eldridge Street
Elektrizität 365
Elektronischer Ticker, Times Square 139
Eliot, T. S. 142
Ellington, Duke 30, 51, 346
  Apollo Theater 224
  Hamilton Heights 222
  Woodlawn Cemetery 250
Ellis Island 11, 12f, 40f, **82f**
  Geschichte 32, 34
  Hauptsehenswürdigkeit 37
  Highlights 38
Ellison, Ralph 50, 223
Embury, Aymar III 256
Emery Roth & Sons 172
Empire State Building 17, 126, **132f**
  Architektur 45
  Detailkarte 129
  Filmschauplatz 342
  Geschichte 30
  Hauptsehenswürdigkeit 37
  Nachtöffnung 353
  Skyline von Manhattan 62
  Themen- und Tagestouren 10, 12f
Empire State Building Run-Up 55
Engine Company No. 31 87
Enid A. Haupt Conservatory 252f
Epstein, Jacob 219
Equitable Building 68
Erie Canal 27
Ernst, Max 170
Essen und Trinken
  Bars 309
  Essen zum Mitnehmen 352f
  Food-Courts 306
  Kleine Mahlzeiten und Snacks 306–308 Läden 330f

Läden 330f
New Yorks kulinarische Vielfalt 292f
Spätnachts 352f
siehe auch Restaurants
Essen zum Mitnehmen 352f
Essex Street Market **95**
Etikette 363
  Bars 309
Everett Children's Adventure Garden 252

F

Fähren **380**, 381
Fahrradfahren 356f, **381**
Fahrradverleih 381
Farragut, Admiral David 120, 122
Farrington, E. F. 233
Fasanella, Ralph 213
Fashion Avenue 128
Federal Hall 11, 13, 41, 69, **70**
Federal Reserve Bank 69, **70**
Federal Style (Architektur) 43, **44**
Feiertage 55
Feininger, Lyonel 182
Fernbach, Henry 176
Fernreisebusse 374
Fernsehen 371
  TV-Shows 343
Ferris, Joshua 50
Festa di San Gennaro 54, 263
Feste und Festivals **52–55**
Fields, W. C. 143, 257
Fifth Avenue 11, 12f, 29, **166**
  Detailkarte 164
  Shopping 315
Fillmore East 275
Film **342f**
  Berühmte Schauspieler 51
  Einstufungen Altersfreigabe 342
  Empire State Building 133
  Festivals 52, 54, 342f
  Filmschauplätze 231, 342
  Highlights 336
  Mitternachtskino 352
  Museum of the Moving Image and Kaufman Astoria Studio **257**
Film Forum 336, 343, 352
First Presbyterian Church **110**
Fisk, James 51
Fitness und Wellness **356f**
Fitness-Center 356f
Fitzgerald, Ella 257, 277
Fitzgerald, F. Scott 256
Five Boro Bike Tour 52
Five in One (Rosenthal) 61
Flagg, Ernest 100, 117
Flatiron Building 10, 29, **123**
  Architektur 45
  Detailkarte 120
Flatiron District *siehe* Gramercy und Flatiron District

Flavin, Dan 170
Flohmärkte 324f, 328f
Flower District 128
Flughäfen 373, 377
Flugreisen **372f**
Flushing Meadows-Corona Park **256**
Folk-Musik 347
Food-Courts 306
Ford Foundation Building 149, **154**
Forrest, Edwin 114
Fort Greene **231**
Fort Greene Park 231
Foster, Norman 209
Foster, Stephen 26
Foucault, Léon
  Foucaultsches Pendel 158
Four Trees (Dubuffet) 69
Fragonard, Jean-Honoré 241
  Die Verfolgung 197
Franklin, Aretha 224
Franklin, Benjamin
  Statue 85
Franklin D. Roosevelt Four Freedoms Park **177**
Franzen, Jonathan 50
Französische Botschaft 268
Frau mit gelbem Haar (Picasso) 185
Frau mit Vase (Léger) 185
Frau vor dem Spiegel (Manet) 185
Fraunces Tavern 296, 310f
Fraunces Tavern Museum 11, 41, **80**
Fred F. French Building **155**
Freiheitsstatue *siehe*
  Statue of Liberty
French, Daniel Chester
  Alma Mater 216, 218
  Appellate Division of the Supreme Court of the State of New York 122
  Church of the Incarnation 155
  Gramercy Park 124
  US Custom House 77
Freud, Lucian 171
Frick Collection 13, **196f**, 268
  Highlights 39, 40
  Konzerte 344f
Frick, Henry Clay 196
  Frick Collection 39, 268
Frick Mansion 43, 45, 268
Friedlander, Lee 171
Frühling in New York 52
Frühstück (Hotels) 280
Führungen 380f
Fuller Building **177**
Fulton Ferry District 229, **230**
Fulton Ferry Landing 270
Fulton, Robert 26f, 229, 230
  Grab 71
  Isaacs-Hendricks House 106
Fur District 128

G

Gainsborough, Thomas
 Mall in St. James's Park 197
Galerien *siehe auch* Museen und Sammlungen
Gallo, Joey 89
Gangster 30
Garden Plaza (IBM Building) 166
Gardiner, Julia 110
Garland, Judy 212
Garment District *siehe* Chelsea und Garment District
Gärten *siehe* Parks und Gärten
Garvey, Marcus 225, 277
Gaudí, Antonio 219
Gay Street 105
Geer, Seth 116
Gelbe Kuh (Marc) 184
Geld **368f**
 Geldautomaten 368
 Geldwechsel 368f
 siehe auch Kreditkarten
General Electric Building 63, 165, **172**
General Slocum (Denkmal für ein Schiffsunglück) 117
General Theological Seminary **134f**
George III, König 24f
 Statue 76f
George Washington Bridge **245**
Geschichte **18–35**
Gesundheit **367**
Ghiberti, Lorenzo 71
Gibson, Charles Dana 194
Gilbert, Cass 44f, 51
 George Washington Bridge 245
 New York Life Insurance Company 121, 122
 Thurgood Marshall US Courthouse 84
 US Courthouse 61
 US Custom House 77
 Woolworth Building 85
Gilbert, C. P. H. 182
Gillespie, Dizzy 224, 257
Ginsberg, Allen 50, 275
girocard 368
Gish-Schwestern 212
Giuliani, Rudolph 34
Golden Rule, The (Rockwell) 159
Goldwyn, Samuel 49
Golf 356f
Goodhue, Bertram 167, 172
Gorky, Arshile 170, 241
Gottlieb, Adolph 50
Gould (Familie) 177
Gould, Jay 51
Governors Island **80**
Goya y Lucientes, Francisco José de 191, 192, 244
Grace Church **117**
Gracie, Archibald 40, 194
Gracie Mansion 40, **194f**, 269
Graham House 180
Gramercy und Flatiron District **118–125**
 Bars 311
 Hotels *siehe* Downtown
 Kleine Mahlzeiten und Snacks 308
 Restaurants *siehe* Downtown
 Stadtteilkarte 119
Gramercy Park **124**
 Detailkarte 120f
Grand Army Plaza 13, **236**
Grand Central Terminal 10, 12, 16, **152f**
 Ankunft in New York 377
 Architektur 45
 Detailkarte 148
 Filmschauplatz 342
 Geschichte 29
 Skyline von Manhattan 62
Grant, Cary 106
Grant, Ulysses S. 79, 219
Grant's Tomb **219**
El Greco 192, 244
Greek Independence Day Parade 52
Greeley, Horace 129
Greeley Square 129
Green Coca-Cola Bottles (Warhol) 108
Green-Wood Cemetery **237**
Greenaway, Kate 40
Greene Street 98, **100**, 265
Greenpoint **231**
Greenwich Savings Bank 129
Greenwich Village 12f, **102–111**
 Bars 311
 Detailkarte 104f
 Hotels *siehe* Downtown
 Kleine Mahlzeiten und Snacks 308
 Restaurants *siehe* Downtown
 Shopping 314
 Spaziergang 264f
 Stadtteilkarte 103
Grey Art Gallery **110**
Greyhound 374f
Gris, Juan 170
Gropius, Walter 150
Große Depression 30, **31**
 Börsenkrach (1929) 30f, **73**
Ground Zero (World Trade Center Site) 56
 Architektur 45
 Geschichte 33
 National September 11 Memorial 12f, 56, **74**
 National September 11 Memorial Museum 12f, 35, 56, **74**
 One World Trade Center (früher Freedom Tower) 33, 45, 56, **75**
 Terrorattacke 33, 56, 74f
Grove Court 104, **106**
Guggenheim Bandshell 206, 209
Guggenheim Museum *siehe* Solomon R. Guggenheim Museum
Gusseisen-Architektur 42, **44**, 96, 98f
Gutenberg-Bibel 160
Guy, Francis
 Winter Scene in Brooklyn 239

H

Haas, Richard
 Alwyn Court Apartments 145
 Con Edison Mural 61
 Greene Street Mural 99, 100
 New York Public Library 142
Hafen von Dieppe, Der (Turner) 196
Hale, Nathan 24, 84f
Hallensport 357
Halloween Parade 54
Hamilton, Alexander 25, 222
 Bank of New York 59
 Grab 71
 Museum of American Finance 70
Hamilton Grange National Memorial **222**
Hamilton Heights Historic District **222**
Hammarskjöld, Dag 159
Hammerstein, Oscar 51, 138, 143
Handtaschen (Läden) 322f
Handy, W. C. 223
Hanover Square 58
Hanukkah Menorah 55
Harde and Short 145
Hardenbergh, Henry J. 45
 Con Edison Building 125
 The Dakota 212
 Plaza Hotel 177
Haring, Keith 50
Harkness, Edward S. 268
Harlem 13, 47
 Filmschauplatz 342
 Rassenunruhen 32
 Spaziergang 276f
 siehe auch Morningside Heights und Harlem
Harlem Heights, Battle of (1776) 24
Harlem Week 53
Harlem YMCA **223**
Harper, James 124
Harrison Street **101**
Harrison, Wallace 156
Harry's Café 11
Hartley, Marsden
 Painting Number 5 109
Harvey Theater 231
Haughwout Building 99, **100**

Hauptsehenswürdigkeiten in New York **37**
Haushaltswaren (Läden) 332f
Hawley, Irad 110
Heins & LaFarge 220, 221
Heizer, Michael 166
Helikopter
  Flüge 353, 381
  Transport vom Flughafen 373, 375
Helleu, Alice 239
Helleu, Paul 153, 239
Hell's Kitchen 46, **145**
Helmsley, Harry 154
Helmsley, Leona 154
Helmsley Building 45, 149, **154**
Henderson Place 269
Hendrick (Irokesenhäuptling) 22
Hendricks, Harmon 106
Hendrix, Jimmy 51, 275
Henry, O. 106, 121
Hepburn, Audrey 51, 106
Hepburn, Katharine 143
Hepworth, Barbara 62
Herald Square **130**
  Detailkarte 128f
Herbst in New York 54
Herrenmode 319, 321
Herter-Brüder 122
Herts & Tallant 140, 231
Hicks, Edward
  The Peaceable Kingdom 40
Hicks (Familie) 270
High Line 12f, 37, **134**
Highlights
  Architektur **42 – 45**
  Hauptsehenswürdigkeiten 37
  Museen und Sammlungen **38 – 41**
  Shopping **314f**
  Unterhaltung **336f**
Highpoint, The 63
Hill, Joe 49
Hippies 33
Hispanic Society of America **244**
Historic Richmond Town 41, **258**
Historische Bars 310f
Hochzeit von Kanaa, Die (de Flandes) 187
Hoffman, Dustin 104, 208
Hoffman, Malvina 155, 180
Hofmann, Hans 50
Holbein, Hans
  Sir Thomas More 196
Holiday, Billie, Jazz- Sängerin 224, 276f
Holland, George 125
Holland Tunnel 30
Holländische Kolonie **20f**
Holländische Westindische Kompanie 20
Homer, Winslow 182, 241, 264

Hood, Raymond 45
  Bryant Park Hotel 141
  Daily News Building 151
  McGraw-Hill Building 143
  Rockefeller Center 140
Hope, Bob 49
Hopper, Edward
  American Academy of Arts and Letters 244
  Early Sunday Morning 108
  Washington Mews 265
  Washington Square 111
Horne, Lena 257
Hostels 282f
Hotel des Artistes 207, **209**
Hotel Pennsylvania 128
Hotels **280 – 289**
  Abstecher 288
  Apartment-Hotels 282
  Außerhalb Manhattans 282
  Ausstattung 280f
  Bars 310f
  Boutique-Hotels 284 – 286
  Brooklyn 284, 287
  Businesshotels 287, 288
  Downtown 284 – 288
  Jugendherbergen 282
  Kinder 282
  Hotelkategorien 282f
  Luxushotels 288f
  Midtown 285 – 289
  Preiswert 286f
  Preisnachlässe 281
  Reisende mit besonderen Bedürfnissen 281
  Reservierung 281
  Upper Manhattan 284, 286f, 289
  Versteckte Kosten 281
Houdini, Harry 122
Howard Gilman Opera House 231
Howe, General William 24
Howells, John 141
Howells & Stokes 217
Huang Daxian Temple 91
Hudson, Henry 20
Hudson River
  Flugzeugnotlandung 35
  Spaziergang 272f
Hudson River Park **101**
Hugh O'Neill Dry Goods Store **135**
Hughes, Erzbischof John 174
Hughes, Langston 223
Hunt, Richard Morris 44, 71
Huntington, Anna Hyatt 244
  Diana 182
Huntington, Archer Milton 182, 244
Huntington, Charles Pratt 244
Hurricane Sandy 34f, 84
Hurston, Zora Neale 223, 276f
Hüte (Läden) 322f

I

IBM Building 165, **166**
Immigration
  Ellis Island **82f**
  Geschichte 19, **46f**
India House 11, 58
Indian Restaurant Row 275
Indianer 20
  National Museum of the American Indian 40, **77**
Industrielle und Unternehmer **51**
Ingres, J. A. D. 191
  Porträt der Prinzessin de Broglie 187
International Center of Photography Museum 40
International Ladies' Garment Workers' Union 28
Internet **370**, 371
Interpol 51
Intrepid Sea, Air and Space Museum **145**
  Highlights 38, 41
Iren in New York 46, **48**
Irish Hunger Memorial **76**
Irokesen 20
Irving, Washington 50
  Colonnade Row 116
  The Salmagundi Papers 110
Isaacs, John 106
Isaacs-Hendricks House 1**06**
Italiener in New York 46, **48**, **90**, 251
Ives, H. Douglas 155

J

Jackson, Michael 257
Jacobs, Marc 107
Jacques Marchais Museum of Tibetan Art 41, **258**
James, Henry 50, 110f
  Washington Square 265
James A. Farley Post Office Building 45, 131
James Burden House 269
Jane Watson Irwin Perennial Garden 253
Japan Society 41, 63, **154f**
Japaner in New York 47
Jay-Z 51
Jazz **346f**
Jeanne Hébuterne (Modigliani) 186
Jefferson, Joseph 125
Jefferson, Thomas 107
Jefferson Market Courthouse 105, **107**, 264
Jewish Museum 41, **182**, 269
  Architektur 43
  Detailkarte 180
  Läden 317, 318
Jogging 356f

Johannes Paul II., Papst 251
John F. Kennedy Airport (JFK) 372f, 377
Johns, Jasper 170f
　Three Flags 108
Johnson, Philip 173, 208
Jolson, Al 49
Joplin, Janis 275
Juan de Flandes
　Die Hochzeit von Kanaa 187
Judd, Donald 170
Juden in New York 46, **48**
　Lower East Side 262
　Museum of Jewish Heritage 13, 41, **76**, 272
　siehe auch Synagogen
Judson, Adoniram 111
Judson Memorial Church **111**, 265
Jugendherbergen 282f
Juliana's Pizza 229, 230
Jumel, Stephen and Eliza 245
Junge Frau mit Wasserkanne (Vermeer) 192
Jungle Alley 277
Juweliere 322f

K

Kabel, Brooklyn Bridge 234
Kaffee
　Coffee Shops 307, 308
　Läden 330f
Kahn, Louis 177
Kahn, Otto 269
Kandinsky, Wassily 182, 193
　Schwarze Linien 185
Karloff, Boris 212
Karten
　Abstecher 243
　Ankunft in New York 376f
　Broadway-Theater 339
　Brooklyn 227
　Central Park 199
　Chelsea und Garment District 127
　Detailkarte: Brooklyn Heights 228f
　Detailkarte: Cast-Iron Historic District in SoHo 98f
　Detailkarte: Columbia University 216f
　Detailkarte: East Village 114f
　Detailkarte: Gramercy Park 120f
　Detailkarte: Greenwich Village 104f
　Detailkarte: Herald Square 128f
　Detailkarte: Lincoln Center 206f
　Detailkarte: Little Italy und Chinatown 88f
　Detailkarte: Lower Manhattan 148f
　Detailkarte: Museumsmeile 180f

Detailkarte: Times Square 138f
Detailkarte: Upper Midtown 164f
Detailkarte: Wall Street 68f
East Village 113
Gramercy und Flatiron District 119
Greenwich Village 103
Großraum New York 15
Highlights: Architektur 42f
Highlights: Museen und Sammlungen 38f
Highlights: Shopping 314f
Highlights: Unterhaltung 336f
Lower East Side 87
Lower Manhattan und Civic Center 67
Lower Midtown 147
Luxusläden in der Fifth Avenue 315
Midtown West und Theater District 137
Morningside Heights und Harlem 215
Multikulturelles New York 46f
Nordamerika 14f
Sightseeing mit dem Linienbus 385
SoHo und TriBeCa 97
Spaziergänge 260–277
Stadtplan 386–419
Subway *siehe* hintere Umschlaginnenseiten
Upper East Side 179
Upper Midtown 163
Upper West Side 205
Zentrum von New York City 16f
Kartenspieler, Die (Cézanne) 188
Kaufhäuser 313
Kathedralen
　Cathedral of St. John the Divine 16, 217, **220f**, 344f
　Russian Orthodox Cathedral of the Transfiguration 231
　St. Nicholas Russian Orthodox Cathedral 47, **195**
　St. Patrick's Cathedral 11, 12f, 162, 164, **174f**
　siehe auch Kirchen
Katz's Deli 262, 294, 342
Kaufman Astoria Studio **257**
Keaton, Diane 208
Kehila Kedosha Janina Synagogue and Museum 262
Keïta, Seydou 251
Kennedy, John F. 236
Kent, Rockwell 265
Kerouac, Jack 32, 50
Kertesz, André 171
KGB Bar 275
Kidd, Captain William 23
Kincannon, Joe 220

Kinder
　Bars 309
　Hotels 282
　Kindermode 319, 321
　Restaurants 291, 359
　Shopping 359
　Unterhaltung 358f
King, David 222
Kino *siehe* Film
Kirchen
　Abyssinian Baptist Church 47, **223**, 276
　Basilica of St. Patrick's Old Cathedral **94**
　Christ Church United Methodist **194**
　Church of the Ascension **110**
　Church of the Heavenly Rest 180
　Church of the Holy Trinity **195**, 268f
　Church of the Incarnation **155**
　Church of St. Ann and the Holy Trinity 271
　Corpus Christi Church 344f
　Église de Notre Dame 217
　First Presbyterian Church 110
　Grace Church **117**
　Judson Memorial Church **111**, 265
　Little Church Around the Corner, The **125**
　Marble Collegiate Reformed Church 129, **130**
　Mother Zion Church 276
　Plymouth Church 229, 270
　Riverside Church **218f**
　Sakrale Musik 344f
　St. Bartholomew's Church 165, **172**
　St. John the Baptist Church 128, **131**
　St. Mark's Church-in-the-Bowery 115, **117**, 275
　St. Martin's Episcopal Church 225
　St. Paul's Chapel (Broadway) 11, 24, **85**, 345
　St. Paul's Chapel (Columbia University) 217, **218**
　St. Peter's Lutheran Church 173, 345
　St. Thomas Church 164, **167**
　Trinity Church 11, 21, 25, 68, **71**, 273, 345
　siehe auch Kathedralen
Kirchner, Ernst Ludwig 170
Klassische Musik 344f
Klee, Paul 182, 193, 241
Kleidung
　in Restaurants 291
　Kleidergrößen 320
　Shopping 319–21
　Vintage und Secondhand 324f

Kleine Mahlzeiten 306–308
Klima **53–55**
  Beste Reisezeit 362
Klimt, Gustav 182
Kline, Franz 50
Knickerbocker (Gruppe) 50
Knight, Gladys 224
Koch, Bürgermeister 33
Kolonialzeit **22f**
Kolumbus, Christoph 209
Kommunikation **370f**
Konditoreien 307, 308
Konsulate 365
Kool Herc 51
Koons, Jeff 50
Koreaner in New York 46
Kostenlose Veranstaltungen **335**
  Musik 345
  TV-Shows 343
Krankenhäuser 367
Kreditkarten **368**, 369
  Hotels 281
  Läden 312
  Restaurants 290
  Verlust 366
Kreuzfahrtschiffe 374
Krieg gegen Franzosen und Indianer 23
Krieg von 1812 26
Kriminalität 366
Krohg, Per 158
Kunst
  Künstler **50**
  Läden 328f
  Kunstgalerien 328f
  siehe auch Museen und Sammlungen
Kutschfahrten 381

L

La Farge, John 264
  Church of the Ascension 110
  Church of the Incarnation 155
  Judson Memorial Church 111
  Little Church Around the Corner 125
  National Arts Club 124
Ladies' Mile 120, **123**
Lafayette, Marquis de 125
LaGuardia Airport (LGA) 373, 377
LaGuardia, Fiorello H. 30f
  Essex Street Market 95
  Gracie Mansion 195
  New York City Center 144
  Woodlawn Cemetery 250
Lambert, Phyllis 173
Lange, Dorothea 171
Lateinamerikaner in New York 47, **48**
Lauder, Ronald 182
Lawrie, Lee
  St. Thomas Church 164, 167
  Weisheit 140

Lazarus, Emma 78
Le Brun, Napoleon 131
Le Corbusier 245
Lederwaren (Läden) 322f
Lee, General Robert E. 219
Léger, Fernand
  Frau mit Vase 185
Lehman, Robert 192
Lehman Brothers 35
Leisler, Jacob 21
Lennon, John 33, 200, 202, 212
Lenox, James 142
Leonardo da Vinci 191, 192
Leutze, Emanuel Gottlieb 190
Lever House 165, **173**
Levy, Moe 28
Lexington Avenue 315
Liberty Island 79
Liberty Plaza 57
Liberty Tower 69
Liberty View 57
Libeskind, Daniel 75
Lichtenstein, Roy 50, 94
  Little Big Painting 108
  Museum of Modern Art 170f
Liegender Akt (Modigliani) 184
Life Building 129
Lillian Vernon Creative Writers House 264
Limbourg-Brüder 249
Lin, Maya 91
Lincoln, Abraham 27, 84
  Cooper Union 116
Lincoln Center for the Performing Arts 12, **208**
  Detailkarte 206f
  Jazz at Lincoln Center 347
  Konzerte 344f
  Lincoln Center Festival 53
  Lincoln Center Out of Doors 340f
  Lincoln Center Theater 206, **209**
Lind, Jenny 81
Lindbergh, Charles 30, 31, 150
Lingerie (Läden) 323
Lippold, Richard 173
Lissitzky, El 170
Literaten-Bars 350f
Little Big Painting (Lichtenstein) 108
Little Church Around the Corner, The **125**
Little Italy 46, 87, 89, **90**
  Detailkarte 88f
  Filmschauplatz 342
  Restaurants *siehe* Downtown
  Spaziergang 263
Little Korea 46, 129
Little Poland 49
Little Red Lighthouse (Washington Bridge) 245
Little Tokyo 47, 115
Little Ukraine 46, 115
  Spaziergang 274f

Liu Zexu 88
Lombardo, Tullio 192
Lord, James Brown 122, 223, 276
Lord & Taylor 13, 29, 313
Lotte New York Palace 172, 278f
Louise Nevelson Plaza 69
Lovell, Whitfield 251
Low, Seth 218
Low Library 216, **218**
Lower East Side 13, 28, **86–95**
  Architektur 43, 44
  Bars 311
  Hotels *siehe* Downtown
  Jüdisches Viertel 46
  Kleine Mahlzeiten und Snacks 308
  Restaurants *siehe* Downtown
  Shopping 314
  Spaziergang 262f
  Stadtteilkarte 87
Lower East Side Tenement Museum 13, 41, 44, **92f**, 262
  Highlights 38
Lower Manhattan und Civic Center **66–85**
  Bars 311
  Hotels *siehe* Downtown
  Kleine Mahlzeiten und Snacks 308
  Restaurants *siehe* Downtown
  Skyline von Lower Manhattan 58f
  Stadtteilkarte 67
Lower Midtown **146–161**
  Bars 311
  Detailkarte 148f
  Hotels *siehe* Midtown
  Restaurants *siehe* Midtown
  Stadtteilkarte 147
Luciano, »Lucky« 49
Lucille Lortel Theater 104
Lufthansa 372, 375
Lugosi, Bela 49
Luncheonettes 307, 308
Luxushotels 288f
Lycée Français de New York 268
Lyceum Theatre 29, 139, **140**
Lynch, Anne Charlotte 264

M

MacArthur, General 173
McCarren Park 231
McCartney, Stella 107
McComb, John, Jr. 44, 84, 101
MacDougal Alley 264
McGraw-Hill Building 45, **143**
McKenney, Ruth 105
McKim, Charles 218
McKim, Mead & White 45
  Brooklyn Museum 238
  Columbia University 216
  First Presbyterian Church 110

James A. Farley Post Office Building 131
Judson Memorial Church 111
Low Library 216
Morgan Library & Museum 160
Pennsylvania Station 131
St. Nicholas Historic District 222
School of Journalism 216
Strivers' Row 276
Villard Houses 172
MacMonnies, Frederick 236
Macready, Charles 50
Macready, William 114
McSorley's Old Ale House 115, 275, 310f
Macy, Rowland Hussey 130, 250
Macy's 11, 12, 129, **130f**, 313
  Firework Display 53
  Geschichte 27, 29
  Lange Öffnungszeiten 352
  Thanksgiving Day Parade 54
Madame Tussauds Wax Museum 10, **143**
Madison Avenue 315
Madison Square 120, **122**
Madison Square Garden **131**
  Filmschauplatz 342
  Highlights 336
  Konzerte 346, 347
  Sport 354
Madonna 51, 208
Magazine 371
Mahayana Buddhist Temple **92**
Mailer, Norman 271
Maine Monument 209
Majestic, The 42, 45
Maki, Fumihiko 75
Malcolm X 277
Malevich, Kasimir 170
Mall in St. James's Park (Gainsborough) 197
Malls (Einkaufszentren) 313
Mann mit Hut (Picasso) 170
Manca, Albino 57
Manet, Édouard
  Frau vor dem Spiegel 185
Mangin, Joseph François 44, 84
Manhattan
  Karten 16f, 18
  Lower Manhattan und Civic Center **66–85**
  Skyline von Manhattan **56–63**
  Südspitze 56f
  Upper Manhattan **244–249**
Manhattan Mall 128
Mapplethorpe, Robert 50, 241
Marathon 54, 354
Marble Collegiate Reformed Church 129, **130**
Marc, Franz
  Gelbe Kuh 184
Marchais, Mrs. Jacques 258

Marcus Garvey Park **225**
Marine Midland Building 68
Marionettentheater 359
Marisol, American Merchant Mariners' Memorial 57
Märkte
  Bio-Märkte 365
  Chelsea Market **135**
  Essex Street Market **95**
  Flohmärkte 324f, 328f
  Kleine Mahlzeiten und Snacks 306
  New Kam Man 263, 330f
Marsh, Reginald 77
Marshall, Kerry James 194
Marshall, Thurgood 222
Martin, Steve 209
Martiny, Philip 236
Marx, Groucho 208
Marx Brothers 181, 257
Masefield, John 107, 264
Maseria, Joe »The Boss« 275
MasterCard 368
Matisse, Henri
  Brooklyn Museum 241
  Metropolitan Museum of Art 193
  Museum of Modern Art 170f
Maut für Brücken und Tunnel 375
Meatpacking District 13, **106f**
  Shopping 314
Medien **371**
Medizinische Behandlung 367
Melville, Herman 50
  Waverly Place 264
  Woodlawn Cemetery 250
Memorabilien (Läden) 316, 318
Memorial Day 52
Merchant's House Museum 114, **116**
  Highlights 40
Mérode-Triptychon (Campin) 246, 249
Messiah Sing-In 55
Met Breuer, The **194**
MetLife Building 63, 148, **150**
Metropolitan Life Insurance Company 121, **123**
Metropolitan Museum of Art 17, 40f, **186–193**
  Afrika, Ozeanien, Nord- und Südamerika 190
  Ägyptische Kunst 192
  Altorientalische Kunst 190
  Amerikanische Kunst 190
  Architektur 44
  Asiatische Kunst 191
  Astor Court 189
  Costume Institute 191
  Europäische Malerei 192
  Europäische Skulpturen und dekorative Kunst 192

Griechische und römische Kunst 192
Grundriss 186f, 188f
Highlights 39
Konzerte 344f
Laden 317, 318
Lehman Collection 192f
Mittelalterliche Kunst 193
Moderne Kunst 193
Musikinstrumente 193
Skulpturengarten 188
Spaziergang 268
Waffen und Rüstungen 190f
Zeichnungen und Drucke 191
Metropolitan Opera House **208f**
  Ballett 340f
  Filmschauplatz 342
  Geschichte 28
  Highlights 337
  Laden 316, 318
  Metropolitan Opera Parks Concerts 53
  Oper 344f
  Spaziergang 206
Michelangelo 191
Midnight Ride of Paul Revere, The (Wood) 193
Midtown
  Hotels 285–289
  Lower Midtown **146–161**
  Restaurants 299–302
  Skyline 62f
  Upper Midtown **162–177**
  siehe auch Chelsea und Garment District; Midtown West und Theater District
Midtown West und Theater District **136–145**
  Bars 311
  Hotels *siehe* Midtown
  Kleine Mahlzeiten und Snacks 308
  Restaurants *siehe* Midtown
  Stadtteilkarte 137
Mies van der Rohe, Ludwig 51
  Neue Galerie New York 182
  Seagram Building 173
Mietwagen 379
Mikrobrauereien 310f
Millay, Edna St. Vincent 50
  75½ Bedford Street 104, 106, 264
  Cherry Lane Theater 106
Miller, Arthur 209, 231, 270
Miller, Glenn 128
Miller, Henry 50
Milligan Place 264
Mingus, Charlie 257
Minuit, Peter 20, 21
Miró, Joan 170
Miss Lily's 275
Mitzi E. Newhouse Theater 206, 209

Möbel (Läden) 332f
Mobil Building 148
Mobiltelefone **370**, 371
Mode **319–321**
Modernes New York **34f**
Modernismus 43, 170
Modigliani, Amedeo
　Anna Zborowska 169
　Jeanne Hébuterne 186
　Liegender Akt 184
MoMA *siehe*
　Museum of Modern Art
MoMA PS1, Queens **257**
Mondrian, Piet 170
Monet, Claude 192, 241
　Seerosen 169
Monk, Thelonious 224
Monroe, Marilyn 172f, 208, 251
Montague Street 271
Montauk Club 236
Moore, Clement Clarke 134, 135
Moore, Henry 159, 208
　Reclining Figure 157
Moore, Marianne 106
Morgan, J. P. Jr. 160
Morgan, Pierpont 160, **161**, 210
Morgan Library & Museum 16, **160f**
　Highlights 38, 40f
　Laden 316, 318
Mori, Toshiko 250
Morningside Heights und Harlem **214–225**
　Hotels *siehe* Upper Manhattan
　Kleine Mahlzeiten und Snacks 308
　Restaurants *siehe* Upper Manhattan
　Stadtteilkarte 215
Morris, Roger 245
Morris, William 155
Morris-Jumel Mansion 25, **245**
Morse, Samuel 26, 111, 237
Mos Def 51
Moses, Robert 31, 256
Mostly Mozart Festival 53
Mother Zion Church 276
Mould, Jacob Wrey 203
Mount Morris Historical District **225**
Mount Vernon Hotel Museum 40, **194**
Mozart, Wolfgang Amadeus
　Morgan Library & Museum 160
　Mostly Mozart Festival 53
MTA Trip Planner 385
Mulberry Bend 263
Mulberry Street 263
Multikulturelles New York **46–49**
Munch, Edvard 171
Municipal Building 45, 61
Museo del Barrio 41, **225**

Museum Mile (Museumsmeile)
　Museum Mile Festival 53
　Spaziergang 180f
Museum of Modern Art (MoMA) 10, 12f, **168–171**
　Architektur und Design 171
　Detailkarte 164
　Drucke und illustrierte Bücher 171
　Filmabteilung 171
　Fotografie 171
　Gemälde und Skulpturen 1880–1945 170
　Gemälde und Skulpturen nach 1945 170
　Grundriss 168f
　Highlights 38, 40
　MoMA Design Store 317, 318
　Zeichnungen und Papierarbeiten 170
Museen und Sammlungen (allgemein)
　Eintrittspreise 363
　Highlights **38–41**
　Kinder 358
　Läden 317
Museen und Sammlungen (einzeln)
　247365 Gallery **94f**
　American Academy of Arts and Letters **244**
　American Folk Art Museum 40, 207, **213**, 317, 318
　American Museum of Natural History 39, 41, **210f**, 343
　Asia Society 41
　Bronx Museum of the Arts **251**
　Brooklyn Children's Museum **236**
　Brooklyn Museum 13, 41, **238–241**
　Children's Museum of the Arts **101**
　Children's Museum of Manhattan 11, **213**
　Cloisters Museum, The 40, **246–249**
　Coney Island Museum 259
　Cooper Hewitt, Smithsonian Design Museum 39, 40, 180, **182**, 269
　Discovery Times Square **141**
　Ellis Island Immigration Museum 38, 40f, **82f**
　Fraunces Tavern Museum 11, 41, **80**
　Frick Collection 39, 40, **196f**, 268, 345
　Gracie Mansion 40
　Grey Art Gallery **110**
　Hispanic Society of America **244**
　Historic Richmond Town 41, **258**
　International Center of Photography Museum 40

　Intrepid Sea, Air and Space Museum 38, 41, **145**
　Jacques Marchais Museum of Tibetan Art 41, **258**
　Japan Society 41
　Jewish Museum 41, 43, 180, **182**, 269
　Kehila Kedosha Janina Synagogue and Museum 262
　Louis Armstrong House Museum **256f**
　Lower East Side Tenement Museum 38, 41, 44, **92f**, 262
　Madame Tussauds Wax Museum 10, **143**
　Merchant's House Museum 40, 114, **116**
　The Met Breuer **194**
　Metropolitan Museum of Art 17, 39, 40f, 44, **186–193**
　MoMA PS1, Queens **257**
　Morgan Library & Museum 16, 38, 40f, **160f**
　Mount Vernon Hotel Museum 40, **194**
　Museo del Barrio 41, **225**
　Museum of American Finance **70**
　Museum of Arts and Design 40, **145**, 209, 317, 318
　Museum of Chinese in America **90f**
　Museum of the City of New York 39, 40, **195**, 317, 318
　Museum at Eldridge Street 89, **92**, 262
　Museum of Jewish Heritage 13, 41, **76**, 272
　Museum of Modern Art (MoMA) 38, 40, 164, **168–171**
　Museum of the Moving Image and Kaufman Astoria Studio 41, **257**, 343
　National Museum of the American Indian 40, **77**
　National September 11 Memorial Museum 12f, 35, 56, **74**
　Neue Galerie New York 40, **182**
　New Museum of Contemporary Art 40, **94**
　New York City Fire Museum 41, **101**
　New York Transit Museum **230f**
　Newhouse Center for Contemporary Art 259
　Noguchi Museum **257**
　Paley Center for Media 41, 164, **167**, 343
　Poe Park Visitor Center 250
　Queens Museum **256**
　Rubin Museum of Art **134**
　Schomburg Center for Research in Black Culture 41, **223**, 276f

Skyscraper Museum **76**, 272
Socrates Sculpture Park **257**
Solomon R. Guggenheim Museum 17, 32, 39, 40, 180, **184f**
South Street Seaport Museum 41, 84, 273
Staten Island Children's Museum 259, 358f
Staten Island Museum 259
Statue of Liberty Museum 78
Studio Museum Harlem 40, **224f**, 277
Theodore Roosevelt Birthplace 40, 120, **123**
Van Cortlandt House Museum 22f
Whitney Museum of American Art 39, 40, **108f**
Musik 344–347
 Festivals 52f, 55
 Klassische und zeitgenössische Musik 344f
 Musicals 50f
 Musiker **51**
 Musikläden 326f
 Musiknoten 326f
 Oper 344
 Rock, Jazz und Live-Musik 346f
Musikanlagen und Equipment (Läden) 332f

N

Nachtbusse 385
Nadelman, Elie 177, 208
Nail, The (Pomodoro) 63
Nas 51
Nast, Thomas 124
National Arts Club 120, **124**
National Boat Show 55
National Museum of the American Indian 40, **77**
National September 11 Memorial 12f, 35, 56, **74**
National Tennis Center 256
NBC 140, 343, 371
Nesbit, Evelyn 122
Neue Galerie New York 40, **182**
Neun Helden (Wandteppiche 249
Nevelson, Louise 69, 173
 Night Presence IV 181
New Amsterdam 19, 20
New Amsterdam Theatre **143**
New Kam Man Market 263, 330f
New Museum of Contemporary Art 40, 87, **94**
New Victory Theater 138
New Year's Eve (Silvester) 55
New York 1945–1990 **32f**
New York Aquarium 259
New York Botanical Garden 242, **252f**
New York by Gehry 61

New York City & Co.
 siehe NYC & Co.
New York City Ballet 206, 208
 Spring Season 52
New York City Center **144**, 340f
New York City Fire Museum 41, **101**
New York City Marathon 54, 354
New York City Police Museum 41
New York CityPass 363, 364f
New York County Courthouse 84
New York Cruise Terminal 374f
New York Earth Room **101**
New York Film Festival 54, 342
New York Gazette 22
New York Giants 35
New-York Historical Society **212**
New York Hospital 25
New York Knickerbockers 27
New York Life Insurance Company 44f, 121, **122**
New York Pass 363, 364f
New York Philharmonic 51, 144, 183, 344f
 David Geffen Hall 209
 Lincoln Center 206, 208
 Parks Concerts 53
 Proben 337
New York Post 25
New York Public Library 41, 107, 136f, **142**
 Architektur 45
 Geschichte 29
 Laden 316, 318
New York Rangers 34
New York Stock Exchange 11, 12, 13, 59, **72f**
 Detailkarte 68
New York Times 27, 371
New York Transit Museum **230f**
New York University **111**
New York University Institute of Fine Arts 268
New Yorker, The 30
New Yorker Aussichtspunkte, spätnachts 352f
New Yorker Schule abstrakter Expressionisten 50
Newark Liberty Airport (EWR) 373, 376
Newhouse Center for Contemporary Art 259
Niederschläge 55
»Niggerati Manor« 276f
Night Presence IV (Nevelson) 181
Nikolaus II., Zar 194
Ninth Avenue International Food Festival 52
Ninth Circle Bar 264
Nixon, Nicholas 171
Nixon, Richard M. 70, 130
Noble, John 259
Noguchi, Isamu 68, 257

Noguchi Museum **257**
NoHo 113
Nolita **90**
Non-Violence (Reuterswärd) 157
Norman, Jessye 209
Northern Dispensary 105, 264
Noten 326f
Notfälle und Notrufnummern 367
Nugent, Bruce 276
Nussknacker, Der (Tschaikowski) 337
NYC & Co. 334f, 362, 365
NYC Blackout (1977) 33
NYC Pride March 53
NYU Loeb Student Center 265

O

Obreht, Téa 50
Odlum, Robert 235
Off-Broadway und Off-Off Broadway 338, 341
Öffentliche Toiletten 363
Öffnungszeiten 363
 Bars 309
 Läden 312
 Restaurants 291
 Theater 340
Oiticica, Hélio 251
O'Keeffe, Georgia 108, 193, 241
Old Police Headquarters 89, **90**
Oldenburg, Claes 170
Olmsted, Frederick Law
 Brooklyn Botanic Garden 237
 Central Park 27, 28, 199, 202
 Fort Greene Park 231
 Grand Army Plaza 236
 Prospect Park 236f
 Riverside Park 212f
Olympic Tower 164
One Financial Square 59
One New York Plaza 59
One Seaport Plaza 61
One Times Square 138
One World Trade Center (früher Freedom Tower) 33, 45, 56f, **75**
O'Neill, Eugene 50, 104, 107
O'Neill, Hugh 135
Ono, Yoko 202, 212, 274
Open-Air-Konzerte 345
Oper 344
Orchard Street 13, **93**
Orensanz, Angel 95
Out of Doors Festival 53
Out of Doors Study, An (Sargent) 239

P

Pace University 61
Painting Number 5 (Hartley) 109
Paley, William S. 167
Paley Center for Media 41, 164, **167**, 343
Paley Park 165

Papp, Joseph 114, 116
Paramount Building **143**
Paramount Hotel 138
Paris durch das Fenster gesehen (Chagall) 184
Paris, Friede von (1783) 25
Park Avenue Armory **183**
Park Avenue Plaza 165
Park Row **85**
Park Row Building 84
Park Slope Historic District **236**
Parker, Charlie »Bird« 224, 275
Parker, Dorothy 141
Parken 379, 381
    Hotelparkplätze 281
    Strafen 379
Parks und Gärten
    Abby A. Rockerfeller Sculpture Garden 168
    Astor Court (Metropolitan Museum of Art) 189
    Battery Park 12, **81**, 273
    Brooklyn Botanic Garden **237**
    Bryant Park 10, **141**, 345
    Carl Schurz Park 269
    Central Park 11, 12f, **198–203**
    City Hall Park **85**
    Columbus Park 88, **91**
    Damrosch Park 209, 345
    Flushing Meadows-Corona Park **256**
    Fort Greene Park 231
    Franklin D. Roosevelt Four Freedoms Park **177**
    Garden Plaza (IBM Building) 166
    Gärten (The Cloisters) 249
    Gramercy Park 120f, **124**
    Hudson River Park **101**
    McCarren Park 231
    Marcus Garvey Park **225**
    New York Botanical Garden **252f**
    Paley Park 165
    Prospect Park 13, **236f**
    Queen Elizabeth II September 11th Garden 58
    Riverside Park 213
    Robert F. Wagner Jr. Park 272
    Rose Garden (United Nations) 156
    St. Mary's Garden 63
    Skulpturengarten (Metropolitan Museum of Art) 188
    Socrates Sculpture Park **257**
    Staten Island Botanical Garden **259**
    Stuyvesant Square **125**
    Tompkins Square 112, **117**, 275
    Union Square **125**
    Washington Square **111**, 345
    Winter Garden (Brookfield Place) 71
Partridge, William O. 174
Pass 362
    Verlust 366
Passenger Ship Terminal 376
Patchin Place 105, **107**, 264
Paul, Les 346
Paul VI., Papst 251
Pavarotti, Luciano 209
Peace Fountain (Wyatt) 220
Peaceable Kingdom, The (Hicks) 40
Peale, Norman Vincent 129, 130
Peggy Rockefeller Rose Garden 252
Pelli, Cesar & Associates 71
Penn Station 32, 374f, 376
Performance-Theater 338, 341
Persönliche Sicherheit **366f**
Peter Walker & Partners 74
Pete's Tavern 118, 121
Pferderennen 354
Phyfe, Duncan 194
Piano, Renzo 35
Pianobars 348f, 350f
Picasso, Pablo 241
    Büglerin, Die 184
    Büste von Sylvette 111
    Frau mit gelbem Haar 185
    Les Demoiselles d'Avignon 169, 170
    Mann mit Hut 170
    Metropolitan Museum of Art 193
    Museum of Modern Art 170f
    Ziege 39
Pickford, Mary 241
Pickle Guys, The **93**, 262, 330f
Pier 15 59
Pier 17 60, 273
Pier A Harbor House 273
Pierre de Wissant (Rodin) 241
Pierre (Hotel) 44f
Pilates 356f
Pink Floyd 275
Pioneer (Segelschiff) 84, 358
Piranesi, Giambattista 241
Pisano, Giovanni 193
Pissarro, Camille 241
Pizzerias 306f, 308
Plant, Morton F. 164, 166
Players, The 121, **124**
Plaza Hotel **177**
Plymouth Church 229, 270
Poe, Edgar Allan 50, 250
    Appellate Division of the Supreme Court of the State of New York 122
    Northern Dispensary 105
    Waverly Place 264
Poe Cottage **250**
Poetry Slams 350f
Police Plaza 61
Polizei 366f
Polnische Reiter, Der (Rembrandt) 196
Pollard, George Mort 209
Pollock, Jackson 50, 170, 193
Pollock, St. Clair 219
Pomander Walk **212**
Pomodoro, Arnaldo
    The Nail 63
Pons, Lily 213
Pop-Art 50
Port Authority Bus Terminal 374f, 376
Port of New York 27
Porter, Cole 173
Porträt von Joseph Roulin (van Gogh) 169, 170
Porträt der Prinzessin de Broglie (Ingres) 187
Postdienste 371
Postmoderne 42
Poussin, Nicolas 192
Powell, Adam Clayton Jr. 31, 223, 276
Preise
    Flüge 372
    Hotels 278
    Restaurants 290
    Rock, Jazz und Live-Musik 346
    Sehenswürdigkeiten 363
    Subway 382
    Theater und Tanz 340
Preisgünstig reisen **364**, 365
    Essen 290f
    Übernachtungen **282**, 283, **286f**
Presidents Day Holiday Sales (Schlussverkauf) 55
Presley, Elvis 167
Price and Luce 223
Prison Ship Martyrs' Monument 231
Prohibition 30f
Prometheus-Statue, Rockefeller Center 10
Prospect Park 13, **236f**, 346f
Public Theater, The 114, **116**, 338, 341
    Filme 343
    Highlights 336
Pucelle, Jean 249
Puerto Rican Day Parade 53
Pulaski Day Parade 54
Pulitzer, Joseph 216, 268
Pusterla, Attilio 84
Pyle, Howard 194

Q

Queen Elizabeth II September 11th Garden 58
Queen Elizabeth Monument 59
Queens **256f**
    Kulturelle Vielfalt 49
    Restaurants 305
Queens Museum 256

Queens-Midtown Tunnel 31
Queensboro Bridge 64f, 176

R

Rabatte
   Designer-Kleidung 319, 321
   Hotels 282
   Shopping 312
   Unterhaltung 334f
Racquet and Tennis Club 165
Rad *siehe* Fahrrad
Radio 344, 371
Raffael 191
Ramble, The (Central Park) 201
Ramones, The 51
Randel-Plan (1811) 26
Rapp & Rapp 143
Rauchen 363
   Bars 309
   Restaurants 291
Rauschenberg, Robert 170
Ray, Man 171
Reclining Figure (Moore) 157
Red Hook **231**
Red Rooster Harlem 277
Redon, Odilon 171
Reed, John 107
Reed & Stern 152
Reisen **372–385**
   Ankunft in New York 376f
   Anreise **372–377**
   Autofahren in New York 379
   Busse 384f
   Fähren 380
   Fahrräder 381
   Fernreisebusse 374f
   Flüge 372f
   In New York unterwegs **378–385**
   Schiffe 374f
   Subway 382f
   Taxis 380
   Wassertaxis 380
   Zu Fuß 380
   Züge 374f
   siehe auch Preisgünstig reisen
Reisende mit besonderen Bedürfnissen **364**, 365
   Hotels 282, 283
   Restaurants 291
   Unterhaltung 335
Reiseschecks **368**, 369
Reiseversicherungen 367
Rembrandt 191, 192
   Der polnische Reiter 196
   Selbstporträt 189
Renwick, James Jr. 117, 174
Renwick Triangle 115
Restaurants **290–305**
   Abstecher 305
   Brooklyn 304f
   Downtown 294–299
   Kinder 291, 359

Kleidung 291
Kleine Mahlzeiten und Snacks 306–308
Midtown 299–302
New Yorks kulinarische Vielfalt 292f
Öffnungszeiten 291
Preise 290
Preiswert 290f
Rauchen 291
Reservierung 291
Rollstuhlzugang 291
Spätnachts 352f
Speisekarten 290
Starköche 291
Steuern und Trinkgeld 290
Upper Manhattan 302–304
siehe auch Essen und Trinken
Reutersward, Karl Fredrik
   Non-Violence 157
Revere, Paul 106, 190
Rhinelander, Serena 195
Richmond County Fair 54
Richmond Town **258**
Rickover, Hyman 49
Ringling, John 124
River Café 270
Rivers, Joan 218
Riverside Church **218f**
Riverside Drive and Park **212f**
RMS *Titanic* Memorial 60
Robert F. Wagner Jr. Park 272
Robeson, Paul 223
Robinson, Jackie 32
Robinson, Sugar Ray 222
Rockefeller, John D., Brooklyn Museum 239, 240
Rockefeller, John D. II 31
   Cloisters Museum, The 246
   Riverside Church 218
   Rockefeller Center 140
   United Nations 156
Rockefeller, John D. III 155, 183
Rockefeller, Michael C. 190
Rockefeller, Nelson 190
Rockefeller Center 31, 63, **140**
   Themen- und Tagestouren 11, 12f
Rockefeller Plaza 140
Rockefeller Plaza Rink 54, 354f
Rockmusik 346f
Rockwell, Norman 207, 209
   The Golden Rule 159
Rodchenko, Alexander 170
Rodgers, Richard 50f, 143
Rodin, Auguste 192
   Pierre de Wissant 241
Roebling, John A. 232, **233**
Roebling, Washington 233, 271
Rollins, Sonny 51
Rollstuhlzugang *siehe* Reisende mit besonderen Bedürfnissen

Roosevelt, Theodore, Birthplace 40, 120, **123**
Roosevelt Island **176f**
Rose Center for Earth and Space 204, **212**
Rose Garden (United Nations) 156
Rosenthal, Bernard
   Alamo 114, 274
   Five in One 61
Ross, Diana 257
Ross, Harold 141
Roth, Emery 150, 208
Rotherhithe (Whistler) 241
Rothko, Mark 50, 94, 170
Rowson, Susanna 50
Rubens, Peter Paul 191, 192
Rubin Museum of Art **134**
Ruppert, Jacob 251
Rushhour 363, 379
Rushdie, Salman 50
Russ & Daughters 26f, 298, 330f
Russell, Rosalind 212
Russen in New York 47
Russian Orthodox Cathedral of the Transfiguration 231
Russian & Turkish Baths 275
Ruth, Babe 30, 122, 251

S

Sabarsky, Serge 182
Saelzer, Alexander 95
Sagan, Carl 212
Sahadi's 271
St. Ann's Warehouse 230
St. Bartholomew's Church 165, **172**
Saint Elizabeth Ann Seton Shrine 57, **77**
St. John the Baptist Church 128, **131**
St. John the Divine Cathedral **220f**
St. Luke's Place 104, **106**
St. Mark's Ale House 274
St. Mark's Church-in-the-Bowery 115, **117**, 275
St. Mark's Place 115, 274
St. Martin's Episcopal Church 225
St. Mary's Garden 63
St. Nicholas Historic District **222f**, 276
St. Nicholas Hotel 99, **100**
St. Nicholas Russian Orthodox Cathedral 47, **195**
St. Patrick's Cathedral 11, 12, 13, 162, **174f**
   Detailkarte 164
   Geschichte 28
St. Patrick's Day Parade 52
St. Paul's Chapel (Broadway) 11, 24, **85**, 345
St. Paul's Chapel (Columbia University) 217, **218**
St. Peter's Lutheran Church 173, 345

St. Thomas Church 164, **167**
Saint-Gaudens, Augustus 110, 122, 172, 264
Saint-Guilhem Cloister (Cloisters Museum) 247
Saks Fifth Avenue 11, 313, 315
  Detailkarte 164
Salinger, J. D. 203, 218
Salmagundi Club **110**
Sardi's 138, 143, 310f
Sargent, John Singer 190, 241
  An Out-of-Doors Study 239
Schaller & Weber 269
Schauspieler **50f**
Schermerhorn, Peter 81
Schermerhorn Row 44, **81**
Schiaparelli, Elsa 191
Schiele, Egon 182
Schiffman, Frank 224
Schiffsreisen **374**, 375
Schlemmer, Oskar 182
Schnäppchen 312
Schomburg, Arthur 223, 276
Schomburg Center for Research in Black Culture 41, **223**, 276f
School of Journalism 216
Schriftsteller **50**
Schuhe
  Schuhläden 322f
  Vintage 324f
Schultz, Dutch 30
Schultze & Weaver 173
Schumer, Amy 51
Schurz, Carl 269
Schwarze Linien (Kandinsky) 185
Schwerter zu Pflugscharen (Vuchetich) 157
Schwimmen 357
Schwule und Lesben **364**, 365
  Bars 310
  Bühnen 348f
Seagram Building 43, **173**
Secondhandläden 324f
  Antiquitäten 328f
  Bücher 326f
  Kleidung 324f
Seerosen (Monet) 169
Segal, George 182
Segovia, Andrés 193
Sejima & Nishizawa 94
Selbstporträt (Rembrandt) 189
Senioren **364**
Serra, Richard 170
Seton, Elizabeth Ann 57, 77
  Statue (St. Patrick's Cathedral) 175
Seurat, Georges 191
Severance, H. Craig 151
Shake Shack 122, 295
Shakespeare in the Park 53, 202, 337
Shaw, George Bernard 124
Sheridan, General Philip 107

Sheridan Square **107**
Sherman, Cindy 171
Sherman Fairchild Center 217
Sherry Netherland Hotel 44f
Shimamoto, George 155
Shinn, Everett 139
Shopping **312 – 333**
  Accessoires 322f
  Bezahlung 312
  Bücher und Musik 326f
  Delikatessen und Wein 330f
  Fachgeschäfte 316, 318
  Flohmärkte 324f
  Highlights 314f
  Hightech und Haushaltswaren 332f
  Kaufhäuser und Einkaufszentren 313
  Kinder 359
  Kunst und Antiquitäten 328f
  Memorabilien 316, 318
  Mode 319 – 321
  Museumsläden 317, 318
  Öffnungszeiten 312
  Schnäppchen 312
  Secondhandläden 324f
  Shopping-Touren 313
  Sonderangebote 312
  Spätnachts 352f
  Spielwaren und Schnickschnack 316f, 318
  Steuern 313
  Vintage 324f
Shrine of Mother Seton *siehe* Saint Elizabeth Ann Seton Shrine
Shubert, Sam S. 143
Shubert Alley **143**
Sicherheit **366f**
Siegel, Benjamin »Bugsy« 95
Silva, Pedro 219
Simon, Paul 208
Simpson, Mrs. *siehe* Windsor, Herzog und Herzogin von
Sinatra, Frank 143, 173
Singer Building 99, **100**
Sir Thomas More (Holbein) 196
SJM Building 128
Skidmore, Owings & Merrill 173
Sklaverei 20, 22f, 85
Skulpturengarten (Metropolitan Museum of Art) 188
Skyscraper Museum **76**, 272
Skyscrapers *siehe* Wolkenkratzer
Sloan, Adele 269
Sloan, John 111, 193, 264
Sloan & Robertson 150, 155
Smith, Abigail Adams 194
Smith, Bessie 224
Smorgasburg 231
Smyth, Ned
  The Upper Room 56
Snacks 306 – 308
Sniffen, John 155

Sniffen Court **155**
Snug Harbor Cultural Center **258f**
Society for Ethical Culture 207
Society of Illustrators **194**
Socrates Sculpture Park **257**
SoHo Cast-Iron Historic District 44
  Detailkarte 98f
SoHo und TriBeCa 12, 13, **96–101**
  Bars 311
  Hotels *siehe* Downtown
  Kleine Mahlzeiten und Snacks 308
  Restaurants *siehe* Downtown
  Shopping 314
  Spaziergang 264f
  Stadtteilkarte 97
Soldat und lachendes Mädchen (Vermeer) 197
Soldiers' and Sailors' Arch (Grand Army Plaza) 236
Solomon R. Guggenheim Museum 17, 178, **184f**
  Detailkarte 180
  Geschichte 32
  Highlights 39, 40
Sommer in New York 53
Sonderangebote 312
Song of Los, The (Blake) 160
Sonnenschein 53
Sony Building 165
Sorolla y Bastida, Joaquín 244
Soros, George 51
Soul Food 293
Soulmusik 347
South Cove 272
South Street Seaport 11, 12f, **84**
  Skyline **60f**
  Spaziergang 273
South Street Seaport Museum 41, 273
Southbridge Towers 61
Spas 357
Spätnachts 352f
Spaziergänge **260 – 277**
  Brooklyn (3 Std.) 270f
  East Village (1:30 Std.) 274f
  Geführte Touren 381
  Greenwich Village und SoHo (1:30 Std.) 264f
  Harlem (1:30 Std.) 276f
  Lower East Side, Chinatwon und Little Italy (1:30 Std.) 262f
  Sicherheit 366
  Upper East Side (2 Std.) 268f
  Waterfront (1:30 Std.) 272f
  Zu Fuß in New York **380**
Spielzeug (Läden) 316f, 318, 359
Sport **354f**
  Fitness und Wellness 356f
  Spätnachts 352f
  Sportbars 355

Squadron A Armory 181
Stamp Act (1765) 24
Star of India (Saphir) 210
Starck, Philippe 138
Staten Island **258f**
Staten Island Children's Museum 259, 358f
Staten Island Ferry 80, 352, 380f
Staten Island Museum 259
Statue of Liberty 16, 66, **78f**
 Geschichte 28, 33
 Hauptsehenswürdigkeit 37
 Spaziergang 273
 Themen- und Tagestouren 11, 12f
Steichen, Edward 171, 191, 241
Stein, Gertrude 193
Steinbeck, John 244
Steinway, Henry 257
Steinway, Henry Z. 257
Steinway, William 257
Steinway & Sons **257**
Steinway (Familiengrab) 237
Stella, Joseph
 Brooklyn Bridge: Variation on an Old Theme 39
Stern, Isaac 144
Steuern
 Hotels 280
 Restaurants 290
 Sonderverkäufe 313, 363
Stewart, A. T. 117
Stieglitz, Alfred 171, 191
Still, Clyfford 193
Stokes, William Earl Dodge 213
Stokowski, Leopold 51
Stonewall Riots (1969) 33, 103, 107
Stowe, Harriet Beecher 270f
Strasberg, Lee 49
Straßenstände 293
Strawberry Fields (Central Park) 200, **202**
Strawinsky, Igor 213
Streets, Orientierung 378
Strivers' Row 276
Strokes, The 51
Stuart, Gilbert 190
Studenten 364
Studentendemonstrationen 216f, 218
Studio Museum Harlem 40, **224f**, 277
Stuyvesant, Peter 19, 20f
 East Village 113, 114
 Grab 117, 275
 Statue 125
Stuyvesant, Peter G. 125
Stuyvesant (Familie) 274
Stuyvesant-Fish House 115
Stuyvesant Polyclinic (früher German Dispensary) 115
Stuyvesant Square **125**

Subway **382f**
 Plan siehe hintere Umschlaginnenseiten
 Sicherheit 366
Sullivan, John L. 122
Sullivan, Louis 117
Surrey, The 289
Surrogate's Court 61, 84
Sutton Place **176**
Swanson, Gloria 257
Swedish Cottage Marionette Theater 11, 359
Swift, Hildegarde Hoyt 245
Swiss 372, 375
Sylvia's **224**, 277
Synagogen
 Angel Orensanz Center **95**
 Bialystoker Synagogue **93**
 Brotherhood Synagogue 121
 Central Synagogue **176**
 Eldridge Street Synagogue (Museum at Eldridge Street) 89, **92**, 262
 Kehila Kedosha Janina Synagogue 262
 Temple Emanu-El **183**

T

Talking Heads 51
Tanz **340f**
 Clubs und Discos 348f
 Cunningham, Merce 32
Taxis **380**, 381
 Vom und zum Flughafen 373
Teesalons 307, 308
Telefonieren **370**, 371
 Hotels 280
 Mobiltelefone **370**, 371
 Vorwahlen 370
Tempel von Dendur (Metropolitan Museum of Art) 187, 192
Temperaturen 54
Temple Emanu-El **183**
Ten Ren's Tea **91**
Tenniel, Sir John 40, 161
Tennis 354f
Thackeray, William Makepeace 116
Thain Family Forest 252
Thanksgiving 54
Thaw, Harry K. 107, 122
Theater **338f**, 341
 Backstage-Touren 340f
 Kinder 359
 Schulen 338, 341
 Vorstellungszeiten 340
Theater District *siehe* Midtown West und Theater District
Themen- und Tagestouren **10–13**
Theodore Roosevelt Birthplace 40, 120, **123**
Thonet, Gebrüder 171
Three Flags (Johns) 108

Thumb, General Tom 117
Thurman, Wallace 276
Tickets
 Fluglinien 372
 Musikevents 344
 Sportevents 354
 Subway 382
 TV-Shows 343
 Unterhaltung 334f
Tiepolo, Giovanni Battista 191
Tiffany & Co. **166**, 322f, 332
 Detailkarte 165
 Filmschauplatz 342
 Metropolitan Museum of Art 190
 Museum of Arts and Design 145
Tiffany, Louis Comfort 183, 190, 237
 Belasco Theatre 139
 Church of the Incarnation 155
 Marble Collegiate Reformed Church 130
 Queens Museum 256
Tiger (holländisches Schiff von 1614) 21
Tilden, Samuel 124
Time Warner Center 209
Times Square 10, 12, 31, **142f**, 360f
 Detailkarte 138f
 Renovierung 34
Tod der Jungfrau (Bleiglasfenster) 193
Toiletten, öffentliche 363
Tompkins Square 112, **117**, 275
Tompkins Square Park 275
Tontine Coffee House 25
Toscanini, Arturo 51, 144, 213
Toulouse-Lautrec, Henri de 241
Touren 380f
 Bustouren 385
 Shopping-Touren 313
 Spätnachts 352f
Touristeninformation **362f**
Toussaint, Pierre 94
Townshend Act (1767) 24
Trading Posts (Börse) **72**
Transportation Building 61
Tredwell, Gertrude 116
Tredwell, Seabury 116
Tree-Lighting Ceremony 55
Triangle Shirtwaist Factory 29, 111
Tribeca Film Festival 34, 52, 342f
Trinity Building 68
Trinity Church 11, 21, 25, **71**
 Detailkarte 68
 Konzerte 345
 Spaziergang 273
Trinkgeld 363
 Bars 309
 Hotels 280
 Restaurants 290
True, Clarence F. 212
Trumball, Edward 151

Trump, Donald 33, 51, 166
  Plaza Hotel 177
  Wollman Rink 200
Trump Tower 33, 165, **166**
Trump World Tower 63
Tschaikowski, Pjotr Iljitsch 144
Tucker, Marcia 94
Tudor City 62, 149
Tunnels, Maut für 375
Turner, J. M. W.
  Der Hafen von Dieppe 196
Turntable Lab (Laden) 275
TV-Shows 343
Twain, Mark 29, 264
  American Academy of Arts and Letters 244
Twain, Mark *(Fortsetzung)*
  Cooper Union 116
  Morgan Library & Museum 161
  Players, The 124
Tweed, William »Boss« 80, 124
Twin Peaks 104, 264
Twin Towers *siehe* Ground Zero
Twin Towers of Central Park West 45, **208**
Tyler, John 110

U

Ukrainer in New York 46
Ukrainian Institute **182**, 268
Ukrainian National Home 274
Umbertos Clam House 89
Umrechnungstabellen 365
Umweltbewusst reisen 365, **378**
Unabhängigkeitskrieg 19, **24**f, 231
Underground Railroad 229, 276
Union Square **125**
Unisphere (Flushing Meadows-Corona Park) 256
United Nations 10, 13, 17, 62, **156–159**
  Filmschauplatz 342
  Geschichte 32, 159
  Kunstwerke 159
  Sekretariat **159**
  Sicherheitsrat 156, **158**
  Treuhand-Verwaltungsrat **158**f
  Vollversammlung 157, **158**
  Wirtschafts- und Sozialrat **159**
United States Courthouse 44f, 61, 84
United States Custom House 44, 57, 77
University Club 164
Unterhaltung **334–357**
  Backstage-Touren 340f
  Clubs und Discos 348f
  Comedy, Cabaret und Lesungen 350f
  Fitness und Wellness 356f
  Highlights 336f

Information 334
Kinder 358f
Kino und TV-Shows 342f
Kostenlose Veranstaltungen 335
Musik 344–347
New York spätnachts 352f
Reduzierte Tickets 334f
Reisende mit besonderen Bedürfnissen 335
Schwarzhändler 335
Schwule und Lesben 348f
Sport und Aktivurlaub 354f
Theater und Tanz 338–341
Tickets 334f
Veranstaltungshinweise 371
Upjohn, Richard 71, 110
Upper East Side 47, **178–197**
  Bars 311
  Hotels *siehe* Upper Manhattan
  Kleine Mahlzeiten und Snacks 308
  Restaurants *siehe* Upper Manhattan
  Spaziergang 268f
  Stadtteilkarte 179
Upper Manhattan **244–249**
  Hotels 284, 286f, 289
  Restaurants 302–304
  siehe auch Upper East Side; Upper West Side
Upper Midtown **162–177**
  Bars 311
  Hotels *siehe* Midtown
  Kleine Mahlzeiten und Snacks 308
  Restaurants *siehe* Midtown
  Spaziergang 164f
  Stadtteilkarte 163
Upper Room, The (Smyth) 56
Upper West Side 13, **204–213**
  Bars 311
  Hotels *siehe* Upper Manhattan
  Kleine Mahlzeiten und Snacks 308
  Restaurants *siehe* Upper Manhattan
  Stadtteilkarte 205
US Airways 33
US Courthouse 45, 61, 84
US Custom House 44, 57, 77
US Open Tennis Championships 53, 354f

V

Valentino, Rudolph 49, 209, 257
Van Alen, William 151
Van Cortlandt, Frederick 23
Van Cortlandt House Museum 22f
Van Dyck, Anthonis 192
Van Eyck, Jan
  Diptychon 188

Van Gogh, Vincent 192, 241
  Porträt von Joseph Roulin 169, 170
  Zypressen 188
Van Wyck, Robert 29
Vanderbilt, Consuelo 167
Vanderbilt, Cornelius 51
  Colonnade Row 116
  Grand Central Terminal 152
  Staten Island Ferry 80
  Statue 152
Vanderbilt, William Henry 166
Vanderbilt, W. K. 29
Vanderbilt (Familie) 177
Vanderbilt Gate 203
Vaughan, Henry 221
Vaughan, Sarah 224
Vaux, Calvert 27, 28
  Central Park 199, 202
  Fort Greene Park 231
  Grand Army Plaza 236
  Jefferson Market Courthouse 105
  National Arts Club 124
  Prospect Park 236
Velázquez, Diego de Silva y 192, 244
Velvet Underground 274
Veniero's 275
Vereinte Nationen *siehe* United Nations
Verfolgung, Die (Fragonard) 197
Verizon Building 61
Vermeer, Jan
  Junge Frau mit Wasserkanne 192
  Soldat und lachendes Mächen 197
Verrazano, Giovanni da 19, 20
Verrazano Narrows Bridge 32
Versicherungen 367
Veselka 274
Victoria, Königin 91
Vietnam Veterans' Plaza 58, **80**, 273
Village Vanguard 346f
  Highlights 336
Villard, Henry 172
Villard Houses 45, 164, **172**
Villon, Jacques 170
Viñoly, Rafael 236, 256
Vintage-Mode (Läden) 324f
Visa (Kreditkarte) 368
Visum 362
Vivian Beaumont Theater 206, 209
Vogelfang und Gartenbau (Boucher) 197
Volkskunst (Läden) 328f
Von Steuben Day Parade 54
Von Trapp (Familie) 49
Voorlezer's House (Richmond Town) 258
Vorwahlen (Telefon) 370

W

Vuchetich, Evgeny
   Schwerter zu Pflugscharen 157

W

Währung **368f**
Waldo, Gertrude Rhinelander 268
Waldorf Astoria 28f, 63, **173**
   Detailkarte 165
Walker, A'Leila 276
Walker, Madam C. J. 276
Walker, Jimmy 30, 106
Walker, Kara 251
Walker & Gillette 177
Walker School of Hair 276
Wall Street 13
   Detailkarte 68f
   Spaziergang 273
Waller, Fats 257
Walter, Bruno 51, 144
Warburg, Felix M. 43, 182
Warhol, Andy 33, 50, 125
   Electric Circus (Club) 274
   Green Coca-Cola Bottles 108
   Metropolitan Museum of Art 193
   Museum of Modern Art 170f
Warren & Wetmore 45, 125
   Grand Central Terminal 152
   Helmsley Building 154
Washington, Dinah 224
Washington, George
   Federal Hall 41, 68f, **70**
   Four Chimneys 271
   Fraunces Tavern 80
   Fulton Ferry Landing 270
   Metropolitan Museum of Art 190
   Morris-Jumel Mansion 244f
   St. Paul's Chapel 85
   Statue 125
   Unabhängigkeitskrieg 25
   Washington Square 111
Washington Mews **110**, 265
Washington Square **111**, 265
   Konzerte 345
Washington Square Arch 265
Washington Square Outdoor Art Exhibit 52
Washington Square Park 265, 342
Wassertanks 44f
Wassertaxis **380**, 381
Waterfront, Spaziergang 272f
Watteau, Antoine 192
Wechselkurse 368
Weihnachten 55
Weinläden 330f
Weinman, Adolph 61
Weisheit (Lawrie) 140
Welles, Orson 50
Wells, James N. 135
Wells, Joseph C. 110
Weltausstellungen
   1853 27
   1939 31, 256
   1964 32, 256
Weltkrieg, Zweiter 31, 32
West, Mae 50
West 10th Street 264
West Broadway 98
West Indian Carnival 54
Westin Hotel 138
Westminster Kennel Club Dog Show 55
Wetter **53–55**
Whalen, Grover 173
Wharton, Edith 50
   Washington Square 111, 265
Whistler, James McNeill,
   Rotherhithe 241
White, Stanford 51
   Bowery Savings Bank 89, 90
   Church of the Ascension 110
   Ermordung 107, 122
   Gramercy Park 124
   Herald Square 130
   Judson Memorial Church 111, 265
   Lebensstil 122
   Madison Square Garden 122, 131
   Players, The 124
   Prospect Park 237
   St. Bartholomew's Church 172
   Soldiers' and Sailors' Arch 236
   Statue von Admiral David Farragut 122
   Washington Square 111
Whitman, Walt 235, 259, 270
Whitney, Gertrude Vanderbilt
   MacDougal Alley 264
   Statue von Stuyvesant 125
   Washington Mews 110
   Whitney Museum of American Art 108
Whitney, Payne 268
Whitney Museum of American Art 13, 40, **108f**
   Film 343
   Highlights 39
   Laden 317, 318
Who, The 275
Wi-Fi (WLAN) 370
   Hotels 281
William G. Loew Mansion 181
Williams, Robin 209
Williamsburg **231**
Wilson, Lanford 264
Wilson, Lucille 256
Windsor, Herzog und Herzogin von 151, 165
Winter Antiques Show 55
Winter Gardens (Brookfield Place) 71
Winter in New York 55
Winter Scene in Brooklyn (Guy) 239
Wohnblocks (Mietskasernen) 43, **44**
   Lower East Side Tenement Museum **92f**
Wolfe, Thomas 271
Wolkenkratzer 43, **45**
Wollman Rink (Central Park) 200
Wood, Grant
   The Midnight Ride of Paul Revere 193
Woodlawn Cemetery **250**
Woods, Sylvia 224
Woollcott, Alexander 141, 209
Woolworth, Frank W. 85, 251
Woolworth Building 29, 45, 60, **85**
Works Projects Administration (WPA) 31
World Financial Center *siehe* Brookfield Place
World Music 347
World Trade Center Site *siehe* Ground Zero
Worth, Charles Frederick 191
Wright, Frank Lloyd 51, 117, **185**
   Brooklyn Museum 241
   Metropolitan Museum of Art 190
   Solomon R. Guggenheim Museum 17, 39, 180, 184f
Wright, Richard 50
Wyatt, Greg 124
   Peace Fountain 220
Wyeth, Andrew 123, 244
   Christina's World 168
Wyeth, N. C. 123, 194

X

Xu Bing 251

Y

Yankee Stadium 30, **251**, 354f
Yeah Yeah Yeahs, The 51
Yoga 356f
Yonah Schimmel Knish Bakery 262
York & Sawyer 70, 148, 150
Yorkville 47, 269
Yoshimura, Junzo 155

Z

Zahnärzte 367
Zanetti 159
Zeitgenössische Musik 344f
Zeitgenössischer Tanz 340f
Zeitungen 371
Zeitzone 364f
Zenger, John Peter 22
Zerrinnende Zeit (Dalí) 170
Ziege (Picasso) 38
Ziegfeld, Florenz 50, 143, 213
Zirkus 359
Zoll 362, 372
Zoos
   Bronx Zoo **254f**
   Central Park Zoo 200, **203**
Züge **374f**
   Vom und zum Flughafen 373
   siehe auch Subway
Zypressen (van Gogh) 188

Danksagung und Bildnachweis

Dorling Kindersley bedankt sich bei allen, die zur Herstellung dieses Buchs beitrugen.

Hauptautorin
Eleanor Berman lebt seit rund 40 Jahren in New York und schreibt Reiseartikel und -bücher, u. a. *Away for the Weekend: New York*, seit 1982 ein Bestseller. Außerdem ist sie Autorin von *Away for the Weekend* u. a. über Neuengland und Nordkalifornien sowie von *Travelling on Your Own* und *Reflections of Washington, DC*.

Weitere Mitarbeit
Stephen Keeling, Michelle Menendez, Lucy O'Brien, Heidi Rosenau, Elyse Topalian, Sally Williams.

Dorling Kindersley bedankt sich bei den Redakteuren von Websters International Publishers: Sandy Carr, Matthew Barrell, Sara Harper, Miriam Lloyd, Ava-Lee Tanner, Celia Woolfrey.

Ergänzende Fotografien
Rebecca Carman, Steven Greaves, Rachel Feierman, Michelle Haimoff, Andrew Holigan, Edward Hueber, Eliot Kaufman, Karen Kent, Dave King, Norman McGrath, Howard Millard, Ian O'Leary, Rough Guides/Nelson Hancock, Rough Guides/Angus Oborn, Susannah Sayler, Paul Solomon, Chuck Spang, Chris Stevens, Peter Wilson.

Ergänzende Illustrationen
Steve Gyapay, Arshad Khan, Kevin Jones, Dinwiddie MacLaren, Janos Marffy, Chris D. Orr, Nick Shewring, John Woodcock.

Kartografie
Uma Bhattacharya, Andrew Heritage, Suresh Kumar, James Mills-Hicks, Chez Picthall, John Plumer (Dorling Kindersley Cartography), Kunal Singh. Advanced Illustration (Cheshire), Contour Publishing (Derby), Europmap Ltd (Berkshire). Detailkarten: ERA-Maptec Ltd (Dublin), überarbeitet mit Erlaubnis von Shobunsha (Japan).

Kartografische Dokumentation
Roger Bullen, Tony Chambers, Ruth Duxbury, Ailsa Heritage, Jayne Parsons, Laura Porter, Donna Rispoli, Joan Russell, Jill Tinsley, Andrew Thompson.

Layout und Redaktion
Managing Editor Douglas Amrine
Managing Art Editors Stephen Knowlden, Geoff Manders
Senior Editor Georgina Matthews
Series Design Consultant Peter Luff
Editorial Director David Lamb
Art Director Anne-Marie Bulat
Production Controller Hilary Stephens
Picture Research Susan Mennell, Sarah Moule
DTP Designer Andy Wilkinson
Revisions & Relaunch Team Keith Addison, Namrata Adhwaryu, Umesh Aggarwal, Azad Ali, Emma Anacootee, Hansa Babra, Lydia Baillie, Kate Berens, Eleanor Berman, Vandana Bhagra, Subhashree Bharati, Shruti Bahl, Jon Paul Buchmeyer, Ron Boudreau, Linda Cabasin, Rebecca Carman, Michelle Clark, Sherry Collins, Carey Combe, Diana Mroig, Maggie Crowley, Dipika Dasgupta, Guy Dimond, Vidushi Duggal, Nicola Erdpresser, Rhiannon Furbear, Fay Franklin, Tom Fraser, Anna Freiberger, Jo Gardner, Camilla Gersh, Alex Gray, Eric Grossman, Michelle Haimoff, Marcus Hardy, Mohammad Hassan, Sasha Heseltine, Rose Hudson, Pippa Hurst, Kim Inglis, Jaqueline Jackson, Stuart James, Claire Jones, Bharti Karakoti, Sumita Khatwani, Priya Kukadia, Rahul Kumar, Rakesh Kumar Pal, Mathew Kurien, Maite Lantaron, Jude Ledger, Jason Little, Shahid Mahmood, Nicola Malone, Alison McGill, Susan Millership, Jane Middleton, Nancy-Jane Maun, George Nimmo, Todd Obolsky, Claire Peel, Helen Partington, Helen Peters, Pollyanna Poulter, Leigh Priest, Pamposh Raina, Nicki Rawson, Alice Reese, Marisa Renzullo, Amir Reuveni, Lucy Richards, Ellen Root, Liz Rowe, Azeem Siddiqui, Sands Publishing Solutions, Anaïs Scott, Ankita Sharma, Shailesh Sharma, Rituraj Singh, Beverly Smart, Meredith Smith, AnneLise Sorensen, Anna Streiffert, Claire Sullivan, Avantika Sukhia, Andrew Szudek, Alka Thakur, Hollie Teague, Shawn Thomas, Nikky Twyman, Conrad Van Dyk, Vinita Venugopal, Ajay Verma, Ros Walford, Catherine Waring, Lucilla Watson, Ed Wright.

Besondere Unterstützung
Beyer Blinder Belle, John Beatty im Cotton Club, Peter Casey bei der New York Public Library, Nicky Clifford, Linda Corcoran im Bronx Zoo, Audrey Manley bei der Morgan Library, Jane Fischer, Deborah Gaines beim New York Convention and Visitors Bureau, Dawn Geigerich vom Queens Museum of Art, Peggy Harrington von St. John the Divine, Pamela Herrick vom Van Cortlandt House, Marguerite Lavin vom Museum of the City of New York, Robert Makla von den Friends of Central Park, Gary Miller bei der New York Stock Exchange, Laura Mogil vom American Museum of Natural History, Fred Olsson von der Shubert Organization, Dominique Palermo vom Police Academy Museum, Royal Canadian Pancake House, Lydia Ruth und Laura I. Fries im Empire State Building, David Schwartz vom American Museum of the Moving Image, Joy Sienkiewicz vom South Street Seaport Museum, Barbara Orlando bei der Metropolitan Transit Authority, das Personal vom Lower East Side Tenement Museum, Msgr. Anthony Dalla Valla in der St. Patrick's Cathedral.

Mitarbeit bei der Recherche
Christa Griffin, Bogdan Kaczorowski, Steve McClure, Sabra Moore, Jeff Mulligan, Marc Svensson, Vicky Weiner, Steven Weinstein.

Fotonachweis
Duncan Petersen Publishers Ltd.

Genehmigung für Fotografien
Dorling Kindersley dankt folgenden Institutionen für die freundliche Erlaubnis zu fotografieren: American Craft Museum, American Museum of Natural History, Aunt Len's Doll and Toy Museum, Balducci's, Bowery Savings Bank, Brooklyn Children's Museum, The Cloisters, Columbia University, Eldridge Street Project, Federal Hall, Rockefeller Group, Trump Tower.

Bildnachweis
o = oben; m = Mitte; u = unten; l = links; r = rechts.

Kunstwerke wurden mit freundlicher Genehmigung folgender Copyright-Inhaber reproduziert:
© ADAGP, Paris und DACS, London 2011: April 1971–Juli 1972, von Jean Dubuffet 69om, gestiftet von der norwegischen Regierung, 1952 158or, 184mlo, 185mro, 185mru; © ARS, NY und DACS, London 2011: 181mr; © 2015 Calder Foundation, New York/DACS, London: 109ur; Jose de Creeft © DACS, London/VAGA, New York 2011: 55ml, 201mlo; © DACS, London 2011: 157mro, 159om; Walter De Maria *Broken Kilometer* 1979 98ml; *Charging Bull* © Arturo Di Modica 1998 76ol; DKIMAGES: Judith Miller/Wallis & Wallis, Sussex 60ur; © Königreich Spanien, Gaia – Salvador Dalí Foundation, DAC2S, London 2011: 170mlo; © Marisol Escobar/DACS, London/VAGA, New York 2011: 57um; Milton Hebald *Romeo and Juliet* 337mr. © Jasper Johns/DACS, London/VAGA, New York 2011: 108ml; © aus dem Besitz von Roy Lichtenstein/DACS, London 2011: 171ol, 108mlo; Georg John Lober *Hans Christian Andersen* 1956, 200ur; © Erben von Picasso/DACS, London 2011: 38or, 111ol, 169mu, 170mr, 184mlu, 185ul, 188ml; mit freund-

licher Genehmigung des Norman Rockwell Family Trust © 1961 Norman Rockwell Family Trust: 159ur; © lizenziert von der Andy Warhol Foundation for the Visual Arts, Inc/ARS, New York und DACS, London 2011: 109m; © Whitney Museum of American Art: 39ur, 108ul; Yu Yu Yang: *Untitled*, 1973, 59ur.

Dorling Kindersley dankt folgenden Museen, Institutionen, Bildbibliotheken und Bildagenturen für die freundliche Genehmigung zum Abdruck ihrer Fotografien:

9/11 Memorial Museum: Jin Lee 74ul, 74um, 75ur.
Ace Hotel: Lyle Thompson 285or.
Akwaaba Mansion: 282om.
Al Di La: Paul Thorburn 290mr.
Alamy Images: AA World Travel Library 135m; Ambient Images Inc./Joseph A. Rosen 167m; Sandra Baker 364ol; Patrick Batchelder 204; Business 154mlu; Peter Cavanagh 367mlo; Robert K. Chin 296o; Comstock Images 293m; Wendy Connett 90mo, 93or, 112; culliganphoto 177om; Songquan Deng 360–366; dpa picture alliance 275ur; Randy Duchaine 223um, 256mr; Everett Collection 29mu; Everett Collection Historical 73mru; Eye Ubiquitous/Jon Hicks 129mu; Kevin Foy 75ol; Granger Historical Picture Archive 79m; Jeff Greenberg 270mlo; David Grossman 47ul; Jan Halaska 49m; Jean Hubert 230ul; Kuttig-Travel-2 229mr; IanDagnall Computing 25um; Mimmo Lobefaro 71ol; William Manning 120om; Ian Marlow 367ml; Patti McConville 278–279; Ellen McKnight 372mlo; Eric Nathan 114mlu; North Wind Picture Archives 79mr; PCL 293ol; Prisma Bildagentur AG 78m; Sergi Reboredo 117um; Philip Scalia 264ml, 275ul; Alex Segre 292mlo; Oleg Shpak 76mr; Lana Sundman 367ol; tbkmedia.de 334um; Hugh Threlfall 366mlo; ZUMA Press, Inc. 141om.
American Museum-Hayden Planetarium, NY: D. Finnin 212om.
American Museum of the Moving Image: Carson Collection © Bruce Polin 257ol.
American Museum of Natural History, NY: 41mlu, 210mo; D. Finnin 210ul.
Angel Orensanz Center: Laszlo Regas 95ml.
Aquagrill: Tim Gerasimou 295ur.
Aquarius, UK: 167or.
Aquavit Restaurant: 301u.
Asia Society, NY: 183ml.
Avis Budget Group: 379mru.
Bargemusic: Etienne Frossard 228ml.
Le Bernardin: BeccaPR 302ol.
Bettmann Archive, NY: 20mlu, 21ml/mr/ul, 22ml, 24mu/ul, 24–25mu, 27ur, 28mlo/mro/mru, 32mlu, 33ol, 33m, 47ur, 51m, 56–57u, 73ol, 78mlo, 83mru, 83ur, 105ul, 173ml, 181or, 203ol, 206ml, 219m, 225om 251or, 271or.
Bettmann/UPI: 29um 31ur, 32ul, 33ol, 48ml, 50mlo, 51ul, 82mlu, 149mo 159mr, 270ur, 271mr.
Bloomingdale's: 313cml.
Boqueria: 296um.
British Film Institute: © Roy Export Company Establishment 171or.
British Library, London: 18.
Brooklyn Children's Museum: Bruce Cotler 236ol.
Brooklyn Historical Society: Detail 235ol.
Brooklyn Historical Society: John Halpern 229ur.
Brooklyn Museum: 40ul, 41m, 238–239 alle, 240–241 alle; Lewis Wick Hine, *Climbing Into The Promised Land*, 1908: 38mlu.
Brown Brothers: 69ur, 84or, 100ur.
Camera Press: 30mru/ul, 33mru, 123mru; R. Open 50or.
Carlyle Hotel, NY: 283or.
Carnegie Hall: © H. Grossman 337ul.
J. Allan Cash: 32ur.
Cathedral of St. John The Divine: Greg Wyatt Peace Fountain 1985, 221ol.
CBS Entertainment/Desilu too: »Vacation from Marriage« 167ur.
Chelsea Lodge: 287um.

Children's Museum of the Arts: 101ml.
Christ Church United Methodist: 194m.
CityPass: 363m.
Colorific!: Colorific/Black Star: 83mr; T. Cowell 217mr; R. Fraser 78or; D. Moore 31ul.
Corbis: Alan Schein Photography 214; AS400 DB 32m; Bettmann 32mro, 33ur, 133ml, 277mo; Jacques M. Chenet 276ol; Demotix/Andy Katz 35mru; Randy Duchaine 93ol; EPA/Justin Lane 35ul; Kevin Fleming 275ml; Todd Gipstein 79ol; Bob Krist 10mro; David Lehman: 134ul; Mascarucci 300ol; Gail Mooney 201ul, 273or; Michael Setboun 260, 272or; Splash News/Doug Meszler 104or; Ramin Talaie 37mro; David Turnley 34ml; Michael Yamashita 277mu; Bo Zaunders 370ml.
Daily Eagle: Detail 91mlu.
David Geffen Hall: © N. McGrath 1976 337or.
Dinex Group: Eric Laignel 303u; B. Milne 302ol.
Dollar Thrifty Automotive Group, Inc.: 379mro.
Dorling Kindersley: Books of Wonder/Steven Greaves 359om; Courtesy of National Museum of the American Indian/Steven Greaves 41ol, 77o; mit freundlicher Genehmigung des Jewish Museum/Steven Greaves 180or; Steven Greaves 261m, 263m; Katz's Delicatessen/Steven Greaves 294ol; Morgan Library & Museum/Steven Greaves 29or; Sylvia's/Steven Greaves 224ol.
Dreamstime.com: Aiisha 156mlu; Aleksandra Alimova 110ol; Alexpro9500 182ur, 379ur; Apn68140 123ul; Valentin Armianu 164om; Andrey Bayda 5mr; Rafael Ben-ari 77ur; Bigapplestock 80ol, 85ur, 121ur, 128ul, 224m; Jon Bilous 134or; Ryan Deberardinis 105ur; Demerzel21 230ol, 231or; Songquan Deng 37mr; Emotionart 235ur; Alexandre Fagundes De Fagundes 377mu; Julie Feinstein 145ur, 228ul; Prochasson Frederic 148ml; Leo Bruce Hempell 228mr; Wangkun Jia 359ul; Daniel Kaesler 375om; Andrew Kazmierski 315or; massimo lama 56ml; Nicole Langener 133ol; Leungphotography 4mr, 91ul; Littleny 33or, 250u; Lunamarina 17ul; Stuart Monk 86; Michael Moran 4om; Luciano Mortula 143ol; Tatiana Morozova 382ml; Newphotoservice 35ol; Johannes Onnes 35mr, 108om; Erin Alexis Randolph 53ur; Robwilson39 80ur; Rolf52 10ul; Sangaku 258ur; Mario Savoia 377om; Shiningcolors 54mr; Ulf Starke 107mr; Starstock 51or; Ognjen Stevanovic 17mru; Tomas1111 133mr; Anthony Aneese Totah Jr. 256ul; Tupungato 46mlu, 386ml; Victorianl: 166ol; Hilda Weges 37ur; Zhukovsky 157ml, 374ol.
Esto: P. Aaron 336mlu.
Four Seasons Hotel: Peter Vitale 283mr.
Fraunces Tavern Museum, NY: Von der Ausstellung »Come All You Gallant Heroes« The World of the Revolutionary Soldier 4. Dezember 1991 – 14. August 1992: 24mlo.
Frick Collection, NY: *Die Verzückung des hl. Franziskus* von Giovanni Bellini 39ul, 196–197 alle.
Garrard The Crown Jewellers: 141m; George Balanchines *Der Nussknacker*, SM, Foto von P. Kolnik 337ur.
Getty Images: AFP/Stan Honda 384mlo; age fotostock 82/ José Fuste Raga 13ur; James Anderson 46or; Atlantide Phototravel 274ur; David Attie 223mr; AWL Images/Gavin Hellier 64–65, Jon Arnold 2–3; Roman Babakin 71ur; Bettman 31mro, 31mr, 223ol; Alan Copson 82mo; FilmMagic 242; Mitchell Funk 335mu; Glow Images, Inc 266–267; Michael Grimm 380ol; Billy Hustace 79um; The Image Bank/Siegfried Layda 36/Riou 13ol; Dmitri Kessel 33ul; Lonely Planet Images/Angus Oborn 1; Neos Design – Cory Eastman 198; The New York Historical Society 25ol; Photodisc/Thomas Northcut 136; Photolibrary/Barry Winiker 12ur, 148mlu; Rykoff Collection 23ul; Stock Montage 21mru; Stone/Hiroyuki Matsumoto 178; Underwood Archives 50ur; Vetta/S. Greg Panosian 66; Barry Winiker 141ol.
Greenmarket Farmers Market: 365or.
Greenwich Hotel: 288um.
Robert Harding Picture Library: Harpers New Monthly Magazine: 233ol.
Hearth: 291or; 297ur.
IStockphoto.com: Ken Brown 33mu; JayLazarin 231ur; ovidiuhrubaru 35ur.

Jacques Marchais Center of Tibetan Art: 258um.
Alan Kaufman 94ul.
Japan Society: © Jack Vartoogian, NY 63um, 154om.
Jewish Museum, NY: 180or, 182m.
Juliana's Pizza: Biz Jones 229ol.
Kobal Collection: 207om.
Lebrecht Music: Toby Wales 145ol.
Leisure Pass Group: 363mlo.
Lesbian, Gay, Bisexual, & Transgender Community Center: 364m.
Frank Leslie's Illustrated Newspaper: 232ur, 233mro.
Library of Congress: 22um, 25 mlo, 28ur.
Library Hotel Collection: 280ul.
Little Owl: Jon Selvey 297ul.
Leonardo Media Ltd: 280ur/mlo, 281ur/ol.
Lowell Hotel, NY: 283ml.
Macy's: 314ul.
Madison Square Garden: 131mr, 336or.
Magnum Photos: © H. Cartier-Bresson 171m
Mary Evans Picture Library: Library of Congress 8–9, 26ur, 233ur, 100ul.
Metro-North Commuter Railroad: F. English 152or/mo.
Metropolitan Museum of Art, NY: 186mlo/mlu/um, 187 alle, 188ur/or/m/ul/ur, 189ol/or, 190–191 alle, 192–193 alle, 246 alle, 247mo/mr/ul/or, 248ol/or, 249or/m/u; *Junge Frau mit Wasserkanne* von Jan Vermeer 37ul; Nilpferd, Fayence, Ägypten, 12. Dynastie 39mru.
Metropolitan Transit Authority: 382mr; MTA/Patrick Cashin alle 383, 384or/ul.
Morgan Library, NY: *Blanche von Kastilien und König Ludwig IX. von Frankreich, der Autor diktiert einem Schreiber,* Bibel ca. 1230 38mr, 161ul, *Song of Los* David A. Loggie (Geschenk von Mrs. Landon K. Thorne) 160mlo, *Biblia Latina* David A. Loggie 160mlu, 160ur, 161mlu/un/ur.
Morris-Jumel Mansion, Inc. NY: 210l; A Rosario 25mru.
Museum of American Finance: Alan Barnett 70or.
Museum of the City of New York: 19u, 20mro, 20–21, 21or, 22mo, Foto J. Parnell 23mu, 24ml, 26mlo/mlu, 27mu/mru/um, 28m, 29m, 31m/m, 39or (Silbernapf), 233mru (Talfour).
Museum of Modern Art, NY: 168mo, 175mr/mru/mu/ul, 170mlo/mr, 171ol/u; *Der Badende,* ca. 1885, Paul Cézanne 170um; Lillie P. Bliss Collection 169mro; © 2004 Foto Elizabeth Felicella, Architektur Kohn Pedersen Fox Associates, Digitalisierung Robert Bowen 168or; ©2005 Timothy Hursley 164m, 168mlu; *Ziege* von Pablo Picasso, 1950, 38ol; *Porträt von Joseph Roulin* von Vincent van Gogh, 1889, 37mu.
National Baseball Library, Cooperstown, NY: 27ul, 30ml.
National Car Rental: 377mr.
National Museum of The American Indian/Smithsonian Institution: 20m.
National Park Service: Ellis Island Immigration Museum 82mu; Statue of Liberty National Monument 79mlu.
New Museum of Contemporary Art: Dean Kaufman 94or.
New York Botanic Garden: Tori Butt 252um, 253o/mo; Jason Green 252mru; Muriel Weinerman 253ul.
The New Yorker Magazine Inc: Cover drawing by Rea Irvin, © 1925, 1953, alle Rechte vorbehalten, 30um.
New York Public Library: Special Collection Office, Schomburg Center for Research in Black Culture 31mlo; Stokes Collection 25or.
New York Stock Exchange: 73mro.
New York Transit Museum: Black Paw Photo 230mr.
NYC & Company: 362ur, Julienne Schaer, 2009 366ur; Stefano Giovannini 363or; One If By Land, Two If by Sea 298ol.
One World Observatory: 35or; 37mlu; 75ol.
Pampano: 301or.
Per Se: 304ul.
Performing Arts Library: Clive Barda 206ul.
The Pickle Guys: 93om.
Photolibrary: Renaud Visage 160.
Quality Meats: Michael Weber 300ul.
Queen Elizabeth II September 11th Garden: 58m.
Port Authority of New York & New Jersey: 373ur.
Queens Museum of Art: Ankauf mit Mitteln des George und Mollie Wolfe World's Fair Fund 31mru; Souvenirtuch 34mu.

Red Hook Lobster Pound: Daniel Krieger 290um.
Rensselaer Polytechnic Institute: 232–233m, 233ul.
Rex Shutterstock: CSU Archives/Everett Collection 32mr; Imagebroker 314ml; REX USA LTD 34or.
Ritz-Carlton New York; Battery Park: 283om.
Rockefeller Center © The Rockefeller Group, Inc: 30mlu.
Rye Restaurant: 305u.
St. Regis, NY: 282m.
Scientific American: Ausgabe 18. Mai 1878 232or; Ausgabe 9. November 1878 234ul.
Shake Shack: Peter Mauss/ESTO 290ml.
Sherman Group/NewYork Water Taxi: 380or.
Skidmore, Owings & Merrill LLP, Chicago: 56m.
Skysmroper Museum: Robert Polidori 57ol; 272ul.
Society of Illustrators: 194ol.
Solomon R. Guggenheim Museum, NY: 184–185 alle.
South Street Seaport Museum: R. B. Merkel 80ul.
Spice Market: 298om.
Liaison/Levy/Halebian: 46or.
sta travel group: 364mro.
Standard Hotel, New York: Todd Eberle 286ol.
Starwood Hotels and Resorts Worldwide Inc.: 138ml.
SuperStock: age fotostock 96, 126, 162, Nikhilesh Haval 92ol; Ambient Images Inc. 140ol; Jean-Pierre Lescourret 102; Robert Harding Picture Library 118; Tetra Images 146.
Surrey: 289or.
Theater Development Fund: David LeShay 334ml.
Top of the Rock: 12or.
Turner Entertainment Company: 133ur.
Union Square Hospitality Group: Nathan Rawlinson 299ur.
United Nations, NY: 156mlo, 157mo 158or/um, 159om/mlo/ur.
Whitney Museum of American art, NY: 108ml/m/mlu, 109mr, Ankauf mit Mitteln einer öffentlichen Fundraising-Aktion im Mai 1982. Die Hälfte der Spendensumme stammt aus dem Robert Wood Johnson Jr. Charitable Trust. Große Beträge kamen von Lauder Foundation; Robert Lehman Foundation, Inc.; Howard and Jean Lipman Foundation, Inc; einem anonymen Spender; TM Evans Foundation, Inc.; MacAndrews & Forbes Group Incorporated; DeWitt Wallace Fund, Inc.; Martin & Agnes Gruss; Anne Phillips; Mr. und Mrs. Laurance S. Rockefeller; Simon Foundation, Inc.; Marylou Whitney; Bankers Trust Company; Mr. und Mrs. Kenneth N. Dayton; Joel und Anne Ehrenkranz; Irvin und Kenneth Feld; Flora Whitney Miller. Über 500 Personen aus 26 Staaten haben ebenfalls beigetragen 109mru; Gabe eines anonymen Spenders 58.65 109m.
Wheeler Pictures: 82or.
Wildlife Conservation Society, Bronx Zoo: Julie Maher 254or/cl, 255ul/ur.
Woodlawn Cemetery: 250or.
Robert Wright: 16or, 45ol, 138or/m/ul; 139ol/ur, 152ur, 153ol/mr, 367om.

Vordere Umschlaginnenseiten
Alamy Images: Patrick Batchelder Lol; **Corbis:** Alan Schein Photography Lmol; VIEW/Nathan Willock Rur; **Dreamstime. com:** Stuart Monk Rum; **Getty Images:** age fotostock Rmur; Neos Design – Cory Eastman Rmr; Photodisc/Thomas Northcut Lom, Lml; Stone/Hiroyuki Matsumoto Rmr; Vetta/S. Greg Panosian Lmlu; **SuperStock:** age fotostock Lmlu, Lml, Rmu; Jean-Pierre Lescourret Lml; Robert Harding Picture Library Rmru; Tetra Images Rmu.

Umschlag der Extrakarte
Dreamstime.com: Bartlomiej Holowaty/ Sms2info

Umschlag
Vorderseite: **Dreamstime.com:** Bartlomiej Holowaty/ Sms2info
Buchrücken: **Dreamstime.com:** Bartlomiej Holowaty/ Sms2info o, **DK Images:** Max Alexander u.

Alle anderen Bilder © Dorling Kindersley.
Weitere Informationen **www.dkimages.com**

VIS-À-VIS-REISEFÜHRER

Ägypten · Alaska · Amsterdam · Apulien · Argentinien · Australien · Bali & Lombok · Baltikum · Barcelona & Katalonien · Beijing & Shanghai · Belgien & Luxemburg · Berlin · Bodensee · Bologna & Emilia-Romagna · Brasilien · Bretagne · Brüssel · Budapest · Chicago · Chile · China · Costa Rica · Dänemark · Danzig · Delhi, Agra & Jaipur · Deutschland · Dresden · Dublin · Florenz & Toskana · Florida · Frankreich · Gardasee · Gran Canaria · Griechenland · Großbritannien · Hamburg · Hawaii · Indien · Indiens Süden · Irland · Istanbul · Italien · Japan · Jerusalem · Kalifornien · Kambodscha & Laos · Kanada · Karibik · Kenia · Korsika · Krakau · Kreta · Kroatien · Kuba · Las Vegas · Lissabon · Loire-Tal · London · Madrid · Mailand · Malaysia & Singapur · Mallorca · Marokko · Mexiko · Moskau · München & Südbayern · Myanmar · Neapel · Neuengland · Neuseeland · New Orleans · New York · Niederlande · Nordspanien · Norwegen · Österreich · Paris · Peru · Polen · Portugal · Prag · Provence & Côte d'Azur · Rom · San Francisco · St. Petersburg · Sardinien · Schottland · Schweden · Schweiz · Sevilla & Andalusien · Sizilien · Slowenien · Spanien · Sri Lanka · Stockholm · Straßburg & Elsass · Südafrika · Südengland · Südtirol · Südwestfrankreich · Teneriffa · Thailand · Thailand – Strände & Inseln · Tokyo · Tschechien & Slowakei · Türkei · Umbrien · USA · USA Nordwesten & Vancouver · USA Südwesten & Las Vegas · Venedig & Veneto · Vietnam & Angkor · Washington, DC · Wien · Zypern

www.dorlingkindersley.de

Vis-à-Vis

Key
Rush hour line extension
Local service only
All trains stop (local and express service)
Accessible station
Station Name
Bus or AIRTRAIN to airport
Police
Full time service
Part time service
Free subway transfer
Free out-of-system subway transfer (excluding single-ride ticket)
Terminal
Bus to airport
Commuter rail service
visit www.mta.info
© 2017 Metropolitan Transportation Authority
January 2017
MANHATTAN
Hudson River
East River
168 St
163 St-Amsterdam Av
157 St
155 St
145 St
137 St City College
135 St
125 St
116 St Columbia University
Cathedral Pkwy (110 St)
103 St
96 St
86 St
81 St-Museum of Natural History
79 St
72 St
66 St Lincoln Center
59 St Columbus Circle
57 St-7 Av
57 St
50 St
49 St
42 St/Port Authority Bus Terminal
47-50 Sts Rockefeller Ctr
5 Av/53 St
5 Av/59 St
Lexington Av/53 St
Lexington Av/59 St
Lexington Av/63 St
51 St
68 St Hunter College
77 St
110 St
116 St
Central Park North (110 St)
Harlem 148 St
138 St-Grand Concourse
149 St-Grand Concourse
3 Av-149 St
3 Av 138 St
Yankee Stadium
Jackson Av
Prospect Av
Intervale Av
Hunts Point Av
Longwood Av
E 149 St
E 143 St St Mary's St
Cypress Av
Brook Av
Roosevelt Island
21 St Queensbridge
Queensboro Plaza
Queens Plaza
Court Sq-23 St
Court Sq
36 Av
39 Av
Broadway
30 Av
Astoria Blvd
Astoria Ditmars Blvd
36 St
Steinway St
46 St
Northern Blvd
65 St
74 St-Broadway
82 St-Jackson Hts
90 St-Elmhurst Av
Junction Blvd
103 St-Corona Plaza
111 St
Mets-Willets Point
Flushing Main St
Jackson Hts Roosevelt Av
Elmhurst Av
Grand Av Newtown
Woodhaven Blvd
69 St
61 St Woodside
52 St
46 St Bliss St
40 St Lowery St
33 St-Rawson St
LaGuardia Link Q70 SBS
LaGuardia Airport
Rikers Island
Randalls Island
Roosevelt Island
Central Park
Metropolitan Museum of Art
Harlem
East Harlem
Upper East Side
Upper West Side
West Side
Long Island City
Astoria
Jackson Heights
Corona
Mott Haven
Hunts Point
The Hub
Juniper Valley Park
Middle Village
Riverbank State Park
Riverside Park
Robert F Kennedy Bridge
Queensboro Bridge
Tramway
rush hour peak direction express
weekday peak direction express
4 skips rush hour peak direction